Walter Wangler

Bürgschaft des inneren Friedens

Walter Wangler

Bürgschaft des inneren Friedens

Sozialpolitik in Geschichte und Gegenwart

Westdeutscher Verlag

Der Westdeutsche Verlag ist ein Unternehmen der Bertelsmann Fachinformation GmbH.

http://www.westdeutschervlg.de

Höchste inhaltliche und technische Qualität unserer Produkte ist unser Ziel. Bei der Produktion und Verbreitung unserer Bücher wollen wir die Umwelt schonen: Dieses Buch ist auf säurefreiem und chlorfrei gebleichtem Papier gedruckt. Die Einschweißfolie besteht aus Polyäthylen und damit aus organischen Grundstoffen, die weder bei der Herstellung noch bei der Verbrennung Schadstoffe freisetzen.

Umschlagbild: Prof. Dr. Hans Rothweiler
Umschlaggestaltung: Horst Dieter Bürkle, Darmstadt
Druck und buchbinderische Verarbeitung: Hubert & Co., Göttingen
Printed in Germany

ISBN 3-531-13207-5

Inhalt

Einleitung ---------- 11

1 Vor- und Entstehungsgeschichte ---------- 13

1.1 Industrialisierung - Menetekel oder Verheißung? ---------- 13
1.2 Arbeitsteilung - physische Kasteiung und geistiger Ruin? ---------- 16
1.3 Autonomes Vorspiel: Einzelbetriebliche Fürsorge am Beispiel Krupp ---------- 18
1.4 Revolutionäre Antworten auf die Arbeiterfrage ---------- 21
1.4.1 Die Mission des Vierten Standes ---------- 21
Einfügung I: Oben und Unten und ihre Rolle in der Geschichte ---------- 22
1.4.2 Der Staat als Herrschaftsinstrument des Kapitals ---------- 25
1.4.3 Anarchismus - Bakunin und Kropotkin als Beispiele ---------- 27
1.5 Reformistische Antworten auf die Arbeiterfrage ---------- 29
1.5.1 Fourier, Owen, Born, Lassalle ---------- 29
1.5.2 Bernsteins Revisionismus ---------- 32
1.6 Sozialreform und Staatssozialismus ---------- 34
1.6.1 Die Auseinandersetzung mit der liberalen Gegenposition ---------- 34
1.6.2 Lorenz von Stein und die Katheder-Sozialisten ---------- 36
1.6.3 Die Arbeiterfrage und die Kirchen ---------- 37
1.7 Allgemeinpolitische Ausgangslage und Bismarcks Intentionen ---------- 41
1.8 Soziale Botschaften und parlamentarische Auseinandersetzungen ---------- 43
1.9 Rückblick I: Kollektive Selbsthilfe und kommunale Statuten ---------- 46
Leseempfehlung ---------- 48

2 Sozialpolitik im Kaiserreich ---------- 49

2.1 Die Bismarcksche Sozialgesetzgebung ---------- 49
2.2 Versuch einer Einschätzung der Bismarckschen Sozialpolitik ---------- 54
Einfügung II: Egoismus, Altruismus, Utilitarismus und Moral ---------- 55
2.3 Sozialpolitik 1890 bis zum Ausbruch des ersten Weltkrieges ---------- 59
2.3.1 Wilhelm II. als "Arbeiterkaiser" ---------- 59
2.3.2 Rückblick II: Regulativ von 1839 und Arbeitsschutz in Preußen ---------- 61
2.3.3 Sozialpolitik 1890 - 1911 ---------- 62
2.3.4 Reichsversicherungsordnung und Angestelltenversicherungsgesetz ---------- 64
2.4 Sozialpolitik im 1. Weltkrieg ---------- 67
2.5 Resümee und Ausblick ---------- 70
Leseempfehlung ---------- 71

3 Sozialpolitik in der Weimarer Republik ---------- 72

3.1 Sozialpolitik in der Anfangszeit ---------- 72
3.1.1 Vorbemerkung ---------- 72
3.1.2 Aktivitäten in der Anfangszeit ---------- 72

3.2 Die Weimarer Reichsverfassung ---------- 74
3.2.1 Die Wahl zur Nationalversammlung ---------- 74
Einfügung III: Frauenwahlrecht und Sozialdemokratie ---------- 74
3.2.2 Grundsätzliche Verfassungsentscheidungen ---------- 76
3.2.3 Sozialpolitische Gesetzgebungskompetenz, soziale Rechte und Pflichten ---------- 78
3.3 Die Weimarer Republik als "Wirtschaftsdemokratie" ---------- 79
3.3.1 Vorbemerkung ---------- 79
3.3.2 Vom schuldrechtlichen zum personenrechtlichen Arbeitsverhältnis ---------- 79
3.3.3 Das Betriebsverfassungsrecht ---------- 80
3.3.4 Das Tarif- und Schlichtungsrecht ---------- 81
3.4 Der (Vorläufige) Reichswirtschaftsrat ---------- 82
3.5 Der Ausbau der klassischen Sozialversicherung ---------- 83
3.6 Bekämpfung der Arbeitslosigkeit in den Nachkriegsjahren ---------- 85
3.7 Das AVAVG von 1927 ---------- 86
3.8 Der Abbau von Sozialleistungen ---------- 87
3.9 Resümee ---------- 89
Leseempfehlung ---------- 91

4 Sozialpolitik im Nationalsozialismus ---------- 92
4.1 Grundsätzliches zur Einordnung des Nationalsozialismus ---------- 92
4.1.1 Manipulation und Terror als Erklärungsmuster ---------- 92
Einfügung IV: Zur Hypothese der Verführung ---------- 93
4.1.2 Der Deutsche - eine sado-masochistische Persönlichkeit? ---------- 95
4.1.3 Faschismus - Appell an die niederen Instinkte? ---------- 95
4.1.4 1933 - eine braune Revolution? ---------- 97
Einfügung V: Der "Aufstand gegen die Moderne" ---------- 98
4.2 Der Weg in den Führerstaat ---------- 101
4.2.1 Veränderung der politischen Rahmenbedingungen ---------- 101
4.2.2 Allmacht ohne Schranken ---------- 102
4.3 Nationalsozialistische Programmatik und Ideologie und Sozialpolitik ---------- 104
4.4 Neuordnung der Arbeits- und Betriebsverfassung ---------- 108
4.4.1 Verbot der Gewerkschaften und Gründung der DAF ---------- 108
4.4.2 "Treuhänder der Arbeit" und "Gesetz zur Ordnung der nationalen Arbeit" ---------- 111
4.4.3 Reichsarbeitsdienst und "Pflichtjahr" ---------- 114
4.5 Bekämpfung der Arbeitslosigkeit, Arbeitskräftelenkung und Arbeitsschutz ---------- 115
4.6 Maßnahmen im Bereich der Sozialversicherung ---------- 118
4.6.1 "Sanierung", Ab- und Umbau ---------- 118
4.6.2 Gesetz über die Altersversorgung für das deutsche Handwerk ---------- 120
Exkurs: Daten zur Lebenslage der abhängig Beschäftigten ---------- 121
4.7 Sonstige sozialpolitische Maßnahmen ---------- 123
4.8 Grenzüberschreitungen ---------- 124

Einfügung VI: "Lebensunwertes" Leben -- 126
4.9 Schlußbemerkung -- 128
Leseempfehlung -- 130

5 Sozialpolitik in der Bundesrepublik Deutschland I: Rahmenbedingungen und Ausbau der Sozialversicherung -- 131
5.1 Ökonomische und politische Kontinuität -- 131
5.2 Verfassungsrechtliche Grundentscheidungen -- 133
5.2.1 Rekonstruktion und Neuordnung -- 133
5.2.2 Sozialstaatlichkeit als Verfassungsgrundsatz -- 135
5.2.3 Rechtsstaat und Sozialstaat - ein Gegensatz? -- 139
5.2.4 Rechtsstaat und Sozialstaat - von unterschiedlichem Rang? ---------- 140
5.2.5 Sozialpolitische Gesetzgebungskompetenz und sozialpolitische Grundentscheidungen -- 141
5.3 Gestaltungsformen sozialer Sicherungspolitik: (Sozial)Versicherung, Versorgung, Fürsorge -- 143
5.4 Erste Periode: Aufarbeitung der Kriegshinterlassenschaft -- 146
5.5 Das Fundament des Sozialstaats: Rentenpolitik 1957 - 1997 -- 146
5.5.1 Die Rentenreform 1957 als sozialpolitisches Jahrhundertereignis --- 146
Exkurs: Die neue Rentenformel -- 147
5.5.2 Zwischen den Rentenreformen -- 152
5.5.3 Die Rentenreform 1972: Flexibilisierung der Altersrenten -- 152
5.5.4 Rentenrechtliche Regelungen 1975 - 1991: Partieller Ausbau, Veränderungen und Konsolidierung -- 154
5.5.5 Rentenreform 1992: Beschneidung der Ansprüche -- 157
Exkurs: Die geänderte Rentenformel -- 158
5.5.6 Altersteilzeit und Rente, Wachstums- und Beschäftigungsförderungsgesetz (1996) -- 161
5.5.7 Versicherte, Daten zu Versicherten und Rentnern 1995 - 1997 ------- 163
Exkurs: Die knappschaftliche Rentenversicherung -- 167
5.5.8 Vorschläge der Kommission "Fortentwicklung der Rentenversicherung", Rentenreformgesetz 1999 -- 168
Exkurs: Die versicherungsfremden Leistungen der Rentenversicherung --- 170
5.5.9 Renten (Zwischen) Bilanz -- 173
5.6 Soziale Sicherung de luxe: die gesetzliche Unfallversicherung -- 177
5.6.1 Allgemeines -- 177
5.6.2 Die bunte Schar der Versicherten -- 178
5.6.3 Leistungen und Leistungsvoraussetzungen -- 179
5.6.4 Aufbringung der Mittel -- 182
5.6.5 Die Berufsgenossenschaften und ihre Aufgaben -- 182
5.6.6 Sozialstatistische Basisdaten -- 183
5.7 Die gescheiterte Sozialreform: die gesetzliche Krankenversicherung ------- 184
5.7.1 Allgemeines -- 184
5.7.2 Die Mitglieder -- 185

5.7.3 Beitragssätze und Beitragsspannen ---- 187
5.7.4 Der Leistungskatalog ---- 189
5.7.4.1 Sachleistungen ---- 189
Exkurs: Sachleistungen mit Zuzahlungen ---- 190
5.7.4.2 Geldleistungen ---- 194
5.7.5 Sozialstatistische Basisdaten ---- 195
5.7.6 Perspektiven des Gesundheitswesens ---- 197
5.8 Arbeitsbeschaffung oder Verwaltung der Arbeitslosigkeit: die gesetzliche Arbeitslosenversicherung ---- 199
5.8.1 Selbstbild und Aufgabenschwerpunkte ---- 199
5.8.2 Versicherte und Beiträge ---- 201
5.8.3 Die klassischen Leistungen: Arbeitslosengeld und -hilfe ---- 202
5.8.4 Sonstige Entgeltersatzleistungen und Leistungen an Bauarbeiter ---- 206
5.8.5 Arbeitsbeschaffungs- und Strukturanpassungsmaßnahmen ---- 207
5.8.6 Berufliche Aus- und Weiterbildung und Eingliederung Behinderter ---- 208
5.8.7 Sonstige Leistungen der Arbeitsverwaltung (eine Auswahl) ---- 210
5.8.8 Daten zur Arbeitslosigkeit ---- 211
5.8.9 Schlußfolgerungen ---- 212
5.9 Die fünfte Säule der Sozialversicherung: die Pflegeversicherung ---- 213
5.9.1 Allgemeines, Mitglieder ---- 213
5.9.2 Die Stufen der Pflegebedürftigkeit und die Pflegeleistungen ---- 215
5.9.3 Die Private Pflegeversicherung und die sozialstaatlichen Auflagen ---- 216
5.9.4 Sozialstatistische Basisdaten ---- 216
5.9.5 Erstes Resümee ---- 217
Leseempfehlung ---- 218

6 Sozialpolitik in der Bundesrepublik Deutschland II: Jenseits der Sozialversicherung ---- 219
6.1 Der Ausgleich der Familien"lasten" ---- 219
6.1.1 Kindergeld oder Freibetrag ---- 219
6.1.2 Erziehungsgeld und Erziehungsurlaub ---- 220
6.1.3 Sozialstatistische Basisdaten ---- 222
6.1.4 Kritische Würdigung ---- 222
6.2 Wohnen als sozialpolitischer Tatbestand ---- 223
6.2.1 Modalitäten der Wohngeldberechnung ---- 223
6.2.2 Sozialstatistische Basisdaten ---- 226
6.2.3 Kritische Würdigung ---- 227
6.3 Auffangnetz oder Hängematte: die Sozialhilfe ---- 227
6.3.1 Allgemeines ---- 227
6.3.2 Hilfe zum Lebensunterhalt ---- 228
6.3.3 Hilfe in besonderen Lebenslagen ---- 230
6.3.4 Der Einsatz von Einkommen und Vermögen ---- 232

6.3.5 Die Ursachen der Hilfegewährung 233
6.3.6 Soziologische Struktur der Hilfeempfänger 233
6.3.7 Kritik der Sozialhilfe-Kritik 235
6.3.7.1 Das Sozialhilfeniveau 235
6.3.7.2 Das Lohnabstandsgebot des BSHG 237
Exkurs: Das Sozialgesetzbuch 239
6.4 Hinterlassenschaft des Krieges: die Kriegsopferversorgung 241
6.5 Einübung in Demokratie: die soziale Selbstverwaltung 242
6.5.1 Kurzer historischer Rückblick 242
6.5.2 Selbstverwaltung heute 243
6.6 Volksnahe Rechtsprechung: die Sozialgerichtsbarkeit 245
6.7 Grundzüge der Arbeits-, Betriebs- und Wirtschaftsverfassung 247
6.7.1 Konstitution des Arbeitsverhältnisses 247
6.7.2 Sozialstaatliche Rechte und Pflichten aus dem Arbeitsverhältnis (eine Auswahl) 248
Exkurs: Kurze Geschichte der Lohnfortzahlung 250
6.7.3 Schutz besonderer Personengruppen 252
6.7.4 Grundlagen der Betriebsverfassung 256
6.7.5 Die Montan-Mitbestimmung 258
6.7.6 Mitbestimmung nach dem Betriebsverfassungsgesetz 1952 und dem Mitbestimmungsgesetz 1976 259
6.7.7 Vergütungen und ihre (Nicht)Abführung 261
6.7.8 Grundlagen des Arbeitskampfrechts 261
6.7.9 Resümee 264
6.8 Soziale Sicherung von Nicht-Arbeitnehmern - am Beispiel von Bauern und Beamten 265
6.8.1 Vorbemerkung 265
6.8.2 Gesetz über eine Altershilfe für Landwirte 266
6.8.3 Unfallversicherung der Landwirte 270
6.8.4 Krankenversicherung der Landwirte 270
6.8.5 Soziale Sicherung der Beamten bei Krankheit 272
6.8.6 Soziale Sicherung der Beamten im Alter und bei Dienstunfähigkeit 273
6.8.7 Kritische Würdigung 274
Leseempfehlung 275

7 Sozialpolitik in der DDR 276
7.1 Sozialökonomische und politische Diskontinuität in der DDR 276
7.2 Sozialversicherung in der DDR 278
7.2.1 Vorbemerkung 278
7.2.2 Arbeitnehmer-Sozialversicherung beim FDGB 278
7.2.2.1 Pflichtversicherte, Beiträge 278
7.2.2.2 Rentenversicherung 279
7.2.2.3 Arbeitsunfälle, Berufskrankheiten 283
7.2.2.4 Krankheit, Mutterschaft 284

7.2.3 Sozialversicherung bei der Staatlichen Versicherung der DDR ------ 285
7.2.3.1 Pflichtversicherte, Beiträge -- 285
7.2.3.2 Renten-, Kranken- und Unfallversicherung -------------------- 286
7.2.4 Sozialversicherungsrechtliche Privilegien -------------------------------- 287
7.2.5 Der Sozialversicherungshaushalt der DDR (1988) --------------------- 288
7.3 Sonstige Sozialleistungen -- 289
7.4 "Selbstverwaltung" und "Sozialgerichtsbarkeit" ------------------------------- 289
7.5 Kritische Würdigung -- 290
Leseempfehlung -- 292

8 Sozialpolitik als Gesellschaftspolitik - Kritik eines (verfehlten) Ansatzes -- 293
8.1 Vorbemerkung --- 293
8.2 Sozialpolitik als Gesellschaftspolitik - die Folgen der Umdeutung durch Achinger -- 293
8.2.1 Die Achingersche Position -- 293
8.2.2 Die Gegenposition: Heyde -- 294
8.2.3 Beispiele für die zunehmende Gesichtslosigkeit der Sozialpolitik --- 295
8.3 Korrekturversuche - und Reaktionen --------------------------------------- 297
8.4 Solidarität - mit wem? --- 298
8.5 Die "Neue Soziale Frage" -- 300
8.6 "System und Lebenswelt", Anti-Etatismus und neue Subsidiarität ---------- 301
8.7 Die Grundsicherungsdebatte --- 304
8.7.1 Die Positionen -- 304
8.7.2 Kritik der Grundsicherungsmodelle ------------------------------------ 306
8.8 "Konservative" und "fortschrittliche" Sozialpolitik ---------------------- 309
Leseempfehlung -- 311

9 Die Zukunft des Sozialstaats -- 312
9.1 Die historische Dimension --- 312
Einfügung VII: Sozialstaatliches Kontinuum in Person: E. R. Huber ----------- 312
9.2 Sozialstaat, Demokratie und Arbeitnehmerschaft ------------------------------ 314
9.3 Ergänzende Anmerkungen zur gegenwärtigen Sozialstaatsdiskussion ------ 316
9.4 Schlußbemerkung -- 322
Leseempfehlung -- 323

Literatur --- 324

Abkürzungen --- 334

Einleitung

Wer es unternimmt, die Sozialpolitik in Geschichte und Gegenwart vorzustellen, wandelt derzeit auf unsicherem Terrain. Kein Tag vergeht, ohne daß neue Hiobsbotschaften die Runde machen, eine Gesetzesnovellierung folgt der anderen, auf breiter Front wird zum Angriff auf soziale Besitzstände geblasen, die für die einen überzogenes Anspruchsdenken widerspiegeln, für die anderen wohlerworbene Rechte darstellen - die aber wohl doch nicht so "eigentumsgeschützt" sind, wie höchstrichterliche Entscheidungen dem einen oder anderen ehedem suggeriert haben mögen.[1] Längst ist das Ende der Fahnenstange erreicht, so wird proklamiert, Schadensbegrenzung heißt die Devise. Vom Ausbau des Sozialstaats ist keine Rede mehr, immer seltener vom Umbau; lediglich die Erhaltung seiner Fundamente scheint ein einigermaßen realistisches Ziel. Ein Gesamtkonzept indes, das auch für eine solch reduzierte Zielvorgabe unerläßlich wäre, ist kaum erkennbar. Die Sozialpolitik wird zunehmend geprägt von einem quantitativ ausufernden, kurzatmigen Aktivismus, der fast durchgängig das Ziel verfolgt, Ausgaben einzudämmen. Mit heißer Nadel gestrickte Änderungsgesetze, deren Inhalt sich überdies nicht selten widerspricht, treten an die Stelle einer langfristigen - zugegebenermaßen schwierigen - Gesamtplanung.

Die sozialpolitischen Turbulenzen der Gegenwart berühren die vorliegende Arbeit allerdings nur eingeschränkt. Ihr Gegenstand ist die Entwicklung der Sozialpolitik *bis* zur Gegenwart; letztere ist folglich nur ein - wenngleich gewichtiger - Teilbereich der Arbeit. Insgesamt gesehen kommt der Darstellung der Sozialpolitik im Kaiserreich, in der Weimarer Republik und im Dritten Reich quantitativ eine annähernd gleich große Bedeutung zu.

Der rote Faden, der sich durch die Arbeit zieht, ist die These vom sozialstaatlichen Kontinuum in Deutschland während der letzten hundert (und mehr) Jahre, ein Kontinuum, das - entgegen landläufiger Meinung - auch durch den Nationalsozialismus nicht unterbrochen wurde. Sozialstaatliches Kontinuum meint selbstredend nicht, daß die Sozialpolitik keine qualitativen Sprünge und quantitativen Erweiterungen erfahren hätte. Letzteres war sogar im Übermaß der Fall und der Ausweitung der Sozialpolitik zur "Gesellschaftspolitik" gilt das besonders kritische Augenmerk des Verfassers.

---

1 Erst im Lichte der jüngsten Eingriffe in das Rentenrecht (siehe *5.5.8*) wird klar, was es bedeutet, wenn sozialrechtlichen Ansprüchen nur ein "abgestufter Eigentumsschutz" (Papier in MAUNZ-DÜRIG: Rdnr. 138 zu Art. 14) zugestanden wird. Vgl. auch BVerfGE 1980: 292: "Je höher der einem Anspruch zugrunde liegende Anteil eigener Leistung ist, desto stärker tritt der verfassungsrechtlich wesentliche personale Bezug und mit ihm ein tragender Grund des Eigentumsschutzes hervor." Daraus folgt umgekehrt: je stärker ein Anspruch sozialstaatlich geprägt, das heißt mit Elementen des sozialen Ausgleichs versehen ist, desto schwächer ist sein Eigentumscharakter, um so schutzloser auch ist der Begünstigte gegenüber entsprechenden gesetzgeberischen Beschneidungen.

Die Arbeit kann und will ihre Herkunft aus dem Lehr-Milieu nicht verleugnen. Zahlreiche "Abirrungen" sozialphilosophischer, zeit- und ideengeschichtlicher Natur sind dem Umstand und der (Lehr) Erfahrung geschuldet, daß Studenten das gelegentliche Verlassen der doch eher drögen[1] Sozialpolitik-Materie, das Abschweifen in verwandte Disziplinen, durchaus schätzten. Der Verfasser hofft, daß ihm auch der Leser dieses Wildern in benachbarten Revieren nachsieht.

Inwieweit eine Darstellung der Sozialpolitik objektiv sein kann, sei dahingestellt. Am ehesten ist das noch bei der Darlegung der Sozialrechts-Materie möglich. Doch selbst diese ist von subjektiven Wertungen nicht völlig frei zu halten, geschweige denn die Beschreibung ihrer Auswirkungen oder die Diskussion der Angemessenheit sozialpolitischer Regelungen. Insofern bekennt sich der Verfasser von vornherein einer (sehr) subjektiven Sozialpolitik-Darstellung für schuldig.

Daß diese nicht bezweckt, dem Leser eine bestimmte Auffassung als die allein richtige oder gar "seligmachende" aufzuzwingen, dürfte sich von selbst verstehen. Andererseits ist auch die bisweilen pointierte Darstellungsweise eine Frucht der Lehr-Erkenntnis, daß Studenten Lehrenden vieles nachsehen - außer Standpunktlosigkeit. An "Schwammigem" kann man sich schlecht reiben, dialektisches Lernen - das dem Identifikationslernen allemal vorzuziehen ist - wird dadurch so gut wie unmöglich.

Ungeachtet der unterschiedlichen Möglichkeiten, soziale Sicherungspolitik in Geschichte und Gegenwart vorzustellen, scheint es angebracht - gerade in sozial unsichereren Zeiten - bereits zu Beginn nachdrücklich darauf hinzuweisen, daß die Sozialpolitik diejenige staatliche Aktivität darstellt, die in Vergangenheit und Gegenwart am wirksamsten zur Herstellung und Gewährleistung des sozialen Friedens beigetragen hat. Mit diesem darf auch das Mittel, das ihn produziert, grundsätzlich nicht zur Disposition stehen.

---

1 Es scheint auch fast so, als erzeuge die berufliche Beschäftigung mit Sozialpolitik und -versicherung einen Persönlichkeitstypus, dem man Interessen jenseits des Berufsfeldes und entsprechende Aktivitäten kaum zutraut; "Sozialversicherungs-Fachangestellter" klingt nicht eben berauschend. Um diesen Eindruck wenn nicht ganz, so doch für den Einzelfall zu entkräften, sei wenigstens an dieser Stelle mit Stolz auf einen Mann verwiesen, der im Jahre 1908 als "Aushilfsbeamter" in die Dienste der "Arbeiter-Unfall-Versicherungs-Anstalt für das Königreich Böhmen" trat und es in dieser Einrichtung - er gehörte ihr bis zu seiner Pensionierung im Jahre 1922 an - bis zum "Obersekretär" brachte. Sein Name: Franz Kafka. Das Arbeitsgebiet des später weltberühmten Autors umfaßte Tätigkeiten, von denen man sich nur schwer vorstellen kann, daß sie die literarische Phantasie beflügelten, nämlich "die Bearbeitung der ... Proteste der Unternehmer gegen die Einteilung ihres Betriebes in eine bestimmte Gefahrenklasse ..., die juristische Unterrichtung der Betriebe und Maßnahmen zur Unfallverhütung" (WAGENBACH 1964: 64).

1 Vor- und Entstehungsgeschichte

1.1 Industrialisierung - Menetekel oder Verheißung?

Nicht wenige Publikationen, die sich mit Sozialpolitik befassen, wählen als zeitliche Zäsur für den Einstieg in ihr Thema die "Industrialisierung".[1] Was für Neuzeit-Historiker die Entdeckung Amerikas durch Christoph Kolumbus, ist für an sozialpolitischen Fragestellungen in Vergangenheit und Gegenwart Interessierte die Erfindung der Dampfmaschine durch James Watt. Dies gilt im übrigen nicht nur für sozialpolitische Themen im engeren Sinn und keineswegs nur für historische Arbeiten. Ob es sich um Obdachlosigkeit, Eheschwierigkeiten, Straffälligenhilfe, Ausländerhaß, Jugendkriminalität, Altersarmut, Gesundheitsrisiken oder was auch immer handelt: der Sündenfall, der Weg in die Sackgasse beginnt stets Ausgang des 18. und im 19. Jahrhundert, entweder mit der Vertreibung aus dem ländlichen Paradies oder dem Verlust der städtischen Zunftgeborgenheit. Die Häufigkeit, mit der Landflucht und arbeitsteilige maschinelle Großproduktion in Verbindung mit materiellem Elend gebracht werden, läßt auf die Hartnäckigkeit schließen, mit der dieser Zusammenhang wahrscheinlich schon im Geschichtsunterricht den Schülern nahegebracht wird. Diese erfolgreiche Konditionierung führt dazu, daß "Industrialisierung" als Erklärungsmuster für das Entstehen sozialer Probleme und als Auslöser sozialer Politik permanent wiederkehrt, einem bedingten Reflex nicht unähnlich.

Was soll's, könnte man einwenden, irgendwann muß man ja beginnen, und selbst eine zeitliche Zäsur, die mit der Menschwerdung des Affen begänne, würde die Epochen vernachlässigen, in denen unseren Vorfahren noch Kiemenreste anhafteten (ganz abgesehen davon, daß es Schwierigkeiten bereiten dürfte, das Zeitalter der Menschwerdung des Affen für beendet zu erklären). So meint auch WEHLER (1987: 23):

> "Fast jede Fixierung eines historischen Anfangsdatums bricht den prinzipiell weiter fortführbaren Rückblick ab und rationalisiert gewaltige heterogene Verursachungskomplexe zu einigen dominierenden Grundbedingungen. Ohne dies Verfahren führte jeder Rückgriff sehr bald auf die griechische Polis, die jüdischen Propheten oder gar allgemeine Evolutionsbedingungen seit der Frühgeschichte der Menschheit zurück."

Mit anderen Worten: ein zeitlicher Einschnitt ist zwar immer willkürlich, aber unvermeidlich. Dies ist zutreffend. Die Kritik am Eckdatum Industrialisierung bei

---

1 So überschreibt GLADEN (1974:1) sein Einleitungskapitel mit "Der sozioökonomische Strukturwandel im Prozeß der Industrialisierung als Grundbedingung sozialpolitischer Diskussion"; nach SEIDEL (1956: 533) kann es sich "nur um eine Rückprojektion des Begriffes Sozialpolitik handeln, wenn er ... auf vor dem 19. Jh. liegende Zeiten angewandt wird: Sozialpolitik ist in ihrem eigentlichen Inhalt erst für die Zeit nach der industriellen Revolution zu verstehen."

sozialpolitischen Darstellungen und Untersuchungen bezieht sich deshalb auch weniger auf die Wahl des Zeitpunkts, als vielmehr auf die damit - bewußt oder unbewußt - verbundene Verklärung sozialer Verhältnisse in vorindustrieller Zeit. Vielfach wird nämlich der Eindruck erweckt, als habe erst die Industrialisierung das soziale Elend der Neuzeit hervorgerufen und eine idyllische Epoche, geprägt von Bescheidenheit, Zufriedenheit, Geborgenheit - überhaupt von intakten Lebensumständen[1] - mehr oder weniger schlagartig beendet.

Es wäre übertrieben, zu sagen, das Gegenteil sei richtig. Die Industrialisierung hat sicherlich neues soziales Elend verursacht, allerdings, durch die örtliche Agglomeration der Armen in den Städten, vielfach auch nur sichtbar gemacht. Sie hat aber mit Sicherheit die Summe des materiellen Elends nicht vergrößert.

Ein unvoreingenommener Blick auf die Lebensverhältnisse im 18. und 19. Jahrhundert, namentlich in deutschen Landen, vermag diese Aussage unschwer zu belegen. So ermöglichte in der zweiten Hälfte des 18. Jahrhunderts die Hofwirtschaft der großen Mehrzahl der Bauern, nämlich "70 bis 80 %", nur einen "prekären Lebensunterhalt - wenn darunter eine auch in den Begriffen des 18. Jahrhunderts äußerst eintönige Nahrung, einfache Kleidung und bescheidene Wohnung verstanden wird" (WEHLER 1987: 76). Fast vier Fünftel aller Bauern bewegten sich "dauernd um ein denkbar niedrig angesetztes Existenzminimum" (ebd.). Knigge, den offensichtlich nicht nur die Umgangsformen in den besseren Kreisen kümmerten, schrieb 1796:

> "In den mehrsten Provinzen von Teutschland lebt der Bauer in einer Art von Druck und Sclaverey, die wahrlich oft härter ist, als die Leibeigenschaft desselben in andern Ländern. Mit Abgaben überhäuft, zu schweren Diensten verurtheilt, unter dem Joche grausamer, rauhherziger Beamter seufzend, werden sie des Lebens nie froh, haben keinen Schatten von Freyheit, kein sichres Einkommen und arbeiten nicht für sich und die Ihrigen, sondern nur für ihre Tyrannen" (KNIGGE 1978: 710).[2]

Die "nostalgisch verklärte Vorstellung von der geschlossenen Hauswirtschaft", eines autarken Wirtschafts- und Lebensverbandes unter der Ägide eines "Hausvaters", in den auch das Gesinde einbezogen ist, gehört nach WEHLER (siehe 1987: 81) zu dem

---

1 Dieses (Wunsch)Bild mag sich auch deshalb als so lebensfähig erweisen, bis zum heutigen Tag (oder gerade heutzutage), weil es die Sehnsucht nach der auf Dauer angelegten, allen Stürmen trotzenden Drei-Generationen-Familie widerspiegelt, einem Sozialgebilde von hoher Verläßlichkeit, in dem vor allem die stets für die Enkelkinder parate liebevolle Großmutter ihren Platz hat. Eine solche Vorstellung, Gegenpol zur mehr oder minder labilen Kleinfamilie der Gegenwart, wird jedoch dem Rang der Kinder in der Familie der vorindustriellen Zeit nicht gerecht. Noch in der Mitte *dieses* Jahrhunderts beschreibt Weippert (zit. bei ABEL 1967: 51) die bäuerliche Familie folgendermaßen (und um wieviel gröber muß man sich die familiären Beziehungen in früherer Zeit ausmalen): "Das Sichabmühen für den Hof, für die Bauernstelle, ist für das intakte Bauerntum etwas Selbstverständliches, nicht weiter zu Diskutierendes. Die Selbstverständlichkeit, mit der etwa hingenommen wird, daß die Bauersfrau sich abrackert und abschindet, hat hier ihre Wurzel. Diese Einstellung bestimmt auch das Verhalten zu den Kindern, die eben in erster Linie Arbeitskräfte für den Hof sind und von dort her ihre Wertung erfahren. Der Hof rangiert nun einmal vor der Familie, und wenn ein Stück Vieh im Stalle krank ist, so ist das ein weit größeres Unglück, als wenn eines der Kinder ... schwer darniederliegt."

2 Bei ABEL (1967: 21) findet sich eine inhaltlich fast identische Beschreibung des französischen Bauern an der "Wende vom 17. zum 18. Jahrhundert": vom "Adel geplagt und vom Staate vernachlässigt, zerrissen, zerlumpt, in elenden Baracken und Höhlen hausend, ewig hungernd und halb vertiert".

"Ballast", den die Wirtschafts- und Sozialgeschichte bis zum heutigen Tage mitschleppt. Doch selbst um diese kärglichen Lebensbedingungen wurden die Bauern von der Mehrheit der Landbewohner beneidet. Die Landwirte waren nämlich Ende des 18. Jahrhunderts innerhalb der ländlichen Bevölkerung zur Minderheit geworden; die "unterbäuerliche Schicht" hatte "stark zugenommen" (ACHILLES 1988: 82), das zahlenmäßige Übergewicht lag bei den "Landarmen und Landlosen" (WEHLER 1987: 170). Diese "ländliche Armut" blieb auf jede "denkbare Arbeitsgelegenheit angewiesen" (a.a.O.[1]: 173 f.), entsprechend unregelmäßig war das Einkommen. Die Not war ein regelmäßiger Gast und Wehler (a.a.O.: 174) scheut sich nicht, von "brutalem Elend" zu sprechen. Für alle Angehörigen der ländlichen Unterschichten

> "konnte eine Hungersnot oder der Verlust des Arbeitsplatzes die Gefahr heraufbeschwören, eine vertraute Umgebung verlassen und zeitweilig, vielleicht sogar auf Lebenszeit, in die abgerissenen Scharen jener Wandernden eintauchen zu müssen, die auf der Suche nach irgendeiner Möglichkeit, ihre notwendigsten Bedürfnisse zu stillen, durch die Lande zogen. Nicht selten taten diese Vagabunden dann auch den Schritt in die Grauzonen der Kriminalität" (a.a.O.: 174 f.).

Diese "Vagantenpopulation" im 18. Jahrhundert wird auf mehr als 10 Prozent der Gesamtbevölkerung geschätzt (siehe ebd.). Noch gegen Ende des Jahrhunderts herrschte auf dem Land "Massenarmut", galt es, "Hungerjahre" zu überstehen (siehe ZORN 1971: 598). Und auch in der Folgezeit gab es keine kontinuierliche Entwicklung hin zu positiven Lebensumständen; um die Mitte des 19. Jahrhunderts etwa gerieten "große Teile Deutschlands an den Rand einer Übervölkerungskatastrophe" (KÖLLMANN 1976: 13). Born (abgedruckt bei QUARCK 1924: 386) zufolge litten im Jahre 1847 "ganze Länderstriche Hunger"; er verweist auf Schlesien, wo im Winter 1847/48 "Menschen sich in den Dünger steckten, um nicht zu erfrieren, wo wegen Mangels an gesunder Nahrung eine ganze Bevölkerung vom Typhus befallen und zum Theil dahingerafft wurde".

Auch die Idealisierung des Handwerkerlebens in den Städten hält nach WEHLER (a.a.O.: 93 f.) einer Überprüfung nicht stand:

> "An die romantisierte Idylle treudeutscher Handwerksherrlichkeit zu glauben, besteht ... kein Anlaß ... Endlose Interessengegensätze brachen in vielen Zünften und zwischen ihnen auf. Erbitterte Arbeitskämpfe und Gesellenstreiks sind seit dem 13. Jahrhundert nachweisbar ... Die ... Zunfthierarchie, deren Hinnahme auf der potentiellen Chancengleichheit und Aufstiegsmobilität für die Gesellen beruhte, wurde zunehmend starrer, damit unglaubwürdig und konfliktträchtig."

Es bildete sich "ein handwerkliches Proletariat ohne Aussicht auf Selbständigkeit", das sich indes keinesweg demütig mit seiner miserablen Lage abfand: "Die Geschichte der Zünfte im 18. Jahrhundert ist zugleich eine Geschichte von Gesellenaufständen" (a.a.O.: 94).

Von vorindustrieller Idylle also keine Spur, weder auf dem Lande noch in der Stadt. Die These von der Industrialisierung als Auslöserin von Massenelend und Pauperismus läßt sich nicht aufrechterhalten. Damit entfällt auch die Grundlage für

---

1 Hinweis zur Zitierweise: Der Vermerk "a.a.O." ohne Verfasser- bzw. Jahresangabe bezieht sich immer auf die *letzte* im Text genannte, durch zusätzliche Angaben identifizierbare Quelle.

die Behauptung, erst die Industrialisierung habe Verhältnisse geschaffen, die sozialpolitische Aktivitäten des Staates zwingend erforderten. Wenn letztere dennoch erst so spät erfolgten, so hatte dies andere Gründe als das erstmalige Auftreten massenhafter Verelendung.

1.2 Arbeitsteilung - physische Kasteiung und geistiger Ruin?

Der Bannstrahl der Gesellschaftskritik der damaligen - und teilweise auch noch der heutigen - Zeit richtet sich nicht nur allgemein auf die Fabriken und Bergwerke, quasi als Vorhöfe der Hölle, sondern zusätzlich auf eine spezielle Begleiterscheinung der fabrikmäßigen Arbeitsorganisation: die Arbeitsteilung.

Zwang die Fabrik - so, etwas überspitzt, der Tenor der Kritik - die früheren Landarbeiter und Kleinbauern aus der gesunden frischen Luft und der körperertüchtigenden Feldarbeit in ihre finsteren Kasematten, so raubte die Arbeitsteilung ihnen und den Handwerksgesellen den *Sinn* ihrer Arbeit. Adam SMITH (1908: 6 f.) hatte die Aufteilung des Arbeitsvorgangs mit seinem Stecknadel-Beispiel noch nüchtern-wohlwollend beschrieben: würden mit der

> Stecknadelfabrikation befaßte Arbeiter "einzeln und unabhängig" tätig und wäre "keiner für dies besondere Geschäft angelernt worden, so hätte gewiß keiner 20, vielleicht nicht eine Nadel täglich machen können". Werde aber die Arbeit zerlegt, vervielfache sich die Produktion: "Ich habe eine ... Fabrik dieser Art gesehen, wo nur zehn Menschen beschäftigt waren ... die täglich über 48 000 Nadeln machen." Die Arbeitsteilung trägt nach Smith entscheidend dazu bei, die Fähigkeiten der Einzelnen zu bündeln, zu einem "Gesamtvermögen" zu vereinigen, das in optimaler Weise zur "Versorgung und Bequemlichkeit der Gattung" beiträgt (siehe a.a.O.: 21) und eine "Wohlhabenheit erzeugt, die sich bis zu den untersten Klassen des Volkes erstreckt" (a.a.O.: 14).

Für MARX (1968: 514) hingegen führt die Arbeitsteilung dazu,

> "daß die Arbeit dem Arbeiter äußerlich ist, d.h. nicht zu seinem Wesen gehört, daß er sich daher in seiner Arbeit nicht bejaht, sondern verneint, nicht wohl, sondern unglücklich fühlt, ... seine Physis abkasteit und seinen Geist ruiniert. Der Arbeiter fühlt sich daher erst außer der Arbeit bei sich und in der Arbeit außer sich. Zu Hause ist er, wenn er nicht arbeitet, und wenn er arbeitet, ist er nicht zu Haus. Seine Arbeit ist daher nicht freiwillig, sondern gezwungen, Zwangsarbeit. Sie ist ... nicht die Befriedigung eines Bedürfnisses, sondern ... nur ein Mittel, um Bedürfnisse außer ihr zu befriedigen. Ihre Fremdheit tritt darin rein hervor, daß, sobald kein physischer oder sonstiger Zwang existiert, die Arbeit als eine Pest geflohen wird."

Seine Meisterschaft, mit bilderreicher Sprache ökonomische Sachverhalte so zu vermitteln, daß sie unter die Haut gehen, stellt der Autor auch im "Kapital" (1972: 381 f., 384) unter Beweis. Danach

> "verkrüppelt" die Arbeitsteilung "den Arbeiter in eine Abnormität, indem sie sein Detailgeschick treibhausmäßig fördert durch Unterdrückung einer Welt von produktiven Trieben und Anlagen ... das Individuum selbst wird geteilt, in das automatische Triebwerk einer Teilarbeit verwandelt ... Seiner natürlichen Beschaffenheit nach verunfähigt, etwas Selbständiges zu machen, entwickelt der Manufakturarbeiter produktive Tätigkeit nur noch als Zubehör zur Werkstatt des Kapitalisten ... Eine gewisse geistige und körperliche Verkrüppelung ist unzertrennlich ... von der Teilung der Arbeit".

Um ihre Arbeitskraft maximal auszubeuten, nimmt der Fabrikherr die Zerstörung der ganzen Person in Kauf, ebenso, "wie man in den La-Plata-Staaten ein ganzes Tier abschlachtet, um sein Fell oder seinen Talg zu erbeuten". Und offenbar gerade so, wie dem (toten) Vieh im Schlachthof der blaue Stempel bescheinigt, daß es zum Verzehr geeignet ist, "drückt die Teilung der Arbeit dem Manufakturarbeiter einen Stempel auf, der ihn zum Eigentum des Kapitals brandmarkt".

Auch wer die vielfältigen physischen und psychischen Belastungen, die von monotoner, stumpfsinniger Arbeit herrühren, keineswegs leugnet, wird diese Schilderungen eher als literarische Produkte denn als Wiedergabe der Realität einstufen. Daß es sich hier um Erzeugnisse aus einem arbeitsweltfernen Elfenbeinturm handeln, wird deutlich, wenn man liest, wie MARX und ENGELS (1969: 33) den gesellschaftlichen Zustand beschreiben, in dem die Arbeitsteilung unbekannt oder überwunden ist - als ein Sozialgefüge nämlich, in dem der Mensch

> "nicht einen ausschließlichen Kreis der Tätigkeit hat, sondern sich in jedem beliebigen Zweige ausbilden kann, die Gesellschaft die allgemeine Produktion regelt und mir eben dadurch möglich macht, heute dies, morgen jenes zu tun, morgens zu jagen, nachmittags zu fischen, abends Viehzucht zu treiben, nach dem Essen zu kritisieren, wie ich gerade Lust habe, ohne je Jäger, Fischer, Hirt oder Kritiker zu werden".

Auch wenn dieser Schilderung ein leichter Hauch von ironischer Übertreibung anhaftet (selbst wer sein Vieh liebt, wird es nicht gerade abends züchten): Marx und Engels haben dies im Kern durchaus ernst gemeint. Der Satz freilich, "die Gesellschaft (regelt) die allgemeine Produktion" (ebd.) fließt allzu leicht aus der Feder, es wird so getan, als erledigten sich Produktion und Arbeit gewissermaßen von selbst. Wie eine solchermaßen vom Lustprinzip durchwirkte Gesellschaft es bewerkstelligen soll, alle die Annehmlichkeiten bereitzustellen, die für ein paradiesisches Dasein unumgänglich sind - und dazu zählt auch die Erledigung unangenehmer, mühseliger Arbeiten - bleibt unbeantwortet. Eine ernstzunehmende Alternative zur arbeitsteiligen Wirtschaft jedenfalls waren und sind solche romantisierenden Zukunftsbeschreibungen nicht. Arbeitsteilung und Produktivität gehören untrennbar zusammen; erst die Zergliederung der Arbeitsvorgänge hat die Voraussetzungen geschaffen, ein Sozialprodukt zu erzeugen, das zumindest dem Grunde (und der Menge) nach die Möglichkeit eröffnet, materielle Not in der Welt zu überwinden.

Industrialisierung und Arbeitsteilung haben die sozialen Probleme der Neuzeit nicht geschaffen, sondern allenfalls sichtbar gemacht. Vor allem aber haben sie die Chance eröffnet, sie zu beheben. Für viele Menschen bedeutete die anwachsende Industrie die einzige Möglichkeit, ihrem elenden Dasein zu entrinnen. Der ländliche (Wirtschafts)Raum war in der zweiten Hälfte des vorigen Jahrhunderts nicht mehr in der Lage, die um die Jahrhundertmitte Geborenen "voll aufzunehmen; die Überschüsse gingen nunmehr in die industrielle Bevölkerung der Standorte am Rande dieses Raumes" (KÖLLMANN 1976: 13). Dort waren die Lebensumstände zwar alles andere als rosig, aber: "Wenn auch die Einkommens- und Arbeitsverhältnisse weiterhin nur eine Lebensführung am Rande des Existenzminimums gestatteten, bedeutete doch die Industrialisierung Rettung vor der drohenden Verelendungskatastrophe" (a.a.O.: 15). Oder, wie es auf einer Tagung des Vereins für Sozialpolitik (siehe dazu auch *1.6.2*) im Jahre 1874 hieß: "Das ärmlichste Leben in der Stadt ist immer noch ein köstliches zu nennen gegen dasjenige, was in manchen ländlichen Bezirken besteht" (EGGEBRECHT u.a. 1980: 280).

Industrialisierung und Teilung der Arbeit sind deshalb weniger Menetekel denn Verheißung. Die durch sie geprägte Epoche war (und ist) auch kein "Jammertal", durch das die Menschheit hindurch muß(te), weil ihr "keine andere Wahl" blieb. Dieses Bild ist insofern schief, als die Menschen eben nicht aus lichten Höhen in die finsteren Ebenen kamen, sondern von anderen Jammertälern, aus denen sie Hunger, Hoffnungslosigkeit, Not und Verzweiflung weggetrieben hatten.

Diese erste Einschätzung leugnet nicht die Gefahren, welche der Erde und ihren Bewohnern durch die moderne Zivilisation gegenwärtig drohen. Doch zunächst ist der Blick nach rückwärts zu richten, um den Menschen der damaligen Zeit und ihren Beweggründen gerecht zu werden - ein gewissermaßen "zeitgenössisches" Vorgehen also, das sich gleichermaßen gegen die unechte Idealisierung der überkommenen Sozialgefüge wie gegen die unangebrachte Verteufelung der neuartigen Lebensumstände richtet.

1.3 Autonomes Vorspiel: Einzelbetriebliche Fürsorge am Beispiel Krupp

Weder staatliche Instanzen noch kollektive Selbsthilfeorganisationen (siehe dazu *Rückblick I)*) können für sich in Anspruch nehmen, verhältnismäßig ganzheitliche soziale Sicherungsmaßnahmen zugunsten abhängig Beschäftigter in Deutschland inauguriert zu haben. Das "Erstgeburtsrecht" an umfänglichen und systematischen, vor allem aber praktischen Antworten auf die "Arbeiterfrage" kann vielmehr eine Einzelperson für sich reklamieren: der Essener Fabrikant Alfred Krupp. Bereits 1836 - das von seinem Vater gegründete Unternehmen zählte noch keine 50 Beschäftigte - legte er mit der Errichtung einer Betriebskrankenkasse "den Grund für das umfassendste betriebliche Sozialwerk in Deutschland" (GLADEN 1974: 34). Krupp steht stellvertretend für eine ganze Reihe von Unternehmen und Unternehmern mit ähnlichen Maßnahmen und Einrichtungen, wie zum Beispiel Abbé (Zeiß Jena), Bosch (Stuttgart), von Stumm (Völklingen) und Brandts (Mönchengladbach).

Die Kruppsche "Hilfskrankenkasse in Fällen von Krankheit und Tod" enthält - und das macht sie auch für die spätere staatliche Sozialpolitik bedeutsam - bereits zu Beginn zwei Bestandteile, die bei Bismarck wiederkehren: anteilmäßige Finanzierung durch das Unternehmen und die versicherten Arbeitnehmer sowie eine Beteiligung der letztgenannten an der Verwaltung der Einrichtung. Später, im Jahre 1855, kamen weitere, die staatlichen Regelungen ebenfalls vorwegnehmende Bestimmungen hinzu: die Pflichtmitgliedschaft aller Beschäftigten (zuvor war die Zugehörigkeit zur Betriebskrankenkasse freiwillig) und die Bemessung der Beiträge und (Bar)Leistungen nach dem Arbeitsentgelt.

Die Kasse gewährte "Unterstützungen im Krankheitsfall, indem von ihr die Arzt- und Apothekerkosten übernommen und den erkrankten Versicherten ein Krankengeld etwa in Höhe eines halben Tagesverdienstes ausgezahlt wurde ... Etwaige Überschüsse der Kasse wurden einem Fonds zugeführt, aus dem Mitgliedern, 'wenn sie durch Alter, Unglücksfälle pp. arbeitsunfähig' wurden, Unterstützungen gezahlt werden sollten" (GLADEN 1974: 35 f.). Verstarb ein Werksangehöriger, erhielten seine Hinterbliebenen ein Sterbegeld.

1858 wurde ein "Pensionsreglement" geschaffen. Arbeiter, die mindestens 20 Jahre dem Unternehmen angehörten, erhielten eine Betriebspension: bei 20 - 24 Dienstjahren in Höhe des halben (letzten) Jahreslohns, bei 25 - 34 Dienstjahren zwei Drittel und bei mehr als 35 Dienstjahren den ganzen Lohn. Die Witwenpension betrug zwei Drittel der Pension des Mannes (siehe GLADEN 1974: 142).[1] 1860 wurden die Familienmitglieder auch in die Krankenversicherung einbezogen.

Bereits Mitte der fünfziger Jahre war das Kruppsche Sozialwerk um eine "Menage" erweitert worden, die ledigen Arbeitern Unterkunft und Verpflegung gewährte (sie beherbergte 1865 etwa 600 Mann). In den sechziger Jahren nahm die Firma den Werkswohnungsbau in Angriff. Die Errichtung einer Konsumanstalt verfolgte den Zweck, Belegschaftsangehörigen preiswerte Einkaufsmöglichkeiten zu verschaffen.[2]

Es braucht nicht besonders betont werden, daß der Unternehmer Krupp nicht allein aus Menschenfreundlichkeit handelte, wenn er seinen Arbeitern ein "Minimum an bürgerlicher Sicherheit" (KÖLLMANN 1965: 155) bot, sondern auch, wenn nicht in erster Linie, die Absicht verfolgte, durch "Maßnahmen sozialer Sicherung ... eine qualifizierte Stammbelegschaft für sein Unternehmen zu gewinnen" (GLADEN 1974: 34). Er handelte also durchaus "aus wohlerwogenem eigenen Interesse" (KÖLLMANN 1965: 155). Dennoch profitierten davon auch die Arbeiter und es dürfte nicht zu weit hergeholt sein, die Entstehung des identitätsstiftenden "Kruppianer"-Gefühls nicht zuletzt mit der betrieblichen Sozialpolitik in Verbindung zu bringen. Aus diesem Grunde ist es abwegig, zumindest überzogen, gegenüber diesen und ähnlichen sozialen Initiativen - auch wenn ihnen "ein tradiertes, patriarchalisch motiviertes Fürsorgedenken" (ebd.) zugrundelag - den Vorwurf zu erheben, sie hätten bezweckt, die Arbeiter mit "patriarchalischem Terror zu fesseln" (KUCZYNSKI 1962: 83).

Nicht zu leugnen ist allerdings, daß gerade die Inhaber von Firmen mit vorbildlichen Sozialeinrichtungen - offensichtlich gestärkt durch das Bewußtsein, ihre sozialen Pflichten, die sie sich selbst auferlegt hatten, angemessen, wenn nicht über Gebühr erfüllt zu haben - Rechte für sich beanspruchten, die später den Ausbau der

---

1 Nicht zufällig erinnern die Begriffe (Dienstjahre, Pension) an öffentliches Recht; wie ein Beamter dem Staat schuldete ein Krupparbeiter seinem Unternehmen Treue und erhielt dafür Schutz und Fürsorge.

2 Die Kruppsche "Consumanstalt" hatte einen grundsätzlich anderen Charakter als ähnliche firmeneigene Verkaufseinrichtungen aus früheren Zeiten, in denen Arbeiter, die einen Teil ihres Lohnes in Form von Warengutscheinen ausbezahlt bekamen, gezwungen waren, einzukaufen. Nicht selten erlangten Unternehmer auf diese Weise einen Extraprofit. Diesem Verfahren schob die Gewerbeordnung von 1849 mit dem "Truckverbot" einen Riegel vor; sie verpflichtete die Arbeitgeber, ihre Arbeiter grundsätzlich in "barem Gelde zu befriedigen".

staatlichen Sozialpolitik erschwerten.[1] Vor allem aber wandten sich diese Unternehmer "gegen die Arbeiterbewegung, das heißt gegen die Zusammenfassung der Arbeiterschaft in Organisationen, die ein Recht der kollektiven Mitbestimmung an der Gestaltung der Sozialverfassung beanspruchten" (HUBER 1969: 1130). Bei aller Fürsorge - oder besser, gerade wegen derselben: "Herr im eigenen Hause" wollte der Unternehmer Krupp schon bleiben.[2]

> "Der soziale Patriarchalismus, der diese ... Haltung kennzeichnete, war eine Art bevormundender Sozialfürsorge, aus der zwar für die auf solche Weise geförderte Arbeiterschaft viel Nutzen erwuchs, aus der aber eben das eine nicht entstehen konnte, auf das es entscheidend ankam: das Bewußtsein ... kein bloßes Objekt von Sozialmaßnahmen, sondern Subjekt im Rahmen einer auf Eigenständigkeit ihrer Glieder gegründeten Sozialverfassung zu sein" (HUBER 1969: 1130).

Typisch für die von Krupp und von Stumm repräsentierte Unternehmergruppe war, "daß sie die Notwendigkeit sozialer Hilfe für die Arbeiterschaft durchaus anerkannte und zu solcher Hilfeleistung auch unter hohem eigenem Aufwand bereit war" (ebd.). Aber diese Hilfeleistung hatte ihren Preis: er bestand in der Hinnahme politischer und kollektivrechtlicher Entmündigung. Wer nicht bereit war, diesen Preis zu zahlen, wurde unnachsichtig bestraft und verfolgt. Gerade Krupp und Stumm

> "gingen gegen ihre sozialdemokratischen Arbeitnehmer vor. Krupp forderte die ... Unternehmer ... auf, die in der sozialistischen Agitation tätigen Arbeitnehmer zu entlassen. Stumm brachte ... eine Vereinigung der Kohlenzechen und Hüttenwerke des Saargebiets zur Bekämpfung der Sozialdemokratie zustande. Das Komitee dieser Vereinigung rief die Unternehmer ... auf, alle Arbeitnehmer zu entlassen oder von der Einstellung auszuschließen, die an der sozialdemokratischen Agitation teilnahmen, sozialdemokratische Versammlungen besuchten, sozialdemokratische Zeitungen hielten oder Wirtschaften aufsuchten, in denen solche Zeitungen auslagen ... Es ist schwer zu begreifen, daß die Unternehmer ... durch ihre Knebelungsmaßnahmen das Werk der gesellschaftspolitischen Befriedung, das sie mit ihren Sozialmaßnahmen erstrebten, selber zunichte machten" (HUBER 1969: 1152 f.).

Doch auch die betriebliche Sozialpolitik *als solche* vermochte den Arbeitnehmerbedürfnissen in einer sich entwickelnden Industriegesellschaft auf Dauer nicht gerecht zu werden. Die mit der Betriebssozialpolitik verknüpften engen personalen Abhängigkeiten, Bindungen, Verhaltenserwartungen und -vorschriften bildeten einen Hemmschuh für Mündigkeit und Freizügigkeit der Arbeitnehmer, paßten nicht in eine von zunehmendem Selbstbewußtsein der Arbeiter und ihrer Organisationen geprägte soziale Landschaft. Berücksichtigt man darüber hinaus, daß in der Regel nur große Unternehmen sich umfängliche betriebliche Sozialleistungen leisten konnten, so wird deutlich, daß der Versuch, die sozialen Probleme der Arbeiter auf betrieblicher Ebene zu lösen, sich als untauglich erweisen mußte.

---

1 So kritisierten von Stumm und Krupp (Friedrich Alfred, der Sohn von Alfred), beide Mitglieder des Preußischen Staatsrats, im Jahre 1890 die sozialpolitischen Pläne Wilhelms II. (siehe HUBER 1969: 1219). Vgl. auch *2.3*.

2 "In einer berühmt gewordenen Erklärung gab Alfred Krupp das Stichwort aus, der deutsche Unternehmer sei entschlossen, 'Herr im eigenen Haus' zu bleiben" (HUBER 1969: 1130).

1.4 Revolutionäre Antworten auf die Arbeiterfrage

1.4.1 Die Mission des Vierten Standes

Hat das vorige Jahrhundert auch nicht das Elend auf die Welt gebracht, so ist es doch geprägt von einschneidenden ökonomisch-sozialen Veränderungen. Der Akkumulation des Kapitals entsprach zwar keineswegs, wie Marx prophezeit hatte, die Akkumulation des Elends der Arbeiter, aber doch ein beispielloses zahlenmäßiges Anwachsen dieses Bevölkerungssegments. Das Zerbrechen der Zünfte hatte den Gesellen, die zuvor noch darauf hoffen konnten, über kurz oder lang aus dem Status des Befehlsempfängers in denjenigen des Befehlenden überzuwechseln, mit bisweilen brutaler Deutlichkeit gezeigt, daß die übergroße Mehrzahl von ihnen auf Dauer Untergebene bleiben würde. Die sozialen Aufstiegsträume zerrannen, es blieb nichts anderes übrig, als sich auf ein lebenslanges Arbeiterdasein einzurichten. Für die Menschen, die vom Lande in die Städte strömten, war die Erziehung zur industriellen Arbeit weniger ein Status- als ein fachliches Problem. Gehorchen hatten sie gelernt, das war nichts Neues. Der Arbeitsablauf jedoch stellte sich in der Regel als so fremdartig dar, daß bisweilen jeder Handgriff neu erlernt werden mußte.

Auch wenn, bedingt schon durch diese unterschiedliche Herkunft, die Arbeiterschaft nie eine homogene Struktur aufwies, so produzierte die vergleichsweise einheitliche Lebenslage doch so etwas wie ein einheitliches Lebensgefühl. Aus den Berufsständen der Arbeitenden sonderten sich die abhängig Beschäftigten ab - oder wurden ausgesondert - und es entstand die Arbeiterklasse, im marx'schen Sinne zunächst "an sich", zunehmend auch "für sich".[1]
Der neuen Klasse wies Marx eine schier übermenschliche Aufgabe zu. Der behauptete physische Ruin und die angeblich damit einhergehende geistige Kasteiung des Arbeiters hatten es wundersamerweise nicht geschafft, den Gegenstand der Zerstörung zu einem willenlosen Objekt gesellschaftlicher Mächte werden zu lassen, im Gegenteil: zwar nicht der Arbeiter als Person, aber doch die Klasse, der er angehört, hat nach Marx eine weltgeschichtliche Mission zu erfüllen. Und zwar nicht irgendeine, sondern *die* weltgeschichtliche Mission: mit der Eroberung der Macht durch das Proletariat und der Abschaffung des Privateigentums an den Produktionsmitteln endet nicht nur eine Epoche, sondern nicht weniger als die Vorgeschichte der Menschheit. Erst jetzt beginnt ihre "eigentliche Geschichte".

Diese der unterdrückten sozialen Schicht übertragene Rolle, ihre Funktion als wichtigster Akteur der bisherigen Menschheitsgeschichte, hat mehrere, großenteils frag-würdige geistesgeschichtliche Wurzeln. Eine davon ist die These des Grafen Henri de Saint-Simon, wonach es in jeder Gesellschaft Nutznießer und Leidende gebe und die jeweils neue Gesellschaftsordnung aus deren Kampf hervorgehe. "Dem später im Kommunistischen Manifest niedergelegten Gedanken, daß alle Geschichte sich in

---

1 Marx unterschied Klasse *an sich*, worunter die bloße Existenz einer Menschenmasse in gleichgelagerten ökonomischen Lebensumständen verstanden wird, und Klasse *für sich*, bei der diese Lebensumstände in das subjektive Denken, Fühlen und Handeln einfließen.

Klassenkämpfen bewege, sind schon Saint-Simon und ... seine Schüler ... nahegekommen" (HOFMANN 1979: 47).

MARX und ENGELS (1971: 462) begriffen Geschichte in erster Linie als Abfolge von Klassenauseinandersetzungen:

> "Die Geschichte aller bisherigen Gesellschaft ist die Geschichte von Klassenkämpfen. Freier und Sklave, Patrizier und Plebejer, Baron und Leibeigener, Zunftbürger und Gesell, kurz, Unterdrücker und Unterdrückte, standen in stetem Gegensatz zueinander, führten einen ununterbrochenen ... Kampf, der jedesmal mit einer revolutionären Umgestaltung der ganzen Gesellschaft endete oder mit dem gemeinsamen Untergang der kämpfenden Klassen."

Einfügung I: Oben und Unten und ihre Rolle in der Geschichte

Daß es in jeder Gesellschaftsordnung - wahrscheinlich bis ans Ende aller Tage - Nutznießer und Leidende im Sinne Saint-Simons gibt und geben wird, sei unbestritten. Aber ebenso unstrittig ist, daß die Leidenden, die Unterdrückten, die Gebeutelten, die Genasführten es nur selten geschafft haben, den Sieg zu erringen. Sie hatten wohl das Recht, die Gerechtigkeit, die Moral und höchstwahrscheinlich auch den Herrgott auf ihrer Seite: zum Sieg hat es dennoch nicht gereicht. Die Schwäche ihrer Lage hat sich in die Auseinandersetzung fortgepflanzt, ihre allgemeine Hilflosigkeit fand ihre Entsprechung in der Überforderung in der Kampfsituation. Woher auch sollten die Fähigkeiten kommen, die ihnen schon im alltäglichen Überlebenskampf fehlten, um sich nach oben durchzuboxen - die jedoch nötig gewesen wären, um die Herren zu besiegen?

Deshalb haben weder die Sklaven mit Spartacus noch die Bauern mit Thomas Münzer die entscheidenden Schlachten gewonnen. Wut und Empörung können fehlende Strategie und Taktik nur bedingt wettmachen, Leiden erzeugt nicht notwendigerweise Kompetenz.[1] *Verletzte Gerechtigkeit - was immer das sei - symbolisiert immer auch Ohnmacht. Die Macht, welche die Gerechtigkeit zu verletzen imstande ist, verfügt auch über die Mittel, ihre Herstellung zu verhindern. Die kleinen Leute sind nicht die Weichensteller der Weltgeschichte, allenfalls unentbehrliche ge- und mißbrauchte Hilfstruppen, wie etwa in der Französischen Revolution, wo sie entscheidend dazu beigetragen hatten, das feudale Regime zu beseitigen und die Bourgeoisie ökonomisch und politisch zu etablieren. Sie selbst blieben auf der Strecke. Angehörige des Dritten Standes waren sie nur so lange, bis dessen Wortführer fest im Sessel saßen. Während letztere die Stufen der Macht hinaufkletterten, rutschten die wirtschaftlich Schwachen des Dritten Standes auf der Gesellschaftsleiter unversehens eine Sprosse tiefer: der Vierte Stand war geboren, die (Mit)Erlöser des Menschengeschlechts, die Demiurgen von Freiheit, Gleichheit und Brüderlichkeit waren wieder dort, woher sie kamen und wo sie nach Auffassung ihrer früheren Mitkombat-*

---

1 "Den Bauernhaufen fehlte es nicht an Zahl, auch nicht an Bewaffnung, Artillerie war vorhanden. Viele Bauern waren als ehemalige Landsknechte kriegsgeübt. Aber aus den Haufen wuchsen nur selten Führungspersönlichkeiten heraus, denen alle bedingungslos folgten, und Feldherrnkunst mangelte ihnen gänzlich" (ACHILLES 1988: 79).

tanten wohl auch hingehörten: ganz unten. Die Brüderlichkeit sah sich wieder abgelöst durch die Herr-lichkeit, der levée en masse folgte der massenhafte soziale Abstieg.

Man mag es aus tiefstem Herzen bedauern: an die Stelle der alten Regime treten, zumindest auf lange Sicht, nicht "gerechtere", sondern effizientere Systeme. Deswegen realisiert sich in der Geschichte auch kein "Weltgeist", sondern allenfalls ein geistiges Prinzip, das demjenigen zum Sieg verhilft, der den größten gesamtgesellschaftlichen Nutzen verspricht.

Nicht nur bei Marx mutiert der - durch die Arbeitsteilung doch angeblich in jeder Hinsicht verunstaltete - Arbeiter als sozialökonomische Kategorie unversehens zum weltgeschichtlichen Akteur, vom Monster zum Mythos, sozusagen. Auch bei anderen zeitgenössischen sozialkritischen Autoren, wie zum Beispiel Dietzgen, wird der Arbeiter zur Lichtgestalt: "Der Mensch des vierten Standes ist endlich reiner Mensch. Sein Interesse ist nicht mehr Klassen-, sondern Masseninteresse, Interesse der Menschheit" (siehe HOFMANN 1979: 87). Und selbst der besonnene Born, Mitbegründer der Allgemeinen Deutschen Arbeiterverbrüderung, der ersten zentralen sozialpolitischen Vertretung der Arbeiter[1], vertrat die Auffassung, daß mit der Etablierung des Vierten Standes als entscheidender gesellschaftlicher Kraft "endlich der Mensch überall sich zur Geltung bringen werde" (siehe QUARCK 1924: 388).

Es ist ein einziges Kriterium, auf das sowohl bei Marx als auch den anderen Autoren ihre Gewißheit oder Hoffnung - besser vielleicht: Gläubigkeit[2]- bezüglich der Sendung der Arbeiterklasse gründet: das Nichtvorhandensein von Privateigentum an Produktionsmitteln bei dieser sozialen Schicht. Der Mensch des Vierten Standes ist deshalb erstmals in der Menschheitsgeschichte reiner *Mensch, weil sein Wollen und Wirken nicht mehr interessen-getrübt ist. Auch im Erkennen der Wahrheit und der Wirklichkeit ist er frei: wie immer das Ergebnis seines Denkens ausfällt, es fügt ihm keinen Schaden zu. Er hat nichts zu verlieren - nur seine Ketten.*

---

1 Vgl. ABENDROTH (1965: 31): "Einzig in der Arbeiterverbrüderung Stefan Borns kam es ... zu selbständigen sozialpolitischen Unternehmungen der Arbeiter." Siehe auch S. 27 f..

2 Marxismus, dialektischer und historischer Materialismus, "wissenschaftlicher" Sozialismus usw. haben nur beschränkt mit Wissenschaft zu tun. "Eine wissenschaftliche Erklärung des sozialen Lebens ist zunächst auf die objektiven Sachverhalte der Gesellschaft gerichtet. Durch vertiefende Deutung und Analyse solcher Sachverhalte gelangt man zu allgemeineren theoretischen Einsichten. Diese sind an der Wirklichkeit und ihrem Wandel stets neu zu kontrollieren. So findet man zu einer empirisch begründeten Theorie" (HOFMANN 1969: 16). - Eine solche verkörpert der Marxismus nur eingeschränkt. In erster Linie ist er eine Weltanschauung mit zahlreichen mehr oder weniger überzeugenden Axiomen, zu denen auch tragende Fundamente der Lehre gehören, wie die Hegelsche Dialektik, der philosophische Materialismus und die Arbeitswerttheorie Ricardos. Bereits zu Beginn dieses Jahrhunderts hatte Bernstein vor einer Kanonisierung des sozialistischen Lehrgebäudes gewarnt: "Der Titel Wissenschaftlicher Sozialismus verführt ... zu der Auffassung, als wolle oder solle der Sozialismus als Theorie reine Wissenschaft sein. Diese Vorstellung ist nicht nur irrig, sie birgt auch für den Sozialismus eine nicht geringe Gefahr. Denn sie ist sehr geeignet, ihm gerade das zu rauben, was eine der vornehmsten Bedingungen wissenschaftlichen Urteils ist: die wissenschaftliche Unbefangenheit. Jeder Satz im gegebenen Lehrgebäude des Sozialismus wird alsdann in der Form, die er einmal erhalten, für ein unersetzliches Glied in der Kette der sozialistischen Beweisführung gehalten" (zit. bei MEYER u. a. 1984: 235 f.).

Gefühllos, wer sich von solchen Gedanken nicht anrühren läßt. Die Assoziation "reiner Mensch - reine Unschuld" drängt sich auf; zum ersten Mal scheint der gute und gerechte Mensch möglich. Die Gedemütigten beschämen ihre Peiniger, indem sie nicht, wie alle ihre Vorgänger, im Falle des Sieges auch nur wieder ihre egoistischen Bedürfnisse befriedigen, sondern die Voraussetzungen für eine allgemeine Volkswohlfahrt ohne alle Privilegien schaffen. (Daß hier auch quasi-religiöse Elemente eine Rolle spielen - Erlösung der Menschheit durch die Elendsten, Ärmsten - liegt auf der Hand).

Der Denkfehler in diesem Modell besteht darin, daß es nirgendwo in der Weltgeschichte einen Präzedenzfall dafür gab und gibt, wonach die Auswechslung nur eines *sozialökonomischen Faktors - und sei er noch so gesellschaftsprägend - solche eruptiven Veränderungen nach sich gezogen hätte. Dem kann zwar entgegengehalten werden, daß alle bisherigen bekannten Menschheitsepochen eben mit dem Fluch des Privateigentums geschlagen und schon deshalb grundlegende Reformen unmöglich waren. Überzeugend ist dieses Argument nicht; es macht nur die Mystifizierung eines Bedingungsfaktors menschlicher Existenz besonders deutlich.*

Eine solche Auffassung mißachtet auch in hohem Maße die bisherigen Leistungen des Menschengeschlechts. Wer die Menschheitsgeschichte in eine minderwertige Vorgeschichte und die "eigentliche", noch bevorstehende Geschichte unterteilt, gibt der Vorgeschichte den Charakter eines Vorlaufs, einer Probe, der die richtige Aufführung erst noch folgt. Zu einem solchen Geschichtsverständnis beigetragen hat auch die "Aufklärung", welche die Menschheitsgeschichte aufteilte in (vergangene) Epochen der Ignoranz und (jetzige oder zukünftige) des Wissens. Dazu paßt in besonderer Weise das Bild vom "finsteren" Mittelalter (und auch die "graue Vorzeit" bezeichnet begrifflich eine Epoche, in der eine dumpfe Menschheit in ihre eigentliche Geschichte noch gar nicht eingetreten ist).

In Wahrheit gibt es keine finsteren und hellen Zeitalter. Die Menschheit befand sich im großen und ganzen immer in dem Zustand, der ihr möglich war, zumindest hatten alle bisherigen Gesellschaftsformationen nachvollziehbare Ursachen und Gründe. Deshalb führt zum Beispiel auch die Kantsche Behauptung von der "selbstverschuldeten Unmündigkeit" in die Irre: fehlende Mündigkeit ist entweder die Folge eines Oktroi oder Ergebnis eines Verzichts, für den im Gegenzug Schutz gewährt wird. In beiden Fällen ist eine Schuldzuweisung fehl am Platze.

Jedwede Reform oder besser: Revolutionierung der Gesellschaft "aus einem Punkt" muß deshalb scheitern, weil sie glaubt, die vielfältigen Ursachen, die zum jeweiligen Istzustand einer Gesellschaft geführt haben, auf eine einzige reduzieren zu können. Treffend hat Moeller van den Bruck (siehe FROMM 1936: 118 f.) ein Geschichtsverständnis kritisiert, das glaubt, die vergangenen Epochen ignorieren zu können:

> *"Der revolutionäre Mensch lebt in dem Wahne, dass mit diesem Zusammenbruche der Augenblick gekommen sei, von dem ab das Dasein nach einer völlig neuen Bewertung eingerichtet werden könne, nach Gesetzen, die in seinem Kopfe entstanden sind, die sich schon der Gegenwart aufzwingen lassen und die mit der Wucht eines Einschnittes, wie ihn noch kein Ereignis der Geschichte besass, die Vergangenheit als die geschichtliche aber unglückliche Zeit von der Zukunft*

als der geschichtslosen aber glücklichen Zeit trennen werden ... Aber gegen die Anmassung dieses Wahnes erhebt sich die Kontinuität der menschlichen Geschichte, die als konservatives Bewegungsgesetz an demselben Tage wieder einsetzen würde, an dem für einen Augenblick, wie wir annehmen wollen, dem revolutionären Menschen gelungen wäre, die 'bisherige Gesellschaftsordnung' nun tatsächlich und mit Gründlichkeit und unter scheinbarer Vernichtung ihrer letzten Spuren 'umzustürzen'. Die Zeitalter, die man abgelaufen wähnte, würden sich für die Vergewaltigung rächen, die ihrem letzten geschah. ... Und die Toten, die man nur tot sagte, würden wieder zu leben beginnen".

Man muß den Verfasser, seine Absichten und Verehrer nicht mögen: seinen Worten ist großenteils beizupflichten - auch wenn Fromm eben diesen Abschnitt als ebenso typisches wie abschreckendes Beispiel für die Denkweise des "autoritären Charakters" anführt (siehe 4.1.2). Auch der (revolutionäre) Arbeiter ist ein Produkt der gesamten Menschheitsgeschichte, ihrer Irritationen und Verwerfungen, die nicht aus der Welt sind, wenn ein *Bedingungsfaktor menschlicher Existenz wegfällt. Das häßliche Entlein wird nur im Märchen zum Schwan und ein lebenslang Gedemütigter verwandelt sich nicht in einen edlen Ritter, wenn die Pressionen entfallen.*

Revolutionäre, die glauben, am Tag X alles umkrempeln zu können, abstrahieren von den wirklichen Menschen. Sie hängen einem Hirngespinst nach, propagieren ein säkularisiertes Paradies (in dem reale Menschen später dann eher stören)[1] *und dessen Anforderungen auch sie selbst nur in den allerseltensten Fällen entsprechen. Allerdings kommen wirkliche Menschen in den radikalen Gesellschaftsentwürfen des 18. und 19. Jahrhunderts als Wesen aus Fleisch und Blut kaum vor, allenfalls als literarische Kunstfiguren oder soziologische Kategorien. Sie sind Manövrier- und Knetmasse in den Köpfen und Händen von Intellektuellen - die dann gelegentlich aber auch die Katze aus dem Sack lassen. So sind Arbeiter nach marxistisch-leninistischer Auffassung zur "richtigen Erkenntnis" von sich aus intellektuell gar nicht in der Lage, sie muß ihnen von außen vermittelt werden*[2] *- womit den entscheidenden Akteuren der Weltgeschichte eine doch eher kärgliche geistige Ausstattung bescheinigt wird. Aber die Arbeiter sollen sich ja auch nur bewegen, die Richtung wird ihnen dann schon - von anderen - gewiesen.*

1.4.2 Der Staat als Herrschaftsinstrument des Kapitals

Vom Staat hatte die Arbeiterschaft nach marxistischer Auffassung nichts zu erwarten. Als Element des Überbaus besitzt er keine eigentliche Originalität; entstanden

1 So hat Brecht bekanntlich seiner Regierung nach dem 17. Juni 1953 vorgeschlagen, sich "ein anderes Volk zu wählen".

2 MARX (1966: 434) hatte noch vergleichsweise zurückhaltend formuliert: "Es gibt keine Landstraße für die Wissenschaft, und nur diejenigen haben Aussicht, ihre lichten Höhen zu erreichen, die die Mühe nicht scheuen, ihre steilen Pfade zu erklimmen." Doch selbst diese nicht besonders verlockende Aussicht für das Fußvolk hatte LENIN (siehe 1970: 166 f., 211) noch weiter verdüstert, als er den Arbeitern die Fähigkeit bestritt, aus eigenem Vermögen mehr als ein trade-unionistisches, also gewerkschaftliches (Selbst)-Bewußtsein entwickeln zu können. Die wahre Erkenntnis müsse ihnen "von außen gebracht werden", zum geistigen Erfassen der Gesamtwirklichkeit seien sie ohne Beistand der (bürgerlichen) Intelligenz nicht in der Lage.

im Verlauf und im Gefolge der ökonomischen Entwicklung, wechselt(e) er seine Gestalt und seine Nutznießer nicht nach eigenem Belieben, sondern nach wirtschaftlichen Erfordernissen. Der Staat hat demnach zwar eine Geschichte, ist aber nicht ihr Herr; seine jeweilige Erscheinungsform widerspiegelt lediglich ökonomische Grundsachverhalte und -bedürfnisse.

"Die bisherige, sich in Klassengegensätzen bewegende Gesellschaft", schrieb ENGELS (1972 a : 261), "hatte den Staat nötig, das heißt eine Organisation der ... ausbeutenden Klasse zur Aufrechterhaltung ihrer äußern Produktionsbedingungen, also namentlich zur gewaltsamen Niederhaltung der ausgebeuteten Klasse in den durch die bestehende Produktionsweise gegebnen Bedingungen der Unterdrückung (Sklaverei, Leibeigenschaft oder Hörigkeit, Lohnarbeit). Der Staat war der offizielle Repräsentant der ganzen Gesellschaft, ... aber er war dies nur, insofern er der Staat derjenigen Klasse war, welche selbst für ihre Zeit die ganze Gesellschaft vertrat: im Altertum Staat der sklavenhaltenden Staatsbürger, im Mittelalter des Feudaladels, in unsrer Zeit der Bourgeoisie."

Auch wenn der Staat demnach seinem ureigensten Wesen nach ein Instrument der herrschenden Klasse ist, so heißt das nicht, daß er Maßnahmen gegen einzelne oder Gruppen von Kapitalisten prinzipiell und generell zu unterlassen habe. Bereits im "Kommunistischen Manifest" wird die "moderne Staatsgewalt" als ein "Ausschuß" apostrophiert, der die "gemeinschaftlichen Geschäfte der ganzen Bourgeoisklasse verwaltet" (MARX, ENGELS 1971: 464). Es kann durchaus notwendig sein, daß der Staat im wohlverstandenen Interesse der Gesamtbourgeoisie Aktivitäten einzelner Bourgeois unterbindet oder einen verbindlichen Bezugsrahmen für kapitalistisches Handeln setzt und dessen Einhaltung überwacht; er wird dann als der "ideelle Gesamtkapitalist" (ENGELS 1972 b: 222) tätig. Der Unterdrückungscharakter und die grundsätzlich herrschaftsorientierte Handlangerfunktion des Staates werden dadurch jedoch nicht berührt. Folgerichtig galt Marx' schärfste Kritik der Forderung im Gothaer Programm nach dem "freien Staat" (obwohl bereits im Eisenacher Programm 1869 vom "freien Volksstaat" die Rede gewesen war, siehe dazu *1.5.2*). Der Staat war und blieb das Instrument der jeweils herrschenden Klasse; jedweder Glaube an eine interessenausgleichende Schiedsrichter-Funktion des Staates war trügerisch. Der Gedanke "an eine der gegebenen Staatsordnung durch Reform einzufügende Sozialverfassung hatte im Weltbild des Marxismus keinen Raum" (HUBER 1969: 1128).

Nachdem marxistisches Denken in der deutschen Sozialdemokratie - zumindest in deren Programmatik - Ende der siebziger, Anfang der achtziger Jahre des vorigen Jahrhunderts zunehmend an Einfluß gewann (siehe S. 32 ff.), war klar, daß die bedeutendste politische Organisation der Arbeiterschaft sich die Lösung der "Arbeiterfrage" nur im Rahmen einer revolutionären Veränderung der Gesamtgesellschaft vorstellen konnte; eine Fortentwicklung oder Reform des gegebenen Systems kam nicht in Frage. Instrument der revolutionären Veränderung war die Sozialdemokratische Partei. Die Genossen fügten sich ein in eine immer stärker werdende Organisation, gaben damit aber auch teil- und zeitweise ihren politischen Eigen-Willen ab, legten ihn in andere Hände.

Es war nicht zuletzt dieses Repräsentations- und Stellvertreterdenken, aber auch der intellektuelle Dünkel mancher Partei-Repräsentanten, die einfachen Menschen eine nur beschränkte geistige Aufnahmefähigkeit attestierten und zutrauten (siehe oben), zu denen eine andere revolutionäre Bewegung - der Anarchismus - in entschiedenen Gegensatz treten sollte. Das Augenmerk nur auf die aggressiv-zerstörerische Seite dieser politischen Idee und Bewegung zu legen, wie es gewöhnlich geschieht, würde ihr nicht gerecht. Die gleiche Aufmerksamkeit verdienen die Betonung des Wertes einer unmittelbaren politischen Partizipation und der Respekt vor dem Volkswillen, die Achtung und Hinnahme der Volkssouveränität durch diese politische Lehre.

1.4.3 Anarchismus - Bakunin und Kropotkin als Beispiele

Bakunin, eine der herausragenden Gestalten des theoretischen Anarchismus im neunzehnten Jahrhundert, leugnete 1871 nicht Gemeinsamkeiten zwischen Marxisten und "revolutionären Sozialisten", wie er seinesgleichen nannte (siehe dazu und zum folgenden HOFMANN 1979: 204 f.). Es sei dies vor allem das gemeinsame Vertrauen in die "Wissenschaft, welche den Aberglauben töten und den Glauben ersetzen soll". Doch während die Marxisten, so Bakunins Vorwurf, diese Erkenntnisse "aufzwingen" wollten, würden sich die revolutionären Sozialisten bemühen, sie zu

> "propagieren, damit die Gruppen überzeugter Menschen sich spontan und frei organisieren und föderieren, von unten nach oben, durch ihre Eigenbewegung und ihren wirklichen Interessen entsprechend, nie aber nach einem vorher entworfenen Plan, der den unwissenden Massen durch einige höhere Intelligenzen aufgezwungen wird. Die revolutionären Sozialisten denken, daß viel mehr praktische Vernunft und Geist in den ... Bedürfnissen der Volksmassen liegen, als in der tiefen Intelligenz all dieser Ärzte und Vormunde der Menschheit, die die Prätention erheben, den vielen verfehlten Versuchen, die Menschheit zu beglücken, noch ihre Bemühungen hinzuzufügen."

Das Ernstnehmen des geäußerten Volkswillens verbindet sich bei dieser Aussage mit einer Absage an intellektuelles Überlegenheitsgetue und missionarisches Sendungsbewußtsein von Nichtbetroffenen. Niemand bedarf der Artikulationshilfe, keinem muß der rechte Weg gewiesen werden. Die Antworten auf die drängenden Fragen findet jeder selbst. Bakunin steht hier ganz in der Tradition Proudhons, dem die Revolution von 1848, "durch Advokaten hervorgerufen, durch Künstler vollbracht, von Poeten geleitet", wie ein "Fieberanfall" erschien (siehe HOFMANN 1979: 63), nicht aber als ein Aufstand des Volkes.

Während solche Gedankengänge, die die Volkssouveränität ernstnehmen, auch heutzutage durchaus sympathisch zu berühren vermögen, bewegt sich die sonstige anarchistische Vorstellungswelt so sehr außerhalb der Norm, daß wiederum allenfalls solche Kreise Zugang zu ihr finden, die Proudhon für den "Fieberanfall" von 1848 verantwortlich machte. Dies gilt in erster Linie für die mythische Gestalt des anarchistischen Revolutionärs:

> "Der Revolutionär betrachtet alles als moralisch, was zum Triumph der Revolution verhilft; weiche und entnervende Gefühle der Verwandtschaft, Freundschaft, Liebe, Dankbarkeit, ja selbst der Ehre müssen in ihm erstickt werden von einer kalten Leidenschaft für die revolutionäre Sache. Tag und Nacht muß er einen Gedanken, ein Ziel haben - erbarmungslose Zerstörung" (siehe HOFMANN 1979: 204).

Die "Zertrümmerung der Staaten", den Ersatz der "kaiserlichen" durch die "eidgenössische", der autoritären durch die freiheitliche Tradition: darin besteht auch für Kropotkin die Lösung der sozialen Frage seiner Zeit (siehe dazu und zum folgenden HOFMANN 1979: 205). Doch er verfällt damit einem ähnlichen Fehlschluß wie die Marxisten, nämlich dem Irrglauben, durch strukturelle Veränderungen - und dazu zählt auch der Verzicht auf jedwede (Staats)Struktur - einen neuen Menschen schaffen oder besser: den *eigentlichen* Menschen zum Vorschein und zu sich selbst kommen zu lassen. Auch diese Erwartung verkennt, daß die fehlende Glückseligkeit viele Wurzeln hat; die Hoffnung auf eine "Reform aus einem Punkt" trügt auch hier. Die Kennzeichnung des Staates als eines Gebildes, das, wie Kropotkin meint, "das individuelle Leben zermalmt" und die menschliche Entfaltung verhindert, ist einseitig. Sie unterschlägt, daß der Staat seine Entstehung nicht zuletzt dem Umstand verdankt, daß der Mensch mit seinesgleichen nur schwer zurechtkommt. Die kropotkinsche These, wonach die "gegenseitige Hilfe" zu den natürlichen Wesenszügen des Menschen zähle, erscheint eher als eine Wunschvorstellung denn als eine empirisch belegbare Tatsache.

Ein staatenloser Zustand ist mit wirklichen Menschen nur schwer vorstellbar. Die neue Gesellschaftsstruktur, nach Kropotkin gekennzeichnet durch "das Aufkeimen neuen Lebens in tausend und abertausend Zentren, gegründet auf die lebendige Initiative des einzelnen und der Gruppen und auf die freie Vereinigung" wird, wenn überhaupt, nicht mit Homunculi realisiert werden können, sondern nur mit den vorhandenen, vielfach beschädigten, oft verstörten und hilflosen realen Menschen. Kein Phönix wird aus der Asche erstehen, sondern eher flügellahme, arg zerzauste und orientierungslose Wesen würden versuchen müssen, mit sich und anderen zurecht zu kommen. Und einiges spricht dafür, daß gerade die Schwachen unter ihnen ohne den Beistand eines wie auch immer gearteten, aber mit Autorität versehenen Gemeinwesens den kürzeren ziehen würden .

Was - bei aller Kritik - der Mehrzahl der Anhänger der marxistischen und wohl auch der anarchistischen Lehre nicht abgesprochen werden sollten, sind persönlicher Mut und charakterliche Integrität. Es ist *eine* Sache, soziale Theorien und Bewegungen zu analysieren und zu sezieren, selbstredend auch mit dem (Besser)Wissen um die inzwischen stattgefundenen (Fehl)Entwicklungen und Verwerfungen - eine andere, dem oftmals opferbereiten Eintreten für eine als richtig erkannte Sache, gegen die Mächtigen und ein Heer selbstzufriedener, selbstgerechter Mitläufer des etablierten Systems, den Respekt nicht zu versagen (man lese etwa die Schrift von FIGNER: 1981). Doch selbst wenn es manchen Leser auch an dieser Stelle schmerzen mag: der opportunistische, ja duckmäuserische, sich stets anpassende, nur seinen materiellen Eigennutz bedenkende Kleinbürger kann *politisch* recht haben und der mutige, sich aufopfernde, das eigene materielle Wohlbefinden hintanstellende politisch Handelnde kann irren - vor allem dann, wenn er einem schwärmerischen Trug-Bild des "Menschen an sich" anhängt.

1.5 Reformistische Antworten auf die Arbeiterfrage

1.5.1 Fourier, Owen, Born, Lassalle

"Gesellschaftliche Reform ohne Revolution - Verwirklichung der Ordnung der Gerechtigkeit und der Freiheit - Organisation der Industrie - Vergesellschaftung des Kapitals, der Arbeit und des Talents" - so lautete die Kopfspalte der 1836 bis 1840 erschienenen Zeitschrift der Fourieristen, der "Phalange".

Die "Vergesellschaftung" des Kapitals, der Arbeit und des Talents sollte nach Fourier (1772 - 1837) innerhalb der Produktivassoziation erfolgen (wobei er seinen drei Produktionsfaktoren durchaus originelle Anteile zuwies: fünf Zwölftel der Arbeit, vier Zwölftel dem Kapital, drei Zwölftel dem Talent). In der Schaffung von Produktivassoziationen, landwirtschaftliche und gewerbliche Arbeit verbindenden Gemeinschaften von Erzeugern, sah Fourier den Hebel zur wirklichen Veränderung der Gesellschaft, im Gegensatz zu den politischen Oberflächenrevolutionen (siehe auch Proudhon). Mit den Assoziationen würden sowohl die verderblichen Wirkungen der Einzelkapitale aufgehoben als auch der parasitäre Handel, den Fourier verabscheute, verschwinden. Denn die Produzenten arbeiten nicht nur zusammen, sondern leben und verbrauchen auch gemeinsam, in "Phalangen". Den noch erforderlichen Warenaustausch zwischen diesen regelt eine "wirtschaftlich-politische Obergewalt, so daß es auch hier nicht zu privatem Handel kommt" (HOFMANN 1979: 59).

Es ist die Macht des positiven Beispiels, das die friedliche, aber *tatsächliche* Reform der Gesellschaft bewirken wird; die Anziehungskraft der Phalangen steht für Fourier außer Frage. Allerdings müsse der Staat, vor allem am Anfang, einspringen und finanzielle Hilfe leisten, etwa mittels Bereitstellung von Krediten.

Diese Vorstellung einer allmählichen sozial-ökonomischen Umgestaltung, ohne voraufgegangene Zerschlagung vorhandener Strukturen, teilt Fourier mit zahlreichen anderen Sozialreformern seiner und der nachfolgenden Zeit. Besonders hervorzuheben sind Owen (1771 - 1851) in England sowie Born (1824 - 1898), Lassalle (1818 - 1864) und Bernstein (1850 - 1932) in Deutschland.

Owen vor allem ist deshalb eine so beeindruckende Gestalt, weil er nicht nur das nach seiner Meinung Richtige verkündet, sondern auch - großenteils erfolgreich - zu realisieren versucht hat. Er war nicht in erster Linie Prediger, sondern Praktiker, eine gelungene und sehr seltene Symbiose von Theorie und Praxis. Aus kleinen Verhältnissen stammend, wurde er zu Beginn des 19. Jahrhunderts einer der "erfolgreichsten Fabrikanten seiner Zeit" (HOFMANN 1979: 34). Obgleich - oder weil - er in seinen Produktionsstätten Arbeitsbedingungen schuf, von denen die Arbeiter anderswo nur träumen konnten (zum Beispiel Acht-Stunden-Tag, Arbeitsschutzmaßnahmen, Fürsorge für Mütter und Kinder, Bereitstellung von Werkswohnungen) florierten seine Unternehmungen.

Eine bessere Gesellschaftsordnung ist für Owen nicht mit moralischen Appellen zu erreichen. Da das Verhalten der Menschen von den Umständen abhängt, unter denen sie leben, gilt es - so steht in seinem Hauptwerk ("A new view of society", 1812/14) zu lesen - "Verhältnisse zu schaffen, in denen die Menschen gut sein *können* und in denen mit dem Vorteil des Übeltuns auch dessen Anlaß entfällt" (zit. bei HOFMANN 1979: 35). Mit anderen Worten: Menschen sind dann "gut", wenn gegenteiliges Verhalten weniger Nutzen verspricht - ein utilitaristischer Ansatz, der bis in die Gegenwart seine Bedeutung behalten hat.

Von entsprechenden Beweggründen ließen sich auch andere, mehr oder weniger philantropische oder auch nur mit Weitsicht und Klugheit ausgestattete Fabrikanten des 19. Jahrhunderts leiten, ohne daß diesen deswegen das Etikett "Sozialreformer" umgehängt würde. Auf einige deutsche Pioniere betrieblicher Sozialpolitik wurde bereits verwiesen (siehe *1.3*). In diese Phalanx ist indes Owen nicht einzureihen. Er hielt die Arbeiter nicht in patriarchaler fürsorglicher Abhängigkeit, sondern drängte sie, sich selbst zu helfen. Sein Appell an die Selbsthilfe der Arbeitenden führte zur Gründung der Konsumgenossenschaften und der englischen Gewerkschaftsbewegung; dem Zusammenschluß-Kongreß der britischen Trade Unions saß er als Präsident vor. Owen unterstützte die Bildung von Produktivassoziationen in den USA (New harmony, 1825) und seiner unermüdlichen Agitation sind auch die ersten sozialpolitischen Aktivitäten eines europäischen Staates zu verdanken: die gesetzliche Einschränkung der Frauen- und Kinderarbeit 1819 in England.

Leben und Wirken Owens zeugen von dem Glauben an die Macht des Beispiels, den auch mannigfache Enttäuschungen, wie zum Beispiel das Scheitern von "New harmony", nicht erschüttern konnten. Owens vielfältige gesellschaftspolitische Aktivitäten belegen, daß er nicht dem Irrglauben anhing, ein einziger sozialökonomischer Einschnitt, und sei er noch so tief, sei schon eine Garantie für immerwährende soziale Harmonie. In seiner Person und in seinen Ideen waren, wie HUBER (1968: 418) urteilt, "praktische Sozialreform und utopischer Kommunismus" eine "bemerkenswerte Verbindung" eingegangen.

Die staatlich unterstützte Bildung von Produktivgenossenschaften war auch für Born und Lassalle ein wichtiger Schritt auf dem Wege zur Reform der Gesellschaft. Und auch sie wußten, daß eine Verwirklichung ihrer Vorstellungen nicht gleichbedeutend war mit der Herstellung paradiesischer Zustände. Insbesondere an Born, von Beruf Schriftsetzer (siehe auch *Einfügung I*) imponiert die Nüchternheit, mit der er die gesellschaftlichen Verhältnisse seiner Zeit analysiert und bildhaft beschreibt. Sie hebt sich wohltuend ab von der schwärmerisch-illusionären Revolutions- und Erlösungsmetaphorik anderer:

> "Man wird uns mit Recht die Frage entgegenstellen: Was fangt ihr Associirten mit denen an, die nicht so viel verdienten, dass sie sich ein Einlagekapital zu einer Association schaffen konnten; was mit denen, die kaum das trockene Brod haben oder gar nur von Almosen leben? Werdet ihr nicht diesen gegenüber eine neue Aristokratie bilden? Werdet ihr diesen nicht als die Besitzenden gegenüberstehen und einen neuen gesellschaftlichen Kampf hervorrufen? Wir haben ... schon erklärt, dass es ausser unseren Kräften liegt, die Behauptung aufzustellen, *wann* die gesellschaftlichen Kämpfe aufhören werden; die Zeit zu bestimmen, in welcher die materielle Gleichheit ganz und gar verwirklicht sein wird. Deshalb läugnen wir auch nicht, dass es selbst unter der Produktionsweise der Associationen noch Arme geben kann ... Hüten wir uns ... davor, sozialistische Schwärmer zu werden ... Die Gesellschaft ist faul oben und unten. Sowie der Luxus und übermässige Reichthum auf der einen Seite eine graussige Entsittlichung herbeigeführt hat, so hat es die grenzenlose Armuth auch gethan, und wenn es uns hin und wieder auch möglich ist, den Einzelnen zu retten, so ist es uns doch bei einer ganzen Klasse nicht möglich" (siehe QUARCK 1924: 386 f.).

Der arbeitswillige Arme ist selbstredend bei Born von der Gemeinschaft der Arbeitenden nicht ausgeschlossen: "wo die Mittel zur Association fehlen, wird sie der Staat vorschiessen müssen" (a.a.O.: 386).

Dieser Gedanke kehrt wieder bei Lassalle, der wesentlich an der 1863 erfolgten Gründung eines der beiden Pfeiler der deutschen Sozialdemokratie, des Allgemeinen Deutschen Arbeitervereines (ADAV), beteiligt war. Lassalle gebührt der Verdienst, ungeachtet seines großbürgerlichen Lebenswandels und seines aristokratischen Umgangs, die Arbeiter zur Schaffung einer eigenständigen politischen Vertretung angeregt zu haben, unter Verzicht auf - noch so wohlwollende - bürgerliche Beimischung. Immerhin dauerte es noch fünf Jahre, ehe auch die zweite politische Arbeitervertretung, der Vereinstag Deutscher Arbeitervereine (VDAV) mit dem Drechslermeister August Bebel und dem Journalisten Wilhelm Liebknecht an der Spitze, diesen Bruch mit den Liberalen vollzog. Erst im Jahre 1868 löste sich der VDAV per Resolution von den liberalen Mit- und Vordenkern, zu denen der Herausgeber der Frankfurter Zeitung, Sonnemann, der Philosoph Lange, aber auch der spätere Mitbegründer der "gelben" Gewerkschaften, Hirsch, gehörten. Mit 69 gegen 46 Stimmen wurde beschlossen, daß fürderhin die Emanzipation der arbeitenden Klassen durch diese selbst zu erkämpfen sei. Von da an gab es in deutschen Landen - mit dem ADAV und dem VDAV - zwei genuine sozial-politische Interessenvertretungen des Vierten Standes. Die im VDAV organisierten Arbeiter gründeten ein Jahr später in Eisenach die "Sozialdemokratische Arbeiterpartei".

In ihren sozial-politischen Analysen und Forderungen unterschieden sich "Lassalleaner" und "Eisenacher" nicht allzusehr voneinander. Der Staat sollte keineswegs zerschlagen, sondern als Bundesgenosse gewonnen werden. Allgemeines und gleiches Wahlrecht war das zentrale politische Verlangen; im Mittelpunkt der ökonomischen Forderungen stand die Schaffung von Produktivgenossenschaften mit Staatshilfe. Diese Genossenschaften sollten langfristig die Herrschaft der Einzelkapitale und des "ehernen Lohngesetzes", das, wie Lassalle meinte, die Arbeiter dazu verdammte, stets nur mit dem Notwendigsten sich zufrieden geben zu müssen, beenden. Auch die "Eisenacher" erstrebten "unter Abschaffung der jetzigen Produktionsweise (Lohnsystem) durch genossenschaftliche Arbeit den vollen Arbeitsertrag für jeden Arbeiter" (siehe MOMMSEN 1964: 311 f.). Lassalle traf sich mehrfach mit Bismarck, was ihm durch Marx die nicht gerade schmeichelhafte Etikettierung "königlich-preußischer Sozialist" einbrachte.[1] Der Kanzler hingegen bezeichnete Lassalle als einen der "geistreichsten und liebenswürdigsten Menschen, mit denen ich je verkehrt habe" (SIEVERS 1981).

Lassalleaner und Eisenacher waren von revolutionär-umstürzlerischer Strategie und Taktik weit entfernt; kein Wunder, daß das nach der Vereinigung der beiden

---

1 Siehe HOFMANN 1979: 85. Daß Marx damit nicht ganz unrecht hatte, veranschaulicht der Inhalt eines - erst 1928 veröffentlichten - Briefes Lassalles an Bismarck, in dem der Arbeiterstand der Monarchie als natürlicher Verbündeten für den Fall angedient wird, daß "die Krone ihrerseits sich jemals zu dem - freilich sehr unwahrscheinlichen - Schritt entschließen könnte, ... sich aus dem Königtum der bevorrechteten Stände in ein soziales und revolutionäres Volkskönigtum umzuwandeln" (siehe KLÖNNE 1980: 46).

Organisationen - 1875 in Gotha - verabschiedete gemeinsame Programm vergleichsweise moderat geriet (und wiederum bei Marx heftigsten Widerspruch auslöste).[1] Das Gothaer Programm (siehe MEYER u.a. 1984: 163) enthält erstmals auch umfangreiche sozialpolitische Forderungen. Verlangt werden unter anderem

- ein "den Gesellschaftsbedürfnissen entsprechender Normalarbeitstag" und das Verbot der Sonntagsarbeit, der Kinder- und aller die Gesundheit und Sittlichkeit schädigenden Frauenarbeit
- Schutzgesetze für Leben und Gesundheit der Arbeiter sowie Überwachung der Bergwerke, Fabrik-, Werkstatt- und Hausindustrie durch von Arbeitern gewählte Beamte
- volle Selbstverwaltung für alle Arbeiterhilfs- und Unterstützungskassen.

Die Vereinigung von Lassalleanern und Eisenachern war dadurch begünstigt worden, daß die Zeitläufte *einen* Streitpunkt zwischen beiden Lagern aus dem Weg geräumt hatten. Während die Lassalleaner in der nationalen Frage die kleindeutsche Lösung favorisiert hatten, das heißt einen deutschen Staat ohne Österreich, damit aber zwangsläufig unter Preußens Führung, waren die Eisenacher "großdeutsch-nationaldemokratisch eingestellt" (STEINBERG 1984: 156). Durch die Schaffung des (Klein)Deutschen Reiches 1871 nach dem Krieg gegen Frankreich war dieser Dissens gegenstandslos geworden.

Es gehört zu den Ungereimtheiten sozialdemokratischer Politik in den letzten beiden Jahrzehnten des vorigen Jahrhunderts, daß das "theoretische" Erscheinungsbild der Partei und ihre praktische Politik zunehmend auseinanderklafften. Hatte die verbalprogrammatische Radikalität in den Jahren des Sozialistengesetzes, also von 1878 bis 1890, noch eine gewisse Berechtigung gehabt, so bleibt unerfindlich, weshalb auch danach, vermittelt vor allem durch Kautsky, die realitätsfernen marxistischen Dogmen in der Partei die Oberhand gewinnen konnten. Die Partei verleugnete dadurch nicht nur ihre reformerischen Ansätze der Anfangsjahre, sondern auch ihre tatsächliche politische Arbeit im Kaiserreich - schon unter dem Sozialistengesetz, erst recht aber nach dessen Fall.

1.5.2 Bernsteins Revisionismus

Dies ist umso erstaunlicher, als die Sozialdemokratie in Bernstein (1850 - 1932) - der sich zu Beginn seines parteilichen Wirkens durchaus an der Etablierung der marxistischen Orthodoxie beteiligt hatte - eine politische Gestalt besaß, die in der Lage war, dem Wort-Radikalismus und schwärmerischen Glauben an die naturgesetzliche Heraufkunft des sozialistischen Zeitalters eine realistische Alternative entgegenzusetzen. Eine solche Reversion war auch deshalb wichtig, weil die offizielle Linie der Partei politischen Attentismus begünstigte - eine Haltung, die zwischen Abwarten und Nichts-Tun schwankte.

---

1 Marx' Kritik des Gothaer Programms ist ein Musterbeispiel für rechthaberische Polemik. Sein scharfer Verstand zerlegt die notwendigerweise plakativen, wenig differenzierten Programmsätze und läßt an den herausgelösten Bestandteilen (wie z.B. der volkstümlichen Forderung nach dem "freien Staat") kein gutes Haar.

Der Bernsteinsche Revisionismus war im Grunde gar keiner, denn er besann sich lediglich auf die reformerischen Wurzeln der Sozialdemokratie. Die praktische sozialdemokratische Politik bedurfte ohnehin kaum einer Revision, orientierte sie sich doch keineswegs an den fragwürdigen Prognosen der Parteiprogramme - das Erfurter Programm von 1891 etwa hatte die Marxsche Verelendungstheorie vollinhaltlich übernommen - sondern an den tatsächlichen Lebensverhältnissen und Bedürfnissen der Arbeiter (was sozialdemokratischen Kommunalpolitikern dann die abschätzige Benennung "Gas- und Wasser-Sozialisten" einbrachte, siehe HOFMANN 1979: 181). Zu revidieren waren lediglich das revolutionäre Pathos und die verbale Radikalität, die Alles-oder-Nichts-Strategie, nicht selten vorgetragen von Leuten, die gar nicht dem Vierten Stand angehörten. Später, im Jahre 1913, war auch Kautsky zu der Feststellung genötigt, es seien "nicht Leute aus der 'Masse', sondern fast ausschließlich Intellektuelle, die aggressive Massenaktion predigten. Die Arbeiter, mit denen ich sprach, äußerten sich ganz anders" (siehe MEYER u.a. 1984: 199).

Bernstein war mit seinem Versuch einer Reform der sozialistischen Theorie und Programmatik nur zum Teil erfolgreich. Immerhin machten seine Worte kurz vor der Jahrhundertwende Furore:

> "Ich gestehe es offen, ich habe für das, was man gemeinhin unter 'Endziel des Sozialismus' versteht, außerordentlich wenig Sinn und Interesse. Dieses Ziel, was immer es sei, ist mir gar nichts, die Bewegung alles. Und unter Bewegung verstehe ich sowohl ... den sozialen Fortschritt, wie die politische und wirtschaftliche Agitation und Organisation zur Bewirkung dieses Fortschritts" (BERNSTEIN 1897/ 98: 556).

Der Bernsteinsche Realismus und Pragmatismus hatte im Jahre 1891 dazu geführt, daß wenigstens ein Teil des Erfurter Programms, nämlich die "Gegenwartsforderungen", die wirklichen Interessen der Arbeiter berücksichtigten und auch die Sozialpolitik nicht außen vor ließen. Sie waren von Bernstein formuliert worden - in Anlehnung an die entsprechenden Passagen des Gothaer Programms - und schufen ein gewisses Gegengewicht zu dem von Kautsky entworfenen theoretischen Teil. "Zum Schutze der Arbeiterklasse" forderte die Sozialdemokratische Partei Deutschlands:

> "1. Eine wirksame nationale und internationale Arbeiterschutzgesetzgebung auf folgender Grundlage: a) Festsetzung eines höchstens acht Stunden betragenden Normalarbeitstages; b) Verbot der Erwerbsarbeit für Kinder unter 14 Jahren; c) Verbot der Nachtarbeit, außer für solche Industriezweige, die ihrer Natur nach, aus technischen Gründen oder aus Gründen der öffentlichen Wohlfahrt Nachtarbeit erheischen; d) eine ununterbrochene Ruhepause von mindestens 36 Stunden in jeder Woche für jeden Arbeiter; e) Verbot des Trucksystems.
> 2. Überwachung aller gewerblichen Betriebe, Erforschung und Regelung der Arbeitsverhältnisse in Stadt und Land durch ein Reichsarbeitsamt, Bezirksarbeitsämter und Arbeitskammer. Durchgreifende gewerbliche Hygiene.
> 3. Rechtliche Gleichstellung der landwirtschaftlichen Arbeiter und der Dienstboten mit den gewerblichen Arbeitern; Beseitigung der Gesindeordnungen.
> 4. Sicherstellung des Koalitionsrechts.
> 5. Übernahme der gesamten Arbeiterversicherung durch das Reich mit maßgebender Mitwirkung der Arbeiter an der Verwaltung" (MOMMSEN 1964: 352 f.).

Näherte sich hierdurch die Partei-Programmatik ein Stück weit der Realität an, so blieb sie im theoretischen Teil der "reinen Lehre" und ihren utopischen Visionen verhaftet. Sucht man nach den Gründen, so bleibt vieles rätselhaft.

Fraglos kann die - oftmals in der Tat kleinkarierte - Wirklichkeit mit großen Ideen und Entwürfen und deren Faszination nicht konkurrieren. Beide Ebenen sind grundsätzlich inkommensurabel, der Himmel ist vielleicht mit der Hölle, nicht aber mit irdischen Gefilden vergleichbar. Das Schneckentempo realer Veränderungen vermag mit den großen Sprüngen der Ideenlieferanten nicht Schritt zu halten und Märchen sind allemal faszinierender als Beschreibungen der Wirklichkeit. Wer sich nichts weniger als die Erlösung des Menschengeschlechts auf seine Fahne geschrieben hatte, dem mußte die Diskussion um Gas- und Wasserpreise in der Tat lächerlich (und überflüssig) erscheinen. Vielleicht auch bedurften manche Parteimitglieder, die sich eben erst aus klerikaler Bevormundung - aber damit auch aus religiöser Heilsgewißheit - gelöst hatten, eines einigermaßen gleichwertigen Ersatzes.

Konsequent blieb die Sozialdemokratie auch - trotz der sozialpolitischen Forderungskataloge in den Programmen von Gotha und Eisenach - in ihrer Ablehnung des Bismarckschen "Staatssozialismus". 1883, im gleichen Jahr also, in dem die Bismarcksche Sozialgesetzgebung ihren Anfang nahm, verabschiedete ein Kongreß der Sozialdemokratie - er mußte aufgrund des Sozialistengesetzes (siehe auch S. 54 f.) im Ausland stattfinden - einstimmig eine Resolution, in der zu lesen stand: "Der Kongreß erklärt, daß er in bezug auf die sogenannte Sozialreform im Deutschen Reiche weder an die ehrlichen Absichten noch an die Fähigkeit der herrschenden Klassen nach deren bisherigem Verhalten glaubt, sondern der Überzeugung ist, daß die sogenannte Sozialreform nur als taktisches Mittel benützt wird, um die Arbeiter vom wahren Wege abzulenken" (MOMMSEN 1964: 353). Und noch fast ein Jahrzehnt später hieß es in einer vom Berliner Parteitag 1892 ebenfalls einstimmig angenommenen, von Wilhelm Liebknecht entworfenen Resolution:

> "Die Sozialdemokratie hat mit dem sogenannten Staatssozialismus nichts gemein ... Der ... Staatssozialismus, inwieweit er sich mit Sozialreform oder Verbesserung der Lage der arbeitenden Klassen beschäftigt, ist ein System von Halbheiten, das seine Entstehung der Furcht vor der Sozialdemokratie verdankt. Er bezweckt, durch kleine Konzessionen und allerlei Palliativmittel die Arbeiterklasse der Sozialdemokratie zu entfremden und diese dadurch zu lähmen ... Die Sozialdemokratie ist ihrem Wesen nach revolutionär, der Staatssozialismus konservativ. Sozialdemokratie und Staatssozialismus sind unversöhnliche Gegensätze" (a.a.O.: 353 f.).

1.6 Sozialreform und Staatssozialismus

1.6.1 Die Auseinandersetzung mit der liberalen Gegenposition

"Staatssozialistische" Gedanken und Bestrebungen hatten sich auch gegenüber liberalen ökonomischen Grundprinzipien zu behaupten und durchzusetzen. Einer deren bekanntesten Vertreter, Adam Smith, hatte auf eine effektive Selbststeuerung der bürgerlichen Gesellschaft vertraut, jegliche staatliche Intervention in das Wirtschafts-

und Sozialgefüge abgelehnt und selbst krudesten Egoismus als gemeinwohlfördernd gerechtfertigt. Nach SMITH (1920: 232) hat jeder Mensch "nur seinen eigenen Vorteil und nicht den der Gesellschaft im Auge". Nicht von dem "Wohlwollen des Fleischers, Brauers oder Bäckers erwarten wir unsere Mahlzeit, sondern von ihrer Bedachtnahme auf ihr eigenes Interesse. Wir wenden uns nicht an ihre Humanität, sondern an ihre Eigenliebe, und sprechen ihnen nie von unseren Bedürfnissen, sondern von ihren Vorteilen" (SMITH 1908: 18 f.).

Doch selbst wenn der Einzelne nichts weiter als "sein eigenes Interesse (verfolgt), so fördert er das der Gesellschaft weit wirksamer, als wenn er dieses ... zu befördern beabsichtigt" (SMITH 1920: 236). Auch wenn der wirtschaftende Mensch nichts anderes im Sinn hat als "lediglich seinen eigenen Gewinn", so wird er doch, wie "von einer unsichtbaren Hand geleitet, einen Zweck ... fördern, den er in keiner Weise beabsichtigt hatte" (a.a.O.: 235). Wovon das Gesellschaftsganze profitiert, sind "die von den einzelnen Handelnden nicht beabsichtigten Folgen ihres Tuns, wenn ihnen nur die Möglichkeit gegeben wird, ihrem eigenen Interesse zu folgen und überall den eigenen Vorteil zu suchen" (REICHELT 1975: 34).

Folgerichtig fordert Smith den Verzicht auf jedwede Gesellschaftskonstruktion, die am Gemeinwohl orientiert ist - weil letzteres durch die unsichtbare Hand, sprich: Konkurrenz, die letztlich auch die ungezügeltsten Egoismen auf ein gemeinschaftsverträgliches, ja -förderndes Maß zurückstutzt, gewissermaßen von selbst herbeigeführt wird. Die Selbststeuerung der Gesellschaft funktioniert deshalb, weil die Einzelegoismen als solche zwar nie ihren profanen Charakter verlieren, beim Zusammentreffen mit ihresgleichen aber, im Ensemble sozusagen, auf fast wundersame Weise ihr Wesen ändern.

Auch Hegel (1970: 416) verleiht den interessengeleiteten Handlungen der Menschen einen über ihre subjektiven Beweggründe hinausgehenden, gewissermaßen "höheren" Sinn. Er ist der Auffassung, daß

> "in der Weltgeschichte durch die Handlungen der Menschen noch etwas anderes überhaupt herauskomme, als sie bezwecken und erreichen, als sie unmittelbar wissen und wollen. Sie vollbringen ihr Interesse; aber es wird noch ein Ferneres damit zustandegebracht, das auch innerlich darin liegt, aber nicht in ihrem Bewußtsein und ihrer Absicht lag."

Bezieht man diese Feststellung auch auf die Gesellschaft seiner Zeit, so könnte man schlußfolgern, daß Hegel ihr, wie Smith, eine optimale Selbststeuerung ohne staatliche Einflußnahme zutraut. Wenn die interessengeleiteten, egoistischen Handlungen etwas "ferneres" bewirken, das die Menschen nicht beabsichtigen: warum sollte es nicht das Gemeinwohl sein? Doch eine solche Interpretation der Hegelschen Aussage wäre irrig. Die im 19. Jahrhundert in der Rechts- und Staatswissenschaft zunehmend vertretene Auffassung nämlich, der Staat habe - im Gegensatz zur Auffassung von Smith - sehr wohl gesellschaftspolitisch zu intervenieren und insbesondere zur Existenzsicherung all seiner Glieder einen wichtigen und unverzichtbaren Beitrag zu leisten, gründet nicht zuletzt auf die Hegelsche Erkenntnis von der "Unfähigkeit der bürgerlichen Gesellschaft, das Problem des Pauperismus zu lösen"; bei allem "Uebermasse des Reichthums" sei die bürgerliche Gesellschaft "nicht reich genug" bzw. besitze "an dem ihr eigenthümlichen Vermögen nicht genug", dem "Uebermasse der Armuth und der Erzeugung des Pöbels zu steuern" (HEGEL 1974: 610). HUBER (1969: 1127) zufolge war es

> "die epochemachende Einsicht Hegels, daß der bürgerlichen Gesellschaft im Fall ihres Übergangs in die Industriegesellschaft der unausweichliche Zerfall in die beiden Klassen der Besitzenden und der Besitzlosen drohe. Dem Staat sprach Hegel in bezug auf diese Klassenlage der industriellen Gesellschaft die Aufgabe zu, den Daseinsbedarf der besitzlosen Massen durch soziale Intervention zu sichern. Auf diesem Fundament aufbauend entwickelte Lorenz v. Stein die Lehre vom 'sozialen Königtum', das heißt vom Staat der sozialen Reform."

1.6.2 Lorenz von Stein und die Katheder-Sozialisten

Versagt die bürgerliche Gesellschaft bei der Lösung der sozialen Frage, ist eine gewissermaßen interne Bewältigung des Problems nicht möglich, weil Sonderinteressen dies verunmöglichen, so ist eine Kraft oder ein Organismus erforderlich, dessen Wesen nach von Stein (zit. von WALDRICH 1973: 162 ff.) darin besteht,

> "daß er seine ... Vollendung nicht mehr in derjenigen eines Teiles der Gemeinschaft, sondern erst in derjenigen aller einzelnen finde", ein Organismus, der seiner Natur nach "kein Sonderinteresse haben kann, sondern der notwendig der Vertreter der Interessen jedes einzelnen ist. Ein Organismus mithin, der das Interesse des einen gegen das des anderen schützt".

Nun sind aber im Staat die Sonderinteressen "sehr mächtig" und werden ihm in dieser seiner Aufgabe "mit aller Kraft entgegen treten". Er muß deshalb "die Macht haben, jedes Sonderinteresse den wahrhaft allgemeinen Zwecken zu unterwerfen". In der Tradition Hegels sieht auch von Stein in der bürgerlichen Gesellschaft Kräfte wirken, welche die Herstellung eines inneren Gleichgewichts verhindern und eines selbständigen Gegenpols bedürfen. Der Staat ist unverzichtbar; die bürgerliche Gesellschaft kann sich nicht so organisieren, daß er entbehrlich wird. Die in ihr obwaltenden Gesetzmäßigkeiten erfordern eine stetige Kompensation durch eine autonome Gegenmacht - was auch eine Vermischung beider Bereiche ausschließt:

> "So nun scheiden sich die Gesellschaft und der Staat. Die Gesellschaft ist derjenige Organismus unter den Menschen, der durch das Interesse erzeugt wird, dessen Zweck die höchste Entwicklung des einzelnen ist, dessen Auflösung aber dadurch erfolgt, daß in ihm jedes Sonderinteresse sich das Interesse aller anderen mit allen Mitteln unterwirft. Der Staat dagegen ist als selbständige Persönlichkeit von dem Willen und dem Interesse der einzelnen unabhängig, und da er die Einheit aller in seiner Persönlichkeit umfaßt, so ist es klar, daß die Interessen jedes einzelnen, mithin auch die Interessen desjenigen, der durch den Gegensatz der andern Interessen bedroht ist, zugleich die Seinigen sind."[1]

---

1 WALDRICH (1973: 34 f.) bemerkt dazu kritisch, die von Hegel und von Stein "zum Prinzip erhobene Trennung von Staat und Gesellschaft" könne zu einer demokratischen Lehre vom Staat "nicht passen". Der Staat sei eine "Organisationsform der Gesellschaft" und könne "niemals unabhängig von konkreten Interessen auftreten". Wenn der Staat "über den besonderen Interessen der Gesellschaft" schwebe, nach von Stein nur "sein eigener Grund" und "an den empirischen Volkswillen nirgendwo gebunden" sei, so werde eine solche Lehre zur "Verhüllungsideologie demokratisch nicht legitimierter Herrschaft". Siehe dazu auch *4.4.2*.

Damit war die (von Lassalle später wiederbelebte, siehe oben) Idee eines sozialen Staats in Gestalt des Volkskönigstums geboren - nach von Stein (siehe HUBER 1969: 1132) eine Überlebensfrage für die Monarchie: "Alles Königtum wird ... untergehen, wenn es nicht den hohen sittlichen Mut hat, ein Königtum der sozialen Reform zu werden."

Von Steins Vorstellung, wonach der Staat allen Gliedern des Volkes zu dienen habe, wozu auch die Sorge um die Wohlfahrt Aller gehöre, stand in schroffem Gegensatz sowohl zum wirtschaftsliberalen wie zum marxistischen Staatsverständnis. Eine solche doppelte Frontstellung war auch das Charakteristikum des im Jahre 1872 gegründeten "Vereins für Sozialpolitik". Die "Katheder-Sozialisten", wie dessen Vertreter - unter anderem Brentano, Wagner und Schmoller - wegen ihrer Universitätszugehörigkeit auch genannt wurden, waren die geistigen Nachfahren von Steins und Rodbertus'. Letzterer hatte bereits in den Jahren zwischen 1837 und 1842 eine "staatswirtschaftlich-sozialistische Theorie" entwickelt, welche "die Heilung der sozialen Gebrechen der Zeit nicht von der Revolution, dem proletarischen Umsturz von unten, sondern von der Autorität, dem staatlichen Eingriff von oben, erwartete" (HUBER 1968: 419).

Der bedeutendste Kopf der Katheder-Sozialisten war Schmoller. Er zog nicht nur gegen Manchester-Liberalismus und revolutionären Sozialismus zu Felde, sondern wandte sich auch dagegen, die Lösung der sozialen Frage der einzelbetrieblichen Sozialpolitik als Aufgabe zuzuweisen. Vereinzelte Versuche in dieser Richtung hatte es seit den dreißiger Jahren des 19. Jahrhunderts gegeben (vgl.*1.4)*. Doch nur der Staat, meinte Schmoller, sei die geschichtlich legitimierte Instanz zur Lösung der sozialen Frage (siehe JONAS 1968 b: 140 ff., GLADEN 1974: 52). Er befand sich damit in Übereinstimmung mit Bismarck, der - unter Bezugnahme auf das caritative Wirken v. Bodelschwinghs - geäußert hatte: "Gewiß kann der Einzelne viel Gutes tun, aber die soziale Frage lösen kann nur der Staat" (siehe SYRUP 1957: 81).[1]

1.6.3 Die Arbeiterfrage und die Kirchen

> "Die Christen und ihre Kirchen sind dem Vorurteil ausgesetzt, daß sie bei der Lösung der sozialen Frage des 19. Jahrhunderts, also der 'Arbeiterfrage', versagt hätten. Wie der Nestor der katholischen Soziallehre Oswald von Nell-Breuning vermutet, weiß die 'heute auf der Höhe des Lebens stehende Generation' von den großen Leistungen des sozialen Katholizismus 'so gut wie nichts'. Das gilt vermutlich auch für die sozialen Leistungen der evangelischen Christen" (OCKENFELS 1984: 168).

Dieser Einschätzung ist nur eingeschränkt zuzustimmen. Zunächst einmal war der Beitrag der beiden Konfessionen bei der Verbreitung sozialpolitischen Gedankenguts ungleichgewichtig; OCKENFELS selbst (a.a.O: 171) nennt den Anteil der evangelischen Christen "an der christlich-sozialen Bewegung ... relativ gering". Der Prote-

---

1 Er sei "eigentlich auch Kathedersozialist, habe nur noch keine Zeit dazu", soll Bismarck zu Schmoller gesagt haben (siehe SYRUP 1957: 80) - eine Äußerung, die auch belegt, daß in früheren Zeiten der Esprit aus Verlautbarungen politischer Repräsentanten noch nicht verbannt war.

stantismus blieb weitgehend auf fürsorgerische und pädagogische Initiativen (wie die Gründung der "Inneren Mission" durch Wichern) beschränkt. Letzterer beklagte 1849 (siehe BRUSATTI 1962: 172) zwar auch "die Kluft ... zwischen den sogenannten besitzenden und besitzlosen Klassen", aber für ihn war es eine "Kluft des Dünkels und Neides". Seine Vorschläge zu ihrer Verringerung beschränkten sich folgerichtig auf Verhaltensappelle: "Nur durch eine sittliche Wiedergeburt des Volkes in seinen oberen und unteren Ständen kann eine befriedigende Ausgleichung zwischen den verschiedenen Besitzständen möglich werden, die ... im Inneren, in den Gemütern beginnen muß." Allgemein überwog in der Haltung der evangelischen Kirche der karitative Akzent "ohne ausgeprägte sozialpolitische Ausrichtung" (OCKENFELS 1984: 171).

Zu erklären ist die sozialpolitische Abstinenz der Protestanten zum Teil sicherlich mit deren Staatskirchentum, das eine enge Verzahnung mit der politischen Obrigkeit bewirkte und eine Kritik bestehender Zustände und entsprechende Appelle an den Staat offensichtlich weitgehend ausschloß. Im Katholizismus relativiert sich die staatliche Obrigkeitsfixierung dadurch, daß neben die staatliche Autorität eine weitere tritt, der ihre Glieder Gehorsam schulden. Dies eröffnet generell gewisse Freiräume für eine katholische Gesellschafts- und Politikkritik. Im 19. Jahrhundert profitierte davon auch der Vierte Stand.

In erster Linie sind hier Görres, Müller und von Baader zu nennen, entschiedene Gegner des Wirtschaftsliberalismus, denen das "romantische Ideal einer berufsständischen Ordnung in Anlehnung an das Mittelalter" (OCKENFELS 1984: 169, siehe zum folgenden ebd.) vorschwebte. Baader kritisierte bereits 1835 die Klassensituation des "Proletärs" und forderte eine angemessene Repräsentation der Arbeiterschaft in den Parlamenten. Dort agierten Ritter von Buß und Reichensperger. 1837 hielt von Buß im badischen Landtag die erste sozialpolitische parlamentarische Rede. In dieser "Fabrikrede" verurteilte er die untragbaren Zustände in den Fabriken und forderte Arbeiterschutz- und Sozialversicherungsgesetze. Bebel bescheinigte dem Redner später, der erste parlamentarische Vertreter des Arbeitsschutzes gewesen zu sein. Reichensperger setzte sich im preußischen Parlament für die Abschaffung der Kinderarbeit, die Begrenzung der Arbeitszeit und die Errichtung von Hilfskassen ein. Aus dem Jahre 1847 ist von ihm die Äußerung überliefert, die Nation habe eine durch Sozialpolitik gegebenenfalls eintretende "Verteuerung der Manufakturerzeugnisse ... als eine unabweisliche Last des sozialen Lebens" hinzunehmen.

Als hochrangigster "Pionier" der katholischen Sozialbewegung, die sich ab Mitte des vorigen Jahrhunderts zu bilden begann, gilt der Bischof von Mainz, von Ketteler (1811 - 1877). Zu Beginn seines öffentlichen Wirkens noch auf eine "Entproletarisierung der Arbeiter" mittels Bildung von Produktivassoziationen bedacht, wandte er sich später nachhaltig "der staatlichen Sozialpolitik zu" (a.a.O.: 170). Von Ketteler konnte nicht mehr davor die Augen verschließen, daß das Proletarierdasein zunehmend zum Dauer- und "Normal"zustand wurde und *als solches* staatlichen Schutzes bedurfte. "Nur durch umfangreiche staatliche Hilfe und eine Arbeitsgesetzgebung, also durch sozialreformerische Politik sei das Los der Arbeiter zu verbessern" (ebd.).

Auch die 1847 erfolgte Gründung des Katholischen Handwerksgesellen-Vereins durch Kolping war ein Eingeständnis der Tatsache, daß der Prozeß der Proletarisierung irreversibel geworden war. Es galt, im Rahmen der neuen Verhältnisse Bedingungen für ein lebenswertes Dasein zu schaffen, auch wenn dieses auf Dauer von abhängiger Arbeit geprägt sein würde.

Es wäre falsch, die Mitglieder der Gesellen-Vereine und der anderen katholischen Arbeitervereine zu willfährigen, braven politischen Leisetretern zu stempeln. Die christlich-sozialen Vereine beispielsweise, die sich 1870 in Elberfeld zusammenschlossen und allein im Rheinland und in Westfalen über 200 000 Mitglieder zählten (zum Vergleich: ADAV und VDAV hatten in dieser Zeit zusammengenommen gerade 11 000 Mitglieder) fielen nach 1878 unter das Sozialistengesetz und wurden "fast völlig zerschlagen" (a..a.O.: 171). Mit politischer Willfährigkeit ist dies wohl kaum zu erklären.

Wenn eingangs dennoch Zweifel geäußert wurden, ob es nur ein Vorurteil sei, daß die Kirchen bei der Lösung der sozialen Frage versagt hätten, so beziehen sich diese Bedenken in erster Linie auf den Umgang der Kirchen mit der sozialistischen Arbeiterbewegung. Insbesondere die katholische Kirche hat sich dabei, wie vor allem "Rerum novarum", die erste päpstliche Sozialenzyklika von 1891, belegt, nicht mit Ruhm bedeckt. (Die nachfolgenden Zitate aus "Rerum novarum" sind entnommen aus BRUSATTI u.a. 1962: 181 ff.). Selbst wo die Kirche inhaltlich im Recht ist oder sich ihre Prognosen im nachhinein als richtig herausgestellt haben, fällt die Schroffheit, ja Aggressivität der Sprache auf. Von Barmherzigkeit oder gar Verständnis für radikale Gesellschaftskritik - auch da, wo sie, nach Auffassung der Kirche, über das Ziel hinausschoß - keine Spur.

Um ihrer harschen Kritik den Boden zu bereiten, scheut die Kirche auch vor Unterstellungen nicht zurück. So wird die Forderung, "wonach der Staat den Privatbesitz einzuziehen und zu öffentlichem Gute zu machen hätte", zur "sozialistischen Grundlehre" erklärt - obwohl sich für diese Behauptung in der sozialistischen Programmatik jener Zeit kein Beleg findet. Im Gothaer Programm von 1875 wird lediglich "die Verwandlung der Arbeitsmittel in Gemeingut", im Erfurter Programm von 1891 die "Verwandlung des kapitalistischen Privateigentums an Produktionsmitteln ... in gesellschaftliches Eigentum" verlangt (siehe MOMMSEN 1964: 313, 350). Jedwede Vergesellschaftung von Privatbesitz nennt die Enzyklika "verwerflich". Und um das Privateigentum nur ja für alle Zeit unantastbar zu machen, wird es kurzerhand zu einem Naturrecht erklärt, das heißt einem unmittelbar von Gott den Menschen verliehenen Recht.

Anstatt das Privateigentum als das zu bezeichnen, was es ist, nämlich das unter den obwaltenden Umständen optimale Rechtsinstitut für effektives Wirtschaften, eine Einrichtung, die auch der historisch gewordenen Persönlichkeitsstruktur des Menschen sichtlich am besten Rechnung trägt - nicht mehr und nicht weniger - wird es mit einem überzeitlichen Heiligenschein versehen (der außer acht läßt, daß in anderen Zeiten auch einmal andere Einstellungen hierzu erforderlich werden könnten).

Vor diesem Hintergrund ist es nur konsequent, daß die Enzyklika als Grundsatz festschreibt, "daß das Privateigentum unantastbar und heilig sei". Das Problem war nur, daß die Proletarier so gut wie kein Eigentum besaßen. Nichtsdestotrotz hatten sie an einer Verbesserung ihrer Lebenslage, an deren "Hebung" - auch wenn es auf Kosten Bessergestellter ging - ein legitimes Interesse. Wie Keulenschläge mußten da folgende Sätze aus der Enzyklika auf sie wirken:

> "Vor allem ist also von der einmal gegebenen unveränderlichen Ordnung der Dinge auszugehen, wonach in der bürgerlichen Gesellschaft eine Gleichmachung von hoch und niedrig, von arm und reich schlechthin nicht möglich ist. Es mögen die Sozialisten solche Träume zu verwirklichen suchen, aber man kämpft umsonst gegen die Naturordnung an. Es werden immerdar in der Menschheit die größten und tiefgreifendsten Ungleichheiten bestehen."

Abgesehen davon, daß hier wiederum einem empirischen historischen Sachverhalt der Ewigkeitsstempel aufgedrückt wird ("Naturordnung"): in einem philosophischen Traktat sind solche Gedankengänge möglicherweise tolerabel, als Handreichung für die (sozial)politische Praxis jedoch fehl am Platze. Sagt man nämlich einem Armen, es werde immer Arme geben, so sagt man *ihm*, *er* werde immer arm bleiben. Und fügt man dann noch hinzu, es sei die Pflicht der Arbeiter,

> "vollständig und treu die Arbeitsleistung zu verrichten, zu welcher sie sich frei und mit gerechtem Vertrage verbunden haben; den Arbeitgebern weder an der Habe noch an der Person Schaden zuzufügen; in der Wahrung ihrer Interessen sich der Gewalttätigkeit zu enthalten und in keinem Falle Auflehnung zu stiften; nicht Verbindung zu unterhalten mit Übelgesinnten, die ihnen trügerische Hoffnungen vorspiegeln und nur bittere Enttäuschung und Ruin zurücklassen",

so heißt das nichts anderes, als daß die Arbeiter sich in ihr Schicksal fügen und sowohl Sozialdemokratie wie Gewerkschaften meiden sollten wie der Teufel das Weihwasser. Mit "keinem Wort", urteilt HUBER (1969: 1229) über die Enzyklika, "äußerte sie sich ... über die Notwendigkeit von Arbeiterkoalitionen noch über die Rechtfertigung des Arbeitskampfs; vielmehr sprach sie dem Staat die Pflicht zu, gegen Umsturz- und Streikhetze einzuschreiten." Dies geschah in ebenso deutlicher wie einseitiger Weise:

> "Nicht selten greifen die Arbeiter zu gemeinsamer Arbeitseinstellung, wenn ihnen die Anforderungen zu schwer, die Arbeitsdauer zu lang, der Lohnsatz zu gering erscheint. Dieses Vorgehen, das in der Gegenwart immer häufiger wird und immer weiteren Umfang annimmt, fordert die öffentliche Gewalt auf, dagegen Abhilfe zu schaffen; denn die Ausstände gereichen nicht bloß den Arbeitgebern mitsamt den Arbeitern zum Schaden, sie benachteiligen ... überhaupt den ganzen öffentlichen Wohlstand."

Während in der Enzyklika die Pflichten der Arbeiter genau umrissen werden, bleiben die der "Arbeitsherren" eher vage:

> "Vor allem aber ist es Pflicht der Arbeitsherren, den Grundsatz: 'Jedem das Seine', stets vor Augen zu behalten. Dieser Grundsatz sollte auch unparteiisch auf die Höhe des Lohnes Anwendung finden ... Im allgemeinen ist in bezug auf den Lohn ... zu beachten, daß es wider göttliches und menschliches Gesetz geht, Notleidende zu drücken und auszubeuten um des eigenen Vorteils willen.

Dem Arbeiter den ihm gebührenden Verdienst vorenthalten, ist eine Sünde, die zum Himmel schreit."[1]

Nach alledem war es nicht verwunderlich, daß gerade die "Nachdenklichen" des Vierten Standes der Kirche zunehmend den Rücken kehrten.

1.7 Allgemeinpolitische Ausgangslage und Bismarcks Intentionen

Die gesamtpolitische Lage im Deutschen Reich war zu Beginn der achtziger Jahre des 19. Jahrhunderts für sozialpolitische Initiativen vergleichsweise günstig. Bismarck hatte die 1866 begründete Koalition mit den Liberalen, die traditionell staatlichen Interventionismus in Wirtschaft und Gesellschaft ablehnten, 1878 aufgekündigt und mit der den Freihandel ablösenden Schutzzollpolitik ein Beispiel für staatliches Eingreifen in die Wirtschaftsordnung gegeben. Deren Gelingen "war zugleich ein Erfolg der neuen, oft als 'Neo-Merkantilismus' bezeichneten Wirtschaftstheorie, die dem Staat die Kompetenz zuerkannte, durch gesetzgeberische und administrative Maßnahmen der Ordnung, Förderung und Lenkung in die grundsätzlich anerkannte Wirtschaftsfreiheit einzugreifen" (HUBER 1969: 986).[2]

Der Kulturkampf[3] gegen die katholische Kirche gehörte der Vergangenheit an. Damit war ein weiteres Hindernis für die sozialpolitische Gesetzgebung aus dem Weg geräumt, denn ohne das Zentrum, die politische Vertretung der Katholiken, konnte Bismarck - wie sich später zeigte - sein Sozialprogramm nicht verwirklichen. Auch die Katheder-Sozialisten und die Kirchen, die Staatsrechtstheorie und selbst die Philosophie hatten ihr Teil dazu beigesteuert, ein für die Sozialpolitik günstiges Klima zu schaffen - nicht zu vergessen die sozialreformerischen Impulse, die von der frühen Arbeiterbewegung ausgingen und in deren Gefolge erstmals "die Möglichkeit einer sozialstaatlichen Reformpolitik ... am Horizont auf(leuchtete); die Gespräche Bismarcks mit Lassalle waren ihr Symptom" (HUBER 1969: 1193).

Für die Inangriffnahme der Sozialgesetzgebung durch Bismarck mögen sich schließlich auch Persönlichkeitsmerkmale des Kanzlers günstig ausgewirkt haben, die in der sozialen Herkunft von ihm und seinesgleichen begründet lagen. Das Gesellschaftsbild dieser sozialen Schicht war zwar von Oben und Unten, Herrschaft und Untertänigkeit, Befehl und Gehorsam, aber auch von patriarchalischer Sorge um die Anbefohlenen geprägt. Wenn Bismarck die Fürsorgepflicht des Gutsbesitzers für seine Knechte und Mägde auf den Staat, den "Landesvater" übertrug, so blieb er den

---

1 Erst die Sozialenzyklika "Mater et Magistra" von Papst Johannes XXIII. aus dem Jahre 1961 hat, so VON NELL-BREUNING (1978: 31), der damit indirekt auch "Quadragesimo anno" von 1931 kritisiert, eine "Akzentverlagerung vom Eigentum zur Arbeit" vorgenommen.

2 In gewisser Weise ist der Neo-Merkantilismus ein Indiz für eine in der Tat vielfach dialektische Gesellschaftsentwicklung, oder, schlichter gesagt, dafür, daß Veränderungen - ohne daß dies den Akteuren immer bewußt ist - sich in der Regel an schon Bekanntem orientieren, daß Früheres sich zurückmeldet, wenn auch in anderem Gewand oder auf "höherer Stufe".

3 Der Begriff steht für die Auseinandersetzungen zwischen dem Deutschen Reich und der katholischen Kirche während der 70-er Jahre des vorigen Jahrhunderts um die (Neu)Bestimmung des Verhältnisses von Staat und Kirche. Streitgegenstände waren insbesondere Ehe- und Schulgesetzgebung.

sozialen Denkschemata und Verhaltensmustern seiner Herkunftsschicht treu, verpflanzte sie lediglich auf eine höhere, allgemeinere Ebene.[1] Sicherlich lag darin auch ein Grund für die durchgängige Unterstützung der sozialpolitischen Initiativen Bismarcks durch die konservativen Reichstagabgeordneten.

Im Zusammenhang mit der Bismarckschen Sozialgesetzgebung ist gelegentlich davon die Rede, diese sei absichtlich nicht bis in den Raum der Sozialverfassung vorgedrungen, sondern habe sich auf Sozialgesetzgebung und -verwaltung beschränkt.

> "Um im Zweifrontenkrieg gegen die Verfechter der Doktrin der sozialen Revolution einerseits und der Doktrin des Manchesterliberalismus andererseits das Programm der sozialen Reform wenigstens zu einem Teil durchsetzen zu können, verzichteten die Reichsleitung und die Bürokratie auf den Versuch, ein neues System der Sozialverfassung zu entwickeln; sie schränkte ihr Programm auf den Aufbau eines Systems der Sozialverwaltung ein. Die 'soziale Frage' wurde ... zu einer Sache der administrativen Sozialtechnik. Sie galt nicht, wie bei Hegel und Stein, als das Kernproblem der Staats- und Verfassungstheorie. Sozialgesetzgebung und Sozialverwaltung ohne Sozialverfassung war das dieser Konzeption zugrunde liegende Prinzip" (HUBER 1969: 1130 f.).[2]

Diese Feststellungen sind, was das schließliche Ergebnis anbelangt, sicherlich zutreffend. Die eigentliche Konzeption Bismarcks war jedoch eine andere, viel weitergehende. Ihre Realisierung hätte, wenn auch an anderer Stelle, mit Sicherheit den Raum der Staatsverfassung berührt und durchdrungen. Es ist weitgehend unbekannt, daß der Kanzler hinsichtlich der Integration des Vierten Standes in Staat und Gesellschaft Absichten hegte und Pläne verfolgte, die sich qualitativ von dem schlußendlich Erreichten abhoben. Diese bezogen sich keineswegs allein auf den vergleichsweise engen Bereich sozialer Sicherung gegenüber den Grundrisiken des Arbeitslebens (auch wenn die staatliche Inangriffnahme dieser Aufgabe eine weltgeschichtliche Pioniertat ersten Ranges darstellte).

In welche Richtung Bismarcks Pläne gingen, erhellt aus einem Brief seines Mitarbeiters Lohmann vom Oktober 1883 (das Krankenversicherungsgesetz war bereits verabschiedet, die Unfallversicherungsvorlage zweimal gescheitert). Bismarck, so Lohmann, habe ihm erklärt,

---

1 Vom Jahre 1839 an verwaltete Bismarck für etwa ein Jahrzehnt das pommersche Familiengut. In jenen Regionen, so ENGELBERG (1985: 155) "schleppten sich die seit Jahrhunderten eingefleischten Gewohnheiten ... weiter; Unterwürfigkeit und patriarchalische Gebundenheit fanden nicht so rasch ihr Ende, zumal die Gutsbesitzer ihre Herrschaft als Inhaber der Polizeigewalt, als Herren des Patrimonialgerichts und als Kirchenpatrone weiterhin ausüben konnten. Gegen alle Tendenzen, diese feudalen Institutionen abzuschaffen, sollte ... Bismarck ... verbissener als viele seiner Standesgenossen ankämpfen". Die "patriarchalische Atmosphäre", das "Gutsherrenbewußtsein" (a.a.o.: 215) waren Bestandteile seiner "grundbesitzenden Existenz", einer "Lebenskomponente, die immer bei ihm vorhanden war" (a.a.O.: 210). Dazu mag auch ein enger Vertrauter und Förderer Bismarcks in jener Zeit, v. Thadden, beigetragen haben, von dem die Worte überliefert sind: "Wie herrlich denke ich mir einen Gutsbesitzer, der ein kleiner König seines Dorfes ist, im Frieden der Vater, im Kriege der Anführer, in der Not der treueste Freund seines Völkchens" (a.a.o.: 183).

2 HUBER (1969: 1131) zufolge sieht Forsthoff darin einen Beleg für seine These, "Entfaltungsraum des Sozialstaats" sei der Bereich von Gesetzgebung und Verwaltung, nicht die Verfassungsebene. Siehe auch *5.2.*

> "die Unfallversicherung an sich sei ihm Nebensache, die Hauptsache sei ..., bei dieser Gelegenheit zu korporativen Genossenschaften zu gelangen, welche nach und nach für alle produktiven Volksklassen durchgeführt werden müßten, damit man eine Grundlage für eine künftige Volksvertretung gewinne, welche anstatt oder neben dem Reichstag ein wesentlich mitbestimmender Faktor der Gesetzgebung werde" (QUANDT 1938: 94).

Das Fundament dieses körperschaftlichen Aufbaus sollten die Berufsgenossenschaften bilden, mit politischen Rechten, die über den Bereich der Unfallversicherung weit hinausreichten.[1] Es unterliegt keinem Zweifel, daß eine Realisierung der auf einen körperschaftlichen Staatsaufbau gerichteten Pläne Bismarcks die politisch-verfassungsrechtliche Struktur des Deutschen Reiches entscheidend beeinflußt hätte. Der antiparlamentarische und Anti-Parteiencharakter dieser Absichten ist unverkennbar. Weniger mit den später realisierten Gesetzen als mit seinen nicht verwirklichten Plänen "(sprengte) Bismarck den rein sozialen Bereich und drängte die Sozialpolitik 'in den Umkreis staatspolitischen Denkens'" (a.a.O.: 114).

Die Absichten, die Bismarck ursprünglich mit seiner Sozialreform zumindest *auch* verfolgte, blieben der Öffentlichkeit zwar nicht gänzlich verborgen, tauchten in offiziellen Verlautbarungen aber allenfalls andeutungsweise auf (vgl. QUANDT 1938: 100, 103). Die "Kaiserliche Botschaft" von 1881 (siehe unten) spricht von den Berufsgenossenschaften alllgemein als "korporativen Genossenschaften unter staatlichem Schutz und staatlicher Förderung".

1.8 Soziale Botschaften und parlamentarische Auseinandersetzungen

Vielen gilt die Kaiserliche Botschaft vom 17.11.1881 als Magna Charta der deutschen Sozialpolitik. Eingeläutet wurde die Sozialpolitik des Kaiserreiches aber durch eine bereits im Februar 1881 von Vizekanzler Graf Stolberg vor dem Reichstag verlesene Thronrede:

> "Schon bei der Eröffnung des Reichstags ... 1879 hat Seine Majestät ... der Zuversicht Ausdruck gegeben, daß der Reichstag seine Mitwirkung zur Heilung sozialer Schäden im Wege der Gesetzgebung ... nicht versagen werde. Diese Heilung wird nicht ausschließlich im Wege der Repression sozialistischer Ausschreitungen, sondern gleichmäßig auf dem der positiven Förderung des Wohles der Arbeiter zu suchen sein. In dieser Beziehung steht die Fürsorge für die Erwerbsunfähigen unter ihnen in erster Linie. Im Interesse dieser hat Seine Majestät ... dem Bundesrat zunächst einen Gesetzentwurf über Versicherung der Arbeiter gegen die Folgen von Unfällen zugehen lassen ... als eine Vervollständigung der Gesetzgebung zum Schutze gegen sozialdemokratische Bestrebungen ... Die bisherigen Veranstaltungen, welche die Arbeiter vor der Gefahr sichern sollten, durch den Verlust ihrer Arbeitsfähigkeit infolge von Unfällen oder des Alters in eine hilflose Lage zu geraten, haben sich als unzureichend erwiesen, und diese Unzulänglichkeit hat nicht wenig dazu beigetragen, Angehörige dieser Berufsklasse dahin zu führen, daß sie in der Mitwirkung zu sozialdemokratischen Bestrebungen den Weg zur Abhilfe suchten" (HUBER 1969: 1197).

---

1 Es fällt sicherlich schwer, sich die heutigen, rein bürokratisch-administrativ ausgerichteten, die Gesetze lediglich exekutierenden Berufsgenossenschaften als Keimzellen eines neuartigen Staatsaufbaus vorzustellen, als Körperschaften, denen neben dem Parlament - oder gar an dessen Stelle - die politische Willensbildung und Gewaltausübung obliegen sollte.

Die Kaiserliche Botschaft im November desselben Jahres verlas Bismarck selbst. Sie fügte der Thronrede vom Februar inhaltlich wenig hinzu, verwies erneut auf die Doppelaufgabe der "Repression sozialdemokratischer Ausschreitungen"[1] einerseits, der "positiven Förderung des Wohles der Arbeiter" andererseits. Der Kaiser legte den Abgeordneten die Sozialreform "von Neuem ans Herz" und sah es als deren Aufgabe an, "dem Vaterlande neue und dauernde Bürgschaften seines inneren Friedens und den Hilfsbedürftigen größere Sicherheit und Ergiebigkeit des Beistandes, auf den sie Anspruch haben, zu hinterlassen" (PETERS 1973: 50). Ähnlich heißt es in der Begründung des ersten Unfallversicherungsgesetz-Entwurfes aus dem gleichen Jahr:

> "Daß der Staat sich in höherem Maße als bisher seiner hilfsbedürftigen Mitglieder annehme, ist nicht bloß eine Pflicht der Humanität und des Christentums, von welchen die staatlichen Einrichtungen durchdrungen sein sollen, sondern auch eine Aufgabe staatserhaltender Politik, welche das Ziel zu verfolgen hat, auch in den besitzlosen Klassen der Bevölkerung, welche zugleich die zahlreichsten ... sind, die Anschauung zu pflegen, daß der Staat nicht bloß eine nothwendige, sondern auch eine wohlthätige Einrichtung sei. Zu dem Ende müssen sie durch erkennbare direkte Vorteile, welche ihnen durch gesetzgeberische Maßregeln zu Theil werden, dahin geführt werden, den Staat nicht als eine lediglich zum Schutz der besser situierten Klassen der Gesellschaft erfundene, sondern als eine auch ihren Bedürfnissen und Interessen dienende Institution aufzufassen" (a.a.O.: 51).

Im Reichstag sah sich Bismarck einer breitgefächerten Ablehnungsfront gegenüber. Sie reichte von den Liberalen über das Zentrum bis zur Sozialdemokratie. Vor allem der Abgeordnete Richter und die von ihm geführte Fortschrittspartei hielten mit "unerschütterlichem Starrsinn ... an dem Dogma fest, die Vorsorge gegen Notlagen sei Sache des Einzelnen, nicht Sache des Staats. Die staatliche Sozialhilfe sei nichts anderes als eine Form des Staatssozialismus; sie stehe daher in nicht geringerem Gegensatz zur bürgerlichen Gesellschaftsordnung wie der Sozialismus der revolutionären Arbeiterbewegung. Soweit die Vorsorge gegen Notlagen die Kraft des Einzelnen übersteige, biete die Möglichkeit der freiwilligen Versicherung ihm ausreichenden Schutz" (HUBER 1969: 1195). Richter verstieg sich sogar zu der Bemerkung: "Es ist ein Kommunismus, so schlecht, wie ihn noch niemand bisher erfunden hat" (RICHTER 1894: 212).

Bismarck wiederum hielt hartnäckig an seinen sozialpolitischen Vorstellungen, insbesondere dem Staatszuschuß, fest. Er verwarf

> "jedes System der Sozialpolitik, das ausschließlich auf der korporativen Selbsthilfe der Beteiligten beruhen und die Mithilfe des Staats allenfalls indirekt zum Zug kommen lassen wollte. .... Deshalb trat er mit einer fast doktrinär wirkenden Entschiedenheit für ... die Gewährung von Staatszuschüssen an die Sozialversicherungsträger aus allgemeinen Steuermitteln ein. Der staatliche Beitrag sollte der Arbeiterschaft das Bewußtsein geben, ein vollberechtigtes Glied des Staats zu sein" (HUBER 1969: 1194).

Diese Haltung brachte ihm die Gegnerschaft des Zentrums ein, das sich zum Gedanken der "ausschließlichen Selbsthilfe der Arbeitnehmer" bekannte und die Staatshilfe ablehnte (siehe dazu unten, *Rückblick I*); die Überlegung, den konfessionellen So-

---

1 In Wirklichkeit gab es, wie Tennstedt (Einleitung zu KLEEIS 1981: IX) zu Recht bemerkt, "wohl weniger Ausschreitung als revolutionäre Attitüde".

zialeinrichtungen auf diese Weise ein karitatives Monopol zu sichern, spielte dabei allerdings ebenfalls "eine nicht unerhebliche Rolle" (HUBER 1969: 1195 f.) Dazu paßt, wenn einige Jahre später in "Rerum novarum" - in an die Marlitt gemahnender, dem nüchternen Gegenstand völlig unangemessener schwülstiger Diktion - zu lesen stand:

> "Die Kirche scheute sich nicht, auch als Bettlerin zu den Türen der Reichen zu wandern, um den Bedrängten ein Scherflein zu gewinnen. Sie war es, die gemeinsame Mutter von arm und reich, welche ... die christliche Nächstenliebe zu hoher Flamme entzündete ... Allerdings vernimmt man in der Gegenwart Stimmen, welche ... Anklagen gegen die Kirche selbst in dieser Liebestätigkeit suchen. An deren Stelle sucht man ein staatliches System des Wohltuns einzuführen. Aber wo sind die staatlichen ... Einrichtungen, die sich an die Stelle der christlichen Liebe und des Opfergeistes, die ihren Schwung von der Kirche empfangen, zu setzen vermöchten? Nein, die Kirche allein besitzt das Geheimnis dieses himmlischen Schwunges" (BRUSATTI u.a.: 192).

Für den zeitgenössischen Historiker Lamprecht (zitiert bei KLEEIS 1981: VI) war der Widerstand des Zentrums gegen die Sozialpolitik Bismarcks Ausdruck einer prinzipiellen Gegnerschaft gegenüber dem von diesem geschaffenen Einheitsstaat: "Denn noch war der Klerikalismus, der eben erst ablaufenden Kulturkampfzeit eingedenk, in fast allen Falten seines Herzens partikularistisch ... und darum gönnte er dem 'Einheitsgedanken' nicht die Wohltat eines großen sozialpolitischen Erfolges."

Die Sozialdemokraten schließlich verweigerten sich der Bismarckschen Sozialreform aus den bereits dargelegten Gründen. Bei allen drei Sozialgesetzen beharrten sie auf ihrem Nein - nach HUBER (1969: 1202) "ein Akt prinzipieller Obstruktion, mit dem die Reichstagsfraktion ... offensichtlich den Interessen der Arbeiterschaft entgegenhandelte. Es gehört schwerlich zu den Ruhmesblättern in der Geschichte der Arbeiterbewegung, daß die ersten großen Durchbruchschlachten der modernen Sozialpolitik gegen die Sozialdemokratische Partei geschlagen werden mußten". Stattdessen "flüchtete sich die Partei ... in esoterische Prinzipienreiterei und Gemeinplätze" (GÖRTEMAKER 1989: 295).[1]

Es bedurfte zahlreicher Abänderungen der Gesetzesvorlagen, ehe die Sozialgesetze in den Jahren 1883, 1884 und 1889 verabschiedet werden konnten. Letztlich entscheidend war - neben der Autotität von Kaiser und Kanzler - die Unterstützung durch die Konservativen und Nationalliberalen und schließlich auch des Zentrums. Das Krankenversicherungsgesetz wurde 1883 mit 216 gegen 99 Stimmen (hauptsächlich Fortschrittspartei und Sozialdemokraten) verabschiedet; nach Streichung des

1 GÖRTEMAKER (1989: 295) meint allerdings, man müsse "dafür Verständnis haben", die Partei sei schließlich "von jeglicher politischer Mitwirkungsmöglichkeit" abgeschnitten gewesen. Das ist jedoch nur zum Teil richtig. Die Partei war zwar verboten, im Reichstag hatten sozialdemokratische Abgeordnete - es gab 1884 deren 24 - aber durchaus eine Plattform und Artikulationsmöglichkeiten. - Ein permanentes, bis zum Kriegsende nicht beseitigtes Ärgernis war jedoch das ungleiche preußische Dreiklassenwahlrecht, das die Sozialdemokratie auf das unerträglichste benachteiligte. So entfielen z.B. bei der Wahl 1908 auf die SPD fast 600 000 Stimmen, die Freikonservativen erhielten 64 000. Letztere erhielten 60 Abgeordnetensitze, die SPD zog mit 7 Vertretern in den preußischen Landtag ein. Während die Konservativen mit 14 Prozent der Stimmen 34 Prozent aller Mandatsträger stellten - sie bildeten damit die stärkste Fraktion - waren bei der SPD, der stärksten Partei, 24 Prozent aller Stimmen nötig, um auf einen Abgeordnetenanteil von nicht einmal 2 Prozent zu kommen.

vorgesehenen Staatszuschusses hatte das Zentrum seine ablehnende Haltung aufgegeben. Dies wiederholte sich beim Unfallversicherungsgesetz von 1884, dem das Zentrum ebenfalls zustimmte, als auf den Staatszuschuß verzichtet wurde. Größere Probleme bereitete die Verabschiedung des Alters- und Invaliditätsgesetzes im Jahre 1889, das den Reichszuschuß beibehielt und damit ein Wesensmerkmal der Sozialversicherung begründete. Dieses Beharren auf finanzielle Beteiligung des Reiches brachte die Mehrheit des Zentrums gegen den Gesetzentwurf auf. Die Verabschiedung (mit 165 gegen 145 Stimmen) gelang nur, weil eine Minderheit von 15 Zentrumsabgeordneten *für* das Gesetz votierte.
Auch wenn, wie dargestellt, für den Widerstand der Zentrumsmehrheit "sachfremde" Motive eine Rolle gespielt haben mögen: ihre Ablehnung der Bismarckschen Vorhaben dürfte doch in erster Linie darauf zurückzuführen sein, daß zu dieser Zeit bereits Sicherungseinrichtungen existierten, die nach Auffassung der katholischen Politiker brauchbare "subsidiäre" Alternativen zu den von Bismarck geplanten Institutionen darstellten. Auch bei einigen SPD-Abgeordneten könnte dieser pragmatische Gesichtspunkt die "prinzipielle Obstruktion" überdeckt haben (siehe S. 32).

1.9 Rückblick I: Kollektive Selbsthilfe und kommunale Statuten

Auf "zünftlerisch-handwerklicher" Grundlage agierende "sociale Vereine" und "Vereinigungen der Arbeitskräfte für wohltätige" Zwecke gab es - vom preußischen Staat eher geduldet als gefördert - schon seit geraumer Zeit (siehe REIDEGELD 1997: 159, 169). In den ersten Jahrzehnten des vorigen Jahrhunderts zählten nur Gesellen und Gehilfen zu ihren Mitgliedern. Erst Mitte der dreißiger Jahre dehnte die preußische Gewerbeordnung die entsprechenden Vorschriften auf Fabrikarbeiter aus. § 144 der Allgemeinen Gewerbeordnung (AGO) von 1845 erlaubte die "Beibehaltung der zur gegenseitigen Unterstützung vorhandenen besondern Verbindungen und Kassen", ermächtigte aber vor allem die Gemeinden, durch Ortsstatut die Gesellen und Gehilfen zu *verpflichten,* den in § 144 genannten Einrichtungen beizutreten.

Die Fabrikarbeiter blieben ausgeklammert - neben der grundsätzlichen Regelungsfreiheit der Kommunen ein entscheidender Schwachpunkt der Neuordnung. Die "äußerst mangelhafte Wirksamkeit der kassenbezogenen Vorschriften der Gewerbeordnung von 1845" (a.a.O.: 160) konnte kaum überraschen.

An dem "dispositiven, ortsstatuarischen ... Versicherungszwang" (a.a.O.:161) wurde in der Folgezeit festgehalten, auch wenn eine Verordnung aus dem (Nachrevolutions)Jahr 1849 die Möglichkeit eröffnete, den Beitrittszwang auf Fabrikarbeiter auszudehnen. Immerhin belegt diese Neuregelung, daß die preußische Regierung zunehmend "wahrnimmt, wie sich aus dem umfassenden Pauperisproblem die 'soziale Frage' als 'Lohnarbeiterfrage' herausschält und in den Vordergrund rückt" (a.a.O.: 161 f.). Doch durch das Festhalten am Prinzip der Freiwilligkeit bringt sich auch diese Rechtsänderung um ihre Wirksamkeit.

Ungeachtet dessen ruft die *mögliche* Erstreckung des Beitrittszwangs auf Fabrikarbeiter den Widerstand der Fabrikbesitzer hervor - in erster Linie deshalb, weil sie seit 1849 durch die Gemeinde verpflichtet werden können, bis zur Hälfte der Beiträge ihrer versicherten Arbeiter zu übernehmen. Die Folge: viele Gemeinden, die Konflikte mit den in der Regel einflußreichen und mächtigen Bürgern scheuen, verzichten darauf, einen Beitrittszwang für abhängig Beschäftigte festzulegen und damit die Unternehmer finanziell zu belasten.

Das Gesetz über die gewerblichen Unterstützungskassen von 1854 schließlich legte fest, daß durch Ortsstatut für Gesellen, Gehilfen und Fabrikarbeiter die Verpflichtung begründet werden konnte, neue Unterstützungskassen zu errichten. Seit dieser Zeit bildete sich die Unterscheidung von "Zwangs"- und "freien" Kassen mit zunehmender Schärfe aus - auch deshalb, weil, so REIDEGELD (a.a.O.: 165), "die Obrigkeiten erkennen", daß die freien Kassen "in bedeutendem Umfang Kristallisationspunkte gesellschaftspolitischer Aktivitäten und organisatorische Hülle der unterdrückten Arbeiterbewegung sind", dieser gewissermaßen als Rekrutierebene und Exerzierfeld dienen. Vor allem aber ermächtigte das Gesetz aus dem Jahre 1854 die *Regierung* - sofern durch Ortsstatut einem "obwaltenden Bedürfnisse" nicht Genüge getan wurde - entsprechende Bestimmungen über Beitrittszwang, Beitragszwang der Fabrikanten, Zwang zur Einrichtung neuer Kassen usw. zu treffen. Damit hatte sich der Staat erstmals ein entscheidendes sozialpolitisches Initiativrecht verschafft.

Das Ziel der allgemeinen und umfassenden sozialen Absicherung der Arbeiter wurde indes auch mit diesen Bestimmungen nicht erreicht. Zwar zählten die gewerblichen Unterstützungskassen in Preußen insgesamt (unter Einschluß von Selbständigen) z.B. im Jahre 1864 bereits 458 000, 1874 sogar 795 000 Mitglieder (siehe a.a.O.: 172). Die Mängel indes waren offensichtlich - selbst wenn der Blick nur auf die Absicherung im Falle der Krankheit gerichtet und außer acht gelassen wird, daß andere Risiken nur in Ausnahmefällen abgedeckt waren (die folgenden Beispiele und Zitate sind entnommen aus REIDEGELD: 173 ff.). So gab es Kassen, die nur gesunde Arbeiter aufnahmen und Frauen prinzipiell die Mitgliedschaft verweigerten. Allenthalben wurde eine "Risikoselektion" betrieben: Personen mit unfallgeneigter oder gesundheitsgefährdender Tätigkeit konnten sich einer Aufnahme ebenso wenig sicher sein wie solche, die weniger als 20 oder mehr als 40 Jahre zählten. Für über 50-Jährige war es fast unmöglich, "überhaupt noch eine ... Kassenmitgliedschaft zu erwerben". Vorausgesetzt wurde überdies in der Regel "ein unbescholtener Ruf in jeder Hinsicht"; stellte sich nachträglich ein "Hang zur Trunkenheit" heraus, verfielen Beiträge und erworbene Rechte. Die Festsetzung einer *unteren* Verdienstgrenze schloß vielfach gerade die sozial Sicherungsbedürftigsten von der Kassenzugehörigkeit aus. Auch jeder Berufs-, Beschäftigungs- und Ortswechsel konnte den Verlust der Mitgliedschaft bewirken. Schließlich war in vielen Statuten eine "intensive Überwachung und Kontrolle der Kranken vorgesehen".

Nach alledem besteht zu einer "sozialromantischen Betrachtungsweise des ursprünglichen Kassenwesens" (a.a.O.: 178) kein Anlaß. Jedwede Idealisierung der frühen Kassen als "überschaubare Kontrollnetze" (LABISCH 1985: 64), denen die späteren anonymen Großorganisationen als abschreckende Beispiele gegenübergestellt werden, wäre fehl am Platze.

Mittels kollektiver Selbsthilfe und auf der Basis mehr oder weniger intensiver kommunaler sozialer Aktivitäten jedenfalls war die "soziale Frage" nicht zu lösen. Das Hilfkassenwesen erwies sich als zu unübersichtlich und zu zersplittert, zu kleinräumig und zu selektiv, zu willkürlich und zu beschränkt, als daß auf diesem Wege eine umfassende soziale Sicherung der Arbeiter hätte bewerkstelligt werden können.

Leseempfehlung

*GREBING, H.: Geschichte der deutschen Arbeiterbewegung, München 1966**

HUBER, E. R.: Deutsche Verfassungsgeschichte seit 1789, Bd. II: Der Kampf um Einheit und Freiheit 1830 - 1850, 2. Aufl. Stuttgart, Berlin, Köln, Mainz 1968

*HENNING, F.W.: Wirtschafts- und Sozialgeschichte, Bd. 2: Die Industrialisierung in Deutschland 1800 - 1914, Paderborn 1973**

*GLADEN, A.: Geschichte der Sozialpolitik in Deutschland, Wiesbaden 1974**

PÖLS, W.: Deutsche Sozialgeschichte. Dokumente und Skizzen, Bd. I: 1815 - 1870, München 1976

*HOFMANN, W.: Ideengeschichte der sozialen Bewegung des 19. und 20. Jahrhunderts, 6. Aufl. Berlin, New York 1979**

CONZE, W., ENGELHARDT, U.: Arbeiter im Industrialisierungsprozeß. Herkunft, Lage und Verhalten, Stuttgart 1979

*TENNSTEDT, F.: Sozialgeschichte der Sozialpolitik in Deutschland, Göttingen 1981**

*MEYER, T., MILLER, S., ROHLFES, J. (Hrsg.): Geschichte der deutschen Arbeiterbewegung - Darstellungen, Chronologien, Dokumente, Band I [Von den Anfängen bis 1914]. Schriftenreihe der Bundeszentrale für politische Bildung, Band 207, Bonn 1984**

WEHLER, H.-U.: Deutsche Gesellschaftsgeschichte
Bd. I: Vom Feudalismus des Alten Reiches bis zur Definitiven Modernisierung der Reformära 1700 - 1815
Bd. II: Von der Reformära bis zur industriellen und politischen "Deutschen Doppelrevolution" 1815 - 1845/49
München 1987

** = auch für nachfolgende Kapitel geeignet*

2 Sozialpolitik im Kaiserreich

2.1 Die Bismarcksche Sozialgesetzgebung

Das 1883 verabschiedete *Krankenversicherungsgesetz* (RGBl. Nr. 9 1883: 73 ff.; die nachfolgenden Zitate sind, soweit nichts anderes vermerkt, dem Gesetzestext entnommen) unterwarf die überwiegende Mehrzahl der "Personen, welche gegen Lohn oder Gehalt beschäftigt" waren, dem Versicherungszwang. Einbezogen wurden unter anderem die in Fabriken, Berg- und Hüttenwerken, auf Werften, bei der Eisenbahn, im Handwerk und auf dem Bau Beschäftigten.

Nicht versicherungspflichtig wurden Handlungsgehilfen sowie Land- und Forstarbeiter, "Betriebsbeamte"[1] nur dann, wenn ihr Tagesverdienst "sechszweidrittel Mark" nicht überstieg. Auf ihren Antrag von der Versicherungspflicht zu befreien waren Personen, die im Krankheitsfall mindestens 13 Wochen lang von der Familie des Arbeitgebers verpflegt wurden oder für diesen Zeitraum Anspruch auf Entgeltfortzahlung hatten. Folgerichtig endeten auch alle Leistungen der gesetzlichen Krankenversicherung nach 13 Wochen. Sie umfaßten im wesentlichen ärztliche Behandlung, Arznei, Brillen und einige Heilmittel sowie Krankengeld, das vom dritten Tag an in Höhe der Lohnhälfte gezahlt wurde.[2] Bei Krankenhauspflege bekam Krankengeld nur derjenige, der aus seinem Arbeitsverdienst Angehörige zu versorgen hatte; es wurde überdies um die Hälfte gekürzt, betrug also nur noch ein Viertel des Lohnes. Ganz allgemein stand der Anspruch auf Krankengeld unter dem Generalvorbehalt eines ehrsamen Lebenswandels: die Gemeinden wurden ermächtigt, Leistungen ganz oder teilweise zu versagen, wenn die Krankheit auf "schuldhafte Betheiligung bei Schlägereien oder Raufhändeln, ... Trunkfälligkeit oder geschlechtliche Ausschweifungen" zurückzuführen war. Wöchnerinnen erhielten Leistungen wie im Krankheitsfall für die Dauer von drei Wochen. Auch ein Sterbegeld wurde gewährt.

Die Beiträge lagen zwischen zwei und drei Prozent des Lohnes; der Arbeitnehmer zahlte 2/3, der Arbeitgeber 1/3. Entsprechend waren die Organe der Krankenkasse zu zwei Dritteln mit Vertretern der Arbeitnehmer und zu einem Drittel mit Arbeitgebervertretern besetzt.

Das Gesetz räumte den Gemeinden die Befugnis ein, durch Ortsstatut den Pflichtmitgliederkreis zu erweitern. Auf diese Weise - aber auch nur so - konnten auch

1 Als "Betriebsbeamte" galten "Personen ... die von einem Gewerbeunternehmer gegen feste Bezüge beschäftigt und ... mit der Leitung oder Beaufsichtigung des Betriebes oder einer Abteilung desselben beauftragt sind" (STIER-SOMLO, ELSTER 1926: 713 f.).

2 Maßgebend war grundsätzlich nicht der individuelle Arbeitsverdienst, sondern ein Durchschnittslohn, der "ortsübliche Tagelohn gewöhnlicher Tagarbeiter". Für "männliche und weibliche, jugendliche und erwachsene Arbeiter" erfolgten gesonderte Festsetzungen.

Landarbeiter und Handlungsgehilfen als Pflichtmitglieder in die gesetzliche Krankenversicherung gelangen. Die einzelnen Ortskrankenkassen wurden ermächtigt, die Leistungsdauer (bis zu einem Jahr) zu verlängern, das Krankengeld auf bis zu 3/4 des Durchschnittslohns zu erhöhen und auch Familienmitglieder in den Kreis der Leistungsberechtigten einzubeziehen. Krankengeld bei Krankenhausaufenthalt konnte, bis zu einem Achtel des Lohnes, "auch solchen bewilligt werden, welche nicht den Unterhalt von Angehörigen aus ihrem Lohn bestritten".

Auch das *Unfallversicherungsgesetz* von 1884 (RGBl. Nr. 19 1884: 69 ff., die nachfolgenden Zitate sind, soweit nichts anderes vermerkt, dem Gesetzestext entnommen) gewährte einem großen Teil der gegen Lohn oder Gehalt Beschäftigten Versicherungsschutz, wiederum vor allem den in Bergwerken, Fabriken und auf Werften Tätigen. Aber auch auf zahlreiche Handwerksberufe wurde der Versicherungsschutz ausgedehnt. "Betriebsbeamte" mit mehr als 2 000 Mark Jahresverdienst blieben ausgeklammert, konnten aber per Statut zu Pflichtmitgliedern werden. Träger der Versicherung waren die neu errichteten Berufsgenossenschaften.

In den ersten 13 Wochen nach einem Betriebsunfall hatte der Verletzte Anspruch auf Leistungen der Krankenversicherung. Danach übernahm die Unfallversicherung die Kosten des Heilverfahrens. Von der 5. Woche der Erwerbsunfähigkeit an erhielt der Verletzte Krankengeld in Höhe von 2/3 des Arbeitslohnes. Falls seine Krankenkasse weniger zahlte, trug der Unternehmer die Differenz .

Die bedeutsamste Leistung der gesetzlichen Unfallversicherung war die Unfallrente. Bei völligem Verlust der Erwerbsfähigkeit aufgrund eines Arbeitsunfalls wurde eine Rente in Höhe von 2/3 des bisherigen Arbeitsverdienstes gezahlt. Im "Falle theilweiser Erwerbsunfähigkeit" gab es "einen Bruchtheil der Rente ..., welcher nach dem Maße der verbliebenen Erwerbsfähigkeit zu bemessen" war. Nach einem tödlichen Arbeitsunfall wurden auch die Hinterbliebenen bedacht: Witwen bekamen 20, Kinder bis zu ihrem 15. Lebensjahr je 15 Prozent des bisherigen Verdienstes des Getöteten als Rente. Die Hinterbliebenenrenten insgesamt durften 60 Prozent dieses Verdienstes nicht übersteigen, so daß bei einer Familie mit vielen Kindern nur drei Kinder "zu Buche schlugen" (und dabei das dritte auch nur zu zwei Dritteln).

Finanziert wurde die gesetzliche Unfallversicherung ausschließlich durch Beiträge der Unternehmer. Die Erklärung dafür ist, daß sich die Unternehmer mit ihrer alleinigen Beitragszahlung praktisch die Befreiung von der privaten Unternehmerhaftpflicht erkauften, das heißt, auch wenn ein Unfall durch einen Unternehmer fahrlässig herbeigeführt wurde, hatte der verunglückte Arbeitnehmer gegenüber diesem keinen Schadensersatzanspruch. Lediglich bei Vorsatz haftete der Unternehmer. Die alleinige Beitragszahlung des Unternehmers war der Schutzschild, an dem privatrechtliche Ansprüche abprallten; sie wurden gewissermaßen zur Berufsgenossenschaft "umgeleitet".

Davon unberührt blieben bei schuldhaftem Verhalten von Unternehmern etwaige Regreßforderungen der Berufsgenossenschaft. Im Innenverhältnis Unternehmer - Berufsgenossenschaft wirkte sich schuldhaftes Verhalten der Unternehmer also durchaus aus: "Diejenigen Betriebsunternehmer, Bevollmächtigten oder Repräsentanten, Betriebs- oder Arbeiteraufseher," bestimmte § 96, "gegen welche durch strafgerichtliches Urteil festgestellt worden ist, daß sie den Unfall vorsätzlich oder durch Fahrlässigkeit ... herbeigeführt haben, haften für alle Aufwendungen, welche ... von den Genossenschaften oder Krankenkassen gemacht worden sind."

Im Gegensatz zur Krankenversicherung richtete sich die Vertretung der Arbeitnehmer und Arbeitgeber in den Organen der Berufsgenossenschaft nicht nach ihrem jeweiligen Anteil am Beitragsaufkommen (weil sonst die Arbeitgeber unter sich geblieben wären). Die Arbeiter waren paritätisch vertreten.

Als letztes der drei Bismarckschen Sozialversicherungsgesetze wurde das *Gesetz über die Invaliditäts- und Altersversicherung* im Jahre 1889 verabschiedet (RGBl. Nr. 13 1889: 87 ff.; die nachfolgenden Zitate sind, soweit nichts anderes vermerkt, dem Gesetzestext entnommen.). Es bezog alle über 16-Jährigen, die als Arbeiter, Gesellen, Lehrlinge oder Dienstboten gegen Lohn oder Gehalt beschäftigt wurden, in den gesetzlichen Invaliditäts- und Altersversicherungsschutz ein, Betriebsbeamte und Handlungsgehilfen dann, wenn ihr Jahresarbeitsverdienst nicht über 2 000 Mark lag.

Altersrente stand dem Versicherten zu, wenn er eine Wartezeit von 30 Beitragsjahren erfüllt und das 70. Lebensjahr vollendet hatte; eine Invalidenrente erhielt, wer erwerbsunfähig war. Erwerbsunfähigkeit hatte unter anderem zur Voraussetzung, daß der Versicherte "in Folge seines körperlichen oder geistigen Zustandes" nicht mehr in der Lage war, durch eine "seinen Kräften und Fähigkeiten entsprechende Lohnarbeit" mindestens einen Betrag zu verdienen, welcher einem Sechstel seines bisherigen Verdienstes gleichkam. Seine Erwerbsfähigkeit mußte also zu mehr als fünf Sechstel eingeschränkt sein. Die Wartezeit für die Invalidenrente betrug fünf Beitragsjahre. Für beide Rentenarten wurden Krankheits- und Militärzeiten als Beitragsjahre angerechnet.

Im Gegensatz zu heute kam der Altersrente, auch nach der Absicht des Gesetzgebers, "eine eher untergeordnete Rolle zu" (DÖRING 1987: 154). Darauf deutet bereits, vor dem Hintergrund der damaligen Lebenserwartung, die hohe Altersgrenze von 70 Jahren hin. Noch um die Jahrhundertwende erreichten in Deutschland nur 27 Männer und 34 Frauen überhaupt dieses Alter (siehe STATISTIST. BUNDESAMT 1996: 77). Berücksichtigt man überdies, daß sich diese Statistik auf alle Deutschen bezieht, also auch "langlebige Risiken" wie Beamte, Pfarrer und dergleichen einbezieht, die das Ergebnis günstig beeinflussen, so wird deutlich, daß vermutlich erheblich weniger als ein Viertel der Arbeiter bzw. ein Drittel der Arbeiterinnen das Altersrentenalter überhaupt erreichte.

Die Altersrente war gedacht als Zuschuß für die über 70 Jahre alten *und noch Arbeitenden,* um ihnen "die Schonung ihrer Kräfte zu gestatten" (DÖRING 1987: 154). Weil demzufolge nur eine gewisse Einschränkung der Erwerbsfähigkeit unterstellt wurde, blieben bei der Rentenberechnung sogar die *über* der Wartezeit liegenden tatsächlichen Beitragsjahre außer Betracht. Als "Hauptrente" wurde "die Invalidenrente verstanden" (ebd.) - und war es auch. Sogar die ganz überwiegende Mehrheit der alten Arbeiter - selbst der über Siebzigjährigen - bezog nicht die Alters-, sondern die Invalidenrente. Das Verhältnis Alters- zu Invalidenrenten lag bei etwa eins zu zehn.[1]

Der "erste Baustein der Rentenberechnung war ein Element der staatlichen Versorgung: jedem Alters- oder Invalidenrentner wurde ein einheitlicher 'Reichszuschuß' von 50 Mark pro Jahr ... aus Haushaltsmitteln des Reiches gezahlt" (a.a.O.: 154). Bei der Invalidenrente trat ein weiterer Festbetrag hinzu; er betrug 60 Mark jährlich und wurde aus den Versicherungsbeiträgen finanziert. Erst der dritte (Altersrente: zweite) Baustein war von der Qualität und Dauer der individuellen Beitragsleistung abhängig.

Den Beitrag zahlten Arbeitgeber und -nehmer je zur Hälfte. Es wurden 4 Lohnklassen gebildet, entsprechend unterschiedlich waren Beiträge und darauf bezogene Rentenanteile (vgl. nachfolgende Übersicht):

Beiträge und Rentenanteile je Beitragswoche nach Lohnklassen
- Arbeiterrentenversicherung 1889 -

Lohnklasse	Jahreseinkommen in Mark	Wochenbeitrag in Pfennig	Altersrente je Beitragswoche in Pfennig	Invalidenrente je Beitragswoche in Pfennig
I	bis 350	14	4	2
II	über 350 bis 550	20	6	6
III	über 550 bis 850	24	8	9
IV	über 850	30	10	13

Quelle: Gesetzestext RGBl. Nr. 13, 1889

Dieses vergleichsweise einfache Berechnungsschema führte dazu, daß sich die Altersrente nach 30 Beitragsjahren bei einem Jahresverdienst von 341 Mark (so hoch war 1891 der Durchschnittsverdienst der Frauen, siehe VDR 1990: 15) einschließlich des Reichszuschusses von 50 Mark auf 107 Mark belief.[2] Dies entsprach 31 Prozent des Bruttoverdienstes. Bei einem Jahresverdienst von 472 Mark (Durchschnittsverdienst der Männer, siehe ebd.) betrug die Altersrente 135 Mark (= 29 Prozent des Verdienstes).

Bei diesen Durchschnittsverdiensten war klar, daß die ganz überwiegende Mehrzahl der Altersrenten - 85 Prozent - auf die ersten beiden Lohnklassen entfielen. Die Landesversicherungsanstalten bewilligten im ersten Jahr 126 397 Altersrenten; 54 Prozent dieser Renten wurden nach Klasse I (107 Mark Jahresrente) gezahlt, 31 Prozent

1 Im Jahre 1913 standen 102 000 Altersrenten 1,1 Millionen Invalidenrenten gegenüber (vgl. SYRUP 1957: 140).

2 Pro Jahr wurde von 47 Beitragswochen ausgegangen, bei 30 Jahren also von 1 410 Wochen. Diese Wochenzahl, multipliziert mit dem in Lohnklasse I vorgesehenen Betrag von 4 Pfennig je Beitragswoche, ergibt eine Jahresrente von 56.40 Mark. Der Reichszuschuß kam hinzu.

nach Klasse II (135 Mark Jahresrente), 11 Prozent nach Klasse III (163 Mark Jahresrente) und nur 4 Prozent nach Klasse IV (191 Mark Jahresrente).

Für jede *Invalidenrente* stand bereits als Sockel, aus Staatszuschuß und Festbetrag, ein Betrag von 110 Mark zur Verfügung. Legt man auch hier das Einkommen einer Durchschnittsverdienerin (siehe oben) und eine 30-jährige Beitragsdauer zugrunde, ergab sich eine Invalidenrente von 138 Mark. Das entprach 40 Prozent des bisherigen Verdienstes. Bei 900 Mark Jahreseinkommen betrug - unter sonst gleichen Voraussetzungen - die Invalidenrente 293 Mark (= 33 Prozent des bisherigen Verdienstes).

Von einer Lohnersatzfunktion der Rente konnte zwar keine Rede sein, aber immerhin erhielt der Gutverdienende eine Rente, die in etwa so hoch war wie der Verdienst des Niedriglohnarbeiters. Vor allem aber wurden durch Reichszuschuß und Festbetrag "die Absicherungsgrade bei niedrigen Löhnen deutlich verbessert" (DÖRING 1987: 157).[1]

Die Beitragsbelastung hielt sich in Grenzen. Für den 300-Mark-Bezieher in unserem Beispiel war ein Jahresbeitrag von 6,58 Mark zu entrichten, der Höchstbeitrag - bei Einkommen über 850 Mark - belief sich auf 14,10 Mark im Jahr.

Die Bismarcksche Sozialpolitik erfaßte - nicht zuletzt aufgrund ihres rechtlichen Zwangscharakters - binnen kurzem "gewaltige 'Menschenmassen'" (REIDEGELD: 283). Die zahlenmäßige Entwicklung der einzelnen Versicherungszweige in den letzten anderthalb Jahrzehnten des vorigen Jahrhunderts veranschaulicht die folgende Übersicht:

Bevölkerung und Sozialversicherte im Deutschen Reich 1885 - 1900 (in Millionen)

Jahr	Bevölkerung	Kranken-versicherung	Unfall-versicherung	Invaliden-versicherung
1885	47	5	3	
1891	50	7	17	12
1895	52	8	17	12
1900	56	10	17	13

Quelle: REIDEGELD 1996: 235

Die Zahlen belegen, daß schon nach kurzer Zeit große Teile der arbeitenden Bevölkerung Deutschlands in die neuen Sicherungseinrichtungen einbezogen waren. Die abhängig Arbeitenden waren den Gefährdungen des Lebens nicht mehr schutzlos ausgeliefert; an die Stelle des bei ihnen nicht vorhandenen existenzsichernden Privateigentums waren - durch eine Art staatliche Bürgschaft verbriefte - soziale Rechte getreten.

1 Bismarck war der Auffassung, daß eigentlich 200 Mark erforderlich seien, um sicherzustellen, daß Invalide und Alte "nicht notleiden" (siehe DÖRING 1991: 95).

2.2 Versuch einer Einschätzung der Bismarckschen Sozialpolitik

Bismarck konnte seinen ursprünglichen Plan, mittels der Sozialreform die Verfassungsordnung grundlegend umzugestalten, nicht verwirklichen. Selbst in dem vergleichsweise bescheidenen Bereich der sozialen Sicherungsgesetzgebung, der dem politischen Gestaltungswillen zugänglich blieb, mußte er zahlreiche Zugeständnisse machen. Diese waren vielfach so gravierend, daß es schwerfällt, zu behaupten, wenigstens die Bismarckschen Intentionen bezüglich der sozialen Absicherung der Arbeiter hätten sich durchgesetzt. Und trotz alledem schuf Bismarck mit seinen Sozialgesetzen nicht nur die Fundamente unseres heutigen Sozialstaats, sondern auch eine politische Novität, die in der damaligen Welt ihresgleichen suchte (und deren qualitativer Standard selbst manchen "entwickelten" Teilen der heutigen Welt als Vorbild dienen könnte). Wolfgang Mommsen nennt Bismarcks Sozialgesetze "die von ihm am meisten bewunderte Reform in der Geschichte" (siehe KLEBES 1995).

Eine "Revolution von oben" (SIEVERS 1981) war Bismarcks Sozialreform aber nicht. Der Begriff "Revolution" sollte Ereignissen vorbehalten bleiben, die drastisch in die Fundamente einer Gesellschaftsordnung eingreifen und die existentiellen Bedingungen unmittelbar verändern. Bismarcks Sozialpolitik ließ das Gesellschaftsgefüge des Kaiserreichs und insbesondere seine ökonomischen Grundlagen unangetastet, auch wenn sich in ihrem Gefolge langfristig der Charakter des Staates nachhaltig umformte.

Ein positives Gesamturteil über die Bismarcksche Sozialpolitik fällt dennoch deshalb nicht leicht, weil ihr das Verbot der Sozialdemokratie im Jahre 1878 voraufging und beide Sachverhalte regelmäßig miteinander verknüpft werden. "Bismarcks Zukkerbrot verachten wir, seine Peitsche zerbrechen wir" lautete einer der agitatorischen Sprüche jener Zeit, und gemeint waren Sozialgesetzgebung und Sozialistengesetz. Erstere wurde als Bestechungsversuch gewertet, dazu bestimmt, die Arbeiter ihrer politischen Heimat zu entfremden. Ihr "wahres Gesicht", so die Auffassung vieler, zeige die etablierte politische Macht in der Unterdrückung der Sozialdemokratischen Partei und der Verfolgung ihrer Mitglieder. Wenn die Kaiserliche Botschaft von 1881 die Heilung der sozialen Schäden sowohl von der Repression "sozialdemokratischer Ausschreitungen" als auch von sozialpolitischen Maßnahmen erhoffte, so würden damit, schreibt ein ansonsten nüchterner und besonnener Sozialpolitiker unserer Tage, "die infamen Motive der Herrschenden entlarvt" (STANDFEST 1981: 265).[1] Nach RITTER (1980: 16 f.) war "die entscheidende Triebkraft" der Bismarckschen Sozialpolitik "nicht die Linderung der sozialen Not an sich, sondern die Furcht vor der Gefährdung der politischen und sozialen Ordnung durch das Proletariat".

Auch wenn diese Einschätzungen selbstredend nicht aus der Luft gegriffen sind: die Auffassung, die Unterdrückung der Sozialdemokratie sei das eigentliche politische Ziel Bismarcks gewesen und die Sozialpolitik lediglich ein Zubrot, gar ein Palliativ, wie Liebknecht meinte (siehe S. 34), greift zu kurz. Bismarck verfiel nämlich

---

1 Der Autor ist seit 1.11.1996 Vorstandsvorsitzender des Verbandes Deutscher Rentenversicherungsträger.

> "in keinem Augenblick dem Irrtum, der Staat könne soziale Notlagen oder politische Ideen wirksam durch Unterdrückung bekämpfen. Alle grundsätzlichen Verlautbarungen Bismarcks zum Sozialistengesetz gingen von der Feststellung aus, daß man durch äußeren Zwang nur die Werbung für die sozialistische Idee begrenzen, nicht aber diese selbst vernichten könne. Die Überwindung der sozialen Not erwartete der Kanzler ausschließlich von der Beseitigung ihrer Ursachen durch soziale Reform" (HUBER 1969: 1192).

Die Sozialpolitik Bismarcks verdient deshalb auch eine genuine, vom Sozialistengesetz losgelöste Beurteilung. Zwar standen beide

> "in einem untrennbaren Zusammenhang. Aber die Verknüpfung ergab sich nicht, wie die sozialdemokratische Agitation damals behauptete, aus der Absicht des Kanzlers, die ... Arbeiterbewegung durch sozialpolitische Scheinzugeständnisse zu demoralisieren. So ernst es Bismarck mit dem Kampf gegen die sozialrevolutionäre Bewegung war, so ernst war es ihm mit der Sozialreform, durch die er die Arbeiterschaft nicht zu domestizieren, sondern in die Gesellschaft und in den Staat zu integrieren suchte ... Die mit der staatlichen Sozialpolitik erstrebte Sicherung der materiellen Existenz der Arbeiterschaft galt ihm als die Vorstufe für das eigentliche Ziel, nämlich für die politische Integration der Arbeiterschaft in den bestehenden, aber durch die soziale Integration zugleich verwandelten Staat" (HUBER 1969: 1193).

Wie immer man die Bismarcksche Sozialpolitik bewerten mag: die Auseinandersetzung über ihre Motive, seien sie "infam" oder nicht, könnte Anlaß sein, sich über den konkreten Anlaß hinaus Gedanken darüber zu machen, welche Beweggründe politischem, ja Verhalten überhaupt zugrundeliegen. Bei der Überprüfung entsprechender Bekundungen wird es darauf ankommen, das in der Regel wohlklingende, fast immer mit moralisch-ethischen Begriffen durchsetzte Beiwerk vom eigentlich Gewollten zu trennen. Eine solche Absonderung der Spreu vom Weizen, der Verpackung vom Inhalt ist nicht leicht zu bewerkstelligen - auch deshalb nicht, weil die Verkünder ihre Verlautbarungen nicht selten selber für bare Münze nehmen: "Ideologien sind zumeist nicht als bewußte Täuschungsversuche von seiten der Ideologieträger anzusehen. In gewissem Umfang glauben die Verbreiter von Ideologien selbst an diese" (HOFMANN 1969: 17). Ein Zurechtstutzen entsprechenden Rankenwerks könnte deshalb nicht nur zur Erhellung gesellschaftlicher Realität, sondern auch zur Gewinnung eines realistischen Selbstbildes beitragen.

Einfügung II: Egoismus, Altruismus, Utilitarismus und Moral

Wenn in der Begründung des Bismarckschen Unfallversicherungsgesetzes den staatlichen Einrichtungen Humanität und Christentum als handlungsleitende Maximen anempfohlen werden, wenn in "Rerum novarum" (siehe S. 39 ff.) die besitzende Klasse vor allem bei der Lohnzahlung zur Befolgung der "Vorschriften der Gerechtigkeit" angehalten und später in "Quadragesimo anno" behauptet wird, die Nichtbefolgung des Subsidiaritätsgrundsatzes verstoße gegen dieselbe[1], wenn auch der Kathedersozia-

---

1 "... verstößt es gegen die Gerechtigkeit, das, was die kleineren und untergeordneten Gemeinwesen leisten und zum guten Ende führen können, für die weitere und übergeordnete Gemeinschaft in Anspruch zu nehmen" (Ziff. 79, Quadragesimo anno von 1931, abgedr. bei BRÜCK 1976: 44).

list Schmoller das Entstehen eines Staatsgefühls davon abhängig macht, daß "eine höhere soziale Gerechtigkeit" herrscht (siehe JONAS 1968 b: 141), so machen bereits diese wenigen Beispiele deutlich, daß auch die Sozialpolitik von moralischen Werten und Axiomen durchsetzt ist.

Obgleich eine nähere Betrachtung zeigt, daß niemand den "gerechten Lohn" beziffern[1] oder die Pfeiler einer "gerechten Sozialordnung" benennen kann[2], glaubt man, auf solcherart Ideengebilde nicht verzichten zu können. Sie dienen dazu, die im Grunde recht einfältigen Beweggründe sowohl für individuelles wie für gesellschaftliches Handeln, nämlich ihr Nutzen, gleichzeitig zu verschleiern wie zu veredeln. Profanes verwandelt sich so in Hehres, wird Teil eines Hirn-Gespinstes, das die Beteiligten nicht selten selber für bare Münze nehmen. In Wahrheit ist jedwedes und jedermanns Handeln, mag es sich christlich oder human[3], gerecht oder sozial nennen - häufig werden diese angeblichen Eigenschaften auch noch gebündelt[4] - am Nutzen für die jeweils Beteiligten orientiert, also egoistisch.

Egoismus und Eigennutz haben allerdings viele Gesichter. Der Gast, der sich bei Tisch den dicksten Fleischbrocken schnappt, gehört eher zur Sorte der primitiven Egoisten; erwählt er sich indes den kleinsten, ist er keineswegs weniger auf Nutzenmaximierung bedacht als der erstgenannte Typus. Sein Nutzen - eine Summe aus (mengenmäßig reduziertem) Gaumengenuß und Anerkennung seitens der Tischnachbarn, die seine "Bescheidenheit" wohlgefällig zur Kenntnis nehmen - ist für ihn zweifelsfrei größer, als wenn er das eher grobschlächtige Verhalten des primitiven Egoisten an den Tag legt. (Wäre dem nicht so, würde er sich ohne Zögern den dicksten Brocken angeln). Vielleicht ist er auch nur an einer mäßigen Kalorienzufuhr interessiert, um Schlankheit und Attraktivität zu bewahren oder zu erlangen - Attribute, die für ihn mehr zählen als die maximale Befriedigung seiner Eßlust. Zusammengerechnet ergeben die einzelnen Verhaltensvarianten jedenfalls immer den höchstmöglichen subjektiven Nutzen.

---

1 "Einen objektiven Maßstab für Leistung (gibt es nicht). Nur eine solche ... nachprüfbare Bewertung ließe es zu, von 'gerecht' oder 'ungerecht' zu reden, davon, ob ein Einkommen auch wirklich 'verdient' worden ist ... Einkommenshierarchien lassen sich ökonomisch nicht begründen ... Nun dreht man das System einfach um: Nicht mehr von der Leistung auf das dazugehörige Einkommen wird geschlossen, sondern die Höhe des Einkommens wird als Maßstab für Leistung genommen" (MARTENS 1986).

2 Mit Ausnahme von Bundesarbeitsminister Blüm: "Gerechtigkeit ist Geben und Nehmen" (BMA 1991: 25).

3 Von allen vorgeblichen Attributen menschlichen Verhaltens ist "menschlich" das - gelinde gesagt - seltsamste. Es verzeichnet zwar einen über alle Maßen inflationären Gebrauch, ist aber - ebenso wie "tierisch" - absolut nichtssagend. Zwei Beispiele: MASON (1975: 88) zieht aus seinen Untersuchungen über die Sozialpolitik nach 1933 den Schluß, "daß das Hauptgewicht der nationalsozialistischen Sozialpolitik in der Vermenschlichung der Klassen- und Arbeitsverhältnisse lag"; bei PRELLER (1962: 249) findet sich folgender nebulöser Satz: "Arbeit ... strahlt aus bis in die Bezirke der Häuslichkeit, der Familie, der menschlichen Verbundenheit oder Nicht-Verbundenheit auch außerhalb der Arbeit und nicht zuletzt bis in die Ideologie, bis in das Denken und das Verhalten der Menschen, bis in ihre Integrierung in das Menschliche". Eine Steigerung - falls dies noch möglich ist - erfährt die Inhaltslosigkeit des Begriffs durch seine Steigerung. So soll laut GÖRTEMAKER (1989: 175) die kapitalistische Ordnung heutzutage "menschlicher" sein als die frühere.

4 Siehe die Mehrheitspartei in Bayern.

Dabei gilt als Grundregel: offenkundiger Egoismus stößt ab, verhüllter führt zu sozialer Anerkennung.[1] *In seiner veredelsten Form, etwa der Schwerkranke pflegenden Nonne, ist der Eigennutz kaum mehr als solcher zu erkennen. Deshalb wird von solchem Verhalten auch behauptet, es sei das Gegenteil von Egoismus, eben Altruismus. Doch selbst hier bleibt die egoistische Natur erhalten - auch wenn hinter dem Edelmut die Eigenliebe fast verschwindet.*

Für den Bereich sozialen und sozialpolitischen Handelns hat Georg SIMMEL (1968: 348) am Beispiel der Armenpflege in überzeugender Weise mit der Mär aufgeräumt, die Akteure ließen sich von so hehren Motiven wie Selbstlosigkeit, Nächstenliebe, Gerechtigkeitssinn und Achtung der Menschenwürde leiten. Wäre dem so, so hätte das Objekt solcher tugendhaften Handlungen stets im Mittelpunkt stehen müssen. Doch im

> *"extremen Fall verschwindet der Arme als berechtigtes Subjekt und Interessenzielpunkt vollständig, das Motiv der Gabe liegt ausschließlich in der Bedeutung des Gebens für den Gebenden. Als Jesus dem reichen Jüngling sagte: schenke deinen Besitz den Armen, - kam es ihm ersichtlich auf die Armen gar nicht an, sondern nur auf die Seele des Jünglings, zu deren Heil jener Verzicht das bloße Mittel ... ist. Das spätere christliche Almosen ist desselben Wesens: es ist nichts als ... ein 'gutes Werk', das das jenseitige Schicksal des Gebers verbessert. Das Überhandnehmen des Bettels im Mittelalter, die Sinnlosigkeit in der Verwendung der Gaben, die Demoralisation des Proletariats durch die wahllosen, aller Kulturarbeit entgegenwirkenden Spenden - dies ist gleichsam die Rache des Almosens für das rein subjektivistische, nur den Geber, aber nicht den Empfänger berücksichtigende Motiv seiner Gewährung. Von solcher Beschränkung auf das gebende Subjekt rückt die Motivation ab - ohne sich darum schon dem empfangenden zuzuwenden -, sobald die Wohlfahrt des sozialen Ganzen die Armenunterstützung fordert. Sie erfolgt, ... um den Armen nicht zu einem aktiven, schädigenden Feinde der Gesellschaft werden zu lassen ... Der Arme als Person ... ist hierbei ebenso gleichgültig, wie für den, der um des Heiles der eigenen Seele willen Almosen gibt".*

Wenn primitiver wie verfeinerter Egoismus die gleiche Befriedigung verschaffen und gleichen oder vergleichbaren Nutzen abwerfen, dann besteht kein Anlaß, "edles" - vielfach sicherlich auch nur geschickteres[2] *- Verhalten anders und höher zu bewerten als weniger edles. Es entspringt aus den jeweiligen Handlungen dann auch kein subjektiver Anspruch auf Vergeltung, weder im positiven noch im negativen Sinn.*

Eine differenzierende Betrachtung von Verhalten ist durch dessen homogene Bewertung so wenig ausgeschlossen wie eine unterschiedliche Bewertung der Folgen des jeweiligen Tuns. Schließlich geht alle Erziehung - so sie sich nicht unerfüllbare Ziele steckt - dahin, die Egoismen in tendenziell "altruistische", sozial erwünschte oder doch erträgliche Bahnen zu lenken.

---

1 Dies gilt allerdings nur unter zivilisatorischen Normalbedingungen. Fehlen diese, trifft für alle, nicht nur die "primitiven" Egoisten, der brechtsche Satz zu: "Erst kommt das Fressen, dann kommt die Moral."

2 Hierzu ein Beispiel aus der Gegenwart: das Max-Planck-Institut für Bildungsforschung will bei Befragungen herausgefunden haben, daß Schüler an Gymnasien, Real- und Hauptschulen im Alter zwischen 13 und 16 Jahren "zunehmend uneigennützig ('altruistisch') handeln, wenn sie jemandem helfen, Gesamtschüler hingegen nicht. Sie helfen der Untersuchung zufolge zunehmend aus egoistischen Motiven, also in der Hoffnung, selbst von der 'guten Tat' profitieren zu können" (FLEISCHHAUER 1997). Vgl. dazu RIDLEY 1997: Die Biologie der Tugend. Warum es sich lohnt, gut zu sein.

In diesem Zusammenhang kommt der Moral eine wichtige Steuerungs- und Lenkungsfunktion zu. "Wo wir eine Moral antreffen", schreibt NIETZSCHE (1983 b: 57), "da finden wir eine Abschätzung und Rangordnung der menschlichen Triebe und Handlungen. Diese Schätzungen und Rangordnungen sind immer der Ausdruck der Bedürfnisse einer Gemeinde und Herde."

Die Befolgung von Moralvorschriften und nutzenorientiertes, egoistisches Handeln müssen nicht in Widerspruch zueinander stehen. Dies scheint der Begründer des Individual-Anarchismus, Stirner, anders zu sehen. Er glaubt den Menschen von "Gespenstern" beherrscht, die nichts anderes seien als verselbständigte, "leibhaftig" gewordene menschliche Vorstellungen wie Moral, Gott, und Gemeinwohl. Als Fetische und "unheimliche Heiligkeit" haben sie Macht über das Individuum errungen. Sie sind etwas Fremdes, denn: "was mir heilig ist, das ist mir nicht eigen" (STIRNER 1924: 51). Stirner sieht, so NEUMANN (1983: 227) "in der menschlichen Kultur, die die menschliche Natur unterdrückt, die Ursache für die Entfernung des Menschen aus sich". STIRNER (a.a.O: 166) fordert die Menschen zu radikaler Umkehr auf:

> *"Jahrtausende der Kultur haben euch verdunkelt, was ihr seid, haben Euch glauben gemacht, ihr seiet keine Egoisten, sondern zu Idealisten ('guten Menschen') berufen. Schüttelt das ab! Suchet nicht die Freiheit, die euch gerade um euch selbst bringt, in der 'Selbstverleugnung', sondern suchet euch selbst, werdet Egoisten, werde jeder von euch ein allmächtiges Ich."*

Die Menschen brauchen jedoch deshalb keine Egoisten werden, weil sie bereits welche sind. Es ist auch nicht erforderlich, die anerzogenen Ideale abzuschütteln, weil diese egoistischer Befriedigung keineswegs im Wege stehen (siehe Simmel). Selbst STIRNER (ebd.) ist zu der Feststellung genötigt, die Christen praktizierten Religiosität und Gottgefälligkeit um ihres Seelenheils willen, also auch aus Egoismus. Dieser sei allerdings uneingestanden und unbewußt:

> *"Noch niemals hat eine Religion der Versprechungen und 'Verheißungen' entraten können ... denn lohnsüchtig ist der Mensch, und 'umsonst' tut er nichts ... Also auch die Religion ist auf unsern Egoismus begründet ... All euer Tun und Treiben ist uneingestandener, heimlicher verdeckter und versteckter Egoismus."*

Moralvorschriften können die egozentrische Bedürfnisbefriedigung allenfalls dann behindern, wenn die Lebenswirklichkeit bereits über sie hinweggegangen ist. Jede Moral neigt dazu, sich zu verselbständigen und über ihre Zeit fortdauern zu wollen, tritt mit dem Anspruch auf, nicht nur für eine gewisse Zeit ein gesellschaftliches und individuelles Orientierungsmuster zu sein, sondern für immer und ewig.

Doch (abgesehen davon, daß selbst das Befolgen unzeitgemäßer Verhaltensregeln elitäre Befriedigung verschaffen kann): mit den gesellschaftlichen Bedürfnissen ändern sich auch die Moralen.

> *"Da die Bedingungen der Erhaltung einer Gemeinde sehr verschieden von denen einer andern Gemeinde gewesen sind, so gab es sehr verschiedene Moralen; und in Hinsicht auf noch bevorstehende wesentliche Umgestaltungen der Herden und Gemeinden, Staaten und Gesellschaften kann man prophezeien, daß es noch sehr abweichende Moralen geben wird" (NIETZSCHE 1983 b: 57).*

Und weil heutzutage die Moralen immer rascher aufeinanderfolgen, ihre "Halbwertzeit" immer kürzer wird, erfordert die Befolgung selbst mißliebiger moralischer Gebote schlimmstenfalls eine temporäre, nicht mehr, wie früher, eine lebenslängliche Selbstüberwindung ud Kasteiung.

Eine andere Frage ist, ob sich nicht zumindest eine permanent zur Schau getragene Moral dem (berechtigten) Verdacht aussetzt, sie diene lediglich als Verhüllungsideologie für die wirklichen Beweggründe von Verhalten und Handeln - und ob es deshalb nicht besser wäre, auf solcherart Legitimationsversuche tunlichst zu verzichten. Nicht zuletzt in der Politik täte man gut daran, mit moralischen Bekundungen sehr sparsam umzugehen, sie zumindest mit Nutzen-Erwägungen zu verbinden. Um zu unserem Gegenstand zurückzukehren:

> *"Die Bismarcksche Sozialreform verfolgte ein ideelles Ziel, nämlich die Wandlung des Staats zum Sozialstaat; aber sie verknüpfte dieses ideelle Ziel in nüchternem Realismus mit der Erfüllung materieller Interessen der Arbeitnehmer wie der Arbeitgeber. Sie gab der neuen Sozialpolitik damit eine weit festere Grundlage, als wenn sie versucht hätte, Idee und Interesse ideologisch zu trennen (HUBER 1969: 1194).*

Als einer der ersten hat Owen erkannt, daß die stärkste Stütze einer Idee das Interesse ist. Zwar nannte auch er das Fehlen von Arbeitsschutzmaßnahmen, den Raubbau an der menschlichen Arbeitskraft "sittlich verwerflich". Vor allem aber hielt er die dadurch hervorgerufenen Zustände für "ökonomisch unvernünftig" (siehe HOFMANN 1979: 35). Owen wird des öfteren mit Bentham in Verbindung gebracht, einem der Begründer des Utilitarismus, der Lehre, daß der Nutzen Grundlage und Zweck des menschlichen Handelns sei und der Gemeinschaft dienstbar gemacht werden müsse.

Einer künstlichen Überhöhung menschlichen Handelns und der ihm zugrundeliegenden Motive bedarf es nicht - schon gar nicht in der Politik. Gesellschaftliche Befriedung und Wohlfahrt des sozialen Ganzen bleiben richtige und erstrebenswerte Ziele, auch wenn sie nicht Teil einer göttlichen Naturordnung sind, sondern "nur" zweckgerichtetem, utilitaristischem Denken entspringen. .

2.3 Sozialpolitik 1890 bis zum Ausbruch des ersten Weltkrieges

2.3.1 Wilhelm II. als "Arbeiterkaiser"

Während der "Eiserne Kanzler" und Architekt des Deutschen Reiches allenthalben mit der deutschen Sozialpolitik in Verbindung gebracht wird, bleibt sein späterer politischer Gegenspieler, Kaiser Wilhelm II. auch für den geschichtlich Interessierten auf seine Rolle als oberster Feldherr und Repräsentant einer auf Weltgeltung erpichten, aber "verspäteten" Nation mit imperialem Großmachtgehabe beschränkt. Daß er, insbesondere in den Anfangsjahren seiner Regentschaft, um eine Fortentwicklung der Sozialpolitik bemüht war, entsprechende Initiativen ergriff und diese - gegen den Widerstand Bismarcks (!) - auch durchsetzte, ist weitgehend unbekannt. Kaum jemand weiß auch, daß es hauptsächlich dieser sozialpolitische Dissens war, der wesentlich zur Entlassung Bismarcks beitrug: "unter den verschiedenen Anlässen, die ... schließlich zum Sturz Bismarcks führten, war dieser Gegensatz in der Frage der Sozialpolitik der tiefste" (HUBER 1969: 200).

Wilhelm II. war durch seinen Erzieher Hinzpeter, aber auch den Hofprediger Stoecker, den Begründer der christlichsozialen Arbeiterpartei ("stark antisozialdemokratisch, monarchistisch, sozialpolitisch engagiert und sehr antisemitisch", HOFMANN 1993: 86) in Berührung mit der Sozialpolitik gekommen. Die Partei von Stoecker - sie war 1881 der Deutschkonservativen Partei als eigenständige Gruppe beigetreten - verlangte eine Fort- und Weiterentwicklung der Sozialpolitik und kritisierte, daß Bismarck es bei dem Erreichten belassen wolle. Darüber hinaus wurde dem Kanzler vorgeworfen, er plane, die Autorität des jungen Kaisers für eine entscheidende Auseinandersetzung mit der Sozialdemokratie benutzen und mißbrauchen zu wollen. Bismarck stand, so HUBER (1969: 1208 f.), bereits in der zweiten Hälfte der achtziger Jahre

> "im Bann einer starken sozialpolitischen Ernüchterung ... Die Hoffnung ..., die Arbeiterschaft durch soziale Förderung von der Sozialdemokratie trennen zu können, hatte getrogen. So entwickelte sich in Bismarck anscheinend die ...Vorstellung, das einzige Mittel, um der Sozialdemokratie Herr zu werden, sei der offene Kampf ... Weitere sozialpolitische Aktionen über den planmäßigen Abschluß der Sozialversicherung hinaus verboten sich nach Meinung des Kanzlers angesichts solcher Erwägungen von selbst."

Wilhelm II. hingegen traute sich zu

> "die Versöhnung der Arbeiterschaft mit dem Staat ... durch eine neue sozialpolitische Konzeption, deren Urheber und Repräsentant er selbst sein wollte, herbeizuführen. Er sah seine Aufgabe darin, im Kampf zwischen Kapital und Arbeit ... die Vermittlung zu übernehmen und sich dabei zum Anwalt der gerechtfertigten Forderungen der Arbeitnehmer ... zu machen ... Dabei scheute er sich nicht, Druck auf die Arbeitgeber auszuüben, indem er ihr Vertrauen darauf erschütterte, daß sie bei etwaigen ... Streikunruhen ... auf die Hilfe der Polizei und notfalls des Militärs würden rechnen können."

Anfangserfolge bestärkten den jungen Kaiser in seiner Haltung. Er vermittelte im Bergarbeiterstreik 1889 an der Ruhr, wobei er vor offener Parteinahme zugunsten der Arbeiter nicht zurückscheute. Erstmals wurde eine Abordnung der Streikenden vom obersten Repräsentanten des Staates empfangen - was deren soziale Gegenspieler so beeindruckte, daß die Beilegung des Ruhrkonflikts mit der ersten kollektivrechtlichen Abmachung der deutschen Sozialgeschichte besiegelt wurde: der Unternehmerverband schloß mit den Streikdeputierten einen Vertrag. HUBER (1969: 1215) mißt diesem Ereignis außerordentliche Bedeutung bei:

> "Mit dem Bergarbeiterstreik von 1889 und seiner Beilegung begann ... eine neue Epoche der deutschen Sozialpolitik. Das Koalitionsrecht der Arbeitgeber und Arbeitnehmer erschöpfte sich nicht mehr im Recht des kollektiven Arbeitskampfs, sondern es fand seine Krönung im Recht des Kollektivvertrags ... der Kaiser (fühlte sich) durch diese gelungene Intervention in seinem sozialpolitischen Programm bestätigt und ... meinte, ... im Recht zu sein gegenüber der Krisenfurcht und Resignation des alternden Kanzlers."

Ein Jahr später fertigte Wilhelm II. zwei Niederschriften zur "Arbeiterfrage" und zur "Verbesserung der Lage der Arbeiter" an, in denen er ein "großes Programm sozialpolitischer Aktivität" (HUBER 1969: 1216) entwickelte. Im Mittelpunkt standen Forderungen zum Arbeitsschutz.

Diesen Bereich hatte Bismarck seit langem umgangen. Seine Zurückhaltung war einerseits verständlich, weil er sich zunächst auf die Sozialversicherungsgesetzgebung konzentrierte und nicht Gefahr laufen wollte, dieses Jahrhundertwerk durch weitere sozialpolitische Aktivitäten zu gefährden. Andererseits widerspiegelte seine Zurückhaltung aber auch seine grundsätzliche Auffassung, wonach die dem betrieblichen Bereich zuzurechnenden sozialen Gefährdungen - abgesehen von der Unfallversicherung - tunlichst in der Verantwortungs- und Machtsphäre der Unternehmer zu belassen seien, auch deshalb, weil entsprechende gesetzliche Maßnahmen die wirtschaftliche Stabilität der Unternehmen und ihre Wettbewerbsfähigkeit gefährden könnten. Dies führte nach SYRUP (1957: 83) dazu, daß in der Bismarckära "der Arbeiterschutz vernachlässigt (wurde)".

2.3.2 Rückblick II: Das Regulativ von 1839 und der Arbeitsschutz in Preußen

Erste Arbeitsschutzmaßnahmen hatte Preußen bereits 1839 auf den Weg gebracht, mit dem Regulativ über die Beschäftigung jugendlicher Arbeiter in Fabriken - für manche (siehe den Titel von Syrups Werk) die Geburtsstunde der deutschen Sozialpolitik:

> "§.1.Vor zurückgelegtem neunten Lebensjahre darf niemand in einer Fabrik oder bei Berg-, Hütten- und Pochwerken zu einer regelmäßigen Beschäftigung angenommen werden. §. 2. Wer noch nicht einen dreijährigen regelmäßigen Schulunterricht genossen hat, oder durch ein Zeugniß des Schulvorstandes nachweiset, daß er seine Muttersprache geläufig lesen kann und einen Anfang im Schreiben gemacht hat, darf vor zurückgelegtem sechszehnten Jahre zu einer solchen Beschäftigung ... nicht angenommen werden. Eine Ausnahme hiervon ist nur da gestattet, wo die Fabrikherren durch Errichtung und Unterhaltung von Fabrikschulen den Unterricht der jungen Arbeiter sichern ... §.3. Junge Leute, welche das sechszehnte Lebensjahr noch nicht zurückgelegt haben, dürfen in diesen Anstalten nicht über zehn Stunden täglich beschäftigt werden."

Auslöser dieses Regulativs war unter anderem ein bereits 1828 verfaßter Rapport, in dem vor den negativen Folgen für die preußische Wehrkraft aufgrund der Kinderarbeit gewarnt worden war. König Friedrich Wilhelm III. erließ daraufhin eine Kabinettsordre, in der es hieß:

> "Der Generalleutnant v. Horn bemerkt in seinem Landwehrgeschäftsbericht, daß die Fabrikgegenden ihr Kontingent zum Ersatz der Armee nicht vollständig stellen können und daher von den Kreisen, welche Ackerbau treiben, übertroffen werden, und erwähnt dabei des Übelstandes, daß von den Fabrikunternehmern sogar Kinder in der Masse des Nachts zu den Arbeiten benutzt werden. Ich kann ein solches Verfahren um so weniger billigen, als dadurch die physische Ausbildung der zarten Jugend unterdrückt wird und zu besorgen ist, daß in Fabrikgegenden die künftige Generation noch schwächer und verkrüppelter werden wird, als die jetzige schon sein soll. Daher trage ich Ihnen auf, in nähere Erwägung zu nehmen, durch welche Maßregeln jenem Verfahren kräftig entgegengewirkt werden kann und sodann an mich darüber zu berichten" (GLADEN 1974: 16).

Wie später die Bismarcksche Sozialgesetzgebung, so zeigt bereits diese sozialpolitische Erstgeburt ein janusköpfiges Erscheinungsbild. Paßt zu ersterer das Sozialistengesetz wie die Faust aufs Auge, so sind es bei letzterer Kinder- bzw. Jugendarbeitsschutz und Stärkung der Wehrkraft, die nicht zueinander passen wollen; es ist nicht auszumachen, welches die primäre und welches die sekundäre Motivation ist. Die Geschichte der deutschen Sozialpolitik ist allerdings ein anschauliches Beispiel dafür, daß die ursprünglichen Motive politischen Handelns im Laufe der Zeit an Bedeutung verlieren, gewissermaßen verblassen. Was auf Dauer zählt, sind die Ergebnisse politischen Tuns.

Diese ließen beim Kinder- und Jugendarbeitsschutz, trotz des Regulativs, wegen der fehlenden Kontrolle - der "Arbeiterschutz steht und fällt mit der Arbeitsaufsicht" (SYRUP 1957: 64) - noch einige Jahrzehnte auf sich warten. Eine unheilige Allianz von Unternehmern, die auf maximalen Gewinn erpicht und Eltern, die auf den Verdienst ihrer Kinder angewiesen waren, verhinderte das Entstehen eines gesellschaftlichen Interesses, das Voraussetzung für die Anwendung und das Wirksamwerden von Rechtsnormen ist. Im Nachrevolutionsjahr 1849 wurde immerhin die fakultative Fabrikinspektion eingerichtet und 1853 erfuhr das Regulativ insofern wesentliche Verbesserungen, als nunmehr Kinderarbeit unter 12 Jahren verboten und die Beschäftigungsdauer für 12- bis 14-Jährige auf 6 Stunden beschränkt wurde.

Während so Kinder und Jugendliche in den Wirkungsbereich erster Arbeitsschutzmaßnahmen gelangten, dauerte es bis 1878, ehe mit einer Novellierung der Gewerbeordnung auch für Erwachsene die Arbeitsschutzgesetzgebung in Angriff genommen wurde: der Bundesrat wurde ermächtigt, die Fabrikarbeit von Frauen zum Schutz von Leben und Gesundheit zu beschränken, insbesondere die Nachtarbeit zu verbieten. Die fakultative Fabrikaufsicht wurde durch die obligatorische ersetzt .

2.3.3 Sozialpolitik 1890 bis 1911

Diese Tradition preußisch-deutscher Sozialpolitik nun nahm Kaiser Wilhelm II. 1890 wieder auf, die Rede war von einem "neuen Kurs der Sozialpolitik". Deren Inhalt schlug sich in zwei Erlassen nieder, die der Kaiser Anfang Februar 1890, gegen den Rat Bismarcks, unterzeichnete. Sie sahen unter anderem einen Ausbau der Sozialversicherung, die Ergänzung der Gewerbeordnung um Vorschriften über den Arbeiterschutz, die Einführung eines Schlichtungsverfahrens "zur Pflege des Friedens zwischen Arbeitgebern und Arbeitnehmern" und die Bildung von Arbeitervertrtungen vor, um "den Arbeitern geeignete Organe zur Wahrnehmung ihrer Interessen gegenüber den Arbeitgebern wie den Staatsbehörden zu geben" (HUBER 1969: 1217).

Die soziale Vorsorge des Staates, so wird vom Kaiser eingeräumt, werde durch die Notwendigkeit begrenzt, die Wettbewerbsfähigkeit der heimischen Industrie als Voraussetzung für die Existenzsicherung der Arbeiter zu erhalten. Eine internationale Konferenz mit dem Ziel, durch Vereinbarungen Hindernisse für die einzelstaatliche Sozialpolitik zu beseitigen, die ihren Ursprung im internationalen Wettbewerb hätten, sei vorzubereiten.

Diese Konferenz fand bereits Mitte März 1890 unter Beteiligung Deutschlands, Frankreichs, Englands, Belgiens und der Schweiz in Berlin statt. Sie brachte zwar nicht die erhofften Vereinbarungen, zollte aber den deutschen Vorschlägen, wie "überhaupt allen sozialhumanitären Ideen lebhaften Beifall" (HUBER 1969: 1220). Wilhelm II. sah sich durch die Konferenz in seinen sozialpolitischen Plänen bestärkt. Nur wenige Tage später erfolgte Bismarcks Entlassung.

Der gesetzliche Arbeitsschutz für alle Beschäftigten, ungeachtet des Alters oder des Geschlechts, wurde 1891 mit dem "Gesetz, betreffend Abänderung der Gewerbeordnung" (RGBl. Nr. 18, 1891: 261 ff.) verbessert. Es trug den Unternehmern auf, "den Betrieb so zu regeln, daß die Arbeiter gegen Gefahren für Leben und Gesundheit soweit geschützt sind, wie es die Natur des Betriebes gestattet". Diesem Ziel dienten vergleichsweise detaillierte Vorschriften zur Betriebssicherheit und zur Betriebshygiene.[1] Das Gesetz verpflichtete Fabriken mit mehr als 20 ständig Beschäftigten zur Erstellung von Arbeitsordnungen und ermöglichte die Bildung von Arbeiterausschüssen. Die Schaffung der Arbeiterausschüsse, aus denen sich später die Betriebsräte entwickelten, ist für HUBER (1969: 1222) nach der Sozialversicherung "der wichtigste Schritt beim Aufbau der modernen industriestaatlichen Sozialverfassung". Die Beschäftigung von Kindern unter 13 Jahren wurde untersagt, die Arbeitszeit von Jugendlichen zwischen 14 und 16 Jahren auf 10, von Frauen auf 11 Stunden täglich begrenzt. Waren Arbeiterinnen und Jugendliche besonderen Gefahren für "Gesundheit oder Sittlichkeit" ausgesetzt, konnte ihre "Verwendung" in Fabriken gänzlich untersagt werden.

Nicht nur der Arbeiterschutz, sondern die Sozialpolitik schlechthin hatte in den Folgejahren einen Stillstand zu verzeichnen. Wortführer einer einflußreichen Gruppierung, die den erreichten sozialpolitischen Stand als "die äußerste zumutbare Grenze" ansah (HUBER 1969: 1222) und jeden weiteren Fortgang der Sozialgesetzgebung zu verhindern trachtete, war der Schwerindustrielle von Stumm. Auch des Kaisers anfängliches Engagement für die Arbeiter hatte sich stark abgeschwächt. Ähnlich wie zuvor bei Bismarck lag der Grund hierfür in der Enttäuschung darüber, daß der Vierte Stand partout die Sozialpolitik des Staates nicht mit einer Abkehr von der Sozialdemokratie honorieren wollte. Der Kinderarbeitsschutz immerhin wurde im Jahre 1903 erneut verbessert (RGBl. Nr.14, 1903: 113 ff.); die bisherige Beschränkung des Geltungsbereiches auf Fabriken entfiel. Eine weitere, 1908 verabschiedete Novelle zur Gewerbeordnung (RGBl. Nr.63, 1908: 667 ff.) führte für Frauenarbeit in der gewerblichen Wirtschaft den 10-Stunden-Tag ein und schrieb eine Mindestnachtruhezeit für Frauen von 11 Stunden vor. Den Arbeiterinnen wurde eine einstündige Mittagspause zugestanden; anderthalb Stunden wurden gewährt, wenn ein "Hauswesen zu besorgen" war. Der Wöchnerinnenschutz, bislang 4 bis 6 Wochen, verlängerte sich auf 8 Wochen.

---

1 Der Unternehmer hatte darüber hinaus um die "Aufrechterhaltung der guten Sitten und des Anstandes" besorgt zu sein; soweit es "die Natur des Betriebes" zuließ, war bei der Arbeit eine "Trennung der Geschlechter" vorzunehmen.

1903 wurde die gesetzliche Krankenpflichtversicherung auf die Handlungsgehilfen ausgedehnt (RGBl. Nr. 28, 1903: 233 ff.); GLADEN (1974: 85) sieht darin "einen ersten Schritt auf die Sozialversicherung der Angestelltenschaft hin".[1] Das nämliche Gesetz ermöglichte es, Krankengeld bei einem Krankenhausaufenthalt ungekürzt zu gewähren, wenn Angehörige zu versorgen waren. "Geschlechtliche Ausschweifungen" als Versagungsgrund für Leistungen der Krankenversicherung wurde gestrichen, "Trunkfälligkeit" jedoch beibehalten.

Das 1910 verkündete Stellenvermittlergesetz (RGBl.Nr. 34, 1910: 860 ff.) bezweckte die Beseitigung von Mißständen, die aus der privaten Stellenvermittlung zu Lasten der Arbeitssuchenden erwuchsen. Nunmehr war eine amtliche Konzession erforderlich, Gebühren durften nur bei Zustandekommen eines Arbeitsvertrages erhoben werden. Das Hausarbeitsgesetz von 1911 (RGBL. Nr. 68, 1911: 975 ff.) bezog die Heimarbeit in gewissem Umfang in die staatliche Arbeitsschutzgesetzgebung ein. Es enthielt vor allem Vorschriften über die Heimarbeit von (fremden, aber auch eigenen) Kindern.

Inwieweit für die eher punktuellen denn grundsätzlichen sozialpolitischen Verbesserungen jener Jahre der nachlassende bzw. verebbte Elan des - nun auch nicht mehr jungen, sondern in die Jahre gekommenen - Kaisers mit ursächlich gewesen ist, mag dahingestellt bleiben. Der Abdankung als Deutscher Kaiser im Jahre 1918 jedenfalls war die Abdankung als Arbeiter-Kaiser einige Zeit voraufgegangen.

2.3.4 Reichsversicherungsordnung und Angestelltenversicherungsgesetz

Die im Jahre 1911 erfolgte Zusammenfassung der Bismarckschen Sozialgesetze - also der Unfall-, Kranken-, Alters- und Invalidenversicherung - in der Reichsversicherungsordnung (RVO) als bloße technische Fusion ohne nennenswerte inhaltliche Verbesserungen anzusehen, würde dem neuen Gesetzeswerk nicht gerecht Die RVO - sie trat in wesentlichen Teilen erst 1914 in Kraft - dehnte den Krankenversicherungsschutz auf Hausgewerbetreibende und Hausangestellte aus und bezog mit den landwirtschaftlichen Arbeitnehmern eine Beschäftigtengruppe ein, die sich nicht nur zur damaligen Zeit, sondern auch noch später, bis in die Jahre der Bonner Republik, hartnäckiger Versuche zu erwehren hatte, für diese Berufskategorie einen arbeits- und sozialrechtlichen Ausnahme- und Sonderstatus zu erhalten oder zu begründen.[2]

Eine wichtige Verbesserung schuf die RVO mit der Erweiterung des Invaliden- und Altersversicherungsschutzes um die Hinterbliebenensicherung. Waisen hatten bis zum 15. Lebensjahr einen Rentenanspruch und auch Witwen von verstorbenen

1 Den hatte indes schon das Arbeiterrentenversicherungsgesetz von 1889 getan, indem es "kleine" Angestellte mit einem Jahressalär bis 2 000 Mark als Pflichtversicherte einbezog.

2 Während heutzutage die Arbeitnehmer in der Landwirtschaft zahlenmäßig kaum mehr eine Rolle spielen - 1996 gab es im Bundesgebiet gerade noch 256 000 familienfremde Arbeitskräfte, darunter nur 143 000 vollbeschäftige (siehe BML 1997: 9) - war das zu Beginn des Jahrhunderts anders: im Jahre 1909 sicherte die Landwirtschaft "viereinhalb Millionen fremden, nicht zur Familie gehörenden ständigen und nichtständigen Arbeitskräften" (EGGEBRECHT u.a. 1980: 267) den Lebensunterhalt.

Arbeitern erhielten eine Rente - aber nur dann, wenn sie *in ihrer Person* die Voraussetzungen für eine Invalidenrente erfüllten. Ihre Erwerbsfähigkeit mußte also um mehr als zwei Drittel eingeschränkt sein. Diese Bedingung war so restriktiv, daß sie eher einer Versagungsklausel gleichkam als daß sie eine echte Anspruchsgrundlage dargestellt hätte. Dennoch: ein *Einstieg* in die soziale Absicherung von Hinterbliebenen war getan. Vor allem kinderreiche Familien dürften von der Neuregelung profitiert haben, konnten die Hinterbliebenenrenten insgesamt doch bis zum Anderthalbfachen einer tatsächlichen oder fiktiven Invalidenrente des Verstorbenen betragen.

Huber zufolge erfuhr das von Bismarck geschaffene und in der Reichsversicherungsordnung 1911 zusammengefaßte Sozialversicherungssystem durch das im gleichen Jahr verabschiedete Angestelltenversicherungsgesetz (AVG), das die Rentenversicherung aller Angestellten begründete, seine "Vollendung" (HUBER 1969: 1248). Dieser Terminus ist dann gerechtfertigt, wenn damit die quantitative Erweiterung und der (vorläufige) Abschluß der Sozialversicherungsgesetzgebung ausgedrückt wird. Er ist unangebracht, wenn mit "Vollendung" die "Krönung" des Ganzen gemeint sein sollte. Eine solche Bewertung verbietet sich deshalb, weil das AVG den in den achtziger Jahren eingeschlagenen Weg der gleichberechtigten Integration aller Arbeitnehmer in Staat und Gesellschaft verließ und ein soziales Sonderrecht schuf, das nicht zur sozialen Befriedung beitrug, sondern sozialen Unfrieden stiftete. Insofern war das AVG nicht der Gipfel der deutschen Sozialpolitik im Kaiserreich, sondern eine bloße und dazuhin systemwidrige Ergänzung.

Es zeigte sich hier zum ersten Mal ein Phänomen, das im Verlauf des 20. Jahrhunderts noch des öfteren begegnen sollte: eine soziale Gruppe oder Schicht, die sich anfangs mit Händen und Füßen dagegen sträubt, mit gewöhnlichen "Proleten" in einen Topf geworfen zu werden, die gegen staatlichen Zwang = Pflichtversicherung wettert und auf die persönliche Freiheit pocht, vollzieht ungeniert eine Kehrtwendung, wenn die positiven Wirkungen entsprechender (Sozial) Gesetze für jedermann offenkundig werden. Das Sozialversicherungssystem verleibt sich dann nicht diese Gruppe ein, sondern umgekehrt: die Gruppe bemächtigt sich des Sozialversicherungssystems, stutzt es sich so zurecht, daß mannigfache Privilegien die Folge sind.

"Technisch" gibt es hierfür zwei Möglichkeiten: entweder man strebt von vornherein eine Sondereinrichtung an - das ist der anständigere Weg, weil die Vorrechte auf den ersten (oder zweiten) Blick sichtbar werden - oder aber man schafft innerhalb einer bestehenden Einrichtung spezifische, begünstigende Sonderregelungen (das ist die schlauere Methode, weil die Privilegien im Gesamtsystem eher verschwinden). Mit dem AVG von 1911 wurde der erstgenannten Variante der Vorzug gegeben - und damit wenigstens Offenheit dokumentiert.

Das AVG unterwarf alle Angestellten, soweit sie nicht "mit ... niederen oder lediglich mechanischen Dienstleistungen" (§ 1 AVG) befaßt waren, der gesetzlichen Pflichtversicherung. Ausgenommen waren Angestellte mit einem Jahresverdienst über 5 000 Mark. Für nicht wenige Angestellte, nämlich alle diejenigen, die bis zu 2 000 Mark im Jahr verdienten, hatte das AVG eine Doppelmitgliedschaft in den beiden Arbeitnehmerrentenversicherungen zur Folge. Immerhin waren bereits von der

Arbeiterrentenversicherung 58 Prozent der männlichen und 92 (!) Prozent der weiblichen Angestellten erfaßt worden (siehe CLAßEN 1962: 194).

Das Gesetz brachte den Angestellten erhebliche Vorteile. Während Arbeiter erst nach Vollendung des 70. Lebensjahres eine Rente erhielten, setzte das AVG die Altersgrenze für Angestellte auf 65 Jahre fest. War die Altersrente für Arbeiter als eine Teilrente konzipiert, als Zuschuß zum Arbeitslohn (siehe *2.1*), hatte die Altersrente für Angestellte schon eher den Charakter einer Vollrente. Sie - und nicht die Arbeiteraltersrente - bildet den "Ursprung unserer heutigen Regelaltersrente" (DÖRING 1991: 92).

Für den Fall des vorzeitigen Ausscheidens aus dem Erwerbsleben sah das AVG eine Berufsunfähigkeitsrente vor - eine Leistung, welche die RVO gar nicht kannte. Sie wurde gezahlt, wenn die berufliche Erwerbsfähigkeit um mehr als die Hälfte gemindert war. Zum Vergleich: eine Invalidenrente an Arbeiter setzte anfangs eine Minderung der Erwerbsfähigkeit um mehr als fünf Sechstel, später, ab 1900, um mehr als zwei Drittel voraus.

Die sozialrechtliche Zweiklassengesellschaft wurde durch die Bestimmungen über die Witwenrenten zementiert. Sie unterschieden sich in der RVO und im AVG in einem solchen Maße, daß eine eklatante Ungleichbehandlung von Arbeiter- und Angestelltenwitwen die Folge war. Verstarb ein Angestellter, erhielt seine Witwe in jedem Fall eine Rente (in Höhe von 40 Prozent der Rente ihres verstorbenen Mannes) ohne, wie die Arbeiterwitwe, erwerbsunfähig oder auch nur in ihrer Erwerbsfähigkeit eingeschränkt sein zu müssen.

HUBER (1969: 1249) bezeichnet es als "Erfolg der großen und einflußreichen Angestelltenverbände, daß das Gesetz die Angestellten für den Fall der Berufsunfähigkeit und der Hinterbliebenenfürsorge aus der Masse der sonstigen Arbeitnehmer herausnahm und sie dem selbständigen Mittelstand annäherte". Zwar sei diese Abtrennung "von der Masse der Arbeitnehmer heftig befehdet" worden, sie habe jedoch "der realen politisch-soziologischen Situation" entsprochen, die dadurch gekennzeichnet gewesen sei, daß "die Unterscheidung zwischen der Arbeiterschaft und der Angestelltenschaft sich damals mit zunehmender Schärfe ausprägte."[1]

Dies ist bestenfalls die halbe Wahrheit - denn auch umgekehrt wird ein Schuh daraus. Die Sonderregelungen im Sozial- und Arbeitsrecht (zur Gehaltsfortzahlung bei Krankheit siehe S. 250) trugen nicht unwesentlich dazu bei, daß das Angestelltenstatusdenken eine materiell-rechtliche Fundierung bekam. Ohne letztere läuft jeglicher Dünkel ins Leere, mit ihr hat er Grund; das mehr oder weniger "elitäre" Selbstbild und Gehabe von Angestellten, die mit "gewöhnlichen" Arbeitern nichts zu tun haben wollten, wurde durch das Arbeits- und Sozialrecht gestützt. Das AVG leistete keinen

---

1 Welche fadenscheinigen Argumente herhalten mußten, um die Bevorzugung der Angestellten und ihrer Hinterbliebenen zu begründen, welch geringes Maß an geistiger Anstrengung darauf verwandt wurde, die Sonderregelungen zu rechtfertigen, wird bei PETERS (1973: 92) deutlich: "Die Gründe für die Mitglieder- und Hinterbliebenenversorgung bei Berufsunfähigkeit suchten sie [die Angestelltenverbände, d.Verf.] im frühzeitigen Verbrauch der geistigen Fähigkeiten, in der Nichtausbildung der Ehefrauen für eine Berufstätigkeit sowie in den höheren Aufwendungen für die Ausbildung der Kinder."

geringen Beitrag zur Differenzierung der Lebenslagen von Arbeitnehmern und zu ihrer sozialen Aufspaltung.

Eine solche lag durchaus in der Absicht der politisch maßgebenden Kreise. Sozialdemokratie und Gewerkschaften hatten die Einbeziehung aller Angestellten, also auch derjenigen, die mehr als 2 000 Mark im Jahr verdienten, in die *bestehende* Alters- und Invaliditätsversicherung gefordert. Dies wurde nicht nur von den Angestelltenverbänden, sondern auch von der Exekutive abgelehnt: "Die Trennung der Angestelltenversicherung von der Arbeiterversicherung war auch im Sinne der Regierung. Man wollte die Angestellten nicht in eine Versicherung eingliedern, in der die Sozialdemokratie einen starken Einfluß hatte" (BORN, RASSOW 1959: 412).

Die Auffassung, daß sachfremde Motive für die sozialversicherungsrechtliche Sezession der Angestellten ursächlich waren, teilt auch SYRUP (1957: 134): "Für die Errichtung dieser Sozialversicherung (waren) politische Gründe maßgebend. Man wollte die Front des Mittelstandes ... dadurch erweitern, daß man die Angestellten aus der breiten Front der Arbeitnehmer herauslöste." Wenn es schon nicht gelungen war, die Arbeiterschaft mittels sozialpolitischer Vergünstigungen der Sozialdemokratie zu entfremden, so wollte man sich wenigstens die Angestellten sichern - und sei es, indem man noch "zulegte". Dieses Unterfangen war durchaus von Erfolg gekrönt. GLADEN zufolge (1974: 87) hatte "die konservative Ausrichtung bürgerlicher Wählerschichten auch nach dem Zusammenbruch des Kaiserreiches in dieser sozial differenzierenden Versicherungspolitik eine ihrer Ursachen".

Die Frage, ob eine homogene Arbeitnehmersozialpolitik den späteren mühsamen, schließlich gescheiterten Demokratisierungsprozeß in der Weimarer Republik positiv hätte beeinflussen können, muß unbeantwortet bleiben. Es läßt sich jedoch nicht leugnen, daß ein Stück demokratischer Solidität der Gegenwart auch dem Umstand geschuldet ist, daß die arbeits- und sozialrechtliche Ungleichbehandlung von Arbeitern und Angestellten der Vergangenheit angehört.

2.4 Sozialpolitik im 1. Weltkrieg

Betrachtet man eine Zeittafel wichtiger sozialpolitischer Gesetze und Maßnahmen der letzten hundert Jahre, so nehmen sich die Kriegsjahre von 1914 bis 1918 vergleichsweise dürftig aus. Oftmals finden sich gerade *zwei* sozialpolitische Neuerungen, beide aus dem Jahre 1916: die Herabsetzung der Altersgrenze in der Invalidenversicherung von 70 auf 65 Jahre - was immerhin zu einer "Verdoppelung des Altersrentenbestandes" führte (VDR 1990: 20) - und die Verkündung des Hilfsdienstgesetzes (siehe unten). Daraus zu schließen, die Kriegsjahre seien sozialpolitisch unfruchtbar gewesen, wäre indes verfehlt. Das magere Ergebnis darf nicht den Blick dafür verstellen, daß gerade in dieser Zeit die Weichen für eine neue Sozialverfassung, insbesondere eine neue Arbeitsverfassung, gestellt wurden.

"Nicht Weltbeglückung ist der Zweck unserer sozialpolitischen Arbeit", so hatte Max WEBER (1895: 32 f.) schon vor der Jahrhundertwende verkündet, "sondern die soziale *Einigung* der Nation, welche die moderne ökonomische Entwicklung sprengte, für die schweren Kämpfe der Zukunft." Vor allem im Falle eines Krieges galt die innere Geschlossenheit der Nation, die Ruhe im Innern als eine für den Kriegsverlauf wichtige, ja unverzichtbare Größe.

Ist eine Nation tatsächlich gespalten, so kann die innere Einheit durch Zwang oder Zugeständnisse erreicht werden. Das deutsche Kaiserreich wählte den zweiten Weg. Dies bedeutete jedoch keineswegs, daß erst dadurch die Massen kriegsbereit und -verwendungsfähig geworden wären. Das Entgegenkommen gegenüber der Arbeiterbewegung und der Verzicht auf die Verteufelung der Sozialdemokratie verstärkte nur die ohnehin vorhandene Bereitschaft auch der "unteren" Volkskreise, sich mit Staat und Nation zu identifizieren. Die entsprechende Politik hatte sich bereits in den ersten Kriegstagen abgezeichnet, als Wilhelm II. vor den im Berliner Schloß versammelten Reichstagsabgeordneten emphatisch ausrief:

> "Sie haben gelesen, meine Herren, was Ich an Mein Volk vom Balkon des Schlosses aus gesagt habe. Hier wiederhole ich: Ich kenne keine Parteien mehr, Ich kenne nur Deutsche. (Langanhaltendes brausendes Bravo). Zum Zeichen dessen, daß Sie fest entschlossen sind, ohne Parteiunterschiede, ohne Stammesunterschiede, ohne Konfessionsunterschiede durchzuhalten mit Mir durch dick und dünn, durch Not und Tod, fordere Ich die Vorstände der Parteien auf, vorzutreten und Mir das in die Hand zu geloben" (siehe a.a.O: 289).

Es war nur folgerichtig, daß die regionalen Militärbefehlshaber darauf verzichteten, "mit der Verhängung des Kriegszustandes die geplanten Repressivmaßregeln gegen die sozialdemokratische Arbeiterbewegung" zu ergreifen (a.a.O: 292). Dies wäre auch töricht gewesen - hatten Arbeiterschaft und Arbeiterbewegung in ihrer großen Mehrheit ihren Frieden mit dem Kaiserreich doch längst gemacht.

Als "Umsturzpartei" war die Sozialdemokratie ein "Koloß auf tönernen Füßen" (HOFMANN 1993: 81); die nationale Begeisterung aller Volkskreise entlarvte die klassenkämpferischen Aussagen der Parteiprogramme als hohles Pathos. Das gleiche galt für die angebliche, auf zahlreichen Kongressen beschworene internationale Solidarität. Mit Deklamationen wie "Die Proletarier haben überall dieselben Klasseninteressen, welchen Teil der Erde sie auch bewohnen, und haben mehr Gemeinschaft und Verwandtschaft untereinander, als mit den übrigen Klassen des Landes, das sie bewohnen"[1] traten Glaubenssätze an die Stelle der Realität, die spätestens bei Kriegsbeginn wie ein Kartenhaus zusammenbrachen. Für manchen, der Wunschträume für Wahrheit hielt, mag es 1914 ein grausames Erwachen gegeben haben.

Allzu viele dürften es nicht gewesen sein. Statt einen Generalstreik in allen am Krieg beteiligten Staaten auszurufen, wie es noch 1907 auf dem Stuttgarter Kongreß der Sozialistischen Internationalen Jaurès gefordert hatte, reihten sich "beinahe alle" (REIDEGELD: 295) sozialistischen Parteien und Gewerkschaften im In- und Ausland in die Kriegsfront ein. Die sozialdemokratische Reichstagsfraktion bewilligte am 4.8.1914 *einstimmig* die Kriegskredite; schon zwei Tage vorher hatte die Vorständekonferenz der deutschen Gewerkschaftsverbände beschlossen, "loyal mit der

---

1 So Vandervelde (zit. bei MEYER u.a. 1984: 273), Präsident des Internationalen Sozialistischen Bureaus, auf dem Internationalen Sozialisten-Kongreß 1907 in Stuttgart.

Reichsregierung zusammenzuarbeiten, jegliche Streiks zu unterbinden und bis auf weiteres keine Lohnforderungen zu stellen" (HOFMANN 1993: 80).

Nicht zuletzt für militärische Stellen galt, wie REIDEGELD (1975: 299) überzeugend nachweist, der "Burgfrieden" als ein "zu 'pflegender' Grundzustand von höchstem militärischen Wert". Und Burgfrieden hieß auch, im Innern soziale Verhältnisse zu schaffen, die den berechtigten Forderungen der Arbeitenden entsprachen. Die Folge, so Reidegeld: ausgerechnet "die 'alte' Todfeindin der Sozialdemokratie, ausgerechnet eine Herrenschicht, deren Einstellung zur 'sozialen Frage' vor 1914 eher unklar oder repressiv ... war, deren Ethos ... in ländlich-paternalistischen Verhältnissen wurzelt, wird zu einem besonders wirksamen 'Motor der Sozialreform'" (a.a.O.: 324). Die "Imperative des modernen Krieges" verwickeln die Militärbehörden "in viel direkterer Weise als das Reich ... in die 'Arbeiterfrage'"; ein "rascher Lernprozeß" ist die Folge (siehe a.a.O.: 325 f.). Robert Schmid, ein führender Gewerkschafter, schreibt 1915: "Erfreulicherweise kann ... betont werden, daß die Militärverwaltung vielfach größeres Verständnis und Entgegenkommen ... auf sozialpolitischem ... Gebiet gezeigt hat, als die Zivilverwaltung" (zit. a.a.O: 325).

Das Entgegenkommen zeigte sich in dreifacher Weise: zunächst dergestalt, daß die Militärbehörden dafür Sorge trugen, daß die mit Kriegsaufträgen bedachten Betriebe Mindest- bzw. Tariflöhne zahlten. In der Folge führte dies zu ersten kollektivrechtlichen Tarifabmachungen zwischen Gewerkschaften und Arbeitgeberverbänden und die Anerkennung bzw. "Unabdingbarmachung" dieser Vereinbarungen seitens militärischer und damit staatlicher Stellen (siehe a.a O.: 326 f.). Und schließlich kam das Gesetz über den Vaterländischen Hilfsdienst im Jahre 1916 - eines der "bemerkenswertesten Dokumente der ... deutschen Rechtsgeschichte" - nicht zuletzt aufgrund des "Drucks der Obersten Heeresleitung" zustande (siehe a.a.O: 338).

Mit dem Hilfsdienstgesetz (HDG), im Dezember 1916 mit 235 gegen 19 Stimmen vom Reichstag verabschiedet, machte erstmals ein Reichsgesetz "vor dem 'Betriebsfeudalismus' und der 'betriebsherrlichen Eigenmächtigkeit' keinen Halt mehr" (ebd.). Das sozialpolitisch Bedeutsame am HDG ist deshalb auch nicht die mit dem Gesetz bewirkte Arbeitskräfteerfassung und -lenkung, sondern der Umstand, daß wichtige Entscheidungen im Rahmen dieses Gesetzes von paritätisch zusammengesetzten Ausschüssen zu treffen waren (zu denen zusätzlich hohe Militärs und Beamte traten).

Das HDG verpflichtete alle deutschen Männer zwischen 17 und 60 Jahren, die keinen Militärdienst leisteten, zum vaterländischen Hilfsdienst in "Hilfsdienstbetrieben", worunter Betriebe, Behörden und Organisationen verstanden wurden, die für die Kriegsführung und Volksversorgung von Bedeutung waren. Die Leitung des Hilfsdienstes oblag dem Kriegsamt. Nicht in einem Hilfsdienstbetrieb oder überhaupt nicht Beschäftigte konnten zum Hilfsdienst herangezogen, "überschüssige" Beschäftigte in Hilfsdienstbetrieben umgesetzt werden. Entsprechende Anordnungen trafen die Feststellungs- und Einberufungsausschüsse", bei Streitigkeiten entschieden "Schlichtungsausschüsse". In diesen Gremien, die in Betrieben ab 50 Beschäftigten einzurichten waren, wirkten Vertreter von Gewerkschaften und Arbeitgeberverbänden in gleicher Zahl mit. Durch die HDG-Bestimmung, das Kriegsamt habe für die

Berufung der Ausschußmitglieder "Vorschlagslisten wirtschaftlicher Organisationen der Arbeitgeber und Arbeitnehmer einzuholen", wurden erstmals die Gewerkschaften als gesellschaftliche Ordnungsmächte reichseinheitlich anerkannt.

Zwischen Militär und reformistischer Arbeiter- bzw. Gewerkschaftsbewegung entstanden so enge Verflechtungen. Eine herausragende Figur auf Seiten der Militärs war der Leiter des Kriegsamts, Generalleutnant von Groener (später, von 1928 bis 1932, Reichswehrminister), der auf einer großen Gewerkschaftskundgebung im Dezember 1916 "warmen Applaus" erhielt, weil er "sich fortgesetzt für die Akzeptanz der Gewerkschaften als 'berufene Vertreter' der Arbeiter (engagiert)" (a.a.O: 346).

Gegen Ende des Krieges allerdings hatte sich, so REIDEGELD (1995: 355), der "Kriegsmechanismus" als "sozialstaatsbildende Kraft ... erschöpft"; an seine Stelle trat der "Zusammenbruchs- und Revolutionsmechanismus".

2.5 Resümee und Ausblick

Angesichts des Elends, das der Erste Weltkrieg über die Völker brachte, wäre es zynisch, zu behaupten, die Sozialpolitik in dieser Zeit habe zur Verbesserung der Lebenslage der Arbeitnehmer beigetragen. (Schon der Begriff "Lebenslage" mag angesichts 10 Millionen Toter, davon 2 Millionen Deutsche, pietätlos erscheinen). Dennoch ist für PRELLER (1949: 85) der Erste Weltkrieg der "große Schrittmacher der Sozialpolitik", gelangt Neuloh (Nachwort zu SYRUP 1957: 538) sogar zu dem Schluß, beide Weltkriege in diesem Jahrhundert seien "Wegbereiter des sozialen Fortschritts" geworden, "so wie der Teufel in der Welt ungewollt das Gute schafft, das er zerstören will".

Nun hat bekanntlich schon Heraklit die Auffassung vertreten, der Krieg sei der "Vater aller Dinge". Für die Sozialpolitik im Ersten Weltkrieg stimmt dies jedoch allenfalls in "kategorialer" Hinsicht (so REIDEGELD 1995: 290). Das heißt, im Zusammenhang vor allem mit dem Kriegs*ende* eröffneten sich, trotz aller Not und allem Elend, neue Horizonte für die Weiterentwicklung der sozialstaatlichen Gesellschaftsverfassung. Für nicht wenige sozialdemokratische Politiker mag sich dabei - unter dem Eindruck der erfolgreichen sozialpolitischen Zusammenarbeit mit konservativen Militärs während des Krieges, die sich nicht selten hartnäckigem Widerstand der Unternehmer gegenübersah[1] - die Vorstellung verfestigt haben, im Bunde selbst (oder gerade) mit ultra-konservativen Kreisen den Sozialstaat ausbauen und damit den radikalen Kräften im "eigenen" Lager das Wasser abgraben zu können. Indiz dafür ist, daß noch im Herbst 1918 die "Mehrheitssozialdemokratie bereit (war), die monarchische Ordnung in der Form der parlamentarischen Monarchie mit zu verantworten" (GLADEN 1974: 89).

Für die Gewerkschaftsbewegung wiederum war die während des Krieges zunehmend intensivierte Zusammenarbeit mit den Unternehmern Anlaß, verstärkt über

---

1 Die Schwerindustrie z.B. war "fortlaufend wegen des Hilfsdienstgesetzes verstimmt" (REIDEGELD 1995: 349).

eine Autonomisierung des Bereichs der Arbeitsverfassung nachzudenken, sich die Frage zu stellen, ob dieser Sektor nicht besser durch Kollektivvereinbarungen geregelt und damit der staatlichen Rechtssetzungskompetenz entzogen werden sollte.

Bei aller Unterschiedlichkeit: sowohl die politische wie die gewerkschaftliche Mehrheitsrichtung in der Sozialdemokratie setzte auf Kontinuität und Reform, nicht auf Umsturz und Revolution. Es dürfte nicht zu weit hergeholt sein, in der sozialpolitisch vermittelten Zusammenarbeit von Konservativen und Sozialdemokraten während des Krieges eine der Ursachen zu sehen, weshalb das Jahr 1918 nicht zu einem radikalen Umbruch der deutschen Gesellschafts- und Staatsverfassung führte.

Leseempfehlung

BORN, K. E.: Staat und Sozialpolitik seit Bismarcks Sturz, Wiesbaden 1957

MILLER, S.: Burgfrieden und Klassenkampf. Die deutsche Sozialdemokratie im Ersten Weltkrieg, Düsseldorf 1974

ROSENBERG, H.: Große Depression und Bismarckzeit. Wirtschaftsablauf, Gesellschaft und Politik in Mitteleuropa, Frankfurt 1976

HUBER, E. R.: Deutsche Verfassungsgeschichte seit 1789

Bd. III: Bismarck und das Reich, 2. Aufl. Stuttgart, Berlin, Köln, Mainz 1963

Bd. IV: Struktur und Krisen des Kaiserreiches, 2. Aufl. Stuttgart, Berlin, Köln, Mainz 1969

Bd. V: Weltkrieg, Revolution und Reichserneuerung 1914 - 1919, Stuttgart, Berlin, Köln, Mainz 1978

BIEBER, H.-J., Gewerkschaften in Krieg und Revolution. Arbeiterbewegung, Industrie, Staat und Militär in Deutschland 1914 - 1920, Hamburg 1981

RITTER, G.A., KOCKA, J.: Deutsche Sozialgeschichte. Dokumente und Skizzen, Bd. II: 1870 - 1914, München 1982

MEYER, T., MILLER, S., ROHLFES, J. (Hrsg.): Geschichte der deutschen Arbeiterbewegung - Darstellungen, Chronologien, Dokumente, Bd. II [1914 - 1945]. Schriftenreihe der Bundeszentrale für politische Bildung Bd. 207, Bonn 1984

GÖRTEMAKER, M.: Deutschland im 19. Jahrhundert, Opladen 1989

WEHLER, H.-U.: Deutsche Gesellschaftsgeschichte, Bd. III: Von der "Deutschen Doppelrevolution" bis zum Ende des Ersten Weltkriegs, 1849 - 1918, München 1995

REIDEGELD, E.: Staaatliche Sozialpolitik in Deutschland - Historische Entwicklung und theoretische Analyse von den Ursprüngen bis 1918, Opladen 1996

3 Sozialpolitik in der Weimarer Republik

3.1 Sozialpolitik in der Anfangszeit

3.1.1 Vorbemerkung

Selbst für Menschen, die - aus lauteren, achtenswerten Motiven - einmal glaubten, der revolutionäre Sozialismus werde die Gerechtigkeit in die Welt bringen und ein reibungsloses, friedliches Miteinander garantieren, führt heute kein Weg an der Erkenntnis vorbei, daß dieser Glaube irrte. Eine logische Konsequenz dieser Einsicht ist, sich auch auf Seiten der Linken einzugestehen, daß es kein Unheil für Deutschland war, als 1918/19 die Spartakus-Revolte fehlschlug. Das Entsetzen über den abscheulichen Mord an Rosa Luxemburg und Karl Liebknecht darf nicht darüber hinwegtäuschen, daß sie eine abenteuerliche Politik betrieben - wobei Liebknecht noch "weniger realistisch als Rosa Luxemburg" (KLÖNNE 1980: 163) war.
Ein Gelingen des kommunistischen Umsturzversuchs hätte Deutschland in unhaltbare soziale und ökonomische Verhältnisse hineinmanövriert und es ist den Sozialdemokraten Ebert und Scheidemann zuzugestehen, daß sie sich in ihrer Politik von dieser Erkenntnis leiten ließen. Sie waren deshalb auch keine Arbeiterverräter, auch nicht, als sie sich mit dem konservativen Militär verbündeten. Letzteres hatte - zumindest in den Augen der Mehrheitssozialdemokraten - während des Krieges unter Beweis gestellt, daß ein Zweckbündnis mit ihm möglich war und eine Verbesserung der Lage der Arbeiter sich mit konservativen gesellschaftlichen Ordnungsvorstellungen durchaus vertrug.

Eine Revolution hat 1918/19 nicht stattgefunden, es erfolgte "keine grundlegende Veränderung der sozio-ökonomischen und politischen Machtverhältnisse in Deutschland" (GLADEN 1974: 91). Der Ersatz der Monarchie durch die Republik und die Abdankung des Kaisers waren Korrekturen, die zwar die Gestalt des Staates veränderten, aber das, was ihn "im Innersten zusammenhielt", unangetastet ließen.

3.1.2 Aktivitäten in der Anfangszeit

"Rasche Ergebnisse" erzielte die neue Regierung, der "Rat der Volksbeauftragten" unter Führung des Mehrheitssozialisten Ebert vor allem "in bezug auf die Sozialpolitik und das Wahlrecht": noch im November 1918 verordnete sie "den Acht-Stunden-Tag, die Einrichtung einer Erwerbslosenfürsorge, allgemeine Regelungen für Tarifverträge und für das Schlichtungswesen und das allgemeine gleiche ... Wahlrecht" (KLÖNNE 1980: 167). Ein Reichsamt für wirtschaftliche Demobilmachung wurde errichtet und mit außerordentlichen Vollmachten ausgestattet, nicht zuletzt hinsichtlich der "Verteilung vorhandener Arbeitsgelegenheit und der Beschaffung neuer Arbeitsmöglichkeiten" (ERDMANN 1948: 23).

Sämtliche Ausnahmegesetze gegen die Landarbeiter und Gesindeordnungen wurden aufgehoben. In der Praxis bedeutete dies, daß endlich auch den landwirtschaftlichen Arbeitnehmern das Koalitionsrecht einschließlich des Streikrechts zugbilligt wurde und die dienstrechtlichen Vorschriften des BGB uneingeschränkt auch im agrarischen Bereich galten. Auf der Grundlage dieser Neuregelungen schuf dann allerdings eine "Vorläufige Landarbeitsordnung" - sie war bis 1969 (!) in Kraft - wiederum ein besonderes Landarbeiterrecht.

Die "Vorläufige Landarbeitsordnung" erlangte am 24.1.1919 durch Verordnung des Rates der Volksbeauftragten Gesetzeskraft. Ihr Inhalt jedoch war bereits zuvor durch eine Vereinbarung zwischen Landarbeiterverbänden und landwirtschaftlichen Arbeitgeberverbänden, die sich zu einem "Reichs-Bauern- und Landarbeiterrat" zusammengeschlossen hatten, festgelegt worden. Das heißt, der Rat der Volksbeauftragten erhob nachträglich eine kollektivrechtliche Abmachung in den Rang einer Gesetzesnorm.

Eine ähnliche Verfahrensweise war bei dem bedeutsamsten Vertrag zwischen den Sozialpartnern zu beobachten, dem sogenannten "Stinnes-Legien-Abkommen". Es wurde am 15.11.1918, nur wenige Tage nach der Übernahme der politischen Macht durch den "Rat der Volksbeauftragten", von Vertretern der Gewerkschaften (unter anderem Freie und Christliche Gewerkschaften sowie die Hirsch-Dunckerschen Gewerkvereine) und Vertretern der Unternehmer unterzeichnet. Beide Gruppen hatten sich zu einer "Zentralarbeitsgemeinschaft" zusammengeschlossen. Das Abkommen sah Arbeiterausschüsse für alle Betriebe ab fünfzig Beschäftigten vor, die Gewerkschaften wurden nunmehr auch von den Unternehmern als berufene Vertreter der Arbeiterschaft anerkannt, Beschränkungen der Koalitionsfreiheit galten als unzulässig. Das Höchstmaß der täglichen Arbeitszeit wurde auf acht Stunden festgelegt.

Der ständisch-korporative Geist des Abkommens ist offensichtlich. Sein erster Paragraph bestimmte: "Die Arbeitsgemeinschaft bezweckt die gemeinsame Lösung aller die Industrie und das Gewerbe Deutschlands berührenden wirtschaftlichen und sozialen Fragen sowie aller sie betreffenden Gesetzgebungs- und Verwaltungsangelegenheiten." REIDEGELD (1995: 358) nennt dies eine "antistaatliche Intention" und spricht von einem "Kartell der schaffenden Stände" als "Gegenstück des 'Bündnisses' der Sozialdemokratie mit der traditionellen Bürokratie und der Armee". Für GLADEN (1974: 92) "zeichnete sich ... ein Kollisionskurs zwischen staatlicher und verbandlicher Sozialpolitik ab".

Was das Vorhaben anging, die sozial-ökonomischen "Gesetzgebungs- und Verwaltungsangelegenheiten" in eigener Regie lösen zu wollen, sind diese Einschätzungen sicherlich vertretbar (zumal ganz nebenbei auch die Gewaltenteilung auf der Strecke bleibt). Realiter wurden in der Übereinkunft aber nur solche Bereiche geregelt, die sich mit heutigem Verständnis von Tarifautonomie durchaus vertragen. Zum behaupteten "Kollisionskurs" will auch nicht so recht passen, daß der Rat der Volksbeauftragten dem Abkommen noch am Tage seiner Unterzeichnung zustimmte, es amtlich veröffentlichte und ihm damit die "politische Sanktion" (HUBER 1978: 771) erteilte. Der Inhaber der politischen Gewalt "nahm das Abkommen nicht nur zur Kenntnis, sondern er machte es sich, als Teil seiner Politik, zu eigen" (ebd.). Daß der Staat in dieser Anfangszeit gesellschaftlichen Entwicklungen gewissermaßen "hinterherlief", ist freilich nicht zu bestreiten.

3.2 Die Weimarer Reichsverfassung

3.2.1 Die Wahl zur Nationalversammlung

In einem Staatswesen, in dem Ordnungsgesichtspunkte traditionsgemäß einen hohen Rang einnehmen, kann eine "verfassungslose Zeit" nicht lange dauern. Zu stark ist das Bedürfnis nach Ruhe und Ordnung - nicht als Bürgerpflichten, sondern als Bürgerbegehren - als daß ein macht- und herrschaftsloser Zustand eine längere Zeitspanne umfassen könnte.

Das Deutsche Reich befand sich nur wenige Wochen in einer solchen (nach Auffassung der Mehrheit schlechten) "Verfassung", genau gesagt vom 9.11. bis zum 19.12.1918. Dann trat zwar formal noch keine neue Verfassung an die Stelle der früheren. Aber mit dem Beschluß des Rates der Volksbeauftragten und des Allgemeinen Rätekongresses, eine Nationalversammlung wählen zu lassen, war die Grund-Entscheidung für die Grund-Ordnung der Republik gefallen. Es war ein Votum gegen die Räteverfassung, für die Volkssouveränität und eine demokratische Legitimierung der Staatsgewalt, für Gewaltenteilung und Rechtsstaatlichkeit. Das erste Nachkriegsweihnachten konnte der Bürger in der Gewißheit verbringen, daß das Reich vor revolutionären Umbrüchen verschont bleiben würde.

Die Wahl selbst fand bereits am 19.1.1919 statt. Gewählt wurde nach dem Verhältniswahlrecht, erstmals durften Frauen wählen, das Wahlalter war von 25 auf 20 Jahre herabgesetzt worden.

Zwei der drei Neuerungen, die sämtliche auf alte sozialdemokratische Forderungen zurückgingen, zeitigten unerwartete Folgen: sowohl das Frauen- als auch das Verhältniswahlrecht wirkten sich ungünstig für die SPD aus, sie "verhinderten, daß es in der deutschen Nationalversammlung zu einer absoluten Mehrheit der Mehrheitssozialisten kam" (HUBER 1978: 1067). Zur absoluten Mehrheit wären 212 Mandate erforderlich gewesen, die SPD erhielt 165. Dem stand eine eindeutige bürgerliche Mehrheit von 236 Mandaten (Rechtsparteien und bürgerliche Mitte/Linke) gegenüber.

Einfügung III: Frauenwahlrecht und Sozialdemokratie

Weshalb vor allem "die Frauen zu einem weit höheren Hundertsatz als die Männer nichtsozialistische Parteien wählten" (HUBER 1978: 1067), weshalb sie, denen, wie HOEGNER deprimiert notiert (1979: 44) "die Sozialdemokratie erst das Stimmrecht verschafft hatte, zum größten Teil die bürgerlichen Parteien (wählten)": darüber darf spekuliert werden. Das konservative Wahlverhalten der Frauen mit einer entsprechenden "Natur" des weiblichen Geschlechts zu erklären - die Frau als der "bewahrende" Teil der Gattung - wäre zu oberflächlich. Auch die möglicherweise stärkere klerikale Beeinflussung des weiblichen Bevölkerungsteils erscheint als Begründung nicht ausreichend.

Ein Erklärungsversuch dafür, daß vermutlich auch nicht wenige Frauen von Sozialdemokraten die Partei ihres Mannes nicht wählten, sei gewagt und erlaubt: es ist nicht auszuschließen, daß diese Frauen in der Verschwiegenheit der Wahlkabine aus dem Stimmzettel einen Denkzettel machten. Daß manche Arbeiterfrauen anders wählten als ihre Männer, könnte auch die Quittung für die Diskrepanz von deren Reden und Handeln gewesen sein. Die Drangsal nämlich, der Proletarier in der Fabrik ausgesetzt waren und die sie zu Recht anprangerten, fand im privaten Umfeld häufig ihre Fortsetzung, nur unter umgekehrtem Vorzeichen: beutete der Unternehmer den Arbeiter aus, so dieser seine Frau. Die "Herrschaft" hörte "nicht vor den Fabriktoren auf. Die patriarchalen Mechanismen ... finden sich ... repräsentiert ... auch durch die Arbeiterklasse selbst (hier im Aufbürden der gesamten Hausarbeit selbst noch den Frauen, die einen Fabrikarbeitstag hinter sich hatten)" (SODER 1980: 11). In einer Arbeiterbiografie jener Zeit heißt es: "Die Mutter war meinem Vater sein Geselle und sein Knecht und sein Lehrjunge, und seine Laden- und Marktfrau, und seine Dienst- und Kindermagd, und seine Wasch- und Scheuerfrau und seine Flickschneiderin und was weiß ich noch" (zit. a.a.O.: 24).

Ganz offensichtlich fanden die Arbeiterfrauen mit ihren Nöten - und dazu zählte nicht zuletzt der "Kinderreichtum" - bei der Arbeiterpartei nicht immer Gehör:

> *"Es ist unmenschlich, grausam, barbarisch", so stand schon 1904 in der "Neuen Zeit" zu lesen, "daß es überhaupt zugelassen wird, daß Millionen von Frauen hinsiechen müssen, zollweise absterben, körperlich und seelisch gerädert werden durch das viele Gebären und durch die beständige Furcht vor der Empfängnis ... Heute will der Arbeiter leben, heute die Frau anstatt des unaufhörlichen Windelwaschens auch Mensch sein ... Man höre doch endlich in Arbeiter- und Parteikreisen auf mit dem Dozieren vom grünen Tisch in dieser Frage ... und vertröste die Arbeiter nicht auf Maßnahmen von Staat und Gemeinde oder einer anderen Gesellschaft" (siehe SODER: 81).*

Genau dies aber tat die Partei - was sich besonders deutlich während der sogenannten "Gebärstreikdebatte" in den Jahren 1912 bis 1914 zeigte, als innerhalb der Partei eine Gruppe die Anwendung empfängnisverhütender Mittel propagierte und sich für Geburtenbeschränkung aussprach. Dabei bedeckten sich auch die Heroinen der proletarischen Frauenbewegung, Klara Zetkin und Rosa Luxemburg, nicht mit Ruhm. Sie erwiesen sich vielleicht als Parteisoldatinnen, nicht aber als Anwältinnen der Arbeiterfrauen.

Die Befürwortung des "Gebärstreiks", so Klara Zetkin auf einer Berliner Großveranstaltung zum Thema im Jahre 1913, widerspiegele eine "bürgerliche, individualistische, anarchistelnde Auffassung", für die nicht das "Proletariat als Klasse", sondern "die einzelne Familie" im Mittelpunkt stehe. Statt "Massenaktion" werde eine "bestimmte individuelle Lebensgestaltung" propagiert. Geburtenbeschränkung bedeute auch, darauf zu verzichten, "Soldaten der Revolution" zu zeugen (siehe a.a.O.: 82). In derselben Veranstaltung, in der sich die Mehrheit der Besucher(innen) für Empfängnisverhütung und Geburtenregulierung aussprach, meinte Rosa Luxemburg, kinderlos wie Klara Zetkin und erdabgewandt wie selten:

> *"Am wenigsten habe ich heute hier gehört von unserem Endziel, unserem Leitstern. Die heutige Versammlung ist ein tiefbeschämendes Beispiel dafür, wie sehr die sozialistische Aufklärung in Berlin noch vernachlässigt ist. Da muß man sich fast denken, daß Marx und Lassalle in Deutschland umsonst gepredigt haben" (ebd.).*

Offensichtlich hatten auch manche Wählerinnen am 19.1.1919 weder das Endziel noch den Leitstern vor Augen, als sie in der Wahlkabine ihr Kreuz machten. Wichtig war für sie die Bewältigung ihrer alltäglichen Nöte und Sorgen, das Ernstnehmen ihrer wirklichen Schwierigkeiten. Wenn die Sozialdemokratie nicht in der Lage war, diesem Bedürfnis zu entsprechen, sondern sich anmaßte, in doktrinärer Manier den Frauen vorzuschreiben, welches ihre Probleme zu sein hatten und welche nicht, so hatte sie sich die Folgen ihres Tuns selbst zuzuschreiben. Daß die bürgerlichen und konservativen Parteien in Frauenfragen keineswegs "fortschrittlichere" Positionen vertraten, versteht sich von selbst. Aber vielleicht waren diese in sich doch "stimmiger" und deshalb "ehrlicher" als der "Stammtischsozialismus" (SODER 1980) der SPD-Genossen.

Dennoch: es gehört zu den eher tragikomischen Ereignissen der - an tragischen Geschehnissen gewiß nicht armen - Geschichte der Weimarer Republik, daß die demokratische Machtübernahme durch die Sozialdemokratie ausgerechnet an zwei Regelungen scheiterte, welche sie selbst geschaffen hatte. Dabei dürfte die Partei die Wahlrechtsänderung sicherlich nicht nur deshalb auf den Weg gebracht haben, weil sie ihrem Rechts- und Gerechtigkeitsempfinden entsprach, sondern auch, weil sie sich davon Vorteile versprochen hatte.

3.2.2 Grundsätzliche Verfassungsentscheidungen

Die Nationalversammlung stimmte über die Reichsverfassung Ende Juli 1919 ab; von den anwesenden 338 Abgeordneten votierten 262 für die Verfassung, 75 dagegen. Auffallend war das Fehlen von 82 Abgeordneten; allein aus der SPD-Fraktion nahmen mehr als ein Viertel der Mandatsträger an der Abstimmung nicht teil.

Die Weimarer Republik war die Rechtsnachfolgerin des Deutschen Kaiserreiches, "Identität und Kontinuität" (HUBER 1981: 26) prägten das neue Staatsgebilde. Dies kam auch in der Stellung des Reichspräsidenten zum Ausdruck, der als eine Art "Ersatzkaiser" konzipiert war - nicht im Sinne eines Platzhalters der Monarchie, sondern als Inhaber von Funktionen, die vordem der Kaiser innehatte. Bei näherer Betrachtung war er sogar ein "Überkaiser" - verdankte er sein Amt doch nicht biologischer Abstammung (im Lichte der Neuzeit ein eher zweifelhafter Fähigkeitsnachweis und eine demgemäß zweifelhafte Legitimationsgrundlage), sondern der unmittelbaren Wahl durch das Volk. Nicht zuletzt diese plebiszitäre Legitimation bildete die Grundlage für die starke Position des Reichspräsidenten.

Dessen Befugnisse waren teilweise umfassender als die des früheren Staatsoberhaupts, so hinsichtlich der Auflösung des Reichstags und des Einschreitens gegen pflichtwidrig handelnde Länder. Auch das - weidlich genutzte - Recht zum Erlaß gesetzesvertretender Verordnungen nach Artikel 48 war ausgeprägter als die entsprechende Kompetenz des Kaisers.

Die starke Stellung des Reichspräsidenten darf jedoch nicht den Blick dafür verstellen, daß die Weimarer Verfassung nicht diesem, sondern dem Parlament die herausragende Rolle im neuen Staatsgefüge zugedacht hatte. Der neue Staat war ein "Parlamentsstaat"; nach der "die Weimarer Reichsverfassung bestimmenden Grundidee (sollte) der Reichstag als die den Volkswillen verkörpernde Instanz das oberste Reichsorgan sein" (HUBER 1981: 40 f.). Es hat mit zum Scheitern der Weimarer Republik beigetragen, daß das Parlament die seinem Rang entsprechende Autorität nicht erlangen konnte und auch deshalb die Position des Reichspräsidenten realiter im Laufe der Jahre immer stärker wurde.

Die neue Verfassung war ein "Wertekompromiß", vor allem zwischen dem bürgerlichen Verlangen nach Freiheits- und Eigentumsgarantien und den sozialistisch-sozialdemokratischen Forderungen nach sozialer Gleichheit und Gerechtigkeit. Was ersteres angeht, so enthielt die Verfassung einen Katalog personaler Grundrechte, die - gedanklich auf der Antinomie von Staat und Gesellschaft beruhend - letzterer die notwendige Autonomie "gegenüber der Allmacht des Staats" (a.a.O.: 95) sichern sollten. Artikel 153 WRV gewährleistete das Eigentum. Es durfte aber gesetzlichen Bindungen und Beschränkungen unterworfen, lediglich in seinem "Wesenskern" (a.a.O.:113) nicht angetastet werden. Die Besteuerung etwa des Nachlasses und damit eine Verminderung des leistungslosen Vermögenserwerbs war ebensowenig ausgeschlossen wie eine Enteignung zum Wohle der Allgemeinheit. Eine Entschädigung hierfür sah die Verfassung zwar vor, sie konnte aber durch Reichsgesetz ausgeschlossen werden. Generell galt: "Eigentum verpflichtet. Sein Gebrauch soll zugleich Dienst sein für das Gemeine Beste" (Art. 153 Abs. 3 WRV).

Trotz dieser Einschränkungen blieben die Fundamente der bürgerlichen Ordnung erhalten - womit gleichzeitig eine Entscheidung gegen jedwede soziale Depossedierung und Homogenisierung gefallen war. Politische Gleichheit wurde gewährt, eine Egalisierung der Lebensverhältnisse indes war nicht beabsichtigt - wohl aber eine Verbesserung der Lebensumstände derjenigen, deren Vermögen und Einkommen nicht hinreichte, in allen Lebenslagen ein Auskommen zu finden.

Ein ausdrückliches Bekenntnis zum Sozialstaat enthielt die Verfassung nicht, auch der Begriff kam nicht vor (ebensowenig wie derjenige des Rechtsstaats). Vielmehr war "der Gedanke des 'sozialen Rechtsstaats' in einer Vielzahl von Einzelnormen konkretisiert". Letztere waren die Frucht der Erkenntnis, daß die "existentielle Sicherung des staatlichen und des gesellschaftlichen Ganzen wie die Bewahrung eines Freiheitsraums des Einzelnen gegenüber der Staatsgewalt davon abhängig (waren), daß der Staat sich ... die Kompetenz zur sozialen Intervention vorbehielt". Die Sozialstaatsidee erklomm "den Rang eines dem klassischen Bild des bürgerlichen Verfassungsstaats ebenbürtigen Staatsprinzips" (HUBER 1981: 1082 f.).

3.2.3 Sozialpolitische Gesetzgebungskompetenz, soziale Rechte und Pflichten

Nach Artikel 7 WRV hatte das Reich die Gesetzgebungskompetenz über "das Arbeitsrecht, die Versicherung und den Schutz der Arbeiter und Angestellten sowie den Arbeitsnachweis", ferner über die "Fürsorge für die Kriegsteilnehmer und ihrer Hinterbliebenen", die "Bevölkerungspolitik, die Mutterschafts-, Säuglings-, Kinder- und Jugendfürsorge" und das "Gesundheitswesen", schließlich auch noch über "das Armenwesen und die Wandererfürsorge".

Damit fielen alle klassischen Bereiche der Sozialpolitik - die Rentenversicherung der Arbeiter und Angestellten, die gesetzliche Kranken- und Unfallversicherung, der Arbeitsschutz - und auch neu hinzugekommene (wie die Kriegsfürsorge und der Arbeitsnachweis, ein Vorläufer der Arbeitslosenversicherung, siehe *3.7*) unter die gesetzgeberische Kompetenz der Zentralgewalt. Zwar zählten diese Bereiche nicht zur ausschließlichen Gesetzgebungsbefugnis des Reiches, das heißt, auch die Länder konnten gesetzgeberisch tätig werden, "solange und soweit das Reich von seinem Gesetzgebungsrecht keinen Gebrauch macht" (Art. 12 WRV). Da jedoch das Reich seine Befugnisse ausgiebig nutzte, blieb für eine sozialpolitische Landesgesetzgebung - ähnlich wie später in der Bundesrepublik Deutschland, siehe *5.2.5* - praktisch kein Raum.

Das Recht auf Arbeit war in der Weimarer Reichsverfassung nur schwach ausgeprägt. "Jedem Deutschen", so bestimmte Artikel 163, "soll die Möglichkeit gegeben werden, durch wirtschaftliche Arbeit seinen Unterhalt zu erwerben. Soweit ihm Arbeitsgelegenheit nicht nachgewiesen werden kann, wird für seinen notwendigen Unterhalt gesorgt." Eine "Soll"-Vorschrift, die zudem nur eine "Möglichkeit" eröffnet - beides ist nicht dazu angetan, von einem durch die Verfassung garantierten Recht auf Arbeit zu sprechen. Konkreter (und verantwortlicher, das heißt sich selber stärker in die Pflicht nehmend) wurde die Verfassung, wenn Arbeit nicht vorhanden war: *dann* sorgte der Staat für das Auskommen. Artikel 163 garantierte deshalb weniger ein Recht auf Arbeit als ein Recht auf staatliche Unterstützung bei Arbeitslosigkeit.

Dem schwachen "Recht auf Arbeit" entsprach eine nur halbherzige "Pflicht zur Arbeit"; Rechtsqualität und Verbindlichkeitsgrad jedenfalls waren ähnlich. Nach Artikel 163 hatte zwar jeder Deutsche "unbeschadet seiner persönlichen Freiheit die sittliche Pflicht, seine geistigen und körperlichen Kräfte so zu betätigen, wie es das Wohl der Gesamtheit erfordert". Durch den Vorrang der "persönlichen Freiheit" war es aber nicht möglich, diese Pflicht einzufordern. Arbeitspflicht schrieb die Verfassung als sittliche Norm zwar vor, sie konnte staatlicherseits aber nicht erzwungen werden.

Bereits in der Debatte um das Sozialisierungsgesetz hatte dieses Thema eine Rolle gespielt; in dem Gesetz sollte die Pflicht zur Arbeit festgeschrieben werden. Der SPD-Reichsarbeitsminister Wissell hatte dies folgendermaßen begründet:

> "Die sozialistische Idee hat auch die Pflichtgebundenheit zur Voraussetzung. Die neue Zeit kann nicht nur Freiheit bringen, sondern auch Pflichten ... Von der Freiheit will jeder hören, nicht so sehr von den Pflichten. Und doch kann man jeden einzelnen ... nicht eindringlich und nachdrücklich genug zu den Pflichten zurückrufen, die er der Gesamtheit gegenüber zu erfüllen hat ... Wir leben ...

in einer elementaren Reaktion gegen die Überspannung der Pflichten, die der Krieg dem Volk auferlegte, und doch kann uns nur schleunige Rückkehr zur Pflichterfüllung ... vor dem Untergange retten ... Daß jeder Einzelne sich ... der Pflicht bewußt ist, die er gegenüber dem Ganzen zu erfüllen hat, das ist die sittliche Grundlage des Sozialismus" (zit. bei HUBER 1981: 1088 f.).

Wissell konnte sich mit seiner Auffassung nicht durchsetzen; auch in der eigenen Partei stieß er auf Widerstand. Die schließlich gefundene Kompromißformel ging wörtlich in den Artikel 163 WRV ein.

Mit der in Artikel 157 Abs. 1 WRV enthaltenen "unpathetischen Aussage" (HUBER 1981: 1095): "Die Arbeitskraft steht unter dem besonderen Schutz des Reiches" hatte sich die Verfassung dazu bekannt, "daß die persönliche Arbeitskraft der Einzelnen ... ein für die Existenz, die Integrität und die Würde der Gesamtheit daseinsnotwendiges Rechtsgut sei" (ebd.). Dementsprechend wurden der Kinderarbeitsschutz (1925) und der Schutz für Arbeitnehmerinnen vor und nach der Entbindung (1927) verbessert. Die dem Schutz der Arbeitskraft dienende Arbeitszeitbegrenzung, die zunächst nur für Arbeiter galt, wurde durch Verordnung vom März 1919 auf die Angestellten ausgedehnt.

3.3 Die Weimarer Republik als "Wirtschaftsdemokratie"

3.3.1 Vorbemerkung

Es ist eine Illusion, zu glauben, in einer demokratischen Gesellschaft, deren ökonomisches Fundament das Privateigentum an den Produktionsmitteln bildet, sei es möglich, auch im wirtschaftlichen Bereich durchgängig und umfassend demokratische Strukturen zu verwirklichen. Die private Verfügungsgewalt über das Wirtschaftseigentum schließt es aus, der politischen Demokratie eine vollendete Wirtschaftsdemokratie an die Seite zu stellen, der demokratischen Legitimation von politischer Gewalt die demokratische Legitimation von ökonomischer Herrschaft folgen zu lassen. Wenn deshalb im Zusammenhang mit der Weimarer Republik von "Wirtschaftsdemokratie" (NAPHTALI 1977) die Rede ist, so wird damit nicht das gesellschaftspolitische Leitziel benannt, die Unternehmermacht dem politischen Willen unterzuordnen; noch weniger handelt es sich um eine Zustandsbeschreibung. Gemeint sind vielmehr Bestrebungen und Maßnahmen, die eine gewisse Kontrolle und Begrenzung ökonomischer Macht bezwecken. PRELLER (1949: 497) spricht von einer "Teildemokratisierung der Gesellschaftswirtschaft" mittels einer "Demokratisierung der ... Arbeitsbedingungen" (vgl. auch *6.7.6 ff.*).

3.3.2 Vom schuldrechtlichen zum personenrechtlichen Arbeitsverhältnis

Eine solche setzte auch ein neues Verständnis von Arbeitsvertrag und Arbeitsverhältnis voraus. Der liberalen Rechtslehre galt der Arbeitsvertrag als Unterfall des Dienstvertrages, das heißt als ein schuldrechtlicher Vertrag, aufgrund dessen der Arbeitnehmer eine Leistung, der Unternehmer den Lohn schuldete. Diese Rechtsauffassung war zu Beginn der Weimarer Zeit vorherrschend - galt sie doch auch als Fortschritt gegenüber dem überlieferten personenrechtlichen Verständnis vom Arbeitsvertrag, bei dem nicht nur eine Leistung, sondern die ganze Person "geschuldet" wurde. "Die Versuche, im modernen Sozialstaat die Lehre vom 'personenrechtlichen Charakter' des Arbeitsverhältnisses zu erneuern, galten zunächst als ein verhängnisvoller Rückschritt in die patriarchalische Vorstellungswelt" (HUBER 1981: 1087). Erst allmählich setzte sich die Erkenntnis durch, daß im Sozialstaat der Arbeitnehmer nicht als bloßer Leistungserbringer betrachtet werden dürfe und demzufolge die Arbeit ihren Warencharakter wenigstens zum Teil verlieren müsse. Das Arbeitsverhältnis, so Potthoff 1921, gehe über ein rein schuldrechtliches Austauschverhältnis hinaus, sei ein "sozialrechtliches Personenverhältnis" (zit. ebd.).

Diese Umdeutung hatte weitreichende Konsequenzen, unter anderem die, daß als Grundlage für die Entstehung eines Arbeitsverhältnisses nicht mehr der schuldrechtliche Arbeitsvertrag, sondern die faktische Eingliederung des Arbeitnehmers in den Betrieb galt. Diese gehe zwar, so HUBER (a.a.O.: 1088),

> "im Regelfall auf der Grundlage eines Arbeitsvertrags vor sich", besitze aber auch dann "volle Rechtswirkung ..., wenn es an einem rechtsgültigen Arbeitsvertrag fehle. Die in der frühen Weimarer Zeit entstandene Lehre vom 'faktischen Arbeitsverhältnis', nach der das Arbeitsverhältnis als ein Sozialverhältnis auch ohne arbeitsvertragliche Grundlage durch Einstellung im Betrieb voll rechtswirksam zur Entstehung komme, setzte sich gegen Ende der Weimarer Zeit weithin durch."

Bedenkt man, daß das abhängige Beschäftigungsverhältnis die Grundlage auch für die existentiellen sozialen Sicherungen der Gegenwart bildet, so ist mit Huber festzustellen, daß die Lehre vom faktischen Arbeitsverhältnis "einer der grundlegenden Beiträge der modernen Arbeitsrechtswissenschaft zur Entwicklung des sozialen Rechtsstaats" (ebd.) darstellte.

Eine Rückkehr zu patriarchalen Ordnungsvorstellungen war mit dieser Interpretation, die das Arbeitsverhältnis in nicht geringem Umfang dem allgemeinen Marktgeschehen entzog, so wenig verbunden wie mit der Sozialpolitik allgemein, die als Ausdruck staatlicher Daseinsvorsorge nirgendwo patriarchale Strukturen und Mechanismen wiederbelebte. In einem dialektischen Dreischritt wurde vielmehr - ein weiteres Mal - etwas Neues auf den Weg gebracht, das Ähnlichkeiten mit Voraufgegangenem zwar nicht leugnen konnte, aber keineswegs damit identisch war.

3.3.3 Das Betriebsverfassungsrecht

Das Rätesystem und der Rätegedanke der Weimarer Verfassung hatten "nichts mit der politischen Räte-Verfassung des Bolschewismus zu tun" (PRELLER 1949: 497). Deshalb waren auch die Betriebsräte, die nach dem 1920 verabschiedeten Betriebsrätegesetz (BRG) in allen Betrieben mit mindestens 20 Arbeitnehmern zu bilden waren, keine politischen Organe. Ihnen oblag vielmehr in erster Linie die Wahrnehmung der "sozialen Interessen der Arbeitnehmer innerhalb des Betriebs" (HUBER 1981: 1107).

Autonome Entscheidungskompetenz hatten die Betriebsräte nicht; eine Zusammenarbeit mit den Arbeitgebern war unumgänglich. Mitwirkungsbefugnisse bestanden insbesondere bei Kündigungen (Betriebsratsmitglieder selbst besaßen erhöhten Kündigungsschutz), bei der Bekämpfung von Unfall- und Gesundheitsgefahren im Betrieb, bei der Einführung neuer Arbeitsmethoden, bei der Vergabe von Werkswohnungen und der Verwaltung von Pensionskassen. Das wichtigste Mitbestimmungsrecht des Betriebsrats war das Recht zum Abschluß von Betriebsvereinbarungen, das heißt von Verträgen mit dem Unternehmer. Gegenstand solcher Betriebsvereinbarungen konnten unter anderem Arbeitsordnungen und Einstellungsrichtlinien sein. Die Unternehmer durften entsprechende Regelungen selbst dann nicht zum Nachteil eines Arbeitnehmers durchkreuzen, wenn dieser damit einverstanden war. Kollektives Recht ging dem Recht der Einzelpersonen auf Vertragsfreiheit vor.

§ 70 BRG ordnete für Unternehmen mit Aufsichtsräten die Entsendung von Betriebsratsmitgliedern in dieselben an. Hierzu erging 1922 das Aufsichtsratsgesetz, das bestimmte, daß Aufsichtsräten mit bis zu 3 Anteilseignervertretern *ein* Betriebsratsmitglied anzugehören hatte, ansonsten *zwei* Betriebsratsmitglieder. Sie erhielten für ihre Tätigkeit eine Aufwandsentschädigung, nicht aber die gleiche Vergütung wie die Vertreter der Anteilseigner. Ihre Stimme hatte das gleiche Gewicht wie die der Kapital-Vertreter, ihre Mitbestimmung war umfassend und nicht auf bestimmte Sachgebiete beschränkt.

Befürchtungen, durch die Arbeitnehmermitbestimmung werde die Wirtschaftlichkeit der Unternehmen gefährdet, haben sich nach HUBER (1981: 1112) ebensowenig bewahrheitet wie die Annahme, die Arbeitnehmervertretung sei zur Einflußlosigkeit verdammt:

> "Schon die Betriebsräte waren in den meisten Fällen maßvolle Vertretungen der Arbeitnehmerinteressen. Auch ihren Repräsentanten in den Aufsichtsräten war entscheidend an der Erhaltung der Arbeitsplätze und am Fortbestand der Wirtschaftlichkeit des Unternehmens gelegen ... der Umstand, daß alle Arbeitnehmervertreter in den Aufsichtsräten Angehörige des ... Unternehmens und Mitglieder der Betriebsvertretung waren, trug zu dieser Wahrung der wirtschaftlichen Interessen des Unternehmens durch die Arbeitnehmervertreter bei. Andrerseits erwies die Annahme sich als verfehlt, daß die Arbeitnehmervertreter in den Aufsichtsräten, weil sie in der Minderheit waren, keinen wirklichen Einfluß würden gewinnen können."

3.3.4 Das Tarif- und Schlichtungsrecht

Die durch den Rat der Volksbeauftragten bereits im Dezember 1918 verkündete Tarifvertragsordnung verlieh den Arbeitgeber- und Arbeitnehmerverbänden die Kompetenz zur partiellen Rechtssetzung, ein "Stück abgeleiteter öffentlicher Gewalt" (HUBER 1981: 1127). Ihre verfassungsrechtliche Gewährleistung erhielt die Tarifautonomie durch Artikel 165 Abs.1 WRV, wonach die Arbeiter und Angestellten "dazu berufen (sind), gleichberechtigt in Gemeinschaft mit den Unternehmern an der Regelung der Lohn- und Arbeitsbedingungen ... mitzuwirken. Die beiderseitigen Organisationen und Vereinbarungen werden anerkannt."

Die tariflichen Vereinbarungen galten unmittelbar und unabdingbar nur für die Tarifbeteiligten. Der Reichsarbeitsminister jedoch konnte Tarifverträge, die in ihrem Geltungsbereich überwiegende Bedeutung erlangt hatten, für allgemeinverbindlich erklären, das heißt, ihnen Geltungskraft auch für die Einzelarbeitsverträge zwischen Beteiligten zuerkennen, die den Tarifparteien nicht angehörten. Einzelvertragliche Abweichungen von den Tarifnormen waren nur insoweit erlaubt, als sie den einzelnen Arbeitnehmer begünstigten, ungünstigere Einzelabreden nur dann, wenn dies der Tarifvertrag ausdrücklich zuließ.

Abschnitt III der Tarifvertragsordnung von 1918 war mit "Schlichtung von Arbeitsstreitigkeiten" überschrieben. Er knüpfte an das Hilfsdienstbetriebe-Schlichtungsverfahren an und dehnte dieses auf alle Wirtschaftszweige und Betriebe aus. Die Tarifparteien erhielten das Recht, Schlichtungsausschüsse anzurufen, wenn sie sich nicht einigen konnten. Für wichtige Fälle war der Reichsarbeitsminister als Schlichter vorgesehen. Der Schlichterspruch war zunächst nur gültig, wenn beide Parteien ihm zustimmten, die Tarifautonomie damit nicht tangiert.

Dies änderte sich, als im Jahre 1919 zwei Rechtsverordnungen die Möglichkeit eröffneten, im Falle der Nicht-Einigung der Tarifvertragsparteien einen Schiedsspruch staatlicherseits für verbindlich zu erklären. Insbesondere die Verordnung vom 3.9.1919 - Reichskanzler war zu dieser Zeit der Sozialdemokrat Bauer, Reichsarbeitsminister sein Parteifreund Schlicke - schuf das "Institut des durch staatlichen Hoheitsakt herbeigeführten Zwangstarifs" (HUBER 1981: 1134). Die Verordnung über das Schlichtungswesen von 1923 hielt daran fest: die Verbindlichkeitserklärung des Schiedsspruchs im Falle der Nicht-Einigung blieb ein staatliches Interventionsrecht, das die Tarifautonomie entscheidend begrenzte.

3.4 Der (Vorläufige) Reichswirtschaftsrat

Die Errichtung eines staatlichen Organs, in dem die wichtigsten Gruppen der wirtschaftlich Tätigen vertreten sein sollten, war in der Weimarer Nationalversammlung erstaunlicherweise kaum umstritten. Artikel 165 Abs. 2 und 3 WRV, der die Schaffung eines Reichswirtschaftsrates (RWR) vorsah, galt allgemein als "Beitrag zur zeitgemäßen Gestaltung der wirtschaftlich-sozialen Komponente der Gesamtverfassung" (HUBER 1981: 390). Nach den Verfassungsbestimmungen sollte der RWR

> "die Spitze eines Systems von 'Räten' bilden. Über den Betriebsarbeiterräten sollten die nach Wirtschaftsgebieten zu gliedernden Bezirksarbeiterräte stehen; diese sollten mit den Bezirksvertretungen der Unternehmer und 'sonstiger beteiligter Volkskreise' die Bezirkswirtschaftsräte bilden; der aus den Bezirksarbeiterräten hervorgehende Reichsarbeiterrat sollte mit den entsprechenden Gesamtvertretungen der Unternehmer und der sonstigen beteiligten Gruppen die Basis des Reichswirtschaftsrats sein" (HUBER 1981: 393).

Entscheidungskompetenzen wurden den Räten allerdings auf keiner Ebene zugebilligt. Und je weiter es in der gedachten Räte-Hierarchie nach oben ging, um so schwächer wurden die Befugnisse. Der RWR hatte im Grunde nur ein "Recht": sozial- und wirtschaftspolitische Gesetzentwürfe der Regierung sollten ihm zur Begutachtung vorgelegt werden, er selbst konnte entsprechende Gesetzentwürfe einbringen. Diese "Kompetenz" des RWR hatte mindestens vier Schwachpunkte: erstens handelte es sich um eine Soll-, keine Mußbestimmung, zweitens betraf sie nur Vorlagen der Regierung, nicht auch solche, die im Reichstag oder durch den Reichsrat eingebracht wurden, drittens beschränkte sie sich auf Entwürfe von grundlegender Bedeutung und viertens stellt ein Gutachten grundsätzlich nur eine Meinungsäußerung dar, die - bestenfalls - Grundlage der Entscheidungen anderer ist.

Durch (Not)Verordnung vom 4.5.1920 wurde der Vorläufige Reichswirtschaftsrat ins Leben gerufen. Er bestand aus 326 Mitgliedern, von denen 24 auf Vorschlag von Reichsregierung und -rat ernannt wurden; 302 waren von berufsständischen Organisationen zu benennen. Während seines Bestehens gehörten dem Organ illustre Mitglieder an, unter anderem:

die Unternehmer Duisberg, Bosch und von Siemens
die Gewerkschafter Legien, Leipart, Aufhäuser und Tarnow
die Wirtschafts- und Sozialwissenschaftler Herkner und Schmalenbach
die Abgeordneten Hilferding und Cohen
der Bankier Fürstenberg
der Kölner Oberbürgermeister Adenauer und
der Reichsarbeitsminister Brauns.

Einen nennenswerten Einfluß auf das wirtschafts- und sozialpolitische Geschehen in der Weimarer Republik konnte der Vorläufige Reichtswirtschaftsrat nicht erlangen. Dazu trug bei, daß die ohnehin nur schwach ausgeprägte Mitwirkungskompetenz in entscheidenden Zeitabschnitten auch noch suspendiert war. Weder die Ermächtigungsgesetze der Jahre 1920 bis 1923 noch die Diktaturverordnungen von 1930 bis 1932, mit jeweils bedeutsamen sozial- und wirtschaftspolitischen Regelungen, sahen eine Mitwirkung des RWR vor. Die Organe der mittleren Ebene (Bezirksarbeiterräte, Bezirkswirtschaftsräte) wurden erst gar nicht gebildet, auch der Reichsarbeiterrat kam nicht zustande - eine Unterlassung, die gelegentlich auch darauf zurückgeführt wird, daß die Gewerkschaften in diesen Organen eine potentielle Konkurrenz sahen.[1]

3.5 Der Ausbau der klassischen Sozialversicherung

"Im Mittelpunkt der Sozialpolitik der Nachkriegsjahre standen", so SYRUP (1957: 234), "das Betriebsrätegesetz ... und ... die Regelung der Arbeitsbedingungen"; die Sozialversicherung hingegen befand sich "weniger im Vordergrund des sozialpoliti-

1 Auch heute deutet die Existenz gewerkschaftlicher "Vertrauensleutekörper" darauf hin, daß eine Interessenidentität zwischen Gewerkschaften und Betriebsräten keineswegs immer unterstellt werden kann.

schen Geschehens". Dennoch waren in den drei Versicherungszweigen kontinuierliche und zum Teil weitreichende Verbesserungen zu verzeichnen. In der Unfallversicherung entfiel 1923 die Bindung der Versicherungspflicht an eine Jahresverdienstgrenze. Neu eingeführt wurde die Berufsfürsorge, das heißt die berufliche Ausbildung zur Wiedergewinnung oder Erhöhung der Erwerbsfähigkeit im eigenen oder neuen Beruf. Unfälle auf dem Weg von und zu der Arbeit, die sogenannten Wegeunfälle, wurden 1925 in die Unfallversicherung einbezogen, desgleichen Unfälle im Zusammenhang mit der Verwahrung, Instandhaltung und Beförderung von Arbeitsgerät. Im gleichen Jahr wurden bestimmte Berufskrankheiten den Arbeitsunfällen gleichgestellt, vier Jahre später erfuhr der entsprechende Katalog eine Erweiterung.

Für die Invalidenversicherung war 1924 ein Schicksalsjahr. Sie hatte durch die Inflation ein Vermögen von mehr als 2 Milliarden Mark, das Zinsen in Höhe von jährlich 67 Millionen Mark abgeworfen hatte, verloren. Obwohl sich das Reich "selbst in großer Finanznot befand" (SYRUP 1957: 374), stand es für die Verluste gerade; es zeigte sich "kein anderer Ausweg als die Aufwertung der Inflationsverluste durch das Reich" (ebd.) Diese Entscheidung hat sicherlich maßgeblich dazu beigetragen, den Nimbus der Rente als staatsgarantierte, die Zeitläufte überdauernde Sozialleistung zu begründen. Das Gemeinwesen - dieser Eindruck dürfte sich in weiten Kreisen der Arbeitnehmerschaft verfestigt haben - hatte seine sozialstaatliche Bewährungsprobe bestanden; der Beweis war erbracht, daß selbst kriegerische und inflationäre Ereignisse den Kernbereich des sozialen Besitzstandes nicht gefährden und außer Kraft setzen konnten.

Der Rettung der Rentenversicherung waren Verbesserungen und Erweiterungen in diesem Versicherungszweig voraufgegangen. 1922 wurde die Doppelversicherung kleiner Angestellten beseitigt (bis zu einem Jahreseinkommen von 2 000 Mark bestand Versicherungspflicht sowohl in der Invaliden- als auch in der Angestelltenversicherung). Im gleichen Jahr entfiel in der Invalidenversicherung die Altersrente als selbständige Leistung; an ihre Stelle trat die volle Invalidenrente nach Vollendung des 65. Lebensjahres, die "restriktive Invaliditätsvoraussetzung" (DÖRING 1991: 92) wurde entbehrlich. Die Grundstruktur der Rente - Grundbetrag, Staatszuschuß, beitragsabhängiger Steigerungsbetrag - blieb erhalten.

Im Jahre 1923 wurde die soziale Sicherung der Bergleute, ihre Alters-, Invaliditäts- und Krankenversicherung, durch das Reichsknappschaftsgesetz neu geregelt. Die bisher auf landesgesetzlicher Grundlage arbeitenden Knappschaften verschmolzen zu einem Reichsknappschaftsverein. Die Bergarbeiterschaft insgesamt erfuhr eine sozialrechtliche Besserstellung gegenüber der übrigen Arbeitnehmerschaft, insbesondere durch die Einführung einer spezifischen "Alterspension" für Bergleute. Im Gegensatz zu den Sonderregelungen für Angestellte (vgl. *2.3.4*) war diese "Vorzugsbehandlung" jedoch nicht zuletzt aufgrund der starken Arbeitsbelastung und der erhöhten Gesundheitsgefahren in diesem Wirtschaftsbereich gerechtfertigt (siehe auch S. 167 f.).

1929 erfolgte in der Angestelltenversicherung ein "erster vorsichtiger Schritt in Richtung einer flexiblen Grenze in der deutschen Rentenversicherung" (DÖRING 1991: 92): auch diejenigen galten nunmehr als berufsunfähig, die das 60. Lebensjahr vollendet hatten und seit einem Jahr arbeitslos waren.

In der gesetzlichen Krankenversicherung war die Wochenhilfe für weibliche Versicherte und Angehörige von Versicherten bereits 1919 durch das Gesetz über Wochenhilfe und Wochenfürsorge ausgebaut worden. Doch generell wurde die Familienkrankenhilfe erst im Jahre 1930 ohne besonderen Zusatzbeitrag eine Pflichtleistung der Krankenkassen.

Dies war eine der letzten sozialpolitischen Maßnahmen *zugunsten* der Versicherten. In zahlreichen Notverordnungen (sie wurden, gestützt auf Artikel 48 der Weimarer Verfassung, am Parlament vorbei verkündet), geriet auch die Sozialversicherung ins Visier einer Sparpolitik, die - neben den verheerenden Folgen der ständig anwachsenden Arbeitslosigkeit (siehe S. 87 f.) - die Existenznöte breiter Schichten ständig weiter vergrößerte.

3.6 Bekämpfung der Arbeitslosigkeit in den Nachkriegsjahren

Schon vor dem 1. Weltkrieg gab es - neben der gewerblichen Stellenvermittlung - ein breitgefächertes Netz nicht-kommerzieller Stellenvermittlungen. Sie wurden von Gewerkschaften oder Arbeitgebern, aber auch von gemeinnützigen Vereinen und der öffentlichen Hand, vor allem den Gemeinden, betrieben. Während des Krieges übernahm das Kriegsamt die zentrale Leitung des "Arbeitsnachweises". Nach der "Anordnung über Arbeitsnachweise" vom 9.12.1918 konnten die Gemeinden dazu verpflichtet werden, Arbeitsnachweise zu errichten oder auszubauen; an ihrer Verwaltung waren Arbeitnehmer und Arbeitgeber gleichmäßig zu beteiligen. Hintergrund dieser Anordnung war die Demobilisierung von rund acht Millionen Soldaten - eine Aufgabe, deren Inangriffnahme vielfach von "chaotischen bzw. tumultuarischen" Zuständen (REIDEGELD 1996: 360 f.) begleitet war.

Die Zuständigkeit für den zentralen Arbeitsnachweis oblag zunächst dem Reichsamt für Demobilmachung, später dem Reichsarbeitsministerium. Letzteres errichtete 1920 als neue Zentralbehörde das Reichsamt für Arbeitsvermittlung. Durch das Arbeitsnachweisgesetz von 1922 wurde der Behördenapparat komplettiert: unter dem Reichsamt (Leiter: Syrup) waren die Landesämter für Arbeitsnachweis angesiedelt, unter diesen die kommunalen Arbeitsnachweisämter. Ein Stellenvermittlungsmonopol besaßen die Ämter nicht, nach wie vor existierten gewerbliche Stellenvermittlungen.

Wie bereits erwähnt, gewährte die WRV zwar kein Recht auf Arbeit, aber ein Recht auf Unterstützung für den, der keine Arbeit hatte. Eine der ersten Aktivitäten des Rates der Volksbeauftragten bestand darin, die Verordnung über Erwerbslosenfürsorge vom 13.11.1918 auf den Weg zu bringen. Sie verpflichtete die Gemeinden, "in deutlicher Abgrenzung gegenüber der Armenfürsorge" (HUBER 1981: 1101), zur Unterstützung erwerbsloser, aber arbeitsfähiger und arbeitswilliger Personen. Die Unterstützung selbst bestand aus Leistungen für den Arbeitslosen und die unterhaltsberechtigten Familienangehörigen. Es bedarf keiner umfänglichen Beweisführung, um zu erkennen, daß auch diese Regelung, insbesondere die Schaffung einer eigenständigen, von der allgemeinen Fürsorge getrennten Leistungsart, dem Umstand ihre

Entstehung verdankte, daß Millionen Kriegsteilnehmer in die Heimat zurückströmten. War es schon unmöglich, ihnen allen Arbeit zu verschaffen, so sollte ihnen wenigstens das Odium des Armenfürsorgeempfängers erspart bleiben.

Das Arbeitsnachweisgesetz von 1922 verlagerte die Zuständigkeit für die Erwerbslosenunterstützung von den Gemeinden auf die staatlichen Arbeitsnachweisämter.

Mit der Verordnung über die Aufbringung der Mittel für die Erwerbslosenfürsorge von 1923 war insofern die Grundlegung für die spätere Arbeitslosenversicherung erfolgt, als sie Arbeitnehmer und Arbeitgeber mit einem 20-prozentigen Aufschlag zu den Krankenkassenbeiträgen belegte. Die zusätzlichen Mittel wurden dem Fonds für die Erwerbslosenunterstützung zugeführt. Damit verlor diese aber ihren Charakter als - aus allgemeinen Steuermitteln gespeiste - Fürsorgeleistung und wurde zur Versicherungsleistung, auf die auch aufgrund von Vorleistungen ein Anspruch bestand. Es war nur noch eine Frage der Zeit, bis dieser neue Rechtssachverhalt seinen gesetzgeberischen Ausdruck fand.

3.7 Das AVAVG von 1927

Mit dem Gesetz über Arbeitsvermittlung und Arbeitslosenversicherung (AVAVG) von 1927 wurde die letzte große Lücke im sozialstaatlichen Sicherheitsnetz für Arbeitnehmer geschlossen. Alter, Arbeitsunfall, (Berufs)Krankheit, Tod, Invalidität - für alle diese Wechselfälle des Lebens hatte der Gesetzgeber, mehr oder weniger ausreichend, Vorsorge getroffen. Aber alle diese Sicherungen waren auch mehr oder weniger an das Vorhandensein eines Arbeitsverhältnisses geknüpft. Für den Fall versicherungsrechtlich Sorge zu tragen, daß Arbeit nicht vorhanden war, galt lange Zeit als unmöglich. Arbeitslosigkeit, vor allem Massenarbeitslosigkeit, so wurde - vor und nach der Einführung des AVAVG - argumentiert, sei nicht vorhersehbar, nicht kalkulierbar und demgemäß nicht versicherbar.[1]

Der Weimarer Staat wagte es dennoch. Die sozialversicherungsrechtliche Lösung unterwarf alle Pflichtversicherten der RVO und des AVG der Versicherungspflicht nach dem AVAVG. Der Beitragssatz durfte 3 Prozent des Arbeitsentgelts nicht überschreiten, Arbeitgeber und Arbeitnehmer trugen je die Hälfte. Eine etwaige Finanzierungslücke hatte das Reich zu schließen. Die Versicherungsleistungen setzten sich aus der Hauptunterstützung und den Familienzuschlägen zusammen. Sie betrugen in den unteren Lohnklassen für eine fünfköpfige Familie pro Monat rund 100 RM (zum Vergleich: 1928 belief sich das durchschnittliche monatliche Bruttoentgelt der Rentenversicherten auf 165 RM). Gezahlt wurde, nach einer Anwartschaftszeit von

1 Nach PRELLER (1949: 446) "erhob sich" zum Beispiel im Jahre 1932 "erneut der Zweifel, ob die Arbeitslosenversicherung am Platze, ob das Versicherungsprinzip als solches für den Fall der Arbeitslosigkeit angebracht sei". Nationalsozialistische Sozialpolitiker verlangten später die Ausgliederung der Arbeitslosenversicherung aus dem "Einheitsbau der deutschen Sozialversicherung", weil "die Arbeitslosigkeit, d.h. das Wagnis der Nichtverwertbarkeit vorhandener Arbeitskraft, nach allen bisherigen Erfahrungen nicht vorausbestimmbar ist ...Versicherungsfähig ist nur ein Wagnis, das vorausberechenbar ist" (SCHUHMANN/BRUCKER 1934: 369).

einem Jahr, für maximal ein halbes Jahr. Darüber hinaus konnte, "in Zeiten andauernd besonders ungünstiger Arbeitsmarktlage", der Reichsarbeitsminister die Zahlung einer "Krisenunterstützung" anordnen.

Von Anfang an war klar, daß das Beitragsaufkommen bei langdauernder, verbreiteter Arbeitslosigkeit die Kosten nicht decken würde. 1928/29 verfügte die Reichsanstalt über insgesamt 820 Millionen RM, die nur für rund 800 000 Arbeitslose reichten. Ende Januar 1928 betrug die Zahl der Arbeitslosen jedoch 2 Millionen, ein Jahr später 2,3 Millionen. Die weitere Entwicklung ist bekannt: durch die Weltwirtschaftskrise stiegen die Arbeitslosenzahlen kontinuierlich an, bis sie sowohl Anfang 1932 als auch 1933 die 6-Millionen-Grenze überschritten.

3.8 Der Abbau von Sozialleistungen

Nach der Vierten Notverordnung vom Dezember 1931 konnten in der Unfallversicherung die Leistungen ganz oder teilweise versagt werden, wenn ein Mitverschulden des Verletzten vorlag. Außerdem mußte von nun an eine Erwerbsminderung von wenigstens 20 Prozent vorliegen, um einen Unfallrentenanspruch auszulösen; zuvor hatten 10 Prozent ausgereicht. Die gleiche Notverordnung begrenzte in der Rentenversicherung den Kinderzuschuß und die Waisenrente auf Jugendliche bis zum 15. Lebensjahr. Beim Zusammentreffen mehrerer Renten wurde nur eine Rente gezahlt.

Bereits 1930 war durch eine Notverordnung in der Krankenversicherung der Vertrauensärztliche Dienst als Kontrollorgan eingerichtet worden. Die gleiche Verordnung bestimmte, daß die Versicherungsberechtigung ab einem Verdienst von 8 400 RM jährlich entfiel. Außerdem wurde eine Krankenscheingebühr (0.50 RM) eingeführt und für das Krankengeld ein Limit festgelegt (50 Prozent des Grundlohns), für diesen wiederum eine Höchstgrenze von 10 RM je Kalendertag. Das monatliche Krankengeld konnte also höchstens 150 RM betragen (bei einem Monatsbruttodurchschnittsverdienst der gesetzlich Rentenversicherten im Jahre 1930 von 173 RM - siehe BMA 1995 a: 246 - dürfte diese Einschränkung allerdings in erster Linie Besserverdienende, vor allem Angestellte, getroffen haben). Die Vierte Notverordnung von 1931 begrenzte die Kassenleistungen auf die gesetzlichen Regelleistungen.

"Besonders kritisch", so SYRUP (1957: 376), gestaltete sich "die Situation der Sozialversicherung unter der Regierung v. Papen". In erster Linie dürfte es aber die Situation der Sozial*versicherten* gewesen sein, die sich kontinuierlich weiter verschlechterte. Bereits das Sozialpolitische Programm der Regierung des früheren Generalstabsoffiziers und späteren Zentrumsabgeordneten hatte ihnen nichts Gutes verheißen:

> "die Nachkriegsregierungen haben geglaubt, durch einen sich ständig steigernden Staatssozialismus die materiellen Sorgen dem Arbeitnehmer wie dem Arbeitgeber in weitem Maße abnehmen zu können, sie haben den Staat zu einer Art Wohlfahrtsanstalt zu machen versucht und damit die moralischen Kräfte der Nation geschwächt. Sie haben ihm Aufgaben zuerteilt, die er seinem Wesen nach niemals erfüllen kann" (siehe ebd.).

Die Notverordnung vom Juni 1932 "brachte wesentliche Minderungen der Rentenhöhe" (PETERS 1973: 91). Der Grundbetrag in der Invalidenversicherung wurde halbiert, von 168 auf 84 RM jährlich. Ebenfalls um 84 RM wurde der Grundbetrag in der Angestelltenversicherung reduziert. Da dieser aber stattliche 480 RM betragen hatte, verblieben immerhin 396 RM (vgl. SCHUHMANN, BRUCKER 1934: 376). Besonders betroffen von den Kürzungen waren demzufolge die Arbeiter. SYRUP (1957: 376 f.) schätzt, daß die Leistungskürzungen Einsparungen von "reichlich 300 Millionen RM" erbrachten und den Rentenbeziehern "Opfer von außerordentlicher Schwere auf (erlegten). Die Bezüge sanken dadurch bis an die Grenze des Existenzminimums."

Weniger bekannt ist, daß ein Streit um die Arbeitslosenversicherung der Anlaß dafür war, daß die letzte "ordentliche" Regierung der Weimarer Republik, das heißt die noch im verfassungsmäßig festgelegten Wechselspiel zwischen Legislative und Exekutive operierende und auf eine parlamentarische Mehrheit gestützte Regierung[1] der Großen Koalition unter SPD-Reichskanzler Müller, zurücktrat. An ihre Stelle trat ein "Regierungssystem, das seinen Rückhalt statt an einer parlamentarischen Mehrheit in den 'verfassungsmäßigen Vollmachten' des Reichspräsidenten suchen mußte" (HUBER 1984: 725). Unter den Präsidialkabinetten spielte das Parlament keine Rolle mehr, die Gewöhnung an einen Staat, in dem die Gewaltenteilung de facto abgeschafft war, begann.[2]

Ausgangspunkt der Auseinandersetzung war die trostlose Lage der Finanzen der Arbeitslosenversicherung, vor allem ihr ständig steigender Zuschußbedarf. 1930 hatte der Reichszuschuß 591 Millionen RM erreicht, dennoch verblieb ein Fehlbetrag von 140 Millionen RM. Eine Sanierung der Finanzen konnte durch Beitragserhöhung, Leistungsabbau oder Erhöhung des Staatszuschusses erfolgen - oder durch eine Kombination dieser Maßnahmen. Am Ende langwieriger Auseinandersetzungen innerhalb der Parteien der großen Koalition stand ein Kompromißvorschlag des Zentrums-Fraktionsführers und nachmaligen "Notverordnungs"-Reichskanzlers Brüning. Er sah einen Beitragssatz von 3,5 Prozent und mittelfristig entweder weitere Beitrags- oder Steuererhöhungen vor. Dem Vorschlag stimmten die bürgerlichen Parteien einschließlich des Zentrums, der SPD-Reichskanzler sowie drei der vier SPD-Minister am 27.3.1930 zu - nicht jedoch die SPD-Fraktion, die den "Abbau der Sozialleistungen" und das Zurückweichen vor "Unternehmerinteressen" nicht mitverantworten wollte (siehe HUBER 1984: 725). Sie tat dies, obgleich ihr die Konsequenzen - der Rücktritt "ihrer" Regierung (der noch am selben Tag erfolgte) und, auf nicht absehbare Zeit, die "Beseitigung des parlamentarischen Systems" und der Beginn einer "autoritären Staatsführung" (HOEGNER 1979: 230) - durchaus klar waren. Julius Leber (ein im Zusammenhang mit den Ereignissen des 20. Juli 1944

---

1 Die fünf die Regierung tragenden Parteien (SPD, Deutsche Volkspartei, Deutsche Demokratische Partei, Bayerische Volkspartei und Zentrum) verfügten über 301 von 491 Mandaten.

2 Die Vormachtstellung der Exekutive, die in der Endphase der Weimarer Republik begann und während der NS-Zeit keinerlei Beschränkungen mehr ausgesetzt war, widerspiegelt sich noch heute in zahlreichen Redewendungen, so etwa dann, wenn behauptet wird, der Gesetzgeber habe Gesetze *erlassen* (siehe VDR 1990: 36, 42).

hingerichteter führender SPD-Politiker) bezeichnete später den 27.3.1930 als "schwarzen Tag der Sozialdemokratie"; statt für "Staatspolitik" habe die SPD sich für "Parteipolitik" entschieden (zit. bei HUBER 1984: 1273 f.)
Es wäre indes verfehlt, das Scheitern der letzten parlamentarisch gestützten Weimarer Regierung allein der "klassenkämpferischen" SPD-Fraktion anzulasten. Auch den bürgerlichen Parteien war das Weiterbestehen der Großen Koalition keine Herzensangelegenheit. Es zeigte sich, daß in epochalen Wirtschaftskrisen das Seil, das widerstreitende Interessen im Wege des Kompromisses verbindet und im Zaum hält, besonders dünn zu werden pflegt. Es kann dann selbst bei Anlässen reißen, die im nachhinein als weniger gewichtig eingestuft werden, ja, über die man den Kopf schüttelt ("Wie kann man die Demokratie wegen eines halben Prozents aufs Spiel setzen!").

3.9 Resümee

Die Sozialpolitik der Weimarer Republik kann eine durchaus ansehnliche Bilanz vorweisen. Im Bereich der Sozialversicherung ist in erster Linie das AVAVG zu nennen, mit dem die letzte große Lücke im Netzwerk der sozialen Sicherung geschlossen wurde. Aber auch die klassischen Sozialversicherungszweige wurden weiter ausgebaut und verbessert - die Absicherung von Wegeunfällen und die Einbeziehung der Berufskrankheiten in die Unfallversicherung seien als Beispiele genannt.

Im Bereich der Arbeits- und Wirtschaftsverfassung waren die gravierendsten Veränderungen zu verzeichnen, wenngleich die wirtschaftsdemokratischen Ansätze - anders als die sozialversicherungsrechtlichen Neuerungen - das Jahr 1933 nicht überdauerten. In diesem Zusammenhang wird häufig die Frage nach der "Echtheit" dieser Reformen in den Anfangsjahren der Weimarer Republik aufgeworfen. Oder anders formuliert: die behauptete Unechtheit der Motive der alten Machtelite und ihrer Anhänger, die den Umbau der Sozialverfassung nur aus taktischen Gründen geduldet, aber nicht wirklich gewollt hätten, wird mit als Grund dafür genannt, daß die Reformen am Ende sang- und klanglos wieder verschwanden. REIDEGELD (1995: 365) spricht von "falschen Freunden" und "alten Feinden" der auf "'Gleichberechtigung', 'Anerkennung' und Beteiligung basierenden Sozialreform", die sich sofort wieder zu einer "bedrohlichen Phalanx" vereinigt hätten, als die Schwäche der Republik offenbar geworden sei; es habe sich gezeigt, daß nicht nur "die Republik, sondern auch ihre Sozialpolitik, insbesondere das 'Neue' an ihr, die rechtlich abgesicherte Beteiligung der Arbeiterbewegung ... auf Sand gebaut" war.

Nun ist nicht zu bestreiten, daß taktisches Zurückweichen und partielle Preisgabe von bisher innegehabten Positionen zum Instrumentarium jeder in Gefahr geratenen Machtelite gehören. "Gewiß gibt es in Zeiten des Umsturzes auch Schein-Koalitionen, mit denen die im Fallen begriffene alte Macht durch ein 'Bündnis' mit der revolutionären Bewegung ihren Untergang aufzuhalten sucht" (HUBER 1978: 768). Und ebenso selbstverständlich ist, daß versucht wird, bei erstbester Gelegenheit das verlorene Terrain zurückzugewinnen, eine Revision mißliebiger Beschlüsse zu erreichen.

Eine für überflüssig oder gar schädlich gehaltene Institution kann man auch dadurch ins Leere laufen lassen, daß ihr die "logistische" Unterstützung versagt bleibt - wie im Falle des Reichswirtschaftsrats, der eine oberste Institution nicht nur ohne Kompetenz, sondern auch ohne Unterbau blieb.

Andererseits: selbst abgetrotzte, nur wider-willig akzeptierte Neuregelungen halten sich, überstehen auch konservative Gegenströmungen, wenn sie ihren gesamtgesellschaftlichen Nutzen erweisen. Wenn dies in der Weimarer Republik nicht der Fall war, so müssen dafür andere Gründe ausschlaggebend gewesen sein als die "unechten Motive" bei ihrer Entstehung.

Allgemein gilt, daß in jeder existentiellen Bedrohungssituation für eine Gesellschaft - und bei sechs Millionen Arbeitslosen und einem "verbitterten" Mittelstand lag eine solche zweifelsohne vor - die mehr oder weniger formalen politischen und rechtlichen Strukturen an Bedeutung verlieren. Das Fressen kommt, so gesehen, auch vor der politischen Moral. Demokratie, ohnehin ein Balance-Akt, verliert als politische Ordnungsvorstellung in dem Maße an Akzeptanz, wie sie die Existenz der Menschen real nicht mehr zu sichern vermag. Dabei liegt durchaus eine gewisse Tragik darin, daß die - in erster Linie durch die Weltwirtschaftskrise und die desolate Finanzsituation des Staates bedingte - Verminderung sozialer Leistungen zu einer "erneuten Distanzierung breiter sozialer Gruppen vom Staat" führte, "denen er erst wenige Jahre zuvor durch seine Sozialpolitik ... einen Weg zur Kooperation geöffnet hatte" (GLADEN 1974: 103).

Abgesehen davon: in jeder Demokratie und auch den meisten Demokraten gibt es, vielleicht besser: lauert Antidemokratismus. Bei der Reichstagswahl 1928 äußerte er sich in knapp 3 Prozent Stimmen für die NSDAP. 1932 war dieser Anteil auf 37 Prozent angewachsen, die"antidemokratische Einstellung" hatte sich, so VON KROCKOW (1992: 132), in einer "verheerenden Explosion freigesetzt". Innerhalb von vier Jahren ändert sich die kollektive Volks"seele" aber nicht grundlegend. Deshalb sind auch alle Versuche, den Nationalsozialismus mit dem autoritätsfixierten deutschen Nationalcharakter zu erklären, nicht überzeugend (siehe dazu *4*). Unzutreffend ist schließlich die Auffassung, Artikel 48 WRV habe zum Niedergang der Republik beigetragen. Übersehen wird dabei, daß Ebert als Reichspräsident, gestützt auf Artikel 48, von 1919 bis 1924 mit immerhin 134 Notverordnungen den *Bestand* der Republik gesichert hatte - was durchaus die Behauptung rechtfertigt, nicht Artikel 48, sondern seine *Nichtanwendung* habe Hitler mit den Weg geebnet. Allerdings war weder die ausgeübte noch die nicht ausgeübte Autorität des Reichspräsidenten das Hauptproblem, sondern die fehlende Autorität des Parlaments.

Ihre Sozialpolitik hat weder das Kaiserreich noch die Republik gerettet, obgleich deren Stellenwert im Bewußtsein gerade der "einfachen Leute" als sicherlich sehr hoch einzustufen ist. Vielleicht wären diese in der Tat "auf die Barrikaden" gegangen, hätten sie befürchten müssen, das jeweils auf der Schwelle stehende neue politische Regime werde die wohlerworbenen sozialen Rechte - wohlgemerkt: die faktischen Rechte, nicht die Rahmenbedingungen, unter denen sie gewährt werden - entscheidend beschneiden. Für diese Befürchtung bestand selbstredend 1918 kein Anlaß. Aber auch 1933 war mit einiger Sicherheit nicht das Gefühl vorherrschend, die Nationalsozialisten würden sich sozialpolitisch auf die Seite der Arbeitgeber schlagen oder "Sozialabbau" betreiben. Und wenn tatsächlich einschneidende Eingriffe - insbesondere in das überkommene Gefüge der Wirtschafts- und Arbeitsverfassung - widerspruchslos hingenommen wurden, so könnte das auch darauf hindeuten, daß diese *Strukturen* im Bewußtsein der Betroffenen, aus welchen Gründen auch immer, nicht *den* Stellenwert besaßen, den die kollektiven Interessenverbände gerne behaupte(te)n.

Leseempfehlung

TIMM, H.: Die deutsche Sozialpolitik und der Bruch der Großen Koalition im März 1930, Düsseldorf 1953

VON OERTZEN, P.: Die Probleme der wirtschaftlichen Neuordnung und der Mitbestimmung in der Revolution von 1918, Frankfurt/M. o.J.

SYRUP, F.: Hundert Jahre Staatliche Sozialpolitik 1839 - 1939, hrsg. v. J. Scheuble, bearb. v. O. Neuloh, Stuttgart 1957

PRELLER, L.: Sozialpolitik in der Weimarer Republik, Tübingen 1967

ROSENBERG, A.: Geschichte der Weimarer Republik, Frankfurt/M. 1970

WINKLER, H.A.: Unternehmer und Wirtschaftsdemokratie in der Weimarer Republik, in: Politische Vierteljahresschrift, 1970, Sonderheft 2

MOMMSEN, H., PETZINA, D., WEISBROD, B. (Hrsg.): Industrielles System und politische Entwicklung in der Weimarer Republik, 2 Bände, Kronberg/Ts. 1977

BRACHER, K.D.: Die Auflösung der Weimarer Republik: eine Studie zum Problem des Machtverfalls in der Demokratie , 5. Aufl. Villingen 1971

ERDMANN, H.D., SCHULZE, H. (Hrsg.): Weimar. Selbstpreisgabe einer Demokratie. Eine Bilanz heute, Düsseldorf 1980

HUBER, E.R.: Deutsche Verfassungsgeschichte seit 1789
Bd. VI: Die Weimarer Reichsverfassung, Stuttgart, Berlin, Köln, Mainz 1981
Bd. VII: Ausbau, Schutz und Untergang der Weimarer Republik, Stuttgart, Berlin, Köln, Mainz 1984

4 Sozialpolitik im Nationalsozialismus

4.1 Grundsätzliches zur Einordnung des Nationalsozialismus

4.1.1 Manipulation und Terror als Erklärungsmuster

An die Macht gekommen durch Demagogie und Manipulation, also durch Verführung der Menschen, die Macht erhalten und gefestigt durch Einschüchterung, Drohung und Gewalt, also durch Terrorisierung der Menschen - so stellt sich vielen Nachgeborenen das nationalsozialistische Regime dar. Und dies offensichtlich deshalb, weil es ihnen so dargestellt wurde. Überließe man den Begriff "Nationalsozialismus" der Generation der heute 20-Jährigen zur freien Assoziation, stünden Hitler, KZ, SS, SA, Goebbels, Himmler, Gestapo, Auschwitz mit hoher Wahrscheinlichkeit auf den vorderen Plätzen.

Natürlich nicht zu Unrecht - zu fürchterlich war die Hinterlassenschaft des Nationalsozialismus. Und trotzdem: man muß sich im klaren darüber sein, daß eine solche, gewissermaßen finale Betrachtungsweise, die ein politisches System nur vom infernalischen Ende her betrachtet oder nur das Negative bündelt, dem System als Ganzem nicht "gerecht" wird. Beleuchtet man ein soziales und politisches Phänomen nur von einer, hier: der Schatten- Seite, dann ist das Ergebnis auch nur eine Teil-Wahrheit. Es ist verständlich und nachvollziehbar, wenn insbesondere die Opfer des Faschismus pars pro toto, das Teil für das Ganze nehmen. Dem Historiker, vor allem aber dem Pädagogen verbietet sich eine solche Vorgehensweise - nicht zuletzt deshalb, weil die ausschließliche Diabolisierung des Nationalsozialismus es erschwert, wenn nicht verunmöglicht, für die Zukunft nutzbare Erkenntnisse zu gewinnen. Und schließlich leistet eine solche Sichtweise auch insofern der Selbsttäuschung Vorschub, als sie bequeme Ausflüchte begünstigt. Wo der Teufel die Hand im Spiel hat - der frühere Reichspressechef, stellvertretend für viele, bescheinigt Hitler "dämonische Energien" (DIETRICH 1955: 224) - stehen die irdischen Abwehrkräfte auf verlorenem Posten. Wo Ausgeburten der Hölle ihre teuflischen Machenschaften praktizieren, ist der Erdenbewohner chancenlos.

Die Unwahrhaftigkeit der gängigen Deutungen des Faschismus fängt schon mit der Behauptung an, die Nationalsozialisten seien durch Manipulation und Demagogie zur Herrschaft gelangt. Wobei sich - über den Anlaß hinaus - ganz allgemein die Frage stellt, ob Manipulation und Demagogie als Erklärungsmuster für die Beurteilung von Verhalten überhaupt taugen oder ob sie nicht den Versuch darstellen, unliebsamen, aber nicht zu leugnenden Realitäten ihre innere Rechtfertigung abzusprechen.

Einfügung IV: Zur Hypothese der Verführung

Die Behauptung, Menschen würden vielfach nicht ihren wirklichen Interessen gemäß handeln, sondern von außen und anderen dazu gebracht, etwas zu tun, was sie "eigentlich" gar nicht wollten, hält einer näheren Überprüfung nicht stand. Vieles spricht dafür, daß zwischen geäußertem und "eigentlichem", artikuliertem und wirklichem Interesse und entsprechendem Handeln normalerweise kein Widerspruch besteht. Was einer will, will er, weil er es will - nicht weil ein anderer diesen Wunsch in ihn hineingepflanzt hat.

Verführt wird allenfalls, wer sich verführen lassen will. Es ist ein - übler - Brauch seit altersher, die Menschen in Verführer und Verführbare, Lenker und Gelenkte, Durchblicker und Getäuschte zu unterteilen. Ein solches Gesellschafts- und Menschenbild stimmt hinten und vorne nicht. Die jeweils Mächtigen, aber auch manche Revolutionsbetreiber[1] *hätten oder beschreiben die sogenannten kleinen Leute zwar gern so - aber so sind sie nicht.*

Hitler und Goebbels haben ihre Wähler nicht für sich eingenommen, weil sie sie verführten. Wenn von der Zeit zwischen 1933 und 1945 oft als einem historischen Ausnahmezustand gesprochen wird, in dem es Millionen Verführte und einige wenige verführende Hypnotiseure gab, so ist dies Teil einer Verdrängungsstrategie, die Realitäten nicht wahrhaben will. Die Hinwendung zu Hitler erfolgte deshalb, weil das, was er sagte, offensichtlich dem entsprach, was viele Deutsche dachten und empfanden. Bei der Reichstagswahl 1933 wählten 44 Prozent die Hitler-Partei - mehr Jüngere als Ältere, mehr Protestanten als Katholiken und sicherlich mehr Kleinbürger[2] *und (Klein)Bauern als Arbeiter. Desungeachtet war die NSDAP zu einer Massenpartei geworden, die keineswegs nur, nicht einmal in erster Linie, die vom sozialen Abstieg Bedrohten ansprach, sondern - zunehmend - einen Querschnitt der Bevölkerung. "Von der soziologischen Zusammensetzung der Parteimitglieder und der Wähler", stellt HOFMANN fest (1993: 184), "kann die NSDAP als echte Volkspartei, wenn auch 'mit Mittelstandsbauch' ... charakterisiert werden."*

Auch die Vorstellung, die Nationalsozialisten hätten während ihrer 12-jährigen Herrschaft mit brutalem Terror ein Millionenheer von potentiellen Widerstandskämpfern in Schach gehalten und eingeschüchtert, trifft nicht zu, ist nachgerade lächerlich (allerdings trefflich geeignet, das idealisierte Selbstbild so manches Nachkriegsdemokraten zu stützen). "Nie war die deutsche Seele einiger mit sich selbst als *im Jahre 1933", schrieb Alfred Rosenberg (1955: 316) - zumindest tendenziell, das heißt, wenn die Entwicklung bis gegen Ende des Jahrzehnts mit berücksichtigt wird, durchaus zu Recht. Hätten zum Beispiel 1936, nach den Olympischen Spielen in Berlin, oder 1938, nach dem "Anschluß" Oesterreichs und der "Heimholung" des Su-*

---

1 So vertritt MARCUSE (1970: 15 f.) die Auffassung, "daß die große Mehrheit der Bevölkerung diese Gesellschaft hinnimmt",weil sie "dazu gebracht wird, sie hinzunehmen". Er unterscheidet zwischen "wahrem und falschem Bewußtsein" und meint, die Menschen müßten "vom falschen zum wahren Bewußtsein finden, von ihrem unmittelbaren zu ihrem wirklichen Interesse".

2 Wobei der Begriff "nicht nur für das ... kleine Bürgertum gilt, sondern auch in das Proletariat hineinreicht" (FRITZSCHE 1983: 518).

detenlandes ins Reich - kaum ein Schuß war bis dahin gefallen - Wahlen nach demokratischen Grundsätzen stattgefunden: wie hoch wäre wohl der Stimmenanteil der Nationalsozialisten gewesen? Ist es vermessen - auch vor dem Hintergrund einer von 6 auf 0,1 Millionen gesunkenen Arbeitslosenzahl (in den USA lag zu dieser Zeit die Arbeitslosenquote bei 19 Prozent, siehe LAMPERT 1983: 185) - zu behaupten, dieser Anteil hätte, ohne jede Einschüchterung, zumindest die Zwei-Drittel-Marke überschritten? Gottfried von Cramm, Max Schmeling, Fritz Walter, Sepp Herberger, Rudolf Carraciola, Zarah Leander, Heinz Rühmann, Gustav Gründgens, Leni Riefenstahl, Hans Albers - alle diese Sport- und Leinwandhelden, deren Ruhm die Zeiten überdauerte, stehen stellvertretend für eine von Stolz, Selbstsicherheit und Zufriedenheit erfüllte Gesamtnation. Die wogenden, vor Glück trunkenen Menschenmassen, die bei Hitlers Triumphfahrten Spalier bildeten, sind keine Hirngespinste, wohl aber die heimlichen Widerstandskämpfer und potentiellen Attentäter, die dem Menschheitsverbrecher Nr. 1 bei einem seiner zahlreichen öffentlichen Auftritte ohne größere Schwierigkeiten den Garaus hätten machen können - so es sie gegeben hätte. Die - laut ihren Bekundungen nach 1945 - Abermillionen innerer Emigranten und Gegner Hitlers konnten nicht alle in KZ's gelandet sein und ein hervorragendes Ziel bot Hitler in seinem offenen Wagen nun wirklich (nicht einmal der Papst wagt sich heutzutage dermaßen ungeschützt unter seine Gläubigen). Die wenigen wirklichen Widerstandskämpfer dürften sich in dieser Zeit zahlenmäßig in einer Größenordnung bewegt haben, die statistisch gesehen vernachlässigbar erscheint. Sie waren politische und soziale Exoten und Parias, Störenfriede in einer heilen Welt von Gleichgesinnten. Zu Recht meint Goldhagen - in einem SPIEGEL-Gespräch mit dessen Herausgeber:

> *"Die weitverbreitete Meinung, daß das nationalsozialistische Deutschland wie das stalinistische Rußland nur mit nackter Gewalt beherrscht wurde, ist falsch. Nicht jede Diktatur beruht hauptsächlich auf Terror. Es gibt populäre Diktaturen. Trotz ihres repressiven, polizeistaatlichen Charakters erfreute sich die NS-Diktatur großer Popularität, und Hitler war ein bejubelter charismatischer Führer. Die Grundzüge seiner Politik, einschließlich der Verfolgung der Juden, wurden von den meisten Deutschen, sicherlich in den späteren dreißiger Jahren, begrüßt. Daß Hitler so gehuldigt wurde, beweist, daß viele Deutsche sich nicht terrorisiert fühlten" (DER SPIEGEL 1996: 52).*[1]

SCHOENBAUM (a.a.O.: 300 f.) hatte bereits drei Jahrzehnte zuvor das Dritte Reich als ein politisches Gebilde charakterisiert, das durch "Übereinstimmung zwischen Führern - oder Führer - und Gefolgschaft" geprägt gewesen sei. Hitler traf offensichtlich den "Nerv" seiner Landsleute - durchaus als eine Art "Verkünder" und vielleicht sogar "Erwecker", aber eben nicht als Hypnotiseur.

---

1 Der junge US-Amerikaner, 1960 geboren, beweist mit seiner Analyse mehr politisch-historischen Sachverstand als sein 37 Jahre älterer, als junger Wehrmachtsleutnant noch in das Kriegsgeschehen involvierter Gesprächspartner. Augstein tut sich bei der Beschreibung des politischen Verhaltens der Deutschen im Dritten Reich offensichtlich deshalb schwer, weil es ihm vorrangig um die Bewahrung der politisch-moralischen Integrität des Mittel- und Großbürgertums (also jener Gesellschaftsschicht, der er selbst entstammt) zu gehen scheint. Dadurch, daß er diesem in der NS-Zeit eine inaktive, abwartende Abseitsstellung zuweist (siehe DER SPIEGEL 1996: insb. 52 f.), behindert er Selbsterforschung und Selbsterkenntnis auch bei dieser Bevölkerungsschicht.

4.1.2 Der Deutsche - eine sado-masochistische Persönlichkeit?

Für nicht wenige Gesellschaftskritiker ist Heinrich Manns "Untertan", jener nach oben buckelnde und nach unten tretende "autoritäre Charakter", der Prototyp des deutschen, nicht, wie bei FROMM (siehe 1936: 113), des bürgerlichen Menschen. Doch auch FROMM bringt den sich dem Stärkeren lustvoll Unterwerfenden, vom Schwächeren Unterwerfung Erheischenden - Verhaltensweisen des sado-masochistischen Charakters in "nicht pathologischen Erscheinungsformen" (ebd.) - bevorzugt mit dem "totalitären Staat" in Verbindung (siehe a.a.O.: 133). Es ist deshalb zu fragen, ob der deutsche "Volkscharakter" nicht vielleicht doch in besonderer Weise anfällig ist für Obrigkeitshörigkeit und Leisetreterei auf der einen, großmäuliges Auftrumpfen auf der anderen Seite.[1]

Nicht zu bestreiten ist, daß die deutsche Geschichte des 18. und 19. Jahrhunderts, besonders die ausgebliebene bürgerliche Revolution, Rahmenbedingungen geschaffen hatte, innerhalb deren eine Untertanenmentalität möglicherweise besser gedeihen konnte als in Ländern, die sich mit der feudal-monarchischen Herrschaft nicht arrangiert, sondern diese abgeworfen hatten. Die Zeit, in der sich deutsche Untertanen massenhaft, machtvoll und mannhaft gegen ihre Herren aufgelehnt hatten (in den Bauernkriegen, es war in der deutschen "Revolutionsgeschichte" das erste und letzte Mal) lag schließlich schon Jahrhunderte zurück.

Ein qualitativer Unterschied zwischen dem deutschen und dem Nationalcharakter anderer Völker läßt sich aus den späteren zaghaften deutschen "Revolutionsversuchen" dennoch nicht ableiten. Und zwar deshalb nicht, weil Unterordnung unter den Stärkeren, Anpassung, Opportunismus, auch ängstliches und feiges Verhalten, keine deutschen Eigenschaften sind, sondern die in jedem Land und überall vorherrschenden, also normalen. "Opportunismus ist in jeder Gesellschaft das dominierende Muster menschlichen Verhaltens, ausnahmslos in jeder" (Jurek BECKER 1993: 86). Der Held und der Aufbegehrende sind immer und überall die Ausnahme, Mitläufer und Jasager die Regel - mag das den politischen Moralisten gefallen oder nicht. Tapferkeit, Mut und Auflehnung eignen sich für das Theater, den Film, die Belletristik und ganz besonders für Geschichtsbücher, nicht aber als Verhaltensmaximen für den Überlebenskampf gewöhnlicher Individuen in gewöhnlichen Zeiten. Und deshalb, eben weil er kein spezifisch deutsches Merkmal ist, kann auch ein "autoritärer" deutscher Volkscharakter den Erfolg der Nationalsozialisten nicht hinreichend erklären.

4.1.3 Faschismus - Appell an die niederen Instinkte ?

Es sei die Behauptung gewagt, daß die Anziehungskraft des Nationalsozialismus nicht in erster Linie auf seinen negativen, destruktiven Eigenschaften - Aggressivi-

1 Dazu paßt, daß FROMM (1936: 132) Luther als "klassisches Beispiel" für den sado-masochistischen Persönlichkeitstypus benennt: "Sein Leben ist charakterisiert durch das beständige Nebeneinander einer feindselig-trotzigen Einstellung zu einer Autorität und der masochistischen Unterwerfung unter eine andere."

tät, Herrenmenschentum, Rassenideologie, Antisemitismus - beruhte, sondern auf seinen als positiv eingeschätzten. Nicht der Appell an die niederen Instinkte dürfte dem Faschismus letztlich den Erfolg gebracht haben, sondern seine Betonung und Wiederbelebung durchaus ideeller Werte und altruistischer Persönlichkeitsmerkmale. Als einer der wenigen hat BRECHT (1974: 777) in diese Richtung gedacht: "im deutschen fall wäre es lohnend, einmal ernsthaft die sozialistischen elemente aufzuspüren, die der national 'sozialismus' pervertiert zum operieren brachte. nicht anders ist sein erfolg bei massen zu erklären."

Ob nun pervertiert oder nicht: die von dem Nationalsozialismus, nicht zuletzt bei seinen jugendlichen Anhängern, erzeugten positiven Gefühle waren zweifellos echt. Gemeinnutz vor Eigennutz, vertraute Gemeinschaft statt anonymer Gesellschaft, sozialer Friede und soziale Balance statt Kampf der Interessen, Verbot von Streiks, aber auch von Ausbeutung, Aufhebung des Unterschieds von Hand- und Kopfarbeit ("Arbeiter der Stirn und der Faust"), Arbeitspflicht für jeden, Abschaffung arbeitsloser Einkommen, Gewinnbeteiligung von Arbeitnehmern in Großbetrieben - alle diese Bestandteile nationalsozialistischer Programmatik und Politik (siehe dazu *4.3*) kamen bei der überwiegenden Mehrzahl der Deutschen an, entsprachen ihrem Wertekodex.

Dies gilt auch für die Propagierung und Idealisierung sozial-ökonomischer Muster und Leitbilder, die eigentlich einer vergangenen Epoche angehörten wie bäuerliche Erbhöfe, Kleinhandel und Kleingewerbe - eine Absage an Agrarfabriken, Trusts und Warenhäuser, die auch heutzutage Zustimmung bei Menschen findet, die den Verdacht, nationalsozialistische Sympathien zu hegen, weit von sich weisen würden.[1] Vieles spricht dafür, daß nicht Wenige in der Endphase der Weimarer Republik im Faschismus eine nationale und soziale Alternative auch zum ungezügelten Kapitalismus, zur Durchkapitalisierung des Universums sahen und daß er sich auch selbst so begriff, mit - zunächst - nicht wenigen Anleihen bei der politischen Romantik.

Diese Orientierung an der Vergangenheit hat jedoch nicht verhindert, daß der Faschismus vielen Menschen durchaus auch eine gegenwarts- und zukunftsorientierte Lebensperspektive bot. Er war nicht, wie der Marxismus, einem Geschichtsverständnis verhaftet, das von einem deterministischen Glauben an quasi naturgesetzliche historische Abläufe geprägt (und gelähmt) war, sondern er appellierte an die Willens- und Tatkraft des Einzelnen. Während die Anhänger einer deterministischen Weltsicht immer in Gefahr sind, in Apathie und Lethargie zu verfallen - insbesondere, wenn "eigentlich" fällige soziale Veränderungen ausbleiben oder nicht mehr für möglich erachtete, "historisch überholte" wiederkehren - mobilisierte der Faschismus die Produktivkräfte, den Leistungs- und Gestaltungswillen des Volkes. Er nutzte auch, mit seiner Betriebs- und Volksgemeinschaftsideologie, die aus dem Harmoniebedürfnis der Menschen erwachsenden Potentiale. Mit einem Wort: der Faschismus

1 Der Verf. hat Studierenden der Fachbereiche Sozialarbeit und Sozialpädagogik der Fachhochschule Düsseldorf in den vergangenen Jahren mehrfach das Parteiprogramm der NSDAP vorgelegt, gekürzt nur um wenige (verräterische) Begriffe. Die überwiegende Mehrzahl der Studenten, gewiß nicht im Verdacht, auch nur national-konservativ eingestellt zu sein, hatte an dem Inhalt nichts auszusetzen. Dies gilt nicht zuletzt für die "Grünen"-Sympathisanten.

als Idee enthält durchaus auch nachvollziehbare, nicht von vornherein abzulehnende Inhalte. Nur so "ist sein erfolg bei massen zu erklären".

4.1.4 1933 - eine braune Revolution?

Genau so wenig wie 1918 hat 1933 eine Revolution, die diesen Namen verdient, stattgefunden. Diese Behauptung stützt sich keineswegs in erster Linie auf die formale Legalität des Machterwerbs, sondern - wie am Ende des I. Weltkrieges - auf den Umstand, daß auch 1933 entscheidende Grundpfeiler des Gesellschaftsgefüges, insbesondere ihr ökonomisches Fundament, nicht angetastet wurden. Der nationalsozialistische Staat blieb, wie bereits das Kaiserreich und die Weimarer Republik, "fundiert auf dem Begriff des Eigentums als Grundlage unserer Kultur" - wie es 1935 Reichsarbeitsminister SELDTE (1935: 3) in einem Rückblick auf die ersten drei Jahre nationalsozialistischer Sozialpolitik ausdrückte.

Fraglos erfolgte 1933 eine politische, nicht aber eine grundlegende sozial-ökonomische Umwälzung. Dabei war die politische Neuordnung weitaus folgenreicher als im Jahre 1918. Während damals eine konstitutionelle Monarchie ersetzt wurde durch eine Konstitution mit monarchischen Zügen, setzte der Nationalsozialismus fast das gesamte bisherige politische Rahmengefüge außer Kraft. Verbindet man allerdings den Begriff auch der nur *politischen* Revolution mit der Vorstellung, daß starke gegensätzliche - bewahrende und veränderungswillige - soziale Kräfte aufeinanderprallen und um die Macht im Staat miteinander ringen, wobei letztere den Sieg davontragen, so ist sogar fraglich, ob 1933 eine *politische* Revolution stattgefunden hat. Durch eine Revolution, so das herkömmliche Verständnis, wird etwas Neues geboren, kommt etwas in und auf die Welt, was vordem so noch nicht da war. Es ist ein Fort-Schritt in eine vielleicht ungewisse und unsichere, aber Vergangenes und Gegenwärtiges selbstsicher negierende Zukunft. Eine solche Veränderung hat der Nationalsozialismus nicht angestrebt, auch wenn seine Apologeten, von Goebbels bis Carl Schmitt, nicht müde wurden, die Machtübernahme als "Revolution" zu preisen, und wenn auch heutzutage von nicht wenigen Autoren der Nationalsozialismus als eine Art wider-williger Geburtshelfer der "Modernität" gehandelt wird.[1]

Im letzten Grund war er jedoch das genaue Gegenteil davon - und sein Erfolg ist nur damit zu erklären, daß er einen "Aufstand gegen die Moderne" darstellte. Zu Recht hält es deshalb TURNER (1980: 162) für "nicht angemessen", die Nationalsozialisten "als 'Revolutionäre' zu bezeichnen ... weil sich mit dem Wort 'Revolution' ... die Bedeutungsnuancen 'fortschrittlich', 'vorwärtsgerichtet' verbunden haben". Die Nationalsozialisten hingegen suchten "ihre Vorbilder in der Vergangenheit ... Was sie vorschlugen, war eine Flucht aus der modernen Welt ... zurück in eine romantische Vision von Harmonie, Gemeinschaft, Einfachheit und Ordnung". In ähnlicher Weise spricht Mommsen (Nachwort zu SCHOENBAUM 1980: 352) unter

---

1 FEST (1973: 1035) zufolge hat Hitler "jene demokratischen Ideologien erfolgreich gemacht, denen er so viel verzweifelte Energie entgegensetzte".

Bezugnahme auf diesen von einer "rückwärtsgewandten nationalsozialistischen Ideologie" und sieht sich auf der Seite derer, die sich "dagegen sträuben", im Zusammenhang mit dem Nationalsozialismus "den Begriff des 'Revolutionären' zu benützen" (a.a.O.: 368).

Einfügung V: Der "Aufstand gegen die Moderne"

Erst wenn man sich diese Rückwärtsgewandtheit des Nationalsozialismus vor Augen führt - Mommsen meint sogar, einen "atavistischen Kern dieses Systems" ausgemacht zu haben (siehe ebd.) - wird erklärlich, welche auch andernorts gepflegten und propagierten "fortschrittsfeindlichen" Sehnsüchte er anzusprechen und zu befriedigen vermochte. Hier wären insbesondere die Kirchen zu nennen. Die doppelte Frontstellung etwa in "Rerum novarum" gegen den "Geist der Neuerung" (siehe BRUSATTI u.a. 1962: 181), das heißt gegen Marxismus und Liberalismus, kehrt bei den Nationalsozialisten wieder.

Dabei darf der erbarmungslose Kampf, den der Nationalsozialismus gegen den Kommunismus führte, nicht den Blick dafür verstellen, daß beide Ideologien eine *wesentliche Gemeinsamkeit aufwiesen. Gemeint ist weder die Ähnlichkeit so mancher Inszenierung noch das Einparteiensystem oder der Personenkult, auch nicht, wie viele Jahre, vor allem während des kalten Krieges, propagiert, der "Totalitarismus". Letzterer setzt voraus, daß gewichtige Teile eines Volkes mit Gewalt in Schach zu halten sind - was zwar für die UdSSR, nicht aber, wie zu zeigen versucht wurde, für das nationalsozialistische Deutschland zutraf. Die Gemeinsamkeit beider Systeme bestand vielmehr darin, daß auch der Kommunismus letztendlich einen "Aufstand gegen die Moderne" darstellte. Sicherheit, Überschaubarkeit, Geborgenheit, Orientierung, Wegweisung, Solidarität, Vertrautheit, Lebenssinn - all dies sind restaurative Gegenpole sowohl der nationalsozialistischen wie der kommunistischen Weltanschauung zur modernen, offenen Gesellschaft mit ihrer schrankenlosen Freiheit. "Klassenlose Gesellschaft" und "Volksgemeinschaft" bezeichnen ähnliche, gleichgelagerte Sehnsüchte nach einem von Harmonie geprägten, von Kritikern unbehelligten und von "Störenfrieden" befreiten Sozialgebilde.*[1]

Die Existenz eines gemeinsamen Gegners und eine darauf gegründete punktuelle Übereinstimmung schließt erbitterte Feindschaft keineswegs aus - vielleicht ist eine gewisse Nähe sogar Voraussetzung für das Entstehen von Haß - vor allem dann nicht, wenn Grund-Vorstellungen über die Art und Weise einer richtigen Ordnung von Staat und Gesellschaft auseinanderklaffen. Der Kommunismus hatte das Privateigentum als dasjenige sozial-ökonomische Gebilde ausgemacht, das den Eintritt der Menschheit in ihre "eigentliche Geschichte" verhinderte, für den Nationalsozialismus blieb es die Basis der Gesellschaft. Während der Kommunismus eine im Dunkel der

---

1 Die Beseitigung der "Störenfriede" erfolgte in beiden Systemen ähnlich emotionslos. Ob es sich um Kulaken, polnische Offiziere oder Juden handelte: sie fielen nicht dem "Volkszorn" zum Opfer, sondern planmäßigem, bürokratischem Verwaltungshandeln.

Geschichte ruhende Sozialverfassung ("Urkommunismus") dem Grunde nach reproduzieren wollte (so wenigstens die Ideologie), eine Gesellschaftsformation, die höchstwahrscheinlich nur in den Köpfen von Marx und Engels existierte (die sie als Ausgangspunkt ihrer dialektischen Triade benötigten), blieb der Nationalsozialismus dem Bekannten und Althergebrachten - der, so Mommsen *(Nachwort zu SCHOENBAUM: 357), "Vision einer agrarisch-altväterlichen Gesellschaft" - verhaftet. Während der "reale Sozialismus" vielen Menschen nahm, was sie hatten, ohne denen genug zu geben, die nichts hatten, beließ es der Nationalsozialismus bei den überkommenen Eigentumsverhältnissen. Die Folge: die Kommunisten hatten die Mehrheit der Bürger gegen sich, die Nationalsozialisten hatten sie auf ihrer Seite. So waren beide Systeme zwar gemeinsam reaktionär und anti-liberal, aber ansonsten unvereinbar.*

Dennoch: eine Lehre aus der Geschichte dieses Jahrhunderts läßt sich, wenn überhaupt, nur ziehen, wenn die maßgebenden Ideologien des Jahrhunderts in erster Linie unter dem Aspekt des Aufbegehrens gegen die Moderne betrachtet werden, als Protest gegen ihre Ungeordnetheit, Sinn-Leere, Ungeborgenheit, Heimatlosigkeit usw. usf. Mit dem Untergang von Bolschewismus und Faschismus ist nämlich nicht auch das den modernen Zeiten eigentümliche Unbehagen untergegangen. Den unaufhaltsamen, ungefährdeten und problemlosen Siegeszug der Moderne aus der unbestreitbaren Tatsache abzuleiten, daß auch die noch verbliebenen anti-modernistischen Kräfte, wie etwa der Katholizismus, immer mehr an Einfluß verlieren, wäre ebenfalls ein Trugschluß. Es ist sicherlich zutreffend, wenn Duerr (siehe DER SPIEGEL 1993: 173) den religiösen Bewegungen, selbst wenn sie, wie der Islam, in Teilen der Welt auf dem Vormarsch scheinen, nur geringe Erfolgs- oder Überlebenschancen einräumt: "Der islamische, aber auch der christliche Fundamentalismus sind langfristig nur hilflose Versuche, die Modernisierungsprozesse aufzuhalten. Letztlich handelt es sich um Rückzugsgefechte einer sterbenden, 'patriarchalischen' Lebensform." Doch selbst wenn Gegenentwürfe zur kapitalistischen Gegenwartsgesellschaft derzeit chancenlos erscheinen und der moderne Durchschnittsmensch nicht nur die Ajatollahs verabscheut, sondern zunehmend auch dem Papst mit Unverständnis begegnet: Faschismus, Bolschewismus, christlicher und islamischer Fundamentalismus bezeugen immerhin, welch vielfältige Gestalt die Anti-Moderne annehmen kann. Starrt man, wie hypnotisiert, nur auf den Faschismus oder die tölpelhaften Versuche seiner Wiederbelebung mittels einer Imitation des SA-Rabaukentums, so könnte dies dazu führen, daß, wie TURNER (1980: 182) zu Recht warnt, "wir den Aufstieg neuer, ganz anderer Spielarten des utopischen Anti-Modernismus übersehen".

Nicht übersehen werden sollte auch, daß wahrscheinlich jeder Mensch, zumindest phasenweise, für anti-moderne Sichtweisen und Interpretationen der Welt empfänglich ist, dazu neigt, sich den Anforderungen und - nicht selten - Zumutungen der offenen Gesellschaft entweder zu verweigern oder ihnen Widerstand entgegenzusetzen. Eine solche Haltung entspringt dem Gefühl, sich in der modernen Welt nicht (mehr) heimisch zu fühlen, sich nicht (mehr) zurechtzufinden. Die Verdammung der Gegenwart geht dann einher mit der Sehnsucht nach einer - nicht selten verklärten - Vergangenheit. Dies ist keineswegs erst eine Erscheinung der Gegenwart. Schon bei

Rousseau wird "die Sentimentalität zur Institution. Und diese Sentimentalität heißt, daß man sich nach einer Einheit und Geborgenheit zurücksehnt, von der man glaubt, daß sie früher vorhanden gewesen sei, die man jetzt aber nicht mehr vorfindet" (JONAS 1968 a : 50).

Glücklich zu preisen, wer von solchen Anfechtungen verschont bleibt - Anfechtungen deshalb, weil mit der beschriebenen Haltung nicht selten die Bereitschaft verbunden ist, mitsamt all den "progressiven Errungenschaften der Neuzeit" auch die freiheitlichen und demokratischen Strukturen, denen sie ihre Entstehung verdanken, über Bord zu werfen. Auch eine solche Radikallösung könnte sich auf Rousseau berufen, der alles für erlaubt erklärt, was dazu beiträgt, "die verloren gegangene Einheit und Harmonie wiederherzustellen". Notfalls müsse dies "durch die Diktatur erfolgen; denn es gibt kein schlimmeres Übel als die Desintegration. Wenn die Menschen nicht ihrer Natur folgen, die sie zur Einheit und Harmonie bestimmt hat, dann ... müssen sie dem Despotismus unterworfen werden" (ebd.). Wenn neuerdings von als durchaus besonnen geltenden Wissenschaftlern der Ruf nach einer "Ökodiktatur" zu vernehmen ist[1]*, so unterstreicht dies, daß der Satz von Picard, in jedem von uns stecke ein Hitler, nichts von seiner Bedeutung verloren hat. Nach PICARD (1946: 17) brauchte Hitler "gar nicht zu erobern, durch die Struktur der Diskontinuität, der allgemeinen Zusammenhanglosigkeit, war für ihn schon alles vorerobert".*

SCHOENBAUM (1980: 26) unterliegt einem Trugschluß wenn er, mit Verweis auf Picard, nur "kapitalistisch unfertige" Gesellschaften für gefährdet hält: "Wenn wir die Geschichte der deutschen Gesellschaft zwischen 1918 und 1939 neu betrachten, so gibt sie uns Grund zu dem Verdacht, daß in jeder sich industrialisierenden Gesellschaft ein Drittes Reich stecken kann". Ist der Übergang zum industriellen Zeitalter, so lautet der Umkehrschluß, erst einmal abgeschlossen, ist auch die faschistische Gefahr gebannt - eine möglicherweise folgenschwere Fehleinschätzung. Denn gerade die industrialisierte, moderne Welt befördert in vielen Menschen Abwehrhaltungen und Sehnsüchte, die Anti-Demokratismus begünstigen, gerade "hochindustrialisierte ... Gesellschaften weisen", so HEITMEYER (1995: 14) "große Desintegrationspotentiale (auf)". Zunehmende Gewalt und Gewaltbereitschaft[2] *unter Jugendlichen etwa sind für den letztgenannten Autor Anzeichen dafür, "wie brüchig die zivilisatorische Grundlage der hochindustrialisierten Gesellschaft zu sein scheint" (a.a.O.: 11).*

---

1 In diesem Sinne der ehemalige Bundespräsidentschaftskandidat der Grünen (siehe "In den Hintern treten". Der ostdeutsche Bürgerrechtler Jens Reich über Demokratiefrust und die Notwendigkeit einer Ökodiktatur, DER SPIEGEL 1995: 46): "Nur weil die Parteien sich nicht auf einen Konsens einigen können, ... können wir nicht Jahrhunderte warten. Es muß möglich sein, der Legislative in den Hintern zu treten. Wirkliche Veränderung ist nicht möglich, wenn ständige Wahlkämpfe alles blockieren."
2 Vgl. dazu VON TROTHA (Hrsg.) 1997: Zur Soziologie der Gewalt.

4.2 Der Weg in den Führerstaat

4.2.1 Veränderung der politischen Rahmenbedingungen

Es war ein Ziel der Führer des Nationalsozialismus, "liberale Werte und die liberale Gesellschaft zu zerstören" (SCHOENBAUM 1980: 74). Sie verloren dabei keine Zeit - fanden allerdings im Reichspräsidenten einen willfährigen Bundesgenossen. Mit der von ihm am 28.2.1933 - ein Tag nach dem Reichstagsbrand - unterzeichneten, auf Artikel 48 Abs. 2 WRV gestützten Verordnung zum Schutz von Volk und Staat begann die Demontage personaler Freiheitsrechte und entsprechender institutioneller Garantien.

> "Die Artikel 114, 115, 117, 118, 123, 124 und 153 der Verfassung des deutschen Reiches", so bestimmte § 1, "werden bis auf weiteres außer Kraft gesetzt. Es sind daher Beschränkungen der persönlichen Freiheit, des Rechtes der freien Meinungsäußerung, einschließlich der Pressefreiheit, des Vereins- und Versammlungsrechtes, Eingriffe in das Brief-, Post-, Telegraphen- und Fernsprechgeheimnis, Anordnungen von Haussuchungen und von Beschlagnahme des Eigentums auch außerhalb der sonst hierfür bestimmten Grenzen zulässig."

Nur dreieinhalb Wochen später verabschiedete der Reichstag das Gesetz zur Behebung der Not von Volk und Reich, das sogenannte Ermächtigungsgesetz. Es beanspruchte im Reichsgesetzblatt nur wenig Raum, gerade eine halbe Seite. Sein wichtigster Inhalt: von nun an konnten Gesetze "auch durch die Reichsregierung beschlossen werden" und "von der Verfassung abweichen".

Mit nicht einmal einem halben Dutzend Paragraphen hob sich das parlamentarische System gewissermaßen selbst aus den Angeln, entmachtete und entmannte sich, legalisierte einen monolithischen, von der Exekutive geprägten Staatsaufbau, in dem das Parlament faktisch nicht mehr vorkam. Die Legislative, das entscheidende Willensbildungsorgan der Weimarer Republik, denaturierte - sofern sie überhaupt noch zusammentrat - zu einem Akklamationsorgan, zu Deutschlands "höchstbezahltem Gesangverein" (weil am Schluß immer die Hymne gesungen wurde). SYRUP (1957: 403) bemerkt lapidar: "Irgend eine Arbeit wurde von dem Reichstag nicht geleistet."

Das Ermächtigungsgesetz wurde mit 441 gegen 94 (sozialdemokratische) Stimmen angenommen; auch dieses Gesetz wurde vom Reichspräsidenten unterzeichnet. Bei der Abstimmung fehlten zwar die (81) kommunistischen Abgeordneten; sie waren, so man ihrer habhaft werden konnte, in KZ's, Gefängnissen und Zuchthäusern gelandet. Aber selbst wenn sie anwesend gewesen wären und gegen das Gesetz gestimmt hätten: die erforderliche Zweidrittel-Mehrheit wäre dennoch mühelos zustandegekommen.

Es wäre allerdings verfehlt, zu glauben, die Nationalsozialisten hätten das Ermächtigungsgesetz benötigt, um die Macht so auszuüben, wie sie es in der Folgezeit taten. Mit unüberbietbarer Deutlichkeit hat Carl SCHMITT (1933: 7 f.) dargetan, was das Gesetz war: ein sicherlich willkommener, brauchbarer und nützlicher, aber letztlich entbehrlicher Mosaikstein auf dem Weg in den Führerstaat:

"Für die Denkgewohnheiten des ... Juristen liegt es ... nahe, in diesem Gesetz die Rechtsgrundlage des heutigen Staates zu finden. Der Ausdruck 'Ermächtigungsgesetz' verstärkt noch die Neigung zu diesem Irrtum ... Die deutsche Revolution war legal, d.h. gemäß der früheren Verfassung formell korrekt. Sie war es aus Disziplin und deutschem Sinn für Ordnung. Im übrigen bedeutet ihre Legalität nur eine von der früheren Weimarer Verfassung ... her bestimmte Eigenschaft. Es wäre ... falsch ..., aus dieser Art Legalität eine Weitergeltung überwundener Rechtsgedanken, Einrichtungen oder Normierungen ... abzuleiten. Das gute Recht der deutschen Revolution beruht nicht darauf, daß sich einige Dutzend Abgeordnete bereit fanden, durch ihre Zustimmung die fünfzehn Prozent Differenz von einfacher und Zweidrittelmehrheit auszugleichen ... Es wäre politisch, moralisch und juristisch gleich sinnwidrig, von der Machtlosigkeit her Ermächtigungen zu erteilen".

Weitere Etappen auf dem Weg in den nationalsozialistischen Staat im Jahre 1933 waren das Verbot der Gewerkschaften (Mai), der SPD (Juni), die Inthronisierung der NSDAP als einzig zugelassener Partei (Juli) und ihre Erhebung zu einer Körperschaft des öffentlichen Rechts "mit hoheitlichen Befugnissen" (HUBER 1939: 297) durch das Gesetz zur Sicherung der Einheit von Partei und Staat (Dezember). Bei der Reichstagswahl im November 1933 erhielt die - nunmehr einzige - Partei 92 Prozent der abgegebenen Stimmen.[1]

Gelegenheit, mit tatsächlichen oder vermeintlichen Gegnern aus dem eigenen Lager "abzurechnen", aber auch, alte Rechnungen mit Gegnern aus dem konservativen Milieu zu begleichen, bot Hitler der sogenannte "Röhm-Putsch" im Sommer 1934. Die damit verbundenen Ereignisse, auch als "Deutsche Bartholomäusnacht" (KLÖNNE 1980: 264) bezeichnet, waren insofern ein weiterer Schritt in den "Führerstaat", als Hitler sich nun auch noch als "oberster Gerichtsherr" gebärdete[2] und sich nicht scheute, die Ermordung Röhms, von Schleichers, von Kahrs, Gregor Strassers und anderer nachträglich per Gesetz für "rechtens" zu erklären.

Nach Hindenburgs Tod 1934 wurde das Amt des Reichspräsidenten mit dem des Reichskanzlers vereinigt. Ein auf Volkes Zustimmung beruhender absolutistischer Führerstaat, bei dem auch das Gottesgnadentum nicht fehlte ("von der Vorsehung gesandt") war Wirklichkeit geworden.

4.2.2 Allmacht ohne Schranken

Zu den Fundamenten der Demokratie, in der alle Staatsgewalt vom Volke ausgeht, zählt die Feststellung des Mehrheitswillens mittels Wahlen und Abstimmungen. Er gibt die Richtung vor, wie - für eine gewisse Zeit und innerhalb gewisser Schranken - Politik betrieben wird und ist gleichzeitig ihre Legitimationsgrundlage. Fundament des nationalsozialistischen Staates ist demgegenüber der durch den Führer verkörperte "Gemeinwille des deutschen Volkes" (HUBER 1939: 209; zur Person E. R. Hubers siehe *Einfügung VII*). Dieser muß keineswegs mit dem Mehrheitswillen

---

1 Bei den "Wahlen" 1936 und 1938 votierten jeweils 99 Prozent für die "Liste des Führers"; den gleichen Prozentsatz erreichte die NSDAP Ende Dezember 1938 bei "Ergänzungswahlen" im "Sudetenland" (siehe HUBER 1939: 203).

2 Er habe, so Hitler in einer Reichstagsrede am 13.7.1934, als "oberster Gerichtsherr" gehandelt (siehe REBENTISCH 1989: 418).

übereinstimmen, weil man "durch Wahlen und Abstimmungen nach dem Mehrheitsprinzip nicht den wirklichen Gemeinwillen des Volkes bilden kann ... Der ... völkische Wille kann nicht durch die Summe der ... Volksgenossen, sondern nur durch den Führer entfaltet werden" (a.a.O.: 210).

Mit bei Rousseau entlehnten Begriffen - und wohl auch Denkweisen, siehe dazu S. 99 f. - wird ein Zusammenhang zwischen dem Gemeinwillen und dem artikulierten Volkswillen bestritten:

"Das Volk kann sich in ... Abstimmungen und Kundgebungen sowie in Beschlüssen einer Volksvertretung zu diesem Führerwillen vertrauend bekennen, aber es kann nicht aus sich selbst entscheiden und handeln. Das Deutsche Reich ist keine Demokratie, in der das souveräne Volk sich selbst regiert; es ist ein völkisches Führerreich, in dem ... der Volkswille durch den Führer hervorgehoben wird" (ebd.).

Huber bestreitet die Identität des "völkischen Gemeinwillens" mit Rousseaus "volonté générale". Letztere sei das, worin die verschiedenen Einzelwillen sich verständigten, das, was ihnen gemeinsam sei - also der identitätsstiftende "Rest", der übrig bleibt, wenn man die Unterschiede extrapoliert. Das aber, so Huber, sei "kein echter Gemeinwille", sondern (lediglich) die "Solidarität der Einzelwillen". Der völkische Gemeinwille sei demgegenüber der "Gesamtwille einer echten politischen Einheit", des Volkes. Und dieser "Wille des Volkes" sei eine "objektive Gegebenheit, die von ... den Meinungen, Bestrebungen und Befürchtungen der jeweils lebenden Volksangehörigen unterschieden werden" müsse (siehe HUBER 1939: 194 f.)

Der Führer ist nicht nur Träger, sondern auch Vollstrecker des völkischen Gemeinwillens. Dabei gibt es für ihn keine Schranken: "Die Führergewalt ist umfassend und total ..., ausschließlich und unbeschränkt"; sie "erstreckt sich auf alle Sachgebiete des völkischen Lebens" (a.a.O : 230).

Es wäre widersinnig, die solchermaßen akkumulierte, zentralisierte und personalisierte Gewalt wieder zu zerlegen; folgerichtig kennt der nationalsozialistische Führerstaat keine Gewaltenteilung im klassischen Sinn, sondern lediglich eine "Gliederung der politischen Gewalt nach Funktionen und Zuständigkeitsbereichen" (a.a.O.: 231). Doch all diesen "Einzelfunktionen" ist die Führergewalt übergeordnet; sie ist keine "vierte Gewalt", sondern die "politische Gesamtgewalt" (ebd.). Es sind nicht nur "Gesetzgebung und Exekutive in der Hand des Führers vereinigt " (a.a.O.: 246), sondern er ist auch "Träger der Gerichtshoheit und der Gerichtsgewalt" (a.a.O.: 278).

Wird der Führer als Gesetzgeber tätig, so ist mit dem Gesetz auch dessen Rechtmäßigkeit gegeben. Es ist insbesondere nicht zulässig, "das Führergesetz am ungeschriebenen Recht zu messen"(a.a.O.: 244). Zwar ist das Gesetz "die Erscheinungsform der hinter ihm gegebenen völkischen Lebensordnung" (ebd.). Aber da der Führer "als Wahrer und Vollstrecker der völkischen Ordnung an erster Stelle berufen (ist), das völkische Recht zu erkennen und in der Form des Gesetzes zu entfalten" (ebd.), kann ein Widerspruch logischerweise nicht entstehen.[1]

---

1 Zu Recht wirft KLEIN (1991: 113) seinem ansonsten hochgeschätzten Fachkollegen vor, "ein auf mystische Weise zu findendes Gemeinwohl" zur Grundlage seiner staatsrechtlichen Anschauungen während des Dritten Reiches gemacht zu haben. Siehe auch *Einfügung VII.*

Natur- und/oder Menschenrechte jenseits der völkischen Lebensordnung werden nicht anerkannt, jegliche Überprüfung des Führerrechts ist unstatthaft. "Die Rechtsprechung, deren Funktion sich vom Führer ableitet, würde sich über den Führer erheben, wenn sie das Führergesetz auf seine Übereinstimmung mit irgendwelchen Normen, Werten oder Prinzipien prüfen wollte" (a.a.O.: 282). Auch die Gerichte "können vom Willen des Führers nicht unabhängig sein", der "Richter des neuen Reiches ist ... dem Führerwillen ... untergeordnet" (a.a.O.: 279). Es ist nicht nur möglich, jederzeit die richterliche Zuständigkeit zu ändern, sondern auch, etwa in Verfahren, die einen "hochpolitischen Einschlag" (a.a.O.: 280) haben, die Gerichte von jeglicher Entscheidungsfindung auszuschließen und sie Verwaltungsbehörden zu übertragen. Selbst das rückwirkende Strafgesetz ist rechtens, der überkommene Rechtsgrundsatz "nulla poena sine lege" gilt nicht mehr. Damit sei, so meint HUBER (a.a.O.: 280) - in besonders unfaßbarer Diktion - die "Freiheit des verbrecherischen Individuums", überall dort ungestraft und unstrafbar seinen sozial schädlichen Neigungen nachzugehen, wo das Gesetz dies nicht ausdrücklich verbiete, beseitigt worden.

Faßt man die Führerkompetenzen zusammen, so ergibt sich eine unvergleichliche, unbegrenzte, omnipotente Machtkonzentration, eine Anhäufung von Gewalten, angesichts derer selbst Cäsaren und Sonnenkönige Grund gehabt hätten, vor Neid zu erblassen. Doch selbst an dieser Stelle muß darauf hingewiesen werden, daß all dies nicht gegen den Willen der Mehrheit des deutschen Volkes erfolgte, auch wenn es nach Auffassung der NS-Juristen der Zustimmung des Volkes als Legitimationsgrundlage für die politische Gewaltausübung durch den Führer gar nicht bedurfte. Wenigstens die Feststellung HUBERS (a.a.O.: 211), das Dritte Reich sei "weder Demokratie noch Diktatur", ist zutreffend. Die Mehrheit der Deutschen sah in Hitler zumindest in den ersten Jahren offensichtlich keinen Gewaltherrscher, sondern die Verkörperung des zwar energischen und konsequenten, gleichzeitig aber selbstlosen, asketischen, väterlich-fürsorglichen Staatslenkers, der in seiner Person auch Garant für einen angemessenen Ausgleich zwischen widerstreitenden sozialen Interessen war. Unbestechlich, integer, um das Wohl des ganzen Volkes besorgt: einem solchen Führer - der überdies außenpolitisch einen Erfolg nach dem anderen verbuchte - übereignete man ohne Ohnmachtsgefühle die eigene politische Souveränität.

4.3 Nationalsozialistische Programmatik und Ideologie und Sozialpolitik

Das Programm der NSDAP stammt aus dem Jahre 1920; erstaunlicherweise blieb der in Münchner Hinterzimmern ersonnene Text - auch wenn er im Laufe der Zeit einige unterschiedliche, zum Teil sich widersprechende Interpretationen seitens der NS-Oberen erfuhr - für die Partei auch dann verbindlich, als ihr die Weihen einer Staatsinstitution zuerkannt worden waren. Einige der 25 Punkte sind auch für die Sozialpolitik von Bedeutung, ohne daß behauptet werden könnte, dieser Politikbereich habe im Vordergrund gestanden oder auch nur eine wichtige Rolle gespielt.

"Erste Pflicht jedes Staatsbürgers muß sein", bestimmt Ziffer 10, "geistig oder körperlich zu schaffen" (siehe dazu und zum folgenden HOFER 1982: 28 ff.) Dabei darf die Tätigkeit des einzelnen "nicht gegen die Interessen der Allgemeinheit verstoßen", "Gemeinnutz" geht "vor Eigennutz" (Ziffer 24). Die Verwirklichung dieses Postulats ist Voraussetzung und Grundlage für die "Genesung unseres Volkes". Verlangt wird außerdem die "Abschaffung des arbeits- und mühelosen Einkommens", die "Gewinnbeteiligung an Großbetrieben", die "Schaffung eines gesunden Mittelstandes" und dessen Förderung, unter anderem mittels einer "Kommunalisierung der Groß-Warenhäuser und ihre Vermietung an kleine Gewerbetreibende". Letztere sollen bei öffentlichen Aufträgen "schärfste Berücksichtigung" erfahren. Die "bereits vergesellschafteten Betriebe (Trusts)" - es bleibt einigermaßen unklar, was gemeint ist - sollen verstaatlicht werden .

Weitere Programmforderungen sind "eine unseren nationalen Bedürfnissen angepaßte Bodenreform", die "Abschaffung des Bodenzinses" und die entschädigungslose "Enteignung von Boden für gemeinnützige Zwecke". Einem "großzügigen Ausbau der Altersversorgung" wird ebenso das Wort geredet wie einem "gründlichen Ausbau unseres gesamten Volksbildungswesens". Jedem "fähigen und fleißigen Deutschen" müsse das "Erreichen höherer Bildung und damit das Einrücken in führende Stellung" ermöglicht werden. Zu diesem Zweck soll "die Ausbildung besonders veranlagter Kinder armer Eltern ohne Rücksicht auf deren Stand oder Beruf auf Staatskosten" erfolgen. Die Volksgesundheit soll verbessert werden, unter anderem durch "Schutz der Mutter und des Kindes" und ein "Verbot der Jugendarbeit". Schließlich soll der Staat sich verpflichten, für die "Erwerbs- und Lebensmöglichkeit" seiner Bürger zu sorgen. Wenn es sich als unmöglich erweise, die "Gesamtbevölkerung zu ernähren", seien die "Nicht-Staatsbürger" auszuweisen."

Wie immer man dieses Programm bewerten mag: der Nachweis, bei seiner Abfassung seien Lohnschreiber des Kapitals am Werk gewesen, dürfte schwer zu führen sein. Schon deshalb greift eine Faschismus-Interpretation, die ihren Gegenstand hauptsächlich als Büttel der Bourgeoisie, als deren Rettungsanker in stürmischen Zeiten begreift, zu kurz. Angesprochen fühlen konnten sich von dem Programm, soziologisch betrachtet, Gewerbetreibende und Einzelhändler, kleine und mittlere Landwirte, unter Umständen auch Arbeitnehmer mit sozialen Aufstiegsambitionen - denen der nationalsozialistische Staat später auch in der Tat "wirkliche Aufstiegsmöglichkeiten" (SCHOENBAUM: 333) bot - nicht zuletzt Angestellte. Die Interessen derjenigen sozialen Schicht, von der sich die Partei immerhin ihren Namen entliehen hatte, spielen in dem Programm keine zentrale Rolle. Allerdings ist die Partei auch nicht mit dem Anspruch aufgetreten, die Interessen einer bestimmten sozialen Schicht zu vertreten. Die NSDAP und ihre Führer waren in ihrem Selbstverständnis Repräsentanten des Volkes und nicht einzelner Volks-Segmente; die Ideologie der Volksgemeinschaft verbot einseitige Parteinahme.

Hinzu kam, daß der Kriegsfreiwillige, Postkartenmaler, gescheiterte Kunstakademie- und Architekturstudent, Männerheimbewohner, Bohémien, Wagner-Verehrer und Schriftsteller Hitler zu wirklichen Arbeitern ein eher distanziertes Verhältnis hatte. In einem "abhängigen Beschäftigungsverhältnis" hat er nie gestanden, auch wenn er 1933 vor Siemens-Arbeitern, in Stiefeln und im Parteihemd, erklärte: "Ich war in meiner Jugend Arbeiter so wie ihr, und ich habe mich durch Fleiß, durch Lernen, und ich kann wohl auch sagen, durch Hungern langsam emporgearbeitet" (siehe SCHOENBAUM 1980: 93). Später geriet der Arbeiter bei Hitler zu einer eher allegorischen Gestalt. Er wollte "den soziologischen Begriff des Arbeiters zu dem Ehrentitel der Arbeit adeln. Dieser Adelsbrief ... vereidigt den Soldaten wie den Bauern, den Kaufmann wie den Akademiker, den Arbeiter wie den Kapitalisten ... auf die Nation" (siehe a.a.O.: 92).[1]

Bei aller Distanz bewies Hitler doch genug Realitätssinn, um sich über die Interessen und Bedürfnisse der wirklichen Arbeiter nicht hinwegzusetzen. Und bei allem Glauben an die Macht seiner Propaganda und der Appelle an die Opferbereitschaft der Volksgenossen hing er nicht dem Irrglauben an, eine Politik nach dem Motto "Kanonen statt Butter" ließe sich längere Zeit durchhalten. Schon Mitte der zwanziger Jahre war er zu dem Schluß gelangt, daß der "Appell an Erkenntnisse oder Ideale" nicht imstande ist, über längere Zeit materielle Bedürfnisse in den Hintergrund treten zu lassen. Die "breite Masse" werde dafür "selten ein Verständnis aufbringen". An der "Spitze aller Lebensnotwendigkeiten" stehe

> "der Kampf um das tägliche Brot. Gewiß kann eine geniale Volksleitung einem Volk große Ziele vor Augen halten, so daß es von materiellen Dingen mehr abgelenkt wird, um überragenden geistigen Idealen zu dienen ... Es kann daher ein Volk sehr wohl eine gewisse Beschränkung an materiellen Gütern ertragen, solange man ihm einen Ersatz an tatkräftigen Idealen gibt. Allein, wenn nicht diese Ideale zum Verderben eines Volkes ausschlagen sollen, dürfen sie nie einseitig auf Kosten der materiellen Ernährung stattfinden" (siehe MASON 1975 : 9).

Hitler nahm also die materiellen Bedürfnisse und Interessen der "breiten Masse" durchaus ernst - wie die NSDAP überhaupt "allein aus wahltaktischen Überlegungen die Arbeiterklasse nicht ignorieren konnte, denn die abhängigen Lohnempfänger und ihre Angehörigen machten zusammen etwa die Hälfte der Bevölkerung aus". Allerdings "(bot) der eindeutig mittelständisch-nationale Charakter des nationalsozialistischen Programms kaum einen Zugang zu diesen Wählerschichten" (a.a.O.: 17) .

Dies zu ändern waren - vor 1933 - insbesondere die Gebrüder Strasser angetreten, die eine Zeitlang auch Goebbels auf ihrer Seite hatten. Er unterstützte die Gründung nationalsozialistischer Betriebszellen und ihren - 1929/30 erfolgten - Zusammenschluß zu einer reichseinheitlichen Betriebszellen-Organisation im Rahmen der NSDAP, der NSBO. Auch wenn deren Einfluß in und außerhalb der Partei begrenzt blieb, so dürfte sie doch dazu beigetragen haben, die NSDAP selbst in den Augen ihrer Gegner innerhalb der Arbeiterschaft nicht als bloßes Anhängsel und Werkzeug der Unternehmer erscheinen zu lassen. So beteiligte sich die NSBO 1932 an mehreren

---

1 Einen Vorläufer hatte Hitler mit dieser Sichtweise in dem Kriegsfreiwilligen, Fremdenlegionär, Käferforscher und Schriftsteller Ernst Jünger, der in seinem 1932 veröffentlichten Werk "Der Arbeiter. Herrschaft und Gestalt" seine Titelfigur auf eine Weise beschrieb, die den Verdacht auf Realitätsnähe erst gar nicht aufkommen ließ. Auch "Jüngers Arbeiter ist weder ein Industriearbeiter noch ein Unternehmer", sondern der "Idealtypus eines neuen Menschentums" (DUPEUX 1985: 271).

"großen Streikaktionen sowohl der Freien Gewerkschaften als auch der kommunistischen Gewerkschaftsorganisation, bekämpfte die Lohnabbau-Politik der Regierungen Brüning und v. Papen und entfaltete eine rege und unabhängige Propagandatätigkeit, in der die Unternehmer und der liberale Kapitalismus bald die marxistischen Gewerkschaften als Hauptangriffsziel ersetzten. Die NSBO kündigte ... die Gründung einer Einheitsgewerkschaft unter ihrer Leitung an, erhob schon vor 1933 den staatlichen Instanzen gegenüber Anspruch auf die Federführung im sozialpolitischen Bereich nach der Machtergreifung und verlangte eine staatssozialistische Vergesellschaftung der Grundindustrien. Der Propaganda nach blieb das Ziel der NSBO die Errichtung einer ständischen Gesellschaftsordnung; ihre Politik ließ aber keine Zweifel darüber aufkommen, daß sie die Arbeiterschaft als den wichtigsten Stand ansah. Ihre Mitgliederzahl stieg bis Ende 1932 weiter sprunghaft auf fast 300 000 an" (a.a.O.: 19).

Der Boden für die spätere mehrheitliche Duldung des NS-Regimes selbst durch ihre Gegner in der Arbeiterschaft dürfte auch durch die nationalistische Schwenkung der KPD ab 1930 bereitet worden sein. In einer "Programmerklärung zur nationalen und sozialen Befreiung des deutschen Volkes" vom August 1930 (siehe dazu und zum folgenden DUPEUX 1985: 437 ff.) hatte die KPD "in massiver und radikaler" Manier auf die nationale Karte gesetzt, u. a. mit folgenden Sentenzen: "Wir erklären feierlich vor allen Völkern der Erde ..., daß wir im Falle unserer Machtergreifung [!] alle sich aus dem Versailler Frieden ergebenden Verpflichtungen für null und nichtig erklären werden, daß wir keinen Pfennig Zinszahlungen ... leisten werden ... Wir werden den räuberischen Versailler-'Friedensvertrag' und den Young-Plan, der Deutschland knechtet, zerreißen" (siehe ebd.). Im sozialdemokratischen "Vorwärts" stand daraufhin zu lesen: "KPD wird nationalistischer als Hitler", im "Völkischen Beobachter" schrieb Rosenberg: "Die KPD stiehlt die Losungen des Nationalsozialismus" (siehe ebd.).[1]

Nicht zu überzeugen vermag die These MASONS (1975: 19), durch die neue Politik der KPD sei der NSBO eine ihrer Existenzgrundlagen, nämlich die Befriedigung des auch bei Arbeitern vorhandenen Bedürfnisses nach Berücksichtigung nationaler Gesichtspunkte, abhanden gekommen. Der enorme Mitgliederzuwachs der NSBO in der Folgezeit spricht eine andere Sprache. Die Haupt-Wirkung der KPD-Erklärung dürfte,wie bereits angedeutet, eine ganz andere gewesen sein: die Betonung nationaler, ja nationalistischer Momente durch die Partei könnte bei ihren Anhängern ganz allgemein das Entstehen eines nationalen Bewußtseins begünstigt haben, das sich später gegenüber national-sozialistischen Parolen als weniger immun erwies.

Eine Entwicklung und eine Organisation, die der NSDAP Zugang zur Arbeiterschaft eröffnete, war Hitler sicherlich nicht unwillkommen. Was er vermeiden mußte, war, daß die Unternehmer in ihm und seiner Bewegung einen Gegner sahen; war er auch nicht der Erfüllungsgehilfe des Kapitals, so konnte er es sich doch nicht leisten, von diesem abgelehnt zu werden. Er mußte deshalb verhindern, daß "Flügeln" in seiner Partei - insbesondere dem "Gewerkschafts"-Flügel - zuviel Macht zuwuchs oder sich gar unter dem Dach der Partei verschiedene Fraktionen bekämpf-

1 Nach Auffassung von DUPEUX (1985: 466 f.) befand sich die KPD, als sie 1930 "die Kraft der nationalen Motivation ... entdeckte", weniger auf marxistischem als auf lassalleanischem Kurs; im Gegensatz zu Marx habe Lassalle "nationaler Eigenart und Unabhängigkeit größte Bedeutung" beigemessen.

ten. "Der Klassenkampf innerhalb der Partei, den Hitler zu Recht als unvermeidbare Folge der Gründung einer klassenspezifischen Organisation voraussah, konnte die Partei nur schwächen, die Stellung der Parteiführung nur erschweren und die Plausibilität des zentralen Punkts der Propaganda, des Rufs nach einer ideellen Volksgemeinschaft, nur schädigen" (MASON 1975: 18). Die Folge war der Bruch mit Gregor Strasser - Otto Strasser hatte der Partei bereits Mitte 1930 den Rücken gekehrt - und die Disziplinierung der NSBO im Jahre 1933 (siehe dazu a.a.O : 36).

Der Idee der Volksgemeinschaft, in der das Klassenkampf-Denken der Vergangenheit angehören sollte, entsprach generell, daß "Hitlers Kurs eher von spezifischen Forderungen weg(führte) als zu ihnen hin" (SCHOENBAUM 1980: 62). Die objektiv vorhandenen Interessengegensätze sollten nicht mehr auf offenem Feld ausgetragen, sondern in seiner Bewegung und (zunehmend) in seiner Person aufgehoben werden, zu einer neuen "völkischen Kraft" verschmelzen. Hitler verkörperte nach dieser Ideologie das Allgemeine, dem sich jedes Besondere unterzuordnen hatte - war aber selbst das absolut Besondere, der von Jünger bereits 1926 prophezeite "große Einzelne", der "alle Interessen in seiner Faust vereinigen" konnte (siehe DUPEUX 1985: 258). Als ein solchermaßen Auserwählter verstand er sich auch selbst:

> "So hat mich das Schicksal vielleicht mehr als irgendeinen anderen dazu bestimmt, der ... ehrliche Makler zu sein ... nach allen Seiten hin. Ich bin persönlich nicht interessiert; weder bin ich vom Staat abhängig, noch von einem öffentlichen Amte, noch bin ich abhängig von der Wirtschaft oder von der Industrie ... Ich bin ein unabhängiger Mann" (siehe MASON 1975: 40).

4.4 Neuordnung der Arbeits- und Betriebsverfassung

4.4.1 Verbot der Gewerkschaften und Gründung der DAF

Weil, wie die Nationalsozialisten annahmen, "der Gewerkschaftsgedanke zu tief in den Herzen der deutschen Arbeiter verwurzelt" war (siehe MASON 1975: 21), wollten sie, um offenen Aufruhr zu vermeiden, die Gewerkschaften als vermeintlich stärkste Kraft der organisierten Arbeiterbewegung nur schrittweise entmachten, gewissermaßen behutsam und auf längere Sicht ausbooten. Diesem Plan dienten die Vorhaben, auch den "gelben" Gewerkschaften und der NSBO die Tariffähigkeit zuzugestehen, den Kündigungsschutz von Betriebsratsmitgliedern zu beschneiden und die kommunistischen Betriebsratsmitglieder auf gesetzlicher Grundlage aus ihren Funktionen zu entfernen.

Nach dem Reichstagsbrand Ende Februar 1933 aber "hatte die Regierung die Kontrolle über den gesamten politischen Ablauf weitgehend verloren" (ebd.). Radikalisierte Anhänger besetzten die Gewerkschaftshäuser und verjagten die Funktionäre, vertrieben auch die Betriebsräte aus ihren Ämtern und schufen so vollendete Tatsachen, aufgrund deren sich die nationalsozialistische Führung entschloß, "die unerwartet günstige und frühe Gelegenheit für eine radikale Lösung zu nutzen" (a.a.O.: 23). Die radikale Lösung war das Gewerkschaftsverbot vom 2.5.1933 und die Gründung der Deutschen Arbeitsfront (DAF) nur 4 Tage später. Diejenigen führenden Nationalsozialisten, die Aufruhr und Generalstreik befürchtet hatten, dürften nicht wenig verwundert darüber gewesen sein, wie reibungslos die Zerschlagung der Gewerkschaften vonstatten ging. Zu ihrem eigenen Erstaunen stellten Hitler, Goebbels und Ley fest, "daß die Besetzung und Verwüstung der einzelnen Gewerkschaftshäuser keine geschlossenen Abwehrmaßnahmen hervorriefen, sondern die Bereitschaft der Gewerkschaftsführung anscheinend sogar steigerte, ... mit ihnen zu verhandeln" (ebd.).

Fragt man nach den Gründen für diese Hilf- und Wehrlosigkeit, ja Apathie der Gewerkschaften gegenüber dem Vernichtungswillen ihrer Gegner, so reichen Weltwirtschaftskrise, Arbeitslosigkeit und verbreitete Existenzangst nicht aus. Ist eine über Jahrzehnte gewachsene Organisation in ihren Mitgliedern tief oder auch nur fest "verwurzelt", so können äußere Bedrohungen diese Verwurzelung nicht über Nacht so lockern, daß ihre Entfernung - und zwar, um im Bild zu bleiben, mit Stumpf und Stiel - zum Kinderspiel gerät.[1]

Eine der Ursachen für die schicksalergebene Hinnahme der Zerschlagung[2] war sicherlich die innere Zerrissenheit der Gewerkschaftsbewegung, die auch in der Gründung einer separaten kommunistischen Gewerkschaftsorganisation, der RGO, ihren Ausdruck gefunden hatte. Ein weiterer Grund könnte indes gewesen sein, daß die Arbeiter die Zerstörung des äußeren, organisatorischen Gefüges ihrer Interessenvertretung nicht gleichsetzten mit einer inhaltlichen Beseitigung erworbener und erkämpfter sozialer Rechte. Manches spricht dafür, daß die Mehrheit der Arbeiter den Nationalsozialismus nicht als bloßen Erfüllungsgehilfen des Kapitals betrachtete und deshalb auch nicht besorgt war, nach der Machtergreifung eine Reinstallation des Herr-Knecht-Verhältnisses in den Betrieben oder die Beseitigung sozialpolitischer Rechte befürchten zu müssen. In dieses Bild paßte, daß die Nationalsozialisten den 1.Mai zum Nationalfeiertag, zum "Feiertag der nationalen Arbeit" erklärten - eine Maßnahme, die vom größten deutschen Gewerkschaftsverband, dem ADGB, ausdrücklich begrüßt wurde (siehe dazu KLÖNNE 1980: 251).

Was die Gründung der DAF angeht, so bezweckte diese nicht nur, einen Gewerkschafts-Ersatz zu schaffen, sondern auch, die Macht der NSBO zu begrenzen. Ansonsten jedoch fehlten Zielvorgaben und man kann dem DAF-Führer Ley durchaus glauben, wenn er rückblickend feststellt: "Es ist nicht so gewesen, daß wir ein fertiges Programm hatten, das wir hervorholen konnten und an Hand dieses Programms die Arbeitsfront aufbauten, sondern ich bekam den Auftrag des Führers, die Gewerkschaften zu übernehmen, und dann mußte ich weiterschauen, was ich daraus machte"

---

1 Man sollte sich auch heutzutage über den Grad der Verbundenheit zwischen Gewerkschaften und ihren Mitgliedern keinen Illusionen hingeben; die Belastbarkeit dieses Verhältnisses dürfte sich in Grenzen halten. Dazu haben nicht zuletzt Skandale um gewerkschaftsnahe Unternehmen wie Neue Heimat, coop und Bank für Gemeinwirtschaft sowie die "materielle Interessiertheit" von Leitfiguren wie Vietor, Otto und Steinkühler beigetragen. Sie bilden die Ingredienzen, aus denen - angereichert mit nicht abgeführten Aufsichtsratstantiemen führender Gewerkschafter, Arbeitsdirektoreneinkünften und ähnlichem, vgl. *6.7.7* - in Krisenzeiten unschwer ein für die Akzeptanz und Existenz von Gewerkschaften hochbrisantes propagandistisches Gemisch hergestellt werden könnte.

2 Vgl. dazu den vor Hohn triefenden Bericht über die Absetzung der Führung des Allgemeinen Deutschen Gewerkschaftsbundes (ADGB) durch Ley und Genossen am 2.5.1933 in Berlin (in: SCHUHMANN/ BRUCKER 1934: 476 ff.).

(siehe MASON 1975: 30). Insbesondere die Rolle der DAF innerhalb eines etwaigen ständischen Gesellschaftsaufbaus, wie er auch in dem NSDAP-Programm angesprochen wird, bereitete Ley Kopfzerbrechen. Er habe, wie er später schrieb, "nie zwei Nationalsozialisten getroffen, die einer Meinung über den ständischen Aufbau gewesen wären"; das Ganze habe sich "als ein absolutes Chaos von Gedanken, als ein völliger Wirrwarr" herausgestellt (siehe a.a.O.: 31). Tatsächlich verstand unter "ständischem Aufbau" jeder etwas anderes:

> "erhöhten wirtschaftlichen Schutz für Handwerker und Kleingewerbetreibende, wirtschaftliche und soziale Selbstverwaltung durch von der Großindustrie beherrschte Gremien, vertikale oder horizontale wirtschaftliche Gliederungen, Organe mit wirtschaftspolitischen Befugnissen wie Organe mit vornehmlich politisch-erzieherischen Aufgaben, oder auch ein politisches Verfassungsprinzip" (ebd.).

Die Verfechter des ständischen Aufbaus scheiterten aber "weniger an der Verworrenheit ihrer eigenen Vorstellungen ... als vielmehr am Widerstand zweier Organisationen, die von einer ständischen Gesellschaftsordnung eine Einschränkung der eigenen Macht befürchten mußten: der Ministerialbürokratie und der NSDAP" (a.a.O.: 31). Ungeachtet dessen wurde die DAF zur ersten - und wichtigsten - Organisation, in der die Volksgemeinschaftsideologie ihren Ausdruck fand: sie vereinigte Arbeiter und Unternehmer in *einer* Organisation.

> "Die Deutsche Arbeitsfront", so hieß es 1933 in einem offiziellen Dokument, "ist die Zusammenfassung aller im Arbeitsleben stehenden Menschen ohne Unterschied ihrer wirtschaftlichen und sozialen Stellung. In ihr soll der Arbeiter neben dem Unternehmer stehen ... Nach dem Willen unseres Führers ... ist die Deutsche Arbeitsfront nicht die Stätte, wo die materiellen Fragen des täglichen Arbeiterlebens entschieden ... werden. Für die Regelung der Arbeitsbedingungen werden ... Formen geschaffen werden, die dem Führer und der Gefolgschaft eines Betriebes die Stellung zuweisen, die die nationalsozialistische Weltanschauung vorschreibt. Das hohe Ziel der Arbeitsfront ist die Erziehung aller im Arbeitsleben stehenden Deutschen zur nationalsozialistischen Gesinnung. Sie übernimmt insbesondere die Schulung der Menschen, die dazu berufen werden, im Betrieb und in den Organen unserer Sozialverfassung, der Arbeitsgerichte und der Sozialversicherung maßgebend mitzuwirken. Sie wird dafür sorgen, daß die soziale Ehre des Betriebsführers wie seiner Gefolgschaft zu einer entscheidenden Triebkraft der neuen Gesellschafts- und Wirtschaftsordnung werden kann" (zit bei MASON 1975: 40 f.).

Haffner nannte 1940 die DAF ein gigantisches "Staatsgefängnis", in das "die Nationalsozialisten, nicht ohne sadistischen Humor, die früheren Feinde zusammen einsperrten" (siehe SCHOENBAUM 1980: 122) - eine insofern problematische Feststellung, als zum Beispiel der Reichsstand der deutschen Industrie seine Mitglieder unmittelbar nach Gründung der Deutschen Arbeitsfront aufforderte, dieser als Einzelmitglieder beizutreten. (Ein freiwilliger Eintritt in ein Gefängnis ist eher selten. Überhaupt dürften die Arbeitgeber sich in dieser "Zwangsehe" schon deshalb nicht unwohl gefühlt haben, als diese vor allem die früher so gefürchteten Freiheiten des Partners, zum Beispiel zu streiken, ausschloß). Nach der "Beseitigung der Gewerkschaften und Arbeitgeberverbände wurden Arbeitskämpfe grundsätzlich verboten" (SYRUP 1957: 498).[1]

Ende 1933 hatte die DAF neun, 1934 bereits sechzehn Millionen Mitglieder (siehe SCHUMANN 1958: 168). Sie war nicht nur "eine der mächtigsten Organisationen des Dritten Reiches" (SCHOENBAUM 1980: 12O), sondern vor allem "die einzige nationalsozialistische Organisation im sozialpolitischen Raum" (MASON 1975: 79). Ende 1935 war die DAF "effektiv zu einer Zwangsorganisation geworden" (a.a.O.: 83). Ihren Ableger, die Organisation "Kraft durch Freude (KDF)", nennt SCHOENBAUM (a.a.O.:143) den "Beitrag des Dritten Reiches zur Arbeitspolitik, ... der am besten aufgenommen wurde". Für einen DAF-Funktionär war das KDF-Programm "die praktische Erfüllung eines sozialdemokratischen Traumes durch den Nationalsozialismus" (a.a.O.: 112).

4.4.2 "Treuhänder der Arbeit" und "Gesetz zur Ordnung der nationalen Arbeit"

Am 19.5.1933 erließ die Reichsregierung das "Gesetz über Treuhänder der Arbeit", in dem "bis zur Neuordnung der Sozialverfassung" provisorische Regelungen auf dem Gebiet des Tarif- und Arbeitsrechts getroffen wurden. Ernannt wurden 12 (später 14, siehe SELDTE 1935: 334) Treuhänder, die, "mit unmittelbarer staatlicher Autorität und Kompetenzen versehen" (MASON 1975: 35), als "Reichsbeamte unter Ausschaltung der Verbände und bisherigen staatlichen Schlichter diktatorische Regelungen in Lohn- und Arbeitsfragen treffen konnten" (GLADEN 1974: 107).

Am 20.1.1934 wurde das Gesetz zur Ordnung der nationalen Arbeit verkündet - einer der, wie MASON (1975: 41) urteilt, "konsequentesten Texte nationalsozialistischer Gesetzgebung". Kern der neuen Arbeitsordnung war danach die Betriebsgemeinschaft - eine Art Volksgemeinschaft im kleinen, begrenzt auf die betriebliche Sphäre. Im Betrieb, so bestimmte § 1, "arbeiten der Unternehmer als Führer ..., die Angestellten und Arbeiter als Gefolgschaft gemeinsam zur Förderung der Betriebszwecke und zum gemeinen Nutzen von Volk und Staat". Wurde der Volksgemeinschaft vom Führer Adolf Hitler die Richtung gewiesen, so der Betriebsgemeinschaft vom Betriebsführer: "Der Führer des Betriebes entscheidet der Gefolgschaft gegenüber in allen betrieblichen Angelegenheiten ... Er hat für das Wohl der Gefolgschaft zu sorgen. Diese hat ihm die in der Betriebsgemeinschaft begründete Treue zu halten."

In Betrieben mit mehr als 20 Beschäftigten waren aus der Gefolgschaft "Vertrauensmänner" zu wählen, die zusammen mit dem Betriebsführer und unter seiner Lei-

1 Vgl. dazu SYRUP (1957: 499 f): "Die Unterbindung von Arbeitsstreitigkeiten in Form von Streiks und Aussperrungen war auch in dem ... Entwurf ... eines Strafgesetzbuches vorgesehen ... Die Aussperrung als Kampfmittel des Betriebsführers oder Unternehmers sollte ... verboten und unter Strafe ... gestellt werden. Ein solches Verbot war auch für den Streik vorgesehen. Jedoch war hier die Strafbarkeit auf ... 'Aufwiegler und Rädelsführer' (beschränkt)". Zu den Straftatbeständen zählte der Entwurf aber auch das sogenannte "Streikpostenstehen": wer "während eines Streiks ... einen Arbeitswilligen mit Gewalt oder durch Drohung davon abhielt, die Arbeit ... zu verrichten, sollte mit Gefängnis ... bestraft werden". Der Entwurf wurde allerdings nicht Gesetz.

tung den "Vertrauensrat" bildeten. Doch schon im Vorfeld der Abstimmung hatten es der Betriebsführer und die Partei in der Hand, ihnen nicht genehmen Personen erst gar nicht die Möglichkeit zu eröffnen, gewählt zu werden: die Wahl-Liste war vom Betriebsführer im Einvernehmen mit dem NSBO-Obmann - später DAF-Obmann - zu erstellen.

Dem Vertrauensrat oblag es, den Betriebsführer zu beraten; Entscheidungsbefugnisse hatte er nicht. Immerhin konnte er den Treuhänder der Arbeit anrufen, wenn seine Mitglieder mehrheitlich der Auffassung waren, Entscheidungen des Betriebsführers über die Gestaltung der allgemeinen Arbeitsbedingungen, insbesondere die Betriebsordnung, seien mit den wirtschaftlichen und sozialen Verhältnissen des Betriebes nicht vereinbar. Die Betriebsordnung regelte solche Belange des Arbeitsverhältnisses, die gesetzlich nicht festgelegt waren, wie zum Beispiel eine Staffelung der Löhne über die festgelegten Mindestsätze hinaus. Die Betriebsordnung war vom Treuhänder der Arbeit zu genehmigen. Gegen "Entscheidungen des Führers des Betriebs in einer Einzelstreitigkeit, z.B. wegen der Kündigung eines Betriebsangehörigen, war die Anrufung des Treuhänders der Arbeit nicht möglich" (SYRUP 1957: 465).

Ein besonderer Abschnitt des Gesetzes zur Ordnung der nationalen Arbeit war der "sozialen Ehrengerichtsbarkeit" gewidmet. Das Gesetz stellte nach SELDTE (1935: 32 f.)

> "das Arbeitsverhältnis im neuen Reich unter den Begriff der Ehre und gibt demgemäß eine Ehrenordnung, die den sozialen Pflichtenkreis der Angehörigen einer Betriebsgemeinschaft umschreibt ... Besonders bedeutungsvoll ist dabei der Tatbestand, der ... Unternehmer, Führer des Betriebs oder sonstige Aufsichtspersonen unter Strafe stellt, die unter Mißbrauch ihrer Machtstellung im Betrieb böswillig die Arbeitskraft der Angehörigen der Gefolgschaft ausnutzen oder ihre Ehre kränken. - Zur Durchführung ... ist für jeden Treuhänderbezirk ein Ehrengericht eingesetzt".

Die Aufgaben der Treuhänder der Arbeit wurden durch das Gesetz bestätigt. Sie hatten die Aufgabe, "für die Erhaltung des Arbeitsfriedens zu sorgen", wobei jedoch davon ausgegangen wurde, daß zunehmend die Betriebe selbst etwaige Konflikte lösen würden. Nicht der Treuhänder, sondern der Betrieb sollte die "primäre und autonome Einheit für die Regelung der Klassenverhältnisse" bilden (siehe MASON 1975: 43).[1] Die Funktion der Treuhänder bestand "in der Wahrnehmung des staatlichen Interesses an einer einsichtigen Handhabung" der Unternehmermacht, "damit nicht der Klassenkampf durch brutale wirtschaftliche Unterdrückung von oben wieder aufflammen würde" (a.a.O.: 307). Diesem Zweck diente auch, daß den Treuhändern der Arbeit neben ihren Schlichtungsaufgaben für den Bereich des Tarifrechts erhebliche Gestaltungsbefugnisse eingeräumt wurden. Sie konnten, so bestimmte es das Arbeitsordnungs-Gesetz, "zum Schutze der Beschäftigten einer Gruppe von Betrieben" Tarif-

---

1 Vgl. dazu SELDTE (1935: 32): "Da der Führer des Betriebes die Verantwortung für die Gefolgschaft ... hat, so muß ihm auch in vollem Umfang die Möglichkeit gegeben werden, seine Entscheidungen nach den besonderen Erfordernissen seines Betriebes zu treffen. Es war deshalb erforderlich, die starren, für ganze Gewerbe geltenden kollektiven Lohnregelungen der früheren Zeit zu lockern und das Schwergewicht in die einzelbetriebliche Regelung zu legen. So nimmt in dem Gesetz zur Ordnung der nationalen Arbeit die Betriebsordnung die erste Stelle vor der Tarifordnung ein."

ordnungen erlassen, in denen Mindestbedingungen zur Regelung der Arbeitsverhältnisse festgesetzt wurden. Diese Tarifordnungen galten, im Gegensatz zu den bisherigen Tarifverträgen, für *alle* Arbeitnehmer und Unternehmer.

Entgegen der Erwartung, daß die Tarifordnungen an Bedeutung verlieren würden, zeigte sich in der Praxis, so SYRUP (1957: 476) , "daß Tarifordnungen als ordnendes Element des Arbeitslebens weit über die Absicht des Gesetzgebers hinaus notwendig waren. Sie bildeten das Rückgrat der lohnpolitischen Ordnung und verwiesen die Betriebsordnung in die Rolle der ergänzenden und ausführenden Hilfeleistung." Demgemäß lag insbesondere "die Lohnpolitik ganz in der Hand des Treuhänders der Arbeit".

Die DAF spielte in dem Arbeitsordnungs-Gesetz zunächst kaum eine Rolle. Das Signal für ihre stärkere Berücksichtigung gab Hitler höchstpersönlich, mit der von ihm unterschriebenen "Verordnung über Wesen und Ziel der Deutschen Arbeitsfront vom 24.10.1934". Darin wird der DAF bei der einzelbetrieblichen Konfliktregulierung eine eigenständige Aufgabe zugewiesen: "Die Deutsche Arbeitsfront", so bestimmt § 7, "hat die Aufgabe, zwischen den berechtigen Interessen aller Beteiligten jenen Ausgleich zu finden, der den nationalsozialistischen Grundsätzen entspricht und die Anzahl der Fälle einschränkt, die nach dem Gesetz vom 20. Januar zur Entscheidung ... staatlichen Organen zu überweisen sind."

Es ist sicherlich richtig, wenn GLADEN (1974: 108) die Auffassung vertritt, damit habe Hitler keineswegs die Absicht verfolgt, "die DAF zu einer Interessenvertretung der Arbeiterschaft ausbauen zu lassen". Dagegen spricht schon die arbeitsgemeinschaftliche Konstruktion dieser Organisation. Andererseits ist nicht zu verkennen, daß die Verordnung vom Oktober 1934 dazu beitrug, das Gewicht der DAF insgesamt zu erhöhen, wobei sich die Waagschale innerhalb der DAF mit der Zeit immer stärker zur Seite der Arbeitnehmerinteressen hin verschob. MASON (1975: 91) vertritt sogar die Auffassung: "Die DAF war zwar als Gemeinschaftsorganisation von Arbeitern und Arbeitgebern konzipiert worden, hatte sich jedoch binnen anderthalb Jahren ... zu einer Arbeiterinteressenvertretung ... entwickelt."

Festzuhalten bleibt, daß trotz der starken Stellung der Betriebsführer nicht von einem Ausgeliefertsein der Arbeitnehmer, einer Willkürherrschaft der Unternehmer im NS-Staat gesprochen werden kann. Die Wahrung der sozialen Ehre und der Schutz vor Ausbeutung waren - trotz des Pathos - nicht nur Lippenbekenntnisse[1] und mit der Zeit waren auch "Gemeinschaftsgebilde" wie die DAF genötigt, die Interessen der abhängig Beschäftigten stärker zu berücksichtigen als die der Unternehmer. Bei alledem wahrte der NS-Staat seine autonome Stellung in den sozialen Auseinandersetzungen; er war, wie auch die starke Position der Treuhänder der Arbeit zeigt, der "eigentliche Gewinner" (SCHOENBAUM 1980: 127).

1 Von 223 Anzeigen bei den Ehrengerichten im Jahre 1935 richteten sich 205 gegen Betriebsführer und Aufsichtspersonen, 18 gegen "Gefolgschaftsmitglieder". In 9 Fällen wurde Betriebsführern die Betriebsführereigenschaft aberkannt. Der Eigentümerstatus wurde durch die Urteile nicht berührt.

4.4.3 Reichsarbeitsdienst und "Pflichtjahr"

1935 wurde der bislang freiwillige Arbeitsdienst - bereits zu Weimarer Zeiten ersonnen und mit einigem Erfolg realisiert[1] - in den für "männliche und weibliche Jugendliche obligatorischen" (LAMPERT 1983: 186) Reichsarbeitsdienst (RAD) umgewandelt. Er unterwarf alle Männer und Frauen zwischen 18 und 25 Jahren einer halbjährlichen Arbeitsdienstpflicht, die für junge Männer auch ohne Verzögerung umgesetzt wurde. Frauen blieben zunächst "verschont", mußten nach Kriegsbeginn aber ebenfalls ihren Dienst ableisten.

Der RAD wird vielfach hauptsächlich unter dem Gesichtspunkt der vor- oder paramilitärischen Erziehung betrachtet, gelegentlich auch als eine Einrichtung, deren Zweck vornehmlich darin bestand, junge Arbeitslose von der Straße zu holen, um damit die Beschäftigten-Statistik zu schönen. In unserem Zusammenhang interessieren jedoch weniger diese Aspekte als vielmehr die Rolle und Funktion des RAD innerhalb der Arbeits- und Sozialverfassung. Die neuen Machthaber betrachteten "den Arbeitsdienst und die Wehrmacht als die beiden wesentlichen deutschen Erziehungseinrichtungen" (SCHOENBAUM 1980: 99 f.). Hierl, Führer des RAD, sah in seiner Organisation ein ideales Instrument zur "Erziehung des deutschen Volkes zum Sozialismus" und begründete dies so: "Es gibt kein besseres Mittel, die soziale Zerklüftung, den Klassenhaß und den Klassenhochmut zu überwinden, als wenn der Sohn des Fabrikdirektors und der junge Fabrikarbeiter, der junge Akademiker und der Bauernknecht im gleichen Rock bei gleicher Kost den gleichen Dienst tun als Ehrendienst für das ihnen allen gemeinsame Volk und Vaterland" (siehe a.a.O.: 98). Noch bevor der Arbeitsdienst in einen Pflichtdienst umgewandelt wurde, war seine Ableistung Bedingung für ein Universitätsstudium (siehe ebd.).

Dieser Versucht, etwaigem "Standesdünkel" vorzubeugen und insbesondere spätere Kopfarbeiter eine gewisse Zeitspanne ihres Lebens mit der Mühsal von Handarbeit zu konfrontieren, war zumindest ein geschickter Schachzug der Nationalsozialisten. Er dürfte zum Abbau sozialer Geringschätzung - insbesondere was den Stellenwert körperlicher Arbeit betrifft - in gewissem Umfang beigetragen haben und es ist zu vermuten, daß der Arbeitsdienst den Nationalsozialisten auch bei Arbeitern gewisse Sympathien eingebracht hat.

Das "Pflichtjahr" für Mädchen wurde 1938 eingeführt. Ledige weibliche Arbeitskräfte unter 25 Jahren durften danach ein abhängiges Beschäftigungsverhältnis außerhalb der Haus- und Landwirtschaft nur noch dann eingehen, wenn sie zuvor ein Jahr in der Land- oder Hauswirtschaft gearbeitet oder den Arbeitsdienst abgeleistet hatten.

Reichsarbeitsdienst" und "Pflichtjahr" belegen, daß die Nationalsozialisten auch dann, als die Arbeitslosigkeit überwunden war (siehe *4.5*) an Arbeits-Erziehungs-Einrichtungen festhielten - und diese sogar ausbauten - die ihnen eine Gewähr für die Schaffung des neuen nationalsozialistischen Menschen zu sein schienen.

---

1 Vgl. dazu SYRUP (1957: 357): "Der freiwillige Arbeitsdienst fand bei der Öffentlichkeit und insbesondere bei der Jugend großes Verständnis. Von 27 000 im März 1932 stieg die Zahl schnell auf rund 250 000 im Oktober 1932. Dieser Stand wurde bis zur Einführung des 'Reichsarbeitsdienstes' im großen und ganzen beibehalten."

4.5 Bekämpfung der Arbeitslosigkeit, Arbeitskräftelenkung und Arbeitsschutz

Bereits zwei Tage nach seiner Ernennung zum Reichskanzler räumte Hitler in einem Aufruf an das deutsche Volk mit "bemerkenswerter Eindeutigkeit ... der Lösung des Problems der Arbeitslosigkeit Priorität ein" (GLADEN 1974: 104). Seine Forderung: "Binnen 4 Jahren muß die Arbeitslosigkeit endgültig überwunden sein" (ebd.). Dieses Verlangen wurde im großen und ganzen erfüllt. 1937 war die Arbeitslosenzahl unter die Millionengrenze gesunken, 1939 praktisch verschwunden (siehe nachfolgende Übersicht, Quelle: GLADEN 1974: 104)

Arbeitslose im jeweiligen Jahresdurchschnitt 1932 - 1939 (in Millionen)

Jahr	1932	1933	1934	1935	1936	1937	1938	1939
Arbeits -lose	5,6	4,8	2,7	2,2	1,6	0,9	0,4	0,1

Den Grundstein für diese Entwicklung, die allerdings durch die allgemeine Erholung der Weltwirtschaft begünstigt wurde und in deren Verlauf man auch Arbeitsbeschaffungsprogramme wiederaufnahm und intensivierte, die bereits in der Schlußphase der Weimarer Republik auf den Weg gebracht worden waren, legten die Gesetze zur Verminderung der Arbeitslosigkeit vom Juni und September 1933. Mit Zuschüssen und Schatzanweisungen in einer Gesamthöhe von 1,5 Milliarden Reichsmark wurden unter anderem der Eigenheimbau[1], Wohnungsinstandsetzungen, Meliorationen und der Ausbau von Reichswasserstraßen und Versorgungsanlagen gefördert. Hinzu traten der Bau von Autobahnen, eine starke Ausdehnung der öffentlichen Notstandsarbeiten sowie umfangreiche Arbeitsbeschaffungsprogramme von Reichsbahn und -post. Alles in allem entsprachen diese staatlichen Initiativen vollinhaltlich der von dem englischen Nationalökonomen Keynes aufgestellten Theorie des "deficit spending", wonach es die Pflicht des Staates sei, in Zeiten, in denen die Wirtschaft darniederliegt, durch Bereitstellung von Mitteln für Arbeitsbeschaffungsmaßnahmen die Kaufkraft zu erhöhen, um dadurch die Konjunktur zu beleben.[2]

Nach dem "rapiden Abbau der Arbeitslosigkeit" (GLADEN 1974: 105) bereits in den beiden ersten Jahren nach der Machtübernahme durch die Nationalsozialisten stand "nicht mehr die ... Arbeitsbeschaffung im Vordergrund, sondern die Regelung des Arbeitseinsatzes, die Lenkung des Arbeitsstroms und die Verteilung der Arbeitskräfte" (SELDTE 1935: 8). Diese Maßnahmen erforderten, wie der Reichsarbeitsminister notierte, "völlig neue" Vorgehensweisen, die "in der liberalistischen Zeit undenkbar gewesen wären" und nach seinen Worten erst realisiert werden konnten,

1 Etwa 30 000 Eigenheime wurden auf diese Weise gefördert (siehe SELDTE 1935: 23).

2 Keynes' "Allgemeine Theorie", mit der "Rechtfertigung staatlichen Eingreifens, zentraler Geldmengenvermehrung und gegensteuernder staatlicher Konjunkturpolitik ... erschien 1936 sofort in deutscher Übersetzung" (ZORN 1976: 164).

"nachdem der Nationalsozialismus die unbedingte Souveränität des Gemeinwohls über die Sonderinteressen des einzelnen Volksgenossen aufgerichtet hatte" (a.a.O.: 9).

Das Gesetz zur Regelung des Arbeitseinsatzes vom Mai 1934 ermächtigte die Arbeitsverwaltung, für Bezirke mit hoher Arbeitslosigkeit eine "Zuzugssperre" zu verhängen. Arbeitnehmer von außerhalb konnten in solchen "Sperrbezirken" nur mit Zustimmung des Arbeitsamtes eingestellt werden.[1] Außerdem förderte das Gesetz die, wie SELDTE (a.a.O.: 9) es nannte, "Stadt-Land-Bewegung": Arbeitnehmer, die aus landwirtschaftlichen Berufen in nichtlandwirtschaftliche strebten, bedurften dazu der Einwilligung des Arbeitsamtes und ehemals in der Landwirtschaft Tätige, die bereits eine außerlandwirtschaftliche Arbeit gefunden hatten, mußten, wenn das Arbeitsamt es verlangte, von ihrem neuen Betrieb entlassen werden.

In der Folgezeit komplettierten und verstärkten zahlreiche Verordnungen die Lenkungs- und Verteilungsfunktion der Arbeitsverwaltung, die immer mehr Befugnisse erhielt. So war für die Einstellung von unter 25 Jahre alten Arbeitskräften generell die Zustimmung des Arbeitsamtes erforderlich, desgleichen für die Einstellung von qualifizierten Metall- und Bauarbeitern.

Es war nur folgerichtig, daß die Arbeitsverwaltung aufgrund ihrer gestiegenen, eher wirtschafts- denn sozialpolitischen Bedeutung schließlich auch das Monopol für die Arbeitsvermittlung zugesprochen bekam. Dies geschah durch ein Gesetz im Jahre 1935; es bestimmte, daß die Arbeits- und Lehrstellenvermittlung sowie die Berufsberatung ausschließlich von den Arbeitsämtern betrieben werden durfte. Soweit private Vermittler noch zugelassen waren, unterstanden sie der Aufsicht der Arbeitsverwaltung und waren deren Weisungen unterworfen.

Auch das Gesetz über die Einführung des Arbeitsbuches von 1935 diente dazu, "die zweckentsprechende Verteilung der Arbeitskräfte in der deutschen Wirtschaft zu gewährleisten" (§ 1). Aus diesem Grund enthielten die Arbeitsbücher vor allem Angaben über die Berufsausbildung und den bisherigen beruflichen Werdegang. Das Arbeitsbuch werde dazu beitragen, schrieb SELDTE (1935: 11), "daß der richtige Mann an den richtigen Arbeitsplatz gestellt werden kann"; außerdem werde es "bei der Bekämpfung von Schwarzarbeit und unsozialem Doppelverdienertum wichtige Dienste leisten". Bezüglich des Doppelverdienertums gelte der Grundsatz, daß es bis zur völligen Beseitigung der Arbeitslosigkeit grundsätzlich zu beschränken sei. Allerdings müsse der Doppelverdienst "nicht selten als sozial berechtigt anerkannt werden"; die Prüfung, ob ungerechtfertigter Doppelverdienst vorliege, obliege dem Betriebsführer (siehe ebd.).

Auszustellen waren Arbeitsbücher zunächst für alle Arbeiter sowie solche Angestellte, die nicht mehr als 1 000 RM im Monat verdienten, außerdem für Lehrlinge und Arbeitslose. Später wurde die Arbeitsbuchpflicht auch auf Selbständige, mithelfende Familienangehörige, Heimarbeiter und höher verdienende Angestellte ausgedehnt. Das Arbeitsbuch mußte dem Unternehmer sofort nach Aufnahme einer Tätigkeit ausgehändigt werden. Dieser wiederum hatte es nicht nur dem Arbeitsamt auf

---

1 Zuzugssperren wurden angeordnet für Berlin, Hamburg, Bremen und das Saarland.

Verlangen vorzulegen, sondern auch kommunalen und Polizei-Dienststellen. Die Arbeitsämter hatten über die Arbeitsbücher Karteien führen:

> "Mit der Arbeitsbuchkartei stand ein Material zur Verfügung, dessen statistische Auswertung von größter Bedeutung war. Denn aus ihr konnten der Berufswechsel der Arbeiter und Angestellten, der Wechsel zwischen den einzelnen Betriebsgruppen, der Zug vom Lande in die Stadt und umgekehrt, der Altersaufbau, die Geschlechtsverteilung, der Familienstand der Arbeiterschaft in den einzelnen Wirtschaftszweigen und viele andere Tatsachen festgestellt werden, die für die Bevölkerungs-, Sozial- und Wirtschaftspolitik von größter Tragweite waren" (SYRUP 1957: 442).

Im Gefolge des 1936 verkündeten Vierjahresplan, mit dessen Hilfe die deutsche Wirtschaft autark und "kriegsfähig" (GLADEN 1974: 106) werden sollte, wurde die Arbeitskräftelenkung weiter intensiviert. Im Juni 1938 schuf eine Verordnung die Rechtsgrundlage dafür, "Arbeitskräfte auf sechs Monate an jedem beliebigen Ort des Reiches zur Arbeitsleistung zu verpflichten. Diese Dienstverpflichtung wurde im Februar 1939 auf unbestimmte Zeit verlängert" (HENNING 1988: 106). Ein Dienstverpflichteter war aus dem bisherigen Beschäftigungsverhältnis nur beurlaubt, es bestand also fort. Erfolgte allerdings eine Dienstverpflichtung auf unbestimmte Dauer, erlosch das bisherige Beschäftigungsverhältnis.

Die "Verordnung über die Beschränkung des Arbeitsplatzwechsels" vom 1.9.1939 schließlich "machte die Lösung und die Begründung eines jeden Arbeitsverhältnisses von der Zustimmung des Arbeitsamtes abhängig" (LAMPERT 1983: 188). Im Verein mit den schon bestehenden Beschränkungen und der Weisungsgebundenheit gegenüber Anordnungen der Arbeitsverwaltung bedeutete dies eine starke Aushöhlung des Rechts, die Arbeitsstelle frei zu wählen. Wie der Frontsoldat konnte nun auch der "Soldat der Arbeit" nach Belieben dort eingesetzt werden, wo es die "Produktionsschlacht" gebot. Dennoch erscheint die Behauptung LAMPERTS (siehe ebd.), die Verordnung vom September 1939 habe "die völlige Aufhebung der Freizügigkeit und der Freiheit der Arbeitsplatzwahl" zur Folge gehabt, überzogen. Auch nach dem Herbst 1939 konnte ein Arbeitnehmer seine Arbeitsstelle frei wählen und wechseln - wenn das Arbeitsamt zustimmte. Die Aussage GLADENS (1974: 106), am 1. September 1939 sei die "Dienstverpflichtung aller Arbeitnehmer" erfolgt, ist irreführend, weil Möglichkeit und Tatbestand verwechselt werden. Wie MASON ermittelt hat (siehe 1975: 153), wurden von der Arbeitsverwaltung nur bei zwei Anlässen "die Vollmachten ausgeschöpft. Von den rund 1,3 Millionen Dienstverpflichtungen, die bis Ende des Jahres 1939 verfügt wurden, betrafen fast 400 000 den Bau des Westwalls und über 500 000 die Umstellungen in der Industrie unmittelbar zu Kriegsbeginn." Der größte Teil dieser Verpflichtungen war kurzfristig; im März 1940 zum Beispiel gab es nur 208 000 auf längere Zeit verpflichtete Arbeiter.

"In der nationalsozialistischen Sozialpolitik", schreibt GLADEN (1974: 110), "nahm der Bereich des *Arbeitsschutzes* eine untergeordnete Bedeutung ein". Es kam nicht zu der "seit Jahrzehnten geplanten Vereinheitlichung und Erneuerung des Arbeitsschutzrechtes", sondern nur zu "Verbesserungen auf Einzelgebieten" (SYRUP 1957: 501). Dazu zählte nur eingeschränkt die - 1934 erfolgte - Übertragung der Kompetenz für die Arbeitsaufsicht auf den Staat, denn mangels klarer Zuständigkeitsregelungen blieb die Zweigleisigkeit von Gewerbeaufsicht und Berufsgenossenschaften erhalten. Verbessert wurde, durch das Jugendschutzgesetz von 1938, der Arbeitsschutz von Jugendlichen. Als Jugendlicher galt nunmehr, wer über 14, aber noch nicht 18 Jahre alt war. Damit wurde das "Schutzalter" prinzipiell um 2 Jahre heraufgesetzt. Für Jugendliche unter 16 Jahren galt "ausnahmslos maximal der Achtstundentag" (GLADEN 1974: 111). Darüber hinaus durfte kein Jugendlicher länger als 4 1/2 Stunden ohne Ruhepause beschäftigt werden. Die Unterrichtszeit in der Berufsschule wurde fortan auf die Arbeitszeit voll angerechnet. Jugendliche unter 16 Jahren hatten einen Urlaubsanspruch von 15, ältere Jugendliche einen solchen von 12 Werktagen.

Das Jugendschutzgesetz verbesserte auch die Arbeitszeitregelung für Frauen, indem es diese grundsätzlich derjenigen für Jugendliche anglich; schließlich gab es dem Reichsarbeitsminister die Ermächtigung zum Erlaß der Arbeitszeitordnung des Jahres 1938. Diese galt für Arbeitnehmer über 18 Jahre in Betrieben und Verwaltungen aller Art (wichtigste Ausnahme: Landwirtschaft) und begrenzte die "regelmäßige werktägliche Arbeitszeit, wie bisher, auf die Dauer von acht Stunden" (SYRUP 1957: 483). Neu war, daß, bei anderer Verteilung der Arbeitszeit, die tägliche Höchstarbeitszeit 10 Stunden nicht überschreiten durfte. Verbesserungen für die Arbeitnehmer brachten auch die Ruhepausenregelungen: nach Beendigung der täglichen Arbeitszeit war eine ununterbrochene Ruhezeit von mindestens 11 Stunden zu gewähren. Während Frauen, wie Jugendliche, nach 4 1/2 Stunden eine Ruhepause einlegen konnten, wurde Männern nach einer ununterbrochenen Arbeitszeit von mehr als 6 Stunden eine halbstündige Pause zugestanden.

4.6 Maßnahmen im Bereich der Sozialversicherung

4.6.1 "Sanierung", Ab- und Umbau

Nachdem die Initiativen zur Bekämpfung der Arbeitslosigkeit erste Erfolge zeitigten, geriet die Sozialversicherung wieder stärker ins Blickfeld der neuen Machthaber. Mit dem Gesetz zur Erhaltung der Leistungsfähigkeit der Invaliden-, der Angestellten- und der knappschaftlichen Pensionsversicherung vom Dezember 1933 wurden die genannten Versicherungszweige von dem, wie SELDTE schrieb (1935: 46), "auf die Dauer untragbaren Umlageverfahren" auf das "für eine gesunde Rentenversicherung allein anwendbare Prämiendeckungs- oder Anwartschaftsdeckungsverfahren" umgestellt. Dieses Verfahren "sieht vor, daß beim Eintritt des Versicherungsfalles die von einem Versicherten bezahlten Beiträge einschließlich der Zinsen verfügbar sind" (LAMPERT 1991: 194) oder genauer: "daß der Wert aller künftigen Beiträge samt dem Vermögen - in der Invalidenversicherung auch einschließlich der Reichsmittel - den Betrag deckt, der nach der Wahrscheinlichkeitsrechnung mit Zins und Zinseszins erforderlich ist, um alle künftigen Aufwendungen zu bestreiten" (SELDTE 1935: 46). Die Renten wurden auf dem Stand von 1930 "eingefroren" (was realiter eine etwa zehnprozentige Rentenkürzung zur Folge hatte), Lohn- und Beitragsklassen neu geordnet (siehe dazu GLADEN 1974: 111).

Wer geglaubt hatte, die Nationalsozialisten würden in der Folgezeit die Sozialversicherung grundlegend reformieren, sah sich getäuscht. "All die phantastischen Pläne von Zwangsspareinrichtungen, Einheitsversicherung usw. erwiesen sich" nach den Worten von SELDTE (1935: 46) "bei der Prüfung auf ihre praktische Durchführbarkeit als unbrauchbar,während die Grundlagen des Bismarckschen Werks die Probe bestanden". Beibehalten wurde insbesondere die gegliederte Sozialversicherung; auch die Kriterien für die Leistungs- und Beitragsbemessung blieben im Grundsatz unangetastet. Beseitigt wurde allerdings, durch das Gesetz über den Aufbau der Sozialversicherung von 1934, die Selbstverwaltung in der Sozialversicherung; die "Mitwirkung der Versicherten und Unternehmer in der Verwaltung der Versicherungsträger fiel grundsätzlich fort" (SYRUP 1957: 517). Nicht, wie bisher, "mehrere Organe, sondern nur eins leitet jeden Versicherungsträger, und zwar nicht ein vielköpfiges, sondern ein einzelner verantwortlicher Mann" (SELDTE 1935: 48). Das Gesetz gewährleistete so auch im Bereich der Sozialversicherung die "Durchführung des Führergrundsatzes" (ebd.).

Eine grundlegende Umgestaltung erfuhr das Kassenarztwesen. Die bisherigen freien Verbände der Ärzte und Zahnärzte wurden zu Körperschaften öffentlichen Rechts, denen alle Ärzte und Zahnärzte angehörten - mit Ausnahme jüdischer und politisch mißliebiger Mediziner. Unumwunden benennt SELDTE (a.a.O.: 51) die Profiteure dieser Praxis: "In Anlehnung an die Gesetzgebung zum Wiederaufbau des Berufsbeamtentums wurden durch entsprechende Verordnungen Nichtarier und politisch unzuverlässige Personen aus der Kassenpraxis ausgeschaltet. Die hierdurch frei werdenden Plätze boten die Möglichkeit, Kriegsteilnehmer und verdiente Kämpfer der Bewegung bevorzugt zur Kassenpraxis zuzulassen." Die Zulassung selbst oblag den neuen Kassenärztlichen Vereinigungen, die für die Ärzte- und Zahnärzteschaft auch alle Verträge mit den Kassen "zentral und verbindlich" abschlossen, "Individualverträge waren nicht mehr zugelassen" (SYRUP 1957: 518). Die Vereinigungen waren auch für für die Verteilung der Honorare zuständig, wobei es ihnen freistand, den Familienstand zu berücksichtigen oder "einen Ausgleich unter Ärzten eines Gebiets" vorzunehmen" (ebd.).

Dies alles will zu dem Ideal- und Selbstbild eines "freien Berufes" nicht recht passen; dennoch wurden die Neuregelungen von der Ärzteschaft allgemein begrüßt. Der Grund hierfür war schlicht und ergreifend der, daß die Ärzte und Zahnärzte von der "öffentlichen Verrechtlichung" ihrer Standesorganisationen materiell nicht unerheblich profitierten - ein Umstand, der offenbar die stärksten Prinzipien ins Wanken zu bringen vermag. Die "Hebung" des ärztlichen Berufsstandes war auch die erklärte Absicht der Nationalsozialisten. Es sei das Ziel des Gesetzes, so stand zu lesen, "der Ärzteschaft einen ihrer Bedeutung angemessenen Einfluß zu verschaffen" (SELDTE 1935: 47).

Neu geordnet wurde auch der Vertrauensärztliche Dienst, für den nunmehr, als "Gemeinschaftsaufgabe der Krankenversicherung", die Landesversicherungsanstalten zuständig waren. Dies weist auf das "Kernstück" (SYRUP 1957: 516) des Aufbaugesetzes von 1934 hin: die Schaffung einer engeren "Verbindung zwischen den Trägern der Kranken- und Rentenversicherung" mittels Festlegung von "Gemeinschaftsaufgaben" (siehe ebd.).

Das Gesetz über den Ausbau der Sozialversicherung vom Dezember 1937 verpflichtete den Träger der Arbeitslosenversicherung, jährlich an die Invalidenversicherung einen Betrag in Höhe von 18 v.H. der Einnahmen der *Invalidenversicherung* und an die Angestelltenversicherung einen Betrag in Höhe von 25 v.H. der Beitragseinnahmen der *Angestelltenversicherung* zu überweisen. Obwohl durch diese Umschichtung erhebliche Beträge an die gesetzlichen Rentenversicherungen flossen - insgesamt etwa 320 Millionen RM, das entsprach ungefähr den Gesamtaufwendungen der Angestelltenversicherung im Jahre 1935 (siehe GLADEN 1974: 112) - reichten sie "zur endgültigen Gesundung der beiden Rentenversicherungen nicht (aus)" (SYRUP 1957: 514). Deshalb "übernahm das Reich eine gesetzliche Garantie für ihre Leistungen" (ebd.).

Mit einer weiteren Neuregelung "durchbrach das ... Gesetz", so SYRUP (1957: 515), "die bisherigen Schranken für einen weiteren Ausbau der Rentenversicherungen in der Richtung einer allgemeinen Volksversicherung". Es erlaubte nämlich fortan jedem Deutschen im In- und Ausland, der Rentenversicherung bis zum 40. Lebensjahr freiwillig beizutreten, "sich in den Schutz der Rentenversicherung zu begeben", wie es SYRUP (ebd.) ausdrückt.

Ob allein durch diese Bestimmung "eine grundsätzliche Neugestaltung der Sozialversicherung eingeleitet wurde" (ebd.), sei dahingestellt. Dies ist zumindest dann fraglich, wenn an freiwillige und Pflicht-Mitgliedschaften unterschiedliche Rechtswirkungen geknüpft sind - und sei es auch nur an einigen (wichtigen) Stellen. Bleibt die - in der Regel an ein abhängiges Beschäftigungsverhältnis gebundene - Pflichtmitgliedschaft in gewisser Weise "privilegiert", kann allein aus einer "Öffnung" der Rentenversicherung nicht geschlossen werden, sie habe ihren Charakter verändert.

4.6.2 Gesetz über die Altersversorgung für das deutsche Handwerk

Diese Feststellung gilt grundsätzlich auch hinsichtlich des Gesetzes über die Altersversorgung für das deutsche Handwerk (HVG) von 1938, das jedoch fraglos insofern eine sozialpolitische Schallmauer durchbrach, als erstmals eine große Selbständigengruppe, ein "festgefügter Berufsstand" (GLADEN 1974: 111), der Sozialversicherung einverleibt wurde. Die Einbeziehung erfolgte auf eine Weise, die es durchaus rechtfertigt, von einem Fremdkörper innerhalb der Sozialversicherung zu sprechen.

Nach dem HVG wurden alle Handwerker, die in die Handwerksrolle eingetragen waren, ohne Rücksicht auf die Höhe ihres Einkommens in der Rentenversicherung der Angestellten pflichtversichert. Dadurch waren sie gegen Invalidität und im Alter, ihre Hinterbliebenen für den Fall des Todes gesichert. Wies ein Handwerker allerdings nach, daß er für eine Lebensversicherung Prämien zahlte, die in ihrer Höhe den Beiträgen entsprach, die er bei einer Pflichtmitgliedschaft an die Rentenversicherung zu zahlen gehabt hätte, so brauchte er letzterer nicht anzugehören. Auch eine

"Halbversicherung", das heißt eine Kombination von gesetzlicher Renten- und Lebensversicherung, war möglich. Der Handwerker zahlte an die Rentenversicherung den halben Beitrag, erhielt aber auch nur Leistungen in halber Höhe. Der Ausgleich erfolgte über die Lebensversicherung.

Nach SYRUP (1957: 521) hatte das Gesetz "große sozialpolitische Bedeutung für den von ihm betroffenen Personenkreis. Der Handwerker erhielt mit ihm die ... lange entbehrte Sicherheit für das Alter und für die Zeit der Erwerbsunfähigkeit sowie die Gewißheit, daß seine Hinterbliebenen bei seinem Tode nicht schutzlos dastanden." Dies mag zutreffen - dennoch drängt sich die Frage auf, worin das Charakteristikum des Selbständigseins noch besteht, ob letzteres im "Wesenskern" nicht ausgehöhlt wird, wenn die Vorsorge für die Wechselfälle des Lebens zu einer Gemeinschaftsaufgabe gemacht wird. Die Vermutung, hier würden Risiken "sozialisiert", während die "Gewinne" unangetastet bleiben, hat einiges für sich. Vor allem paßt nicht zur "Sozial"versicherung als einer solidarischen Veranstaltung, wie geradezu maßgeschneidert für alle denkbaren persönlichen Verhältnisse das HVG geriet. Es konnte in Anspruch genommen werden oder auch nicht, wenn ja, dann auf diese oder jene Weise - ein differenziertes Angebot, das bei Arbeitnehmern, für die in der Sozialversicherung ein eher grobschlächtiges Verfahren gilt, zu Recht nie erwogen wurde. Dem Handwerkerversorgungsgesetz merkt man an, daß, wie SYRUP (1957: 520) mitteilt, seine Grundgedanken von der "Handwerksführung" entwickelt worden waren.

Während über die Gründe für die sozialpolitische Privilegierung der Handwerkerschaft nur Spekulationen möglich sind, ist ihre Einbeziehung in die Sozialversicherung als solche mit der nationalsozialistischen Ideologie durchaus vereinbar. Sie entsprach sowohl dem Volksgemeinschaftsgedanken als auch dem weitgespannten "Arbeiter"-Begriff der Nationalozialisten (vgl.dazu S. 105 f.) Aber es können auch ganz andere, eher triviale Gründe für die Einbeziehung dieses Personenkreises in die Rentenversicherung ausschlaggebend gewesen sein. HENNING (1988: 106) nennt als "Nahziel" des Gesetzes die Erhöhung des Beitragsaufkommens, "um so inflationstreibende Kaufkraft abzuschöpfen und dem Rentenfonds zuzuführen" (der seinerseits wiederum zur Finanzierung der Aufrüstung Verwendung finden konnte). Das "Fernziel" könnte darin bestanden haben, angesichts des geplanten und bevorstehenden Krieges die staatliche Sicherheitsgarantie auf weitere Bevölkerungskreise auszudehnen. So gesehen standen beim HVG möglicherweise auch nicht die sozialen Sicherungsinteressen der Handwerker, sondern das staatliche Interesse an einer sozialen Absicherung ihrer potentiellen Hinterbliebenen im Vordergrund.

Exkurs: Daten zur Lebenslage der abhängig Beschäftigten

Die materielle Lebenslage der Arbeitnehmer hatte sich in den Jahren bis zum Kriegsausbruch deutlich verbessert. Das Arbeitseinkommen, so HENNING (1988: 107 f.), "stieg in den Jahren 1933-1939 um rund 24 v.H.", der Preisindex für die Lebenshaltung in etwa dem gleichen Zeitraum (von 1934 - 1939) jedoch - eine Folge auch des 1936 verfügten Preisstopps - "nur um etwa 5 Prozent, so daß sich die Reallöhne fühlbar erhöhten". Vollbeschäftigung und Arbeitskräftemangel und die durch sie ausgelösten Marktgesetze obsiegten auch über den (per Verordnung über die Lohngestaltung vom 25.6.1938) amtlich verfügten Lohnstopp. So erhöhten sich von Juni 1938 bis Juni 1939 die Wochenlöhne in der Industrie um rund 9 Prozent (siehe MASON 1975: 155).

Zwar sank die Lohnquote, das heißt der Anteil der Löhne am Volkseinkommen, zwischen 1932 und 1938 von 57 auf 52 Prozent (siehe ebd.). Dies war jedoch kein NS-spezifisches volkswirtschaftliches Phänomen; auch in anderen Ländern verminderte sich die Lohnquote, teilweise sogar noch deutlicher als im Deutschen Reich.[1]

Die gestiegenen Reallöhne waren auch nicht die Folge eines Raubbaus an der Arbeitskraft. Die durchschnittliche Wochenarbeitszeit betrug 1938 in der Industrie 46 bis 47 Stunden (siehe MASON 1975: 146), zwischen 1940 und 1943 "wurden in der deutschen Industrie ... etwa 49 Stunden pro Woche gearbeitet" (SIEGEL 1989: 154). Im Jahre 1938 betrug die Arbeitszeit "nur bei der Maschinenbauindustrie und bei der Papierindustrie mehr als acht Stunden ...; in den übrigen Industriezweigen blieb es bei acht Stunden und weniger" (HENNING 1988: 108). Dies ist um so erstaunlicher, als im Zuge der Mobilisierung aller Arbeitskraftreserven für Zwecke der Kriegswirtschaft mit Verordnung vom 7.11.1940 die "Nichtbesteuerung der Zuschläge für Mehrarbeit und für Sonntags-, Feiertags- und Nachtarbeit" verfügt wurde.

Unterschiedlich gestaltete sich die Situation in den einzelnen Sozialversicherungszweigen. "In der Krankenversicherung ergaben sich gegenüber der Zeit der Weimarer Republik weder in der Höhe der Pflichtbeiträge, die sich auf rund 5 Prozent ... beliefen, noch in den Leistungen ... wesentliche Unterschiede" (GLADEN 1974: 108 f.). Der erhöhte Aufwand der Kassen (von 1933 bis 1939 stiegen die Ausgaben um 90 Prozent) spricht eher für eine Qualitätsverbesserung der Krankenversicherung, weil sich im selben Zeitraum die Versichertenzahl "nur" um 32 Prozent, von 18,7 auf 24,3 Millionen erhöhte. Auffallend ist der - trotz Vollbeschäftigung - geringe Krankenstand: 1938 waren im Jahresmittel lediglich 2,5 v.H. der Krankenkassenmitglieder arbeitsunfähig krank (siehe SYRUP 1957: 522). Auch in der Unfallversicherung stieg von 1933 bis 1938 die Versichertenzahlzahl, von 25 auf 33,1 Millionen. Die Rentenversicherung trat, mit 21 Millionen Versicherten sowohl 1933 als auch 1938, auf der Stelle.

Der Verbesserung der Lebenslage der Arbeitenden entsprach indes keine entsprechende Verbesserung der materiellen Situation der nicht mehr Arbeitenden, der Rentner. Die bereits 1933 verfügten Rentenkürzungen blieben auch in den Folgejahren wirksam. Trotz "beträchtlicher Steigerung der Beitragssummen" (GLADEN 1974: 111) - die Beitragseinnahmen der Rentenversicherungen stiegen von 1933 bis 1938 um 236 Prozent, von 1,4 auf 3,3 Milliarden RM (siehe a.a.O.: 112) - und "wachsender Einnahmen aus dem ständig steigenden Vermögen der Rentenversicherung (erfolgte) keine Erhöhung der Rentenbezüge" (a.a.O.: 111). Die nationalsozialistischen Sozialpolitiker SCHUHMANN/BRUCKER (1934: 377) bezifferten ein Jahr nach der Machtergreifung die "gegenwärtige" durchschnittliche Invalidenrente auf 28

---

1 So z.B. in Großbritannien und Schweden (siehe BORCHARDT 1976: 715).

RM im Monat, die Witwen- und Waisenrente auf 18 bzw. 10 RM; SYRUP (1957: 523) zufolge lagen 1938 in der Arbeiterrentenversicherung die Renten der Männer "überwiegend bei 40 RM im Monat", die Witwenrenten betrugen "im Durchschnitt die Hälfte und die Waisenrente lag ... bei 12 RM".

Wie schon zu Bismarcks Zeiten und in der Weimarer Republik stellten auch im Dritten Reich die Renten keinen Ersatz für den Lohn dar. Selbst wenn man für das Alter reduzierte Ansprüche unterstellt (und auch unter Berücksichtigung der gegenüber "Durchschnittsrenten" angebrachten und vorgebrachten Bedenken, siehe S. 167, 174) reichten die Rentenbeträge nicht aus, den Lebensunterhalt zu bestreiten. Dies wird deutlich, wenn man den Rentenzahlbeträgen die Arbeiterverdienste gegenüberstellt. Diese beliefen sich 1938 in der Industrie bei Männern auf durchschnittlich 42 RM in der Woche, bei Frauen auf 23 RM (siehe Statistisches Bundesamt 1952: 412 ff.). Man kann also sagen, daß die Monatsrente eines ehemaligen Arbeiters in etwa so hoch war wie der Bruttowochenverdienst eines noch aktiven Arbeiters und die Monatswitwenrente so hoch wie der Bruttowochenverdienst einer Arbeiterin.

Selbst die Angestelltenrenten dürften den Daseins-Grundbedarf nicht immer gedeckt haben. Sie lagen im Durchschnitt "bei 60 bis 75 RM im Monat"; die Witwenrenten in der Angestelltenversicherung "hatten etwa die halbe Höhe, die Waisenrenten betrugen ungefähr 25 RM" (SYRUP 1957: 523). Erst im Jahre 1941 führte die allenthalben vorhandene Unzufriedenheit über die niedrigen Renten zu einer Aufhebung der Kürzungen von 1933 (siehe HENNING 1988: 106).

4.7 Sonstige sozialpolitische Maßnahmen

Obgleich die Arbeitslosigkeit im Jahre 1938 praktisch beseitigt war, wurde die Inanspruchnahme von Leistungen der Arbeitslosenversicherung von diesem Zeitpunkt an insofern drastisch erschwert, als eine Bedürftigkeitsprüfung vorzuschalten war. Dadurch "wurde das Versicherungsprinzip erneut dem Fürsorgeprinzip nachgeordnet" (GLADEN 1974: 181), das "Hauptprinzip der Arbeitslosenversicherung, der Rechtsanspruch auf Unterstützung bei Erfüllung der ... Voraussetzungen, aufgegeben" (SYRUP 1957: 456). Darüber hinaus wurde bei "Arbeitsunwilligkeit ... die Arbeitslosenunterstützung auf das zur Fristung des Lebensunterhalts Unerläßliche herabgesetzt" (ebd.).

Der "Rechtsweg" im Bereich der Arbeitsverwaltung wurde verkürzt. Gegen Entscheide des Arbeitsamts konnten bislang zwei Rechtsmittel eingelegt werden, zwei Instanzen entschieden, gegebenenfalls wurde zusätzlich noch, als höchste Instanz, das Reichsversicherungsamt tätig. Nunmehr war nur noch *ein* Rechtsmittel, der Einspruch, zulässig, über den, wenn ihm der Arbeitsamtsleiter nicht stattgab, *eine* Instanz, der Leiter des Landesarbeitsamtes, entschied.

Die gesetzliche Unfallversicherung bezog 1939 auch Landwirte und ihre Ehegatten als Pflichtversicherte ein. In der gesetzlichen Unfall- und Rentenversicherung wurde das Höchstalter für den Bezug von Waisenrenten und Kinderzuschüssen von 15 Jahren auf 18 Jahre heraufgesetzt. Die Krankenversicherung der Rentner - krankenversichert war, wer rentenberechtigt war - wurde 1941 geschaffen. Seit 1942 erhalten auch geschiedene Frauen eine Witwenrente (siehe VDR 1990: 31).

Die nationalsozialistische Zeit brachte auch einen Einstieg in die Kindergeldgewährung: Familien mit fünf und mehr Kindern erhielten ab 1936 laufende Kinderbeihilfen in Höhe von monatlich 10 RM für das fünfte und jedes weitere Kind, bis zur Vollendung des 16. Lebensjahres. Familien mit vier und mehr Kindern hatten Anspruvh auf einmalige Beihilfen. Im Gegensatz zur überwiegenden Mehrzahl sonstiger sozialpolitischer Regelungen seit 1933 widerspiegeln die Modalitäten der Kinderbeihilfengewährung allerdings in deutlicher Weise nationalsozialistisches Gedankengut: nur solche Kinder wurden bedacht, deren Eltern "deutsche Staatsangehörige deutschen oder artverwandten Blutes" waren und nach ihrem Verhalten zu erkennen gaben, daß "sie gewillt und geeignet sind, in Treue dem deutschen Volk und Reich zu dienen"; bei "schwerwiegenden gesundheitlichen Bedenken, die eine Förderung der Kinder aus erbpflegerischen Gründen nicht angebracht erscheinen lassen", wurden Kinderbeihilfen versagt (siehe LAMPERT 1983: 196).

4.8 Grenzüberschreitungen

Die Sozialpolitik im engeren Sinn blieb von der nationalsozialistischen Ideologie in den ersten Jahren nach der Machtübernahme vergleichsweise unberührt. Bei neu hinzukommenden Feldern, wie etwa dem Kindergeld, schien Kontinuität in den sozialpolitischen Grundsätzen schon weniger vonnöten, etwaige Rücksichtnahme nicht mehr angebracht. Wer nicht in das Raster der gesunden Volksgemeinschaft paßte, wurde ausgesondert.

Während es beim Kindergeld bei der Versagung materieller Vergünstigungen für solche Kinder und Familien blieb, die nach den Maßstäben der Nationalsozialisten keinen "Wert" für die Volksgemeinschaft besaßen, wurden andernorts bereits Frontalangriffe gegen das Lebensrecht von, wie Hitler in Anlehnung an die universitären Koryphäen Binding und Hoche (siehe *Einfügung VI*) zu sagen pflegte, "defekten Menschen", vorbereitet. Einen Grundstein hierfür legte das - bereits im Juli 1933 verkündete - Gesetz zur Verhütung erbkranken Nachwuchses, das eine Unfruchtbarmachung auch gegen den Willen von Betroffenen erlaubte: "Das 'Sterilisationsgesetz' erfaßte: angeborenen Schwachsinn, Schizophrenie, zirkuläres (manisch-depressives) Irresein, erbliche Fallsucht (Epilepsie), erblichen Veitstanz (Huntingtonsche Chorea), erbliche Blindheit, erbliche Taubheit, schwere körperliche Mißbildung sowie schweren Alkoholismus" (ORTHBANDT 1980: 296). Den Antrag auf Sterilisation konnte der Kranke selber, aber auch sein gesetzlicher Vertreter, der "zuständige beamtete Arzt" oder der Anstaltsleiter stellen (siehe ebd.). Ärzte und Anstaltsleiter waren zur Anzeige verpflichtet, wenn ihnen Personen bekannt wurden, auf die einer der im Gesetz genannten Tatbestände zutraf. Anzeigenannahme-, Ermittlungs- und Urteilsinstanz in einem war ein sogenanntes "Erbgesundheitsgericht". Faßte dieses einen Beschluß zum Nachteil der hilf- und wehrlosen Opfer, so hatte die "Unfruchtbarmachung" binnen zweier Wochen zu erfolgen (siehe ebd.).

Das Gesetz entsprach in vollem Umfang den Vorstellungen Hitlers von der "Erhaltung, Pflege und Entwicklung der besten rassischen Elemente" (HITLER 1935: 421). In " Mein Kampf" hatte er dem Staat die Aufgabe zugewiesen, dafür zu sorgen,

> "daß nur, wer gesund ist, Kinder zeugt; daß es nur eine Schande gibt: bei eigener Krankheit und eigenen Mängeln dennoch Kinder in die Welt zu setzen ... Der Staat ... hat die modernsten ärztlichen Hilfsmittel in den Dienst dieser Erkenntnis zu stellen. Er hat, was irgendwie ersichtlich krank und erheblich belastet und damit weiter belastend ist, zeugungsunfähig zu erklären und dies praktisch auch durchzusetzen ... Wer körperlich und geistig nicht gesund und würdig ist, darf sein Leid nicht im Körper seines Kindes verewigen. Der völkische Staat hat hier die ungeheuerste Erziehungsarbeit zu leisten. Sie wird aber dereinst auch als eine größere Tat erscheinen, als es die siegreichsten Kriege unseres heutigen bürgerlichen Zeitalters sind" (a.a.O.: 446 f.). Es sei "eine Halb heit", so Hitler (a.a.O.: 279), "unheilbar kranken Menschen die dauernde Möglichkeit einer Verseuchung der übrigen gesunden zu gewähren ... Die Forderung, daß defekten Menschen die Zeugung anderer ebenso defekter Nachkommen unmöglich gemacht wird, ist eine Forderung klarster Vernunft und bedeutet in ihrer planmäßigen Durchführung die humanste Tat der Menschheit."

Da "erbkrank zu sein keine Schande (bedeutet)", wie "Reichsrechtsführer" Frank (abgedr. bei MOSSE 1978: 98) beteuerte, "mußte alles vermieden werden, was etwa dazu beigetragen hätte, einen Erbkranken grundsätzlich einem Verbrecher gleichzustellen" (ebd.). Aus diesem Grunde wurde "die Entmannung von Kriminellen, insbesondere Sittlichkeitsverbrechern, im 'Gesetz gegen gefährliche Gewohnheitsverbrecher und über Maßregeln der Sicherung und Besserung' vom 24.11.1933 festgelegt" (AMENDT u.a. 1986: 32).

Was sich bereits bei der Aufnahme von Alkoholkranken in das Sterilisationsgesetz abgezeichnet hatte, wird hier besonders deutlich: es ging den Nationalsozialisten keineswegs nur um die Verhütung von Erbkrankheiten, sondern auch um eine zusätzliche Sanktionierung krimineller Verhaltensweisen von als "minderwertig" eingestuften "Subjekten" - mit dem mittelfristigen Ziel der Beseitigung ganzer sozialer Milieus. Man schätzt, daß von 1933 bis 1939 "über 200 000 Menschen, vom Staat als Gefahr für die Gesundheit und Reinheit des Volkskörpers eingestuft, unfruchtbar gemacht worden sind" (ORTHBANDT 1980: 298).

Die Sterilisierungsaktion war jedoch "nur Auftakt, Vorstufe zum Euthanasieprogramm, von dem sie 1939 abgelöst wurde" (ebd.). Deren "Rechtsgrundlage" bildete ein einziger Satz Hitlers, von ihm niedergeschrieben auf privatem Briefpapier im Oktober 1939 und zurückdatiert auf den 1.9.1939: "Reichsleiter Bouhler und Dr. med. Brandt sind unter Verantwortung beauftragt, die Befugnisse namentlich zu bestimmender Ärzte so zu erweitern, daß nach menschlichem Ermessen unheilbar Kranken bei kritischster Beurteilung ihres Krankheitszustandes der Gnadentod gewährt werden kann" (a..a.O.: 299). Dieser Führerbefehl, ein besonders anschauliches Beispiel für die schrankenlose, kaum mehr formal Rücksicht nehmende Herrengewalt im nationalsozialistischen Staat, war nicht zufällig auf den Tag des Kriegsausbruchs zurückdatiert. In der bevorstehenden Entscheidungsschlacht sollten "unnütze Esser", kostenverursachende "Ballastexistenzen" ohne volkswirtschaftlichen Wert aus dem Volkskörper eliminiert werden.

Die Tötungsaktionen begannen unter höchster Geheimhaltung. Bis zum August 1942 "waren etwa 70 000 Menschen in den Gas-Duschräumen und Krematoriumskellern der Anstalten ... ermordet worden" (a.a.O.: 310). Dann allerdings sah sich Hitler - aufgrund wachsender Unruhe in der Bevölkerung und wegen des Protestes einiger Geistlicher[1] - veranlaßt, wenigstens die T 4 genannte Vergasung von Erwachsenen "abzustoppen". Die Ermordung von Kindern und Jugendlichen wurde jedoch fortgesetzt und auch Erwachsene blieben in der Folgezeit nicht länger verschont, nur daß ihr Tod anstatt in "Gaskammern ... zunehmend durch Medikamente oder durch Verhungern herbeigeführt" wurde (siehe a.a.O.: 308). Bis Kriegsende, so wird geschätzt, dürfte "die Zahl von 100 000 Opfern annähernd erreicht worden sein. Das würde bedeuten, daß von den 280 000 bis 300 000 Geisteskranken, die in den über 900 Anstalten Deutschlands untergebracht waren, jeder dritte durch die nationalsozialistische Euthanasie ums Leben gekommen wäre" (a.a.O.: 310).

Einfügung VI: "Lebensunwertes" Leben

Doch selbst hier bewegten sich die Nationalsozialisten nicht auf neuem, sondern gedanklich vorbereitetem Terrain. An erster Stelle wäre hier NIETZSCHE zu nennen: "Die allermeisten Menschen sind ohne Recht zum Dasein, sondern ein Unglück für die höheren" (NIETZSCHE 1983 a: 401). Die Gattung brauche den "Untergang der Mißratenen, Schwachen, Degenerierten" (a.a.O.: 317), ihre "Vernichtung", damit die Menschheit "an Zahl abnehme und an Wert wachse" (a.a.O.: 399).

In dieser Denktradition bewegten sich - recht früh - auch "linke" Autoren, in deren Entwürfen von einer idealen (oder auch nur besseren) Welt "unproduktive" Existenzen ebenfalls keinen Platz hatten. Um das "Paradies der Ordnung, der Gerechtigkeit und des Glücks" zu schaffen, so BELLAMY im Jahre 1888 (siehe SAAGE 1991: 165), war es auch für sozialistische Gesellschaftstheoretiker unumgänglich, "die Welt, wie sie in aller farbigen Unordnung besteht, zu demolieren" (FEST 1992: 16) und zu reglementieren. Mochte auch, wie Freud schrieb, "die Absicht, daß der Mensch 'glücklich' sei ... im Plan der 'Schöpfung' nicht enthalten" sein (siehe a.a.O.: 21): dem menschlichen Verstand und der menschlichen Vernunft würde es schon gelingen, ein säkularisiertes irdisches Paradies zu schaffen. Hierzu bedurfte es umfänglicher Eingriffe - nicht nur in den Bereich der als anarchisch empfundenen Produktion von Gütern, sondern gleichermaßen in den der Produktion und Reproduktion von Leben. Auch die "realen" Linken machten sich die Forderung des Utopisten Cabet, "wonach die Fortpflanzung und ihre Planung Angelegenheit des Staates" sei (siehe SAAGE 1991: 203), zu eigen. Die "Höherzüchtung" des Menschengeschlechts, von der Bellamy 1888 sprach (siehe a.a.O: 204), galt als unverzichtbar. Und dies bedeutete: die "Eigenschaften, welche die Menschennatur bewundert, werden erhalten, welche ihr abstoßend sind, werden ausgemerzt" (siehe DREßEN 1996: 7).

---

1 Bekannt geworden sind insbesondere eine Stellungnahme des württembergischen evangelischen Landesbischofs Wurm im Juli 1940 sowie eine Predigt des katholischen Münsteraner Bischofs von Galen im August 1941. In einer Denkschrift an die Reichsregierung vom Dezember 1941 protestierten auch die deutschen katholischen Bischöfe "gegen die Tötung Unschuldiger" (siehe ORTHBANDT 1980: 308).

Spätestens hier wird deutlich, "daß der aussondernde Diskurs die politischen Lagergrenzen überschreitet" (ebd.). Bellamys Werk wird 1914 von Klara Zetkin neu herausgegeben und als Entwurf für eine "überlegene Neuordnung der Gesellschaft" gepriesen (siehe ebd.). Bereits im Jahre 1901 hatte H. G. Wells, ein den englischen Sozialisten nahestehender Schriftsteller, die Meinung geäußert, es sei "nicht mehr zu bestreiten, daß große Teile der Bevölkerung in ihrer Gesamtheit weniger Recht auf ein Leben in der Zukunft haben als andere"; die "Auslöschung schwacher, dummer und nutzloser Geschöpfe" sei moralisch gerechtfertigt (siehe CAREY 1996: 153).[1] *Er prophezeit, daß diejenige Nation anderen Nationen überlegen sein wird, die ihre "minderwertigen" Menschen "am entschlossensten einer Auslese unterzieht, sie erzieht, sterilisiert, exportiert oder vergiftet" (a..a.O.: 152). Die neue Ethik einer zukünftigen "Neuen Republik" werde*

> "das Leben als ein Privileg und eine Verantwortung betrachten, nicht als eine Art Nachtasyl für minderwertige, elende Geschöpfe; und die Alternative zu einem erfüllten, schönen und leistungsfähigen Leben wird der Tod sein. Für eine breite Masse verächtlicher und geistesschwacher Kreaturen, furchtsam und hilflos und nutzlos, unglücklich oder abstoßend glücklich inmitten schändlicher Verwahrlosung, schwach, häßlich, untauglich, aus zügelloser Lust geboren und durch schiere Unmäßigkeit und Dummheit wachsend und sich vermehrend, werden die Menschen der Neuen Republik wenig Mitleid und noch weniger Mildtätigkeit aufbringen" (a.a.O.: 153).

Bei solchen Tönen mutet die 1908 von dem deutschen Sozialdemokraten Grotjahn erhobene Forderung nach "Asylierung möglichst aller mit vererbbaren Gebrechen Behafteten" (siehe DREßEN 1996: 8) fast menschenfreundlich an, desgleichen die in einer Reichstags-Debatte über Sterilisation im Jahre 1927 von der SPD befürwortete freiwillige Sterilisation zu eugenischen Zwecken (siehe AMENDT u.a. 1986: 25).

Bereits 1920 war eine Denkschrift von Binding - ein, so ORTHBANDT (1980: 289) "vor dem Ersten Weltkrieg führender Strafrechtslehrer" - und Hoche - "maßgeblicher Ordinarius für Psychiatrie an der Universität Freiburg" (ebd.) - über die "Freigabe der Vernichtung lebensunwerten Lebens" erschienen. Schon kurz nach Ende des Krieges tauchen die menschenverachtenden Begriffe auf, die gemeinhin nur mit der nationalsozialistischen Euthanasie assoziiert werden:

> *"Gerichtet ist die verhängnisvolle Schrift gegen alle nicht mehr zurechnungsfähige Geisteskranke, insbesondere 'unheilbar Blödsinnige'. Diese Menschen seien, so beteuert Hoche, nur noch 'Ballastexistenzen', bloße 'Viertels- und Achtels-Kräfte', ein unerträglicher Dauerschaden der Volkswirtschaft; der Aufwand, der solchen 'Idioten', solchen 'Defektmenschen' in Einrichtungen öffentlicher und privater Fürsorge zugutekomme, fehle anderswo für 'wertvolle' Menschen: 'Nehmen wir für den Einzelfall die durchschnittliche Lebensdauer von 50 Jahren an, so ist leicht zu ermessen, welches ungeheure Kapital in Form von Nahrungsmitteln, Kleidung und Heizung dem Nationalvermögen für einen unproduktiven Zweck entzogen wird.' Daß sie volkswirtschaftlich 'lebensunwert' sind und sie 'vernichtet' werden müssen, um 'die Volksgemeinschaft, das Vaterland' von ihnen zu befreien, das ist für beide Autoren selbstverständlich." (ORTHBANDT 1980: 290).*

---

1 Ein Landsmann von Wells, der "Lady Chatterley"-Autor H.D.Lawrence, beschrieb 1908 eine "Todeskammer", in der "leise eine Militärkapelle spielt",während "die Kranken, die Lahmen und die Krüppel" beseitigt werden (siehe CAREY 1996: 23).

4.9 Schlußbemerkung

Der Nationalsozialismus war der bislang konsequenteste und von einer Volksmehrheit gestützte Versuch, der Entwicklung einer universalen Zivilisation in den Arm zu fallen, sie zum Stillstand zu bringen, das Rad der Geschichte zurückzudrehen. Die Welt, wie sie war, wurde nicht akzeptiert, geschweige denn die Richtung, in der sie sich bewegte. Die "Welt als Wille und Vorstellung" konnte von der empirischen grenzenlos abweichen - und diese letztlich ersetzen, als ein "Triumph des Willens" über die Realität. SCHOENBAUM (1980: 107) hat hierfür eine griffige Formulierung gefunden: "Das Sein bestimmt das Bewußtsein, sagt Marx. Der Nationalsozialismus war ein Versuch, dieses Verhältnis umzukehren."

Es gehört zu den Besonderheiten des Nationalsozialismus, daß er sich dabei zunächst nicht übernahm, vor allem nicht einem illusionären Menschenbild huldigte, sondern von realen "Volksgenossen" mit realen Bedürfnissen ausging. Dem steht nicht entgegen, daß sein Erfolg auch darauf zurückzuführen ist, daß es ihm gelang, die (bewußten oder unbewußten) Sehnsüchte vieler Menschen zu mobilisieren und für seine Zwecke einzuspannen.

Es ist hier nicht der Ort für psychoanalytische Deutungen. Aber es steht außer Frage, daß Wünsche, auch wenn sie sich auf die Zukunft richten, vielfach mit Erfahrungen aus der Vergangenheit, in erster Linie der Kindheit, verknüpft sind. Für viele dürfte der Nationalsozialismus eine politische Bewegung gewesen sein, die eine Art von Gesellschaft rekonstruieren würde, die vertrauten - tatsächlichen oder vermeintlichen - Kindheitsmustern am nächsten kam. Eine Zeit, geprägt vielleicht durch Enge, aber auch von Überschaubarkeit und Wärme, von Gehorsam, aber auch von Fürsorge, von Gleichförmigkeit, aber auch von Schutz gegen die Gefahren des Unbekannten - mit Adolf Hitler, dem "treusorgenden Vater seines Volkes", an der Spitze.

Es schien den Nationalsozialisten offensichtlich zweckmäßig, gesellschaftliche Einrichtungen, die dieser konservativen Rückwärtsbewegung nicht im Wege standen, beizubehalten. Sie waren Teil des Vertrauten und Bekannten. Dazu zählten auch die - seit Bismarck im wesentlichen unveränderten - sozialpolitischen Grundentscheidungen. Veränderungen in diesem Bereich, wie etwa die Einführung des "Führerprinzips" in der Sozialverwaltung, sollte man nicht überbewerten. Sie verstießen nicht gegen elementare Bedürfnisse der Menschen, beeinflußten deren reale Lebenslage nur wenig.[1]

In gewisser Weise gilt dies sogar für die Änderungen im Bereich der Arbeits-, Betriebs- und Wirtschaftsverfassung. Das Verbot der Gewerkschaften, der Wegfall von Koalitionsfreiheit und Tarifhoheit sowie von betriebsdemokratischen Ansätzen waren gewiß einschneidende Maßnahmen. Ob sie vom einzelnen Arbeiter als Rückfall in die rechtlosen Anfänge des Industriezeitalters empfunden wurden, darf bezweifelt werden. Denn erstens traten zum größten Teil staatliche und halbstaatliche Surrogate

---

1 Die nur mäßige Beteiligung an den "Sozialwahlen" der Gegenwart (1993: 43 Prozent, siehe BMA 1997 f: 630) verdeutlicht, daß auch heutzutage die soziale Selbstverwaltung nicht gerade ein zentrales Arbeitnehmeranliegen darstellt. Vgl. dazu *6.5*.

mit ähnlichen Funktionen an die Stelle des bisher Gewohnten, von den Betriebs-Vertrauensräten über die Treuhänder der Arbeit bis zur DAF. Daß diese Institutionen und Organisationen mit denjenigen in der Weimarer Zeit nicht in einem Atemzug genannt werden können, ist offenkundig. Aber in ihren Funktionen unterschieden sie sich von den bisherigen vielleicht doch weniger als eine vorrangig an äußeren Merkmalen orientierte Geschichtsschreibung der Sozialpolitik gewöhnlich zuzugeben bereit ist. So blieben zum Beispiel die Inhalte der Tarifverträge 1933 im wesentlichen unangetastet, die bisherigen kollektivrechtlichen Abmachungen de facto in Kraft, auch wenn die bisherigen Vertragspartner ausgeschaltet wurden (siehe dazu SELDTE 1935: 32; SYRUP 1957: 466).

Zweitens, und auch dies pflegt in der Regel übersehen zu werden: sowohl in der Weimarer Republik als auch in der Zeit des Nationalsozialismus (und auch heute!) waren und sind nicht Betriebsvereinbarungen, Tarifverträge und Arbeitsschutzgesetze diejenigen Elemente, die ein Arbeitsverhältnis in erster Linie prägen, sondern das Direktionsrecht des Arbeitgebers und die Weisungsgebundenheit des Arbeitnehmers. Alle betriebsdemokratischen Ansätze in der Weimarer Republik hatten dieses Grundverhältnis nicht aufgehoben; diese Betriebswirklichkeit brauchte der Nationalsozialismus deshalb auch nicht zu verändern.

Aus diesem Grunde gehen mehr oder weniger dramatische Schilderungen einer angeblichen Denaturierung der gesamten Sozialpolitik in der Zeit des Nationalsozialismus an den Tatsachen vorbei. Das Verdikt von LAMPERT (1991: 96): "Im Dritten Reich wurde die Sozialpolitik entfremdet, mißbraucht und enthumanisiert", erscheint als Gesamturteil über die Sozialpolitik während der Zeit des Nationalsozialismus überzogen. Im Gegensatz dazu betrachtet Herzog (in MAUNZ-DÜRIG: Rdnr. 8 zu Art. 20, Abschn. VIII) die nationalsozialistische Sozialpolitik - auch wenn er es eher beiläufig zum Ausdruck bringt - durchaus als Glied in einer Reihe staatlicher Aktivitäten, die der Bruch mit der Staatsauffassung des Liberalismus einte und die mit Bismarcks Sozialgesetzgebung begonnen hatte: "Die ergänzenden Maßnahmen, die schon das Kaiserreich dieser Sozialgesetzgebung anfügte, vor allem aber die Sozialpolitik der Weimarer Republik und übrigens auch des Nationalsozialismus haben diese Linie ... mit kräftigen Strichen weitergeführt".

Eher nachzuvollziehen ist auch eine Sichtweise, welche die nationalsozialistische Sozialpolitik nicht statisch, sondern prozeßhaft begreift, so, wenn HENNING (1988: 109) feststellt, der Nationalsozialismus habe "das Ziel der Daseinsfürsorge ... den politischen Zielen des Staates immer stärker untergeordnet und dadurch ... den Aspekt der sozialen Integration korrumpiert". Doch selbst für die zweite Hälfte der nationalsozialistischen Herrschaftszeit gelangt RECKER (1985: 191) zu dem Ergebnis: "Zieht man eine Bilanz der nationalsozialistischen Sozialpolitik im Zweiten Weltkrieg, so ist sie insgesamt ihrem Anspruch nachgekommen, den Durchhaltewillen der Bevölkerung zu untermauern."

Denaturiert wurde im NS-Staat die Sozialpolitik, die doch ursprünglich angetreten war, den sozial Schwachen staatlichen Beistand zu gewähren, als sie mithalf, die Schwächsten und Wehrlosesten zu eliminieren, als sie Beihilfe zur Tötung von Menschen leistete, die nichts verbrochen hatten, lediglich zum "Endsieg" nichts beitragen konnten und in den Augen der Machthaber nur "unnötige Kosten" verursachten. Ob nationalökonomische Kosten-Nutzen-Erwägungen allerdings wirklich ausschlaggebend waren für die verheerenden Handlungen, ist schwer zu entscheiden. Begünstigt wurden letztere sicherlich auch von der - im deutschen Volk vielleicht besonders häufig anzutreffenden - Unfähigkeit und Unwilligkeit, sich mit dem Unvollkommenen, Störenden, "Unreinen" abzufinden, das Unnormale als Teil des Lebens hin- und anzunehmen. Fehlende Frustrationstoleranz und Harmoniesucht - Eigenschaften, welche die politischen Lagergrenzen überschreiten, überhaupt allzeit gegenwärtig sind - ergänzen einander auf oftmals unheilvolle Weise. Ein illusionärer Vollkommenheitswahn richtet sich gegen alles Unpassende, Ungewohnte, Mißliebige und Fremde, verlangt seine Absonderung und nötigenfalls auch seine Beseitigung.

Leseempfehlung

NOLTE, E.: Die Krise des liberalen Systems und die faschistischen Bewegungen, München 1967

BROSZAT, M.: Der Staat Hitlers. Grundlegung und Entwicklung seiner inneren Verfassung, 2. Aufl. München 1971

SAAGE, R.: Faschismustheorien. Eine Einführung, München 1976

SCHIEDER, W.: Faschismus als soziale Bewegung, Hamburg 1976

HENNIG, E.: Bürgerliche Gesellschaft und Faschismus in Deutschland, Frankfurt/M. 1977

NEUMANN, F.: Behemoth. Struktur und Praxis des Nationalsozialismus 1933 - 1945, Frankfurt 1977

MASON, T.W.: Sozialpolitik im Dritten Reich. Arbeiterklasse und Volksgemeinschaft, Opladen 1977

SCHOENBAUM, D.: Die braune Revolution. Eine Sozialgeschichte des Dritten Reiches, München 1980

LAMPERT, H.: Staatliche Sozialpolitik im Dritten Reich, in: K.D. Bracher, M. Funke, H.-A. Jacobsen (Hrsg.): Nationalsozialistische Diktatur 1933 - 1945. Eine Bilanz, Düsseldorf 1983

RECKER, M. L., Nationalsozialistische Sozialpolitik im Zweiten Weltkrieg, München 1985

5 Sozialpolitik in der Bundesrepublik Deutschland I: Rahmenbedingungen und Ausbau der Sozialversicherung[1]

5.1 Ökonomische und politische Kontinuität in der Bundesrepublik Deutschland

Bundesrepublik Deutschland und DDR waren ein Ergebnis deutscher Geschichte, deutlicher gesagt: deutschen Größenwahns. Sie waren auch Produkte eines Krieges, bei dem sich sein Verursacher einer der seltsamsten Koalitionen der Weltgeschichte gegenübersah: die Sowjetunion, ein mit dem Anspruch der Menschheitsbefriedung und -beglückung angetretenes politisches System, zu keinem Zeitpunkt auf die Volksmehrheit gestützt, eigentumsfeindlich und über alle Maßen totalitär, die Persönlichkeitsrechte des Einzelnen gering achtend, nicht selten mit Füßen tretend, verband sich mit Nationen, zu deren Grundfesten die liberalen Freiheitsrechte zählten, deren Gesellschaftsordnungen auf dem Privateigentum fußten und deren demokratische Legimitation unbestritten war.

Der Gegner dieser Verbindung wiederum, das nationalsozialistische Deutschland, konnte immerhin zwei dieser gesellschaftlichen Eckpfeiler der westlichen Welt auch für sich reklamieren: die "Machtergreifung" war zumindest formal unter Einhaltung demokratischer Spielregeln über die Bühne gegangen (vgl. *4.2*) und das Privateigentum bildete die Basis der sozial-ökonomischen Ordnung. Außer dem Bestreben, die Weltmachtambitionen Deutschlands zu stoppen, verband die Anti-Hitler-Koalitionäre also nicht das geringste[2] - und es verwunderte kaum jemanden, daß das Kriegszweckbündnis alsbald nach Kriegsende zerbrach.

Damit konnte aber im westlichen Teil Deutschlands zumindest *ein* überkommener und identitätsstiftender politischer Glaubenssatz - daß der reale Kommunismus das schlechthin Böse repräsentiere - bruch- und nahtlos fortwirken. Und da auch die ökonomischen Grundlagen die gleichen geblieben waren, wesentliche Eingriffe in die Eigentumsordnung weder vor noch nach 1945 erfolgten - daß im nationalsozialistischen Deutschland die (Kriegs)-Produktion planwirtschaftlich gelenkt wurde, änderte

1 Die "Grundfassung" des Manuskripts war im Herbst 1997 abgeschlossen, einige Aktualisierungen wurden aber nachträglich noch eingefügt.

2 Nicht einmal das Bemühen, dem fanatischen Antisemitismus Hitler-Deutschlands Einhalt zu gebieten, verband die unterschiedlichen Wertesysteme der Alliierten. Der Mord an Trotzki, die Prozesse gegen Sinowjew, Kamenew und Radek, nach dem Krieg gegen Rajk und Slansky, die Affäre Anna Pauker und die angebliche jüdische Ärzteverschwörung kurz vor Stalins Tod bezeugen beispielhaft das Vorhandensein eines zunächst eher verborgenen, später aber immer offenkundiger werdenden stalinschen Antisemitismus (siehe dazu GRUNENBERG 1993, vor allem das Kapitel "Antifaschismus und Antisemitismus").

nichts daran, daß die Unternehmen und die Profite im Privatbesitz verblieben - bestand für die Westdeutschen im Grunde genommen nur geringer Anlaß, sich neu zu orientieren (oder gar sich umerziehen zu lassen). "Nur" um die unveräußerlichen bürgerlichen Grund- und Menschenrechte hatten sie ihr Wertesystem zu ergänzen. Hilfestellung leisteten dabei die Trost spendenden und Absolution erteilenden Kirchen, die sich nach 1945 schneller wieder füllten als Läuterungen durchschnittlich zu dauern pflegen.

Im großen und ganzen konnten die West-Deutschen bleiben, was und wie sie waren; ein Großteil dessen, was ihre politische und soziale Identität ausmachte, hatte die Zeiten überdauert. Eine kleine Durststrecke mußte von dem einen oder anderen überwunden, vor allem die - großenteils groteske - Entnazifizierung überstanden werden. Aber schon nach wenigen Jahren und spätestens mit dem Gewinn der Fußballweltmeisterschaft 1954 offenbarte sich der Welt eine mit sich selbst identisch gebliebene Nation. Selbst bescheidene Ansätze einer Selbstbesinnung bezüglich der Zeit zwischen 1933 und 1945 waren unterblieben, mehr und mehr an ihre Stelle Rechtfertigungseifer und Selbstgerechtigkeit getreten. Keine Erklärung der zurückliegenden Ereignisse war populärer als der Satz, man habe möglicherweise "das falsche Schwein geschlachtet"; er diente als Beweis für die Richtigkeit der eigenen Politik - jedenfalls in Richtung Osten.[1]

Wo dieses stellenweise insgeheime, trotzige "Wir haben doch recht gehabt"-Gefühl sich allerdings verabsolutierte - was auch die Rechtfertigung der antiliberalen und antidemokratischen Elemente des Dritten Reiches einschloß - kollidierte es mit dem zur Schau getragenen demokratischen Habitus der Nachkriegsdeutschen. Diese Dikrepanz war der Nährboden der Studentenbewegung Ende der sechziger Jahre und der eigentliche Grund ihrer Entstehung.

Die "Redemokratisierung" der Westdeutschen jedenfalls bedurfte nach alledem keines allzu großen Energieaufwandes - weder von außen noch von innen. Sie erfolgte gewissermaßen im Selbstlauf, fiel in den Schoß. Besondere Verdienste sind deshalb daraus auch nicht abzuleiten, insbesondere besteht für die solchermaßen Begünstigten kein Anlaß, sich als politische Moralisten aufzuspielen. Sie zogen Nutzen aus ihrer geographischen Lage, nicht mehr und nicht weniger. Verdient haben sie sich ihr System und die daraus erwachsenden Vorteile nur eingeschränkt; sicherlich durch Arbeitsleistung, nicht aber durch Arbeit an sich selbst oder durch politische Standfestigkeit oder gar Tapferkeit. Die Vergangenheit politisch bewältigt haben die Westdeutschen nicht.

Um keine Irrtümer aufkommen zu lassen: Vergangenheitsbewältigung, oder besser, eine Beschäftigung mit Geschichte, die zur (Selbst) Erkenntnis beiträgt, ist nicht identisch mit der Aburteilung von Einzeltätern. Das Herauslösen von Einzelpersonen, von einzelnen "Verantwortlichen"[2] - in der Realität sind es meistens Befehlsempfänger der unteren Ränge - entbindet die anderen davon, gleichfalls Verant-

---

1 Symbolisch hierfür der Fortbestand der "Organisation Gehlen", die zunächst unter die Fittiche der Amerikaner geriet und später die Keimzelle des Bundesnachrichtendienstes (BND) bildete.

2 Zur Frage von Willensfreiheit, Willensschuld und Tatverantwortung siehe FOTH 1976: 249 ff. - ein überzeugendes Plädoyer für die Abschaffung des Schuldstrafrechts.

wortung zu übernahmen, verschafft ihnen einen Freibrief, verunmöglicht es der Mehrheit, sich mit ihrer Rolle in einer bestimmten politischen Epoche auseinanderzusetzen. Die Verurteilung der einen spricht die anderen frei, ein paar Sündenböcke büßen für das Ganze. Eine kritische Selbstbefragung der Vielen, eine Selbstreflektion der Gesellschaft, unterbleibt. Bei einer solchen ginge es darum, die Ursachen und Bedingungen für bestimmte geschichtliche Verläufe zu analysieren, um daraus - vielleicht - Lehren zu ziehen[1], nicht aber darum, individuelle Schuldzuweisungen vorzunehmen.

Ob man von deutscher Kollektiv*schuld* sprechen kann, mag dahingestellt bleiben; eine kolllektive *Verantwortung* der Deutschen ist nicht zu bestreiten. Es gibt deshalb die Pflicht zur kollektiven Reflektion, auch dergestalt, daß kriminogene Faktoren, die gesamtgesellschaftliches Fehlverhalten begünstigen und herbeiführen, aufgespürt und, so gut es geht, eliminiert werden.[2] Insbesondere um diese letztgenannte Obliegenheit hat sich die bundesrepublikanische Gesellschaft nach 1945 mit Erfolg gedrückt. Symbolische Ersatzhandlungen wie die Nürnberger Kriegsverbrecherprozesse, die Auschwitz- und Majdanekprozesse usw. kamen da möglicherweise gar nicht ungelegen. Es sei die Behauptung gewagt, daß die KZ-Prozesse eine Beschäftigung der Deutschen etwa mit ihrem Antisemitismus eher verhindert als gefördert haben.

5.2 Verfassungsrechtliche Grundentscheidungen

5.2.1 Rekonstruktion und Neuordnung

Im Gegensatz zu 1919 stand 1945 ein revolutionärer gesellschaftlicher Umbruch, ein radikaler Wandel der sozialen und ökonomischen Verhältnisse im westlichen Teil Deutschlands nie ernsthaft auf der Tagesordnung. Die überkommene Eigentumsverfassung wurde ebensowenig in Frage gestellt wie - mit einigen Abwandlungen - die Rückkehr zum politischen System der Weimarer Republik. War der Weimarer Staat

---

1 Die Geschehnisse der letzten Jahre im früheren Jugoslawien belegen beispielhaft, daß die entsprechende Lernfähigkeit und -willigkeit von Menschen offenkundig nur schwach entwickelt ist. Äußerste Skepsis ist deshalb bezüglich des "Aus der Geschichte Lehren ziehen" angebracht, jedwedes Wunschdenken fehl am Platz. Die Ereignisse auf dem Balkan verdeutlichen vor allem, wie frucht- und folgenlos das *Verordnen* von Eintracht durch eine politische Obergewalt bleibt. Allenfalls werden die Emotionen eine Zeitlang "unter dem Deckel" gehalten. Um so gewaltiger ist dann die spätere Eruption - die auch vor Augen führt, wie dünn der Firnis der sogenannten Zivilisation in Wirklichkeit ist.
Offensichtlich halten sich geschichtliche Erfahrungen, insbesondere solche, die mit dem Gefühl von Willkür, Entrechtung und Demütigung verbunden sind, als Archetypen im Volksgedächtnis viel länger und hartnäckiger als Volkserziehern lieb sein kann. Vermutlich sind die Balkan-Geschehnisse Teil einer Ursachen-Folgen-Kette, zu der die Schlacht auf dem Amselfeld im 14. Jahrhundert ebenso gehört wie die Umtriebe der "Schwarzen Hand" vor dem Ersten und die der Ustascha im Zweiten Weltkrieg.

2 Ein besonders beeindruckendes Beispiel für sachgerechten Umgang mit Geschichte und die angemessene Verarbeitung politischer Unrechtshandlungen liefert Südafrika. Die Offenlegung von Verbrechen seitens der Täter beantwortet der Staat nicht mit deren Verurteilung. Stattdessen werden die Taten dokumentiert und bilden die Grundlage für eine gesamtgesellschaftliche Diskussion; niemand kann sich so mit dem Verweis auf Einzeltäter seiner geistigen Mittäterschaft und -verantwortung für die Geschehnisse während der Zeit der Apartheid entziehen (siehe DER SPIEGEL 1997 a: 170 ff.).

als Ideen- und Realgebilde auch ein Gegenentwurf zu völlig andersartigen, von Grund auf verschiedenen Gesellschaftskonzepten - wie etwa der Räteordnung - so spielten entsprechende Überlegungen bei der Gründung der Bundesrepublik Deutschland keine Rolle mehr. Durch die negativen Erfahrungen mit realen Gesellschaften, welche die Räteidee zumindest in ihrer Anfangszeit für sich reklamiert hatten ("Arbeiter- und Soldatenräte"), war der Rätegedanke auf nicht absehbare Zeit diskreditiert. Diskussionen über die Vergesellschaftung von Produktionsmitteln erreichten zu keiner Zeit die Bedeutung der Sozialisierungsdebatte in der Weimarer Anfangszeit. Die ökonomische Grundverfassung blieb unangetastet, die neue politische Ordnung orientierte sich an Überkommenem. Folgerichtig kehrte das Grundgesetz von 1949 zu wesentlichen Grundsätzen der drei Jahrzehnte zuvor verkündeten Reichsverfassung zurück. Volkssouveränität und Demokratie, Gewaltenteilung, Rechts- und Sozialstaatlichkeit, Föderalismus und republikanische Staatsform: dies waren die - bereits in der Weimarer Verfassung enthaltenen - Fundamente der neuen Grundordnung.

Dennoch ist das Grundgesetz keine bloße Kopie der Weimarer Verfassung. Ohne Vorbild in der deutschen Verfassungsgeschichte ist Art. 1 GG; auch die Verfassung von 1919 kannte "keinen ... obersten Wert wie Art. 1 Abs. 1 GG" (SCHMIDT-BLEIBTREU, KLEIN 1990: Anm. 3 zu Art. 1 GG), wonach "die Würde des Menschen unantastbar" und der staatlichen Gewalt aufgegeben ist, sie "zu achten und zu schützen". Eine solche Feststellung und Verpflichtung, meinen die Kommentatoren, sei dem Verfassunggeber von Weimar "so selbstverständlich" erschienen, "daß sie keiner Normierung in der Verfassung bedurfte. Erst das Erlebnis der für unseren Kulturkreis kaum vorstellbaren Menschenverachtung führte zur Übernahme dieser Grundnorm jedweder menschlichen Ordnung in den Verfassungstext" (ebd.) Dabei legte der Grundgesetzgeber von 1949 "den Menschenwürdesatz nicht von sich aus fest, sondern erklärt ihn nur für unantastbar, betrachtet ihn also gewissermaßen als vorgefunden" (Herzog in MAUNZ-DÜRIG: Rdnr. 14 zu Art. 20, Abschn.VII). Damit bezieht die Verfassung in doppelter Weise Position: einmal wird die Existenz überpositiver, jenseits der geschriebenen Rechtsordnung existierender Rechtsgrundsätze anerkannt und zum anderen wird die Frage, ob es rechtslogisch möglich sei, ungeschriebenes Recht in einer geschriebenen Verfassung zu verankern, bejaht.[1]

Überpositives Recht: das sind für Herzog (ebd.) "naturrechtliche, gleichsam von einem höheren Gesetzgeber gesetzte" Rechtsgrundsätze - eine Interpretation, für die es ideen- und religionsgeschichtlich selbstredend Gründe gibt, die aber für einen weltanschaulich neutralen Staat nicht mehr ausreichen dürften. Die Anerkennung überpositiver Rechtsgrundsätze ist nicht zwingend an die Anerkennung der Existenz eines höheren Wesens gebunden, "Naturrecht" kann durchaus auch als Inbegriff kollektiver irdischer Menschheitserfahrungen interpretiert und respektiert werden. Selbst NELL-BREUNING SJ (1978) denkt in diese Richtung, wenn er am Beispiel der "Menschenwürde" darlegt, daß die Anerkennung ihres göttlichen Ursprungs keine zwingende Voraussetzung für ihre Akzeptanz darstellt:

---

1 Nach Herzog (in MAUNZ-DÜRIG: Rdnr. 14 zu Art. 20, Abschn. VII) hat die Anerkennung "überpositiver Rechtsgrundsätze durch positives, geschriebenes Recht natürlich eine gewisse Delikatesse".

> "Wie aber verhält es sich mit dem Verständnis der Menschenwürde bei denen, die deren transzendente Dimension entweder bestreiten oder von ihr abstrahieren? ... die Elemente, die objektiv die ... Gottebenbildlichkeit des Menschen konstituieren, (können) erkannt werden, ohne daß zugleich die durch sie konstituierte Gottebenbildlichkeit erkannt werden muß ... wenn Menschenrechtsdeklarationen oder unser Grundgesetz sich auf die 'unantastbare' Menschenwürde berufen, ... (ist) eben dieses, Theisten und A-Theisten gleicherweise zugängliche Konstitutivem der Menschenwürde gemeint".

Nicht nur wegen Art. 1 GG - oder wegen des Verzichts auf Regelungen analog Art. 48 WRV - wäre es falsch, im Bonner Grundgesetz eine bloße Restauration der Weimarer Verfassung zu sehen. Aus den Erfahrungen insbesondere in der Schlußphase der Weimarer Republik und deren "legalen Zerstörung" durch die Nationalsozialisten zogen die Schöpfer des Grundgesetzes auch den Schluß, dessen wesentliche Grundsätze für unabänderlich zu erklären, ihnen "Ewigkeitscharakter" zu verleihen. Folgerichtig sind gemäß Art. 79 Abs. 3 GG die in Art. 1 und 20 enthaltenen Grundsätze von jeglicher Verfassungsänderung ausgenommen.

Ähnlich wie die Aufnahme überpositiver Rechtsgrundsätze in den geschriebenen Verfassungstext ist auch eine solche "axiomatische Ewigkeitsentscheidung" (Dürig in MAUNZ- DÜRIG: Rdnr. 9 zu Art.1) nicht unproblematisch. Ihr haftet etwas beinahe Altmodisches an, sie scheint dem "Alles fließt"-Empfinden einer schnell sich ändernden Welt ebenso zu widersprechen wie der Tatsache, daß Erfahrungen und Schlußfolgerungen *einer* Generation nicht notwendigerweise mit denjenigen nachfolgender Generationen korrespondieren müssen. Und es könnte nicht zuletzt dem Gedanken der Volkssouveränität zuwiderlaufen, alle künftigen Geschlechter auf eine unabänderliche Verfassungsgrundstruktur festzulegen: "Der konsequenten Vorstellung von der Volkssouveränität würde es entsprechen, daß die Verfassung jederzeit der Verfügung des Volkes und seiner Repräsentanz unterliegt" (MAUNZ-DÜRIG: Rdnr. 21 zu Art.79).

Doch solche denkbaren Einwände sind nicht stichhaltig. Zum einen "(kann) auch das Volk nicht alles" (ebd.), zum andern sind die Verfassungsgrundsätze, bei aller inhaltlichen Bestimmtheit, doch so weit gefaßt, daß sie für überschaubare Zeiten evolutionäre Entwicklungen und Veränderungen ermöglichen. Dies gilt nicht zuletzt für das Sozialstaatsprinzip (vgl. *5.5.2*). Und schließlich bleibt es Gegnern der Verfassung unbenommen, sie zu bekämpfen; sie bewegen sich dann allerdings nicht mehr in ihrem Rahmen. Insofern stempelt Art. 79 Abs. 3 in Verbindung mit den Art.1 und 20 GG in der Tat jeden, der es unternimmt, eine Staatsfundamentalnorm zu beseitigen, zum Rechtsbrecher oder, "geschichtsträchtiger" formuliert, zum Revolutionär. Auf legalem Wege jedenfalls läßt sich die Verfassung der Bundesrepublik Deutschland in ihren Grundfesten nicht verändern.

5.2.2 Sozialstaatlichkeit als Verfassungsgrundsatz

Die Begriffe "Sozialstaat" oder "sozialstaatlich" tauchen im Text des Grundgesetzes nicht auf; die sozialstaatliche Verfaßtheit der Bundesrepublik Deutschland wird aus den Artikeln 20 und 28 GG hergeleitet. Art. 20 nennt die Bundesrepublik Deutschland einen "sozialen Bundesstaat", Art. 28 verpflichtet die Länder, ihre verfassungsmäßige Ordnung nach den Grundsätzen des "sozialen Rechtsstaats" zu gestalten.

Die Verfassung verzichtet darauf, den Inhalt des "Sozialstaats" näher zu bestimmen. Im Gegensatz zur Weimarer Reichsverfassung sieht das Grundgesetz auch davon ab, Sozialstaatlichkeit in Gestalt sozialer Grundrechte oder -pflichten zu konkretisieren.[1] Selbst das Bundesverfassungsgericht legt sich bei der inhaltlichen Bestimmung dessen, was Sozialstaatlichkeit ausmacht, große Zurückhaltung auf, gibt einer "restriktiven Auslegung" (siehe Herzog in MAUNZ-DÜRIG: Rdnr. 26 zu Art. 20, Abschn. VIII) den Vorzug - in erster Linie wohl deshalb, um dieser "Ewigkeitsnorm" einen Spielraum zu lassen und sie nicht von vornherein in das Prokrustesbett allzu enger, zeitbedingter Festlegungen zu zwingen.

Dagegen ist nichts einzuwenden - verbietet eine solche Vorgehensweise doch keineswegs *grundsätzliche* Aussagen zur Sozialstaatlichkeit. Allerdings kann man sich des Eindrucks nicht erwehren, es werde bei entsprechenden Versuchen lediglich *ein* unbestimmter Rechts- und Wertebegriff durch einen anderen ersetzt, so etwa, wenn aus der Sozialstaatlichkeit gefolgert wird, der Staat solle den "Fortschritt zu 'sozialer Gerechtigkeit'" erstreben (BVerfGE 1956: 198) oder, er habe die Pflicht, "für eine gerechte Sozialordnung zu sorgen" (BVerfGE 1968: 204). Wenig aussagekräftig erscheint auch die "gängige Formel der verfassungsrechtlichen Literatur", wonach sich "der Inhalt des Sozialstaatsprinzips eher negativ als positiv" definieren lasse, "nämlich im Sinne des Verbots einer eindeutig unsozialen Politik" (Herzog in MAUNZ-DÜRIG: Rdnr. 26 zu Art. 20, Abschn.VIII). Um das Unsoziale brandmarken zu können, müßte doch wohl zunächst bestimmt werden, was das Soziale ausmacht.

Dies ist - gerade wegen der Vieldeutigkeit und Beliebigkeit des Begriffs - sicherlich nicht einfach. Doch der Grundgesetzgeber hat auch diese Grundnorm, ebenso wie Art. 1, nicht erfunden und "in Gang gesetzt", sondern "als unbestreitbares geschichtliches Faktum lediglich aufgegriffen und verfassungsrechtlich abgesichert" (a.a.O.: Rdnr. 22). Bei dem Versuch, Sozialstaatlichkeit inhaltlich festzulegen, drängt sich eine historische Betrachtungsweise deshalb förmlich auf.

Eine solche ist gewiß nicht unproblematisch. An der Entstehung der Sozialstaatsidee haben schließlich, wie eingangs zu zeigen versucht wurde, ganz unterschiedliche ideengeschichtliche Strömungen mitgewirkt. Diese Vielgestaltigkeit erschwert es, Sozialstaatlichkeit mit einem allgemein akzeptierten Inhalt zu versehen.

> "Vorstellungen und Forderungen sozialstaatlichen Charakters", schreibt Herzog (a.a.O.: Rdnr. 19), "sind in der jüngeren deutschen Geschichte nicht nur von einer einzigen politischen Richtung vertreten worden ... Sie finden sich nicht nur in den verschiedenen marxistischen Denominationen, bei den sog. Kathedersozialisten und in den Flügeln der deutschen Sozialdemokratie, sondern auch bei den verschiedenen konservativen Parteien, bei Lorenz von Stein und seinen Nachfolgern, sowie vor allem in der Soziallehre der katholischen Kirche".

---

1 Das "Fehlen sozialer Grundrechte" im Grundgesetz wird von Herzog (in MAUNZ-DÜRIG: Rdnr. 50 zu Art.20, Abschn.VIII) damit gerechtfertigt, daß "Grundrechtsverbürgungen, die nicht einklagbar wären, sich mit dem Verfassungsverständnis des Grundgesetzes nicht (vertragen)".

Herzog folgert daraus, der Verfassungsbegriff der Sozialstaatlichkeit trage "das Stigma des Dissenses geradezu auf der Stirn geschrieben" (a.a.O.: Rdnr. 20).

Diese Sichtweise ist jedoch nicht überzeugend. Und trotz aller Schwierigkeiten liefert gerade die historische Herangehensweise den Schlüssel für eine angemessene inhaltliche Bestimmung des Sozialstaatlichen. Dabei kommt es weniger darauf an, die ideengeschichtlichen Unterschiede zu betonen als vielmehr darauf, ihre Gemeinsamkeiten herauszuarbeiten, die unterschiedlichen politischen Strömungen, wie auch Herzog formuliert, "so weit wie irgend möglich zu integrieren, d.h. auf dem Boden eines allen gemeinsamen Wertgefüges zusammenzuführen" (ebd.).

Wie bereits dargelegt wurde, sind Gemeinsamkeiten hinsichtlich Gestalt und Aufgaben eines Sozialstaats bei den von Herzog genannten ideengeschichtlichen Strömungen durchaus vorhanden (sieht man einmal von den "marxistischen Denominationen", bei denen unklar bleibt, was Herzog meint, ab).[1] Zumindest starke Berührungspunkte gibt es bezüglich der Bevölkerungsgruppe, der soziale Politik zuteil werden soll ("Ausgangspunkt ... des sozialstaatlichen Denkens ... war unbestreitbar ... die ...Verelendung und Verproletarisierung weiter Volksschichten", a.a.O.: Rdnr. 10), bezüglich des Akteurs, der diese Politik exekutiert (der Staat) und bezüglich des Zieles, das diese Politik zu verfolgen hat (die soziale und wirtschaftliche "Hebung" des immer mehr anwachsenden Bevölkerungssegments der abhängig Beschäftigten).

Es macht durchaus Sinn und erscheint keineswegs unzeitgemäß, auch bei der gegenwärtigen Diskussion über die Inhalte des Sozialstaatlichen sich an diesen historischen Wurzeln zu orientieren. Das heißt nicht, zwanghaft an den ursprünglichen Adressaten sozialer Politik festzuhalten und mögliche neue, ebenfalls sozial sicherungsbedürftige Personengruppen grundsätzlich von ihr auszuschließen. Aber es bedeutet doch, die überkommenen Prinzipien von Sozialpolitik nicht gänzlich aus dem Auge zu verlieren, zum Beispiel penibel zu prüfen, ob neue Bevölkerungsgruppen, die sozialer Politik teilhaftig werden wollen und sollen, diese unter dem Gesichtspunkt sozial-ökonomischer Teilhabe, Gleichberechtigung und Integration auch tatsächlich benötigen.[2] Soll Sozialstaatlichkeit nicht zum Allerweltsbegriff und -prinzip verkommen, sind die politisch-emanzipatorischen und sozial befriedenden Implikationen, die mit diesem Begriff verbunden sind, seine gesellschaftliche Integrationsfunktion bezüglich sozialer Gruppen, die ohne diese Politik ausgeschlossen

1 Eine "marxistische Denomination" aus dem Jahre 1954, von Abendroth, versteht sich ebenfalls als verfassungskonform. Nach seiner Auffassung verstößt selbst eine grundlegende Reform der bestehenden Gesellschaftsordnung und der "ihr zugrunde liegende(n) wirtschaftliche(n) Struktur" nicht gegen das Sozialstaatsgebot; die "Sozial- und Wirtschaftsordnung" schlechthin ist durch den Sozialstaatsgedanken "zur Disposition der Gesellschaft gestellt" (siehe ABENDROTH 1968: 120 f.).

2 Die Auffassung, daß neue Personengruppen nicht voraussetzungslos in die Sozialpolitik einbezogen werden dürfen, vertritt offensichtlich auch das Bundesverfassungsgericht - so, wenn es soziale Sicherungsregelungen zugunsten freier Berufe damit rechtfertigt, daß letztere "im Wandel der Verhältnisse und Anschauungen nun ebenfalls in gewissem Sinn und Umfang 'sozial schutzbedürftig' geworden" seien (siehe BVerfGE 1960: 368 f.). Soziale Schutzbedürftigkeit ist also für das oberste deutsche Gericht eine Grundvoraussetzung sozialpolitischen Tätigwerdens - eine zutreffende Feststellung, auch (und gerade) dann, wenn eine Prüfung der "Verhältnisse" bei den freien Berufen eben diese Schutzbedürftigkeit vielfach nicht ergeben dürfte und "Anschauungen", auch "gewandelte", keine ausreichen-de Legitimationsgrundlage für sozialpolitische Initiativen des Staates abgeben.

blieben, stets mit zu bedenken. Wenn, wie HUBER (1965: 600) zutreffend feststellt, die "Grundwerte des Sozialstaats Existenzsicherheit, Vollbeschäftigung und Erhaltung der Arbeitskraft *im Interesse der breiten abhängigen Massen*" [Hervorh d. Verf.] sind, so fehlt staatlichen Handlungen, die diese Ziele nicht verfolgen, der sozialstaatliche Gehalt - so gerechtfertigt sie im einzelnen sein mögen. Sozialpolitik kann sich deshalb auch nur in dem Maße verallgemeinern, als die realen Verhältnisse sich verallgemeinern und die Lebenslagen sich angleichen. Oder anders ausgedrückt: der Aktionsradius von Sozialpolitik darf sich nur erweitern, wenn ohne staatliches Eingreifen die Lebensverhältnisse immer breiterer Bevölkerungsschichten von sozialer Unsicherheit geprägt wären. In Zeiten knapper Kassen kann eine Befolgung dieses Prinzips auch ein Zurücknehmen von sozialpolitischen "Wohltaten" erfordern, die in Zeiten gefüllter Staatssäckel allzu unbedenklich nach dem Gießkannenprinzip unter das Volk gestreut worden waren (siehe dazu auch *8*).

Art. 79 III GG erklärt die Grundsätze in Art. 1 und 20 für unveränderbar und weist ihnen damit in der Hierarchie bundesrepublikanischer Rechtsnormen einen bevorzugten, herausragenden Platz zu. Er begründet sogar eine Rangordnung innerhalb der Verfassung selbst: "gewöhnliche" Verfassungsnormen müssen sich an den höherrangigen Fundamentalnormen der Verfassung messen lassen. Erst recht gilt dies für normale Gesetze und die sie ausführenden Verordnungen.[1]

Der Sozialstaatsgrundsatz bindet alle staatliche Gewalt, also Legislative, Exekutive und Judikative. Insbesondere und in erster Linie aber ist er "verpflichtender Grundsatz für den Gesetzgeber" (NIPPERDEY 1962: 806). Allerdings hat dieser, in Erfüllung seiner Pflicht, einen weiten Spielraum. So ist zum Beispiel zwar die "Sozialversicherung ein besonders prägnanter Ausdruck des Sozialstaatsprinzips (BVerfGE 1970: 348). Eine "Verfassungsgarantie des bestehenden Systems der Sozialversicherung ... ist dem GG aber nicht zu entnehmen" (BVerfGE 1975: 314 f.). Eine Einheitsversicherung anstelle der gegliederten Sozialversicherung würde dem Sozialstaatsprinzip also keineswegs widersprechen.

Gerade in der Gegenwart scheint es indes angebracht, nachdrücklich daran zu erinnern, daß die "institutionelle Garantie des Sozialstaats" (HUBER 1965: 611) dem Gesetzgeber eine "grundsätzliche Abkehr von den überlieferten Sozialeinrichtungen (verbietet). Sie läßt Reformen der Sozialgesetze, aber nicht ihre Aufhebung unter Übergang zu einem Laisser faire, laisser aller zu."

Ein subjektives Recht des Bürgers auf ein bestimmtes staatliches Tun oder Unterlassen läßt sich nach herrschender Meinung allein aus dem Sozialstaatsprinzip nicht herleiten, allenfalls in Verbindung mit den Grundrechten (siehe BVerfGE 1973: 303).

---

1 Der Frage, ob das Recht auf seinem Weg von der Legislative zur Exekutive, erst recht aber bei seiner "Verarbeitung" innerhalb der Exekutive - mit mannigfachen hierarchischen Ebenen - nicht nur einen Gestalt-Wandel erfährt, sondern gelegentlich auch einen inhaltlichen Wandel erleidet, kann an dieser Stelle nicht weiter nachgegangen werden. Diktion und Ton so mancher Dienstanweisung jedenfalls lassen einen Zusammenhang mit der Gesetzesnorm, auf der sie letztlich beruht, kaum mehr erkennen.

5.2.3 Rechtsstaat und Sozialstaat - ein Gegensatz?

Weitgehend "akademisch" mutet die Diskussion um das angeblich "unauflösbare Spannungsverhältnis" zwischen den Prinzipien der Rechts- und Sozialstaatlichkeit an (siehe dazu Herzog in MAUNZ-DÜRIG: Rdnr. 32 zu Art. 20, Abschn. VIII) - insbesondere unter dem Blickwinkel der Menschen, denen sozialstaatliche Aktivitäten zuvörderst gelten oder doch gelten sollten .

Die unterschiedlichen Intentionen beider Prinzipien sind offenkundig. Der Rechtsstaat ist eine bürgerliche Errungenschaft, die dem Staat abgetrotzt wurde und dessen Machtfülle beschränkte; die "im Zusammenhang mit dem Rechtsstaat aufgeführten Prinzipien (Gesetzmäßigkeit von Verwaltung und Justiz, Unabhängigkeit der Gerichte, Gewaltenteilung, Gerichtskontrolle der Verwaltung usw.) (haben) letztlich nur ein Ziel und Zentrum, nämlich die Freiheit des Bürgers" (Herzog in MAUNZ-DÜRIG: Rdnr. 12 zu Art. 20, Abschn.VII). Das Rechtsstaatsprinzip "zielt nach Entstehung und Inhalt auf die Domestizierung des Staates zum Schutze des Bürgers ab" (ebd.: Rdnr. 83), es ist ein "Produkt der bürgerlichen Gesellschaft des 18. und 19. Jahrhunderts" (Herzog in MAUNZ-DÜRIG: Rdnr. 30 zu Art. 20, Abschn. VIII). Demgegenüber "(verdankt) das Sozialstaatsprinzip seine Entstehung ... dem Auftreten des 'Vierten Standes' neben und gegenüber dem Bürgertum" (ebd.).

Das Rechtsstatsprinzip verleiht den Bürgern Rechte gegenüber dem Staat, das Sozialstaatsprinzip gibt dem "Vierten Stand" Rechte im und durch den Staat - auch gegenüber den "Bürgern". Verlangt der Rechtsstaatsgrundsatz staatliche Abstinenz gegenüber den Gliedern der Gesellschaft, so das Sozialstaatsprinzip, eben diese Abstinenz bei der Gestaltung gesellschaftlicher Verhältnisse aufzugeben.

Aus der unterschiedlichen Entstehungsgeschichte und den differenten Anforderungen an staatliches Tun bzw. Unterlassen ein Spannungsverhältnis dieser Prinzipien zu konstruieren, geht dennoch an der sozialen Wirklichkeit vorbei. "Hart im Raume" können sich zwar auch Prinzipien "stoßen" - aber nur dann, wenn sie im gleichen Raum aufeinandertreffen. Sozial- und Rechtsstaatsprinzip betrafen (und betreffen) in ihren Auswirkungen aber unterschiedliche Bevölkerungsgruppen mit unterschiedlichem Gewicht. Selbstredend war und ist auch der Vierte Stand an der Gewährleistung persönlicher Freiheitsrechte interessiert, aber wichtiger war und ist die Sicherung der materiellen Lebensgrundlage. Umgekehrt fanden und finden sich die wohlsituierten Bürger von sozialstaatlichen Aktivitäten eher am Rande betroffen. Zu allen Zeiten jedoch dürfte der durchschnittliche, "normale" Arbeitnehmer die Sozialversicherung nicht als Einschränkung seiner persönlichen Freiheit betrachtet haben. Im Gegenteil: erst die Gewißheit, gegen die Wechselfälle des Lebens einigermaßen gesichert zu sein, machte und macht ihn frei von Sorgen und schafft die Voraussetzung für eine Lebensplanung, die nach längerer Krankheit oder nach einem Arbeitsunfall nicht zwangsläufig grundlegend revidiert werden muß. Im realen Leben erweist sich der angebliche Gegensatz von Freiheit und sozialer Sicherheit als bloßes Gedankenkonstrukt, um nicht zu sagen: als Hirn-Gespinst. In Wirklichkeit "sichert der soziale Rechtsstaat der Gegenwart nicht nur rechtliche Freiheit und Gleichheit, sondern versucht, die materiellen Voraussetzungen dafür zu verbessern, daß der einzelne auch tatsächlich das tun kann, was er tun darf" (LAMPERT 1991: 134).[1]

5.2.4 Rechtsstaat und Sozialstaat - von unterschiedlichem Rang?

Eine ebenso subtile wie vehemente Attacke auf den Sozialstaat ist mit dem Namen des vor und nach 1945 "führenden" Verfassungsjuristen Forsthoff verbunden. Bereits 1954 schuf er - mit einem Vortrag vor der Vereinigung der Deutschen Staatsrechtslehrer, in dem er die Rechtsstaatsidee der Sozialstaatsidee eindeutig überordnete (FORSTHOFF 1965: 160 ff.) - das Fundament für eine Sozialstaatskritik, auf das sich "liberale Kreise" bis heute stützen könn(t)en. (Wenn sie es nicht tun, dann vermutlich wegen der wenig liberalen Rolle Forsthoffs im Dritten Reich).

Auch Forsthoff geht davon aus (siehe *5.2.3*), Rechtsstaat und Sozialstaat seien "ihrer Intention nach durchaus verschieden, um nicht zu sagen Gegensätze" (a.a.O.: 179). Um diese "Gegensätzlichkeit" geht es ihm jedoch allenfalls am Rande, ja, genau genommen kann es bei Zugrundelegung forsthoffscher "Denkgewohnheiten" eine wirkliche Antinomie von Rechts- und Sozialstaat gar nicht geben, eben weil beide "durchaus verschieden" sind. Diese Verschiedenheit ist bei Forsthoff nämlich gleichzeitig Ausdruck einer Rangordnung: Rechtsstaat und Sozialstaat haben in der Verfassung nicht das gleiche Gewicht. Mehrfach wird betont, daß "sozial" im Grundgesetz nur als adjektivischer Zusatz - mal zu "Bundesstaat", mal zu "Rechtsstaat" - vorkommt; insbesondere das Substantiv "Rechtsstaat" in Artikel 28 bekommt so substantielle Bedeutung. Im Grunde genommen hat für Forsthoff die Sozialstaatsidee die "Verfassungsebene" überhaupt nicht erklommen; nur "das rechtsstaatliche Element" ist "der Verfassung, das sozialstaatliche der Verwaltung verbunden" (a.a.O.: 198). An anderer Stelle bezieht er - gnädigerweise - die Legislative ein: "Der Entfaltungsraum des Sozialstaats ist Gesetzgebung und Verwaltung" (a.a.O.: 200) - aber eben nicht die Verfassung. Die "Minderwertigkeit" der Sozialstaatsidee gegenüber der Rechtsstaatsidee zeigt sich nicht zuletzt in deren "mangelnden Bestimmbarkeit" (a.a.O.: 187) und wechselnden Deutbarkeit, je nachdem, "was von der jeweiligen Mehrheit und ihrer Regierung als sozial verstanden wird" (ebd.). Forsthoff benutzt im Zusammenhang mit dem Sozialstaatsgrundsatz auch den Begriff "Blankettnorm" (a.a.O.: 199).

Der Autor behandelt den Sozialstaatsgedanken - aus der Höhe seines bürgerlich-rechtsstaatlichen Olymps - gleichsam als Parvenu, den die Zeitläufte (irgendwie) in die Verfassung gespült haben, der dort aber eigentlich nicht hingehört und den man deshalb seinen eigentlichen (niederen) Rang schleunigst wieder zuweisen muß. Ge-

---

1 Abwegig deshalb die Auffassung HABERMANNS (1994: 16), demzufolge "der Bürger heute seine im letzten Jahrhundert erkämpften Freiheitsrechte zurück(gibt), um dafür 'soziale Sicherheit' einzutauschen". Ähnlich abstrus (und die facettenreiche Entstehungsgeschichte des Sozialstaats geradezu fahrlässig negierend): "Der Wohlfahrtsstaat ist das reformerische Nachfolgemodell des versinkenden Sozialismus. Er konkurriert mit den Institutionen der freien Gesellschaft, mit Familie, Privateigentum, Marktwirtschaft, freien Initiativen und spontanen Selbstregulierungen" (ebd.).

nehm ist die Sozialstaatsidee bei der "Gesetzesauslegung" (a.a.O.: 200), auch "verwehrt" das Bekenntnis zum Sozialstaat "eine extrem individualistische Ausdeutung der Grundrechte" (a.a.O.: 190). Aber in der Verfassung selbst hat die Sozialstaatsidee eigentlich nichts zu suchen.

Die Vermutung, daß sich hinter solchen verfassungsrechtlichen Scharmützeln durchaus handfeste sozial-ökonomische und politische Interessen verbergen, dürfte nicht zu weit hergeholt sein. Hier wehren sich etablierte soziale Mächte gegen die "Emporkömmlinge" von "unten", die eine verfassungsrechtlich abgestützte Teilhabe an Staat und Gesellschaft beanspruchen. Es hat mit zum Aufbau einer funktionierenden Sozialverfassung in der Bundesrepublik Deutschland beigetragen, daß sich die Forsthoffsche Verfassungs- und Sozialstaatsinterpretation - wenigstens bis heute - nicht durchgesetzt hat. Ihre Renaissance wäre dem sozialen Frieden nicht dienlich.

5.2.5 Sozialpolitische Gesetzgebungskompetenz und sozialpolitische Grundentscheidungen

Das Grundgesetz kennt eine ausschließliche Gesetzgebungsbefugnis des Bundes, eine solche der Länder und die konkurrierende Gesetzgebungszuständigkeit. Im Bereich der letzteren haben die Länder die Befugnis zur Gesetzgebung, solange und soweit der Bund von seinem Gesetzgebungsrecht keinen Gebrauch macht. Dieses steht dem Bund dann zu, "wenn und soweit die Herstellung gleichwertiger Lebensverhältnisse im Bundesgebiet oder die Wahrung der Rechts- oder Wirtschaftseinheit im gesamtstaatlichen Interesse eine bundesgesetzliche Regelung erforderlich macht (Art. 72 Abs. 2 GG).

Die konkurrierende Gesetzgebung erstreckt sich nach Art. 74 GG unter anderem auf

- das Arbeitsrecht einschließlich der Betriebsverfassung, des Arbeitsschutzes und der Arbeitsvermittlung sowie die Sozialversicherung einschließlich der Arbeitslosenversicherung
- die öffentliche Fürsorge, die Versorgung der Kriegsbeschädigten und -hinterbliebenen und die Fürsorge für die ehemaligen Kriegsgefangenen
- die Angelegenheiten der Flüchtlinge und Vertriebenen, die Kriegsschäden und die Wiedergutmachung
- die Regelung der Ausbildungsbeihilfen
- das Wohnungswesen
- die Zulassung zu ärztlichen und anderen Heilberufen und zum Heilgewerbe
- den Verkehr mit Arzneien, Heil- und Betäubungsmitteln und Giften
- die wirtschaftliche Sicherung der Krankenhäuser und die Krankenhauspflegesätze
- die künstliche Befruchtung beim Menschen sowie Regelungen zur Transplantation von Organen und Geweben
- die Lärmbekämpfung.

Damit besteht für alle nur denkbaren Bereiche der Sozialpolitik - selbst bei einem sehr weitgefaßten Sozialpolitik-Verständnis - eine konkurrierende Gesetzgebungs-Zuständigkeit. De facto bedeutet dies aber, wie in der Weimarer Republik (siehe

3.2.3), eine so gut wie ausschließliche des Bundes, weil dieser von seinem (Vor) Recht durchgängig Gebrauch gemacht hat.

Für diesen "Alleinvertretungsanspruch" der Zentralgewalt gibt es selbstredend Gründe. Spezifische Regelungen in einzelnen Bundesländern machen zumindest in den klassischen sozialpolitischen Bereichen wenig Sinn. Grundsätzlich ausgeschlossen ist es aber nicht, "weiße Felder" der Sozialpolitik landesrechtlich auf- und auszufüllen.

Praktisch wirken die Länder insofern und insoweit an der sozialpolitischen Gesetzgebung mit, als Sozialgesetze ihre Interessen berühren und deshalb der Zustimmung des Bundesrats bedürfen. Für weite Teile der Sozialgesetzgebung ist dies jedoch nicht der Fall. Auch durch geschicktes Taktieren läßt sich die Zustimmung des Bundesrats umgehen oder minimieren - was besonders dann von Bedeutung ist, wenn die Ländervertretung von der Opposition majorisiert wird.[1]

Nicht nur en gros, sondern auch en detail entschied sich der Sozialstaat Bundesrepublik Deutschland ohne größere Auseinandersetzungen für Kontinuität. Die Frage etwa, ob es für die Gewährleistung sozialer Sicherung im neuen Staatswesen zweckdienlich sei, die überkommenen Strukturen, das heißt vor allem die Sozialversicherung bismarckscher Prägung, zu revidieren, wurde ernsthaft nie gestellt; die wenigen alternativen Entwürfe, die sich an sozialen Sicherungseinrichtungen orientierten, wie sie nach dem Kriege etwa in Großbritannien und den skandinavischen Ländern entstanden, hatten keine Chance. Eine Revision der Krankenversicherung zum Beispiel nach dem Vorbild des - im wesentlichen auf dem Beveridge-Plan[2] basierenden - National Health Service in Großbritannien wurde ebenso verworfen wie eine Reform der Alterssicherung nach schwedischem Muster, die jedem Staatsbürger nach Vollendung des 65. Lebensjahres eine Grundversorgung garantierte. Beide - steuerfinanzierten - Systeme hatten nicht die soziale Sicherung einzelner Bevölkerungsgruppen, sondern diejenige der Gesamtbevölkerung zum Ziel, mit Ansprüchen ohne Beitragszahlung und ohne Bedürftigkeitsprüfung. Der bundesrepublikanische Gesetzgeber beließ es beim überkommenen System und entschied sich auch in formaler Hinsicht für das Althergebrachte: die gegliederte Sozialversicherung wurde beibehalten, der Einheitsversicherung (wie schon 1919 und 1933) eine Absage erteilt.

---

1 Ein anschauliches Beispiel bildete 1996 die Vorgehensweise der Bonner Regierungskoalition bei der Realisierung ihres "Programms für Wachstum und Beschäftigung". Letzteres wurde in drei Gesetzgebungspakete aufgeteilt, um den Anteil der (bundesrats)zustimmungspflichtigen Gesetze so gering wie möglich zu halten. Dadurch bedurften z.B. die Änderungen bezüglich der Altersrente für Frauen nicht der Zustimmung der Länderkammer. Wäre diese Rechtsänderung zusammen mit den geplanten Änderungen im Kindergeldrecht in einem Gesetz verabschiedet worden, hätte dieses *insgesamt* der Bundesratszustimmung bedurft, weil der Aufschub der Kindergelderhöhung eine Änderung des (zustimmungspflichtigen) Jahressteuergesetzes erfordert hätte.

2 W. H. Beveridge, 1919-1937 Direktor der London School of Economics and Social Science, 1944-45 für die Liberal Party im Unterhaus, hatte 1942 einen "Report on social insurance and allied services" verfaßt, der 1946 die Grundlage für die unter der Labour-Administration realisierte Sozialgesetzgebung bildete.

5.3 Gestaltungsformen sozialer Sicherungspolitik: (Sozial)Versicherung, Versorgung, Fürsorge

Die Sozialversicherung war und ist zwar die mit Abstand bedeutsamste, aber keineswegs einzige Einrichtung und Gestaltungsmöglichkeit sozialer Sicherungspolitik. Üblicherweise werden neben (Sozial)Versicherung noch Versorgung und Fürsorge als Gestaltungsformen und -prinzipien sozialer Sicherung benannt.

Eine Versicherung ist danach - idealtypisch - vor allem bestimmt von dem Prinzip der Gegenseitigkeit und Entsprechung (Äquivalenz), von risikoentsprechender Prämie und prämienentsprechender Gegenleistung, von der Unbestimmtheit des Schadenseintritts, von der kollektiven Berechenbarkeit des Schadens und dessen Ungewißheit im Einzelfall. Auch die Sozialversicherung ist eine Versicherung - allerdings eine solche mit spezifischen Merkmalen. Als Versicherung sui generis ist die Sozialversicherung geprägt von dem Bemühen um sozialen Ausgleich (zum Beispiel: gleicher Anspruch von Gering- und Höherverdienenden auf Sachleistungen der gesetzlichen Krankenversicherung, ungeachtet der Höhe des Beitrags; unterschiedliche Behandlung von Witwen, je nach deren Lebensumständen, ungeachtet der eingezahlten Beiträge). Weitere Wesensmerkmale der Sozialversicherung sind die Nichtbeachtung des Risikos, das ein Sozialversicherter beim Eintritt in die Versichertengemeinschaft für diese darstellt, bei der Beitragsbemessung und das Prinzip der Selbstverwaltung. Schließlich ist auch der Staatszuschuß ein spezifisches Merkmal der Sozialversicherung (siehe dazu und zum folgenden BOGS 1962: 99 f.).

Diese Wesensmerkmale der Sozialversicherung *insgesamt* müssen in den einzelnen Zweigen der Sozialversicherung nicht durchgängig oder gar gleichgewichtig in Erscheinung treten. So ist der Staatszuschuß im wesentlichen auf die Rentenversicherung beschränkt, der soziale Ausgleich in der Unfallversicherung - mangels Beitragsentrichtung der Versicherten, siehe *5.6* - so gut wie nicht vorhanden. Für die Zugehörigkeit eines Bereichs zur Sozialversicherung ist also der Nachweis *aller* ihrer Merkmale in demselben nicht erforderlich.

Ein zweites mögliches Gestaltungsprinzip sozialer Sicherungspolitik ist die Versorgung. Sie verlangt, wie die Versicherung, Gegen- besser: Vorleistungen, aber Vorleistungen besonderer Art. Es sind eigentümliche und, je nach Versorgungsart, ganz unterschiedliche, im Grunde nicht vergleichbare Vorleistungen. Dies sei an einigen Beispielen erläutert. Die bekannteste Versorgungseinrichtung ist die Kriegsopferversorgung. Die "Vorleistung", die erforderlich ist, um ihrer teilhaftig zu werden, ist die Hingabe von Leben oder Gesundheit im Zusammenhang mit Kriegsereignissen. Auch wenn es mehr als problematisch ist, den Verlust von Leben oder Gesundheit als "Leistung" zu bezeichnen, so ist der besondere Entgeltanspruch aufgrund des erlittenen Leids doch plausibel und unstrittig. Eine solche Rechtfertigung fällt bei einer weiteren Versorgungseinrichtung, der Beamtenversorgung, schon erheblich schwerer. Die Gegen- oder Vorleistung könnte hier darin bestehen, daß die begünstigte Personengruppe dem Staat besondere Dienste leistet, zu diesem in einem spezifischen, verpflichtenden und die Dienstnehmer beschränkenden Treueverhältnis steht. Als beliebtes Argument wird in diesem Zusammenhang angeführt, im Gegensatz zu Arbeitnehmern sei es Beamten verwehrt, ihre Arbeits- und Entgeltbedingungen frei zu vereinbaren und gegebenenfalls im Wege des Streiks zu erkämpfen. Vergegenwärtigt man sich allerdings, daß die Beamtenbesoldung jahrzehntelang gewissermaßen automatisch an die im öffentlichen Dienst "erkämpften" Tarife angeglichen wurde, so verliert zumindest das Argument des vorenthaltenen Streikrechts doch einiges an Überzeugungskraft. Auch die sonstigen dienstrechtlichen Spezifika sind zumindest nicht so beschränkender Natur, als daß die daraus abgeleiteten Privilegien - wie die weitgehend kostenlose soziale Gesamtabsicherung der Beamten, siehe *6.8* - gerechtfertigt wären.

Das Gestaltungsprinzip "Versorgung" findet sich schließlich auch bei der - in der Bundesrepublik Deutschland nicht realisierten, aber in letzter Zeit zunehmend diskutierten (siehe *8.7*) - Staatsbürgerversorgung. Ähnlich wie bei der Beamtenversorgung ist auch bei der Staatsbürgerversorgung der Zusammenhang zwischen (Vor)Leistung und Gegenleistung kaum auffindbar. Man kann sich damit behelfen, die Vorleistung in der höheren Steuerbelastung der Gesamtbürgerschaft zu sehen.

(Sozial)Versicherung und Versorgung haben - neben der (tatsächlichen bzw. behaupteten) Vorleistung - noch ein Wesensmerkmal gemeinsam: auf Bedürftigkeit der Leistungsempfänger kommt es nicht an. (So wie der frühere Bundeskanzler Erhard eine Kriegsopfergrundrente bezog, so der schwedische König Gustav seine Altersrente; auch die englische Königin könnte, so sie Wert darauf legte, die Leistungen des Staatlichen Gesundheisdienstes ohne Rechnungslegung in Anspruch nehmen).

Eben das Merkmal der Bedürftigkeit aber ist ein Spezifikum der Fürsorge (seit gut drei Jahrzehnten auch, im nichtssagenden Bürokratendeutsch, Sozialhilfe genannt). Mit Versorgung hat Fürsorge gemeinsam, daß die Finanzierung aus allgemeinen Steuermitteln erfolgt (im einzelnen siehe *6.3*).

Auch wenn, vor allem im Bereich der Versorgung, einige soziale Sicherungseinrichtungen sich die Frage gefallen lassen müssen, ob sie noch zeitgemäß sind, so erlaubt die Strukturierung der sozialrechtlichen Materie nach den drei genannten Prinzipien doch eine hinlänglich befriedigende Systematisierung. Sie ordnet den Realtypus "soziale Sicherungspolitik" nach jeweils gemeinsamen Merkmalen. Eine ganz andere Frage ist, ob dieser Realtypus dem Idealtypus einer Sozialpolitik auch nur noch einigermaßen entspricht, die mit ganz bestimmten politischen Ambitionen angetreten ist (siehe dazu oben). Für den Bereich der Sozialversicherung ist diese Frage - cum grano salis - noch zu bejahen. Versorgung und Fürsorge hingegen - so notwendig und gerechtfertigt sie sein mögen - haben mit einer recht verstandenen, vor allem die historischen Bezüge nicht außer acht lassenden Sozialpolitik nur wenig zu tun.

Die Bewältigung der Kriegsfolgen zum Beispiel hat mit der ursprünglichen Intention von Sozialpolitik, der Integration sozial-ökonomisch benachteiligter Schichten in Staat und Gesellschaft, nichts gemein. Es handelt sich um eine Entschädigung für Unbill, die im Dienst "für Volk und Vaterland" zugefügt und erlitten wurde und auf die alle Betroffenen, ungeachtet ihrer sonstigen ökonomischen und sozialen Lebensumstände, einen Anspruch haben. Einer solchen Entschädigungsleistung mangelt es grundsätzlich an jenem politisch-soziologischen oder, wenn man so will, emanzipativen Gehalt, der das Wesen von Sozialpolitik ausmacht. Dies wird auch in der "auf Anregung des Herrn Bundeskanzlers" erstatteten Rothenfelser Denkschrift von ACHINGER u.a. (1955: 28) eingeräumt, wo es hinsichtlich der Kosten für die "Kriegsfolgelasten" hieß: "Es ist irreführend, diese Beträge, die nicht durch die sozialen Verhältnisse der industriellen Gesellschaft, sondern durch politische Katastrophen bedingt sind, mit den staatlichen Zuschüssen zur Sozialversicherung ... zusammenzuwerfen". BOGS (1962: 99) kommt zu einem ähnlichen Schluß: "Die Versorgung ist, anders als die Sozialversicherung, keine Form der Selbsthilfe, die Versorgungsberechtigten stehen dem Träger der Versorgung passiv als Leistungsempfänger gegenüber."

Was das Verhältnis von *Fürsorge* und Sozialpolitik anbelangt, so soll nur daran erinnert werden, daß es gerade ein wesentliches Charakteristikum der "Social-Politik" des vergangenen Jahrhunderts war, jedwede - in dieser oder jener Gestalt schon seit jeher existente - Armenfürsorge abgelöst und für einen Großteil der von ihr Bedachten entbehrlich gemacht zu haben. Fürsorge gab es schon immer, Sozialpolitik hingegen ist eine Errungenschaft oder, nüchterner formuliert, ein Produkt des 19. Jahrhunderts. Im Gegensatz zur Fürsorge, der es, wie Simmel überzeugend beschrieben hat (siehe *Einfügung II*), in erster Linie um die Erhaltung des gesellschaftlichen Status quo zu tun ist, um eine Stabilisierung auf vergleichsweise niedrigem Niveau, wohnt der Sozialpolitik ein politischer Gestaltungs- und Veränderungswille inne (oder sollte es zumindest). Diejenigen, auf die Sozialpolitik zielt, sind keineswegs bloß deren Objekte; Sozialpolitik erschöpft sich nicht in staatlichen Gaben, sondern verlangt angemessene und zumutbare individuelle Vorleistungen. Sie macht aus Menschen, deren einziges "Kapital" ihre Arbeitskraft ist, keine Almosenempfänger, wenn der Lebensunterhalt, aus welchen Gründen auch immer, durch Arbeit nicht mehr bestritten werden kann. Vielmehr entstehen dann Ansprüche, die "verdient" sind.

Eine modernistische Sozialhilfe-Ideologie, wie ehedem auch heute zumeist von gleichermaßen adressatenfernen wie wohlwollenden und wohlsituierten Bürgern vertreten, behauptet zwar, daß der Rechtsanspruch auf Sozialhilfe deren Almosencharakter beseitigt habe. Es ist aber sehr fraglich, ob das *Recht* auf ein Almosen, wörtlich: eine "Gabe für Bedürftige", dessen *Natur* als Almosen aufhebt.[1] Im folgenden wird deshalb - wie schon bisher - bevorzugt denjenigen Bereichen, Veranstaltungen und Einrichtungen sozialer Sicherungspolitik Aufmerksamkeit geschenkt, die dem beschriebenen Idealtypus Sozialpolitik nahe kommen - ohne die anderen zu unterschlagen. Denn wenn auch z.B. Fürsorge keine genuin sozialpolitische Veranstaltung ist, so steht sie doch im Gesamtzusammenhang einer auf soziale Lebenslagen gerichteten Politik; Tendenzen, die darauf abzielen, die Sozialhilfe zu verselbständi-

---

1 Diese Interpretation bedeutet - vor allem unter Berücksichtigung von Würde und Stolz der Hilfesuchenden - keine Gleichstellung und -wertigkeit von öffentlicher/gemeinnütziger und auf Außenwirkung bedachter privater Wohltätigkeit, vor allem dann nicht, wenn letztere so penetrant daherkommt wie etwa in Gestalt der Düsseldorfer Anlagenberatergattin Ute-Henriette Ohoven, bei der - auf kaum erträgliche Weise - zur Schau getragene Nächstenliebe und geschäftsfördernde Imagepflege nahtlos ineinander übergehen (siehe "Das Betteln im Chanel-Kostüm", RHEINISCHE POST 1997 c).

gen, etwa deren Leistungsniveau von den Realeinkommen der Arbeitenden abzukoppeln, bedürfen deshalb einer besonders kritischen Betrachtung (siehe *6.3.7*).

5.4 Erste Periode: Aufarbeitung der Kriegshinterlassenschaft

Schon vor Gründung der Bundesrepublik Deutschland war die bedeutsamste sozialpolitische Entscheidung der ersten Nachkriegsperiode bereits gefallen: das Dritte Gesetz zur Neuordnung des Geldwesens vom 20.6.1948 hatte die Ansprüche an die Sozialversicherung im Zuge der Währungsreform gesichert. Durch das Sozialversicherungsanpassungsgesetz vom 17.6.1949 wurden die Renten in der Sozialversicherung an die Lohn- und Preisentwicklung angeglichen.

Der erste deutsche Bundestag "vollbrachte eine quantitativ und qualitativ erstaunliche sozialgesetzgeberische Leistung" (LAMPERT 1991: 105), die in erster Linie der Bewältigung der Kriegsfolgen galt. Diesem Zweck diente das Gesetz über die Behandlung der Verfolgten des Nationalsozialismus in der Sozialversicherung (1949), vor allem aber das Bundesversorgungsgesetz (1950, siehe dazu *6.4*) und das Lastenausgleichsgesetz (1952).

Im Bereich der Sozialversicherung erfolgte zunächst eine Rekonstruktion von Regeln und Strukturen, wie sie in der Weimarer Republik bestanden - soweit das Dritte Reich Änderungen vorgenommen hatte. So wurde 1951 durch das Gesetz über die Selbstverwaltung die Mitwirkung von Versicherten und Arbeitgebern in den Organen der Sozialversicherung wiederhergestellt. Das Sozialgerichtsgesetz (SGG) von 1953 ging sogar über den "Standard" früherer Zeiten hinaus; erstmals wurde ausnahmslos bei allen Sozialrechtsstreitigkeiten der dritten Gewalt die letzte Entscheidung übertragen, Gewaltenteilung und Rechtsschutz damit durchgängig garantiert. Bis zu "ihrer Neuordnung durch das SGG" war die Sozialgerichtsbarkeit "teilweise dem Grundgesetz nicht gerecht" geworden (ROHWER-KAHLMANN: Rdnr. 13, Einführung); das Reichsversicherungsamt war nicht nur höchste Rechtsinstanz, sondern auch "oberste Verwaltungsbehörde der Sozialversicherung" (siehe a.a.O.: 5).

5.5 Das Fundament des Sozialstaats: Rentenpolitik 1957 - 1997

5.5.1 Die Rentenreform 1957 als sozialpolitisches Jahrhundertereignis

Der Zweite Deutsche Bundestag stellte sich eine "Sozialreform" zur Aufgabe, worunter eine grundlegende Neugestaltung der klassischen Bereiche der Sozialversicherung - Kranken-, Unfall- und Rentenversicherung - verstanden wurde.[1] Im Mittelpunkt und

1 In früheren Jahrzehnten war der Begriff der "Sozialreform"- selbst bei Politikern, die Adenauer zu seinen geistigen Ziehvätern gezählt haben dürfte - mit einem anderen Inhalt belegt. "So verstand z.B. eine einflußreiche Bewegung in der christlich-sozialen Bewegung des 19. Jahrhunderts unter 'Sozialreform' die Überwindung des kapitalistischen Wirtschaftssystems" (HÖFFNER 1959: 139).

Vordergrund der Bemühungen stand die Rentenreform, die, im Gegensatz zur Reform der Krankenversicherung, auch weitgehend gelang.

Die Rentenreform des Jahres 1957 war - ohne jede Übertreibung - *das* sozialpolitische Ereignis dieses Jahrhunderts, die wichtigste (sozial)politische Entscheidung seit Bismarcks Sozialversicherung. Der Entschluß, die bisherigen Modalitäten der Rentenberechnung aufzugeben, zeugte gleichermaßen von Kühnheit wie von politischer Weitsicht. Die Folge war nicht nur eine neue Qualität der Rente; mit den neuen Bausteinen der Rentenformel hatte die Sozialpolitik insgesamt eine neue Qualität bekommen. Aus einer notdürftig die Existenz der nicht mehr Arbeitsfähigen sichernden Politik war eine Politik der Lebensstandardsicherung geworden.

Exkurs: Die neue Rentenformel

Ausgangspunkt für die Konstruktion der neuen Rentenformel war die Überlegung, daß der "Lebensstandard, der im Arbeitsleben erreicht worden ist", im Alter auch dann beibehalten werden kann, wenn an baren Mitteln "etwa 20 - 25 Prozent" weniger zur Verfügung stehe, unter anderem wegen "Fortfall der Arbeitswegekosten, der erhöhten Aufwendungen für Arbeitskleidung und dergleichen" (ACHINGER u.a. 1955: 103).

Wie aber konnte man zu einem Rentenformel(teil)ergebnis von etwa 75 Prozent gelangen (ein Wert, der außerdem den Vorzug aufwies, daß er auch den Höchstsatz einer Beamtenpension markierte)? Ganz einfach: wurden maximal 50 Arbeitsjahre unterstellt, so brauchte diese Zahl nur mit 1,5 multipliziert werden - und schon hatte man den gewünschten Prozentsatz. Dieser (schlichten) Überlegung verdankt der (Regel) Steigerungssatz von 1,5 in der Rentenformel von 1957 seine Entstehung.[1] Damit sind aber schon zwei der vier Bestandteile der neuen Rentenformel genannt, nämlich Steigerungssatz (St) und Versicherungs-Jahre (J). Ihre Multiplikation ergibt den für die Rente maßgeblichen Vomhundertsatz für alle Versicherungsjahre. Zu beachten ist dabei, daß der "Beamtenprozentsatz" in der Rentenversicherung (75 Prozent), erst nach einer sehr langen, eben 50-jährigen Versicherungszeit erreicht wird. Bei - z. B. - nur 40 Versicherungsjahren reduziert sich der v.-H.-Satz auf 60.[2]

Nun kann sich allerdings ein Rentner von Prozentsätzen nichts kaufen, das heißt, der v.-H.-Satz benötigte einen materiellen Bezugspunkt, um zu Geld zu werden. Dieser wird in einem Doppelschritt ermittelt. Die Qualität der Beiträge findet in der Rentenformel im Faktor P ihren Ausdruck - allerdings ebenfalls wieder eine Prozentzahl. Sie kommt zustande, indem zunächst für jedes Versicherungsjahr der Verdienst

1 Den Zusammenhang von Beamtenpension und Steigerungssatz betont auch eine ministerielle Verlautbarung: "Der Steigerungssatz von 1,5 v.H. je Jahr ergibt bei einer Versicherungszeit vom 15. bis zum 65. Lebensjahr ein Altersruhegeld von 75 v.H. ... der Satz ... stimmt mit dem in der Beamtenversorgung erreichbaren Höchstsatz überein" (BMA 1970: 73).

2 Bei den Modellrechnungen der Rentenstatistik wird in der Regel nicht von 50, sondern von 45 oder sogar nur 40 Versicherungsjahren ausgegangen (siehe BMA 1995 a: 255).

des Beitragszahlers[1] zum Durchschnittsverdienst aller Versicherten in Beziehung gebracht wird. Letzterer wird jeweils gleich 100 gesetzt, der Individualverdienst daran gemessen. Bezieht ein Versicherter in einem Jahr ein Arbeitseinkommen, das 20 Prozent höher ist als das Durchschnittseinkommen aller Versicherten, so hat er sich in diesem Jahr ein P von 120 "erwirtschaftet". Die P-Werte aller Jahre werden zusammengezählt und durch die Anzahl der Jahre geteilt. Taucht im späteren Rentenbescheid ein (Gesamt) P von 120 auf, so heißt dies, daß der Versicherte im Durchschnitt seines Arbeitslebens 20 Prozent mehr verdient hat als der Durchschnitt aller Versicherten. Ein P von 120 kann auch dadurch zustandekommen, daß in der ersten Hälfte eines Arbeitslebens ein P von 80, in der zweiten ein solches von 160 erreicht wird.

Damit ist auch der dritte Faktor der Rentenformel festgelegt. Doch noch immer fehlt der materielle Bezugspunkt. Bleiben wir bei unserem Beispiel (Vomhundertsatz für alle Versicherungsjahre 75 Prozent, P = 120), so heißt das, daß erst P "in Geld umgewandelt" werden muß, ehe davon dann 75 Prozent als Rente errechnet werden können.

Man entschied sich als Maßstab - allgemeine Bemessungsgrundlage (B) genannt - für einen reichlich "hinterherhinkenden" und zudem vergleichsweise kompliziert zu errechnenden allgemeinen Durchschnittsverdienst. B steht für das durchschnittliche Bruttoarbeitsentgelt aller Versicherten "im Mittel des dreijährigen Zeitraumes vor dem Kalenderjahr, das dem Eintritt des Versicherungsfalls vorausging".

Die allgemeine Bemessungsgrundlage z.B. für das Jahr 1961 wurde also ermittelt, indem die Durchschnittsverdienste aller Versicherten der Jahre 1957, 1958 und 1959 zusammengezählt und durch 3 geteilt wurden. (Die allgemeine Bemessungsgrundlage veränderte sich folgerichtig jedes Jahr entsprechend der Entwicklung der Bruttoverdienste). Dieser Berechnungsmodus bewirkte, daß im Jahre 1961 die allgemeine Bemessungsgrundlage 5 325 DM betrug, während der Durchschnittsverdienst aller Versicherten in diesem Jahr bei 6 723 DM lag. Wäre das P von 120 Prozent auf den letztgenannten, aktuellen Betrag bezogen worden, so hätte sich zunächst ein Wert von 8 068 DM ergeben; 75 Prozent hiervon hätten eine Jahresrente von 6 051 DM oder monatlich 504 DM zur Folge gehabt. Durch das "Hinterherhinken" der allgemeinen Bemessungsgrundlage verringerte sich die Monatsrente auf 399 DM (120 Prozent von 5 325 DM = 6 390 DM, davon 75 Prozent = 4 793 DM:12 = 399 DM). Dies war rund ein Fünftel weniger.

Die neue Rentenformel lautete: ***(P x B) x (J x St) = Jahresrente***

Trotz der "zeitlich versetzten" Allgemeinen Bemessungsgrundlage: zum ersten Mal in der deutschen Sozialgeschichte erhielt die nach dem neuen Modus errechnete Rente "dem Versicherten und seinen Hinterbliebenen die erworbene Stellung im Sozialgefüge" (BMA 1970: 17). Die Versichertenrenten in der Arbeiterrentenversicherung wurden durch die Rentenreform "durchschnittlich um fast 60 Prozent und die der Angestelltenversicherung um rund 66 Prozent gegenüber 1956 angehoben ... Am meisten profitierten die Witwen mit durchschnittlichen Erhöhungen von rund 83 Prozent

1 Da die Beiträge prozentual vom Verdienst erhoben werden, ist die Höhe des Verdienstes immer auch ein Indikator für die Höhe der Beiträge. Dies gilt nicht für vergleichsweise hohe Arbeitseinkommen, das heißt jenseits der Beitragsbemessungsgrenze. Siehe dazu S. 163.

in der Arbeiterrenten- und gar mit 95 Prozent in der Angestelltenversicherung" (VDR 1990: 39). Das "Nettorentenniveau" - eine Aussage darüber, wie hoch die Rente eines Durchschnittsverdieners mit 45 Versicherungsjahren, gemessen an dessen bisherigem Nettoeinkommen, ist - belief sich 1958 auf 64 Prozent. Von 1957 bis 1995 schließlich sind die Renten um das achtfache angestiegen, "preisbereinigt" um das 2,3 fache (siehe BMA 1997 f: 176).[1]

Die Verbesserung der Lebenslage der Rentner war so gravierend, daß es nicht übertrieben sein dürfte, von einem sozialpolitischen Quantensprung zu sprechen. Die Mutmaßung sei erlaubt, daß es nicht zuletzt die Adenauersche Rentenreform des Jahres 1957 war, die maßgeblich dazu beitrug, die Arbeiterschaft insgesamt, das heißt auch deren CDU-ferne Teile, in Staat und Gesellschaft zu integrieren, sie mit dem politischen System zu versöhnen. Adenauer zögerte nicht, "für die Dynamische Rente von einem auf den anderen Tag 700 Millionen Mark (heute etwa fünf Milliarden) aus dem Bundesetat zur Verfügung zu stellen" (BAUER 1991). Zwar wollte er damit nicht zuletzt "der SPD Wind aus den Segeln nehmen"; darüber hinaus aber sollte die Rentenreform allgemein "den inneren Frieden sichern" und die bundesrepublikanische Gesellschaft "im Ost-West-Konflikt stabilisieren" (siehe ebd.). Die Rentenreform dürfte zum Wahlsieg Adenauers im Jahre 1957 mit beigetragen haben.[2]

Nicht zuletzt die politischen und ökonomischen Wirren der ersten Hälfte unseres Jahrhunderts machten es erforderlich, auch bei der Festlegung des Rentenfaktors "Versicherungsjahre" Großzügigkeit an den Tag zu legen. Die Versicherungszeit umfaßte demzufolge nicht nur Zeiträume, in denen Beiträge (Pflicht- oder freiwillige Beiträge) entrichtet wurden, sondern auch Ersatz- und Ausfallzeiten sowie die Zurechnungszeit. Ersatzzeiten sind hauptsächlich Zeiten des Kriegsdienstes, der Gefangenschaft, der Vertreibung, aber auch der politisch motivierten Inhaftierung während der NS-Zeit oder in der früheren DDR. Zu den Ausfallzeiten zählten unter anderem Zeiten der Schwangerschaft, Umschulung, Krankheit, Arbeitslosigkeit sowie Ausbildungszeiten. Letztere umfaßten die Schulausbildung nach dem 16. Lebensjahr sowie ein abgeschlossenes Fachschul- bzw. Hochschulstudium. Eine Schul- oder Fachschulausbildung wurde (jeweils) bis zu 4, eine Hochschulausbildung bis zu 5 Jahren angerechnet. Maximal konnte eine Ausbildungszeit demnach mit bis zu 13 Jahren zu Buche schlagen; ein "ewiger Student" - so er die Kurve noch kriegte, ohne erfolgreichen Studienabschluß "lief nichts" - konnte so auf Kosten von Arbeitnehmern ein durchaus beachtliches Rentenkonto anhäufen.

Während weder die Anerkennung von Ersatzzeiten noch von Ausfallzeiten wegen Arbeitslosigkeit, Krankheit und dgl. zu kritisieren ist (und allenfalls bezüglich der Ersatzzeiten die Frage berechtigt ist, ob die damit verbundenen finanziellen Belastungen nicht doch systemgerechter von der Gesamtheit der Staatsbürger anstatt der Gemeinschaft der Versicherten zu tragen wären, vgl auch S. 170 f.), erscheinen die

---

1 Auch wenn Durchschnittsrenten die Qualität eines sozialen Sicherungssystems nur sehr unvollkommen widerspiegeln: als Indikatoren bei zeitlichen Vergleichen erscheinen sie durchaus geeignet.

2 Daß durchaus auch der "kleine Mann" CDU/CSU wählte, läßt sich unter anderem daran ablesen, daß 54 Prozent der CDU-Wähler angaben, das Geld würde "nicht reichen"; bei den SPD-Wählern waren es 57 Prozent (siehe DIVO-INSTITUT 1957: 76).

Regelungen bezüglich der Ausbildungszeiten, von der vor allem Personen profitierten, die aufgrund ihrer günstigen materiellen Lebensumstände in späteren Jahren solche "Geschenke" nun wirklich nicht brauchten, schlichtweg unverständlich. Sie sind umso weniger nachzuvollziehen, als der Gesetzgeber den Akademiker-Zeiten auch noch die denkbar höchste Bewertung unterlegte: ohne jede Beitragsleistung wurden die maximal Begünstigten so gestellt, als hätten sie 13 Jahre lang Höchstbeiträge entrichtet. Lediglich das Erfordernis der "Halbdeckung"[1],verhinderte daß auch Hochschulabsolventen, die nach ihrer Ausbildung überhaupt keine Arbeitnehmertätigkeit ausübten, sich auf Kosten der versicherten Arbeitnehmer bereicherten.[2]

Als generell "versichertenfreundlich" erwies sich die Einrichtung der sogenannten Zurechnungszeit, von der vor allem Versicherte sowie deren Hinterbliebene profitierten, die in jungen Jahren von einem Schicksalsschlag getroffen wurden (Erwerbs- und Berufsunfähigkeit, Tod). Bei der Rentenberechnung legte man in diesen Fällen nicht die tatsächlich zurückgelegten Versicherungsjahre zugrunde, sondern eine per Fiktion ermittelte Jahreszahl: es wurde unterstellt, daß der Versicherte bereits das 55. Lebensjahr vollendet hatte. Die Zeit vom tatsächlichen Lebensalter bis zum 55. Lebensjahr wurde hin"zugerechnet".

Allerdings wirkten Ausfallzeiten und Zurechnungszeit nicht rentenbegründend, sondern "nur" rentensteigernd. Das heißt: wer ausschließlich Ausfallzeiten und Zurechnungszeit aufweisen konnte, erwarb keinen Rentenanspruch. Hierfür war vielmehr die Erfüllung einer Wartezeit erforderlich, für die ausschließlich Beitrags- und Ersatzzeiten zählten. Die Wartezeit für Altersruhegelder betrug 15, für Berufs- und Erwerbsunfähigkeitsrenten 5 Jahre.

Eine Rente wegen Berufsunfähigkeit (BU) - diese Rentenart war für Arbeiter neu - erhielt, wessen Leistungsfähigkeit im ausgeübten Beruf um mehr als die Hälfte herabgesunken, eine Rente wegen Erwerbsunfähigkeit (EU) derjenige, der nicht mehr in der Lage war, einer Erwerbstätigkeit in gewisser Regelmäßigkeit nachzugehen oder aus einer solchen nur noch geringfügige Einkünfte erzielte. Die unterschiedliche "Schwere" dieser Tatbestände kommt in den unterschiedlichen Steigerungssätzen in der Rentenformel zum Ausdruck: EU-Renten wurden mit dem Steigerungssatz 1,5, BU-Renten mit einem solchen von 1,0 bedacht, das heißt, unter sonst gleichen Voraussetzungen ist eine EU-Rente immer anderthalb Mal so hoch wie eine BU- Rente.

Der EU-Renten-Steigerungssatz galt auch für die Altersruhegelder. Das "normale" Altersruhegeld wurde mit 65 Jahren gezahlt; außer der Wartezeit von 15 Jahren brauchten keine weiteren Voraussetzungen erfüllt sein. Dies war anders bei den vorzeitigen Altersruhegeldern für Arbeitslose und Frauen. Frauen konnten bereits nach dem 60. Lebensjahr Altersrente beziehen, wenn sie insgesamt 15 Versicherungsjahre an Beitrags- und Ersatzzeiten nachwiesen und in den letzten 20 Jahren überwiegend, also mehr als zehn Jahre pflichtversichert gewesen waren. Letzteres bedeutete, daß

1 Halbdeckung bedeutete, daß Ausfallzeiten nur dann angerechnet wurden, wenn die Zeit vom Eintritt in dieVersicherung bis zum Versicherungsfall mindestens zur Hälfte mit Pflichtbeiträgen belegt war.
2 Immerhin hatte die Rentenreform 1957 das Recht zur Selbstversicherung (bis zum 40. Lebensjahr, siehe S. 120) abgeschafft und die freiwillige Beitragsentrichtung (Weiterversicherung) von einer davor liegenden 5-jährigen Pflichtversicherung abhängig gemacht.

die Lebensbiographie solcher Frauen zumindest zwischen 40 und 60 überwiegend durch abhängige Arbeit geprägt sein mußte. Geschlechtsunspezifisch war demgegenüber die Regelung, wonach auch Arbeitslose mit 60 Jahren "in Rente gehen" konnten, wenn sie insgesamt 15 Jahre mit Beitrags- oder Ersatzzeiten belegt hatten und in den letzten eineinhalb Jahren mindestens ein Jahr arbeitslos gewesen waren.

Bei den Witwenrenten war die "große" Witwenrente von der "kleinen" zu unterscheiden. Erstere wurde gezahlt, wenn die Witwe entweder ein waisenrentenberechtigtes Kind erzog oder über 45 Jahre oder invalide war. Lag keine dieser Voraussetzungen vor - war die Witwe also jung, kinderlos und gesund - bestand lediglich ein Anspruch auf die "kleine" Witwenrente. Die große Witwenrente - sie war die "Normal"-witwenrente[1] - betrug 60 Prozent der Rente des Mannes, entweder der tatsächlichen, bereits gezahlten oder der fiktiv für den Todestag berechneten Rente. Im letzteren Fall wurde auch eine etwaige Zurechnungszeit (siehe oben) berücksichtigt, der Steigerungssatz betrug 1,5. Beides war bei der kleinen Witwenrente, bei gleichem Rentenprozentsatz (60 v.H), anders: der Steigerungssatz lag bei 1,0, eine etwaige Zurechnungszeit entfiel. Auch *Witwer*-Renten wurden gezahlt, aber nur dann, wenn die Ehefrau den Unterhalt der Familie überwiegend bestritten hatte.

Die Waisenrenten beliefen sich bei Halbwaisen auf ein Zehntel, bei Vollwaisen auf zwei Zehntel einer etwaigen Versichertenrente. Die Hinterbliebenen-Renten zusammen durften nicht höher sein als die (bisherige oder fiktiv errechnete) Rente des Versicherten.

Eine geschiedene Frau hatte einen Witwenrentenanspruch, wenn ihr der Verstorbene zum Zeitpunkt seines Todes Unterhalt leistete oder zu leisten hatte. Die Unterhaltspflicht setzte in der Regel voraus, daß die Ehe wegen Verschulden des Verpflichteten geschieden worden war.

Die Rentenreform des Jahres 1957 beseitigte so gut wie alle materiell-rechtlichen Unterschiede zwischen versicherten Arbeitern und Angestellten. Es blieb zwar bei getrennten Trägern - der zentralen Bundesversicherunganstalt für Angestellte (BfA) in Berlin und den 18 regionalen Landesversicherungsanstalten (LVA) für Arbeiter - aber die unterschiedlichen Rechtsregelungen gehörten der Vergangenheit an. Die angeblichen Wesens-Unterschiede zwischen beiden Arbeitnehmer-Gruppen dienen seitdem zumindest in der Rentenversicherung nicht mehr als Legitimation für Privilegien. Daß trotz gleichen Rechts die Leistungen in beiden Bereichen sich deutlich unterschieden (und unterscheiden, siehe S. 167) ist nicht dem Gesetzgeber, sondern, wenn überhaupt, den Tarifvertragsparteien anzulasten. Niedrige Einkommen kann die Rentenversicherung grundsätzlich nicht - und wenn doch, dann nur durch spezifische Regelungen und in begrenztem Umfang, siehe S. 153 - ausgleichen.

Im Zuge der Rentenreform 1957 wurde schließlich auch das Finanzierungsverfahren wieder umgestellt. War bis dahin ein "Anwartschaftsdeckungsverfahren mit einer großen Kapitalansammlung" vorgeschrieben - was jedoch nie "über lange Zeiträume

---

1 Dazu trägt bei, daß eine "große" Witwe normalerweise von einem Anspruchstatbestand in den anderen "hineinwächst": ist der "Erziehungstatbestand" verbraucht, kommt über kurz oder lang der "Alterstatbestand" zum Zuge.

hinweg eingehalten" wurde (siehe BMA 1975: 96) - so setzte sich zunehmend die Erkenntnis durch, daß, wie Mackenroth 1952 schrieb (zit. bei LAMPERT 1991: 195), "aller Sozialaufwand immer aus dem Volkseinkommen der laufenden Periode gedeckt werden muß". Man entschied sich zunächst für das sogenannte Abschnittsdeckungsverfahren: der in einem 10-jährigen Zeitabschnitt entstehende Finanzbedarf sollte gedeckt und darüber hinaus eine Rücklage gebildet werden. 1969 wurde dieses System durch ein Umlageverfahren mit Liquiditätsreserve ersetzt. Letztere bekam zunehmend den Charakter einer "Schwankungsreserve", die zwischen 9 Monatsausgaben (1973) und 1 Monatsausgabe (1985) pendelte (siehe BMA 1991: 198). Die Rentenfinanzierung war praktisch zu einer reinen Umlagefinanzierung geworden.

5.5.2 Zwischen den Rentenreformen

Bis zum Jahre 1959 erhielten Flüchtlinge, Vertriebene, Aus- und Übersiedler Rentenleistungen entsprechend den im Herkunftsland erworbenen Ansprüchen, also vergleichsweise bescheidene Beträge. Dies änderte sich mit dem Fremdrentengesetz von 1960, das den genannten Personenkreis so behandelte, "als ob sie ihr Arbeits- und Versicherungsleben im Bundesgebiet zurückgelegt hätten" (BMA 1970: 75).

Die Pflichtversicherungsgrenze für Angestellte wurde 1968 aufgehoben. Seitdem gehören alle Angestellten, ohne Rücksicht auf die Höhe ihres Gehaltes, der Rentenversicherung als Pflichtmitglieder an. Da der Verdienst jedoch nur bis zur jeweiligen Beitragsbemessungsgrenze zur Beitragsentrichtung herangezogen wird (siehe S. 163), hält sich die finanzielle Belastung insbesondere von sehr gut Verdienenden - und damit auch ihr "Solidarbeitrag" - in gewissen Grenzen. Allerdings orientieren sich auch die späteren Leistungsansprüche gegenüber der Rentenversicherung nur an dem Einkommen, für das Beiträge entrichtet worden sind, das heißt, die Beitragsbemessungsgrenze ist gleichzeitig eine Leistungsbemessungsgrenze.

5.5.3 Die Rentenreform 1972: Flexibilisierung der Altersrenten

Anderthalb Jahrzehnte nach der Adenauerschen Rentenreform im Jahre 1957 wurde die gesetzliche Rentenversicherung 1972, in der Zeit der sozialliberalen Koalition, abermals reformiert - letztmalig durchgängig zugunsten der Versicherten. Die seit dem 1. Weltkrieg unveränderte Altersgrenze von 65 Jahren erfuhr eine "Flexibilisierung", das heißt, sie wurde faktisch herabgesetzt. Selbständige konnten die Pflichtmitgliedschaft, nicht Pflichtversicherte die (1957 abgeschaffte) freiwillige Mitgliedschaft beantragen. Die Rentenformel - genauer: der Faktor P der Rentenformel - wurde in der Weise "manipuliert", als unter bestimmten Bedingungen ein lebenslanger Niedrigverdienst die Rentenhöhe nicht mehr ausschließlich (negativ) beeinflußte (Rente nach Mindesteinkommen).

Die Inanspruchnahme der "flexiblen" Altersrente war an eine ziemlich lange Gesamtversicherungszeit geknüpft, womit verhindert wurde, daß auch "Gelegenheitsbeitragsentrichter" vom früheren Rentenbeginn profitierten. Wer mit 63 Jahren in Rente gehen wollte - dies war der Normalfall bei der Inanspruchnahme der flexiblen Altersrentenregelung - mußte insgesamt 35 Versicherungsjahre nachweisen, davon 15 Beitragsjahre bzw. Ersatzzeiten.

Selbständigen wurde durch die Rentenreform 1972 die Möglichkeit eingeräumt, die Pflichtmitgliedschaft zu beantragen. Eine solche Antragspflichtmitgliedschaft unterscheidet sich rechtlich nicht von derjenigen eines Arbeitnehmers und kann sich für den Selbständigen vorteilhafter auswirken als eine freiwillige Versicherung (siehe etwa S. 155 f.).

Grundgedanke der "Rente nach Mindesteinkommen" (nicht zu verwechseln mit einer "Mindestrente") war, für langjährig Beschäftigte - insgesamt 25 Versicherungsjahre ohne freiwillige Beiträge und Ausfallzeiten mußten nachgewiesen werden - mit niedrigem Verdienst einen gewissen Sozialleistungs-Ausgleich zu schaffen, die starre Einkommen-Rente-Beziehung abzuschwächen. Dies geschah in der Weise, daß bei denjenigen Versicherten, deren Lebensarbeitsverdienst in der Rentenformel einen P-Wert unter 75 v.H. ergab, dieser v.H.-Satz "von Amts wegen" auf 75 angehoben wurde. Kam also eine versicherte Arbeitnehmerin im Laufe ihres Arbeitslebens nur auf drei Fünftel des Durchschnittsverdienstes aller Versicherten (betrug ihr P also 60 v.H.), so wurde bei der Rentenberechnung unterstellt, sie habe drei Viertel des Durchschnittsverdienstes erzielt (P = 75 v.H.). Rentenrechtlich wurden so 75 Prozent des Durchschnittsverdienstes eine Art nachträglicher "Mindestlohn".

Die "Rente nach Mindesteinkommen" wurde nicht zufällig am Beispiel einer weiblichen Beschäftigten demonstriert. Vor allem für schlecht- bzw. unterbezahlte Frauen war die Regelung gedacht, obwohl sie - im Gegensatz zur Frauenaltersrente - rechtlich nicht geschlechtsspezifisch angelegt war. Die Regelung hatte aber nicht nur positive Seiten. Zum einen stellte sie eine Art nachträgliche Lohn-Subvention für Unternehmen dar (u. a. Einsparung von Sozialversicherungsbeiträgen), so daß der Gesetzgeber, um nicht auch für die Zukunft einen "Anreiz" für Niedriglöhne zu bieten, ihre Anwendung zu Recht auf die Zeit vor 1972 beschränkte. Zum anderen profitierten von der Neuregelung auch Personen, die der Gesetzgeber kaum im Visier gehabt haben dürfte. Bestand zum Beispiel vor 1972 lange Jahre ein Ehegatten-Arbeitsverhältnis - etwa zwischen einem "Freiberufler" und seiner Ehefrau - mit einer Arbeitszeit und einem Verdienst, die "so eben noch" Sozialversicherungspflicht nach sich zogen, dann war unter normalen Umständen keine nennenswerte Rente zu erwarten. Erhöhte sich nun aber in einem solchen Fall der Wert für P, der - zum Beispiel - ohne die Neuregelung bei 20 gelegen hätte, auf 75, so wurde aus der Zwerg- oder Minirente ein doch recht ansehnlicher Betrag, aus dem "Zubrot" eine Summe, mit der man rechnen konnte.

Von der "Rente nach Mindesteinkommen" dürften aber doch in erster Linie schlechtbezahlte "Normal"-Arbeitnehmerinnen profitiert haben, in durchaus gewichtigem Umfang. Da die neue Regelung auch die bereits gezahlten Renten erfaßte, wurden 1972 nicht weniger als 1,2 Millionen Renten (12 Prozent des Bestandes) angehoben, "um durchschnittlich 105 DM"; 82 Prozent dieser Renten entfielen auf Frauen (siehe BMA 1977: 91).

5.5.4 Rentenrechtliche Regelungen 1975 - 1991: Partieller Ausbau, Veränderungen und Konsolidierung

Eine ebenso notwendige wie angemessene Erweiterung erfuhr die gesetzliche Rentenversicherung durch das *Gesetz über die Sozialversicherung Behinderter* von 1975. Es verfolgte den Zweck, Behinderten "den Aufbau einer eigenen Alters- und Invaliditätsversicherung zu eröffnen" (BMA 1990 a: 208). Behinderte, die in anerkannten Werkstätten für Behinderte tätig sind, unterliegen seitdem der Rentenversicherungspflicht, desgleichen solche Behinderte, die in Anstalten und Heimen "in gewisser Regelmäßigkeit eine Leistung erbringen, die einem Fünftel der Leistung eines vollerwerbsfähigen Beschäftigten in gleichartiger Beschäftigung entspricht". Bei der Beitrags- und Rentenberechnung werden nicht die tatsächlichen, normalerweise eher bescheidenen Verdienste zugrundegelegt, sondern fiktive, gesetzlich festgelegte Werte, die sich auf rund 75 Prozent des Durchschnittsentgelts aller Versicherten belaufen.[1] Der Beitragsanteil der Behinderten bemißt sich nach ihrem tatsächlichen Arbeitsverdienst; die Beiträge für den Unterschiedsbetrag zwischen realem und fiktivem Verdienst zahlt der Träger der Einrichtung. Für Behinderte in anerkannten Werkstätten erstattet der Bund diese Beiträge.

Trotz der geminderten Ansprüche bezüglich des Umfangs der Arbeitsleistung der Betroffenen - als Voraussetzung für das Entstehen eines Versicherungsverhältnisses - entspricht dieses Gesetz in vorbildlicher Weise den Anforderungen, die bei der Einbeziehung neuer Personenkreise in die Sozialversicherung erfüllt sein sollten. Zum einen: der Personenkreis, um den es geht, ist ohne jede Frage in aller Regel sozial sicherungsbedürftig. Zum anderen: es wird den Behinderten, jedenfalls einem Teil, erspart, im Bedarfsfall auf Sozialhilfe oder Angehörige angewiesen zu sein; bei letzteren wiederum ist die lebenslange Unterhaltspflicht wenigstens partiell aufgehoben. Daß ein eigenständig erworbener Versicherungsanspruch das Selbstwertgefühl behinderter Menschen stärkt, braucht nicht besonders betont werden. Und schließlich hat der Gesetzgeber nicht darauf verzichtet, eine - wenn auch noch so herabgesetzte - abhängige Arbeitsleistung zur Voraussetzung der Versicherungspflicht zu machen, womit er dem Grundgedanken der Sozialversicherung ebenso treu geblieben ist wie mit der Übernahme eines Teils der Beiträge durch den Bund.

Ein Beschäftigungsverhältnis, das Sozialversicherungspflicht nach sich zieht, entsteht grundsätzlich nur dann, wenn die Beteiligten dieses Verhältnis aus "freiem" Entschluß eingehen. Bei fehlender Freiwilligkeit bedarf es spezieller Rechtsvorschriften, die Sozialversicherungspflicht anordnen. Nach dem 1976 in Kraft getretenen *Strafvollzugsgesetz* ist ein Gefangener "verpflichtet, eine ihm zugewiesene Arbeit ... auszuüben" (§ 41) - wodurch es dem aus dieser Arbeitspflicht hervorgehenden Rechtsverhältnis an Freiwilligkeit mangelt. Die soziale Sicherheit von Strafgefangenen kann deshalb nur über besondere Rechtsnormen erreicht werden.

1 Im einzelnen siehe dazu BMA 1995 a:247, 278. Im Jahre 1997 beträgt dieses Mindestarbeitsentgelt für Behinderte 3 416 DM monatlich in den alten und 2 912 DM in den neuen Bundesländern.

Was die Risiken Arbeitslosigkeit und Arbeitsunfall angeht, waren und sind die Gefangenen durch entsprechende Bestimmungen (AFG, RVO; neuerdings und zukünftig: Drittes und Siebtes Buch SGB) abgesichert. Auch für die Risiken Krankheit, Berufs- und Erwerbsunfähigkeit, für das Alter und den Fall des Todes eines Gefangenen scheint der Gesetzgeber Vorsorge getroffen zu haben: § 190 Nr. 1, 2 und 14 Strafvollzugsgesetz bezieht Gefangene in die gesetzliche Kranken- und Rentenpflichtversicherung ein.

Diese Gesetzesbestimmungen stehen jedoch - buchstäblich - nur auf dem Papier. Gemäß § 198 Abs. 3 Strafvollzugsgesetz werden sie nämlich erst durch ein "besonderes Bundesgesetz ... in Kraft gesetzt". Dieses Gesetz läßt seit nunmehr fast 3 Jahrzehnten auf sich warten; ein Ende der Wartezeit ist nicht abzusehen. Während das Krankheitsrisiko wenigstens durch einen Anstaltskrankenpflegeanspruch abgedeckt wird, hängen die Gefangenen und ihre Angehörigen bezüglich der Alters- und Invaliditätssicherung völlig in der Luft. Staat und Gesellschaft haben es - aus kurzsichtigen finanziellen Erwägungen - bislang versäumt, den Kernbereich sozialer Sicherungspolitik der sozialen Integration von Gesetzesbrechern dienstbar zu machen.

Im Zuge der Neuordnung des *Scheidungsrechts* im Jahre 1977, bei der das Verschuldensprinzip durch das Zerrüttungsprinzip abgelöst wurde, erwies es sich als notwendig, auch die Rentenansprüche Geschiedener neu zu regeln. Dies erfolgte mittels des neugeschaffenen Rechtsinstituts "Versorgungsausgleich", das die während einer Ehe erworbenen Rentenansprüche beider Partner - aber auch etwaige Anwartschaften aus anderen Altersversorgungssystemen - als materielle Einheit betrachtet, die zu gleichen Teilen auf die Eheleute zu übertragen ist, unabhängig davon, wie sich die Versicherungsbeiträge während der Ehezeit *tatsächlich* auf die Ehepartner verteilten. Auch dann, wenn eine Ehefrau überhaupt nicht rentenversichert war, stehen ihr 50 Prozent der von ihrem Ehemann während der Ehe erworbenen Ansprüche zu. Dabei wird davon ausgegangen, daß - ähnlich wie beim gesetzlichen Güterstand der Zugewinngemeinschaft - die Ehepartner in aller Regel gleichgewichtig zum Funktionieren und Bestand der Ehe beitragen, ungeachtet der Art des jeweiligen Beitrags, und sie deshalb auch deren materiellen Früchte gleichberechtigt genießen sollen. Der Versorgungsausgleich war und ist für den Versicherungsträger weitgehend kostenneutral; die Ansprüche werden umgeschichtet, verändern sich aber nicht in der Summe.[1]

Erstmals im Jahre 1978 mußte die Allgemeine Bemessungsgrundlage aus finanziellen Gründen "nach unten" korrigiert werden. 1979 lag sie bereits 2 295 DM, 1985 5 031 DM unter dem nach der "alten Methode" errechneten Betrag (siehe S. 148). Bis zum Jahre 1996 ist dieser "Fehlbetrag" auf 13 380 DM angewachsen - mit der Folge, daß die Rente eines Durchschnittsverdieners nach 45 Versicherungsjahren (1 950 DM) um 753 DM oder 28 Prozent geringer ausfällt, als wenn sie nach der "Adenauerschen Rentenformel" berechnet worden wäre (und 2 703 DM betrüge).

---

1 Es sei denn, eine neu - etwa durch Wertausgleich seitens des Ehegatten - begründete Rentenanwartschaft erhöht sich durch lebensbiographische Tatbestände des "Neuzugangs", die, für sich genommen, einen Rentenanspruch nicht begründen - weil sie für die Erfüllung der "Wartezeit" nicht zählen - aber geeignet sind, einen entstandenen Anspruch zu verstärken (z. B. Ausbildungszeiten).

Die unterschiedlichen *Wartezeiten* für die Altersruhegelder (15 Jahre) und die Berufs- und Erwerbsunfähigkeitsrenten (5 Jahre) wurden im Jahre 1984 vereinheitlicht. Seitdem beträgt die allgemeine Wartezeit für Rentenleistungen 5 Jahre. Der Bezug von Altersruhegeldern wurde dadurch wesentlich erleichtert. Von dieser Maßnahme dürften in erster Linie Nicht-Arbeitnehmer profitiert haben. Eher arbeitnehmerorientiert war hingegen die im gleichen Jahr getroffene Regelung, wonach der Anspruch auf eine BU- oder EU-Rente nicht nur die fünfjährige Wartezeit, sondern zusätzlich eine dreijährige Pflichtversicherungszeit in den letzten fünf Jahren voraussetzte. Der Zugang von Nicht-Arbeitnehmern zu diesen Rentenarten wurde dadurch erschwert.[1]

1975 forderte das Bundesverfassungsgericht eine Gleichbehandlung von Männern und Frauen bei den *Hinterbliebenenrenten.* Mit entsprechenden Rechtsänderungen, die 1986 in Kraft traten, kam der Gesetzgeber dieser Aufforderung nach. Galt vordem der Grundsatz, daß Frauen, unabhängig von eigenem Einkommen, beim Tode ihres Mannes immer 60 Prozent von dessen Rente als Witwenrente erhielten, während im gleichen Fall dem Mann ein Rentenanspruch nur zustand, wenn die Frau den Familienunterhalt überwiegend bestritten hatte, gelten nunmehr für Männer und Frauen dieselben Anspruchsvoraussetzungen. Daß sich faktisch für Männer in der Regel nicht allzuviel geändert hat, Witwerrenten also immer noch eine Ausnahme darstellen (siehe *5.5.7*), hängt damit zusammen, daß auf die Hinterbliebenenrente - von einem (dynamisierten) Freibetrag, der ab Juli 1997 bei rund 1 252 DM monatlich liegt (neue Bundesländer: 1 069 DM) abgesehen - sonstige Einkünfte zu 40 Prozent angerechnet werden. Das heißt: je höher diese Einkünfte sind, um so weniger bleibt von der (potentiellen) Hinterbliebenenrente übrig. Und da die Einkommensverteilung geschlechtsspezifisch ungleich ist, sind Witwerrenten immer noch eine Seltenheit.

Erhält etwa eine Witwe im alten Bundesgebiet eine eigene, also nicht abgeleitete Rente in Höhe von 1 600 DM monatlich und hat sie daneben einen Witwenrentenanspruch von 1 200 DM, so übersteigen die eigenen Einkünfte (= nicht abgeleitete Rente) den Freibetrag um 348 DM. 40 Prozent davon sind 139 DM; um diesen Betrag wird die Witwenrente gekürzt. Der Witwe verbleibt ein Gesamtrenteneinkommen von 2 661 DM im Monat. Bezieht demgegenüber ein verwitweter Mann ein Bruttogehalt von 5 900 DM im Monat, so werden von diesem Erwerbseinkommen zwar zunächst 35 Prozent = 2 065 DM pauschal abgezogen, so daß nur 3 835 DM übrig bleiben. Diese Summe übersteigt den Freibetrag aber um immerhin 2 583 DM - und 40 Prozent davon sind immer noch 1 033 DM. Eine etwaige Witwerrente bis zu dieser Höhe entfällt völlig.

Allerdings ist zu beachten, daß ein "ruhender" Wiwerrentenanspruch nach Jahren "wiederaufleben" kann, etwa dann, wenn das Einkommen des Mannes sich vermindert (weil er zum Beispiel selber in Rente geht).

Sozial- *und* bevölkerungspolitische Ziele dürfte der Gesetzgeber mit der Einführung von Erziehungszeiten im Jahre 1986 verfolgt haben - auch wenn diese Regelung von offizieller Seite lediglich als "sozialpolitischer Durchbruch" (BMA 1990 a:

1 Allerdings räumte der Gesetzgeber denjenigen (freiwillig) Versicherten, die 1984 bereits die 5-jährige Wartezeit erfüllt hatten, die Möglichkeit ein, durch kontinierliche weitere freiwillige Beitragsentrichtung den Anspruch auf eine BU- bzw. EU-Rente aufrechtzuerhalten. Siehe dazu auch *8.3.*

191) gewertet wurde.[1] Pro Kind wurde ein Versicherungsjahr angerechnet; eine Frau konnte nunmehr "unabhängig von der sozialen Sicherung des Ehemannes" und ungeachtet dessen, ob sie "erwerbstätig war und Beiträge gezahlt" hatte, rentenrechtliche Ansprüche erwerben. Leiten ließ sich der Gesetzgeber dabei von dem Grundsatz der "Gleichbewertung von Erziehungsarbeit in der Familie und außerhäuslicher Erwerbsarbeit" (ebd.). "Wertmäßig" schlug ein Erziehungsjahr mit 75 Prozent des Durchschnittsentgelts aller Versicherten zu Buche.[2]

Kindererziehungszeiten wirken rentenbegründend, das heißt, sie gelten als Pflichtbeitragszeiten und zählen demgemäß bei der Erfüllung der Wartezeit mit. Nach der Regelung von 1986 mußte eine Frau allerdings fünf Kinder zur Welt bringen und/oder erziehen, um - bei einer fünfjährigen Wartezeit - allein aus Kindererziehung einen Rentenanspruch zu erwerben.

5.5.5 Rentenreform 1992: Beschneidung der Ansprüche

Dies änderte sich mit der Rentenreform 1992, der dritten seit Bestehen der Bundesrepublik Deutschland. Für jede Geburt ab 1992 werden drei Kindererziehungsjahre angerechnet, so daß heutzutage bereits zwei Kinder einen eigenständigen Rentenanspruch auslösen und Mütter mit zwei Kindern gegen die Risiken der Berufs- und Erwerbsunfähigkeit und im Alter dem Grunde nach gesichert sind. Während die Altersrente allerdings ohne zusätzliche Versicherungszeiten - die nicht auf Erwerbstätigkeit beruhen müssen, sondern zum Beispiel auch Ausbildungszeiten umfassen können - recht bescheiden ausfallen dürfte, ist dies bei einer in jungen Jahren eintretenden Invalidität anders. Hier kann die Zurechnungszeit für eine durchaus ansehnliche Rente sorgen.

Die "Erhebung" von "Erziehung" zu einem originären, gewissermaßen sich selbst genügenden sozialpolitischen Tatbestand war eine zwar bedeutsame, aber nicht die wichtigste Neuregelung des RRG 1992. Letzteres verdankte seine Entstehung vielmehr dem Umstand, daß - so die überwiegende Auffassung der Sachkundigen - ohne Eingriffe in das Rentenrecht dessen Kollaps unvermeidbar gewesen wäre. Modellrechnungen hatten ergeben, daß bei "gleichbleibenden Verhältnissen", also ohne Korrekturen, im Jahre 2030 auf 100 Beitragszahler 91 Rentner gekommen wären, bei einem entsprechenden Verhältnis von 100 zu 48 im Jahre 1990 (siehe BMA 1990 a: 148).

Eine der Korrekturen bestand in der faktischen Rücknahme der flexiblen Altersrenteregelungen von 1972 und der Rückkehr zur Regelaltersgrenze von 1916. Gehen

1 Ob die Steigerung der Nettoreproduktionsrate von 0,604 im Jahre 1985 auf 0,700 im Jahre 1990 etwas mit der Einführung von Erziehungszeiten zu tun hatte, sei dahingestellt. Die Nettoreproduktionsrate gibt darüber Auskunft, "inwieweit eine Frauengeneration durch die von diesen Frauen geborenen Töchter ersetzt wird. Eine Nettoreproduktionsrate von 1,0 bedeutet Erhaltung des Bevölkerungsbestandes, bei Werten über 1 wächst und bei Raten unter 1 schrumpft die Bevölkerung" (BFA 1990 a: 90).

2 Das bedeutet zum Beispiel für 1997, daß die Erziehenden rentenrechtlich so gestellt werden, als verdienten sie monatlich 3 416 DM und würden dafür Rentenversicherungsbeiträge entrichten.

Versicherte zukünftig - das RRG 1992 nannte als Beginn das Jahr 2001[1] - vor dem 65. Lebensjahr in Rente, also mit 63 (bisherige flexible Altersgrenze) bzw. 60 Jahren (Arbeitslose, Frauen), müssen sie pro Jahr einen Rentenabschlag von 3,6 Prozent hinnehmen. Damit soll einerseits ein Ausgleich für die längere Rentenlaufzeit geschaffen[2] und andererseits der Trend zur Frühverrentung[3] gestoppt werden. Auch einen Anreiz zur Weiterarbeit nach dem 65. Lebensjahr hielt das RRG 1992 parat: für jedes Jahr, das ein Versicherter später in Rente geht, wird ein Bonus von 6 Prozent gewährt.

Die - trotz dieser und anderer Korrekturen unvermeidliche - höhere finanzielle Belastung der Rentenversicherung verteilte der Gesetzgeber von 1992 mittels eines sich "selbst regulierenden Mechanismus" (siehe BMA 1995 a: 216) gleichsam automatisch und gleichgewichtig auf die Beteiligten, das heißt auf Beitragszahler, Rentner und den Staat. Dies geschieht zum Beispiel dadurch, daß eine Erhöhung des Staatszuschusses sich an dem Prozentsatz orientiert, um den die Beiträge steigen. Die Dynamisierung der Renten wiederum ist an die Entwicklung der Bruttoverdienste (des Vorjahres) *und* der Belastungen der Arbeitnehmer und Rentner durch Steuern und Sozialabgaben gekoppelt - was praktisch den "Übergang von der Brutto- zur Nettoanpassung" (VDR 1995: 11) zur Folge hatte.

Die entsprechenden Regelungen sind ziemlich kompliziert - wie man sich überhaupt des Eindrucks nicht erwehren kann, beim RRG 1992 habe eine Experten-Riege unter Beweis stellen wollen, daß es auf Verständlichkeit und Nachvollziehbarkeit von Rechtsnormen für den Normal-Bürger nicht mehr ankommt. Das Gesetz wartet mit einer Fülle neuer Begriffe auf, von denen jedoch nicht wenige kein neues materielles Recht setzen.

Exkurs: Die geänderte Rentenformel

Die Rentenformel zum Beispiel lautet nunmehr

Persönliche Entgeltpunkte (PE) x Rentenartfaktor (RAF) x aktueller Rentenwert (aR) = Monatsrente

führt aber selbst nach offiziellem Eingeständnis "zu keinem anderen Ergebnis als die frühere" (BMA 1991: 175).[4]

1 Die vom RRG 1992 noch eingeräumten (zeitlich gestaffelten) Schonfristen wurden im Zuge der rentenrechtlichen Eingriffe 1996 drastisch reduziert (siehe *5.5.6*).

2 Ein 60-jähriger Mann hat noch eine durchschnittliche Lebenserwartung von 17,9, eine ebenso alte Frau von 22,4 Jahren (vgl. STATIST. BUNDESAMT 1996 a: 77).

3 Vom Jahrgang 1905 gingen drei Fünftel der Männer und zwei Fünftel der Frauen mit 65 Jahren in Rente, vom Geburtsjahrgang 1920 nur noch jeweils ein Fünftel (siehe BMA 1991: 147).

4 Dies gilt aber nur bei Zugangsfaktor 1, d. h. bei Rentenbeginn im gesetzlich "vorgesehenen" Alter (siehe dazu unten). Außerdem ist zu berücksichtigen, daß für die Ermittlung der einzelnen Bestandteile der Rentenformel zum Teil neue Bewertungsmaßstäbe gelten.

Die Entgeltpunkte, Ersatz für die persönliche Rentenbemessungsgrundlage, werden ermittelt, indem das individuelle Bruttoarbeitsentgelt eines Jahres durch das durchschnittliche Bruttojahresarbeitsentgelt aller Versicherten geteilt wird. Ein Entgelt in Höhe des Durchschnittsverdienstes aller Versicherten ergibt demnach 1 Entgeltpunkt. Gehen 40 Entgeltpunkte in die neue Rentenformel ein, so können diesen - zum Beispiel - entweder 40 Versicherungsjahre mit durchschnittlichem Entgelt oder 30 Versicherungsjahre mit einem Entgelt zugrunde liegen, das den Durchschnittsverdienst um ein Drittel übersteigt.

Die persönlichen Entgeltpunkte kommen dadurch zustande - und das ist neu an der neuen Rentenformel -, daß die Summe aller Entgeltpunkte mit dem Zugangsfaktor multipliziert wird. Der Zugangsfaktor wirkt sich rechnerisch jedoch nur dann aus, wenn der Rentenbeginn vor oder nach der maßgeblichen Altersgrenze liegt; in allen anderen Fällen beträgt er 1. Verschiebt ein Versicherter den Rentenbeginn über das 65. Lebensjahr hinaus, erhöht sich der Zugangsfaktor für jeden Monat, in dem die Rente nicht beansprucht wird, um 0,5 Prozent; eine einjährige Verschiebung ergibt so den Zugangsfaktor 1,06 oder eine um 6 Prozent höhere Rente. Umgekehrt: für jeden Monat, um den die Rente "vorzeitig" beansprucht wird, vermindert sich der Zugangsfaktor um 0,3 Prozent. Wer statt im "Regelalter" 65 bereits mit 63 Jahren (bisherige flexible Altersgrenze) in Rente geht, muß sich mit dem Zugangsfaktor 0,928 (1,000 - 0,072), das heißt mit einer um 7,2 Prozent geringeren Rente, begnügen.

Der Rentenartfaktor, der an die Stelle des bisherigen Steigerungssatzes tritt, beträgt für Alters- und EU-Renten 1,0, für BU-Renten 0,6667, für große Witwen- und Witwerrenten 0,60, für kleine Witwenrenten 0,25, für Vollwaisenrenten 0,2 und für Halbwaisenrenten 0,1.

Der Monatsbetrag der Rente kommt durch Multiplikation der persönlichen Entgeltpunkte mit dem Rentenartfaktor und dem aktuellen Rentenwert zustande. Letzterer "entspricht dem monatlichen Betrag der Altersrente, der ... durch Entrichtung eines jährlichen Durchschnittsbeitrags erreicht wird" (BMA 1995: 250). Aus der bisherigen allgemeinen Bemessungsgrundlage (B) läßt sich der aktuelle Rentenwert nach der Formel B x 1,5 : 12 = aktueller Rentenwert ermitteln.

(Alters) Rentenberechnung nach alter und neuer Rentenformel (am Beispiel des Jahres 1991)

Durchschnittsverdiener, 45 Versicherungsjahre

Alte Formel

$$\text{Monatsrente} = \frac{P \times B \times J \times St}{12} = \frac{100 \times 33\,149 \times 45 \times 1{,}5}{12} = 1\,865 \text{ DM}$$

Neue Formel

$$\text{Monatsrente} = PE \times RAF \times aR = 45 \times 1 \times 41{,}44 = 1\,865 \text{ DM}$$

$(aR = 33\,149 \times 1{,}5 : 12 = 41{,}44)$

Ist die neue Formel, wie man sieht, auch weitgehend entbehrlich, so doch - nach einigem Studieren - kein Buch mit sieben Siegeln. Diese Feststellung trifft für andere Neuregelungen wie "Gesamtleistungsbewertung" inklusive "Grund- und Vergleichsbewertung" sowie "Lückenausgleich" nicht mehr zu.[1] Ein Arbeitnehmer mit durchschnittlicher Intelligenz jedenfalls versteht heutzutage seinen Rentenbescheid nicht mehr, zumindest nicht in allen Einzelheiten. (Ein Vergleich mit der selbst einem früheren Bundeskanzler unverständlichen Verbrauchsrechnung für Gas und Wasser erscheint nicht ganz abwegig).

Auch nicht auf Anhieb, aber wenigstens nach gewisser Zeit erschließt sich dem sozialpolitisch Interessierten das Geheimnis der durch das RRG 1992 neu eingeführten "Berücksichtigungszeit" wegen Kindererziehung. Kindererziehung wird bis zum 10. Lebensjahr des Kindes als Berücksichtigungszeit anerkannt. Dabei handelt es sich nicht, wie bei Beitrags-, Ersatz-, Ausfall- bzw. Anrechnungszeiten und Zurechnungszeiten, um eine Zeit, die die Versicherungsdauer insgesamt erhöht, sondern um eine solche, die sich - wie der offizielle Ratgeber sybillinisch anmerkt (siehe BMA 1991: 174) - "nur innerhalb bestimmter Regelungen" auswirkt. Eine Erwerbsunfähigkeitsrente etwa ist an sich davon abhängig, daß in den letzten fünf Jahren mindestens drei Jahre eine Pflichtversicherung bestanden hat. Dieser Fünfjahreszeitraum nun verlängert sich um die Berücksichtigungszeit.

Wird zum Beispiel bei einer jungen Frau, die vom 16. bis zum 19. Lebensjahr einer abhängigen Beschäftigung nachgegangen ist und letztere wegen der Geburt eines Kindes aufgegeben hat, im 27. Lebensjahr Erwerbsunfähigkeit festgestellt, so erhält sie nach der Neuregelung eine Rente. Die Wartezeit hat sie mit drei Pflichtversicherungsjahren für die Erziehung eines Kindes und drei Pflichtversicherungsjahren aus abhängiger Beschäftigung - also insgesamt sechs Jahren - erfüllt.

Berücksichtigungszeiten werden auch auf die Wartezeit von 35 Jahren angerechnet, die Voraussetzung für eine vorzeitige Altersrente ist.

Die "Rente nach Mindesteinkommen" wurde durch das RRG 1992 ein weiteres Mal "verlängert", das heißt, in die Regelung sind jetzt auch die Zeiten von 1972 bis 1992 einbezogen. Statt bisher 25 sind jetzt allerdings 35 Versicherungsjahre nachzuweisen, freiwillige Beitrags-, Anrechnungs- (früher: Ausfall)zeiten und Berücksichtigungszeiten zählen mit. Das tatsächliche Entgelt wird nur noch auf das eineinhalbfache angehoben (auf, wie bisher, höchstens 75 Prozent des Durchschnittsentgelts aller Versicherten). Diesen Höchstsatz erreicht also nur noch, wer durchschnittlich wenigstens die Hälfte des Durchschnittsverdienstes aller Versicherten erzielt und dafür Beiträge entrichtet hat. Ein (unter Umständen manipulierter) Niedrigverdienst bringt nunmehr deutlich weniger Vorteile. Negativ betroffen sind auch Teilzeitbeschäftigungen.

Mit der ungerechtfertigten Bevorzugung von "Langzeitsichausbildenden" machte das RRG 1992 Schluß. Die anfängliche Höchstbewertung solcher Zeiten wurde von einer Bewertung abgelöst, die maximal 75 Prozent des Durchschnittsverdienstes aller

---

1 Von Bedeutung sind diese neuen Vorschriften da, wo der Versicherungsverlauf Lücken aufweist. Sie führen einerseits (Gesamtleistungs-, Grund- und Vergleichsbewertung) zu einer stärkeren "Beitragsorientierung" der beitragsfreien Zeiten ("Beitragsdichtemodell", vgl. LAMPERT 1991: 225) und wollen andererseits verhindern (Lückenausgleich), daß sich "relativ kurzfristige Lücken in einem noch sehr kurzen Versicherungsleben stark rentenmindernd auswirken" (BMA 1995 a: 249). Zu den Einzelheiten siehe ebd.

Versicherten betragen kann. Die Höchstdauer wurde von 13 auf 7 Jahre abgesenkt. Entfallen ist das bisherige "Halbdeckungs"-Erfordernis .

Statt wie bisher fünf werden nur noch die ersten vier (Berufsanfänger)Versicherungsjahre mit mindestens 90 Prozent des Durchschnittseinkommens aller Versicherten bewertet.

5.5.6 Altersteilzeit und Rente, Wachstums- und Beschäftigungsförderungsgesetz (1996)

Durch das seit 1.8.1996 geltende Altersteilzeitgesetz soll Arbeitnehmern, die das 55. Lebensjahr vollendet haben, ein "gleitender Übergang vom Erwerbsleben in die Altersrente ermöglicht werden" (§ 1 des Gesetzes). Vorbedingung ist eine mindestens dreijährige Vollzeitbeschäftigung in den letzten fünf Jahren.

Leistungen im Rahmen des Gesetzes setzen voraus, daß die Begünstigten einvernehmlich mit ihrem Arbeitgeber die Arbeitszeit um die Hälfte - aber nicht unter 18 Stunden wöchentlich - verringern. Für den Arbeitgeber kann sich die Verpflichtung zu einer Altersteilzeitvereinbarung aus einem Tarifvertrag oder einer Betriebsvereinbarung ergeben; diese Verpflichtung entfällt, wenn mehr als 5 Prozent der Beschäftigten Altersteilzeit in Anspruch nehmen wollen. Voraussetzung ist ferner, daß der Arbeitgeber auf dem freigewordenen Arbeitsplatz entweder einen Arbeitslosen oder einen Arbeitnehmer nach Abschluß der Berufsausbildung beschäftigt.

Dies ist jedoch der einzige "substantielle" Beitrag der Arbeitgeber zur Förderung der Altersteilzeitarbeit. Zwar schreibt das Gesetz weiter vor, daß der Arbeitgeber das neue, reduzierte Entgelt des Arbeitnehmers um mindestens 20 v.H., immer aber um mindestens so viel aufstocken muß, daß der Arbeitnehmer 70 v.H. seines bisherigen Arbeitsentgelts erhält; außerdem hat der Arbeitgeber Rentenversicherungsbeiträge für den Arbeitnehmer mindestens in Höhe des Beitrags zu entrichten, der auf den Differenzbetrag zwischen 90 Prozent des Vollzeitarbeitsentgelts und dem Arbeitsentgelt für die Altersteilzeit entfällt. Aber beide Arbeitgeberleistungen erstattet das Arbeitsamt in voller Höhe. Der Erstattungsanspruch ist auf die genannten Mindest-Sätze beschränkt, erhöht sich also nicht, wenn der Arbeitgeber freiwillig mehr zahlt.[1] Förderleistungen für den einzelnen Arbeitnehmer sind auf 5 Jahre begrenzt und enden, wenn dieser eine Altersrente ohne Abschläge beanspruchen kann. Gefördert werden Altersteilzeit-Arbeitsverhältnisse, die bis spätestens 1.8.2001 beginnen.

Art. 2 des Gesetzes zur Förderung eines gleitenden Übergangs in den Ruhestand vom 1.8.1996 wandelt die bisherige "Altersrente wegen Arbeitslosigkeit" in eine "Altersrente wegen Arbeitslosigkeit oder nach Altersteilzeitarbeit" um. Der Anspruchsvoraussetzung "einjährige Arbeitslosigkeit in den letzten anderthalb Jahren" wird eine "zweijährige Altersteilzeitarbeit" als alternative Anspruchsgrundlage an die Seite gestellt.

---

1 Dieser Bereich eröffnet einen weiten Spielraum für tarifvertragliche und Betriebs-Vereinbarungen, der zum Teil - z.B. beim Volkswagenwerk - auch schon in vorbildlicher Weise genutzt wurde.

Im Gegensatz zu den Altersteilzeit-Regelungen, die der Arbeitnehmer bereits mit 55 Jahren in Anspruch nehmen kann, gelten die Bestimmungen über den Bezug einer Teilrente erst für über 60-Jährige. Auch die Teilrente soll dazu beitragen, daß Arbeitnehmern ein "plötzlicher Sturz in das große Loch 'Ruhestand'" erspart bleibt, sie "sanft in den Ruhestand hinübergleiten" - wie ein Rentenversicherungsträger (in ungewohnt poetischer, allerdings auch ein wenig an Todesanzeigen erinnernder Diktion) mitteilt (BFA 1997 b). Der Arbeitnehmer bezieht zwar eine partielle Rente, arbeitet aber weiter. Die Teilrente ergänzt das Arbeitseinkommen. Der "Teilrentner" kann zwischen drei Arten von Teilrente wählen: in Höhe von einem Drittel, der Hälfte oder zwei Dritteln der Vollrente. Je nachdem, wofür er sich entscheidet, ändert sich die Höhe des erlaubten Hinzuverdienstes.

1997 zum Beispiel beträgt die allgemeine Hinzuverdienstgrenze (alte, neue Bundesländer) bei einer Zwei-Drittel-Teilrente 830 (709) DM, bei einer hälftigen Teilrente 1 269 (1 084) DM und bei einer Ein-Drittel-Teilrente 1 660 (1 418) DM.

Nur wenige Jahre nach dem RRG 1992 hielten die politisch Verantwortlichen erneute Eingriffe in das Sozialrecht zur "Konsolidierung der Sozialversicherungen und des Bundeshaushalts" (BMA 1996 b:6) für erforderlich. Bewerkstelligen sollte dies das Wachstums- und Beschäftigungsförderungsgesetz (WFG) von 1996. Im Vordergrund standen Korrekturen in der Rentenversicherung.

Erneut reduziert wurden die - auf die spätere Rente ohne Beitragsentrichtung angerechneten - Ausbildungszeiten, die einen erfolgreichen Abschluß zwar nicht mehr voraussetzen, aber nur noch bis zu drei Jahren berücksichtigt werden und erst nach Vollendung des 17. Lebensjahres beginnen. Eine Verschlechterung erfuhren auch die Anrechnungsmodalitäten für die beruflichen Anfangsjahre. Nunmehr sind nur noch die ersten drei Berufsjahre begünstigt; statt wie bisher 90 v.H. des Durchschnittsverdienstes aller Versicherten wird diesen Zeiten im Regelfall nur noch ein Wert von 75 v.H. unterlegt.

Die Inanspruchnahme einer vorzeitigen Altersrente vor der neuen (alten) Regelaltersgrenze von 65 Jahren durch Arbeitslose und Frauen ist auch in Zukunft möglich. Gegenüber dem RRG von 1992 sind jedoch erheblich verkürzte Übergangsfristen zu beachten. Nunmehr müssen bereits Arbeitslose, die nach dem November 1941 sowie Frauen, die nach dem November 1944 geboren wurden und mit 60 Jahren in Rente gehen, pro Jahr einen Abschlag von 3,6 Prozentpunkten hinnehmen. Ihre Rente schmälert sich dadurch um 18 Prozent.[1] Ähnliches gilt hinsichtlich der Rente für langjährig Versicherte nach Vollendung des 63. Lebensjahres. Hier profitieren nur noch die bis November 1938 Geborenen von Übergangsregelungen; wer im Dezember 1938 geboren wurde und ab Januar 2002 Rente bezieht, muß ebenfalls einen Abschlag von 3,6 Prozent pro Jahr in Kauf nehmen, das heißt die Rente ist um 7,2 Prozent geringer, als wenn die neue Regelaltersgrenze von 65 Jahren akzeptiert würde.

1 Für ältere Versicherte gibt es - nach Geburtsmonaten abgestufte - Übergangsregelungen. So muß z.B. eine im April 1942 geborene Frau, die im Mai 2002 die vorgezogene Frauenaltersrente beantragt, eine Rentenminderung von 8,4 Prozent im Kauf nehmen (im einzelnen siehe VDR 1996 c: 39).

Auch im Fremdrentenrecht erfolgten durch das WFG erneut Einschnitte. Bereits im Zusammenhang mit der Rentenrefom 1992 war dieser Rechtsbereich (der auch fast ein halbes Jahrhundert nach Kriegsende seine Bedeutung nicht verloren hat, 1990 waren in "jeder achten Rente Zeiten nach dem Fremdrentengesetz enthalten", siehe VDR 1990: 34) geändert worden. Es war zwar grundsätzlich bei der Regelung verblieben, daß Vertriebene, Flüchtlinge, Aus- und Umsiedler bei der Rentenberechnung so gestellt werden, als ob sie ihr Arbeitsleben ausschließlich in der Bundesrepublik verbracht hätten. Erfolgte der Zuzug indes erst nach 1990, so wurden Zeiten im Herkunftsgebiet nur noch auf einem Niveau bewertet, das dem Lohnniveau strukturschwacher Gebiete in den alten Bundesländern entsprach. Im Ergebnis bedeutete dies eine Rentenkürzung um 30 Prozent. Diese Regelung sollte wohl auch dem verbreiteten Unmut der "lebenslänglich" Beiträge Entrichtenden über die beitragslos beachtliche Ansprüche Erwerbenden Rechnung tragen.[1]

Das WFG nun erhöhte diesen pauschalen Abschlag von 30 auf 40 v.H. und verfügte vor allem drastische Begrenzungen in der Rentenhöhe bei Berechtigten, die nach dem 6.5.1996 in die Bundesrepublik gekommen sind. "Der bisher im Fremdrentenrecht dominierende Eingliederungsgedanke wird durch ein Existenzsicherungsprinzip ersetzt" (VDR 1996 c: 57). Dies geschieht dergestalt, daß den später Zugezogenen nur noch eine FRG-Rente mit maximal 25 (Alleinstehende) bzw. 40 Entgeltpunkten (Verheiratete) zugestanden wird. Ein alleinstehender Spätaussiedler, der nach dem 6.5.1996 in die Bundesrepublik übersiedelt und hier keine weiteren rentenrechtlichen Zeiten "erwirtschaftet", wird im günstigsten Fall so gestellt, als habe er in der Bundesrepublik Deutschland für 25 Versicherungsjahre mit Durchschnittsverdienst Beiträge gezahlt; bei Verheirateten[2] sind es höchstens 40 Jahre. Das ergibt (1997) Renten in Höhe von 1 167 bzw. 1 867 DM.

5.5.7 Versicherte, Daten zu Versicherten und Rentnern 1995 - 1997

Das SGB VI unterwirft alle Arbeitnehmer und Auszubildenden der Pflichtversicherung; weder (ein hohes) Einkommen noch beruflicher Status - etwa leitender Angestellter - sind Ausschließungsgründe. Allerdings wird das Einkommen nur bis zu einer bestimmten Höhe zur Beitragsbemessung und -entrichtung herangezogen - eine deswegen häufig kritisierte Regelung, weil dadurch die Einkommen von Besserverdienenden nur begrenzt zum sozialen Ausgleich beitragen (siehe RULAND 1994: 49 ff.). Diese sogenannte Beitragsbemessungsgrenze liegt 1998 bei 8 400 DM monatlich (neue Bundesländer: 7 000 DM). Logischerweise ist sie gleichzeitig eine Leistungsbemessungsgrenze; eine spätere Rente kann sich nur an einem Einkommen orientieren, das auch für Beiträge zur Verfügung gestanden hat. Der Beitragssatz liegt

---

1 Siehe dazu "Lafontaine will Aussiedlern die Rente streichen", Rheinische Post 1996 b. In dem Beitrag wird der Sprecher des Bundesvorstandes von Bündnis 90/Die Grünen, Trittin, zitiert, der kundtat, die Grünen lehnten diese "Form des billigen Populismus" ab.

2 Sind beide Ehepartner rentenberechtigt, so gilt für die Ansprüche insgesamt ebenfalls ein Höchstwert von 40 Entgeltpunkten.

(1998) bei 20,3 Prozent, der monatliche Höchstbeitrag - den sich Arbeitgeber und -nehmer teilen - folglich bei 1 705,20 DM.

Pflichtversichert sind außer den abhängig Beschäftigten auch - unter anderem - selbständige Handwerker (mit Befreiungsmöglichkeit nach 18 Pflichtbeitragsjahren), selbständige Lehrer und Erzieher, Hausgewerbetreibende, Küstenschiffer und -fischer, Künstler und Publizisten, Pflegepersonen (siehe dazu *5.9*), Behinderte in Werkstätten und Anstalten (siehe S. 154), Wehr- und Zivildienstleistende, Helfer in einem freiwilligen sozialen oder ökologischen Jahr sowie Bezieher von Lohnersatzleistungen (z.B. Kranken- oder Arbeitslosengeld). Alle nicht per Sonderregelung pflichtversicherten Selbständigen können die Pflichtversicherung beantragen; sie haben dann entweder einen Beitrag entsprechend ihrem (nachzuweisenden) Einkommen oder den monatlichen "Regelbeitrag" zu entrichten. Dieser beträgt 1998 rund 881 DM (neue Bundesländer: 739 DM); Berechnungsgrundlage ist die jeweilige Sozialversicherungsbezugsgröße (1998: 4 340 DM/3 640 DM, siehe S. 180). In den ersten vier Jahren kann auch nur der halbe Regelbeitrag entrichtet werden.

Arbeitnehmer sind versicherungsfrei, wenn sie geringfügig beschäftigt sind, das heißt, die Beschäftigung regelmäßig weniger als 15 Stunden wöchentlich ausgeübt wird und der Arbeitsverdienst im Monat ein Siebtel der Bezugsgröße nicht übersteigt. 1998 beträgt diese Grenze 620 bzw. 520 DM (alte, neue Bundesländer). Eine Beschäftigung ist auch dann geringfügig, wenn sie innerhalb eines Jahres auf längstens zwei Monate oder 50 Arbeitstage beschränkt ist ("Oktoberfest-Kellnerin"). Die Versicherungsfreiheit geringfügiger Beschäftigungen hat den Vorteil, daß den betroffenen Arbeitnehmern ein höherer Barbetrag zur Verfügung steht und - bei Verheirateten - ein "doppelter" Krankenversicherungsbeitrag vermieden wird. Andererseits spart auch der Arbeitgeber Sozialversicherungsbeiträge - in manchen Branchen ("Lotto, Toto, Rennquintett") scheinen solcherart Beschäftigungen geradezu das Grundgerüst der Kostenkalkulation zu bilden - vor allem aber: geringfügig Beschäftigte erwerben kaum sozialrechtliche Ansprüche. Sie erhalten weder Kranken- noch Arbeitslosengeld, Renten wegen verminderter Erwerbsfähigkeit bleiben ihnen ebenso verwehrt wie eine Rente im Alter. Lediglich bei Arbeitsunfällen sind sie (leidlich) geschützt.

Neben der Pflichtversicherung kraft Gesetzes und auf Antrag gibt es noch die Möglichkeit der Nach- sowie der freiwilligen Versicherung (s. dazu BMA 1997 f: 131 ff.). Letztere steht allen Personen über 16 Jahren mit Wohnsitz oder gewöhnlichem Aufenthalt in Deutschland offen. Freiwillige Beiträge haben allerdings nicht immer dieselben Rechtswirkungen wie Pflichtbeiträge. So kann z.B. allein durch freiwillige Beitragszahlung kein Anspruch auf eine Rente wegen verminderter Erwerbsfähigkeit erworben werden. Entsprechendes gilt für die Ansprüche auf vorgezogene Altersrente wegen Arbeitslosigkeit bzw. auf Altersrente für Frauen. Auch setzt die Anrechnung beitragsfreier Zeiten wegen Krankheit oder Arbeitslosigkeit die Unterbrechung eines *Pflicht*versicherungsverhältnisses voraus.

Ende 1995 zählte die gesetzliche Rentenversicherung (GRV) 30,4 Millionen Pflicht- und 0,9 Millionen freiwillig Versicherte (siehe dazu und zum folgenden VDR 1997 a: 4 ff., 18, Beiblatt). Unter den Pflichtversicherten überwiegen - mit 26,1 Millionen - eindeutig die abhängig Beschäftigten; die zahlenmäßig größte

Gruppe der sonstigen Pflichtversicherten bilden die AFG-Leistungsempfänger (3,2 Millionen). Verhältnismäßig wenige Selbständige, insgesamt rund 201 000, sind rentenpflichtversichert, darunter 79 000 Handwerker, 70 000 Künstler und Publizisten, 24 000 sonstige Selbständige (kraft Gesetzes) und (nur) 28 000 antragspflichtversicherte Selbständige. Durchaus von Gewicht ist - mit 113 000 Personen - die Zahl der pflichtversicherten Pflegepersonen.

Die meisten Mitglieder hat die Angestelltenversicherung; sie zählte 1995 15,8 Millionen Pflicht- und freiwillig Versicherte, gefolgt von der Arbeiterrentenversicherung mit 15,2 Millionen Versicherten und - weit abgeschlagen - der knappschaftlichen Rentenversicherung (242 000).

Der GRV gehören rund 18 Millionen pflicht- und freiwillig versicherte Männer und 13,4 Millionen Frauen an; in den neuen Bundesländern ist der Frauenanteil erheblich höher als im ursprünglichen Bundesgebiet (Verhältnis Männer zu Frauen in den neuen Bundesländern: 3,7 Millionen zu 3,4 Millionen, alte Bundesländer: 14,2 zu 10 Millionen). Unter den 31,3 Millionen Pflicht- und freiwillig Versicherten sind rund 2,5 Millionen Ausländer. Die Statistik der GRV verzeichnet neben den aktiv Versicherten noch rund 18 Millionen "passiv" Versicherte, darunter rund 15 Millionen "latent" Versicherte, z.B. Personen, die in früherer Zeit Beiträge entrichtet und Ansprüche erworben haben.

Den 31,3 Millionen Pflicht- und freiwillig Versicherten stehen am 31.12.1995 rund 21,1 Millionen Rentenempfänger gegenüber (siehe dazu und zum folgenden VDR 1996 a: XII, 38, 86, 106). Unterteilt man den Rentenbestand nach Rentenarten und Geschlecht, so ergibt sich folgende Rangordnung:

Altersrenten Frauen	37 %
Altersrenten Männer	26 %
Witwenrenten	25 %
Verminderte Erwerbsfähigkeit Männer	5 %
Verminderte Erwerbsfähigkeit Frauen	4 %
Waisenrenten	2 %
Witwerrenten	1 %

Auffallend ist - auch vor dem Hintergrund des männlichen Übergewichts bei den Beitragszahlern - der hohe Frauenanteil: rund zwei Drittel der Rentenbezieher, 14 von 21 Millionen, sind Frauen. Ein Viertel aller Renten entfällt auf Witwenrenten, wobei "große" Witwenrenten eindeutig dominieren: nur rund 28 000 oder 0,5 Prozent der insgesamt 5,2 Millionen Witwenrenten sind kleine Witwenrenten. Eine große Witwenrente wird ganz überwiegend durch den Tatbestand "Alter" ausgelöst: 5,1 Millionen große Witwenrenten (97 Prozent!) werden gezahlt, weil die Berechtigte das 45. Lebensjahr vollendet hat, lediglich 127 000 große Witwenrenten beruhen auf der Erziehung eines Kindes oder mehrerer Kinder. Allerdings überwiegen auch bei den Frauen quantitativ die nicht abgeleiteten, originären, also selbst erworbenen Renten(ansprüche).

Verhältnismäßig gering ist - mit 1,9 Millionen Renten - der Anteil der Renten wegen verminderter Erwerbsfähigkeit (Berufs- bzw. Erwerbsunfähigkeitsrenten). Im "Innenverhältnis" dominieren, mit einem Anteil von 92 Prozent, die Erwerbsunfähigkeitsrenten; Berufsunfähigkeitsrenten spielen kaum mehr eine Rolle.

Bei den Renten insgesamt stehen die Altersrenten eindeutig an erster Stelle: 13,3 Millionen, zwei Drittel aller Renten, sind Altersrenten. Von diesen werden 10,2 Millionen als Regelaltersrenten (Vollendung des 65. Lebensjahres) gezahlt. Es folgen mit deutlichem Abstand die Altersrenten an Frauen (1,2 Millionen) und aufgrund von Arbeitslosigkeit (873 000), beide nach Vollendung des 60. Lebensjahres, die 540 000 Altersrenten an langjährig Versicherte (flexible Altersrente nach dem 63. Lebensjahr) sowie die 499 000 Altersrenten für Schwerbehinderte, Erwerbs- und Berufsunfähige (nach Vollendung des 60. Lebensjahres).

Aus dem statistischen Übergewicht der Regelaltersrenten zu schließen, die überwiegende Mehrheit der Versicherten ginge erst mit 65 Jahren "in Rente", wäre verkehrt. Auch in die Regelaltersrente kann man "hineinwachsen", man wird gewissermaßen von einer Rentenart in die andere "umgetopft". So wurden z.B. "alle Versichertenrenten an Rentner, die am 1.1.1992 das 65. Lebensjahr vollendet hatten, als Regelaltersrenten weitergezahlt" (VDR 1996 a: XI).

Genaueren Aufschluß über das *gegenwärtige* "Rentenverhalten" als eine Betrachtung der Bestandsrenten gibt eine Aufschlüsselung der im Jahre 1995 neu hinzugekommenen rund 1 Million Altersrenten (siehe dazu und zum folgenden VDR 1996 b: XV, 30, 33). Zwar behaupten auch bei den Zugangsrenten die Regelaltersrenten (328 000) den ersten Platz; es folgen jedoch vergleichsweise dichtauf die Renten wegen Arbeitslosigkeit (294 000) und die spezifischen Frauen-Altersrenten (234 000); die Renten an langjährig Versicherte (98 000) sowie die Altersrenten an Schwerbehinderte, Erwerbs- und Berufsunfähigkeitsrenten (48 000) fallen quantitativ weniger ins Gewicht. Insgesamt zeigt sich, daß die ganz überwiegende Mehrzahl der Rentner(innen) von der Möglichkeit, *vor* der Regelaltersgrenze in Rente zu gehen, Gebrauch macht. Wie beim Rentenbestand werden auch beim Rentenzugang 1995 die (297 000) Renten wegen verminderter Erwerbsfähigkeit von den *Erwerbsunfähigkeits*renten dominiert: ihr Anteil beläuft sich auf 87 Prozent. Wie die Rentenzugangsstruktur 1995 insgesamt aussieht, veranschaulicht die folgende Aufstellung:

Altersrenten Männer	31 %
Altersrenten Frauen	27 %
Witwenrenten	18 %
Verminderte Erwerbsfähigkeit Männer	10 %
Verminderte Erwerbsfähigkeit Frauen	6 %
Waisenrenten	5 %
Witwerrenten	3 %

Kritiker des gegenwärtigen Renten-Systems unterlassen es kaum einmal, als Beleg für dessen Mängel die (geringen) Durchschnitts-Renten ins Spiel zu bringen - obgleich diese, angesichts des breitgefächerten Personenkreises, der von der Rentenversicherung erfaßt wird (und teilweise in ihr Unterschlupf findet) für ein Gesamturteil weit weniger geeignet erscheinen als die Renten von "Langzeit-Arbeitnehmern" mit Durchschnittseinkünften. Wenn im folgenden dennoch ausgewählte Durchschnittswerte des Rentenbestandes von Ende 1995, getrennt nach Versicherungsträgern, aufgeführt werden, so in erster Linie deshalb, weil dabei die nach wie vor erheblichen Unterschiede der jeweiligen Arbeitnehmer-Gruppen sichtbar werden (und nebenbei die extra-ordinäre Position des Bergbaus deutlich wird).

Durchschnittsrenten nach Rentenarten und Versicherungsträgern (in DM) Ende 1995

	Renten wg. verminderter Erwerbsfähigkeit	Altersrenten	Witwenrenten	Witwerrenten	Waisenrenten
Arbeiterrentenversicherung	1279	1067	868	303	300
Angestelltenversicherung	1407	1434	1114	400	318
Knappschaft	1533	2175	1333	467	360
GRV insg.	1333	1254	983	342	309

Quelle: VDR 1996 a: 2.

Exkurs: Die knappschaftliche Rentenversicherung

Von den Sonderregelungen der knappschaftlichen Rentenversicherung werden alle Beschäftigten knappschaftlicher Betriebe - das sind solche, "in denen Mineralien oder ähnliche Stoffe bergmännisch gewonnen werden" (§ 137 SGB 6) - erfaßt, neben Arbeitern also auch Angestellte. Die Sonderregelungen haben Auswirkungen auf die Einnahmen- und Ausgabenseite. Der Beitragssatz ist - mit 26,9 Prozent - deutlich höher als in der allgemeinen Rentenversicherung; erheblich höher ist auch die Beitragsbemessungsgrenze (1998: 10 300 DM, neue Bundesländer: 8 600 DM im Monat). Daraus ergibt sich ein Höchstbeitrag von rund 2 771 DM, das sind 1 066 DM mehr als in der allgemeinen Rentenversicherung. Nicht zuletzt die hohen Beiträge führen zu den vergleichsweise hohen Renten in der knappschaftlichen Rentenversicherung.

Die finanzielle Belastung der Arbeitnehmer hält sich in Grenzen. Während in der allgemeinen Rentenversicherung Arbeitgeber und Arbeitnehmer sich den Beitrag teilen, tragen in der knappschaftlichen Rentenversicherung die Arbeitgeber die Haupt-

last: der Arbeitnehmeranteil beschränkt sich auf den jeweiligen Arbeitnehmeranteil in der allgemeinen Rentenversicherung, beläuft sich also 1998 auf 10,15 Prozent. Den "Rest", 16,75 Prozent, hat der Arbeitgeber zu entrichten.

Auch die Leistungs-Seite geizt nicht mit Sondervorschriften, die die knappschaftlich Rentenversicherten gegenüber sonstigen Versicherten deutlich begünstigen. Es gibt sowohl eine spezifische "Altersrente für langjährig unter Tage Beschäftigte" - sie erhält, wer 60 Jahre alt ist und 25 Jahre unter Tage gearbeitet hat - als auch eine spezifische Berufsunfähigkeitsrente für Bergleute, die bereits nach Vollendung des 50. Lebensjahres gezahlt werden kann. Voraussetzung sind auch hier - unter anderem - 25 "Jahre unter Tage". "Ausgleichsleistungen", "Anpassungsgelder", "Leistungszuschläge" und ähnliche Sonderzahlungen können die Rente weiter erhöhen.

Die knappschaftliche Rentenversicherung kennt überdies spezifische Rentenartfaktoren. Renten wegen Alters und aufgrund von Erwerbsunfähigkeit haben den Faktor 1,3333. Schon dadurch ist eine Knappschaftsrente - unter sonst gleichen Voraussetzungen - um ein Drittel höher als eine vergleichbare "normale" Rente. Der Rentenartfaktor der Berufsunfähigkeitsrente (1,2) ist um ein Fünftel höher, derjenige der großen Witwenrente beträgt statt 0,6 0,8 und selbst die kleinen Witwen werden mit einem Rentenartfaktor von 0,3333 bedacht (allgemeine RV: 0,25). Auch Waisen profitieren von höheren Werten als in der allgemeinen Rentenversicherung.

Diese Sonderregelungen haben ihren Preis - der deshalb besonders hoch ausfällt, weil außerdem der Strukturwandel im Bergbau mit berücksichtigt werden muß. Mit den Zechen sterben ja nicht auch die Menschen, das heißt, ähnlich wie in der Landwirtschaft weist der Bergbau ein äußerst ungünstiges Beitragszahler-Rentner-Verhältnis auf (1995: 239 000 zu 992 000, siehe VDR 1997: 9, VDR 1996 a: 11). Selbst die hohen Beitragssätze und die erhöhte Beitragsbemessungsgrenze reichen bei weitem nicht hin, den Finanzbedarf zu decken. Hier greift die Defizithaftung des Bundes, der zum Beispiel 1994 13,3 Milliarden DM, das sind 53 Prozent der Leistungsausgaben, beisteuerte (siehe STATIST. BUNDESAMT 1996 a: 465).

Gegen begünstigende Sonderregelungen für "echte" Bergleute ist nichts einzuwenden. Nicht nachvollziehen ist, daß in den Genuß zwar nicht aller, aber doch gewichtiger knappschaftlicher Sozialrechtssonderbestimmungen auch solche in Bergbaubetrieben Beschäftigte kommen (und vom Steuerzahler alimentiert werden), die nie "vor Kohle" gearbeitet haben und deren Beschäftigungsalltag ebensowenig von Kohlestaub und Silikoseangst geprägt ist wie derjenige eines Verwaltungsangestellten der Stadt Gelsenkirchen.

5.5.8 Vorschläge der Kommission "Fortentwicklung der Rentenversicherung" (1997), Rentenreformgesetz 1999

Die rentenrechtlichen Korrekturen der Jahre 1992 und 1996 haben sich schon nach kurzer Zeit als nicht ausreichend erwiesen; eine erneute Revision steht der Rentenversicherung bereits in naher Zukunft - 1999 - ins Haus. Die Marschrichtung hierfür vorgegeben hat die Sachverständigen-Kommission "Fortentwicklung der Rentenversicherung", die im Auftrag der Bundesregierung Vorschläge zur Weiterentwicklung der Rentenversicherung erarbeitete und Anfang 1997 der Öffentlichkeit vorstellte.

Für die Kommission[1] "kommt eine Ablösung des derzeitigen Rentensystems durch ein steuerfinanziertes Grundversorgungssystem nicht in Betracht" (BMA 1997 c: 14). Sie hält an der Lohn- und Beitragsbezogenheit der Rente ebenso fest wie am Umlageverfahren, eine Kapitaldeckung wird abgelehnt. Der steigenden Lebenserwartung und der damit verbundenen längeren Rentenlaufzeit will das Sachverständigen-Gremium jedoch durch Einbau eines demographischen Faktors ("Lebenserwartungsfaktor") in die Rentenformel gerecht werden. Maßgeblich hierfür soll - ohne Differenzierung nach dem Geschlecht - die Veränderung der durchschnittlichen Lebenserwartung seit der Rentenreform 1992 sein. Nach Angaben der Kommission würde der Demographiefaktor in den Jahren 2000, 2010, 2020 und 2030 eine Rentenniveauminderung von 0,5, 3,4, 4,2 und 5,0 Prozent bewirken.

Die Kommission schlägt ferner die Einbeziehung derjenigen geringfügigen Beschäftigungen in die Sozialversicherungspflicht vor, die neben einer hauptberuflichen (versicherungspflichtigen) Beschäftigung ausgeübt werden, desgleichen die Ausdehnung der Versicherungspflicht auf die "Scheinselbständigen", worunter Pro-forma-Selbständige, aber de-facto-Arbeitnehmer verstanden werden. Auch eine Reform der Hinterbliebenensicherung wird für erforderlich gehalten[2], desgleichen eine verbesserte Förderung der Vermögensbildung für Arbeitnehmer[3] mit Niedrigeinkommen.

---

1 Der Kommission gehörten an:
Dr. Norbert Blüm, Bundesminister für Arbeit und Sozialordnung
Prof. Dr. Rolf Peffekoven, Mitglied des Wissenschaftlichen Beirates beim Bundesministerium der Finanzen, Mitglied des Sachverständigenrates zur Begutachtung der Gesamtwirtschaftlichen Entwicklung
Professor Dr. Winfried Schmähl, Vorsitzender des Sozialbeirates
Dr. Herbert Rische, Präsident der Bundesversicherungsanstalt für Angestellte
Prof. Dr. Franz Ruland, Erster Direktor des Verbandes Deutscher Rentenversicherungsträger
Prof. Dr. Jutta Allmendinger, Professorin für Soziologie an der Universität München
Roland Berger, Unternehmensberater
Professor Dr. Gisela Färber, Finanzwissenschaftlerin, Universität Trier
Prof. Dr. Klaus Heubeck, Honorarprofessor für Versicherungsmathematik an der Universität Köln
Prof. Dr. Margarete Landenberger, Professurvertreterin "Pflegewissenschaft", Universität Halle-Wittenberg
Prof. Dr. Meinhard Miegel, Vorstand und Geschäftsführer des Instituts für Wirtschaft und Gesellschaft, Bonn
Prof. Dr. Helga Pollak, Mitglied des Wissenschaftlichen Beirats beim Bundesministerium der Finanzen
Prof. Dr. Bert Rürup, TH Darmstadt
Dieter Julius Cronenberg, 1984 - 1994 Vizepräsident des Deutschen Bundestages
Hans Matthöfer, 1978 - 1982 Bundesminister der Finanzen
Prof. Dr. Heinrich Reiter, Präsident des Bundessozialgerichts a.D.
Teilnehmer mit Gaststatus: Prof. Dr. Otmar Issing, Vertreter der Deutschen Bundesbank.

2 Dieser Bereich ist derzeit Gegenstand von Untersuchungen, die im Auftrag des Bundesarbeitsministeriums und des Verbandes Deutscher Rentenversicherungsträger durchgeführt werden. Ergebnisse werden für das 1. Halbjahr 1998 erwartet. Die Kommission schlägt vor, auf der Basis der dann vorliegenden Daten eine Reform der Hinterbliebenensicherung in Angriff zu nehmen.

3 Die Förderung der Vermögensbildung von Arbeitnehmern ist alles andere als ein Ruhmesblatt bundesrepublikanischer Politik. Obgleich nicht gerade sozial-revolutionärem Gedankengut entspringend, sondern klassischer Bestandteil konservativ-reformerischer Sozialpolitik, ist dieser Bereich über klägliche Alibi-Maßnahmen (312-, 624-DM-Gesetze) nie hinausgelangt.

Bei den BU- und EU-Renten soll die sogenannte konkrete Betrachtungsweise (wieder) durch die abstrakte ersetzt werden, das heißt, für die Beurteilung der Erwerbsfähigkeit eines Versicherten wäre wieder ausschließlich der Gesundheitszustand des Versicherten maßgebend. Die konkrete Arbeitsmarktsituation dürfe keine Rolle mehr spielen[1], die gegenwärtige Übung, daß selbst Versicherte, die an sich noch 6 bis 7 Stunden täglich arbeiten könnten, infolge Fehlens eines entsprechenden Teilzeitarbeitsplatzes eine Rente erhalten, würde entfallen (siehe auch S. 296 f.)[2] An die Stelle der gegenwärtigen BU- und EU-Renten soll eine zweistufige Erwerbsminderungsrente treten: je nachdem, ob ein Versicherter auf dem allgemeinen Arbeitsmarkt nur noch bis zu 3 oder zwischen 3 bis unter 6 Stunden täglich erwerbstätig sein kann, soll er eine volle oder eine halbe Erwerbsminderungsrente erhalten. Nicht anspruchsberechtigt soll sein, wer 6 und mehr Stunden täglich arbeiten kann. Mit dem Verweis auf den *allgemeinen* Arbeitsmarkt entfiele auch der spezielle Berufsschutz, durch den Arbeitnehmer mit niedrigem Qualifikationsniveau, z.B. ungelernte Hilfsarbeiter, rentenrechtlich insofern benachteiligt werden, als ihr Versicherungsumfang, bei gleich hohen Beiträgen, geringer ist als derjenige von Gelernten.

Treffen Kindererziehungszeiten mit Beitragszeiten zusammen - zum Beispiel, weil eine Mutter sich genötigt sieht, zur Sicherung des Lebensunterhalts nach der Geburt wieder eine abhängige Beschäftigung aufzunehmen - sollen die Erziehungszeiten nach den Vorstellungen der Kommission *additiv* zu den Beitragszeiten hinzutreten.[3] Einer Empfehlung zur Bewertung der Kindererziehungszeiten enthält sich die Kommission, dies sei Aufgabe der "Familienpolitik". Vorgeschlagen wird jedoch die Einrichtung einer Familienkasse, in der "kind- und familienbezogene Transfers, insbesondere Erziehungsgeld und Beiträge für Kindererziehungszeiten, gebündelt (werden)" und deren Finanzierung als "Aufgabe der Allgemeinheit" aus allgemeinen Steuermitteln erfolgen soll (siehe BMA 1997 c: 8, 29 f.). Eine Realisierung allein dieser Forderung hätte die Versichertengemeinschaft bereits 1995 um 6,4 Milliarden DM entlastet (siehe HUSMANN 1996: 49).[4]

Exkurs: Die versicherungsfremden Leistungen der Rentenversicherung

Nach einer Übersicht des VDR entfallen vom Rentenvolumen des Jahres 1995 in Höhe von 298 Milliarden DM nicht weniger als 102 Milliarden DM oder 34 Prozent

---

1 Die - im übrigen auch dem Gesetzestext (§§ 43 ff. SGB VI) entsprechende - abstrakte Betrachtungsweise war 1969 und 1976 durch das Bundessozialgericht zugunsten der konkreten Betrachtungsweise aufgegeben worden. Bei der Entscheidung, ob Berufs- oder Erwerbsunfähigkeit vorliegt, ist seitdem neben dem Gesundheitszustand auch (faktisch: in erster Linie) die Arbeitsmarktlage zu berücksichtigen.

2 Die Kommission geht davon aus, daß von den "Rentenzugängen wegen Berufs- und Erwerbsunfähigkeit im Jahre 1995 fast ein Drittel arbeitsmarktbedingt (war)" (siehe BMA 1997 c: 34).

3 Das Bundesverfassungsgericht hatte dem Gesetzgeber in seiner Entscheidung vom 12.3.1996 eine entsprechende Neu-Regelung bis zum 30.6.1998 aufgegeben.

4 Die Renten-Kosten für die Kindererziehung werden wegen der Anerkennung von drei Kindererziehungsjahren für Geburten ab 1992 und aufgrund der erhöhten Lebenserwartung in Zukunft stark ansteigen.

auf sogenannte "versicherungsfremde" Leistungen (siehe ebd.). Es sind dies Leistungen, die politisch gewollt und im Rahmen der Rentenversicherung auch gewährt werden, von denen jedoch behauptet wird, sie hätten an sich mit dieser nichts zu tun, dürften insbesondere deren Beitragszahlern nicht (allein) aufgebürdet werden (siehe nachfolgende Übersicht).

Versicherungsfremde Leistungen der Arbeiter- und Angestelltenrentenversicherung 1995 (Bundesrepublik Deutschland, in Milliarden DM)

Kriegsfolgelasten	*23,5*
darunter Ersatzzeiten 13,4	
Fremdrentenzeiten 10,1	
Altersrenten vor 65	*18,7*
Anrechnungszeiten	*15,5*
Höherbewertung Berufsausbildung	*8,5*
Zuschüsse zur Krankenversicherung der Rentner	*6,6*
Kindererziehungszeiten, -leistungen	*6,4*
Auffüllbeträge, Renten-Zuschläge Ost	*5,4*
BU-, EU-Renten wegen Arbeitsmarktlage	*5,3*
Rente nach Mindesteinkommen	*4,1*
Beitragsnachzahlungen	*2,2*
Höherbewertung Sachbezüge vor 1957	*2,1*
Sonstiges	*3,9*
Insgesamt	***102,2***

Quelle: Husmann 1996: 49

Von diesen 102,2 Milliarden sind nur 59,5 Milliarden DM oder 20 Prozent durch den Bundeszuschuß gedeckt. 42,7 Milliarden DM, das entspricht 14,3 Prozent des Rentenvolumens, verbleiben den Beitragszahlern als "fremde Last".

Daß die aufgeführten Leistungen "versicherungsfremd" sind, kann kaum bestritten werden. Eine andere Frage ist, ob sie alle "sozialversicherungsfremd" sind. Entsprechende Zweifel sind zumindest bei der "Rente nach Mindesteinkommen" angebracht. Zwar bewirkt diese in der Tat eine nachträgliche "sozialpolitische Korrektur der Fakten" (RULAND 1994: 58), stellt indirekt eine nachträgliche Lohnsubventionierung der Unternehmer dar, begünstigt sogar Bessergestellte, die auf eine sozialstaatliche Umverteilung zuallerletzt einen Anspruch haben (siehe S. 153) - und dennoch: für den Großteil der von dieser Regelung Profitierenden schafft sie einen sozialen Ausgleich, der insofern "systemimmanent" ist, als er die Prinzipien der Solidargemeinschaft der Sozialversicherten nicht verletzt, sondern im Gegenteil stärkt. Leistungen einer Versicherung sind fraglos versicherungsfremd, "wenn sie höher sind, als es durch die vorher eingezahlten Beiträge gerechtfertigt wäre" (ebd.). Die entsprechende Diskrepanz ist aber ein Wesensmerkmal der Sozialversicherung - jedenfalls dann, wenn dadurch sozialökonomisch Schwache begünstigt werden.

Andererseits ist jedoch auch zu fragen, ob obige Tabelle alle versicherungsfremden Leistungen enthält. So zählt zum Beispiel eine von der Konferenz der Landessozialminister eingesetzte Kommission den sogenannten Ost-West-Transfer im Gegensatz zum VDR, der den entsprechenden Aufwand mit 15,9 Milliarden DM beziffert (siehe HUSMANN 1996: 49), zu den versicherungsfremden Leistungen (siehe ASKM-ARBEITSGRUPPE 1996: 5). Abgesehen von diesen "Feinheiten": unbestreitbar ist, daß der Bundeszuschuß bei weitem nicht ausreicht, auch nur die Fremdlasten der Rentenversicherung zu finanzieren. Von der ursprünglichen Hauptfunktion des Staatszuschusses, nämlich: insbesondere bei Arbeitnehmern mit niedrigem Einkommen die starre Beitrags-Rente-Beziehung aufzulösen und dadurch das Gefühl zu fördern, daß der Staat "auch eine ihren Interessen dienende Institution" sei, ist wenig übrig geblieben. Dennoch: vordringlich wird es in naher Zukunft darum gehen, den Bund und damit die Gesamtheit der Steuerbürger zumindest für diejenigen Aufwendungen verstärkt zur Kasse zu bitten, die der Rentenversicherung für Leistungen im Interesse der Allgemeinheit erwachsen.

Obgleich - so lassen sich die beiden wesentlichsten Konsequenzen der Kommissionsvorschläge zusammenfassen - der Beitragssatz von gegenwärtig 20,3 Prozent bis zum Jahre 2030 auf 22,9 Prozent ansteigt, wird das gegenwärtige Rentenniveau von "rund. 70 v. H." (BMA 1997 f: 177) trotz steigendem Bundeszuschuß auf 64 Prozent sinken. Die Beibehaltung des gegenwärtigen Rentenniveaus indes würde, ohne zusätzliche Maßnahmen, einen Beitragssatz von 25,9 Prozent und einen wesentlich höheren Staatszuschuß erfordern.

Schneller als erwartet hatte die Bundesregierung wesentliche Teile der Kommissionsvorschläge beherzigt; sie fanden sich fast unverändert wieder im Entwurf des Rentenreformgesetzes (RRG) 1999 (siehe zum folgenden SPU 1997 d: 3 ff.). Übernommen wurden die Vorschläge zur Einführung eines Demographiefaktors (wobei betont wird, daß es deswegen nicht zu "Minusanpassungen", also Rentenkürzungen kommen werde), zum Ersatz der bisherigen BU- und EU-Renten durch eine abgestufte Rente wegen Erwerbsminderung (wobei angedeutet wird, daß die gegenwärtige BU-Rentenregelung gegen den Gleichheitssatz des Grundgesetzes verstößt, siehe a.a.O.: 7) und zur additiven Anrechnung von Beitrags- und Kindererziehungszeiten.

Vom Jahre 2012 an soll die Inanspruchnahme einer vorzeitigen Altersrente 35 Versicherungsjahre voraussetzen und erst ab dem 62. Lebensjahr möglich sein; die besonderen Altersrenten für Frauen und Arbeitslose sowie nach Altersteilzeit sollen entfallen. Die Schwerbehinderten-Altersgrenze soll vom Jahre 2000 an stufenweise auf das 63. Lebensjahr angehoben, bei der Zurechnungszeit sollen die Jahre von 55 bis 60 voll angerechnet werden.

Für das Jahr 1999 ist geplant, den Rentenversicherungsbeitrag um einen Punkt abzusenken und den Bundeszuschuß entsprechend zu erhöhen. Bis zum Jahre 2020 soll der Beitragssatz unter 20 Prozent gehalten werden, 2030 allerdings - ähnlich wie bei den Kommissionsvorschlägen - 22,4 Prozent betragen. Das für das Jahr 2030 prognostizierte Rentenniveau (64 Prozent) ist mit dem von der Kommission errechneten identisch. Insgesamt sehen die "Finanzwirkungen" der Rentenreform[1] nach den Vorstellungen der Bundesregierung so aus (Belastung +, Entlastung -):

Grundrechnung (ohne Reform)	1999	2000	2001	2010	2015	2020	2030
Beitragssatz in Prozent	20,3	20,6	20,7	21,3	21,9	22,8	25,5
Rentenniveau in Prozent	69,5	69,8	69,8	68,7	68,7	68,6	69,0
Einzelwirkung der Vorschläge							
1. Demographiefaktor:							
Beitragssatz, Minderung in Punkten	-0,1	-0,1	-0,2	-1,0	-1,1	-1,2	-1,5
Rentenniveau, Minderung in Punkten	-0,2	-0,5	-0,8	-3,4	-3,8	-4,1	-5,0
2. BU/EU-Reform:							
Beitragssatz, Minderung in Punken	-	-0,1	-0,1	-0,6	-0,8	-0,9	-1,0
3. Altersgrenze 62:							
Beitragssatz, Minderung in Punkten	-	-	-	- 0,1	-0,1	-0,1	-
4.Kindererziehungszeiten:							
Beitragssatz, Erhöhung in Punkten	+0,2	+0,2	+0,2	+0,2	+0,2	+0,2	+0,3
5. Zusätzlicher Bundeszuschuß:							
Beitragssatz, Minderung in Punkten	-1,0	-1,0	-1,0	-1,0	-1,0	-1,0	-1,0
Gesamtwirkung der Vorschläge							
Minderung Beitragssatz in Punkten	-1,0	-0,9	-1,0	-2,2	-2,7	-2,8	-3,1
Beitragssatz in Prozent	19,3	19,7	19,7	19,1	19,2	20,0	22,4
Minderung Rentenniveau in Punkten	-0,6	-0,6	-0,8	-3,4	-3,8	-4,1	-5,0
Rentenniveau in Prozent	68,9	69,2	69,0	65,3	64,9	64,5	64,0
Erhöhung Bundeszuschuß (Mrd. DM)	+ 14,6	+ 15,0	+ 14,7	+ 11,6	+ 10,0	+ 9,4	+ 7,8

5.5.9 Renten- (Zwischen)Bilanz

Beschränkt man sich auf das Wesentliche, so ist trotz der Renten-Hektik der Gegenwart festzustellen, daß die Rentengesetzgebung in der Bundesrepublik Deutschland das ihre zur Integration sozial sicherungsbedürftiger Schichten in Staat und Gesell-

1 Das RRG 1999 wurde, nach Abschluß der Grundfassung des vorliegenden Manuskripts, am 10. 10. 1997 vom Bundestag verabschiedet. Das Schicksal des Gesetzes dürfte entscheidend vom Wahlausgang 1998 abhängen, Die SPD hat mehrfach angekündigt, im Falle einer Regierungsübernahme entscheidende Passagen des Reformgesetzes zu kassieren. Unumkehrbar dürfte die Erhöhung des Mehrwertsteuersatzes sein, mit der die Erhöhung des Bundeszuschusses an die Rentenversicherung finanziert werden soll. Auch die bereits ab 1.7.1998 in Kraft tretenden Verbesserungen bei der Anrechnung von Kindererziehungszeiten - statt 75 nunmehr 85 Prozent des Durchschnittsentgelts (1.7.1999: 90, 1.7. 2000: 100 Prozent), berücksichtigt werden sowohl Bestands- wie Zugangsrenten - dürften Bestand haben.

schaft beigetragen hat und beiträgt. Ein Arbeitnehmer mit durchschnittlichem Verdienst, der vom 15. bis zum 65. Lebensjahr gearbeitet hat und Anfang 1998 im früheren Bundesgebiet "in Rente geht", erhält monatlich 2 372 DM.[1] Selbst wenn man zugesteht, daß ein solcher modellhafter Lebenslauf mit einer lückenlosen 50-jährigen Versicherungszeit eher die Ausnahme darstellt, sagt der ermittelte Betrag doch mehr über die Qualität unseres sozialen Sicherungssystems aus als die (oben wiedergegebenen) Durchschnittsrenten der Versicherten.

Nicht diese bilden einen geeigneten Maßstab für die Beurteilung des Rentensystems, sondern die Höhe der Renten von Menschen, auf die Sozialpolitik zielt oder doch zielen sollte. Ein Rentensystem bezeugt seine Tauglichkeit, indem es denen, die ihr Leben lang im Dienste anderer arbeiten und von dem Entgelt, das sie dafür erhalten, leben müssen, im Alter und bei verminderter Erwerbstätigkeit einen auskömmlichen Lebensstandard gewährleistet.

Dabei ist es keineswegs so, daß die Rentenversicherung nur den idealtypischen Arbeitnehmer mit langjähriger Beitragszeit im Auge hat und Beschäftigte mit atypischen Lebensläufen im Regen stehen läßt. Wer zum Beispiel in jungen Jahren invalide wird, profitiert von der Zurechnungszeit, die das Rentenreformgesetz von 1992 sogar noch erweiterte.[2] Aus dieser wohl "sozialsten" Zeit-Art ziehen auch junge Witwen Gewinn, vor allem diejenigen, deren Lebensumstände einen solchen "sozialen Ausgleich" erfordern und rechtfertigen.

Die neuen Anrechnungszeiten-Regelungen erscheinen insgesamt sozial ausgewogener als die früheren. Ersatzzeiten werden zunehmend an Bedeutung verlieren. Auf die Anerkennung von Erziehungsjahren wurde bereits verwiesen, desgleichen auf die (sachgerecht modifizierte) Rente nach Mindesteinkommen, die - insbesondere für Frauen - einen sozialstaatlichen Ausgleich für niedrige Verdienste in der Vergangenheit schafft.

Von den im Jahre 1995 neu bewilligten rund 1,8 Millionen Renten wurden rund 280 000 (18 Prozent) aufgrund geringen Arbeitsverdienstes angehoben. "Begünstigt von dieser Regelung sind fast ausschließlich Frauen. Im Durchschnitt erhöhten sich die Renten um 175 DM und zwar von 861 DM auf 1036 DM monatlich in den alten Bundesländern ... In den neuen Bundesländern beträgt der Erhöhungsbetrag durchschnittlich 118 DM und führt zu einer Erhöhung des durchschnittlichen Rentenbetrages von 814 DM monatlich auf 932 DM" (SPU 1996 g: 9).

Auch von der durch die Pflegeversicherung bewirkten Rentenpflichtversicherung für häusliche Pflegepersonen - das sind Helfer, die einen Pflegebedürftigen nicht erwerbsmäßig wenigstens 14 Stunden pro Woche zu Hause pflegen - dürften in erster Linie Frauen (denen dieser Dienst allerdings auch allzu oft und als Selbstverständlichkeit abverlangt wird) profitieren.

---

1 Neue Bundesländer: 2 026 DM, Basis: die seit 1.7.1997 geltenden aktuellen Rentenwerte (47,44 bzw. 40,51 DM).

2 Nach dem RRG 1992 wird zusätzlich die Zeit vom 55. bis zum 60. Lebensjahr zu einem Drittel angerechnet. Das bedeutet, daß Frührentner oder Hinterbliebene jüngerer Versicherter, deren Versicherung mit dem 16. Lebensjahr begonnen und bis zum Versicherungsfall keine Unterbrechung erfahren hat, auf eine Versicherungszeit von 40 Jahren und 8 Monaten kommen.

Nicht nur die Versichertenrenten, sondern auch die Rentenleistungen an Hinterbliebene sind vor übertriebener Kritik in Schutz zu nehmen, sowohl was ihre innere Struktur und Differenzierung als auch ihre Höhe anbelangt. Gegen die "stiefmütterliche" Behandlung "kleiner" Witwen ist nichts einzuwenden, sie ist sachlich gerechtfertigt. Ist eine Witwe jung, kinderlos und gesund, besteht für die Versichertengemeinschaft kein Anlaß, ihr eine besondere Fürsorge angedeihen zu lassen und für einen sozialen Ausgleich zu sorgen.

Die große Witwenrente beläuft sich (1998, alte Bundesländer) bei der Hinterbliebenen eines Durchschnittsverdieners mit 45 Versicherungsjahren auf 1 281 DM - ein Betrag, der zugegebenermaßen eine nur sehr bescheidene Lebenshaltung ermöglicht. Hier ist, ceteris paribus, auch für die Zukunft keine Besserung zu erwarten: "Hinterbliebenenrenten allein werden wohl auch in Zukunft häufig nicht ausreichen, um das Problem niedriger Einkommen im Alter zu lösen" (BMA 1992: 131).

Allerdings ist zu berücksichtigen, daß Witwenrenten nicht selten mit einer eigenen Rente oder sonstigen Ansprüchen zusammentreffen. Für 1996 wurde ermittelt, daß 28 von 100 Rentnerinnen neben der Witwenrente noch eine eigene Rente erhielten; 53 bezogen *ausschließlich* eine eigene (also nicht abgeleitete) Rente und nur 19 auschließlich eine Witwenrente (siehe SPU 1997 d: 19). Oder, aus anderer "statistischer Perspektive": von den rund 3,1 Millionen Personen mit "Mehrfachrentenbezug" am 1.7.1996 waren rund drei Millionen Frauen. Da es zu diesem Zeitpunkt rund 5,2 Millionen Witwenrentenbezieherinnen gab, erhielt weit mehr als die Hälfte aller Bezieherinnen einer Witwenrente gleichzeitig eine weitere Rentenzahlung (in den alten Bundesländern ungefähr die Hälfte, in den neuen sogar vier Fünftel). Im Durchschnitt erhielt eine Witwe mit Mehrfachrentenbezug 1 800 DM monatlich (siehe a.a.O.: 27). Besonders gut versorgt sind diejenigen Witwen, die neben einer eigenen und einer abgeleiteten Rente auch noch eine Kriegsopferrente beziehen

Nicht falsch, aber einseitig ist eine Kritik am Rentensystem, welche die "Unterversorgung bestimmter Gruppen älterer und alter Frauen mit ... kumulativen Benachteiligungen im Lebensverlauf" in Beziehung setzt (siehe ERNESTUS 1994: 57). Denn es gibt fraglos auch Gruppen älterer und alter Frauen, deren Altersgesamtversorgung durch kumulative *Bevorzugung* geprägt ist. Zur Forderung nach einer eigenständigen sozialen Sicherung "der Frau" (siehe auch S. 309) ist generell kritisch anzumerken, daß "Frau", für sich genommen und ohne adjektivischen Zusatz, grundsätzlich ebensowenig eine soziologische Kategorie darstellt, die sozialpolitische Initiativen erfordert und rechtfertigt wie "Jung", "Alt", "Student", "Familie" und dgl.. Entscheidend für sozialpolitisches Tätigwerden ist nicht das jeweilige soziologische Etikett, sondern die reale sozial-ökonomische Lebenslage, die sich im konkreten Fall dahinter verbirgt.

Daß die Akademiker-Bevorzugung in der Arbeitnehmer-Rentenversicherung in der Vergangenheit alles andere als sachgerecht war, ist mehrfach dargetan worden. Dennoch erscheinen die radikalen Einschnitte des Jahres 1996 überzogen. So unangebracht die frühere Privilegierung war, so unangemessen mutet die abrupte, fast keine Übergangsregelungen enthaltende Neuregelung an. So ganz kann man sich des Eindrucks nicht erwehren, als habe sich die Bereitschaft, Renten-Privilegien für "Gebildete" zu beschneiden, in dem Maße verstärkt, wie die Bildungs-Privilegien abnahmen.

Auch die Heraufsetzung der Altersgrenzen in der Rentenversicherung hinterläßt einen zwiespältigen Eindruck, vor allem dann, wenn man sich vergegenwärtigt, daß diese Maßnahmen im Rahmen des "Programms für mehr Wachstum und Beschäftigung" erfolgten. Eine gewisse Konsolidierung der Rentenfinanzen ist einerseits offensichtlich.[1] Andererseits werden Beschäftigte gegen ihren Willen länger an ihren Arbeitsplatz gefesselt, Arbeitssuchende noch länger auf einen solchen warten müssen. Ein negativer Beschäftigungseffekt würde nur vermieden - ohne daß dadurch zwangsläufig ein positiver entstünde - wenn die zukünftigen Rentner finanzielle Einbußen hinzunehmen bereit sind.

Von allen Reformvorschlägen hat die beabsichtigte Absenkung des Rentenniveaus die größte "Öffentlichkeitswirksamkeit" erzeugt. Die zu erwartende Leistungsminderung soll gewiß nicht bagatellisiert werden (auch wenn sie erst nach einem verhältnismäßig langen Zeitraum eintreten wird). Daß damit jedoch selbst dadurch keine unzumutbare Qualitätsminderung des Rentensystems, kein qualitativer Einbruch verbunden ist, läßt sich daran ersehen, daß z. B. von 1958 bis 1974 das Rentenniveau fast durchgängig *unterhalb* des für 2030 prognostizierten Niveaus lag[2], ohne daß die Fundamente des Sozialstaats als gefährdet angesehen worden wären.

Die positive *Gesamtbilanz* der Rentenpolitik der Bundesrepublik Deutschland können indes auch die Turbulenzen der Gegenwart nicht trüben. Gerade angesichts der gegenwärtig "hektischen, von Aktionismus getriebenen ... Diskussion..., die unser bewährtes Rentenversicherungssystem unnötig der Gefahr aussetzt, Vertrauensverluste zu erleiden" (STANDFEST 1996: 16) ist bereits an dieser Stelle (siehe dazu auch *8* und *9*) die Feststellung angebracht, daß es eine *grundsätzliche* Alternative zur bisherigen Alterssicherungspolitik nicht gibt.

Die "solidarischen Elemente in der Rentenversicherung sind ein wesentlicher Bestandteil des ungeschriebenen Gesellschaftsvertrages, der ... seit Jahrzehnten Wohlstand und soziale Sicherheit garantiert" (RISCHE 1994: 7). Zwar ist nicht zu leugnen, daß die "Anpassung der Rentenversicherung an die sich verändernden gesellschaftlichen Rahmenbedingungen eine ständige Aufgabe ist" (STANDFEST 1996: 16). Wenn jedoch "die Politik ihre Handlungsspielräume nutzt ... dann wird die Rentenversicherung auch in 40 oder 50 Jahren noch ihre Funktion als Regelsicherung der Arbeitnehmer ausfüllen können" (RISCHE 1994: 7).

---

1 Allerdings erst in mittel- und langfristiger Perspektive. So soll die Anhebung der Altersgrenze für Arbeitslose im Jahre 1998 Einsparungen in Höhe von 240 Millionen DM, im Jahre 2010 aber von 7,7 Milliarden DM erbringen. Die Anhebung der Frauenaltersgrenze wird erst ab dem Jahre 2000 finanziell zu Buche schlagen und den größten Einspareffekt (3,6 Milliarden DM) im Jahre 2010 erreichen (vgl. STANDFEST 1996: 9).

2 Mit Ausnahme des Jahres 1969 (65 v.H.), siehe BMA 1995 a: 255.

5.6 Soziale Sicherung "de luxe": die gesetzliche Unfallversicherung

5.6.1 Allgemeines

Unter den klassischen Bereichen sozialer Sicherungspolitik hatte die gesetzliche Unfallversicherung (GUV) nach dem Kriege den geringsten Erneuerungsbedarf. Von Anfang an stellte sie eine soziale Sicherungseinrichtung "de luxe" dar. Auch wenn es makaber klingen mag: ein Arbeitnehmer konnte (und kann) sich in aller Regel glücklich schätzen, wenn eine etwaige Erwerbsunfähigkeit - als Dauerzustand - auf einen Arbeitsunfall und nicht auf "normalen" Verschleiß oder einen Unfall des "täglichen Lebens" zurückzuführen ist.

Die vergleichsweise großzügigen finanziellen Entschädigungsleistungen der gesetzlichen Unfallversicherung haben nicht zuletzt mit deren rechtlichem Doppel-Charakter zu tun: die GUV ist nicht nur eine Versicherung zugunsten der Arbeitnehmer (das heißt, Arbeitnehmer sind, ohne selbst Beiträge zu entrichten, die Begünstigten), sondern auch eine Haftpflichtversicherung der Unternehmer. Wenn aber deren private Haftpflicht durch die GUV abgelöst wird, das heißt, der selbst durch schuldhaftes Verhalten seines Arbeitgebers verletzte Arbeitnehmer einen privatrechtlichen Schadensersatzanspruch nicht geltend machen kann - außer bei Vorsatz[1] - dann muß die GUV für diesen Fall Leistungen bereithalten, durch die der (erzwungene) Verzicht auf die Geltendmachung des privatrechtlichen Anspruchs angemessen ausgeglichen wird. Dieser Aspekt der Unfallversicherung behält auch dann seine Bedeutung, wenn zuzugestehen ist, daß heutzutage "die Fälle, in denen eine Haftpflicht des Unternehmers abzulösen wäre, an Bedeutung abgenommen (haben)" (BMA 1995 a: 391).

Die Refom der GUV im Jahre 1963 - als Teil der Adenauerschen Sozialreform, siehe S. 146 - beschränkte sich im wesentlichen auf Korrekturen und Ergänzungen; eine qualitative Verbesserung stellte allerdings die Dynamisierung der Rentenleistungen dar. Das Neuregelungsgesetz schrieb einen jährlichen Unfallverhütungsbericht der Bundesregierung vor und bestimmte, daß (neue) Berufskrankheiten auch dann als solche anzuerkennen sind, wenn sie die Berufskrankheitenverordnung nicht aufführt.

1971 wurden Schüler, Studenten und Kinder in Kindergärten - nicht jedoch in Horten, Krippen und Krabbelstuben - in den gesetzlichen Unfallversicherungsschutz einbezogen. Erst seit Inkrafttreten des Gesetzes zur Einordnung der Gesetzlichen Unfallversicherung in das Sozialgesetzbuch von 1996, das die Unfallversicherung dem SGB als Siebtes Buch einfügte, sind Kinder in allen Kindertagesstätten gesetzlich unfallversichert, spielt es keine Rolle mehr, "ob die vorschulische Erziehung den regelmäßigen Tagesablauf im Kindergarten bestimmt" und "eine gewisse Mindestzeit für die Erziehungsaufgaben zur Verfügung steht" - dann war auch in früheren Jahren Versicherungsschutz gegeben - oder ob die "physische Pflege der Kinder im Mittel-

1 Folgenlos bleibt ein sonstiges schuldhaftes Verhalten des Unternehmers allerdings nur gegenüber dem Arbeitnehmer. Bei Vorsatz, aber auch bei grober Fahrlässigkeit kann die Berufsgenossenschaft die völlige oder teilweise Erstattung ihrer Aufwendungen verlangen, unter Berücksichtigung der wirtschaftlichen Verhältnisse des Unternehmens.

punkt steht" (PLAGEMANN/PLAGEMANN 1981: 22) - was, nicht nachvollziehbar, Versicherungsschutz ausschloß.

Durch das Gesetz von 1996 wurde das Unfallversicherungsrecht "modernisiert", eine "Strukturreform war nicht erforderlich" (SPU 1996 c: 3). Eine Erweiterung erfuhr der Präventionsauftrag der Berufsgenossenschaften, zu deren Obliegenheiten nunmehr auch die Abwehr arbeitsbedingter Gesundheitsgefahren zählt.

5.6.2 Die bunte Schar der Versicherten

§ 2 Abs.1 SGB VII, der die überwiegende Mehrzahl der von Gesetzes wegen gegen Arbeitsunfälle Versicherten benennt, zeigt alles andere als ein einheitliches Bild. Ein gemeinsames Band, das die aufgezählten Personen und Tätigkeiten verbindet, ist nicht auszumachen. Die klassische Klientel der Sozialpolitik, die abhängig Beschäftigten, finden sich Seite an Seite mit - um nur einige zu nennen - Schülern und Studenten, Landwirten und deren mitarbeitenden Ehegatten, Blutspendern, Gemeinderäten, Eigenheimerrichtern[1], ehrenamtlich Tätigen und Personen, die einem widerrechtlich Angegriffenen beherzt beistehen.

Man kommt einer - wenngleich nur groben - Kategorisierung näher, wenn man sich vergegenwärtigt, daß die meisten Nicht-Erwerbstätigen, die in § 2 Abs. 1 genannt werden, eine Art "gesellschaftspolitische Nützlichkeit" verbindet. Die aufgeführten Personengruppen legen ein Verhalten an den Tag oder zeigen ein Engagement, das von Staats wegen erwünscht ist. Die Buntscheckigkeit und der Mangel an Systematik hängen damit zusammen, daß der Staat zu unterschiedlichen Zeiten ganz unterschiedliche Verhaltensweisen und Aktivitäten einer besonderen gesetzgeberischen Fürsorge und Belohnung für würdig befand. Dabei waren auch ökonomische Interessen im Spiele. Nur so ist zu erklären, warum im stark zerstörten Nachkriegsdeutschland die Mithilfe beim (Wiederauf)Bau des eigenen Hauses unter Unfallversicherungsschutz gestellt und nach der "Ölkrise" ein Unfall auch dann als Wegeunfall anerkannt wurde, wenn er im Gefolge der Bildung einer (kraftstoffsparenden) Fahrgemeinschaft erfolgte.

Nicht ganz frei von wirtschaftlichen Erwägungen dürfte auch die Einbeziehung der "Kindergartenkinder" in den gesetzlichen Unfallversicherungsschutz gewesen sein; die Einbeziehung ihrer Mütter in den Produktionsprozeß konnte reibungsloser erfolgen, wenn den Kindern während der Zeit, die sie (deshalb) fremder Obhut anvertraut waren, ein Stück staatlicher Fürsorge zuteil wurde. (Dagegen spricht allerdings die bis zum Jahre 1996 andauernde Ausklammerung der Krippen-, Krabbelstuben- und Hortkinder).

Versichert ist seit dem 1.4.1995, wer einen Pflegebedürftigen in häuslicher Umgebung wenigstens 14 Stunden wöchentlich pflegt. Schließlich ist auch die "Leibes-

---

1 "Personen, die bei der Schaffung öffentlich geförderten Wohnraums ... im Rahmen der Selbsthilfe tätig sind" (§ 2 Abs. 1 SGB VII).

frucht" versichert, wenn ihr Gesundheitsschaden auf einen "Versicherungsfall" der Mutter während der Schwangerschaft zurückzuführen ist (§ 12 SGB VII).

Weitgehend unbekannt, wenngleich unter Umständen folgenreich, ist § 2 Abs. 2 SGB VII, der bestimmt, daß unter gesetzlichem Unfallversicherungsschutz steht, wer *wie* nach Abs.1 versicherte Beschäftigte tätig wird. Diese knappe Bestimmung stellt praktisch jede noch so kurzzeitige, hilfreiche Handreichung, ungeachtet des beschäftigungsrechtlichen Status, des Alters oder sonstiger Merkmale der betreffenden Person, unter Versicherungsschutz. Die Tätigkeit muß weder vergütet noch erbeten worden sein, es genügt, wenn sie objektiv dem mutmaßlichen Willen des Begünstigten entspricht und auch von einem Arbeitnehmer gegen Entgelt ausgeübt werden könnte.[1] Lediglich Gefälligkeitshandlungen unter Freunden oder verwandtschaftliche Hilfestellung und Unterstützung bleiben ausgeschlossen.

Von der Versicherung kraft Gesetzes zu trennen ist die Versicherung kraft Satzung. Die Berufsgenossenschaften können die Versicherungspflicht insbesondere auf "ihre" Unternehmer und deren Ehegatten ausdehnen. Sieht die Satzung eine solche Pflichtmitgliedschaft nicht vor, ist für diesen Personenkreis eine freiwillige Versicherung möglich. Nicht versichert sind Hausfrauen, auch dann nicht, wenn sie Kinder versorgen und erziehen.

5.6.3 Leistungen und Leistungsvoraussetzungen

Leistungen der gesetzlichen Unfallversicherung setzen einen "Versicherungsfall" voraus; SGB VII nennt als Versicherungsfälle "Arbeitsunfälle und Berufskrankheiten". Ein Arbeitsunfall ist ein Unfall, den ein Versicherter infolge einer Tätigkeit erleidet, die SGB VII unter Versicherungsschutz stellt. Zu den versicherten Tätigkeiten zählt auch das Zurücklegen der Wege zur Arbeit und von der Arbeit nach Hause (Wegeunfälle). Unfälle wiederum werden als "zeitlich begrenzte, von außen auf den Körper einwirkende Ereignisse, die zu einem Gesundheitsschaden oder zum Tod führen", definiert (§§ 7 f. SGB VII).

Ein Arbeitsunfall setzt also voraus, daß "infolge einer versicherten Tätigkeit ein Unfallgeschehen verursacht worden ist und dieses einen Körperschaden zur Folge hat" (BMA 1995 a: 397). Das heißt, daß eine doppelte Kausalität erforderlich ist: zwischen versicherter Tätigkeit und Unfall einerseits, zwischen Unfall und Körperschaden andererseits. Die versicherte Tätigkeit muß Ursache des Unfalls sein und der Unfall wiederum muß ursächlich für die Schädigung sein. In der Praxis kann der Nachweis beider Kausalitäten Schwierigkeiten bereiten - sei es, daß der Zusammenhang mit der betrieblichen Tätigkeit fraglich ist, sei es, daß die Möglichkeit einer

1 So wurde z.B. einem 13-jährigen Mädchen, das ohne Vergütung, aus eigenem Antrieb und, nach eigenem Bekunden, "nur zum eigenen Vergnügen" bei einem Frühlingsfest Ponys führte, nach einem Unfall Versicherungsschutz zuerkannt. Auch wer unaufgefordert aus eigenem Entschluß und aus Gefälligkeit helfe, so das Landgericht Rottweil in seinem Urteil am 7.10.1981, übe eine ernstliche, arbeitnehmerähnliche Tätigkeit aus, die dem wirklichen oder mutmaßlichen Willen des Unternehmers entspreche.

wesentlich anlage- (und nicht unfall-) bedingten Schädigung nicht ausgeschlossen werden kann.

Versicherte, die durch einen Arbeitsunfall verletzt werden oder an einer Berufskrankheit leiden, haben Anspruch auf Heilbehandlung, Verletztengeld, berufsfördernde Maßnahmen und, bei einer Minderung der Erwerbsfähigkeit (MdE) von mindestens 20 v.H., eine Verletztenrente. Bei den zwei erstgenannten Maßnahme-Arten ist die Frage, ob ein Arbeitsunfall vorliegt, normalerweise deshalb weniger bedeutsam, weil im Verneinungsfall in der Regel andere Sozialversicherungsträger einspringen (Krankenversicherung, berufliche Rehabilitation der Renten- oder Arbeitslosenversicherung). Insbesondere bei der Verletztenrente - sie stellt die wichtigste Entschädigungsleistung der gesetzlichen Unfallversicherung dar - ist dies anders. Durch sie werden Dauerschäden abgegolten, die bei den anderen Sozialversicherungsträgern vielfach "folgenlos" bleiben, vor allem, wenn der Tatbestand der Berufs- oder Erwerbsunfähigkeit im Sinne der gesetzlichen Rentenversicherung nicht vorliegt (oder eine Versicherung in der gesetzlichen Rentenversicherung nicht besteht oder sonstige versicherungsrechtliche Voraussetzungen für eine Erwerbsminderungsrente nicht gegeben sind).

Die Höhe der Versichertenrente ist vom Grad der Schädigung und vom bisherigen Einkommen abhängig. Die Rente beträgt zwei Drittel des bisherigen Brutto-Verdienstes (Vollrente), wenn ein Versicherter die Erwerbsfähigkeit durch den Unfall völlig verloren hat. Ist die Erwerbsfähigkeit nur eingeschränkt - aber um mindestens 20 Prozent, siehe oben -, so entspricht die Rente dem Teil der Vollrente, der dem Grad der MdE entspricht (Teilrente).

Ist infolge eines Arbeitsunfalls die Erwerbsfähigkeit um 50 v.H. gemindert und hatte der Verletzte zuvor einen Bruttoverdienst von monatlich DM 4 500, so erhält er eine Unfallrente von 1 500 DM (die Vollrente betrüge zwei Drittel von 4 500 DM, also 3 000 DM, 50 Prozent davon sind 1 500 DM).

Maßgebend für die Berechnung von Rentenleistungen in der gesetzlichen Unfallversicherung ist der individuelle Jahresarbeitsverdienst, das heißt der Verdienst in den 12 Kalendermonaten vor dem Unfall.[1] Hiervon abweichende Regelungen gelten in der landwirtschaftlichen und See-Unfallversicherung.

Mindestarbeitsverdienst ist für Personen, die das 18. Lebensjahr vollendet haben, 60 v.H. und für Personen, die das 15., aber noch nicht das 18. Lebensjahr vollendet haben, 40 v.H. der sogenannten "Bezugsgröße für die Sozialversicherung". Diese ist identisch mit dem durchschnittlichen Bruttoentgelt der *Renten*versicherten im vorvergangenen Kalenderjahr, das heißt die Bezugsgröße für 1998 entspricht dem Durchschnittsengelt von 1996 = 4 340 (3 640) DM monatlich (alte, neue Bundesländer). Daraus ergibt sich im Jahre 1998 für Erwachsene ein bei der Berechnung von Unfallrenten zugrundezulegender Mindestverdienst von 2 604 (2 184) DM.

---

1 Der besseren Übersichtlichkeit halber wird im folgenden von Monatsentgelten ausgegangen. Ein etwaiges 13. Monatsgehalt u.ä. ist in dieses anteilig einzurechnen.

Für Kinder beträgt der Jahresarbeitsverdienst bis zur Vollendung des sechsten Lebensjahres 25 v.H. und ab Vollendung des sechsten bis zur Vollendung des fünfzehnten Lebensjahres 33 1/3 v. H. der Bezugsgröße.

Ein Kind, das im alten Bundesgebiet auf dem Weg zum Kindergarten einen Unfall erleidet, der eine MdE von 100 Prozent zur Folge hat, würde demzufolge 1998 eine Monatsrente in Höhe von 723 DM bekommen, ein Student, der auf dem Weg zur Universität verunglückt und dadurch seine Erwerbsfähigkeit einbüßt, 1 736 DM.[1]

Bei Verletzten, die sich zum Zeitpunkt des Unfalls noch in Schul- oder Berufsausbildung befinden oder noch nicht 30 Jahre alt sind, wird für die Zeit *nach* der Ausbildung bzw. nach dem 30. Lebensjahr der Verdienst neu festgesetzt. Kann wegen des Unfalls die Ausbildung nicht beendet werden, wird per Fiktion ein Arbeitsentgelt zugrundegelegt, das ohne den Unfall erreicht worden wäre.

Die gesetzliche Höchstgrenze beträgt das Zweifache der Bezugsgröße, die Satzung der Berufsgenossenschaft kann eine höhere Obergrenze bestimmen.

Es gilt der Grundsatz der abstrakten Schadensberechnung, das heißt, es ist unerheblich, ob das Arbeitseinkommen nach dem Unfall *tatsächlich* gemindert ist. Insoweit hat die Versichertenrente auch eine Art "Schmerzensgeldersatzfunktion" (BMA 1995 a: 403), stellt einen Ausgleich für die unter Umständen größere Lebens-Energie dar, die ein Verletzter zur Erzielung seines Einkommens nach dem Unfall aufwenden und verbrauchen muß. Der Rente kommt deshalb nur eingeschränkt eine "Lohnersatzfunktion" zu. Auch die Festlegung von Höchst- und Mindestverdienstgrenzen bewirkt eine gewisse Abkoppelung der Rente vom tatsächlichen Einkommen.

Witwen, Witwer und Waisen haben Anspruch auf Hinterbliebenenrente, wenn der Tod des Versicherten durch einen Arbeitsunfall oder eine Berufskrankheit verursacht worden ist. Witwen und Witwer bekommen 30 Prozent des Bruttoverdienstes des Verstorbenen, 40 Prozent dann, wenn sie entweder über 45 Jahre alt oder berufs- bzw. erwerbsunfähig sind oder ein waisenrentenberechtigtes Kind erziehen oder für ein behindertes Kind sorgen, das Anspruch auf Waisenrente hat (oder nur deshalb nicht hat, weil es über 27 Jahre alt ist).

Halbwaisen erhalten 20, Vollwaisen 30 Prozent des Bruttoverdienstes des Verstorbenen als Rente. Hat der Verstorbene Eltern aus seinem Arbeitsverdienst wesentlich unterhalten, haben auch diese Anspruch auf eine Rente in Höhe von 30 v.H. (*ein* Elternteil: 20 v.H.). Die Hinterbliebenenrenten insgesamt dürfen 80 v.H. des bisherigen Bruttoverdienstes des Verstorbenen nicht überschreiten. Kürzungsvorschriften werden auch wirksam beim Zusammentreffen mit einer Rente der gesetzlichen Rentenversicherung.

Unfallrenten werden entsprechend der Regelung in der gesetzlichen Rentenversicherung jährlich angepaßt ("dynamisiert").

---

1 Zuzüglich einer Schwerverletztenzulage in Höhe von 10 Prozent. Um diesen Prozentsatz erhöhen sich Unfallrenten, wenn die MdE mindestens 50 v.H. beträgt und daneben keine Rente aus der gesetzlichen Rentenversicherung bezogen wird.

5.6.4 Die Aufbringung der Mittel

Die erforderlichen Finanzittel werden durch Beiträge der Unternehmer im Wege der Umlage aufgebracht. Berechnungsgrundlagen sind der Finanzbedarf, die Arbeitsentgelte der Versicherten und die Gefahrklasse, der das Unternehmen angehört. Die Satzung kann festlegen, daß statt der Arbeitsverdienste die Zahl der Versicherten als Berechnungsmaßstab dient. Die gewerblichen Berufsgenossenschaften haben einzelnen Unternehmen Zuschläge aufzuerlegen oder Nachlässe einzuräumen; deren Höhe richtet sich nach der Zahl, der Schwere oder den Aufwendungen für die Versicherungsfälle (oder nach mehreren dieser Merkmale, siehe § 162 SGB VII).
Besondere Vorschriften gelten für die landwirtschaftlichen Berufsgenossenschaften (an die, zur finanziellen Entlastung der beitragspflichtigen landwirtschaftlichen Unternehmer, erhebliche Staatszuschüsse fließen, siehe S. 270 f.) und für die Unfallversicherungsträger der öffentlichen Hand.

5.6.5 Die Berufsgenossenschaften und ihre Aufgaben

Die Unfallversicherung wird von 35 gewerblichen und 21 landwirtschaftlichen Berufsgenossenschaften durchgeführt; hinzu kommen 54 Unfallversicherungsträger der öffentlichen Hand (siehe BMA 1997 f: 627). Berufsgenossenschaften sind Körperschaften des öffentlichen Rechts unter staatlicher Aufsicht

Die vornehmste, im Gesetz an erster Stelle genannte Aufgabe der Unfallversicherung ist die Unfallverhütung; die Träger der Unfallversicherung haben "mit allen geeigneten Mitteln für die Verhütung von Arbeitsunfällen, Wegeunfällen und Berufskrankheiten und eine wirksame Erste Hilfe zu sorgen".

Diese Priorität spiegelt sich, wie auch in anderen Sozialgesetzen, zumindest vordergründig in der Mittelverwendung nicht wider: bei Gesamtausgaben in Höhe von (1994) rund 17 Milliarden DM (einschließlich Schülerunfallversicherung) wurden lediglich 1,2 Milliarden DM für die Unfallverhütung ausgegeben. Allerdings schließt der Präventionsauftrag Steuerungs-, Beratungs- und Überwachungsaufgaben mit ein, was vielfach zu höheren Aufwendungen in den zum Arbeitsschutz verpflichteten Unternehmen führt.

Nach wie vor sind für den überbetrieblichen Arbeitsschutz neben den Unfallversicherungsträgern auch die staatlichen Gewerbeaufsichtsämter zuständig; die "Aufgabengebiete dieser beiden Dienste sind zu einem großen Teil gleich" (BMA 1995 a: 393). Im innerbetrieblichen Arbeitsschutz kommt den Betriebsärzten und Sicherheitsfachkräften, aber auch den Sicherheitsbeauftragten, die in Betrieben ab zwanzig Arbeitnehmern zu bestellen sind, eine besondere Bedeutung zu. Auch Betriebsräte sind in die Arbeitssicherheit involviert: nach dem Betriebsverfassungsgesetz "hat der Betriebsrat im Arbeitsschutz einen Überwachungs- und Gestaltungsauftrag, ein Mitbestimmungsrecht, einen Unterstützungsauftrag gegenüber den Arbeitsschutzbehörden und ein Informations- und Beteiligungsrecht" (BMA 1995 a: 395).

In den Schutz der gesetzlichen Unfallversicherung waren 1994 rund 54 Millionen Versicherte - vom Arbeitsumfang her gesehen entsprach dies 37 Millionen "Vollarbeitern"[1] - einbezogen (ohne Schülerunfallversicherung, siehe dazu unten).[2] Im selben Jahr wurden 1,2 Millionen Renten gezahlt, davon rund 1 Million an Verletzte und Erkrankte (siehe STATIST. BUNDESAMT 1996 a: 458).

Rund drei Viertel aller Unfallversicherten und -rentner gehören zum Bereich der gewerblichen Berufsgenossenschaften. Eine Aufgliederung der von diesen an Verletzte und Erkrankte im Jahre 1995 gezahlten Renten (759 000) nach dem Grad der Minderung der Erwerbsfähigkeit (MdE) zeigt, daß in den weitaus meisten Fällen eine MdE *unter* 50 Prozent Grundlage des Rentenanpruchs war: 90 Prozent der Renten basierten auf einer solchen Erwerbsminderung unterhalb "der Hälfte". Nur bei 1,5 Prozent der Rentenempfänger war eine MdE von 90 und mehr Prozent zu verzeichnen. Den größten "Einzelposten" bildeten die Rentenbezieher mit einer MdE von 20 Prozent (die im Regelfall die unterste Anspruchsgrenze darstellt): ihr Anteil am Gesamtbestand betrug 46 Prozent (siehe HVBG 1996: 41).

Spiegeln die Rentenbestände das langfristige, so die Unfallanzeigen das aktuelle Unfallgeschehen wider. 1994 wurden der gesetzlichen Unfallversicherung (ohne "Schülerunfallversicherung") 2,25 Millionen "Schadensfälle" angezeigt, darunter 1,90 Millionen Arbeitsunfälle "im engeren Sinn" (85 Prozent), 0,25 Millionen Wegeunfälle (11 Prozent) und 0,1 Millionen Berufskrankheiten (4 Prozent).

Während bei den Arbeits- und Wegeunfällen die *Anzeige* in der Regel auch den (Rechts) *Tatbestand* Unfall widerspiegelt, ist dies bei den Berufskrankheiten anders. 1995 z.B. betrug bei den gewerblichen Berufsgenossenschaften die "Ablehnungsquote" 65 Prozent (siehe a.a.O: 30).

Insgesamt 67 000 Fälle wurden 1994 "erstmals entschädigt", fast ausschließlich durch Rentenzahlungen aufgrund teilweiser bzw. völliger Erwerbsunfähigkeit oder wegen Todes (STATIST. BUNDESAMT 1996: 458). Stellt man die entschädigten den angezeigten Unfällen und Erkrankungen gegenüber, so zeigt sich eine Quote von 3 Prozent schwerer, mit bleibenden Schäden verbundenen Unfällen bzw. Erkrankungen. In den übrigen Fällen reichen offenbar Heilbehandlung und Rehabilitation aus.

Unter den 67 000 erstmals entschädigten Fällen befanden sich 2 668 "mit Todesfolge" (1 712 Arbeitsunfälle im engeren Sinn, 956 Wegeunfälle, siehe BMA 1996 c: 17). Der Umstand, daß selbst unter den Arbeitsunfällen im engeren Sinn 443 Unfälle

---

1 Ein "Vollarbeiter" ist eine statistische Rechengröße, bei der die "verschiedenen zeitlichen Beschäftigungsverhältnisse (z.B. Teilzeit- und Nebenbeschäftigungen, Überstunden) ... auf Beschäftigungsverhältnisse mit normaler ganztägiger Arbeitszeit umgerechnet (werden)" (BMA 1991: 288).

2 Wieviele Menschen die Unfallversicherung tatsächlich (potentiell) absichert, ist nicht bezifferbar. Die berufsgenossenschaftliche Statistik verwendet neben dem Begriff des "Versicherten" noch denjenigen des "Versicherungsverhältnisses", der die "Mehrfachversicherung" ein und derselben Person (etwa als Arbeitnehmer und ehrenamtlich Tätiger) berücksichtigt; folgerichtig gibt es deutlich mehr Versicherungsverhältnisse als Versicherte (gewerbliche Berufsgenossenschaften 1995: 53 zu 42 Millionen, siehe HVBG 1995: 6). Aber auch in den Versicherungsverhältnissen sind die nur kurzfristig Tätigen (und aufgrund dieser "Tätigkeit" Versicherten, siehe S. 179) naturgemäß nicht enthalten.

"im Straßenverkehr bei der Arbeit" enthalten sind, verdeutlicht die herausragende Rolle des "Molochs" Verkehr bei den tödlichen Unfällen.

Die Gefahr, einen tödlichen Arbeitsunfall zu erleiden, hat in den letzten Jahrzehnten allerdings, mehr oder weniger kontinuierlich, deutlich abgenommen. Rechnet man z.B. die 6 098 tödlichen Arbeitsunfälle (im engeren Sinn) des Jahres 1951 auf Vollarbeiter um, so entfielen 310 tödliche Unfälle auf 1 Million Vollarbeiter, 1994 war diese "Todesrate" auf 50 Unfälle gesunken. Erlitten 1951 41 von 1 Million Versicherten einen tödlichen Wegeunfall, so waren es 1994 nur noch 18 (siehe BMA 1996 c: 60, 62).

1994 gab es außerdem 2 389 "Todesfälle Berufserkrankter mit Tod infolge der Berufskrankheit"; 7 237 neue Berufskrankheitenrenten wurden bewilligt. Letztere waren in ganz überwiegendem Maße auf "Erkrankungen der Atemwege und der Lungen, des Rippenfells und des Bauchfells" zurückzuführen; 40 Prozent aller Rentenzahlungen entfielen auf diese Krankheiten-Gruppe, zu der die klassische Bergarbeiter-Berufskrankheit Silikose ebenso zählt wie die Asbestose. Als Einzelursache steht "Lärmschwerhörigkeit" (18 Prozent aller Rentenfälle 1994) an der Spitze, auch Hauterkrankungen (12 Prozent) spielen zunehmend eine gewichtige Rolle (siehe BMA 1996 c: 26 ff.)

Erfreulich gering ist der Rentenbestand in der "Schülerunfallversicherung". Bei insgesamt 16,3 Millionen Versicherten wurden (1994) nur knapp 11 000 Renten gezahlt, das entspricht einem Anteil von 0,06 Prozent. Die Zahl der Unfälle indes ist keineswegs gering: 1994 wurden rund 1,5 Millionen Unfälle angezeigt, darunter 125 000 Wegeunfälle. An den (125) tödlichen Unfällen des Jahres 1994 waren Wegeunfälle mit einem Anteil von 90 Prozent beteiligt (siehe STATIST. BUNDESAMT 1996 a: 459).

5.7 Die gescheiterte Sozialreform: die gesetzliche Krankenversicherung

5.7.1 Allgemeines

Die "Sozialreform", die von der zweiten Legislaturperiode des deutschen Bundestages an auf der parlamentarischen Tagesordnung stand und eine zeitgemäße Fortentwicklung der klassischen Bereiche der Sozialversicherung zum Ziele hatte, kam bei der gesetzlichen Krankenversicherung (GKV, seit 1989 Fünftes Buch des SGB) zum Stehen. Die Reform gelang in der Renten- und, bei eingeschränktem "Handlungsbedarf", in der Unfallversicherung. Aber alle Versuche, auch denjenigen Bereich der Sozialversicherung, der die weitaus meisten Bundesbürger erfaßt, grundlegend und "aus einem Guß" zu reformieren, scheiterten. Entsprechende Anläufe führten weder 1959 noch 1961 zum Erfolg. Für das Mißlingen werden abwechselnd die Gewerkschaften, die Arbeitgeber und die Ärzte als Hauptverantwortliche genannt (siehe BMA 1995 a: 117). Jedenfalls "(lähmte dieses) zweifache Scheitern ein Vierteljahrhundert lang alle

Bestrebungen, das immer reformbedürftiger werdende System der GKV von Grund auf zu erneuern" (ebd).

Scheut man sich, den "Grundübeln" zu Leibe zu rücken, ist oftmals ein "Herumdoktern an Symptomen" die Folge. In diese Kategorie von halbherzigen Maßnahmen, die (bestenfalls) "Stückwerk" blieben, fallen die Kostendämpfungsgesetze von 1977, 1979 und 1981 sowie die Haushaltsbegleitgesetze von 1983 und 1984. Das Gesundheits-Reformgesetz von 1988 und das drei Jahre später verabschiedete Gesundheits-Strukturgesetz (der Name offenbart ein besonders gestörtes Verhältnis der Gesetzes-Macher zur deutschen Sprache) versuchten zwar, Weichen für eine grundsätzliche Erneuerung der GKV zu stellen. Aber die durch sie bewirkten Korrekturen hielten nicht lange vor - ganz abgesehen davon, daß die Versicherten mit diesen ersten beiden Stufen der Gesundheitsreform hauptsächlich "Leistungsbegrenzungen" und eine "Erhöhung von Zuzahlungen" verbanden (siehe BMA 1995 a: 130).

Ähnliche Reaktionen sind bezüglich der dritten Stufe der Gesundheitsreform, die am 1.7.1997 in Kraft getreten ist (1. und 2. Gesetz zur Neuordnung von Selbstverwaltung und Eigenverantwortung in der gesetzlichen Krankenversicherung - NOG) zu erwarten. Bereits das Beitragsentlastungsgesetz, schon seit Beginn des Jahres 1997 wirksam, eine Art "Vorlauf" der dritten Gesundheitsreformstufe, enthielt überwiegend Leistungsverschlechterungen und auch die neuen Rechtsvorschriften verlangen den Versicherten als erstes zunächst wieder erhöhte Zuzahlungen ab. Obwohl die Neuregelungen durchaus auch Elemente einer qualitativen Neuordnung der Krankenversicherung enthalten (Stärkung von Vorsorge, Selbstverantwortlichkeit und materiellem Eigeninteresse, Transparenz des Abrechnungsverfahrens, größere Befugnisse der Selbstverwaltung, siehe S. 197 f.) ist zu gewärtigen, daß die Teilreform ein weiteres Mal nicht als "Sozialreform" bewertet, sondern unter die Rubrik "Sozialabbau" eingeordnet wird.

Die Erneuerung der gesetzlichen Krankenversicherung jedenfalls ist zu einer Dauer-Aufgabe geworden, einer "unendlichen Geschichte". Eine Neuordnung, die wenigstens für die Dauer einer Legislaturperiode Solidität und Berechenbarkeit garantieren würde, kann nicht mehr erwartet werden.

5.7.2 Die Mitglieder

Arbeitnehmer sind (1998) pflichtversichert, wenn ihr regelmäßiger Bruttoarbeitsverdienst über der "Geringfügigkeitsgrenze" liegt (620 DM monatlich in den alten bzw. 520 DM in den neuen Bundesländerrn), die Pflichtversicherungsgrenze (6 300 bzw. 5 250 DM) aber nicht überschreitet. Letztere ist insofern "dynamisiert", als sie jeweils 75 Prozent der Beitragsbemessungsgrenze in der gesetzlichen Rentenversicherung ausmacht; diese wiederum ändert sich jährlich mit der Entwicklung der Löhne und Gehälter.

Im Gegensatz zu den Angestellten waren Arbeiter bis Ende 1994 ohne Rücksicht auf die Höhe ihres - nicht nur geringfügigen - Arbeitsverdienstes immer versicherungspflichtig. Diese antiquierte Unterscheidung nach Statusgruppen innerhalb der

Arbeitnehmerschaft ist Ende 1994 aufgehoben worden: seit dem 1.1.1995 sind Arbeiter und Angestellte rechtlich gleichgestellt. Diese Gleichstellung hätte zwar auch auf umgekehrte Weise bewerkstelligt werden können, indem alle Angestellten ohne Rücksicht auf die Höhe ihres Gehalts der Versicherungspflicht unterworfen worden wären (wie in der Rentenversicherung). Der Gesetzgeber hat diesen Weg in Richtung auf eine allumfassende Arbeitnehmer-Solidarität nicht beschritten[1], sondern auch *Arbeiter* oberhalb einer bestimmten Verdienstgrenze aus der Versicherungspflicht herausgenommen (damit aber wenigstens die sachlich unbegründete sozialrechtliche Differenzierung der Arbeitnehmergruppen beseitigt).

Neben Arbeitnehmern sind in der gesetzlichen Krankenversicherung unter anderem pflichtversichert: Arbeitslose (soweit sie Leistungen beziehen), landwirtschaftliche Unternehmer, ihre mitarbeitenden Familienangehörigen und Altenteiler[2], Künstler und Publizisten, Behinderte, die in Werkstätten, Anstalten und Heimen tätig sind, Studenten und Rentner. Für letztere ist die Pflichtversicherung an die Bedingung geknüpft, daß sie in der Zeit zwischen der erstmaligen Aufnahme einer Erwerbstätigkeit und dem Rentenantrag mindestens 9/10 der zweiten Hälfte dieses Zeitraums pflichtversichert waren. Mit dieser - im Grundsatz 1989 eingeführten - Regelung soll verhindert werden, daß allein der Bezug einer Rente (nach Herabsetzung der Wartezeit auf 5 Jahre auch von Personen, die der Solidarität von abhängig Beschäftigten nicht unbedingt bedürfen, verhältnismäßig leicht zu bewerkstelligen) ausreicht, um einen kostengünstigen Krankenversicherungsschutz zu erlangen. Ein solcher wäre für manchen, dessen Rente neben anderen Einkommensquellen kaum ins Gewicht fällt, von erheblich größerer materieller Bedeutung als die Rente selbst.

Der Ehegatte und die Kinder von Versicherten sind beitragsfrei familienversichert, wenn sie in der Bundesrepublik Deutschland leben und eine (sich jährlich verändernde, dynamisierte) Einkommensgrenze (1998: 620 DM im Monat, neue Bundesländer 520 DM) nicht überschreiten. Für Kinder gilt eine Altersgrenze von 18 Jahren, von 23 Jahren, wenn sie nicht erwerbstätig sind und von 25 Jahren, wenn sie sich in Schul- oder Berufsausbildung befinden oder ein freiwilliges soziales oder ökologisches Jahr ableisten. Wehr- und Zivildienst verlängern den Familienversicherungszeitraum über das 25. Lebensjahr hinaus. Behinderte ohne eigene (Pflicht)Versicherung sind unter bestimmten Voraussetzungen ohne Altersgrenze familienversichert. Ist ein Elternteil nicht in der GKV versichert und liegt sein Einkommen über der Pflichtversicherungsgrenze, sind seine Kinder nicht familienversichert, solange er mehr verdient als der in der GKV versicherte Ehegatte.

Studenten sind bis zum 14. Fachsemester pflichtversichert, längstens bis zum 30. Lebensjahr. Eine studentische Familien(mit)versicherung geht der eigenen Versicherung vor.

---

1 Von Gewerkschaftsseite ist in diesem Zusammenhang mehrfach gefordert worden, die Beitrags- und Pflichtversicherungsgrenze in der Krankenversicherung "auf das Niveau der Rentenversicherung" anzuheben (siehe ÖTV-MAGAZIN 1996: 3).

2 Zur sozialen Sicherung bäuerlicher Familien siehe *6.8*.

Eine freiwillige Mitgliedschaft ist in der Regel nur möglich, wenn zuvor eine Pflichtmitgliedschaft bestanden hat, entweder ununterbrochen in den letzten 12 Monaten oder in den letzten 5 Jahren insgesamt 24 Monate.

5.7.3 Beitragssätze und Beitragsspannen

Im Gegensatz zur Renten- und Arbeitslosenversicherung sind die Beiträge in der gesetzlichen Krankenversicherung vom Gesetzgeber nicht festgelegt und demgemäß im Bundesgebiet auch nicht gleich. Die insgesamt 791 Krankenkassen (Stand: 1996)[1] bestimmen ihren Beitragssatz selbst, wobei dieser so zu bemessen ist, daß die Ausgaben gedeckt werden. Den Beitrag teilen sich Arbeitnehmer und Arbeitgeber. Es wird höchstens das Einkommen bis zur Beitragsbemessungsgrenze, die mit der Pflichtversicherungsgrenze in der GKV identisch ist, zugrundegelegt. Für Familienversicherte wird kein Beitrag erhoben.

Die Beitragssatz-Spanne ist durchaus beachtlich. Sie bewegte sich zum Beispiel 1995 zwischen 9,5 und 15,5 Prozent - ein Sachverhalt, der von Regierungsseite insofern als Erfolg (des Gesundheitsstrukturgesetzes) verbucht wird, als es zuvor Beitragsdifferenzen zwischen 8,0 und 16,8 Prozent gegeben habe (siehe BMA 1995 a: 133).[2] Die bei einer Krankenkasse mit diesem ungünstigsten Beitragssatz Versicherten mußten also mehr als doppelt soviel für ihren Krankenversicherungsschutz ausgeben wie die Mitglieder der günstigsten Krankenkasse - bei einem im großen und ganzen identischen Leistungsangebot.

Inwieweit die 1996 eingeführte Kassenwahlfreiheit zu einer dauerhaften Beitragshomogenisierung führen wird, bleibt abzuwarten. Jedenfalls können nunmehr alle Versicherten an ihrem Wohn- oder Beschäftigungsort zwischen der AOK, jeder Ersatzkasse - auch solcher, deren Name noch auf bestimmte Berufsgruppen hinweist - und zwischen denjenigen Betriebs- und Innungskrankenkassen wählen, die sich durch eine Satzungsregelung "geöffnet" haben. Bislang haben sich die "Wanderungsbewegungen" jedoch in Grenzen gehalten, insbesondere die AOK haben offenbar weniger "Verluste" zu verzeichnen als vielfach angenommen wurde.[3]

Vergleichsweise gering sind die Beitragsunterschiede der einzelnen Kassen*arten*. Die Vermutung, der Beitragssatz müsse besonders hoch bei denjenigen Krankenkassen sein, die in der Vergangenheit keinerlei Einfluß auf die Auswahl ihrer Mitglieder ausüben konnten - insbesondere nicht mittels Festlegung bestimmter Statuskriterien

---

1 20 Allgemeine Ortskrankenkassen, 678 Betriebskrankenkassen, 57 Innungskrankenkassen, 20 landwirtschaftliche Krankenkassen, 14 Ersatzkassen, 1 See-Krankenkasse, 1 Bundesknappschaft (siehe BMA 1997 f: 626).

2 Im Jahre 1995 entfiel somit im günstigsten Fall auf einen Monatsverdienst in Höhe von 4 259 DM (Durchschnittsverdienst der Rentenversicherten in den alten Bundesländern 1995, siehe BFA 1996: 2) ein Arbeitnehmer-Anteil von 202 DM. Der Höchst-Beitragssatz hingegen hatte eine Arbeitnehmerbelastung von 330 DM zur Folge.

3 Die Ortskrankenkassen haben zwischen Dezember 1995 und Februar 1997 4,6 Prozent ihrer Mitglieder verloren. Besonders hoch waren die Mitgliederverluste in den neuen Bundesländern (z. B. Brandenburg: 8,9 Prozent, siehe DER GELBE DIENST 1997: 6).

wie "Techniker" oder "Angestellter" - trifft nicht zu. Der durchschnittliche Beitragssatz der Angestellten-Ersatzkassen etwa war Mitte 1996 im früheren Bundesgebiet mit 13,4 Prozent nicht deutlich geringer als bei den Allgemeinen Ortskrankenkassen (13,8 Prozent, siehe SPU 1996 f: 8), obwohl letztere als eine Art "Restkassen" traditionsgemäß alle Personen aufnehmen mußten, die - überspitzt ausgedrückt - anderswo nicht "unterkamen".

Doch ihre in der Tat "schlechtere" Klientel - 1995 waren bei den AOKs 36 Prozent der Mitglieder Rentner(innen), bei den Angestellten-Ersatzkassen nur 18 Prozent, entfielen (1994) auf ein AOK-Mitglied zwanzig Arbeitsunfähigkeitstage (Männer), bei den Angestellten-Ersatzkassen hingegen weniger als zehn (siehe STATIST. BUNDESAMT 1996: 457) - wirkte sich auf den Beitragssatz nur marginal aus. Auch die Beitragssätze der Innungskrankenkassen (13,1 Prozent) und der Betriebskrankenkassen (12,6 Prozent) fielen nicht völlig aus dem Rahmen.[1]

Nicht unerwähnt darf in diesem Zusammenhang freilich bleiben, daß vor allem die AOK's von Ausgleichszahlungen der anderen Kassen profitieren. Diese erfolgen im Rahmen des sogenannten Risikostrukturausgleichs, der finanzstarke Kassen verpflichtet, finanzschwachen unter die Arme zu greifen. Als entsprechende Risikofaktoren werden berücksichtigt: die Höhe der beitragspflichtigen Mitglieder-Einnahmen, die Anzahl der Familienversicherten sowie das Alter und Geschlecht der Versicherten. Bereits 1995 erreichte dieser Solidarausgleich innerhalb der Gesetzlichen Krankenversicherung der alten Bundesländer ein "Verteilungsvolumen" von 11,6 Milliarden DM, das entsprach 6 Prozent der Gesamtbeitragseinahmen der GKV in diesem Jahr (siehe SPU 1997 a: 51). 85 Prozent dieses Betrages flossen an die Allgemeinen Ortskrankenkassen, 15 Prozent an die Bundesknappschaft. Aufzubringen hatten die Mittel die Angestellten-Ersatzkassen (47 %), die TechnikerKrankenkasse (36 %), die Arbeiterersatzkassen (9 %), die Innungskrankenkassen (6 %) und die Betriebskrankenkassen (3 %) (siehe TK 1996: 6).

Der durchschnittliche Beitragssatz in der GKV liegt (August 1997, früheres Bundesgebiet, siehe SPU 1997 f: 16) bei 13,6 Prozent. Gegenüber dem Beitragssatz etwa im Jahre 1960 (8,4 Prozent), bedeutet dies zwar eine beträchtliche Erhöhung, aber schon 1980 hatte der durchschnittliche Beitragssatz 11,4 Prozent betragen, 1992 13,4 Prozent.

Im Gegensatz zu dem allgemeinen Beitragssatz wird der Beitragssatz für Studenten bundeseinheitlich festgesetzt. Er beläuft sich auf sieben Zehntel des durchschnittlichen allgemeinen Beitragssatzes und wird nach einem fiktiven, am BAFöG orientierten Einkommen berechnet. Dies hat zur Folge, daß die studentischen Beiträge (im Wintersemester 1997/98 rund 77 DM monatlich im Westen und 63 DM im Osten) von der Gesamtheit der Kassenmitglieder "subventioniert" (BLOCH u.a. 1997: 27) werden - ein, berücksichtigt man die soziale Herkunft des Gros der Studenten, keineswegs unproblematisches Beispiel "sozialen Ausgleichs".

1 Allerdings schlägt bereits eine Beitragssatzdifferenz von 1,2 Prozentpunkten (AOK - BK 1996) monatlich mit bis zu 73.80 DM zu Buche.

Rentner entrichten den durchschnittlichen allgemeinen Beitragssatz ihrer Kasse. Den Beitrag teilen sich Rentner und Rentenversicherungsträger.

Freiwillig Versicherte zahlen Beiträge entsprechend ihrem Einkommen, mindestens aber auf der Grundlage eines Einkommens in Höhe von 75 Prozent der jeweiligen Sozialversicherungsbezugsgröße.

5.7.4 Der Leistungskatalog

5.7.4.1 Sachleistungen

Es gehört zur Tradition - manche meinen: zu den Grundübeln - der gesetzlichen Krankenversicherung, daß der Patient oder Klient nicht erfährt, was der Arzt an ihm und für ihn leistet, was der Leistungserbringer dafür berechnet und auf welche Weise seine Forderung erfüllt wird. Diese Übung, die die finanzielle und faktische Seite des Arzt-Patienten-Verhältnisses in entmündigender Manier verhüllt, nennt sich - warum auch immer - Sachleistungsprinzip und versteht sich als sozialen Gegenpol zum angeblich marktwirtschaftlichen Kostenerstattungsprinzip der privaten Krankenversicherung. Die "entscheidenden Vorteile" des Sachleistungsprinzips, so wird behauptet, lägen darin, "daß den Krankenkassen - gemeinsam mit den Kassenärztlichen Vereinigungen - die Möglichkeit eröffnet wird, die Qualität und Wirtschaftlichkeit der ärztlichen Leistungen zu überprüfen. Mit dieser Aufgabe wäre der Patient und Versicherte in aller Regel überfordert, wenn er allein dem Arzt gegenüberstünde" (BLOCH u.a. 1997: 12). (Dieses Argument hat etwa die gleiche Überzeugungskraft wie die Behauptung, die Verantwortung für Kauf und Bezahlung von 1 kg Schweinefleisch dürfe nicht dem Käufer überlassen werden, weil dieser nicht in der Lage sei, die Wirtschaftlichkeit von Einkauf und Verarbeitung von Schweinen oder Schweinehälften durch den Metzger überprüfen zu können).

Die Befürworter des Sachleistungsprinzips zählen dieses zu den "tragenden Grundprinzipien der GKV" - gleichrangig neben "Solidarität, Subsidiarität, Selbstverwaltung" (BMA 1995a: 126). Ganz so "tragend" scheint das Sachleistungsprinzip aber doch nicht zu sein. Bereits seit 1993 können sich freiwillig gesetzlich Versicherte für Kostenerstattung anstelle von Sachleistung entscheiden; das 2. GKV-NOG von 1997 räumt dieses Recht nunmehr allen Krankenversicherten ein. Ärzte, Zahnärzte und Krankenhäuser werden darüber hinaus verpflichtet, die Versicherten über Umfang und Kosten der erbrachten Leistungen "direkt und zeitnah" zu unterrichten. Erste Klagen über diese an sich selbstverständliche Grundvoraussetzung für die Geltendmachung eines Vergütungsanspruchs sind bereits laut geworden.[1]

Die im 2. NOG enthaltene Informationspflicht der Leistungserbringer ist, was die Transparenz des Arzt-Patienten-Verhältnisses angeht, von sicherlich größerer Bedeu-

---

1 Der Vorsitzende der Kassenärztlichen Bundesvereinigung, Schorre, beziffert die Kosten für Porto und Arbeitsaufwand aufgrund der neuen Regelung auf 2,5 Milliarden DM jährlich (siehe RHEINISCHE POST 1997 a).

tung als die den Patienten eingeräumte Möglichkeit, sich für das Kostenerstattungsprinzip zu entscheiden. Denn letzteres bedeutet in der Praxis, daß die Krankenkasse nur einen Teil der Kosten übernimmt, exakt den, den sie bei Anwendung des Sachleistungsprinzips übernehmen würde. Dieser "Selbstbehalt" wird den Patienten im Normalfall auch in Zukunft davon abhalten, sich die Kosten erstatten zu lassen.

Versicherte haben aufgrund des Sachleistungprinzips in der gesetzlichen Krankenversicherung Anspruch auf - für sie - kostenlose ärztliche und zahnärztliche Behandlung im Rahmen der ambulanten Versorgung, wenn eine Krankheit vorliegt.

Was eine Krankheit ist, läßt das Gesetz offen: sowohl RVO wie SGB haben auf eine Definition von "Krankheit" verzichtet - "eine weise Beschränkung des Gesetzgebers", wie der exekutive Ratgeber anmerkt, die es der sozialgerichtlichen Rechtsprechung im Laufe der Jahre ermöglicht habe, im Wege der "Rechtsfortbildung" eine "ganze Reihe von Grenzfällen dem Krankheitsbegriff zuzuordnen, so beispielsweise Neurosen, Einschränkungen der Zeugungsfähigkeit, Trunksucht, verschiedene Formen körperlicher und geistiger Behinderungen, Zahnlosigkeit, Schwächezustände" (BMA 1995 a: 122). Den Grundstein für diesen "offenen" Umgang mit dem Krankheitsbegriff hatte bereits ein Urteil des Preußischen Oberverwaltungsgerichts aus dem Jahre 1898 gelegt. Im Anschluß an dieses Urteil, die Rechtsprechung des Reichsversicherungsamts und des Bundessozialgerichts wird "Krankheit" heute definiert als "regelwidriger Körper- oder Geisteszustand, dessen Eintritt entweder allein die Notwendigkeit einer Heilbehandlung oder zugleich oder ausschließlich Arbeitsunfähigkeit zur Folge hat" (a.a.O.: 121).

Auch die Kosten eines erforderlichen Krankenhausaufenthaltes werden von den Krankenkassen übernommen. Pro Aufenthaltstag müssen Erwachsene allerdings 17 DM zu den Aufwendungen beisteuern (neue Bundesländer: 14 DM). Diese Zuzahlung wird für längstens 14 Tage im Jahr erhoben, so daß auch ein sehr langer Krankenhausaufenthalt den Versicherten mit nicht mehr als 238 DM jährlich belastet.

Exkurs: Sachleistungen mit Zuzahlungen

Von erheblich größerer Bedeutung sind Zuzahlungen für Arzneimittel. Diese haben inzwischen eine Größenordnung erreicht, die es kaum noch erlaubt, von einem Anspruch der Versicherten auf kostenlose Versorgung mit Arzneimitteln zu sprechen. Die Zuzahlungen richten sich nach der Packungsgröße und betragen 9, 11 und 13 DM (logischerweise weniger, wenn der jeweilige Packungs-Preis geringer als die potentielle Zuzahlung ist). Liegt der Preis eines Medikaments über dem sogenannten Festbetrag, muß der Versicherte zusätzlich zur Zuzahlung die Differenz zwischen Festbetrag und Arzneimittelpreis tragen.[1]

Erschwerend kommt hinzu, daß über allen Zuzahlungen das Damoklesschwert der Beitragserhöhung schwebt. Das 2. NOG 1997 hat die Zuzahlungen an die Beitrags-

---

1 Die Festbetragsregelung, das "Kernstück der Reform" von 1989 (BLOCH u.a. 1997: 79) sollte als Preisregulativ dienen. 1996 waren immerhin "75 Prozent des gesamten Arzneimittelumsatzes der gesetzlichen Krankenversicherung ... von Festbeträgen erfaßt" (BLOCH u.a. 1997: 80).

satz-Entwicklung der einzelnen Krankenkasse gekoppelt: jede nach dem 11.3.1997 erfolgte bzw. erfolgende Erhöhung des Beitragssatzes hat automatisch eine Erhöhung der Zuzahlungen zur Folge, und zwar in der Weise, daß eine Erhöhung je 0,1 Prozentpunkte einen Monat später eine Erhöhung der Zuzahlungen um 1 DM nach sich zieht.[1] *Von dieser Regelung ausgenommen sind Beitragssatzerhöhungen, die auf höhere Transferleistungen einer Kasse im Rahmen des Risikostrukturausgleichs zurückzuführen sind. Erklärtes Ziel dieses "Sanktionsmechanismus" ist es, Beitragssatzerhöhungen "deutlich zu erschweren" (SPU 1997 a: 19). Der Druck auf die Kassen wird noch dadurch verstärkt, daß der Gesetzgeber den Versicherten bei Beitragserhöhungen ein sofortiges Kündigungsrecht einräumt.*

Erhöht also eine Krankenkasse z.B. im November 1997 ihren Beitragssatz von 13,5 auf 13,9 Prozent, so erhöhen sich die Zuzahlungen bei Arzneimitteln im Dezember 1997 je nach Packungsgröße von 9 auf 13, von 11 auf 15 und von 13 auf 17 DM. Pro Krankenhaustag wären statt 17 nunmehr 21 DM (neues Bundesgebiet: statt 14 18 DM) zu zahlen.

Die Zuzahlungen werden zukünftig in regelmäßigen Abständen an die Entwicklung der Löhne und Gehälter angepaßt, "dynamisiert". Erstmals soll eine solche Anpassung, abhängig von der Verdienstentwicklung der beiden Vorjahre, zum 1.7.1999 erfolgen.

Von Zuzahlungen befreit (Ausnahme: Krankenhausaufenthalt) sind Versicherte, die dadurch unzumutbar belastet würden (Sozialklausel). Dies wird unter anderem unterstellt bei Empfängern von Hilfe zum Lebensunterhalt nach dem BSHG und von Arbeitslosenhilfe, bei BAFÖG-Beziehern und Sozialhilfeempfängern in Heimen. Bei sonstigen Versicherten liegt eine unzumutbare Belastung vor, wenn ihr Brutto-Monatseinkommen 40 Prozent der Sozialversicherungsbezugsgröße, das sind (1998) 1 736 DM, nicht überschreitet (neue Bundesländer: 1 456 DM). Die Einkommensgrenze erhöht sich bei einem Angehörigen um 15, für jeden weiteren um 10 Prozent der Bezugsgröße. Eine 4- köpfige Familie bleibt demzufolge 1998 im alten Bundesgebiet bis zu einem Bruttoeinkommen von 3 255 DM von Zuzahlungen verschont.

Neben dieser Sozialklausel gibt es eine Überforderungsklausel für Versicherte, welche die Einkommensgrenze für die vollständige Befreiung von der Zuzahlung überschreiten. Die Überforderungsklausel beschränkt die Zuzahlung auf einen zumutbaren Eigenanteil von 2 Prozent des Familieneinkommens; bei chronisch Kranken, die ein Jahr lang Zuzahlungen bis zur Belastungsgrenze zu erbringen hatten, verringert sich der Eigenanteil auf 1 Prozent.

Die Krankenkassen übernehmen auch bei Zahnersatz nur einen Teil der Kosten, und dies, seit 1997, auch nur noch für die vor 1979 Geborenen. Bei den Geburtsjahrgängen ab 1979 wird unterstellt, daß sie "durch regelmäßige Mundhygiene" und

---

1 Ein erster Regelungsversuch im Vorfeld der Gesetzgebung geriet eher zu einem Possenspiel. Am 10.3.1997 beantragten fast alle Ersatzkassen beim Bundesversicherungsamt eine Beitragssatzanhebung, die jedoch nach Auffassung der Bundesregierung deshalb nicht zu einer "Freistellung von den "Zuzahlungssanktionen" führten, weil nicht der Zeitpunkt der Antragsstellung, sondern derjenige der Genehmigung - die erst nach dem 11.3.1997 erfolgte - maßgebend sei. - Inzwischen (März 1998) ist die Koppelung von Beitragssatz- und Zuzahlungserhöhung bis Ende des Jahres ausgesetzt worden.

die regelmäßige Teilnahme an der zahnärztlichen "Gruppen- und Individualprophylaxe" - von den Krankenkassen seit 1989 finanziert, siehe unten - Zahnersatz "weitgehend vermeiden" können (siehe BMG 1997 a: Beiblatt). Nur bei Mißbildungen, Unfällen und schweren Allgemeinerkrankungen wird weiterhin Zahnersatz auch für die "79er" gewährt.

Indem somit "mundhygienisches Fehlverhalten" in Zukunft rigoros bestraft wird, demonstriert der Staat eine gesundheitspolitische Härte, die - wenn schon, denn schon - andernorts (bei Rauchern, Alkoholkonsumenten, Fettleibigen) mindestens genau so vertretbar und/oder angebracht wäre. Er hat sich zudem, ziemlich willkürlich, eine Bevölkerungsgruppe herausgesucht, die sich aufgrund ihres Alters zumindest derzeit kaum wehren kann und der die Konsequenzen dieser Regelung gar nicht bewußt sein können. Hinzu kommt, daß Menschen zukünftig für einen Tatbestand (schadhaftes Gebiß) haftbar gemacht werden, den sie vielfach aufgrund des Fehlverhaltens ihrer Erziehungsberechtigten gar nicht zu verantworten haben. Es ist zu befürchten, daß hier eine "Zeitbombe" gelegt wurde, die just in jenem (dritten) Jahrzehnt des neuen Jahrtausends hochgehen könnte, in dem auch das Rentenniveau seinen Tiefpunkt erreicht haben wird - ein Zusammentreffen zweier recht brisanter Spätfolgen gegenwärtiger Eingriffe in das Sozialleistungssystem.

Die vor 1979 Geborenen erhalten ab 1998 für Zahnersatz "Festzuschüsse", für eine Totalprothese z.B. 475 bzw. 430 DM (West, Ost). Wer nachweislich regelmäßig Zahnvorsorge betrieben hat, erhält einen um ein Fünftel höheren Zuschuß. Der Festzuschuß verdoppelt sich (ohne Bonus), wenn die oben genannten Verdienstgrenzen ("unzumutbare Belastung") nicht überschritten werden.

Auch für Heil- und Hilfsmittel, Kuren und Fahrtkosten sind Zuzahlungen zu leisten. Bei Heilmitteln beträgt die Zuzahlung 15, bei bestimmten Hilfsmitteln (z.B. Einlagen, Bandagen, hier gilt im übrigen die Überforderungsklausel nicht) 20 Prozent. Die (Regel) Dauer einer Kur, deren Notwendigkeit der Medizinische Dienst[1] *der Krankenkasse überprüft, hatte bereits das Anfang 1997 in Kraft getretene Beitragsentlastungsgesetz von 4 auf 3 Wochen abgesenkt, das Wiederholungsintervall von drei auf 4 Jahre verlängert und die entsprechende Zuzahlung von 12 auf 25 DM täglich (neue Länder: von 9 auf 20 DM) erhöht. Bei stationären Rehabilitationskuren indes ist die Zuzahlungspflicht auf 14 Tage im Kalenderjahr beschränkt.*

Fahrkosten können geltend gemacht werden, wenn die Krankenfahrt medizinisch notwendig ist. Für Fahrten zur stationären Behandlung muß der Versicherte 25 DM je einfache Fahrt zuzahlen; Fahrten zur ambulanten Behandlung werden grundsätzlich nicht erstattet. Fällt der Patient jedoch unter die Sozialklausel oder hat er mit seinen Aufwendungen für Zuzahlungen die "Überforderungsklausel" überschritten, so trägt die Krankenkasse alle Fahrtkosten.

Kinder und Jugendliche bis zur Vollendung des 18. Lebensjahres sind - mit Ausnahme von Zahnersatz und Fahrtkosten - von Zuzahlungen befreit.

---

1 Der Medizinische Dienst ist an die Stelle des früheren Vertrauensärztlichen Dienstes getreten. Während letzterer organisatorisch bei Einrichtungen der Rentenversicherung angesiedelt war, ist der Medizinische Dienst durch das Gesundheits-Reformgesetz von 1989 den Krankenkassen übertragen worden.

Zum Sachleistungsumfang der GKV gehören auch Krankheitsverhütung und Leistungen zur Früherkennung von Krankheiten. Umstrittene Angebote zur Gesundheitsförderung wie Tai-Chi-Chuan- oder Aerobic-Kurse - eher (Marketing) Maßnahmen zur Mitgliedergewinnung als zur Krankheitsverhütung[1] - sind seit Anfang 1997 kraft Gesetzes gestrichen. Die Krankenkassen können aber nach wie vor Selbsthilfegruppen mit gesundheitsfördernder oder rehabilitativer Zielsetzung bezuschussen.

Besondere Bedeutung hat die zahnärztliche Individual- und Gruppenprophylaxe - lange Jahre ein Stiefkind der Gesundheitspolitik und mit ein Grund dafür, daß "der Mundgesundheitszustand der deutschen Bevölkerung weniger gut (ist) als er sein könnte" (SPU 1997 a: 41). Für Kinder bis zum 12. Lebensjahr finanzieren die Kassen gruppenprophylaktische Aufklärungsaktionen in Kindergärten und Schulen, Kinder und Jugendliche vom 6. bis zum 20. Lebensjahr können sich in halbjährlichen Abständen einer zahnmedizinischen Vorsorgeuntersuchung unterziehen. Versicherte über 20 Jahre haben Anspruch auf eine zahnärztliche Vorsorgeuntersuchung pro Jahr.

Versicherte ab 35 sind berechtigt, alle zwei Jahre eine Gesundheitsuntersuchung zur Früherkennung von Krankheiten - besonders von Herz-, Kreislauf- und Nierenerkrankungen sowie der Zuckerkrankheit - durchführen zu lassen. Frauen ab 20 und Männer ab 45 Jahren haben Anspruch auf eine jährliche Untersuchung zur Früherkennung von Krebskrankheiten.

Für versicherte Kinder bis zum 6. Lebensjahr trägt die Kasse die Kosten für regelmäßige (insgesamt 9) Untersuchungen zur Früherkennung solcher Krankheiten, die eine normale geistige und körperliche Entwicklung der Kinder gefährden. Mit dem 2. NOG 1997 wird zusätzlich "eine Kinderuntersuchung zu Beginn der Pubertät, d.h. nach Vollendung des 10. Lebensjahres zu einer gesetzlichen Anspruchsleistung der Versicherten" (SPU 1997 a: 45).

Sachleistungen der gesetzlichen Krankenversicherung, die weder eine Verhütung von Krankheiten noch deren Beseitigung oder Milderung bezwecken, eigentlich überhaupt keinen "regelwidrigen Geistes- oder Körperzustand" widerspiegeln, sind Leistungen bei Schwangerschaft und Mutterschaft sowie Leistungen zur Verhinderung bzw. Beendigung einer Schwangerschaft. Versicherte Schwangere und Mütter erhalten ärztliche Betreuung und Hebammenhilfe, Arzneien und Heilmittel. Weder dafür noch für die stationäre Entbindung (nach der Geburt bis zu 6 Tagen) sind Zuzahlungen zu leisten.

Für Versicherte bis zum 20. Lebensjahr übernimmt die Krankenkasse die Kosten von ärztlich verordneten empfängnisregelnden Mitteln. Auch Leistungen bei einer nicht rechtswidrigen Sterilisation bzw. einem nicht rechtswidrigen Abbruch der Schwangerschaft - das heißt aufgrund medizinischer oder kriminologischer Indikation, nicht jedoch bei einem Abbruch nach der "Beratungsregelung"[2] - gehören zum Leistungsumfang der GKV. Sogar die Kosten einer künstlichen Befruchtung bei Ehepaaren (in der Regel bis zu vier Versuche) trägt die Krankenkasse.

---

1 "Die in diesem Jahr begonnene Wahlfreiheit der Pflichtversicherten hat die Bereitschaft der Kassen, attraktive Angebote [zur Gesundheitsförderung, d. Verf.] zu finanzieren, verstärkt" (FRANKFURTER RUNDSCHAU 21.2.1996).

2 Vgl. dazu das Urteil des Bundesverfassungsgerichts vom 28.5.1993.

Neu im Leistungsrecht ist, daß die Kassen gesetzlich vorgesehene Leistungen per Satzung erweitern und gesetzlich ausgeschlossene Leistungen als Satzungsleistungen anbieten können. Diese Mehrleistungen müssen allerdings ausschließlich durch die Versicherten finanziert werden; der Arbeitgeberanteil entfällt insoweit. Auch eine Beitragsrückgewähr bei Nichtanspruchnahme von Leistungen sowie einen "Selbstbehalt" im Rahmen von Kostenerstattungsregelungen können die Kassen in Zukunft anbieten.

Besonderes Augenmerk wird in Zukunft die Handhabung des geänderten § 135 SGB erforden. Bislang konnten neue medizinische Verfahren nur dann von den Kassen bezahlt werden, wenn deren Wirksamkeit "nach dem jeweiligen Stand der wissenschaftlichen Erkenntnisse" anerkannt war; nach der Gesetzesänderung 1997 reicht es, wenn diese Anerkennung innerhalb der "jeweiligen Therapierichtung" erfolgt. Die (mögliche) Konsequenz einer solchen "Binnenanerkennung": "Sobald sich eine Vereinigung von Ärzten, die etwa dem Pendeln oder Handauflegen anhängen, in selbstverlegten Fachzeitschriften attestiert, daß Handauflegen und Pendeln nach ihren eigenen Erkenntnissen wirksame Behandlungsformen sind, dürfen die Heiler auf Kassengeld hoffen" (DER SPIEGEL 1997 b: 23).

5.7.4.2 Geldleistungen

Macht eine Krankheit arbeitsunfähig, so wird - bei Arbeitnehmern in der Regel von der siebten Woche an, nach Ablauf des (arbeitsrechtlichen) Entgeltweiterzahlungsanspruches - Krankengeld gezahlt. Dieses beträgt seit Anfang 1997 nur noch 70 (zuvor: 80) Prozent des Bruttoarbeitsentgelts und darf überdies 90 (zuvor 100) Prozent des Nettoarbeitsentgelts nicht überschreiten. Da die Abzüge vom Einkommen in aller Regel höher sind als ein Fünftel, erreichte das Krankengeld in der Vergangenheit im Normalfall immer die Höhe des Nettoeinkommens; jetzt muß ein 10-prozentiger Abschlag in jedem Fall hingenommen werden.

Krankengeld wird für dieselbe Krankheit für längstens 78 Wochen innerhalb eines Drei-Jahres-Zeitraumes gezahlt. In einem neuen Drei-Jahre-Abschnitt erhält der Versicherte für die gleiche Krankheit Krankengeld dann, wenn er in der Zwischenzeit mindestens 6 Monate wegen dieser Krankheit nicht arbeitsunfähig und zudem erwerbstätig, zumindest aber "erwerbsfähig" war, das heißt der Arbeitsvermittlung zur Verfügung stand.

Die Krankenkasse kann Versicherten, deren Erwerbsfähigkeit erheblich gefährdet oder gemindert ist, zur Auflage machen, einen Rehabilitationsantrag zu stellen. Versicherten, die die Voraussetzungen für den Bezug der Regelaltersrente erfüllen, kann die Krankenkasse die Stellung eines Rentenantrags auferlegen; werden entsprechende Aufforderungen mißachtet, entfällt der Krankengeldanspruch.

Krankengeld wird auch gezahlt, wenn Versicherte wegen der Beaufsichtigung, Betreuung oder Pflege eines kranken (versicherten) Kindes unter 12 Jahren nicht arbeiten können und andere im Haushalt lebende Personen nicht in der Lage sind, diese Pflichten zu übernehmen. Auf etwaige Betreuungspersonen außerhalb des Haushalts (auch Verwandte) darf nicht verwiesen werden. "Kinderkrankengeld" wird je Kind für 10 Tage im Jahr gezahlt, bei Alleinerziehenden für 20 Tage. Versicherte mit mehr als 2 Kindern können allerdings maximal für 25 Tage pro Jahr (Alleinerziehende: 50 Tage) Kinderkrankengeld erhalten.

Anspruch auf Mutterschaftsgeld - 6 Wochen vor und 8 Wochen nach der Geburt - haben Versicherte, die bei Arbeitsunfähigkeit Krankengeld beziehen. Abhängig Beschäftigte bekommen maximal 25 DM je Kalendertag, die Differenz zum Nettoarbeitsentgelt zahlt der Arbeitgeber. Versicherte ohne Anspruch auf Mutterschaftsgeld erhalten ein Entbindungsgeld von 150 DM.

Ein Sterbegeld in Höhe von 2 100 DM schließlich wird für Versicherte gezahlt, die bereits 1989 der Krankenkasse angehörten; für Familienversicherte halbiert sich der Betrag. Jüngere Versicherte (bzw. ihre Hinterbliebenen) erhalten kein Sterbegeld mehr.

5.7.5 Sozialstatistische Basisdaten

Die GKV ist, was die Zahl der Versicherten anbelangt, die mit Abstand größte Sozialversicherungseinrichtung: mit über 72 Millionen Mitgliedern (1995) erfaßt sie 89 % der Wohnbevölkerung in der Bundesrepublik Deutschland. 49,6 Millionen gehören der gesetzlichen Krankenversicherung als Pflicht- und freiwillige Mitglieder an (darunter 14,9 Millionen Rentner), 22,6 Millionen als Familienversicherte (siehe BMG 1996: 10.1).

Im alten Bundesgebiet war die Mitgliederzahl (ohne Familienversicherte) zwischen 1951 und 1990 um fast das doppelte angestiegen, von 20 auf 38 Millionen. Dazu hatten die Erhöhung und Dynamisierung der Versicherungspflichtgrenze für Angestellte im Jahre 1971 beigetragen. Die Ankoppelung der Pflichtversicherungsgrenze für Angestellte in der Krankenversicherung an die jeweilige Beitragsbemessungsgrenze der Rentenversicherung (75 Prozent) erhöhte den Pflichtversichertenanteil innerhalb der Angestelltenschaft auf fast 60 Prozent (siehe BMA 1995 a: 117).

Die weitaus meisten Mitglieder haben die Allgemeinen Ortskrankenkassen, denen (1995) 32,8 Millionen oder 45 Prozent aller gesetzlich Krankenversicherten angehören. Es folgen die Ersatzkassen (24,8 Millionen = 34 Prozent), die Betriebskrankenkassen (7,4 Millionen = 10 Prozent), die Innungskrankenkassen (4,3 Millionen = 6 Prozent) sowie die Bundesknappschaft (1,6 Millionen) und die landwirtschaftlichen Krankenkassen (1,3 Millionen) mit zusammen 4 Prozent Mitgliederanteil (siehe BMG 1996: 10.1).

Auf je 100 beitragzahlende Mitglieder kommen in der gesetzlichen Krankenversicherung (1995) durchschnittlich 46 (mit)versicherte Familienangehörige, wobei der Unterschied zwischen früherem Bundesgebiet (49 mitversicherte Familienangehörige) und Beitrittsgebiet (33 mitversicherte Familienangehörige) auffällt (siehe ebd.).

Die meisten Familienangehörigen, erheblich mehr als der Durchschnitt, müssen die landwirtschaftlichen Krankenkassen "verkraften" (64 Familienversicherte auf 100 Mitglieder, siehe dazu *6.8.4*). Überdurchschnittlich viele Familienversicherte haben noch die Betriebs- und Innungskrankenkassen (56 bzw. 48 Familienversicherte je 100 beitragzahlende Mitglieder), während die Ersatzkassen (47 auf 100) in etwa den Durchschnittswert der GKV erreichen. Mit 41 Familienversicherten auf 100 Mitglieder rangieren die AOK am unteren Ende der Skala - hauptsächlich deshalb, weil bei ihnen der Anteil der (pflichtversicherten) Rentner mit 25 Prozent vergleichsweise hoch ist. Andererseits kann der Tatbestand der Familienversicherung auch darauf hindeuten, daß das Einkommen des Versicherten ausreicht, die Familie "zu ernähren", während Geringverdiener auf die Mitarbeit von Frauen, die sich dadurch einen eigenständigen Krankenversicherungsschutz erwerben, angewiesen sind.

Die Leistungsausgaben der GKV summierten sich im Jahre 1996 zu einem Gesamtbetrag von rund 235 Milliarden DM. Größter Kostenverursacher ist das Krankenhaus, jede dritte Mark ist für stationäre Behandlung aufzubringen (vgl. die folgende Übersicht).

Leistungsausgaben der gesetzlichen Krankenversicherung 1996

	Milliarden DM	Prozent
Krankenhausbehandlung	78,1	33
Ärzte	39,3	17
Arzneien	33,5	14
Zahnärzte, Zahnersatz	22,9	10
Krankengeld	18,2	8
Heil- und Hilfmittel	18,1	8
Kuren	5,2	2
Fahrtkosten	4,0	2
Häusliche Krankenpflege	3,6	2
Sonstiges	12,4	5
Insgesamt	**235,3**	**100**

Quelle: SPU 1997 a: 57)

Allein in dem zehnjährigen Zeitraum von 1986 bis 1996 haben sich die Leistungsausgaben - hier: der Vergleichbarkeit halber, bezogen auf das frühere Bundesgebiet - von 114,1 auf 195,4 Milliarden DM erhöht, das heißt um rund 71 Prozent (vgl. SPU 1997 a: 51, 57). Im selben Zeitraum sind die Durchschnittsverdienste nur um 40 Prozent gestiegen.[1] "Die Ausgaben wuchsen schneller als das Bruttosozialprodukt und schneller als die Löhne" (BMA 1995 a: 125).

Von den Leistungsausgaben der GKV profitiert ein in den letzten Jahrzehnten ständig größer gewordener Personenkreis: 1996 sind "rund 2 Millionen Menschen direkt im deutschen Gesundheitswesen tätig" (BMG 1997 b: 22). Damit gehört Deutschland zu den Staaten mit der höchsten Arztdichte. Mußte sich 1960 im frühe-

1 Durchschnittsbruttoverdienste der in der gesetzlichen Rentenversicherung Versicherten im Jahre 1986: 36 627 DM, im Jahre 1996: 51 108 DM).

ren Bundesgebiet (79 350 Ärzte) ein Arzt um durchschnittlich 703 Einwohner kümmern, so hat im Jahre 1996 (233 812 Ärzte) ein Arzt nur noch 289 Bundesbürger zu versorgen (oder umgekehrt: immer weniger Menschen haben *einen* Arzt zu versorgen).

5.7.6 Perspektiven des Gesundheitswesens

In weitaus höherem Maße als in anderen Sozialversicherungszweigen berühren Veränderungen im Bereich der gesetzlichen Krankenversicherung

> "unmittelbare Einkommensinteressen der Anbieter dieser Gesundheitsleistungen ... Und es ist die Vielfalt dieser Interessengruppen, angefangen bei den Ärzten, Zahnärzten, Zahntechnikern über die Apotheker, die pharmazeutische Industrie und die Krankenhäuser bis zu den Heilbädern, Transportunternehmen und den Optikern, Hörgeräte-Akustikern, Bestattungsinstituten und Steinmetzbetrieben, deren Festhalten an erworbenen Besitzständen, die die Reform mit der Krankenversicherung so unsäglich schwierig macht" (BMA 1995 a: 124).

Unmöglich erscheint eine solche dennoch nicht - auch deshalb, weil einige der gegenwärtigen Probleme auf Versäumnisse und Unterlassungen in der Vergangenheit zurückzuführen sind. Jahrzehntelang hat es auch die Selbstverwaltung der GKV an Selbstbewußtsein und Festigkeit gegenüber den Forderungen der Leistungsanbieter fehlen lassen; allzu willfährig hat auch sie - trotz zugegebenermaßen begrenzten Einwirkungsmöglichkeiten, der vom Bundesgesundheitminister bestellte Sachverständigenrat für die Konzertierte Aktion im Gesundheitswesen bemängelte 1995, die Kassen hätten "kaum eine Möglichkeit, über spezielle Verträge ... Kostenvorteile zu erzielen" (SACHVERSTÄNDIGENRAT 1995: 13) - mit dazu beigetragen, daß aus ursprünglich ziemlich "normal" entlohnten Berufen wie Apothekern und (Zahn) Ärzten Großverdiener wurden, wobei insbesondere letzteren die Beschäftigung mit Steuersparmodellen bald ebenso zur Routine geriet wie die Behandlung von (immer mehr) Patienten, die mit steigender Durchlauf-Geschwindigkeit durch die Praxen geschleust wurden. Die Amortisationszwänge der inzwischen angeschafften medizinischen Geräteparks taten ein übriges, daß sich viele Patienten statt bei "ihrem Arzt" zunehmend in apparatebestückten Abfertigungseinrichtungen wähnten.[1]

Die zwar eingeschränkte, aber durchaus vorhandene Nachfrage(markt)macht der Kassen wurde kaum sichtbar. Eben diese Verantwortung der Selbstverwaltung, ihre "Vertragsautonomie" und "Vertragshoheit" (SACHVERSTÄNDIGENRAT 1995: 34), hat nun das 1. und 2. GKV-Neuordnungsgesetz dadurch "gestärkt", daß ihr "insbesondere im Vertragsbereich mehr Möglichkeiten gegeben wurden, auf eine wirtschaftliche Leistungserbringung und sparsame Leistungsinanspruchnahme hinzuwirken" (SPU 1997 a: 6). Erste Konsequenzen sind, wenn auch nur in Umrissen, er-

---

1 Siehe dazu "Aus dem Tagebuch eines Kassenarztes" (DER SPIEGEL 1997 e), mit besonders drastischen Selbstbezichtigungen eines Urologen. Die vielbeschworene ärztliche Standesethik ist bei den geschilderten Praktiken nicht einmal mehr in Umrissen erkennbar.

kennbar.[1] Die Neuordnungsgesetze bringen auch endlich, mit der Offenlegungspflicht der Ärzte über ihre Leistungen und deren Kosten gegenüber denjenigen, die sie letztendlich bezahlen, Licht in das materielle Arzt-Patienten-Verhältnis.

Doch so wichtig die Beseitigung der bislang mit dem "Sachleistungsprinzip ... verbundenen Intransparenz über Preise und Kosten" (BMA 1995 a: 123) ist: auch eine Offenlegung der medizinischen Leistungen und ihrer Kosten macht wenig Eindruck und hat kaum Auswirkungen, wenn alles, was die Arztrechnung aufführt, gewissermaßen automatisch von der Kasse bezahlt wird. Erforderlich sind deshalb verstärkt finanzielle Anreize für ökonomisches Patientenverhalten und nicht zuletzt Regelungen, die gesundheitsbewußtes Verhalten und die Beteiligung an prophylaktischen Maßnahmen belohnen. In diesem Sinne forderte auch der SACHVERSTÄNDIGENRAT (1995: 21) eine "Priorisierung von Präventionsmaßnahmen" und entsprechende finanzielle Anreize, z.B. einen "Beitragsbonus bei Einhaltung des Idealgewichts" (a.a.O.: 42).

Problematisiert hat der Sachverständigenrat die "kostenlose" Mitversicherung von Familienangehörigen. Er kritisiert damit indirekt auch Auffassungen, die in dieser Regelung per se den "sozialen Ausgleich" - ein Wesensmerkmal der Sozialversicherung - verwirklicht sehen, ohne Berücksichtigung der jeweiligen realen Lebensumstände. Der Sachverständigenrat befürwortet nur noch dann "eine beitragsfreie Mitversicherung von Kindern und von Ehepartnern, soweit letztere im Haushalt Kinder betreuen oder Pflegedienste leisten" (a.a.O.: 49 f.). Familienangehörige, die diese Voraussetzungen nicht erfüllen, sollen zur Beitragsentrichtung verpflichtet sein, auch deshalb, um die "im geltenden System vorhandene Diskriminierung von Zweiverdiener-Familien zu beseitigen, zumindest aber abzuschwächen" (a.a.O.: 50).

Bereits eine solche Rechtsänderung würde der GKV - im Verein mit bereits genannten Einsparmöglichkeiten und verändertem Versichertenverhalten, wozu auch der Verzicht auf sinnlose "alternative" Heilmethoden in der Onkologie gehört[2] - neue Finanzierungsquellen erschließen bzw. die Finanzsituation verbessern. Darüber hinaus müßten - wie in der GRV - auch in der GKV versicherungsfremde Leistungen, die mit "Krankheit" oder Krankheitsvorsorge nichts zu tun haben, aus dem Leistungskatalog entweder herausgenommen oder von Personen und Institutionen finanziert werden, denen sie systematisch zuzuordnen sind. Dazu gehört die künstliche Herbeiführung von Schwangerschaften und deren Verhütung ebenso wie die Absicherung der Folgen von Leistungs-, Extrem- und Berufssport.

Keinesfalls aber darf die gesetzliche Krankenversicherung mit *zusätzlichen*, neuen Kosten für fragwürdige Heilmethoden belastet werden. Die Aufnahme von Elek-

---

1 Mit der Aufgabe, "Leistungen des Gesundheitswesens in höherer Qualität und zugleich preiswerter" zu erbringen, ist die "Politik" nach Auffassung des Bundesverbandes der Allgemeinen Ortskrankenkassen überfordert: "Das müssen wir schon selber machen" (siehe RHEINISCHE POST 1998). Die Ortskrankenkassen wollen in Zukunft über "Einzelverträge die Qualität verbessern" und (viel) Geld sparen: das entsprechende "Rationalisierungspotential" beziffert der AOK-Bundesverband auf jährlich 25 Milliarden DM oder 10 Prozent der Gesamtausgaben der Gesetzlichen Krankenversicherung (siehe ebd.).

2 Deren Kosten für die gesetzlichen Krankenkassen belaufen sich nach Hossfeld (DER SPIEGEL 1997 g: 213) auf 1,5 Milliarden DM jährlich.

troakupunktur, Irisdiagnostik, Ozon-, Magnetfeld-, Eigenharn- und Bach-Blütentherapie in den Leistungskatalog der GKV wäre in der Tat ein "Irrwitz", der alle "Einsparbemühungen im Gesundheitswesen ad absurdum führt" (Der SPIEGEL 1997 b: 23). Gerade wer die Heil- und Verschreibepraxis auch der "Schulmedizin" nicht für der Weisheit letzter Schluß hält, kann nicht vollends obskuren "Heil"verfahren und -methoden Tür und Tor öffnen.

Würden alle in das Gesundheitssystem Involvierten und von ihm Profitierenden ihre Ansprüche auf das Angemessene und Vertretbare reduzieren, wäre es - diese Schlußfolgerung sei erlaubt - auch in Zukunft ohne Abstriche am Notwendigen voll funktionsfähig. Allerdings müßten an die Stelle fruchtloser Appelle zunehmend spürbare materielle Anreize und Vorteile treten. Eine solche utilitaristische Vorgehensweise, die die Begünstigten aus ihrer prinzipiellen solidarischen Verpflichtung keineswegs entließe, hätte nach aller Erfahrung die größte Chance, Verhaltensänderungen zu bewirken.

5.8 Arbeitsbeschaffung oder Verwaltung der Arbeitslosigkeit: die gesetzliche Arbeitslosenversicherung

5.8.1 Selbstbild und Aufgabenschwerpunkte

Das Gesetz über Arbeitsvermittlung und Arbeitslosenversicherung (AVAVG) von 1927, das die deutsche Sozialversicherung in der Weimarer Republik komplettierte, wurde erst im Jahre 1969 durch das Arbeitsförderungsgesetz (AFG) abgelöst. Im Gegensatz zur Rentenreform, aber vergleichbar mit den Neuregelungen in der Unfall- und später der Krankenversicherung, war mit dem AFG keine grundsätzliche Neuordnung verbunden.

Stärker betont und instrumentell ausgebaut wurden die "rechtzeitigen und vorausschauenden Dienste" (BMA 1970: 170), die berufliche Bildung und die Beschäftigungsförderung (die allerdings, in Gestalt vor allem der Maßnahmen zur Verhütung und Beendigung der Arbeitslosigkeit, auch schon im AVAVG verankert gewesen waren). Doch nachhaltiger als bisher wollte und sollte das neue Gesetz dazu beitragen, "einen möglichst hohen Grad der Beschäftigung zu erreichen, ... Arbeitslosigkeit zu verhindern" und "bereits eingetretene Arbeitslosigkeit zu beseitigen". Und nur, "soweit dies nicht erreicht werden kann", war es Aufgabe des Arbeitsförderungsgesetzes, "den betroffenen Arbeitnehmer gegenüber den Folgen seiner Arbeitslosigkeit finanziell zu sichern" (BMA 1995 a: 71).

Diese Rangfolge in der Aufgabenbeschreibung könnte - im Verbund mit dem Namen des Gesetzes - dazu verführen, die materielle Sicherung bei eingetretener (und möglicherweise langandauernder) Arbeitslosigkeit als nach- und zweitrangige AFG-Obliegenheit zu betrachten. Eine solche Sichtweise würde jedoch weder den realen Gegebenheiten in der Vergangenheit noch denen der Gegenwart gerecht.

Am ehesten noch spiegelten die Anfangsjahre des AFG dessen arbeitsmarkt- und beschäftigungsorientiertes Selbstbild wider. 1970 etwa entfielen im 3,9-Milliarden-

DM-Haushalt der Bundesanstalt für Arbeit nur 651 Millionen DM auf das Arbeitslosengeld; die - im Bundeshaushalt ausgewiesene - Arbeitslosenhilfe beanspruchte lediglich 71 Millionen DM. Ein Dutzend Jahre später, 1982, hatte sich die Situation in jeder Hinsicht dramatisch verändert: allein für das Arbeitslosengeld waren nunmehr 18 Milliarden DM aufzubringen, 28 mal mehr als zwölf Jahre zuvor. Die Arbeitslosenhilfe verschlang mit 5 Milliarden DM sogar das siebzigfache des Betrages von 1970.

Ein weiteres Dutzend Jahre später, 1994, summierten sich die Ausgaben für das Arbeitslosengeld auf 29,7, für die Arbeitslosenhilfe auf 12,3 Milliarden DM. Letztere hatte wiederum überdimensional zugelegt: sie erforderte rund zweieinhalb mal so viel Geld wie zwölf Jahre zuvor.

Diese Zahlen für 1994 beziehen sich, der Vergleichbarkeit halber, auf die frühere Bundesrepublik. Nimmt man das Beitrittsgebiet hinzu, waren im Jahre 1994 für Arbeitslosengeld und -hilfe rund 60 Milliarden DM aufzubringen (siehe BMA 1995 a: 112).

Für sich betrachtet scheint der Beitrittsgebiet-Etat der Bundesanstalt etwa im Jahre 1994 eher auf Beschäftigungsförderung ausgerichtet zu sein (und damit den proklamierten Zielen des AFG eher zu entsprechen). Allgemeine Arbeitsbeschaffungsmaßnahmen schlugen mit 6,8 Milliarden DM zu Buche, mehr als dreimal so viel wie in den alten Bundesländern (2,2 Milliarden DM). Auch für "Maßnahmekosten" im Zusammenhang mit Fortbildung und Umschulung und für Unterhaltsgelder wurde mehr ausgegeben als im früheren Bundesgebiet. Diese Aufgabenverlagerung in den neuen Bundesländern wirkte sich auch auf die Struktur des Gesamtetats der Bundesanstalt aus, in dem die Beschäftigungsförderung (wieder) einen höheren Stellenwert einnahm - ein Sachverhalt, auf den die Bundesregierung mit sichtlichem Stolz hinwies.[1]

Es ist jedoch fraglich, ob die "aktive Arbeitsmarktpolitik" - insbesondere, aber keineswegs nur, im Beitrittsgebiet - tatsächlich geeignet ist, lang- oder wenigstens mittelfristig "einen hohen Grad der Beschäftigung zu erreichen". Manches sieht eher nach kurzfristiger und -atmiger Soforthilfe aus, dazu bestimmt, "das Schlimmste zu verhüten", das heißt, Arbeitslosigkeit in vielen Regionen nicht zum Dauer- und Normalzustand werden zu lassen. Insofern haftet diesen Maßnahmen etwas Künstliches und Unechtes an - eine Einschätzung, die bei der Betrachtung des Haushalts der Bundesanstalt nicht unberücksichtigt bleiben darf. Wenn Beschäftigungsförderung vornehmlich dazu dient, tatsächliche Arbeitslosigkeit zu verschleiern, besteht kein Anlaß, ihr im Aufgabenkatalog der Arbeitsverwaltung einen herausragenden Platz einzuräumen - auch wenn zuzugestehen ist, daß Arbeit im Rahmen einer Arbeitsbeschaffungsmaßnahme dem erzwungenen Nichts-Tun allemal vorzuziehen ist.[2]

---

1 "50 Prozent des Haushalts der Bundesanstalt für Arbeit werden 1993 für aktive Arbeitsmarktpolitik ausgegeben. 1982 waren es nur 27 Prozent" (BMA 1995 c: 11).

2 Nach Auffassung der Bundesregierung ist es das Verdienst der Arbeitsförderung, daß die Arbeitslosenzahlen keine Weimarer Dimensionen angenommen haben: "Ohne die Instrumente der aktiven Arbeitsmarktpolitik wären in ganz Deutschland 1993 etwa 2 Millionen ... und 1994 1,6 Millionen Menschen mehr arbeitslos gewesen" (BMA 1995 c: 11).

1996 schließlich waren für das Arbeitslosengeld 55,6 und für die Arbeitslosenhilfe 24,2 Milliarden DM aufzubringen (siehe dazu und zum folgenden ANBA 1997: 107 ff.; BA 1997: 97 ff.). Rund 80 Milliarden DM beanspruchten demzufolge allein diese beiden Ausgabeposten. Ergänzt man die Haushaltsausgaben der Bundesanstalt im nämlichen Jahr - insgesamt 105,6 Milliarden DM, darin enthalten ein Bundeszuschuß in Höhe von 13,8 Milliarden DM - um die Ausgaben für die ebenfalls vom Bund getragene Arbeitslosenhilfe, so ergibt sich ein Gesamtvolumen von rund 130 Milliarden DM. Davon entfielen rund 62 Prozent auf Arbeitslosengeld und -hilfe.

Weitere gewichtige Einzelposten bildeten 1996 das Unterhaltsgeld für Teilnehmer an Maßnahmen zur beruflichen Fortbildung und Umschulung (10,1 Milliarden DM) sowie die entsprechenden Maßnahmekosten (5,4 Milliarden DM), allgemeine Arbeitsbeschaffungsmaßnahmen (9,3 Milliarden DM), berufsfördernde Leistungen zur Rehabilitation (4,6 Milliarden DM), berufliche Ausbildung (2,4 Milliarden DM), Konkursausfallgeld (2,3 Milliarden DM) und Kurzarbeitergeld (1,5 Milliarden DM). Mit immerhin 1,1 Milliarden DM wurde von der Arbeitsverwaltung die Aufnahme einer selbständigen Tätigkeit gefördert.

Eine erneute Umgestaltung erfuhr das Arbeitslosenversicherungsrecht durch das Arbeitsförderungs-Reformgesetz vom 24.3.1997 (dessen Bestimmungen zum Teil bereits gelten, teilweise aber auch erst 1999 in Kraft treten). Das Gesetz fügte das Recht der Arbeitslosenversicherung als III. Buch in das Sozialgesetzbuch ein; so wie das AVAVG von 1927 als Nachkömmling die Sozialversicherung abrundete, war das AFG der letzte große Sozialversicherungszweig, der in das Sozialgesetzbuch aufgenommen wurde.

Die Reform bringt zahlreiche Leistungsbegrenzungen (siehe dazu *5.8.3*), eröffnet aber auch gewisse Chancen einer effizienteren Verwendung der (knappen) Mittel. So erhalten die Arbeitsämter vor Ort eine größere Autonomie bei Ermessensentscheidungen zur Eingliederung von Arbeitslosen; bis zu 10 Prozent der dafür vorgesehenen Mittel stehen für eine "freie Förderung" (§ 10 SGB III) zur Verfügung. Übertrieben dürfte es freilich sein, in diesem Zusammenhang von "radikaler Dezentralisierung" zu sprechen (siehe BMA 1997 b: IV).

5.8.2 Versicherte und Beiträge

Die Pflichtversicherung nach dem SGB III entspricht im wesentlichen den einschlägigen Bestimmungen der gesetzlichen Rentenversicherung: wer rentenpflichtversichert ist, gehört in der Regel auch der Arbeitslosenversicherung als Pflichtmitglied an. Dies betrifft vor allem alle gegen Entgelt abhängig Beschäftigten.

Nicht renten-, aber arbeitslosenversichert sind Strafgefangene, sofern sie nach dem Strafvollzugsgesetz Arbeitsentgelt, Ausbildungsbeihilfe oder Ausfallentschädigung erhalten. ("Freigänger" sind nach den Vorschriften für abhängig Beschäftigte pflichtversichert). Im Gegensatz dazu sind Pflegepersonen zwar renten-, aber nicht arbeitslosenversichert. Das gleiche gilt grundsätzlich für Behinderte in Werkstätten und Anstalten (Ausnahme: jugendliche Behinderte, die an einer berufsfördernden Maßnahme teilnehmen). Ebenfalls nicht arbeitslosen-, aber unter Umständen rentenpflichtversichert waren in der Vergangenheit die "kurzzeitig Beschäftigten" (bis zur Reform des Arbeitsförderungsgesetzes 1997 ein spezifischer Rechtstatbestand der Arbeitslosenversicherung; als kurzzeitig wurden Beschäftigungen unter 18 Stunden wöchentlich angesehen). Das Reformgesetz hat diese spezifische "Kurzzeitigkeitsgrenze" zugunsten der allgemeinen "Geringfügigkeitsgrenze" in der Sozialversicherung aufgegeben.[1] Künstler, selbständige Handwerker und sonstige Selbständige schließlich sind nicht arbeitslosenpflichtversichert - auch dann nicht, wenn sie kraft Gesetzes oder auf Antrag der Rentenversicherung als Pflichtmitglied angehören. Auch eine freiwillige Selbst- oder Weiterversicherung ist in der Arbeitslosenversicherung nicht möglich.

Diese teilweise unterschiedlichen Voraussetzungen für eine Pflichtmitgliedschaft in der Renten- und Arbeitslosenversicherung wirken sich statistisch nur marginal aus. Wenn der Pflichtversichertenbestand in beiden Sicherungseinrichtungen dennoch deutlich differiert - 1995 verzeichnete die gesetzliche Rentenversicherung 30,4 Millionen Pflichtversicherte, die Bundesanstalt für Arbeit 28,0 Millionen (siehe VDR 1997 a: 42, BMA 1995 a: 75) - so ist das hauptsächlich darauf zurückzuführen, daß auch AFG-Leistungsempfänger zu den Rentenpflichtversicherten zählen.

Der Beitragssatz beläuft sich (1998) auf 6,5 Prozent; Arbeitgeber und -nehmer zahlen jeweils die Hälfte. Die Beitragsbemessungsgrenze ist mit derjenigen der Rentenversicherung identisch, liegt folglich (1998) bei 8 400 DM (früheres Bundesgebiet) bzw. 7 000 DM/Monat (neue Bundesländer). Wessen Verdienst diese Grenze erreicht oder übersteigt, bezahlt demzufolge 546 bzw. 455 DM im Monat (die Hälfte davon der Arbeitgeber). Der Beitrag eines Durchschnittsverdieners liegt 1998 im früheren Bundesgebiet bei rund 291 DM.[2]

Von allen Sozialversicherungs-Zweigen war der Beitragssatz-Sprung in der Arbeitslosenversicherung in den vergangenen Jahrzehnten am höchsten. Bei Inkrafttreten des AFG 1969 war ein Beitrag von lediglich 1,3 Prozent erhoben worden. Da die Beitragsbemessungsgrenze damals bei 1 700 DM/Monat lag, belief sich der monatliche Höchstbeitrag (Arbeitnehmer- und Arbeitgeberanteil!) auf sage und schreibe 22.10 DM! Noch 1975 genügte ein Beitragssatz von 2 Prozent zur Deckung der Ausgaben. Ein Jahr später stieg er auf 3, 1982 auf 4 und 1983 auf 4,6 Prozent. Dieses Niveau blieb - mit einigen Schwankungen, 1986 z.B. reichte ein Beitragssatz von 4 Prozent - bis März 1991 erhalten. Neun Monate lang galt 1991 dann sogar ein Beitragssatz von 6,8 Prozent, 1992 wurden 6,3 und in den Folgejahren bis heute 6,5 Prozent erhoben.

5.8.3 *Die klassischen Leistungen: Arbeitslosengeld und -hilfe*

Ebenso wie die Renten und das Krankengeld ist das Arbeitslosengeld als eine Lohnersatzleistung konzipiert, die dem Arbeitnehmer ermöglichen soll, "seinen Lebens-

---

1 Mit ursächlich hierfür könnten die vom Bundessozialgericht in einem Urteil (7RAr 106/94) Ende 1995 geäußerten Bedenken bezüglich der Rechtmäßigkeit dieser Regelung gewesen sein. Das Gericht hatte eine "mittelbare Frauendiskriminierung" für den Fall nicht ausgeschlossen, daß sich in der Gruppe der aufgrund dieser Regelung von der Arbeitslosenversicherung Ausgeschlossenen überdurchschnittlich viele Frauen befinden.

2 Berechnungsgrundlage: Vorläufiges Durchschnittsentgelt 1998, siehe SPU 1997 g: 13.

standard in der Zeit der Arbeitslosigkeit in etwa zu erhalten" (BMA 1995 a: 99). Ob dieses Ziel in der Gegenwart erreicht wird, erscheint fraglich. Anders als bei Altersrentnern kann bei Arbeitslosen nicht schon eine aufgrund ihres Alters verminderte Anspruchshaltung unterstellt werden. Während die Annahme, Rentner könnten ihren gewohnten Lebensstandard auch dann in etwa beibehalten, wenn ihre Renten bis zu einem Viertel geringer sind als ihr früheres Arbeitseinkommen, noch einigermaßen plausibel erscheint (und nicht nur wegen des Wegfalls von Arbeitswegekosten u. dgl., siehe S. 147), ist eine solche Argumentation bei Arbeitslosen unangebracht. Wesentliche Einkommenseinbußen sind bei diesen in der Regel lebensstandardsgefährdend, ganz abgesehen davon, daß die Rente dem Arbeitslosengeld oftmals den Rang abläuft: das Nettorenten-Niveau etwa betrug 1996 bei einem Durchschnittsverdiener nach 45 Versicherungsjahren rund 70 Prozent (siehe BMA 1997 f: 177), das Arbeitslosengeld dagegen (bei Arbeitslosen mit mindestens einem Kind) 67, für die übrigen sogar nur 60 Prozent des bisherigen Nettoarbeitsentgelts.[1] Da letzteres in pauschalierter Form ermittelt wird - das Bruttoarbeitsentgelt vermindert sich nicht um die tatsächlichen, sondern um die "gewöhnlich anfallenden" Abzüge - kann im Einzelfall das Arbeitslosengeld durchaus weniger als 67 bzw. 60 Prozent des tatsächlichen bisherigen Nettoeinkommens betragen.[2] Immerhin wird das der Arbeitslosengeldberechnung zugrundeliegende Entgelt jährlich der Entwicklung der Löhne und Gehälter angepaßt.

Arbeitslosengeld wird - abhängig vom Alter und der Vorversicherungszeit - nur für eine bestimmte Zeit gewährt. Den Maximalanspruch hat derjenige, der in den letzten 7 Jahren (der sogenannten erweiterten Rahmenfrist) insgesamt mindestens 5 Jahre und 4 Monate beitragspflichtig beschäftigt war und 57 Jahre und älter ist: er erhält 32 Monate lang Arbeitslosengeld.

Mindestvoraussetzung für dessen Bezug ist eine insgesamt einjährige Pflichtversicherung in den letzten 3 Jahren vor der Arbeitslosmeldung; sie begründet einen Leistungsanspruch für 6 Monate. Das Reformgesetz von 1997 hat die Anspruchsvoraussetzungen insofern verschlechtert, als es die - für einen über ein Jahr hinausgehenden Anspruch auf Arbeitslosengeld maßgebliche - Altersgrenze generell um 3 Jahre angehoben hat. Länger als 12 Monate Arbeitslosengeld erhält nunmehr ein Arbeitsloser erst mit 45 (bisher: 42) Jahren. In gewisser Hinsicht verbessert hat die Reform von 1997 die Anprüche von Frauen: Pflegezeiten und Kindererziehungszeiten bis zum dritten Lebensjahr werden nicht mehr in die Rahmenfrist für die Anwartschaft auf Leistungen eingerechnet.

Die Gewährung von Arbeitslosengeld setzt nicht nur eine bestimmte Vorversicherungszeit (und die Beachtung weiterer materiell-rechtlicher Anspruchsvoraussetzun-

---

1 Bis 1994 betrug das Arbeitslosengeld 68 bzw. 63 Prozent; die Absenkung erfolgte durch das "Erste Gesetz zur Umsetzung des Spar-, Konsolidierungs- und Wachstumsprogramms (1. SKWPG)". (Nicht nur im Interesse der Arbeitslosen, sondern auch der deutschen Sprache ist zu hoffen, daß dem Ersten Umsetzungsgesetz nicht ein zweites folgt).

2 So bei Leistungsempfängern, die - etwa nach dem Kauf einer Eigentumswohnung und entsprechender Eintragung von Freibeträgen auf der Lohnsteuerkarte - ihre Steuerbelastung deutlich gesenkt haben.

gen wie persönliche Arbeitslosmeldung[1] und Antragstellung) voraus. Voraussetzung ist ferner, daß der Arbeitslose "eine Beschäftigung sucht", das heißt, "alle Möglichkeiten nutzt und nutzen will, um seine Beschäftigungslosigkeit zu beenden" und überdies "den Vermittlungsbemühungen des Arbeitsamtes zur Verfügung steht" (§ 119 SGB III).[2] Die letztgenannte Bedingung erfüllt, "wer arbeitsfähig und seiner Arbeitsfähigkeit entsprechend arbeitsbereit ist" (ebd.).[3] Arbeitsfähigkeit bedeutet unter anderem, daß der Arbeitslose eine Beschäftigung unter den üblichen Bedingungen des für ihn in Betracht kommenden Arbeitsmarktes ausüben kann. Nur "zumutbare" Beschäftigungen müssen akzeptiert werden.

Die Zumutbarkeit einer (zugewiesenen) Arbeit regelte bislang die "Zumutbarkeitsanordnung" des Verwaltungsrats der Bundesanstalt für Arbeit. In den Augen Vieler war bereits diese beherrscht vom Prinzip der fortschreitenden Verminderung der auf beruflicher Qualifikation beruhenden Persönlichkeitsrechte: je länger die Arbeitslosigkeit dauerte, um so weniger vermochte der erworbene beruflich-soziale Status als Schutzschild gegenüber "niedrigschwelligen" Arbeitsangeboten zu dienen. Oder anders ausgedrückt: mit fortschreitender Arbeitslosigkeit mußte der Arbeitslose stufenweise - es existierten fünf Qualifikationsstufen - immer "geringere", weniger angesehene Arbeiten akzeptieren. Nur in den ersten 4 bis 6 Monaten waren dem Arbeitslosen ausschließlich Beschäftigungen zumutbar, die seiner Qualifikation entsprachen; Lohneinbußen bis zu 20 Prozent mußen jedoch selbst in der Anfangszeit hingenommen werden, desgleichen Pendelzeiten bis zu 2 1/2 Stunden (und mehr, soweit dies in der Region üblich war). Nach jeweils 6 weiteren Monaten waren auch Tätigkeiten der jeweils niedrigeren Stufe zumutbar.

Seit 1.4.1997 gelten neue, wesentlich "verschärfte" Zumutbarkeitsbestimmungen. Sie sind nicht mehr in einer Anordnung, sondern im Gesetz selbst enthalten. Der Berufsschutz als solcher ist gänzlich entfallen, die berufliche Qualifikation allenfalls noch insoweit bedeutsam, als sie sich im Verdienst widerspiegelt; Maßstab für die Beurteilung einer Zumutbarkeit ist nur noch der in der neuen Beschäftigung erzielbare Verdienst. Konkret sieht das so aus: in den ersten drei Monaten der Arbeitslosigkeit sind Beschäftigungen zumutbar, wenn das daraus erzielbare Bruttoentgelt mindestens 80 Prozent des bisherigen erreicht (hier ist die Abweichung vom bisherigen Recht am geringsten). In den folgenden drei Monaten sinkt diese Grenze auf 70 Prozent. Ab dem 7. Monat sind alle Beschäftigungen zumutbar, die ein Nettoentgelt erbringen, das mindestens dem Arbeitslosengeld entspricht. Auch die zumutbaren Pendelzeiten hat das Arbeitsförderungsreformgesetz erweitert.

Es ist verständlich, wenn vor allem beruflich besonders qualifizierte Arbeitnehmer sich dagegen sträuben, "primitive" Arbeiten, für die sie "überqualifiziert" sind und die überdies - unter Umständen erheblich - schlechter bezahlt werden, zu verrichten.

---

1 Arbeitslose müssen ihre Arbeitslosmeldung grundsätzlich alle 3 Monate persönlich beim Arbeitsamt erneuern. Für bestimmte Personengruppen (z.B. ältere Arbeitslose) sind Ausnahmen vorgesehen.

2 Die Beantwortung der Frage, ob man für "Bemühungen" zur "Verfügung stehen" kann, bleibt linguistischer Forschung vorbehalten.

3 Leistungsempfänger, die 58 Jahre und älter sind, erfüllen die Voraussetzungen für den Bezug von Arbeitslosengeld bis Ende 2000 auch dann, wenn sie nicht arbeitsbereit sind (siehe § 428 SGB III).

Andererseits kann eine solche Haltung aber auch eine Geringschätzung einfacher Arbeiten und Arbeiter ausdrücken, ganz abgesehen davon, daß letztere vor der AFG-Reform für ihren Arbeitslosenversicherungsbeitrag einen erheblich schlechteren "Gegenwert" erhielten als Höherqualifizierte. Sie hatten sich praktisch von Anfang an mit allem abzufinden, was das Arbeitsamt ihnen anbot. (Hier zeigt sich in mehrfacher Hinsicht eine Parallele zum Anspruch auf Berufsunfähigkeitsrente nach SGB VII, siehe S. 170). Bei Berücksichtigung aller Aspekte wird man letztendlich von Nell-Breuning zustimmen müssen, der bereits vor geraumer Zeit zu diesem Problem unmißverständlich Stellung bezogen hatte:

> "Gerade bei der Zumutbarkeit hat sich das ... Anspruchsdenken verheerend ausgewirkt und die Solidarität zerstört. Zum Mindestmaß von Solidarität gehört, daß ich andern nicht zur Last falle, solange ich mir selbst helfen kann. Solange ich mich durch eigene Arbeit erhalten kann, habe ich keinen Anspruch darauf, mich durch Beiträge anderer erhalten zu lassen, bloß weil ich mich für die Arbeit, die ich finden kann, zu fein dünke. Zumutbar ist jede Arbeit, nach der Bedarf besteht, für die ich die unentbehrliche Qualifikation besitze und die ich ohne Überforderung meiner Kraft leisten kann. Selbstverständlich wird man nach Möglichkeit jedem die seiner Qualifikation am besten entsprechende Arbeit zu vermitteln suchen, aber jede Arbeit (ist) ehrenvoll und jedem, der sie leisten kann, grundsätzlich zumutbar" (zit. bei OCKENFELS 1996: 82 f.).

In bestimmten Fällen wird Arbeitslosengeld erst nach einer Sperrzeit von 12 Wochen gezahlt, so dann, wenn der Arbeitslose selbst gekündigt oder die Kündigung durch arbeitsvertragswidriges Verhalten vorsätzlich oder grob fahrlässig herbeigeführt hat. Nur wenn einem Arbeitnehmer unter Berücksichtigung der Gesamtumstände nicht zugemutet werden kann, die Beschäftigung fortzusetzen, entfällt eine Sperrzeit. Eine etwaige Abfindung wird auf das Arbeitslosengeld angerechnet, soweit sie einen Freibetrag in Höhe von 25 Prozent der Abfindung übersteigt. Der Freibetrag erhöht sich bei über 50-Jährigen auf 35 Prozent und zusätzlich um je 5 Prozentpunkte für je 5 Jahre Betriebszugehörigkeit nach dem 45. Lebensjahr beim letzten Arbeitgeber.

Ist der Anspruch auf Arbeitslosengeld erschöpft, kann Arbeitslosenhilfe beantragt werden. Diese sogenannte "Anschlußarbeitslosenhilfe" wird grundsätzlich zeitlich unbefristet gewährt, setzt aber, wie die Sozialhilfe, Bedürftigkeit voraus. Bei der Bedürftigkeitsprüfung wird das Einkommen des Arbeitslosen und seines Ehegatten berücksichtigt, nicht aber ein Unterhaltsanspruch gegenüber Verwandten zweiten und entfernteren Grades (wie z.B. Geschwister und Großeltern). Unterhaltsansprüche eines volljährigen Arbeitslosen gegenüber seinen Eltern bleiben unberücksichtigt, wenn sie nicht geltend gemacht werden. Auch während des Bezugs von Arbeitslosenhilfe muß der Hilfeempfänger "den Vermittlungsbemühungen des Arbeitsamtes zur Verfügung" stehen. Arbeitslose mit mindestens einem Kind erhalten 57 v.H., die übrigen 53 v.H. ihres bisherigen (pauschalierten) Nettoarbeitsentgelts .

Die Arbeitslosenhilfe ist, wie das Arbeitslosengeld, dem Grunde nach dynamisiert. Da jedoch das der Leistungsbemessung zugrundeliegende Entgelt pro Jahr "grundsätzlich jeweils um 3 Prozent vermindert" (BMA 1997 f: 82) wird (§ 201 SGB III), reduziert sich die Arbeitslosenhilfe de facto um den Betrag, um den die "Dynamisierung" unter 3 Prozent bleibt. Als "Trostpflaster" hält der Gesetzgeber die Bestimmung parat, daß ein solchermaßen (unter Umständen fortlaufend) reduziertes

Bemessungsentgelt 50 Prozent der jeweiligen Sozialversicherungsbezugsgröße nicht unterschreiten darf. Im Jahre 1998 beläuft sich dieses Mindestbemessungsentgelt folgerichtig auf 2 170 DM bzw. 1 820 DM (West, Ost) monatlich.

Neben der "Anschluß-Arbeitslosenhilfe" gibt es noch eine "originäre Arbeitslosenhilfe", der kein Bezug von Arbeitslosengeld voraufgeht. Deren Dauer ist auf ein Jahr beschränkt. Sie setzt zwar ebenfalls Bedürftigkeit voraus, begnügt sich aber mit vergleichsweise geringen Vorversicherungszeiten: fünf Monate arbeitslosenversicherungspflichtiger Beschäftigung innerhalb der einjährigen Vorfrist genügen. Großzügigerweise stellt der Gesetzgeber diesen versicherungspflichtigen Zeiten auch Zeiten gleich, für die keinerlei Beiträge zur Arbeitslosenversicherung entrichtet werden, z.B. das Referendariat eines Beamten auf Zeit. Selbst wenn man berücksichtigt, daß die Kosten der Arbeitslosenhilfe vom Bund getragen werden, ist nur schwer nachzuvollziehen, weshalb Nicht-Beschäftigte ohne einen Pfennig Beitrag von einer sozialen Sicherungseinrichtung profitieren, die für Arbeitnehmer geschaffen worden ist. Unverständlicherweise wurde der ursprüngliche Plan, die "originäre" Arbeitslosenhilfe im Zuge der Gesetzesreform 1997 abzuschaffen, aufgegeben.

5.8.4 Sonstige Entgeltersatzleistungen und Leistungen an Bauarbeiter

Bei vorübergehendem, unvermeidbarem Arbeitsausfall zahlt das Arbeitsamt für die Ausfallstunden *Kurzarbeitergeld.* Voraussetzung ist, daß innerhalb eines Monats mindestens ein Drittel der Beschäftigten von einem Entgeltausfall von mehr als 10 Prozent ihres monatlichen Bruttoentgelts betroffen sind. Das Kurzarbeitergeld beträgt für Arbeitnehmer mit mindestens einem Kind 67 v.H., ansonsten 60 Prozent des entgangenen Nettoarbeitsentgelts. Es wird grundsätzlich für 6 Monate gewährt.

Insolvenzgeld in Höhe des Nettoarbeitsentgelts wird gezahlt, wenn der Arbeitgeber zahlungsunfähig ist; bis zu drei Monate rückständige Löhne und Gehälter werden übernommen.

Zu den Entgeltersatzleistungen zählen außerdem

Unterhaltsgeld für Teilnehmer an beruflichen Weiterbildungsmaßnahmen (in Höhe eines etwaigen Arbeitslosengeldes)

Übergangsgeld für Behinderte, die in speziellen Rehabilitationseinrichtungen (z.B. Berufsförderungswerken) beruflich eingegliedert werden. Es beträgt, je nachdem, welche Anspruchsvoraussetzungen erfüllt sind, zwischen 60 und 75 Prozent der maßgeblichen Berechnungsgrundlage. Letztere ist in der Regel identisch mit dem der Krankengeldberechnung zugrundeliegenden Entgelt, wobei jedoch die - höhere - Beitragsbemessungsgrundlage der Arbeitslosenversicherung gilt.

Vergleichsweise komplizierte Spezialnormen im SGB III bezwecken die Förderung der ganzjährigen Beschäftigung in der Bauwirtschaft. Die entsprechenden Leistungen heißen Wintergeld und Winterausfallgeld. Letzteres ersetzt das bisherige Schlechtwettergeld für Bauarbeiter und soll für witterungsbedingte Arbeitsausfälle und entsprechende Lohneinbußen in der Zeit von November bis März einen finanziellen Ausgleich schaffen. Es beginnt mit der 151. Ausfallstunde, setzt also voraus, daß für die ersten 150 Ausfallstunden ein tarif- oder einzelvertraglicher oder auf Betriebsvereinbarung beruhender Leistungsanspruch besteht (in der Regel 75 Prozent des Lohnes). In der Höhe entspricht das Winterausfallgeld dem Kurzarbeitergeld. *Wintergeld* erhalten Bauarbeiter demgegenüber für *geleistete* Arbeitsstunden, und zwar 2 DM pro Stunde, von Mitte Dezember bis Ende Februar.

Der sozialpolitische Sinn und das Procedere von Winter- und Winterausfallgeld mag sich dem der Bauwirtschaft Fernstehenden nur zögerlich erschließen. Jedenfalls ergeben beide Leistungen in der Summe faktisch eine Art "Arbeitslosengeld de luxe", ohne daß Arbeitslosigkeit im Rechtssinn entsteht. Die Arbeitsverhältnisse und alle damit verknüpften Rechte und Pflichten bleiben erhalten.

5.8.5 Arbeitsbeschaffungs- und Strukturanpassungsmaßnahmen

"Träger" von *Arbeitsbeschaffungsmaßnahmen* können gefördert werden, wenn sie vom Arbeitsamt zugewiesene Langzeitarbeitslose - die in der Regel die Voraussetzungen für Entgeltersatzleistungen wegen Arbeitslosigkeit, beruflicher Weiterbildung oder Eingliederung Behinderter erfüllen müssen - einstellen. Langzeitarbeitslose sind "Personen, die ein Jahr und länger arbeitslos sind" (§ 18 SGB III).

Im Rahmen der Arbeitsbeschaffungsmaßnahmen müssen "zusätzliche und im öffentlichen Interesse liegende Arbeiten durchgeführt werden" (§ 260 SGB III). Das heißt, das Arbeitsergebnis muß "der Allgemeinheit" zugute kommen, darf weder überwiegend "erwerbswirtschaftlichen Interessen" noch den "Interessen eines begrenzten Personenkreises" dienen (§ 261 SGB III). Die Maßnahmen sind "bevorzugt zu fördern, wenn durch sie die Voraussetzungen für die Schaffung von Dauerarbeitsplätzen erheblich verbessert werden, durch sie Arbeitsgelegenheiten für Arbeitnehmer mit besonderen Vermittlungserschwernissen geschaffen werden oder sie strukturverbessernde Arbeiten vorbereiten oder ergänzen, die soziale Infrastruktur verbessern oder der Verbesserung der Umwelt dienen" (§ 260 SGB).

Für die zugewiesenen Arbeitnehmer zahlt das Arbeitsamt Zuschüsse. Sie betragen mindestens 30 Prozent des berücksichtigungsfähigen Arbeitsentgeltes und dürfen regelmäßig 75 Prozent dieses Entgelts nicht übersteigen. Der Zuschuß darf 90 Prozent betragen, wenn der Arbeitnehmer besonders förderungsbedürftig ist und der Träger finanziell nicht imstande ist, einen höheren Anteil zu übernehmen. In Ausnahmefällen kann der Zuschuß auch 100 Prozent des berücksichtigungsfähigen Arbeitsentgelts erreichen.

Letzteres ist nach oben gewissermaßen "doppelt begrenzt": es darf einerseits 80 Prozent eines vergleichbaren tariflichen Arbeitsentgelts, andererseits 80 Prozent der anderthalbfachen Sozialversicherungsbezugsgröße nicht übersteigen. Da die Bezugsgröße in der Sozialversicherung 1998 im alten Bundesgebiet bei 4 340 DM liegt, das anderthalbfache also immerhin einen Betrag von 6 510 DM ergibt (neue Bundesländer: 5 460 DM), erlangt die Bezugsgrößenbegrenzung nach oben allenfalls bei "gehobenen" Berufstätigkeiten im Rahmen von ABM praktische Bedeutung. Anders verhält es sich mit der Begrenzung "nach unten": unterschreitet das berücksichtigungsfähige Arbeitsentgelt eigentlich 50 Prozent der Bezugsgröße, darf es bis zu diesem Wert voll bezuschußt werden.

Die Förderung ist grundsätzlich auf ein Jahr begrenzt. Sie darf 2 Jahre dauern, wenn es sich um eine "bevorzugt geförderte" Maßnahme handelt (siehe oben) und bis zu drei Jahren, wenn die in einer solchen Maßnahme geförderten Arbeitnehmer anschließend in ein Dauerarbeitsverhältnis übernommen werden.

Im April 1997 gab es 245 000 Beschäftigte in allgemeinen Arbeitsbeschaffungsmaßnahmen, deutlich weniger als in früheren Jahren. 1992 etwa waren im Jahresdurchschnitt 466 000 Beschäftigte gefördert worden, davon 388 000 im Beitrittsgebiet (siehe BA 1997: 50).

"Träger" von *Strukturanpassungsmaßnahmen* - das sind Maßnahmen zur Erhaltung und Verbesserung der Umwelt und zur Verbesserung des Angebotes bei den sozialen Diensten und in der Jugendhilfe (§§ 272 ff. SGB III) - können bis zum Jahre 2002 gefördert werden. Berücksichtigt werden Arbeitnehmer, wenn sie arbeitslos geworden oder von Arbeitslosigkeit bedroht sind, Arbeitslosengeld oder -hilfe bezogen haben oder bei Arbeitslosigkeit bezogen hätten und ohne die Zuweisung auf absehbare Zeit nicht in Arbeit vermittelt werden können.Der Zuschuß orientiert sich an den durchschnittlichen Aufwendungen für Arbeitslosengeld und -hilfe. Das Arbeitsentgelt der geförderten Arbeitnehmers darf die bei der Förderung von Arbeitsbeschaffungsmaßnahmen berücksichtigungsfähigen Arbeitsentgelte nicht übersteigen (siehe oben). Die Förderung selbst darf 3 Jahre dauern, bis 4 Jahre, wenn der Arbeitnehmer in ein Dauerarbeitsverhältnis übernommen wird.

Unabhängig von den Fördermöglichkeiten des SGB III können Arbeitgeber, die Langzeitarbeitslose, also über ein Jahr Arbeitslose (bei Frauen, die ihre Erwerbstätigkeit wegen Kinderbetreuung oder Pflege für mindestens drei Jahre unterbrochen haben, genügt eine halbjährige Arbeitslosigkeit) bis Ende 1998 unbefristet einstellen, im Rahmen der von der Bundesregierung 1989 initiierten und mit insgesamt 3 Milliarden DM ausgestatteten "Aktion Beschäftigungshilfen für Langzeitarbeitslose" Lohnkostenzuschüsse erhalten (siehe BMA / BA 1995). Deren Höhe richtet sich nach der Dauer der bisherigen Arbeitslosigkeit und bewegt sich zwischen 60 und 80 Prozent des neuen Arbeitsentgelts. Die Wochenarbeitszeit muß mindestens 18 Stunden betragen. Die Zuschüsse werden für die Dauer eines Jahres gezahlt, reduzieren sich im 2. Halbjahr aber um 20 Prozent. Eine maximal dreimonatige Probezeit - mit reduziertem Förderungsanspruch - ist möglich. 1995 wurden im Rahmen des Programms 54 000 Lohnkostenzuschüsse gezahlt (siehe SPU 1996 a: 16).

5.8.6 Berufliche Aus- und Weiterbildung und Eingliederung Behinderter

Auszubildende haben Anspruch auf Berufsausbildungsbeihilfe während einer beruflichen Ausbildung oder einer berufsvorbereitenden Maßnahme, wenn ihnen die erforderlichen Mittel zur Bestreitung des Lebensunterhalts anderweitig nicht zur Verfügung stehen.

Gefördert wird bei einer betrieblichen Ausbildung nur, wer außerhalb des elterlichen Haushalts wohnt; Voraussetzung ist überdies, daß die Ausbildungsstätte von der Wohnung der Eltern aus nicht in angemessener Zeit erreichbar ist. Letzteres ist dann keine Bedingung für den Leistungsanspruch, wenn der Auszubildende das 18. Lebensjahr vollendet hat, verheiratet ist oder war, mit mindestens einem Kind zusammenlebt oder aus schwerwiegenden sozialen Gründen nicht auf die elterliche Wohnung verwiesen werden kann.

Als Bedarf für den Lebensunterhalt werden bei einer beruflichen Ausbildung 785 DM zugrundegelegt, für Verheiratete oder über 21-Jährige 830 DM. Hinzu kommen die Unterkunftskosten, soweit sie 235 DM übersteigen, höchstens jedoch 75 DM monatlich. Teilnehmer an berufsvorbereitenden Bildungsmaßnahmen erhalten, wenn sie verheiratet oder über 21 Jahre alt sind und außerhalb des elterlichen Haushalts wohnen, Leistungen, als ob sie eine berufliche Ausbildung absolvierten. Bei sonstigen außerhalb wohnenden Teilnehmern an berufsvorbereitenden Maßnahmen wird als Bedarf für den Lebensunterhalt ein Betrag von 615 DM (einschließlich 20 DM für Arbeitskleidung) zugrundegelegt; wohnen sie noch bei den Eltern - "außerelterliches" Wohnen ist bei den berufsvorbereitenden Bildungsmaßnahmen keine Fördervoraussetzung - reduziert sich der Betrag auf 345 DM. Er erhöht sich auf 670 DM, wenn der noch bei den Eltern lebende Teilnehmer an der berufsvorbereitenden Bildungsmaßnahme verheiratet oder über 21 Jahre alt ist. Zu den Kosten der Unterkunft werden ebenfalls maximal 75 DM beigesteuert. Das Arbeitsamt übernimmt die Fahrt- und etwaige Lehrgangskosten sowie sonstige Aufwendungen. Auf den Gesamtbedarf wird eigenes Einkommen voll[1], das des Ehegatten und der Eltern dann angerechnet, wenn es bestimmte Freibeträge übersteigt. Es gelten die entsprechenden Bestimmungen des Bundesausbildungsförderungsgesetzes.

Auch die "Förderung der beruflichen Weiterbildung" zählt zu den Aufgaben der Arbeitsverwaltung (§§ 77 ff. SGB III). Sie fügt sich, soweit sie das Ziel hat, "berufliche Kenntnisse und Fertigkeiten ... zu erweitern oder der technischen Entwicklung anzupassen ... einen beruflichen Abschluß zu vermitteln oder ... zu einer anderen beruflichen Tätigkeit zu befähigen" (§ 87 Abs. 1 SGB III) durchaus in einen sozialversicherungsrechtlichen Gesamtzusammenhang ein. Problematisch wird es allerdings, wenn ihr aufgetragen wird, "einen beruflichen Aufstieg zu ermöglichen" (ebd.). Man mag dem Einzelnen jedwedes Vorankommen auf der sozialen Leiter von Herzen gönnen: eine Aufgabe der Sozialpolitik ist die Hilfestellung dazu nicht. (Immerhin steht die Weiterbildungs-Förderung unter dem Generalvorbehalt, daß sie zur Eingliederung Arbeitsloser beiträgt, zumindest aber drohende Arbeitslosigkeit abgewendet wird, siehe § 77 SGB III).

Gefördert werden Arbeitnehmer mit abgeschlossener Berufsausbildung oder mindestens dreijähriger Berufstätigkeit. In den letzten drei Jahren müssen sie außerdem wenigstens 12 Monate in einem Versicherungspflichtverhältnis gestanden oder die Voraussetzungen für einen Anspruch auf Arbeitslosengeld bzw. (Anschluß)Arbeitslosenhilfe erfüllt und Leistungen beantragt haben. Wer diese Vorversicherungszeit nicht nachweist, kann dann gefördert werden, wenn er sich verpflichtet, "im Anschluß an die Maßnahme mindestens drei Jahre eine versicherungspflichtige Beschäftigung auszuüben" (§ 80 SGB) - eine außerordentlich sinnvolle, arbeitnehmerorien-

1 Für die Teilnehmer an berufsvorbereitenden Bildungsmaßnahmen wird bei den Lehrgangskosten, Fahrtkosten sowie den Kosten für Lernmittel und Arbeitskleitung auf eine Einkommensanrechnung verzichtet.

tierte Regelung, die verhindern soll, daß Nicht-Arbeitnehmer, die eine abhängige Beschäftigung keineswegs anstreben, sich auf Kosten der Versichertengemeinschaft beruflich qualifizieren. Gegebenenfalls sind die Weiterbildungkosten zurückzuerstatten.

Gefördert wird auch, wer die Vorbeschäftigungszeit nicht erfüllt, aber bis zum Beginn der Maßnahme Arbeitslosenhilfe bezogen hat. Es wird Unterhaltsgeld gezahlt (siehe oben); übernommen werden auch die Lehrgangskosten, Fahrtkosten, etwaige Kosten einer auswärtigen Unterbringung und Kinderbetreuungskosten (120 DM, in Härtefällen bis zu 200 DM monatlich). Die Höchstförderungsdauer beträgt in der Regel 2 Jahre.

Die Förderung der beruflichen Eingliederung *Behinderter* verfolgt den Zweck, die Erwerbsfähigkeit der Behinderten "entsprechend ihrer Leistungsfähigkeit zu erhalten, zu bessern, herzustellen oder wiederherzustellen" (§ 97 SGB III). Neben dem Übergangsgeld (siehe oben) gibt es weitere Eingliederungshilfen. Soweit durch allgemeine Förderungsmaßnahmen der Eingliederungszweck nicht erreicht werden kann, sind besondere Förderungsmaßnahmen möglich.

5.8.7 Sonstige Leistungen der Arbeitsverwaltung *(eine Auswahl)*

Gefördert werden von der Arbeitsverwaltung auch sogenannte Trainingsmaßnahmen, die die Eingliederungsaussichten von Arbeitslosen verbessern sollen (§§ 48 ff. SGB III). Dazu zählen unter anderem Eignungsfeststellungen, Bewerbungstrainings, die Überprüfung von Arbeitsbereitschaft und -fähigkeit sowie die Vermittlung von Kenntnissen und Fähigkeiten, die eine Vermittlung in Arbeit oder den erfolgreichen Abschluß einer beruflichen Aus- bzw. Weiterbildung erleichtern. Je nach Art der Maßnahme beträgt die Höchstförderungsdauer zwischen zwei und acht Wochen.

Die Aufnahme einer Beschäftigung durch Arbeitslose kann durch Mobilitätshilfen bezuschußt werden. Dazu zählen u.a. Ausrüstungbeihilfen, Fahrtkostenbeihilfen bei auswärtiger Unterbringung und Trennungskostenbeihilfen bei doppeltem Haushalt .

Weil Arbeitgeber sich angeblich "häufig scheuen, ... mit Langzeitarbeitslosen oder anderen schwervermittelbaren Personen ein Arbeitsverhältnis einzugehen, da sie an dem Durchhaltevermögen und der Qualifikation zweifeln" (BMA 1997 g: 7), hat das SGB III für Langzeitarbeitslose und Arbeitslose, die mindestens 6 Monate arbeitslos sind und bei denen "mindestens ein Vermittlungserschwernis vorliegt" (§ 230 SGB III), das neue Instrument des Eingliederungsvertrags geschaffen. Ein Arbeitsverhältnis im üblichen Sinn, vor allem mit den damit verbundenen Schutzwirkungen, wird dadurch nicht begründet, wohl aber ein "sozialversicherungspflichtiges Beschäftigungsverhältnis" (a.a.O.: 7f.), das beide Seiten ohne Angabe von Gründen jederzeit beenden können. Die Kosten für Fehltage erstattet das Arbeitsamt. Der Eingliederungsvertrag ist auf mindestens zwei Wochen, längstens sechs Monate zu befristen.

Zum "Ausgleich von Minderleistungen" bestimmter Arbeitnehmer(gruppen) können Arbeitgeber sogenannte Eingliederungszuschüsse erhalten. Förderungsfähig sind

Arbeitnehmer, die einer besonderen Einarbeitung bedürfen
Arbeitnehmer, die "wegen in ihrer Person liegender Umstände nur erschwert vermittelt werden können" (§ 218 SGB III) - insbesondere Langzeitarbeitslose und Behinderte sowie
Arbeitnehmer über 55 Jahren, die langzeitarbeitslos waren.

Der Zuschuß kann bei besonderer Einarbeitung bis zu 50, bei erschwerter Vermittlung und bei älteren Langzeitarbeitslosen bis zu 70 Prozent des für die Beschäftigung üblichen Arbeitsentgelts betragen. Die "Regelförderungsdauer" beim Einarbeitungszuschuß kann bis zu 6, bei erschwerter Vermittlung bis zu 12 und bei älteren langzeitarbeitslosen Arbeitnehmern bis zu 24 Monate betragen. In Fällen besonders schwerer Vermittelbarkeit kann die Förderungsdauer bis zum doppelten der Regelförderungsdauer ansteigen, bei älteren Arbeitnehmern jedoch bis höchstens 36 Monate.

Arbeitgeber können innerhalb von 2 Jahren nach der Neugründung ihres Unternehmens Einstellungszuschüsse - für höchstens 2 bislang arbeitslose Arbeitnehmer gleichzeitig - erhalten (§ 225 ff. SGB III). Das Unternehmen darf nicht mehr als 5 Arbeitnehmer beschäftigen, die Förderung ist auf 12 Monate beschränkt und darf bis zu 50 Prozent des üblichen Arbeitsentgelts betragen. Die geförderten Arbeitnehmer müssen in einem unbefristeteten Arbeitsverhältnis stehen.

Bezieher von Arbeitslosengeld, Arbeitslosenhilfe und Kurzarbeitergeld sowie in Arbeitsbeschaffungs- und Strukturanpassungsmaßnahmen Geförderte können schließlich noch ein Überbrückungsgeld erhalten, wenn sie sich selbständig machen wollen (§ 57 SGB III). Es wird für längstens 6 Monate und in Höhe des Betrages gezahlt, den der Arbeitnehmer als Arbeitslosengeld bzw. Arbeitslosenhilfe bezogen hat oder bei Arbeitslosigkeit hätte beziehen können. Voraussetzung ist "die Stellungnahme einer fachkundigen Stelle über die Tragfähigkeit der Existenzgründung" (ebd.).

5.8.8 Daten zur Arbeitslosigkeit

4,3 Millionen bei den Arbeitsämtern gemeldete Arbeitssuchende bescherten der Bundesrepublik Deutschland im April 1997 eine Arbeitslosenquote[1] von 12,6 Prozent (alte Länder: 11,0 Prozent, neue Länder: 18,7 Prozent) - eine seit den Anfangsjahren der Bundesrepublik nicht wieder erreichte Höchstmarke (siehe BA 1997 b: 1 ff.; dieser Publikation sind, soweit nichts anderes vermerkt, auch die nachfolgenden statistischen Angaben entnommen). Und im Gegensatz zu den 12,2 Prozent Arbeitslosen im April des Jahres 1950 - absolut waren es 2,1 Millionen, die ihr Los in erster Linie den wirtschaftlichen Turbulenzen im Gefolge der 1949 durchgeführten Währungsreform verdankten und in dem Maße weniger wurden, wie die neue Wirtschaftsord-

1 Bezogen auf die "*abhängigen* zivilen Erwerbspersonen". Nur wenn man die Arbeitslosenzahl auf *alle* zivilen Erwerbspersonen bezieht, Selbständige und mithelfende Familienangehörige also mitzählt, gelangt man zu der (zwar international üblichen, aber gleichwohl geschönten) Arbeitslosenquote von 11,3 Prozent.

nung Fuß faßte[1] - deutet nichts darauf hin, daß die hohe Arbeitslosigkeit der Gegenwart ebenfalls nur ein Zwischenspiel bleibt.

Überproportional von Arbeitslosigkeit betroffen und auf Arbeitssuche sind Frauen. Ihr Anteil an der Gesamtzahl der Arbeitslosen beträgt rund 2 Millionen, das sind 46 Prozent. Die Frauenquote bei den abhängig Beschäftigten liegt deutlich unter diesem Satz.[2] Ähnliches gilt bezüglich der 555 000 ausländischen Arbeitslosen, die 13 Prozent aller Arbeitslosen stellen.[3] 55 Jahre und älter waren 932 000 Arbeitslose, das entspricht einem Anteil von gut 21 Prozent. Genau genommen hat die Zahl der über 55 Jahre alten Arbeitslosen die Millionengrenze sogar überschritten: 201 000 Arbeitslose über 58 Jahre nutzten im April 1997 die durch § 428 SGB III (früher: 105 c AFG) eingeräumte Möglichkeit, gegenüber dem Arbeitsamt zu erklären, der Arbeitsvermittlung nicht mehr voll zur Verfügung zu stehen (siehe SPU 1997 c: 9, 14). Sie werden daraufhin, ohne Leistungen einzubüßen, nicht mehr als Arbeitslose gezählt, müssen aber zum frühestmöglichen Zeitpunkt Altersrente (ohne Abschläge) beantragen.

Trotzdem gibt es erheblich mehr Arbeitslose als Leistungsempfänger: den 4,3 Millionen Arbeitslosen standen im April 1997 nur 3,6 Millionen Leistungsberechtigte gegenüber (siehe BA 1997 b: 58). Es überwiegen - mit 2,2 Millionen - die Arbeitslosengeldbezieher; 1,3 Millionen erhalten Arbeitslosenhilfe.

Von besonderem Gewicht ist, daß die Statistik nicht weniger als 1,4 Millionen Langzeitarbeitslose ausweist, also Arbeitslose, die ein Jahr und länger arbeitslos sind. Außerdem befinden sich unter den 4,3 Millionen Arbeitslosen 484 000 Jugendliche unter 25 Jahren, 330 000 Teilzeitarbeitsuchende, 194 000 Schwerbehinderte und 151 000 Aussiedler.

5.8.9 Schlußfolgerungen

Quantitativ bewegt sich die gegenwärtige Arbeitslosigkeit in einer Größenordnung, wie sie beispielsweise auch im Frühjahr 1931 zu konstatieren war. Und würde in der Bundesrepublik Deutschland keine Beschäftigungsförderungspolitik betrieben, so wä-

---

1 1955 war die Quote auf 5,6 Prozent gesunken, 1960 auf 1,1, 1965 auf 0,6 Prozent. Auch 1970 betrug der Arbeitslosenanteil 0,6 Prozent; 121 000 Arbeitslosen standen 846 000 offene Stellen gegenüber (jeweils im April, siehe BMA 1970: 170).

2 Nur dann, wenn alle teilzeitbeschäftigten Frauen in die Berechnung mit eingehen, den 8,8 Millionen vollzeitbeschäftigten Frauen noch die 4,9 Millionen weiblichen Teilzeitbeschäftigten hinzugefügt werden, kommt man (1994) auf einen Frauen-Beschäftigtenanteil von 44 Prozent (der Frauenanteil an den Vollbeschäftigten liegt bei 29 Prozent); das heißt: nur bei Berücksichtigung der (frauendominierten) Teilzeitbeschäftigungen sind der jeweilige Frauenanteil an den Arbeitslosen und Beschäftigten in etwa identisch (siehe BMA 1996 a: Tabelle 2.5 A).

3 Damit sind auch Ausländer erheblich stärker von Arbeitslosigkeit betroffen als Deutsche. Beschränkt man sich, da benutzbare statistische Angaben für die neuen Bundesländer noch fehlen, auf das frühere Bundesgebiet - dies ist auch insofern gerechtfertigt, als von den 555 000 ausländischen Arbeitslosen im Bundesgebiet allein 538 000 auf die alten Bundesländer entfallen - so ergibt sich für April 1997 ein Arbeitslosen-Ausländeranteil von rund 18 Prozent, bei einer Ausländer-Beschäftigtenquote von vermutlich unter 10 Prozent (Juni 1995: 9,4 Prozent). Quellen: BA 1997 b, BMA 1996 a: Tabelle 2.7.

re die Zahl der Arbeitslosen nicht weit von jener magischen 6-Millionen-Grenze entfernt (ja hätte sie sogar erreicht oder übertroffen), die gemeinhin als Symbol für die zerrütteten Verhältnisse in der Endphase der Weimarer Republik steht und als Hauptgrund für ihr Scheitern genannt wird.

Allerdings ist auch in dieser Hinsicht "Bonn (oder Berlin) nicht Weimar". Ohne die allgemein-politische Brisanz von langandauernder Massenarbeitslosigkeit und die mit ihr verbundenen materiellen und immateriellen Schädigungen auch nur im geringsten leugnen oder bagatellisieren zu wollen, zeigt die skizzierte Binnenstruktur der Arbeitslosigkeit doch, daß die heutigen Arbeitslosen mit denen Anfang der dreißiger Jahre nur eingeschränkt vergleichbar sind. Vor allem bei einem Teil der über fünfundfünfzig Jahre alten Arbeitslosen dürfte das Arbeitslosengeld nicht die alleinige Einkommensquelle darstellen; ähnliches gilt für einige Gruppen von Teilzeitarbeitsuchenden. Die Aussiedler wiederum stellen - ähnlich wie die Ausländer - eine spezielle, im Gegensatz zu letzteren aber vermutlich nur zeitweilig in Erscheinung tretende "Problemgruppe" dar.

Dennoch: eine schwerwiegende Beeinträchtigung der gesellschaftlichen Stabilität und des sozialen Konsens' stellt eine hohe Dauerarbeitslosigkeit zweifellos dar, nicht zuletzt deshalb, weil die gegenwärtigen materiellen Leistungen sich in einer Größenordnung bewegen, die einen grundsätzlichen Anspruch auf ergänzende Sozialhilfe fast als Normalfall erscheinen lassen: 46 Prozent aller Arbeitslosengeldempfänger erhielten im März 1997 weniger als 1 200 DM, 84 Prozent weniger als 1 800 DM monatlich. Bei den Arbeitslosenhilfebeziehern betrugen die entsprechenden Quoten sogar 80 bzw. 98 Prozent; nur an zwei von hundert Arbeitslosenhilfebeziehern überwies das Arbeitsamt 1 800 DM oder mehr im Monat (vgl. BA 1997 b: 63).

Ein umfassendes, alle relevanten gesellschaftlichen Gruppen unseres Gemeinwesens einbindendes "Bündnis für die Schaffung von Arbeit" ist dringend vonnöten. Es wird großer Anstrengungen bedürfen, um das früher wie selbstverständlich proklamierte Ziel der Vollbeschäftigung nicht auf Dauer als Fata Morgana erscheinen zu lassen.

5.9 Die fünfte Säule der Sozialversicherung: die Pflegeversicherung

5.9.1 Allgemeines, Mitglieder

Die Pflegeversicherung wurde 1994 geschaffen - als 11. Buch des SGB und "5. Säule im System der Sozialversicherung", wie der Bundesarbeitsminister verkündete (siehe BMA 1995 a: 437). Er verleiht dieser neuen Sicherungseinrichtung damit den gleichen Rang wie der Renten-, Unfall-, Kranken- und Arbeitslosenversicherung.

Dies ist sicherlich gerechtfertigt - wenngleich der Gesetzgeber mit der Pflegeversicherung eine Einrichtung schuf, welche die herkömmlichen sozialversicherungsrechtlichen Grenzen sprengte. Sie stellt durchaus einen "Schlußstein in unserem Sozialversicherungsgebäude" (a.a.O.: 31) dar - erstreckt sich aber auch auf Bevölkerungsgruppen jenseits der Sozialversicherung.

Zwar steht die soziale Pflegeversicherung insofern in inniger Verbindung mit der gesetzlichen Krankenversicherung, als ihr "alle diejenigen an(gehören), die in der gesetzlichen Krankenversicherung ... versichert sind" (a.a.O.: 440). Dadurch wird die ganz überwiegende Mehrzahl der abhängig Beschäftigten und "rund 92 Prozent der Bevölkerung" (BMA 1997 f: 360) erfaßt. Aber die soziale Pflegeversicherung ist nur ein *Teil* der Pflegeversicherung; sie wird ergänzt durch die private Pflegeversicherung. Dieser gehören alle privat Krankenversicherten an - "rund 7 Prozent der Bevölkerung" (ebd.), das heißt, auch dieser Personenkreis unterliegt einer gesetzlichen Versicherungspflicht. Lediglich die weder gesetzlich noch privat Krankenversicherten - das Bundesarbeitsministerium beziffert ihren Anteil auf "weniger als 0,5 Prozent der Bevölkerung" (ebd.)[1] - bleiben vom Gesetz "unbehelligt".

Die Pflegeversicherung bewirkt demzufolge eine "umfassende Versicherungspflicht für die gesamte Bevölkerung" (a.a.O.: 439). Dennoch ist sie keine einheitliche "Volksversicherung", weil der Gesetzgeber - trotz aller sozialstaatlicher Auflagen an die private Assekuranz, siehe *5.9.3* - sorgsam an der Trennung der beiden Sektoren festgehalten hat. Sicherlich profitieren auch die privat Versicherten von der neuen Einrichtung, aber quantitativ und qualitativ dürfte die Pflegeversicherung in erster Linie die Lebenslage von Arbeitnehmerfamilien günstig beeinflussen. Dies war auch ihr erklärtes Ziel. Die Situation, der sich viele pflegebedürftige Rentner und ihre Familien vor Inkrafttreten des Pflegeversicherungsgesetzes gegenübersahen, wird zutreffend so beschrieben:

> "Die regelmäßige Inanspruchnahme von Sozialhilfeleistungen wird von den Pflegebedürftigen, die gewöhnlich auf ein volles Berufsleben zurückblicken können, 45 Jahre lang Steuern gezahlt und Beiträge entrichtet haben, als demütigend empfunden, vor allem wegen der Heranziehung der Kinder zu den Kosten der stationären Pflege. Die Renten verlieren hier ihre übliche Sicherungsfunktion. Die Rentner werden im Pflegefall denjenigen gleichgestellt, die nie gearbeitet und niemals Beiträge gezahlt haben" (BMA 1995 a: 438).

Träger der sozialen Pflegeversicherung sind die Pflegekassen, die "unter dem Dach der Krankenkassen errichtet" (BMA 1995 a: 463) wurden. Diese Personalunion hat die Schaffung eines neuen, besonderen Verwaltungsapparats entbehrlich gemacht. Die entstehenden Kosten werden den Krankenkassen durch die - rechtlich selbständigen - Pflegekassen erstattet.

Finanziert wird die soziale Pflegeversicherung im Umlageverfahren, durch Beiträge. Der Beitragssatz liegt - im Gegensatz zur Beitragsgestaltung in der gesetzlichen Krankenversicherung, deren Beitragsbemessungsgrenze jedoch maßgebend ist - bundeseinheitlich bei 1,7 Prozent. Arbeitgeber und Arbeitnehmer zahlen den Beitrag je zur Hälfte. Kinder und Ehegatten sind beitragsfrei mitversichert, wenn ihr Einkommen die Geringfügigkeitsgrenze nicht übersteigt. Rentner und bereits Pflegebedürftige müssen ebenfalls Beiträge entrichten, auch hier übernimmt die Rentenversicherung die Hälfte.

---

1 An anderer Stelle ist von "rd. 320 000 Bundesbürger(n), die ... über keinerlei Krankenversicherungsschutz verfügen", die Rede (siehe BMA 1995 a: 446).

Pflegebedürftig ist, wer aufgrund von Krankheit oder Behinderung auf Dauer in erheblichem Maße der Hilfe bedarf. Es werden drei Stufen der Pflegebedürftigkeit unterschieden: erhebliche Pflegebedürftigkeit (Stufe I), Schwerpflegebedürftigkeit (Stufe II) und Schwerstpflegebedürftigkeit (Stufe III).

Stufe I setzt voraus, daß einmal täglich bei wenigstens zwei Verrichtungen in den Bereichen Körperpflege, Ernährung oder Mobilität Hilfe erforderlich ist, außerdem mehrfach in der Woche bei der hauswirtschaftlichen Versorgung. Für Stufe II ist Bedingung, daß dreimal täglich zu verschiedenen Tageszeiten Hilfe geleistet wird, außerdem Hilfe bei der hauswirtschaftlichen Versorgung. Stufe III schließlich erfordert Hilfe-Bedarf rund um die Uhr. Für die Pflegestufen sind zusätzlich zeitliche Mindestanforderungen vorgeschrieben: eineinhalb Stunden für die Pflegestufe I, drei Stunden für die Pflegestufe II und fünf Stunden für die Pflegestufe III.

Die Pflegestufen-Einordnung des Hilfsbedürftigen wird aufgrund eines Gutachtens des Medizinischen Dienstes der Krankenkassen von den Pflegekassen vorgenommen. Widerspruch, gegebenenfalls die Klage vor dem Sozialgericht, ist zulässig.

Die Pflegeversicherung unterscheidet zwischen Leistungen bei häuslicher und stationärer Pflege, zwischen Geld- und Sachleistungen und zwischen Leistungen an Pflegebedürftige und Pflegepersonen. Bei häuslicher Pflege erhalten Pflegebedürftige in Stufe I bis zu 750 DM im Monat, in Stufe II bis zu 1 800 DM und in Stufe III bis zu 2 800 DM (in besonderen Härtefälle[1] bis zu 3 750 DM), jeweils als Sachleistung. Sachleistung heißt "Inanspruchnahme von Pflegeleistungen einer Sozialstation auf Kosten der Pflegeversicherung" (BMA 1995 a : 442).

Alternativ dazu werden bei häuslicher Pflege dem Pflegebedürftigen monatliche Geldleistungen gewährt, und zwar in Stufe I 400 DM, in Stufe II 800 DM und in Stufe III 1 300 DM. Eine Kombination von Sach- und Geldleistungen ist möglich. So kann ein Pflegebedürftiger in Stufe III 1 400 DM pro Monat für Leistungen einer Sozialstation beanspruchen (50 Prozent der möglichen Sachleistungen) und zusätzlich ein Pflegegeld in Höhe von 650 DM erhalten (50 Prozent der Geldleistung).

Bei stationärer Pflege werden die Kosten für die Grundpflege, die soziale Betreuung und die medizinische Behandlungspflege bis zu einem Betrag von 2 800 DM übernommen, in Härtefällen bis zu 3 300 DM.

Die Pflegekassen leisten auch einen Beitrag zur sozialen Absicherung derjenigen Pflegepersonen, die einen Pflegebedürftigen nicht erwerbsmäßig mindestens 14 Stunden pro Woche in dessen häuslicher Umgebung pflegen und keine Erwerbstätigkeit von mehr als 30 Stunden wöchentlich ausüben. Für diese Helfer - 1995 immerhin 198 000 (siehe SPU 1997 b: 18) - entrichtet die Pflegekasse Beiträge zur gesetzlichen Rentenversicherung, ein Arbeitnehmeranteil wird nicht verlangt. Der Beitragszahlung wird ein monatliches Einkommen zugrundegelegt, das, je nach Pflegestufe und -aufwand, zwischen 27 und 80 Prozent der Sozialversicherungsbezugsgröße

---

1 Z.B. bei "Krebserkrankungen im Endstatium" (BMA 1995 a: 451). Diese Ausnahmeregelung soll allerdings nur "3 v.H. der Pflegebedürftigen der Pflegestufe III zugute kommen" (ebd.).

(1998 also 4 340 DM West, 3 640 DM Ost) beträgt (siehe BMA 1997 f: 378). Pflegepersonen sind darüber hinaus gesetzlich unfallversichert.

5.9.3 Die Private Pflegeversicherung und die sozialstaatlichen Auflagen

Wie in keinem anderen Bereich der privaten Versicherungswirtschaft hat der Staat bei der privaten Pflegeversicherung die "Vertragsfreiheit der Unternehmen ein(geschränkt)" (BMA 1995 a: 467). Dies gilt weniger bezüglich des Kontrahierungszwangs als solchem (den ja zum Beispiel auch die Auto-Haftpflicht-Versicherung kennt) als vielmehr hinsichtlich einer Vielzahl von Auflagen, die ehernen Prinzipien des (Kranken)Versicherungs-Gewerbes zuwiderlaufen, u.a.:

- kein Ausschluß von Vorerkrankungen und bereits Pflegebedürftiger
- keine Risikozuschläge, keine Prämiendifferenzierung nach Geschlecht und Gesundheitszustand, beitragsfreie Mitversicherung der Kinder
- keine Prämien über dem Höchstbeitrag der sozialen Pflegeversicherung
- Beschränkung der Ehegatten-Höchstprämie (bei nicht erwerbstätigem Ehegatten).

Dieser Einbruch sozialversicherungsrechtlicher Maximen in die private Versicherungsvertragsgestaltung ist einzigartig; als gesetzgeberischer Oktroi für die Privatrechtssphäre sucht er seinesgleichen. Zwar wird die der privaten Versicherungswirtschaft auferlegte Verpflichtung, "sozialverträgliche Rahmenbedingungen" (BMA 1995 a: 469) und vielfältige Elemente des sozialen Ausgleichs zu akzeptieren, dadurch abgeschwächt, daß ein Teil dieser Vorgaben für das Neugeschäft, das heißt für die *nach* Inkrafttreten der Pflegeversicherung abgeschlossenen Verträge, nicht mehr gilt. Die privatrechtliche Gestaltungsfreiheit wird indes auch im Neugeschäft in nicht geringem Maße durch sozialstaatliche Gebote eingeschränkt. So muß die private Pflegeversicherung Leistungen vorsehen, die denen der sozialen Pflegeversicherung gleichwertig sind; bei der Feststellung der Pflegebedürftigkeit und der Zuordnung zu einer Pflegestufe müssen "dieselben Maßstäbe wie in der sozialen Pflegeversicherung angelegt werden" (ebd.). Eine Staffelung der Beiträge nach dem Gesundheitszustand ist möglich, jedoch nur bis zum Höchstbeitrag in der sozialen Pflegeversicherung. Auch zur Übernahme von Rentenversicherungsbeiträgen für Pflegepersonen ist die private Pflegeversicherung verpflichtet.

5.9.4 Sozialstatistische Basisdaten

Rund 1,55 Millionen Pflegebedürftige erhielten Ende 1996 Leistungen im Rahmen der sozialen Pflegeversicherung, ganz überwiegend (1,16 Millionen) in ambulanter Form (siehe dazu und zum folgenden, soweit keine andere statistische Quelle angegeben, Bundesarbeitsblatt 1997: 142 f.). 385 000 Personen wurden stationär gepflegt, das Verhältnis von ambulant zu stationär Gepflegten beträgt somit 3:1.

In der ambulanten Pflege sind rund 87 Prozent der Pflegebedürftigen den Pflegestufen I (508 000) und II (507 000) zugeordnet, in der Pflegestufe III werden lediglich 146 000 Personen ambulant versorgt. Bei der stationären Pflege sind die Pflegebedürftigen gleichmäßiger auf die einzelnen Pflegestufen verteilt: 112 000 befinden sich in Stufe I, 163 000 in Stufe II und 110 000 in Stufe III .

Die häufigste "häusliche Pflegeursache" ist offenkundig Altersverwirrung. Jedenfalls hat eine Auswertung von 160 000 Gutachten der Medizinischen Dienste in Thüringen, Westfalen-Lippe und Rheinland-Pfalz über zu Hause lebende Pflegebedürftige ergeben, "daß Demenz die häufigste Diagnose in allen drei Pflegestufen ist" (SPU 1996 h: 40). Die mit Abstand häufigste "Leistungsart" bei der ambulanten Pflege ist das Pflegegeld. Nicht weniger als 944 000 Pflegebedürftige erhalten diese Leistung, nur 106 000 bekommen Sachleistungen. 135 000 Pflegebedürftige haben sich für die Kombination von Sach- und Geldleistungen entschieden .

Die Sozialleistung "Pflege" kommt in erster Linie Frauen zugute: über einer Million weiblicher Leistungsempfänger stehen nur knapp eine halbe Million männliche Leistungsberechtigte gegenüber. Besonders die stationäre Pflege wird von Frauen dominiert: 308 000 Frauen, aber nur 77 000 Männer erhalten stationäre Pflegeleistungen. Die Vorstellung indes, "Pflege" sei ein Sozialtatbestand, der so gut wie ausschließlich Hochbetagte beträfe, wäre irrig. Zwar zählen rund 79 Prozent der Leistungsempfänger 65 und mehr Jahre. Aber ein gutes Fünftel der von der neuen Sozialversicherung Begünstigten befindet sich im - an sich - noch durchaus "erwerbsfähigen" Alter.

Die überwiegende Anzahl der Anträge auf Pflegeleistungen wird positiv beschieden. Allerdings wurden von den 1996 eingegangenen 1,3 Millionen Anträgen auch 324 000 (= 26 Prozent) abgelehnt.

5.9.5 Erstes Resümee

Die Frage, ob die Pflegeversicherung eines ihrer Hauptziele, nämlich den "Normalarbeitnehmer und -rentner" sowie seine Familie im Falle stationärer Pflegebedürftigkeit von Sozialhilfe unabhängig zu machen, erreicht hat, kann im großen und ganzen bejaht werden. Fraglos ist die Pflegeversicherung im stationären Bereich lediglich eine "Teil-Kaskoversicherung": sie übernimmt nur die Kosten für die Pflege und die soziale Betreuung (und auch dies nur bis zu einer bestimmten Höchstgrenze). Sind die Aufwendungen höher, muß der Pflegebedürftige die Differenz tragen, dazu - in voller Höhe - die Kosten für Unterkunft und Verpflegung ("Hotelkosten").

Berücksichtigt man jedoch, daß die Pflegekasse Aufwendungen bis zu 2 800 DM übernimmt und der "Standardrentner" 1998 (Durchschnittsverdiener mit 45 Versicherungsjahren) eine monatliche Rente von rund 2 135 DM bezieht, so ist die Schlußfolgerung berechtigt, daß Pflegesätze bis etwa 5 000 DM von dem pflegebedürftigen Durchschnittsarbeitnehmer und seiner Familie einigermaßen verkraftet werden können. Weder sind dann vom Pflegebedürftigen Zuzahlungen erforderlich, noch müssen Familienangehörige einspringen, noch muß die Sozialhilfe in Anspruch genommen werden. 1997 betrugen die durchschnittlichen Pflegesätze in den alten Bundesländern "rund 4 000 DM monatlich und in den neuen Bundesländern rund 3 400 DM monatlich" (BLOCH u.a. 1997: 112). Für die Bundesregierung hat sich durch die Pflegeversicherung die

> "Sozialhilfeabhängigkeit drastisch verringert. Rund 30 Mrd. DM jährlich stellt die Pflegeversicherung für einen Bereich zur Verfügung, für den die Sozalhilfe bisher 14 Mrd. gezahlt und dabei ihre Leistungen von der Bedürftigkeit der Betroffenen abhängig gemacht hat. Durch die Pflegeversicherung endet für viele Pflegebedürftige und ihre Familien eine Situation, die - vor allem nach erfülltem Arbeitsleben - als unverdient und demütigend empfunden wurde. Die mit stationärer Pflegebedürftigkeit bislang allzuoft verbundene Abhängigkeit von der Sozialhilfe wird in ganz erheblichem Umfang reduziert. Durch die Leistungen der Pflegeversicherung wird die Sozialhilfe in Höhe von mehr als 10 Mrd. DM jährlich entlastet" (siehe SPU 1996 h: 39).

Die Bedeutung der Pflegeversicherung für die materielle Lebenslage von Pflegebedürftigen und ihren Familien wird auch daraus ersichtlich, daß das Risiko, zum Pflegefall zu werden, sich ab dem 70. Lebensjahr in Fünfjahresschritten gewissermaßen "verdoppelt": von je 1 000 Menschen der Altersgruppe 70 - 74 sind 19 pflegebedürftig, in der Altersgruppe 75 - 79 sind es 36, in der Altersgruppe 80 - 84 67 und bei den über 85-Jährigen 130 (siehe SPU 1996 e: 9).

Die Pflegeversicherung ist einer der wenigen sozialen Sicherungsbereiche, der nicht nur in der Gegenwart "schwarze Zahlen" schreibt, sondern auch für die Zukunft gerüstet scheint: Ende 1996 hatte die Pflegeversicherung "7,9 Milliarden Mark flüssige Mittel in der Kasse" (SPU e: 13).

Leseempfehlung

FORSTHOFF, E. (Hrsg.): Rechtsstaatlichkeit und Sozialstaatlichkeit. Aufsätze und Essays, Darmstadt 1965

WANNAGAT, G., Lehrbuch des Sozialversicherungsrechts, I. Band, Tübingen 1965

HERZOG, R.: Kommentar zu Art. 20 GG, Abschnitt VIII: Die Verfassungsentscheidung für die Sozialstaatlichkeit , in: T. Maunz u. a. (Hrsg.), Kommentar zum Grundgesetz, München [1980]

BÄCKER, G., BISPINCK, R., HOFEMANN, K., NAEGELE, G.: Sozialpolitik und soziale Lage in der Bundesrepublik Deutschland. 2 Bände, 2. Aufl. Köln 1989

BLÜM, N., ZACHER, H. (Hrsg.): Vierzig Jahre Sozialstaat Bundesrepublik Deutschland, Baden-Baden 1989

BEYME, K., SCHMIDT, M. G. (Hrsg), Politik in der Bundesrepublik Deutschland, Opladen 1990

LAMPERT, H.: Lehrbuch der Sozialpolitik, 2. Aufl. Berlin, Heidelberg, New York 1991

KLINGEMANN, H.-D., LUTHARDT, W. (Hrsg.): Wohlfahrtsstaat, Sozialstruktur und Verfassungsanalyse, Opladen 1993

FRERICH, J., FREY, M.: Handbuch der Geschichte der Sozialpolitik in Deutschland, Bd. 3: Sozialpolitik in der Bundesrepublik Deutschland bis zur Herstellung der Deutschen Einheit, München und Wien 1993

BUNDESMINISTER FÜR ARBEIT UND SOZIALORDNUNG (Hrsg.): Übersicht über das Sozialrecht, insbes. Kapitel 1-6, 9-11, 4. Aufl. Bonn 1997

6 Sozialpolitik in der Bundesrepublik Deutschland II: Jenseits der Sozialversicherung

6.1 Der Ausgleich der Familien"lasten"

6.1.1 Kindergeld oder Freibetrag

Seit dem 1.1.1997 wird Kindergeld - aus Bundesmitteln - unabhängig vom elterlichen Einkommen gewährt, und zwar 220 DM im Monat für das erste und zweite, 300 DM für das dritte und 350 DM für jedes weitere Kind. Statt für das Kindergeld können sich die Eltern auch für einen steuerlichen Freibetrag entscheiden, der sich 1998 auf 6 912 DM je Kind beläuft. Ein Freibetrag lohnt sich jedoch nur für "Besserverdienende".

Für Eltern ist der Freibetrag dann günstiger, wenn sie dadurch mehr Steuern sparen als das Kindergeld ausmachen würde - bei einem Kind also mehr als 2 640 DM jährlich. Dieser Betrag entspricht 38,2 Prozent des Freibetrages, das heißt, Eltern mit einem Kind profitieren dann von dem Freibetrag, wenn die Steuerbelastung für die "letzten" 6 912 DM ihres zu versteuernden Einkommens mehr als 38,2 Prozent beträgt. Dies ist nur bei Einkommen weit jenseits der Durchschnittseinkünfte der Fall.[1] BÄCKER/EBERT (1996: 391) gehen von etwa "5 v.h. aller Eltern" aus, die dadurch begünstigt werden.[2]

Kindergeld wird für Kinder bis zur Vollendung des 18. Lebensjahres gezahlt. Bis zum 21. Lebensjahr werden Kinder berücksichtigt, die keinen Ausbildungsplatz bekommen oder arbeitslos sind. Ein Kindergeldanspruch besteht bis zum 27. Lebensjahr, wenn sich das Kind in einer Schul- oder Berufsausbildung befindet oder ein freiwilliges soziales oder ökologisches Jahr ableistet. Die gleiche Altersgrenze gilt, wenn ein Kind eine beabsichtigte Berufsausbildung wegen eines fehlenden Ausbildungsplatzes nicht beginnen oder fortsetzen kann. Unter bestimmten Umständen (z.B.Wehr- oder Zivildienst) verlängert sich die Anspruchsdauer auch über das 21. bzw. 27. Lebensjahr hinaus, um die Zeit dieses Dienstes. Für Kinder, die wegen körperlicher, geistiger oder seelischer Behinderung außerstande sind, sich selbst zu unterhalten, gilt keine Altersgrenze, vorausgesetzt, die Behinderung bestand bereits

1 "Solange der Bruttomonatslohn 7 000 DM (Ledige) bzw. 12 000 DM (Verheiratete) nicht übersteigt, ist die Auszahlung des Kindergeldes auf jeden Fall vorteilhafter" (SPU 1995 a: 14).

2 Ein "Spitzenverdiener", der den "Spitzensteuersatz" von derzeit (noch) 57 Prozent entrichtet (und damit zur zahlenmäßig nicht gerade übergewichtigen Gruppe derjenigen reichen Deutschen zählt, die ihren Wohnsitz nicht in steuergünstigere Gefilde verlegt haben), erhält bei einem Kind oder zwei Kindern über den Freibetrag ein faktisches Kindergeld "bis zu 297 DM" monatlich (BÄCKER/EBERT 1996: 391) - also deutlich mehr als Kindergeldbezieher. Dies ist um so unverständlicher, als gerade solche Einkommensbezieher finanzielle Vergünstigungen durch und für ihre Kinder am allerwenigsten brauchen.

vor dem 27. Lebensjahr. Kindergeld für über 18-Jährige ist allerdings an eine Einkommensgrenze (der Kinder) gebunden. Sie liegt (1998) bei 12 000 DM jährlich. Kinder sind eheliche, für ehelich erklärte und nichteheliche Kinder sowie Adoptivkinder. Berücksichtigt werden auch Stiefkinder, Pflegekinder sowie Enkel und Geschwister, die der Berechtigte in seinem Haushalt aufgenommen hat und überwiegend unterhält.

Arbeitnehmer erhalten das Kindergeld in der Regel vom Arbeitgeber, der bei der Lohnsteuer einen entsprechenden Abzug vornimmt.[1] Wer sich für die Freibetrags-Option entschieden hat, bekommt eine entsprechende Steuervergütung vom Finanzamt. An nicht steuerpflichtige Eltern wird das Kindergeld von den "Familienkassen", wie die bisherigen Kindergeldkassen bei den Arbeitsämtern nunmehr heißen, ausbezahlt.

Kindergeld und Freibetrag sind insofern miteinander verbunden, als mit "jeder weiteren Verbesserung beim Kindergeld der Kinderfreibetrag entsprechend angehoben (wird). Dies gilt auch umgekehrt, wenn der Kinderfreibetrag parallel zum Existenzminimum von Kindern[2] angehoben wird" (SPU 1995 b: 26).

6.1.2 Erziehungsgeld und Erziehungsurlaub

Erziehungsgeld und Erziehungsurlaub sind Leistungen des Anfang 1986 in Kraft getretenen Bundeserziehungsgeldgesetzes, die es Eltern erleichtern sollen, sich nach der Geburt eines Kindes, in der für die personale Prägung so bedeutsamen ersten Lebensphase, vorrangig um dieses zu kümmern. Erziehungsgeld bekommt deshalb nur, wer das Kind selbst betreut und erzieht. Eine volle Erwerbstätigkeit während des Leistungsbezugs ist aus diesem Grunde nicht zulässig, wohl aber eine Teilzeitbeschäftigung von nicht mehr als 19 Stunden wöchentlich. Begünstigt wird *ein* Elternteil - entweder Mutter oder Vater.

Während das Erziehungsgeld - wie das Kindergeld - durch den Bund gezahlt wird, richtet sich der Anspruch auf Erziehungsurlaub gegen den Arbeitgeber. Die *Dauer*

---

1 Unter Berücksichtigung des Kindergeldes bleiben Bruttomonatsverdienste, je nach Steuerklasse, Familienstand und Kinderzahl im Jahre 1996 bis zur folgenden Höhe faktisch steuerfrei:

Alleinstehend, kein Kind (Steuerklasse I /0)	1 476 DM
Alleinstehend, 1 Kind (Steuerklasse II /1)	2 777 DM
Alleinstehend, 2 Kinder (Steuerklasse II /2)	3 434 DM
Verheiratet, kein Kind (Steuerklasse III /0)	2 750 DM
Verheiratet, 1 Kind (Steuerklasse III /1)	3 695 DM
Verheiratet, 2 Kinder (Steuerklasse III /2)	4 500 DM
Verheiratet, 3 Kinder (Steuerklasse III /3)	5 531 DM
Verheiratet, 4 Kinder (Steuerklasse III /4)	6 615 DM

(Quelle: SPU 1995 b: 29).

2 Urteile des Bundesverfassungsgerichts vom 29.5.1990 und 25.9.1992 gaben der Staatsgewalt auf, das sozial-kulturelle Existenzminimum aller Familienmitglieder, also auch der Kinder, steuerfrei zu lassen. Mit dem Freibetrag für 1997 (6 912 DM) beansprucht die Bundesregierung, "das volle Existenzminimum berücksichtigt" zu haben (siehe SPU 1995 b: 25). Demgegenüber bezifferten BÄKKER/EBERT (1996: 378), in Anlehnung an die Sozialhilfe-Bedarfssätze, die "existenzminimalen Kinderkosten" bereits für das Jahr 1995 auf 7 320 DM.

beider "Leistungen" wurde seit Inkrafttreten des Gesetzes im Jahre 1986 mehrfach verlängert. Gegenwärtig besteht für Kinder, die seit dem 1.1.1992 geboren wurden, ein Erziehungs*urlaubs*anspruch für die ersten 36 Lebensmonate und für Kinder, die seit dem 1.1.1993 geboren wurden, ein Erziehungs*geld*anspruch für die ersten 24 Lebensmonate. Erziehungsgeld wird nicht gezahlt, wenn bestimmte Einkommensgrenzen (z.B. 100 000 DM jährlich bei Verheirateten bzw. 75 000 DM bei Alleinerziehenden, jeweils mit einem Kind) überschritten werden.

Berechtigte erhalten 600 DM monatlich je Kind. Vom siebten Monat an wird das Erziehungsgeld gemindert, wenn das Einkommen bestimmte Grenzen überschreitet. Letztere betragen 29 400 DM für Verheiratete und 23 700 DM (jeweils netto) für Alleinerziehende, zuzüglich eines Betrages von 4 200 DM für jedes weitere Kind. Überschreitet das Einkommen diese Grenzen, so mindert sich das Erziehungsgeld um den zwölften Teil von 40 v.H. des die Grenze überschreitenden Einkommens.

Beträgt das Netto-Einkommen (Verheiratete) z.B. 40 400 DM jährlich, so überschreitet dieser Betrag die maßgebliche Einkommensgrenze ab dem 7. Monat (29 400 DM) um 11 000 DM; 40 Prozent davon ergeben 4 400 DM, der zwölfte Teil davon sind 367 DM. Um diesen Betrag mindert sich das monatliche Erziehungsgeld, statt 600 DM werden nur noch 233 DM gezahlt.

Arbeitnehmer(innen) sowie zur Berufsausbildung und in Heimarbeit Beschäftigte haben einen Anspruch auf unbezahlten *Erziehungsurlaub* gegenüber ihrem Arbeitgeber bis zur Vollendung des dritten Lebensjahres des Kindes. Der Arbeitgeber ist zur Gewährung des Erziehungsurlaubs verpflichtet. Sind beide Elternteile abhängig beschäftigt, können sie entscheiden, wer Erziehungsurlaub nimmt.

Während eines Erziehungsurlaubs bleibt das Arbeitsverhältnis bestehen, eine Kündigung seitens des Arbeitgebers ist unzulässig. Auch die Erziehungsurlauberin kann das Arbeitsverhältnis nur mit einer Kündigungsfrist von drei Monaten zum Ende des Erziehungsurlaubs beenden. Die Mitgliedschaft in der gesetzlichen Kranken- und Arbeitslosenversicherung bleibt während des Erziehungsurlaubs beitragsfrei erhalten. Auch im Erziehungsurlaub ist eine Teilzeitbeschäftigung zulässig - beim bisherigen Arbeitgeber oder, mit dessen Zustimmung, auch bei einem anderen.

Die Durchführung des Bundeserziehungsgeldgesetzes obliegt den Ländern; örtlich zuständig sind zumeist die Versorgungsämter.[1] Sechs Bundesländer (Baden-Württemberg, Rheinland-Pfalz, Bayern, Mecklenburg-Vorpommern, Sachsen und Thüringen) zahlen im Anschluß an das Erziehungsgeld des Bundes ein (ebenfalls einkommensabhängiges) Landeserziehungsgeld.[2] Mit Ausnahme der beiden erstgenannten Länder sind die entsprechenden Ansprüche in Landeserziehungsgeldgesetzen geregelt - ein besonders nachahmenswertes Beispiel für die Ausschöpfung sozialpolitischer Landeskompetenzen im Rahmen der konkurrierenden Gesetzgebungszuständigkeit (siehe dazu *5.2.5*).

---

1 In systematischer Hinsicht ist dies gar keine so falsche Plazierung (vgl. *5.3*). Für die Betrauung der Versorgungsämter mit dieser Aufgabe dürften aber in erster Linie praktische Erwägungen ausschlaggebend gewesen sein (zahlenmäßiger Rückgang der Kriegshinterbliebenen und freie Personalkapazität in den Ämtern).

2 Im einzelnen siehe BMA 1997 f: 509 f..

6.1.3 Sozialstatistische Basisdaten

Für 13,1 Millionen Kinder erhielten 1995 rund 8 Millionen Berechtigte - darunter annähernd 800 000 Ausländer(innen) - *Kindergeld* (ohne öffentlicher Dienst). Knapp 17 Milliarden DM waren hierfür aufzubringen (siehe STATIST. BUNDESAMT 1996: 467).

Erziehungsgeld bekamen (1994) 789 000 Personen, darunter 17 000 Männer, was einem Anteil von 2,2 Prozent entspricht. Der Ausländer(innen)anteil ist mit 13 Prozent höher als beim Kindergeld. 431 000 oder 55 Prozent der Erziehungsgeldempfänger(innen) waren zuvor abhängig beschäftigt gewesen. In ganz überwiegendem Maße (85 Prozent) erfolgt die Erziehung im überkommenen Sozialverband "Ehe": nur 10 Prozent der Leistungsberechtigten sind "alleinerziehend", 5 Prozent leben in einer eheähnlichen Gemeinschaft (siehe ebd.).

Erstaunlich hoch ist, mit "rund 96 Prozent", der Anteil derjeniger, die (1995) ihren *Erziehungsurlaubsanspruch* auch realisierten (siehe BMA 1997 f: 507). Eine Auswertung für 1991 ergab, daß 93 Prozent der "Erziehungsurlauber" den Erziehungsurlaub für die gesamte Dauer nahmen (vgl. BMA 1994 a: 89).

6.1.4 Kritische Würdigung

Die breite Akzeptanz von Erziehungsgeld und -urlaub bezeugt, daß Eltern durchaus bereit sind, sich in der ersten, wichtigsten Lebensphase ihrer Kinder um deren Betreuung und Erziehung zu kümmern, auch unter Inkaufnahme finanzieller Einbußen und vermutlich auch unter Hintanstellung etwaiger Berufskarriereplanungen. Diese Haltung wird mit 600 DM monatlich freilich nur sehr mäßig honoriert und besonders alleinerziehende Mütter können davon ihren Lebensunterhalt auch nicht annähernd bestreiten. Bedenkt man, welchen - freilich nur schwer errechenbaren - materiellen Wert eine gelungene "Sozialisation" hat (und welch immense soziale Folgekosten eine mißlungene), so müßte das Erziehungsgeld für finanziell minderbemittelte Erziehende eine ganz andere Dimension erreichen. Zu begrüßen ist die Einkommensabhängigkeit des Erziehungsgeldes, wenngleich die Einkommensgrenzen ab dem 7. Lebensmonat außerordentlich niedrig anmuten.

Auch für das Kindergeld wären Einkommensgrenzen wünschenswert. Es gibt - vor allem in Zeiten knapper Mittel - keinen nachvollziehbaren Grund, Eltern ohne Rücksicht auf ihre materiellen Lebensgrundlagen Kindergeld zu gewähren. Kinder sind ja nicht von Natur aus eine "Last" - allenfalls eine finanzielle. Wo dies nicht der Fall ist, braucht der Staat nicht unterstützend tätig werden.[1]

---

1 Vgl. dazu Bareis (siehe "WELT AM SONNTAG" 1996 b): "Ist es berechtigt, daß jeder dem Staat gegenüber geltend macht, daß er Kinder in die Welt gesetzt hat? ... Eine alleinerziehende ... Mutter soll unterstützt werden, aber alle Kinder steuerlich zu fördern ... ist nicht mein Bild des selbstbewußten Staatsbürgers."

6.2 Wohnen als sozialpolitischer Tatbestand

6.2.1 Modalitäten der Wohngeldberechnung

Obwohl die "Wohnungsfrage" im 19. Jahrhundert mit der "sozialen Frage" untrennbar verbunden war[1] - und erste sozialpolitische Aktivitäten auf betrieblicher Ebene diesen Bereich keineswegs ausklammerten, siehe *1.3* - ist "die Wohnungspolitik erst in der Zeit nach dem Zweiten Weltkrieg als Teil staatlicher Sozialpolitik definiert worden" (HÄUßERMANN, SIEBEL 1990: 227). Und dies auch erst dann, als mit der schrittweisen Aufhebung der Wohnraumbewirtschaftung und Mietpreisbindung Anfang der sechziger Jahre unter dem damaligen Wohnungsbauminister Lücke ("Lücke-Plan") offenkundig wurde, daß die "marktwirtschaftliche Ausrichtung" der Wohnungspolitik eine "soziale Flankierung" (BMA 1994 a: 102) erforderte.

Diese erfolgte in erster Linie mittels der "Subjektförderung" (BMA 1995 a: 601) in Gestalt des Wohngeldes, dem die Bundesregierung eine "zentrale sozialpolitische Funktion" (BMA 1994 a: 103) im Rahmen der Wohnpolitik beimißt. Wohngeld gibt es - im Gegensatz zur Objektförderung, worunter vor allem der soziale Wohnungsbau zu verstehen ist, der bereits kurz nach Kriegsende einsetzte - seit 1965. Es hat sich als "fester Bestandteil des Systems der sozialen Sicherung" (BMA 1995 a: 604) etabliert.

Wohngeld ist ein Zuschuß des Staates zu den Wohnkosten von Menschen, deren materielle Lebenssituation so beschaffen ist, daß sie ohne diese Unterstützung einen unverhältnismäßig hohen und für sie nicht verkraftbaren Teil ihres Einkommens für ihre Wohnung aufwenden müßten. Das Wohngeld soll zu "tragbaren Mieten" (ebd.) führen. Es wird als sogenanntes "Tabellenwohngeld" und, seit 1991, für Sozialhilfeempfänger als "pauschaliertes Wohngeld" gezahlt. Wohngeld erhalten Mieter als Mietzuschuß und Eigentümer von Wohnungen als Lastenzuschuß. Allerdings bezieht der ganz überwiegende Teil der Wohngeldempfänger, "nämlich regelmäßig 90 bis 95 v.H.", einen Mietzuschuß (siehe BMA 1995 a: 604).[2]

Ob und wieviel (Tabellen)Wohngeld gezahlt wird, hängt von mehreren Faktoren ab: von dem Familieneinkommen, der Anzahl der Haushaltsmitglieder, der Höhe der Miete, dem Alter der Wohnung, der Wohnqualität (bei älteren Wohnungen) und vom örtlichen Mietpreisniveau.

Als Familieneinkommen zählt das Bruttoeinkommen - vermindert um bestimmte Freibeträge, die Werbungskosten (mindestens 167 DM monatlich) sowie einen pauschalen Abzug zwischen 6 und 30 Prozent.

Der Pauschalabzug beläuft sich dann auf 30 Prozent, wenn der Wohngeldberechtigte sowohl Pflichtbeiträge zur Kranken- und Rentenversicherung als auch Steuern entrichtet; er reduziert sich auf 20 Prozent, wenn zwar diese Sozialversicherungsbeiträge, aber keine Steuern gezahlt werden und auf 12,5 Prozent, wenn entweder nur Pflichtbeiträge zur gesetzlichen Krankenversicherung *oder* zur Rentenversicherung *oder* nur Steuern entrichtet werden. (Da Rentnern normalerweise nur Pflichtbeiträge zur Krankenversicherung abverlangt werden, kommt für sie in der Regel der 12,5-

1 Vgl. etwa ENGELS 1971: 209 ff.

2 Auf den Lastenzuschuß wird im folgenden nicht weiter eingegangen.

prozentige Abzug in Betracht). Trifft keines dieser Kriterien zu, können lediglich 6 Prozent abgezogen werden.

Die folgende Übersicht (Stand: Frühjahr 1997) nennt beispielhaft die monatlichen (Familien)Einkommensgrenzen, oberhalb derer kein Wohngeld gezahlt wird; zunächst *nach* dem jeweiligen pauschalen Abzug, danach *vor* dem dreißigprozentigen Pauschalabzug bei einem alleinverdienendern Arbeitnehmer (Neubauwohnungen ab 1992, höchstes Mietpreisniveau, siehe dazu unten).

Grenzen des monatlichen Familieneinkommens

Zahl der Haushalts- Familienmitglieder	Monatliche Einkommensgrenze in DM nach Pauschalabzug	vor 30% Abzug
1	1420	2030
2	2000	2860
3	2480	3540
4	3260	4660
5	3660	5230

Quelle: Wohngeld 1997: 8

Die Miete wird bei der Wohngeldberechnung nur bis zu bestimmten Höchstbeträgen berücksichtigt. Diese richten sich nach dem Alter der Wohnung, der Mietenstufe, der die Gemeinde angehört, der Wohnungsausstattung (bei vor 1978 bezugsfertig gewordenen Wohnungen) und der Anzahl ihrer Bewohner.

Beim Alter der Wohnung wird unterschieden zwischen Wohnungen, die vor 1966, von 1966 bis 1977, von 1978 bis 1991 und seit 1992 bezugsfertig wurden.

Jede Gemeinde gehört - entsprechend ihrem Mietenniveau - einer von 6 Mietenstufen an. Stufe 1 bezeichnet das niedrigste, Stufe 6 das höchste Mietniveau. Dieses wird bestimmt nach der "durchschnittlichen prozentualen Abweichung der örtlichen Mieten ... vom Durchschnitt der Mieten vergleichbaren Wohnraums im gesamten Bundesgebiet" (WOHNGELD 1997: 63). Mietenstufe 6 besagt, daß die durchschnittliche örtliche Miete 25 und mehr Prozent *über* dem bundesrepublikanischen Durchschnitt liegt.[1] Dies ist z.B. in München und Frankfurt der Fall. Zur Mietenstufe 1 (mehr als 15 Prozent *unter* dem Durchschnitt) gehören etwa Altötting und Bayreuth.

---

1 Mietenstufe und -niveau hängen wie folgt zusammen (siehe WOHNGELD 1997: 63):

Mietenstufe	Mietenniveau in Prozent
1	unter -15
2	-15 bis unter -5
3	-5 bis unter 5
4	5 bis unter 15
5	15 bis unter 25
6	25 und mehr

Die Ausstattung der Wohnungen spielt für die Höhe des Wohngeldes nur noch dann eine Rolle, wenn die Wohnung vor 1978 bezugsfertig geworden ist. Bei Wohnungen vor 1966 wird noch eine Drei-Teilung vorgenommen, je nachdem, ob sie weder Sammelheizung noch Bad oder Dusche aufweisen (im folgenden Wohnqualität I benannt) *oder* zwar eine Sammelheizung, aber kein Bad oder Dusche haben (und umgekehrt, Wohnqualität II) *oder* sowohl Sammelheizung als auch Bad oder Dusche vorhanden sind (Wohnqualität III).

Bei Wohnraum, der zwischen 1966 und 1977 bezugsfertig wurde, wird nur noch zwischen Wohnungen mit Sammelheizung und Bad/Dusche (Wohnqualität I) und sonstigem Wohnraum (Wohnqualität II) unterschieden .

Unterschiedliche Höchstbeträge gelten schließlich noch für Wohnraum, der zwischen 1978 und 1991 bzw. nach 1991 bezugsfertig wurde, ohne daß die Ausstattung eine Rolle spielt. Bei einer *vierköpfigen* Familie z.B. wird die Miete bis zu folgenden DM-Höchstbeträgen berücksichtigt (Stand Frühjahr 1997):

	Wohnraum bezugsfertig						
	vor 1966			von 1966 - 1977		1978-1991	ab 1992
	Wohnqualität			Wohnqualität			
Mieten-stufe	I	II	III	I	II		
1	395	455	560	495	640	680	800
2	420	485	595	530	680	725	855
3	445	520	635	565	725	770	910
4	485	560	685	610	785	835	985
5	520	600	735	655	840	895	1055
6	555	645	785	700	900	955	1130

Je nachdem also, ob eine vierköpfige Familie in Bayreuth einen Altbau ohne Zentralheizung und ohne Bad oder in München einen Neubau bewohnt, wird die Miete[1] entweder bis zu 395 DM oder 1 130 DM berücksichtigt.

Die Mietobergrenze variiert stark mit der Haushaltsgröße. Würde die Münchener Neubauwohnung in unserem Beispiel von einem Single bewohnt, würde die Miete bis höchstens 625 DM berücksichtigt; bei einer sechsköpfigen Familie wären es immerhin 1 440 DM (im einzelnen siehe BMA 1997 f: 541).

Ist die Anzahl der zum Haushalt gehörenden Familienmitglieder, die Höhe des Familieneinkommens und die Höhe der zuschußfähigen Miete ermittelt, kann die Höhe des Wohngeldes aus einem umfangreichen Tabellenwerk[2] abgelesen werden.

1 Zur Miete zählen auch die Kosten des Wasserverbrauchs und der Abwasser- und Müllbeseitigung, nicht aber die Heizkosten.

2 Allein die Wohngeld-Tabellen für Haushalte bis zu 5 Familienmitgliedern benanspruchen in der amtlichen Broschüre 38 Seiten.

Eine vierköpfige Familie, die in einer 1992 fertiggestellten Wohnung lebt und über *ein* Arbeitnehmer-Einkommen von 2 500 verfügt (brutto 3 571 DM abzügl. 30 %) erhält 1997 bei einer zu berücksichtigenden Miete von 900 DM 179 DM Wohngeld. Bei einer Miete von 1 000 DM erhöht sich das Wohngeld auf 219 DM, bei 1 130 DM Miete und mehr werden 274 DM gezahlt.
Eine alleinstehende Rentnerin mit einem Einkommen von 863 DM - durchschnittliche große Witwenrente der gesetzlichen Rentenversicherung 1995 – 986 DM (siehe VDR 1996 a: 90), abzüglich 12,5 % - erhält bei einer zu berücksichtigenden Monatsmiete[1] von

377 DM	122 DM Wohngeld
421 DM	156 DM Wohngeld
447 DM	167 DM Wohngeld
487 DM	189 DM Wohngeld
520 DM	200 DM Wohngeld
565 DM	234 DM Wohngeld.

6.2.2 Sozialstatistische Basisdaten

1994 summierten sich die Wohngeldzahlungen auf insgesamt 5,7 Milliarden DM. 2,7 Millionen Haushalte erhielten Wohngeld, 1,7 Millionen das sogenannte "Tabellenwohngeld", 1,0 Millionen "pauschaliertes Wohngeld". Letzteres wird ganz überwiegend - zu 93 Prozent - an Bewohner des früheren Bundesgebiets gezahlt. Dieses Ungleichgewicht ist darauf zurückzuführen, daß in den neuen Bundesländern "der Anteil der Sozialhilfeempfänger deutlich niedriger ist als im Westen", wozu "wesentlich die höheren Einkommen der Rentnerhaushalte beitragen" (WOHNGELD- UND MIETENBERICHT 1995: 57, 59). Bei insgesamt 1,9 Millionen Wohngeldempfängern im Westen bedeutet der hohe Anteil pauschalierter Wohngeldzahlungen aber auch, daß im früheren Bundesgebiet sich Tabellen- und pauschaliertes Wohngeld zahlenmäßig fast die Waage halten: der Anteil der Sozialhilfe-Wohngeldempfänger liegt im früheren Bundesgebiet bei rund 49 Prozent (siehe a.a.O.: 78).

Das durchschnittliche monatliche Tabellenwohngeld (Mietzuschuß) betrug 1994 in den alten Bundesländern 130 DM, in den neuen 129 DM. Das pauschalierte Wohngeld belief sich im selben Jahr auf 250 bzw. 187 DM[2]. In den alten Bundesländern waren 1994 6 Prozent aller Haushalte Wohngeldempfänger, in den neuen Ländern 12 Prozent. Durch den Mietzuschuß sank im früheren Bundesgebiet die Einkommensbelastung durch Miete (ohne Heizung) von durchschnittlich 37 auf 28 Prozent, im Beitrittsgebiet von 28 auf 18 Prozent (siehe BUCHSBAUM 1996: 322 f.).

Nicht nur die Empfänger von pauschaliertem Wohngeld, sondern auch die Tabellenwohngeldbezieher repräsentieren "Haushalte mit weit unterdurchschnittlichem Einkommen" (WOHNGELD- UND MIETENBERICHT 1995: 48). Eine Aufteilung der Tabellenwohngeldempfänger nach ihrer "sozialen Stellung" (ebd.) ergab 1994 ei-

---

1 Die nachfolgenden Mieten wurden errechnet, indem die durchschnittliche tatsächliche Wohnungsgröße einer alleinlebenden mietzuschußberechtigten Person (alte Bundesländer) im Jahre 1994, nämlich 49 qm, mit den durchschnittlichen m^2-Mieten in den 6 Mietenstufen vervielfältigt wurde (siehe BUCHSBAUM 1996: 323).
2 In den Fällen, in denen - in den neuen Bundesländern - das Wohngeld auch für Heizkosten gezahlt wurde, betrug der Durchschnittsbetrag des pauschalierten Wohngeldes sogar 262 DM (vgl. WOHNGELD- UND MIETENBERICHT 1995: 59).

nen Rentner-Anteil von 36 und 38 Prozent (alte/neue Bundesländer); arbeitslos waren 22 bzw. 28 Prozent. Nur 29 (26) Prozent der Wohngeldempfänger gingen einer Erwerbstätigkeit nach, überwiegend (vier Fünftel in den alten und zwei Drittel in den neuen Bundesländern) als Arbeiter.

6.2.3 Kritische Würdigung

Der hohe Anteil alter, arbeitsloser und Sozialhilfe beziehender Wohngeldempfänger bezeugt, daß Wohngeld vorwiegend eine Sozialleistung ist, die zu anderen Sozialtransfers hinzutritt. Es dient einerseits der "Ergänzung der Rente", besitzt jedoch vor allem den "Charakter einer ergänzenden Sozialhilfe" (HÄUßERMANN/SIEBEL 199: 230). Diese Funktion hat sich - auf Kosten der "normalen" Wohngelder - in den letzten Jahren verfestigt: 1994 gingen in den alten Bundesländern "über 67 Prozent aller Wohngeldzahlungen an Sozialhilfe- und Kriegsopferfürsorgeempfänger. Noch 1992 betrug dieser Anteil erst ca. 50 Prozent; 1990 lag er bei ca. 40 Prozent" (WOHNGELD- UND MIETENBERICHT 1995: 58).

Bei aller Berechtigung solcher Transferleistungen: beim Wohngeld läßt die Sozialpolitik die klassische Durchschnittsarbeitnehmerfamilie weitgehend außen vor. Hätte der vierköpfige Arbeitnehmerhaushalt im obigem Beispiel nur *ein* Haushaltsmitglied weniger, würde ein Wohngeldanspruch selbst bei diesem *unter*durchschnittlichen Arbeitnehmereinkommen - der Durchschnittsarbeitnehmer verdiente 1997 rund ein Viertel mehr, siehe BFA 1997 a - überhaupt nicht entstehen.

Wohngeld ist im übrigen nicht nur eine sozialpolitische Leistung zugunsten des Mieters, sondern dient oftmals auch der (Mit) Finanzierung von Mieterhöhungen, stellt also eine indirekte Subventionierung des Vermieters dar. Wenn in dem obigen Berechnungsbeispiel der Vermieter die Miete der Rentnerin erlaubterweise von 377 DM um 70 DM auf 447 DM erhöht, so beteiligt sich der Staat an der Finanzierung dieser Mieterhöhung via erhöhtem Wohngeld mit 45 DM - also zu fast zwei Drittel.

6.3 Auffangnetz oder Hängematte: die Sozialhilfe

6.3.1 Allgemeines

Nach § 1 Abs. 2 des Bundessozialhilfegesetzes (BSHG) von 1962 ist es Aufgabe der Sozialhilfe, ihrem Empfänger "die Führung eines Lebens zu ermöglichen, das der Würde des Menschen entspricht". Diesem Zweck dient ein Regelwerk, das sich in weiten Teilen grundsätzlich von dem anderer Sicherungssysteme unterscheidet. Seine Prinzipien hat das BSHG trotz zahlreicher Änderungen seit einem Dritteljahrhundert bewahrt. So soll die Hilfe den Hilfesuchenden zwar soweit wie möglich befähigen, unabhängig von ihr zu leben (Hilfe zur Selbsthilfe), muß zunächst aber den gesamten Bedarf des Hilfeempfängers ermitteln und abdecken (Bedarfsdeckungsprinzip). Auch der Grundsatz der Nachrangigkeit der Hilfe (Subsidiarität), der Individualisierungsgrundsatz, der Rechtsanspruch auf Hilfe und das Finalprinzip (entscheidend für die Hilfegewährung ist allein der personale und/oder familiäre Notstand, die Ursache der Hilfsbedürftigkeit ist ohne Belang, "Selbstverschulden" - was immer das sei - schließt den Hilfeanspruch grundsätzlich nicht aus) zählen zu den Fundamentalprinzipien des BSHG.

Im Gegensatz zu deren Konstanz haben sich Bedeutung und Gewicht von Sozialhilfe in den letzten Jahrzehnten verändert. Ursprünglich gedacht als "Ausfallbürge" in einem ansonsten von den klassischen Sozialversicherungen dominierten sozialen Sicherungssystem, hat die Sozialhilfe zunehmend diese bloße Lückenbüßerrolle eingebüßt und stattdessen - weniger in Gestalt der "Hilfen in besonderen Lebenslagen" als in Form der "Hilfe zum Lebensunterhalt" - eine "faktische Grundsicherungsfunktion" (KRAHMER 1997: 25) übernommen .

6.3.2 Hilfe zum Lebensunterhalt

Spricht man von "Sozialhilfe" und "Sozialhilfeempfängern", so ist in erster Linie die Hilfeart "Hilfe zum Lebensunterhalt" gemeint - also die laufende materielle Unterstützung zur Bestreitung der existentiellen Lebensbedürfnisse. Diese Hilfeart, die "Sozialhilfe im engeren Sinne" (BMA 1995 a: 626), wird weitgehend nach pauschalen Regelsätzen gewährt, die lediglich nach Alter und Position innerhalb der Familie[1] unterscheiden (womit der Individualisierungsgrundsatz zwar nicht durchbrochen, aber doch strapaziert wird). Die Regelsätze sollen die angemessenen Kosten für Ernährung, Unterkunft, Körperpflege, Hausrat, Heizung und persönliche Bedürfnisse des täglichen Lebens - dazu zählen auch Beziehungen zur Umwelt und Teilnahme am kulturellen Leben - abdecken.

Die Regelsätze stehen in einem bestimmten prozentualen Verhältnis zueinander. So beträgt der Regelsatz bei Haushaltsangehörigen

bis 7 Jahre	50 (Haushalte Alleinerziehende: 55) %
von 8 - 14 Jahren	65 %
von 15 - 18 Jahren	90 %
ab 19 Jahren	80 %

des Regelsatzes des Haushaltsvorstandes. Die Regelsätze werden von den Landesregierungen festgelegt, jedoch nach Maßgabe ensprechender Vorschriften im Bundessozialhilfegesetz (§ 22).

Die gegenwärtigen Beträge differieren in den einzelnen Bundesländern nur unwesentlich; im Beitrittsgebiet liegen die Sätze um lediglich 3,5 Prozent unter denjeni-

1 An sich sind Begriffe wie "Haushaltsvorstand" und "Haushaltsangehörige" anachronistische, patriarchalisch gefärbte Begriffe (auch wenn es Eheleuten freisteht, wen sie als "Haushaltsvorstand" benennen). Die Bezeichnungen werden der familiären Realität zunehmend weniger, dem gegenwärtigen Familien-Recht überhaupt nicht gerecht.

gen im früheren Bundesgebiet (siehe SPU 1996 d: 7). Der durchschnittliche Regelsatz (alte Bundesländer) betrug 1996 (siehe ebd.) für

den Haushaltsvorstand bzw. Alleinlebenden (Eckregelsatz)	Kinder	Jugendliche /Erwachsene		
	bis 7 Jahre	8 - 14 Jahre	15 - 18 Jahre	ab 19 Jahre
530 DM	265 (Alleinerziehende: 292) DM	345 DM	477 DM	424 DM

Einer Familie mit Vater, Mutter und 3 Kindern im Alter von 6, 9 und 16 Jahren wird folglich ein Hilfebedarf in Höhe von
530 DM (Vater)
424 DM (Mutter)
265, 345, 477 DM (Kinder), also insgesamt 2 041 DM zugestanden.[1]
Hinzu kommen die Kosten der Unterkunft (Miete, Nebenkosten, Heizung), die selbst dann vom Sozialamt übernommen werden, wenn sie den "angemessenen Umfang übersteigen", dem Hilfeempfänger aber "nicht möglich oder nicht zuzumuten ist, seine Aufwendungen durch Wohnungswechsel, Vermietung oder auf andere Weise zu senken" (BMG 1995: 7). Das den Sozialhilfeempfängern seit 1991 in pauschalierter Form gezahlte Wohngeld (siehe oben) hat für diese insofern keine praktische Bedeutung, als es die Hilfe zum Lebensunterhalt entsprechend mindert.

Diese umfaßt im übrigen auch einmalige Leistungen (z.B. für Kleidung, Hausrat) sowie sogenannte Mehrbedarfszuschläge für bestimmte Personengruppen. So erhalten z.B. über 65-Jährige oder Erwerbsunfähige zu ihrem Regelsatz dann einen 20-prozentigen Zuschlag, wenn sie gehbehindert sind. Der Zuschlag beträgt 40 Prozent bei Alleinerziehenden mit einem Kind unter 7 oder mit zwei oder drei Kindern unter 16 Jahren. Bei vier oder mehr Kindern erhöht sich der Zuschlag auf 60 Prozent.

Wie sich die Kosten für Mehrbedarf, Unterkunft und einmalige Leistungen auf den *Gesamtbedarf* der unterschiedlichen Haushaltstypen auswirken, verdeutlicht die nachfolgende Übersicht:

1 Die - gegenwärtige und zukünftige - Festsetzung der Regelsätze wirft zahlreiche Probleme auf. Grundlage der Regelsatzbemessung "sind die tatsächlichen ... Verbrauchsausgaben von Haushalten in unteren Einkommensgruppen" (§ 22 Abs. 3 BSHG) - eine Festlegung, die z. B. den "Ausschluß von Sozialhilfeempfängerhaushalten, der notwendig ist, um Zirkelschlüsse zu vermeiden" (WENZEL 1996: 303), nicht von vornherein gewährleistet. Schwierigkeiten bereitet offensichtlich auch die sachgerechte Realisierung des im BSHG enthaltenen Lohnabstandsgebots (siehe dazu *6.3.7.2*). Die teilweise neuen Regelsatz-Festlegungsregeln werden sich allerdings erst ab 1999 auswirken; 1997 und 1998 erhöhen sich die Regelsätze "entsprechend den Nettoarbeitsentgelten" (SPU 1996 d: 6).

Gesamtbedarf ausgewählter Haushaltstypen in DM (Stand: 1.1.1997)

Haushaltstyp	*Regelsätze*	*Mehrbedarf*	*Unterkunft*	*Einmalige Leistung*	*Zusammen*
Alleinlebende/r	530		511	85	**1126**
Ehepaar ohne Kind	954		691	157	**1802**
Alleinerziehende/r mit einem Kind unter 7 Jahren	822	212	691	143	**1868**
Ehepaar mit einem Kind	1297		804	226	**2327**
Alleinerziehende/r mit 2 Kindern zwischen 7 und 13 Jahren	1220	212	804	223	**2459**
Ehepaar mit 2 Kindern	1640		877	295	**2812**
Ehepaar mit 3 Kindern	1983		964	364	**3311**

Quelle: BMA 1997 f: 572

Vom Hilfesuchenden wird verlangt, daß er seine Arbeitskraft voll einsetzt. "Bemüht sich der Hilfesuchende nicht in zumutbarer Weise, kann die Hilfe zum Lebensunterhalt gekürzt oder - zeitlich begrenzt - ganz verweigert werden; bei einer Arbeitsverweigerung ist sie in erster Stufe um 25 Prozent des Regelsatzes zu kürzen" (KRAHMER 1997: 18).

6.3.3 Hilfe in besonderen Lebenslagen

Die Hilfe in besonderen Lebenslagen umfaßt Hilfe zur Pflege, Eingliederungshilfe für Behinderte, Krankenhilfe und sonstige Hilfe (bei Schwangerschaftsabbruch, Sterilisation), Hilfe zur Überwindung besonderer sozialer Schwierigkeiten, Hilfe zur Weiterführung des Haushalts, vorbeugende Gesundheitshilfe, Altenhilfe, Hilfe für werdende Mütter und Wöchnerinnen, Blindenhilfe, Hilfe zum Aufbau oder Sicherung der Lebensgrundlage und Hilfe zur Familienplanung,

Die finanziell gewichtigsten Hilfen in besonderen Lebenslagen sind die Hilfe zur Pflege, die Eingliederungshilfe für Behinderte und die Krankenhilfe. Allein die beiden erstgenannten Hilfearten erforderten 1995 nicht weniger als 30,5 Milliarden DM (Hilfe zur Pflege 17,3 Mrd., Eingliederungshilfe 13,2 Mrd.), das sind 59 Prozent der *Gesamtausgaben* der Sozialhilfe, also einschließlich der Kosten für die "Hilfe zum Lebensunterhalt" in Höhe von 18,8 Milliarden DM (= 36 Prozent der Gesamtausgaben). Eine Aufteilung der Sozialhilfe-Gesamtkosten in Höhe von 52,1 Milliarden

DM nach Ausgaben *in* und *außerhalb* von Einrichtungen bezeugt ein deutliches Übergewicht der *in* Einrichtungen verursachten Kosten: 32,0 Milliarden DM flossen in Einrichtungen, "nur" 20,1 Milliarden an Berechtigte außerhalb derselben (siehe STATIST. BUNDESAMT 1997 c: 1). Eine entsprechende Aufgliederung der Aufwendungen für die "Hilfe zur Pflege" im Jahre 1993 ergab, daß nicht weniger als 91 Prozent auf Einrichtungen entfielen (siehe STATIST. BUNDESAMT 1996: 470).

Die "überragende" Rolle der "Hilfe zur Pflege" im Rahmen der Sozialhilfe(ausgaben) wird sich in den zukünftigen Sozialstatistiken allerdings deutlich abschwächen, weil die Pflegeversicherung einen nicht unerheblichen Teil der Kosten übernommen hat; Einsparungen in zweistelliger Milliardenhöhe sind zu erwarten. Ersetzen kann die Pflegeversicherung die "Hilfe zur Pflege" jedoch nur da, wo ihre (begrenzten) Leistungen ausreichen, zusammen mit anderen Einkünften des Pflegebedürftigen die Gesamtkosten der Pflege zu decken.

Im Gegensatz zu den Pflegeleistungen der Pflegeversicherung kennt die Sozialhilfeleistung "Hilfe zur Pflege" keine kostenmäßige Begrenzung. Folglich umfaßt sie in Einrichtungen die Übernahme sämtlicher Aufwendungen, neben den Ausgaben für die medizinische und pflegerische Betreuung auch die Kosten der Unterbringung. Daneben wird ein Barbetrag in Höhe von mindestens 30 v.H. des Regelsatzes eines Haushaltsvorstandes, 1996 z.B. also 159 DM, gezahlt (siehe oben). Wird ein Teil der Kosten vom Hilfeempfänger getragen - z.B. mittels einer Rente - so erhält er einen zusätzlichen Betrag in Höhe von 5 v.H. seines Einkommens, höchstens jedoch in Höhe von 15 v.H. des Haushaltsvorstands-Regelsatzes, also 80 DM.

Das bedeutet, daß eine Rente über 1 600 DM sich für den Hilfeempfänger nicht mehr "auszahlt"; die maximale "Rentenrendite" beträgt - ein durchaus zu kritisierender Tatbestand - 80 DM. Auch wenn zuzugestehen ist, daß viele Pflegebedürftige die Höhe des ihnen verbleibenden Barbetrages nur noch am Rande interessieren dürfte (weil ihnen dessen Almosencharakter aufgrund reduzierter geistiger Fähigkeiten vielfach gar nicht mehr ins Bewußtsein dringt), so erscheint es dennoch ungerechtfertigt, Menschen, die sich ihre Rente durch harte Arbeit verdient haben, bestenfalls mit einem monatlichen Mehrbetrag von 80 DM zu belohnen.

Die Eingliederungshilfe für Behinderte soll dazu beitragen, "dem Behinderten die Teilnahme am Leben in der Gemeinschaft zu ermöglichen oder zu erleichtern, ihm die Ausübung eines angemessenen Berufs oder einer angemessenen Tätigkeit zu ermöglichen oder ihn soweit wie möglich unabhängig von Pflege zu machen" (BMA 1995 a: 635). Die Palette der hierfür vorgesehenen Hilfen ist umfangreich. Sie umfaßt unter anderem ambulante und stationäre Behandlung zur Verhütung, Beseitigung oder Milderung der Behinderung, heilpädagogische Maßnahmen für Kinder im Vorschulalter, eine angemessene Schul- oder Berufsausbildung, Umschulung, Hilfe zur Erlangung eines geeigneten Platzes im Arbeitsleben, Hilfe bei der Beschaffung und Erhaltung einer behindertengerechten Wohnung und Hilfe zur Teilnahme am Leben in der Gemeinschaft (siehe ebd.).

Eine wichtige Rolle spielt die Förderung behinderter Kinder und Jugendlicher in besonderen Einrichtungen, Heimen oder Werkstätten für Behinderte. Letztere sind auch für die Eingliederung behinderter Erwachsener von kaum zu überschätzender Bedeutung.

Die Krankenhilfe schließlich gewährt Sozialhilfeempfängern Leistungen analog dem Leistungskatalog der gesetzlichen Krankenversicherung. Eine Einbeziehung der Sozialhilfeempfänger in deren Pflichtversichertenkreis ist geplant.

6.3.4 Der Einsatz von Einkommen und Vermögen

Da (Sozial) Hilfe, entsprechend dem Subsidiaritätsprinzip, nur erhält, "wer sich nicht selbst helfen kann und diese Hilfe auch nicht von anderen erhält" (§ 2 BSHG), ist es folgerichtig, daß der Sozialhilfegewährung grundsätzlich eine Prüfung der Einkommens- und Vermögensverhältnisse voraufgeht. Der Antragsteller und seine Familie haben zunächst ihre materiellen Ressourcen einzusetzen, ehe Sozialhilfe bewilligt wird.

Bei der Hilfe zum Lebensunterhalt verlangt das Gesetz "den vollen Einsatz des Einkommens" (BMA 1995 a: 639). Demgegenüber gibt es bei der Hilfe in besonderen Lebenslagen Einkommensfreibeträge (in unterschiedlicher Höhe).

Während also beim Einsatz des *Einkommens* je nach Hilfeart erheblich differenziert wird, ist dies beim Einsatz von *Vermögen* "nicht in gleichem Maße der Fall" (a.a.O.: 640). Hier gibt es bei *allen* Hilfearten Ausnahmen. So braucht z.B. ein "angemessenes Hausgrundstück, Hausrat, kleineres Barvermögen" (ebd.) sowohl bei der Hilfe zum Lebensunterhalt als auch bei der Hilfe in besonderen Lebenslagen nicht eingesetzt werden. Allerdings gibt es Unterschiede: das "Schonvermögen" eines Alleinstehenden zum Beispiel beträgt bei der Hilfe zum Lebensunterhalt 2 500 DM, bei der Hilfe in besonderen Lebenslagen 4 500 DM.

So wie das BSHG die Familie bei den Leistungen als Sozialverband betrachtet, ist dies auch bei den familiären Pflichten der Fall. Ist ein Unterhaltsverpflichteter seinen Obliegenheiten nicht nachgekommen und das Sozialamt "in Vorlage" getreten, kann es die entstandenen Kosten zurückfordern. Dies ist jedoch "dann nicht statthaft, wenn der Unterhaltspflichtige mit dem Hilfeempfänger im zweiten oder einem entfernteren Grade verwandt ist, das bedeutet, daß Unterhaltsansprüche nur über Eltern mit Blick auf ihre Unterhaltspflicht gegenüber ihren Kindern und umgekehrt ... geltend gemacht werden können" (KRAHMER 1997: 15). Auch auf "Unterhaltsansprüche zwischen Ehegatten" kann das Sozialamt seine Regreßforderungen stützen (siehe ebd.).

Eine Verpflichtung des (erwachsenen) *Hilfeempfängers* zum Ersatz der Sozialhilfeaufwendungen besteht nur dann, wenn er die Voraussetzungen der Hilfe (an sich selbst oder an seinen unterhaltsberechtigten Angehörigen) vorsätzlich oder grob fahrlässig herbeigeführt hat. Doch selbst dann gilt: "Soweit die Heranziehung zum Kostenersatz für den Betroffenen eine Härte bedeuten oder den Erfolg der Hilfe gefährden würde, kann vom Kostenersatz abgesehen werden" (BMA 1997 f: 581).

6.3.5 Die Ursachen der Hilfegewährung

1993 gab es 2,2 Millionen Haushalte mit Sozialhilfeempfängern. Eine Aufteilung dieser Haushalte nach der "Hauptursache der Hilfegewährung" zeigt folgende Rangfolge:

Arbeitslosigkeit	32 %
Unzureichende Versicherungs- und Versorgungsansprüche	11 %
Ausfall des Ernährers	8 %
Unzureichendes Erwerbseinkommen	7 %
Krankheit	5 %
Tod des Ernährers	1 %
Unwirtschaftliches Verhalten	0,4 %
Sonstige Ursachen	38 %

Quelle: STATIST. BUNDESAMT 1996 a: 471.

Arbeitslosigkeit ist demnach derjenige Lebenstatbestand, der in erster Linie Sozialhilfe auslöst. Einen bedeutsamen Anteil haben auch Ursachen, die der Hilfe zum Lebensunterhalt den Charakter einer "Ergänzungsleistung" verleihen, wie z.B. unzureichende Versicherungsansprüche und unzulängliches Erwerbseinkommen.

Von den 2,2 Millionen "Sozialhilfe-Haushalten" hatten 1,6 Millionen noch anderes Einkommen, zwar vorwiegend Kinder- und Wohngeld, aber auch Versicherungs- und Versorgungseinkommen (40 Prozent), Erwerbseinkommen (16 Prozent) sowie Einkommen in Gestalt privater Unterhaltsleistungen (15 Prozent, siehe ebd.).

Entgegen weitverbreiteten Annahmen ist der Sozialhilfe-Bezug in der Regel deutlich zeitlich begrenzt. Eine Untersuchung der Universität Bremen hat ergeben, "daß 57 Prozent der ... Sozialhilfeempfänger nur ein Jahr oder kürzer auf Hilfe zum Lebensunterhalt angewiesen (waren). Bei etwa 20 % aller Bezugsfälle liegt die Dauer der Hilfegewährung zwischen einem und sechs Monaten" (BMG 1995: 36).

6.3.6 Soziologische Struktur der Hilfeempfänger

Von den insgesamt 3,2 Millionen Sozialhilfeempfängern am 31.12.1994 waren 1,8 Millionen (57 Prozent) weiblichen und 1,4 Millionen (43 Prozent) männlichen Geschlechts (siehe STATIST. BUNDESAMT 1997 a: 13, 68). Hilfe zum Lebensunterhalt erhielten 1,3 Millionen weibliche und knapp eine Million männliche Leistungsberechtigte, Hilfe in besonderen Lebenslagen wurde 540 000 weiblichen und 400 000 männlichen Hilfeempfängern zuteil.

Die Sozialhilfe insgesamt wird also von Frauen dominiert - auch wenn ihr Anteil nicht so hoch ist, als daß er allein schon zu der (ohnehin etwas grobschlächtigen) Schlußfolgerung berechtigte, "Armut" sei "weiblich" (zum allgemeinen Zusammenhang von Armut und Sozialhilfe siehe unten). Selbst in *Einrichtungen* ist kein dramatisch hoher Frauen-Anteil feststellbar (59 Prozent Frauen gegenüber 41 Prozent Männer, siehe a.a.O.: 13, 52, 60). Besonders hoch ist die Frauen-Quote jedoch bei der "Hilfe zur Pflege": unter den insgesamt 454 000 Leistungsberechtigten sind 315 000 Frauen (69 Prozent); bei der "vollstationären" Pflege (insgesamt 265 000 Personen) beträgt ihr Anteil sogar 75 Prozent (siehe a.a.O.: 68).

Von den 3,2 Millionen Sozialhilfeempfängern Ende 1994 waren 480 000 unter 7 Jahren und 534 000 zwischen 7 und 18 Jahren. Über eine Million Sozialhilfeempfänger sind demnach Kinder und Jugendliche. Mit einem Anteil von 32 Prozent ist diese Gruppe, deren Bevölkerungsanteil bei lediglich 19 Prozent liegt, eindeutig überrepräsentiert (siehe a.a..O.: 13,70, STATIST. BUNDESAMT 1996 a: 60). Im erwachsenen "Erwerbsalter", also zwischen 18 und (unter) 65 Jahren, sind 1,7 Millionen oder 52 Prozent der Hilfeempfänger (siehe STATIST. BUNDESAMT 1997 a: 13, 71). Auch dieses Empfänger-Segment ist in den letzten Jahrzehnten erheblich angewachsen: noch 1972 gehörten nur 36 Prozent aller Sozialhilfeempfänger dieser Altersgruppe an (siehe DÖRRIE/SCHNEIDER 1996: 3). 65 und mehr Jahre zählen 505 000 oder 16 Prozent der Sozialhilfeempfänger (siehe STATIST. BUNDESAMT 1997 a: 13, 70 f.). Der Anteil dieser "Rentnergruppe" an den Sozialhilfeempfängern entspricht in etwa ihrem Bevölkerungsanteil (15 Prozent).

Die insgesamt "günstige" Altersstruktur in der Sozialhilfe muß sich naturgemäß im Durchschnittsalter der Sozialhilfeempfänger widerspiegeln: es beläuft sich bei der Hilfe zum Lebensunterhalt auf 29,4, bei der Hilfe in besonderen Lebenslagen auf 49,1 Jahre.

Unter den 3,2 Millionen Sozialhilfeempfängern des Jahres 1994 waren 542 000 Ausländer (17 Prozent, siehe a.a.O.: 70 f., 74 f.). Damit ist auch diese Personengruppe - bei einem Bevölkerungsanteil von 9 Prozent (siehe STATIST. BUNDESAMT 1996 a: 47, 68) - im Über-Maß vertreten. Ihr Altersdurchschnitt liegt - entsprechend dem günstigeren Altersaufbau des ausländischen Bevölkerungsteils - bei allen Hilfearten unter den "inländischen" Werten und beläuft sich zum Beispiel bei der Hilfe zum Lebensunterhalt auf 26,6 Jahre (siehe STATIST. BUNDESAMT 1997 a: 13). Unterscheidet man die insgesamt 2,52 Millionen Bezieher von "Hilfe zum Lebensunterhalt" am Jahresende 1995 nach Deutschen und Nichtdeutschen (2,0 Millionen gegenüber 516 000), so kommt man auf einen Ausländeranteil von 20,5 Prozent (siehe STATIST. BUNDESAMT 1997 b).

Annähernd gleich viele Ausländer (489 000 Personen) erhielten zu diesem Zeitpunkt Leistungen nach dem Asylbewerber-Leistungsgesetz (siehe ebd.). Dieses Gesetz aus dem Jahre 1993 tritt bei Asylbewerbern und abgelehnten, zur Ausreise verpflichteten Bewerbern sowie bei "geduldeten" Ausländern an die Stelle des BSHG. Die Aufwendungen hierfür beliefen sich 1995 auf 5,5 Milliarden DM, wobei der größte Teil (4,6 Mrd.) zur Deckung des täglichen Bedarfs der Asylbewerber, d.h. für Unterkunft, Kleidung, Essen etc. ausgegeben wurde. Daneben erhielten Asylbewerber besondere Leistungen z.B. bei Krankheit, Schwangerschaft und Geburt, die 0,9 Mrd. DM erforderten (siehe STATIST. BUNDESAMT 1997 c). Das Asylbewerber-Leistungsgesetz hatte nicht nur eine Reduzierung der Leistungen an die Betroffenen, sondern auch eine Finanzumschichtung bei den zur Leistung Verpflichteten zur Folge: während die "Hilfe zum Lebensunterhalt" von den Kommunen zu tragen ist, werden die durch das Asylbewerber-Leistungsgesetz entstehenden Kosten den "durchführenden Stellen" von den Ländern (in unterschiedlicher Höhe) erstattet (siehe BMA 1995: 657 f.).

6.3.7 Kritik der Sozialhilfe-Kritik

6.3.7.1 Das Sozialhilfeniveau

Schon seit längerem, erst recht nach seiner Reform im Jahre 1996, steht das Sozialhilfe-Recht unter Beschuß, nicht selten von zwei Seiten: die einen betrachten es als gut gepolstertes Ruhekissen für Faulenzer oder Schwarzarbeiter, als Basis einer auf Leistungsverweigerung und A-Sozialität ausgerichteten Lebensführung, für die anderen hat die Sozialhilfe den Charakter einer dürftigen und unzulänglichen staatlichen Alibimaßnahme. BÜNDNIS 90/DIE GRÜNEN (1994: 16 f.) sprechen sogar von "elenden Sozialhilfeleistungen", die eine "menschenwürdige selbstbestimmte Existenz" nicht gewährleisteten.[1]

Gegen beide Positionen ist das Sozialhilfe-Recht der Gegenwart in Schutz zu nehmen. Besonders die soziologische Struktur der Hilfe-Empfänger (hier vor allem: der hohe Anteil von Kindern und Jugendlichen) und die dokumentierten Ursachen der Hilfe-Gewährung verweisen das Argument vom arbeitsscheuen, parasitären Leistungsverweigerer als Sozialhilfeempfänger-Prototypen ins Reich der Phantasie.

Das Sozialhilfe-Recht ist aber auch gegenüber seinen "wohlmeinenden" Kritikern in Schutz zu nehmen, denen die Sozialhilfe-Leistungen nicht weit genug gehen (und für die die Bezeichnung "Sozialhilfe-Lobby" durchaus angebracht ist). Bereits ein (unvoreingenommener) Blick auf die Gesamtbedarfs-Tabelle (siehe S. 230) zeigt, daß die Leistungsendsumme, vor allem wenn man sie dem Nettoeinkommen von niedrig entlohnten Arbeitnehmern gegenüberstellt, keinen Vergleich zu scheuen braucht. Allenfalls bei Alleinlebenden könnte sich die Frage nach der Angemessenheit von Sozialhilfe-Leistungen stellen. Im großen und ganzen ermöglicht die Sozialhilfe aber allemal eine menschenwürdige Existenz, ist nicht gleichbedeutend mit "Armut".[2]

Sozialhilfeempfänger hatten am wachsenden wirtschaftlichen Wohlstand der Gesamtgesellschaft durchaus Anteil: die reale Kaufkraft der Sozialhilfe, gemessen am jeweiligen Haushaltsvorstand-Regelsatz, stieg von 1963 bis 1994 im früheren Bundesgebiet um 62 Prozent (siehe BMA 1995 a: 629). Von 1960 bis 1995 erhöhte sich

---

1 Auch eine Studie der EVANGELISCHEN KIRCHE IM RHEINLAND (1995: 6) kommt zu dem Schluß, das Leistungsniveau der Sozialhilfe ermögliche "eine normale Teilhabe am gesellschaftlichen Leben nur sehr bedingt".

2 Zu Recht hat die frühere Familienministerin Rönsch darauf hingewiesen, Armut lasse sich "keinesfalls über ... den Sozialhilfeanspruch definieren" (siehe RAMTHUN 1994). Ramthun nennt den Armutsmaßstab "Sozialhilfe" zutreffenderweise "paradox", weil dann in der Tat "ein Wohlfahrtsstaat wie der deutsche allein von der Definition her umso mehr 'Armut' in den Statistiken produziert, je großzügiger die Sozialhilfe bemessen ist" (ebd.).

der Arbeitnehmer-Ncttoverdienst nominell um das sechsfache, der Regelsatz im selben Zeitraum aber um das siebenfache (siehe BMA 1996 a: 1.14, 8.16 A).

Die Sozialhilfe verschafft ihren Empfängern heutzutage einen Lebensstandard, der den eines Normal-Arbeitnehmers etwa in den fünfziger Jahren nicht nur erreicht, sondern deutlich übertrifft.

1951 betrug der durchschnittliche Nettostundenverdienst eines männlichen Arbeiters in der gewerblichen Wirtschaft - höchste tarifmäßige Altersstufe, verheiratet, 3 Kinder - 1.48 DM. Die durchschnittliche Wochenarbeitszeit lag, einschließlich 3,3 Überstunden, bei 50,4 Stunden, so daß sich - unter Berücksichtigung der Jahressonderzuwendung in Höhe von 74 DM - ein monatlicher Nettolohn von rund 330 DM ergab (1.48 x 50,4 x 52 : 12 + 74 : 12; Quelle: STATIST. BUNDESAMT 1954: 496). Dieser Betrag stimmt weitgehend mit den "ausgabefähigen" Gesamteinnahmen einer 4-Personen-Arbeitnehmerhaushaltung der "mittleren Verbrauchergruppe" im gleichen Jahr überein: sie beliefen sich auf 351 DM (siehe a.a.O.: 513). Die Übereinstimmung ist darauf zurückzuführen, daß weder Wohn- noch Kindergeld gezahlt wurde und auch keine sonstigen Einnahmen den (männlichen Allein)Verdienst aufbesserten.

Vergleicht man nun diesen monatlichen Nettolohn des Arbeiters mit drei Kindern im Jahre 1951 (330 DM) mit der Sozialhilfe-Gesamtsumme einer vergleichbaren Familie im Jahre 1997 (3 311 DM, also mehr als das Zehnfache, ein etwaiges Erziehungsgeld nicht mitgerechnet), so wird auch ohne aufwendige Preisindices-Berechnungen[1] klar, welche Familie materiell besser gestellt ist.[2] Auch wenn intertemporäre Vergleiche problematisch sein mögen: es kann nicht ernsthaft behauptet werden, ein Einkommensniveau sei 1996 unzumutbar oder menschenunwürdig, das viereinhalb Jahrzehnte zuvor von einer durchschnittlichen Arbeitnehmerfamilie auch nicht annähernd erreicht wurde.[3]

---

1 Zwar verschlang die Miete einschließlich Nebenkosten 1951 nur 15 Prozent des Einkommens (vgl. STATIST. BUNDESAMT 1954: 513), während in einem Sozialhilfeempfänger-Fünfpersonenhaushalt 1997 dafür 29 Prozent des Einkommens aufzubringen waren (siehe S. 230). Auch bekam man 1951 1 kg Mischbrot für 0.65 DM und 1 Glas Bier für 0.31 DM. Andererseits kosteten:

1 kg Schweinefleisch	4.64	DM
250 g Butter	1.53	DM
1 l Milch	0.37	DM
1 Ei	0.23	DM
100 g Schokolade	0.93	DM
1 Pfund Bohnenkaffee	15.65	DM
0,7 l Branntwein (einfacher)	6.49	DM
19 Zigaretten	1.93	DM
1 Stück Kernseife	0.45	DM
1 Paar Damenschuhe	30.10	DM
1 Herrenfahrrad	166	DM
1 Damenschlüpfer mittl. Qualität	8.94	DM
1 Glühlampe (40 W)	1.17	DM

Quellen: a.a.O.: 514, 472, 473, 474.

2 Der Preisindex für die Lebenshaltung (Vier-Personen-Haushalte von Arbeitern und Angestellten mit mittlerem Einkommen, Basis: 1991 = 100) weist für das Jahr 1951 einen Wert von 32,1 und für das Jahr 1995 einen solchen von 112,9 aus; das Verhältnis beider ist also 1:3,5 (Quellen: STATIST. BUNDESAMT 1996 a: 64, 100).

3 Dazu tragen sicherlich in nicht geringem Maße die verhältnismäßig moderaten Preiserhöhungen bei Lebensmitteln bei - ein Wirtschaftsbereich, in dem sich Discounter wie die Gebrüder Albrecht fraglos Verdienste erworben haben. Gäbe es Vorschlagslisten für sozialpolitische Verdienstorden, stünde den Begründern des Aldi-Imperiums mit Fug und Recht ein Platz auf den vorderen Rängen zu.

Andererseits: ein Sozialstaat, dessen materielle Grundlage die Arbeitsleistung möglichst Vieler bildet, muß gewährleisten, daß sich diese Arbeitsleistung auch finanziell lohnt und auszahlt. Maßstab für die Höhe der Sozialhilfe darf deshalb nicht allein ein abstrakter, "objektiver Bedarf" von Hilfebedürftigen sein. Die Festlegung entsprechender Bedarfssätze kann sich nicht im luftleeren Raum abspielen, auch nicht unter Berufung auf die "Menschenwürde", sondern muß die Möglichkeiten einer Gesellschaft und ihr Wertesystem berücksichtigen. Ein "objektiver Bedarf" kann allenfalls als Zwischenstufe bei der Festlegung von Sozialhilfestandards dienen, der eine "Vergleichsberechnung" auf dem Fuße folgen muß. Als Vergleichsmaßstab bieten sich die realen Einkommen von Niedrigstentlohnten an; das Endergebnis muß einen ins Gewicht fallenden Unterschied zwischen Lohn- und Sozialeinkommen widerspiegeln.

6.3.7.2 Das Lohnabstandsgebot des BSHG

Zu Recht enthält das BSHG deshalb in § 22 Abs. 4 ein "Lohnabstandsgebot": die Regelsätze sind so zu bemessen, daß sie bei Haushaltsgemeinschaften von Ehepaaren mit drei Kindern "zusammen mit Durchschnittsbeträgen für Kosten von Unterkunft und Heizung sowie für einmalige Leistungen und unter Berücksichtigung des abzusetzenden Betrages nach § 76 Abs. 2a Nr.1[1] unter den erzielten monatlichen durchschnittlichen Nettoarbeitsentgelten unterer Lohn- und Gehaltsgruppen ... zuzüglich Kindergeld und Wohngeld in einer entsprechenden Haushaltsgemeinschaft mit einem alleinverdienenden Vollzeitbeschäftigten bleiben".

Entsprechende Vergleiche dokumentieren eine große Nähe von Sozialhilfe- und Arbeitnehmereinkünften, von arbeitslosem und Arbeits-Einkommen. Der "Bericht der Bundesregierung zur Frage der Einhaltung des Lohnabstandsgebots" von 1994 (BFS 1994) kommt für das Jahr 1992 (früheres Bundesgebiet) bei Ehepaaren mit drei Kindern zu einem Arbeitseinkommens-Plus zwischen 157 DM (Arbeiterhaushalte) und 310 DM (Angestelltenhaushalte) gegenüber vergleichbaren "Sozialhilfehaushalten". Die Sozialhilfeeinkünfte liegen also um lediglich 5 bzw. 9 Prozent unter den Arbeitseinkommen.

Eine auf Nordrhein-Westfalen begrenzte Untersuchung ergab für 1996 bei Ehepaaren mit drei Kindern ein Arbeitseinkommen von 3 678 DM (Arbeiter) bzw. 3 771 DM (Angestellte), denen ein durchschnittliches "Sozialhilfeniveau" von 3 218 DM gegenüberstand (siehe BÄCKER/HANESCH 1997: Tabellen 2, 3). Die Sozialhilfeleistungen stiegen sogar auf 3 746 DM, wenn die drei Kinder zwischen 15 und 18 Jahre alt waren; in diesem Fall *unterschritt* das Arbeitseinkommen der Arbeiter das Sozialeinkommen.

---

1 Der Absetzbetrag nach § 76 Abs. 2 a Nr. 1 BSHG "soll pauschal Mehraufwendungen berücksichtigen, die Erwerbstätige gegenüber Nichterwerbstätigen haben" (BFS 1994: 32). Zugrundegelegt werden üblicherweise 40 Prozent des Eckregelsatzes.

Ein *tatsächlich* geringer "Lohnabstand" paßt nun offensichtlich überhaupt nicht in das sozialpolitische "Weltbild" der "Sozialhilfe-Lobby" - falls diese überhaupt ein solches hat, das heißt imstande (oder willens) ist, über den Fürsorge-Tellerrand hinauszuschauen. Den Lohnabstand "hochzurechnen" gibt es vielfältige Möglichkeiten. Eine beliebte Methode ist, die *Differenz* nicht auf das Arbeits-, sondern auf das *Sozialhilfeeinkommen* zu beziehen. Auf diese Weise gelangt man bei einem Sozialhilfeeinkommen von 2 000 DM und einem Arbeitseinkommen von 3 000 DM, das heißt bei einer ("gesunden Menschenverstands") Differenz von einem Drittel, zu einem "Lohnabstand" von 50 Prozent (siehe ebd.: 33; BÄCKER/HANESCH: Tabellen 2 - 5).

Kritiker des Lohnabstandsgebotes bemängeln darüber hinaus, daß bei dem Sozialhilfe-Lohn-Vergleich andere Arbeitnehmereinkünfte, wie z.B."Einkommen aus Vermögen ... Zinseinkünfte, Einnahmen aus Vermietungen und Verpachtungen usw." nicht berücksichtigt würden (siehe dazu und zum folgenden WENZEL 1996: 301 ff.) - als ob solcherart Einkünfte Arbeitern in unteren Lohngruppen in Mengen zuflössen. Der pauschale Hinweis, 1993 hätten die "Einkommen aus Vermögen, vor allem Zinseinkünfte ... im Durchschnitt aller Privathaushalte 4 900 DM" betragen, erscheint im Hinblick auf die materielle Lebenslage unterer Einkommensgruppen völlig unangemesssen.

Das gleiche gilt bezüglich der Kritik an der Anzahl der Haushaltsangehörigen, die für den Vergleich heranzuziehen sind (fünf Personen) und der Mißbilligung der Vorschrift, daß nur *ein* Verdienst berücksichtigt wird. Haushalte mit fünf Personen, also mit drei Kindern, seien, so wird argumentiert, eine statistische Rarität; würden sie in unteren Arbeitnehmer-Einkommensgruppen dennoch vorkommen, dann - so die fast überheblich anmutende Schlußfolgerung - wisse "jeder, daß ein Fünf-Personen-Haushalt mit einem Alleinverdienereinkommen unterer Lohn- und Gehaltsgruppen kein dem üblichen Standard übliches Leben führen kann". Deshalb seien auch "in der Mehrzahl dieser Haushalte beide Erwachsene ... erwerbstätig".

Folgte man dieser Kritik, wäre die logische Konsequenz, bei der Lohnabstandsberechnung einen Doppelverdienst zugrundezulegen - was bedeuten würde, daß dann selbst ein annähernd doppelt so hohes Sozialhilfeeinkommen wie das gegenwärtige dem gesetzlichen Gebot noch entspräche. Weshalb dann allerdings ein(e) tatsächlich allein verdienende(r) Familienvater oder -mutter noch arbeiten soll, bleibt das Geheimnis des Kritikers. Das (denkbare) Argument, eine Festlegung von Sozialhilfe-Regelsätzen selbst oberhalb niedriger Lohneinkommensgruppen sei für letztere nicht von Nachteil, weil dann auch sie von einer "ergänzenden Sozialhilfe" profitierten, verfängt aus zwei Gründen nicht: einmal setzt die Hilfe generell erst ein, wenn die vorhandenen materiellen Ressourcen aufgebraucht sind, zum anderen entfiele jeglicher Leistungsanreiz.

Das Lohnabstandsgebot ist gerechtfertigt und allenfalls insoweit zu kritisieren, als es den erforderlichen Abstand nicht konkret benennt. (Die Bundesregierung hatte den - später nicht realisierten - Vorschlag unterbreitet, im Zuge der Sozialhilfereform 1996 diesen Abstand auf 15 Prozent festzuschreiben). Auch ist nicht einzusehen, weshalb lediglich "untere" (anstatt "unterste") Lohngruppen als Vergleichsmaßstab dienen.

Die Kritiker des Lohnabstandsgebots bezwecken letztendlich, die Sozialhilfeeinkommen von den Erwerbseinkommen abzukoppeln. Ihre Sichtweise versinnbildlicht und ist ein Beleg für die gesellschaftspolitische Verselbständigung der Sozialhilfe. Diese wird nicht im Gesamtzusammenhang einer auf soziale Lebenslagen gerichteten Politik gesehen, sondern als separater Bereich, für den offenbar andere, eigene Gesetze gelten. Die Begründung des Lohnabstandsgebots "mit sozial-ethischen und wirtschaftspolitischen (Erhaltung der Arbeitsmotivation ...)" sowie "gesellschaftspolitischen (Erhaltung des sozialen Friedens ...) Überlegungen" wird verworfen; eine solche Betrachtungsweise diene "bedarfsfremden Zwecken" (LPK-BSHG 1985: Anm. 57 zu § 22). Das heißt: der "Bedarf" wird verabsolutiert; wer ihn bezahlt, interessiert ebenso wenig wie die gesellschaftspolitischen Rückwirkungen einer entsprechenden Alimentierung auf die Alimentierenden.[1]

PETERS (siehe 1969: 405 ff.) hat schon vor drei Jahrzehnten die (zutreffende) Auffassung vertreten, Sozialhilfe und Sozialarbeit würden für ihre "politische Funktionslosigkeit", für die "Desintegration der politischen Intentionalität aus der Fürsorge" mit der Anerkennung umfänglicher Rechtsansprüche belohnt. Je unpolitischer sich Fürsorge versteht - und dazu zählt auch die Betonung ihres insularen Charakters, die Weigerung, sie angemessen in den Gesamtkontext einer Politik zur Beeiflussung sozialer Lebenslagen einzufügen - umso großzügiger fällt die Gratifikation aus. Davon profitiert - buchstäblich - nicht zuletzt das gesamte Umfeld, in dem Sozialhilfe praktiziert wird.

Exkurs: Das Sozialgesetzbuch

Da das Sozialrecht in seiner "über 100-jährigen Entwicklung ... in viele Einzelgesetze zersplittert" (BLÜM 1990: 2) und "immer unübersichtlicher" (BMA 1995 a: 33) geworden ist, war es nicht verwunderlich, daß schon vor geraumer Zeit der Plan entstand, diese Rechtsmaterie in einem einheitlichen Sozialgesetzbuch zusammenzufassen. Ziel war nicht zuletzt, "auf dem Gebiet des Sozialrechts mehr Transparenz zu erreichen" (ebd.).

---

1 Ein anschauliches Beispiel in diesem Zusammenhang ist BECKER (1994: 53 f.,), SPD-Kommunalpolitiker und Oberbürgermeister von Pforzheim, zu verdanken: "Eine junge Kassiererin in einem Supermarkt, die eine schlecht bezahlte Arbeit hat, muß sich als alleinstehende Frau mit zwei kleinen Kindern mit mühevoller und harter Arbeit durchquälen. Ihr Einkommen ist nur geringfügig höher als das Einkommen eines Sozialhilfeempfängers. Sie wird mit vielerlei Kosten belastet, den Rundfunkgebühren, den steigenden Müll- und Abwassergebühren, den Versicherungen und den Tariferhöhungen für die öffentlichen Verkehrsmittel. Ein Sozialhilfeempfänger ist von vielen Preissteigerungen gar nicht betroffen, weil die Mietsteigerungen über die Sozialhilfe aufgefangen werden, die Befreiung von Rundfunk- und Fernsehgebühren ihm zugutekommt, er in einem bestimmten Umfang auch unentgeltliche Verksehrsleistungen in Anspruch nehmen kann ... Unser geltendes Sozialhilferecht bestraft die eigene Arbeit und eigene Anstrengung."

Zahlreiche Gesetze zur "Schaffung des Sozialgesetzbuchs" (ebd.) sind bislang verkündet worden; ein Großteil der Sozialrechtsmaterie ist erfaßt und verarbeitet (wenn auch nicht in der ursprünglich geplanten Art und Weise). Gegenwärtig besteht das Sozialgesetzbuch aus folgenden Teilen:
Allgemeiner Teil (I. Buch)
Arbeitsförderung (III. Buch)
Gemeinsame Vorschriften für die Sozialversicherung (IV. Buch)
Krankenversicherung (V. Buch)
Rentenversicherung (VI. Buch)
Unfallversicherung (VII. Buch)
Kinder- und Jugendhilfe (VIII. Buch)
Verwaltungsverfahren, Schutz der Sozialdaten (X. Buch)
Pflegeversicherung (XI. Buch).
Die Sozialhilfe, das Wohn-, Kinder- und Erziehungsgeld, die Eingliederung Behinderter und die Ausbildungsförderung harren noch ihrer Einfügung in das SGB.

Ob letzteres freilich, wie der in erster Linie zuständige Minister meint, das Sozialrecht "verständlicher und übersichtlicher" gemacht und dazu beigetragen hat, daß "jeder Bürger seine Rechte und Pflichten kennt" (BLÜM 1990: 2), darf bezweifelt werden. Das Gesamtwerk besteht gewiß nicht nur aus einer additiven Aneinanderreihung bisheriger Gesetze; ein Werk "aus einem Guß" ist es dennoch nicht geworden. Dazu trägt bei, daß den Einzel-Rechtsmaterien oft gleich mehrere, zum Teil schwer auffindbare "Allgemeine Teile" vor- und nachgeschaltet sind. So sind rentenversicherungsrechtliche Regelungen naturgemäß in erster Linie im Sechsten Buch zu finden, aber auch im Ersten, Vierten und Zehnten. Vor allem das Vierte Buch - Gemeinsame Vorschriften für die Sozialversicherung - wirkt in dem Werk als systematischer Fremdkörper. (Ursprünglich war auch vorgesehen, die Sozialversicherung insgesamt im Vierten Buch zusammenzufassen).

Zumindest mißverständlich erscheint die Zuerkennung "sozialer Rechte" an die Bürger im Allgemeinen Teil des SGB. Diese sozialen Rechte dürften, so schwächt selbst die offiziöse Darstellung ab, "nicht mit den Grundrechten des Grundgesetzes verwechselt werden" (BMA 1995 a: 34). Aus den sozialen Rechten des Sozialgesetzbuches resultierten Ansprüche "nur insoweit ..., als deren Voraussetzungen und Inhalt durch die Vorschriften der besonderen Teile des Gesetzbuchs im einzelnen bestimmt" seien. Der Bürger könne sich auf die sozialen Rechte des Allgemeinen Teils "nicht berufen" (ebd.).

Von der Sache her zu begrüßen, obgleich in der Anwendung nicht gerade "benutzerfreundlich", ist Art. II § 1 SGB I. Er benennt die Sozialgesetze, die, obzwar noch nicht Teil des SGB, doch als solche gelten. Das bedeutet zum Beispiel, daß der Allgemeine Teil des Sozialgesetzbuchs und auch das Zehnte Buch auf das Bundessozialhilfegesetz anzuwenden sind. Praktisch hat das unter anderem zur Folge, daß etwa die Sozialamtsdaten den Datenschutzvorschriften des Sozialgesetzbuchs unterliegen.

6.4 Hinterlassenschaft des Krieges: die Kriegsopferversorgung

Die Kriegsopferversorgung nach dem BVG von 1950 ist (nach wie vor wichtigster) Teil des sozialen Entschädigungsrechts im Sinne des Ersten Buches des Sozialgesetzbuches. Nach SGB I hat derjenige, der einen Gesundheitsschaden erleidet, für dessen Folgen die staatliche Gemeinschaft in Abgeltung eines besonderen Opfers oder aus anderen Gründen einzustehen hat, einen Anspruch auf soziale Entschädigung. Neben dem BVG sind u.a. das Zivildienstgesetz, das Soldatenversorgungsgesetz, das Bundesseuchen- und das Opferentschädigungsgesetz Teil des sozialen Entschädigungsrechts; diese Gesetze verweisen in der Regel auf das BVG.

Das BVG gewährt eine nach dem Grad der Schädigung gestaffelte Grundversorgung (Grundrente), die unabhängig von sonstigen Einkünften gezahlt wird; sie reicht von 213 DM (bei einer Minderung der Erwerbsfähigkeit - MdE - von 30 Prozent) bis 1 115 DM (MdE von 100 Prozent, früheres Bundesgebiet, Stand: 1.7.1996).[1] Über 65-Jährige erhalten bei einer MdE ab 50 v.H. eine nach dem Grad der MdE gestaffelte Alterszulage. Auch bei Schwerstbeschädigten - von den Folgen der Schädigung besonders betroffene Erwerbsunfähige, es werden 6 Stufen unterschieden - erhöht sich die Grundrente um Zulagen, die zwischen 127 und 793 DM betragen. Die Grundrente für Witwen beträgt 627 DM.

Während in den Genuß der Grundrenten - nebst Zulagen - alle Kriegsbeschädigten und "Kriegerwitwen" gelangen, ungeachtet sonstiger Einkünfte, ist die Ausgleichsrente einkommensabhängig. Grundsätzlich setzt sie eine MdE von mindestens 50 v.H. voraus, sie beträgt dann (1996) bei einer MdE von 50/60 v.H. 682 DM, bei einer MdE von 70/80 v.H. 826 DM, bei einer MdE von 90 v.H. 990 DM und bei völligem Verlust der Erwerbsfähigkeit 1 115 DM.

Bei der Einkommensanrechnung wird zwischen Einkünften aus Erwerbstätigkeit und sonstigen Einkünften (z.B. Renten) unterschieden. Bei ersteren bleiben (1996) 667 DM monatlich und vom darüber hinausgehenden Betrag rund 63 v.H. anrechnungsfrei, bei letzteren 289 DM und vom Rest rund 42 v.H.. Nicht angerechnet wird die Grundrente.

Bei einem Kriegsbeschädigten mit einer MdE von 80 Prozent, der aus der gesetzlichen Rentenversicherung eine Rente in Höhe von 1 700 DM erhält, bleiben demzufolge 818 DM anrechnungsfrei (1 700 - 289 = 1 411 DM, davon 42 % = 593 DM; 1 411 - 593 = 818 DM). Zieht man diesen Freibetrag vom Einkommen ab (1 700 DM - 818 DM), so verbleibt ein einzusetzendes Einkommen von 882 DM. Da dieses die mögliche Ausgleichsrente (752 DM) übersteigt, wird selbige nicht gewährt.

Die Ausgleichsrente für Witwen beläuft sich auf 737 DM. Sie setzt voraus, daß die Witwe entweder über 45 Jahre alt oder zu mindestens 50 v.H. erwerbsgemindert ist oder für mindestens ein rentenberechtigtes Kind sorgt oder aus anderen zwingenden Gründen nicht erwerbstätig sein kann. Sonstiges Einkommen wird in ähnlicher Weise wie bei Beschädigten angerechnet.

---

1 Die BVG-Renten im Beitrittsgebiet betragen ab 1.7.1996 82,28 v.H. der im früheren Bundesgebiet geltenden Sätze.

Das Bundesversorgungsgesetz kennt neben Grund- und Ausgleichsrenten eine Vielzahl weiterer Leistungsarten (z.B. Berufsschadensausgleich). Auch Heil- und Krankenbehandlung, Sterbegeld usw. usf. gehören zum BVG-Leistungsspektrum.

Das soziale Entschädigungsrecht insgesamt wird tendenziell an Bedeutung verlieren, obwohl in den letzten Jahrzehnten "kriegsunabhängige" Entschädigungstatbestände hinzugekommen sind. Dennoch bleibt es vom BVG eindeutig dominiert. Von den Gesamtaufwendungen für das soziale Entschädigungsrecht in Höhe von 12,95 Milliarden DM (1995) entfielen 12,78 Milliarden auf Leistungen nach dem BVG. Mit dem - buchstäblichen - Absterben der durch dieses Gesetz begünstigten Bevölkerungsgruppe wird das soziale Entschädigungsrecht insgesamt einen Gewichtsverlust erleiden. Zwar zählte die Statistik 1996 in (Gesamt)Deutschland immer noch 1,1 Millionen BVG-Versorgungsberechtigte; gegenüber den 3,9 Millionen BVG-Leistungsberechtigten etwa des Jahres 1950 (früheres Bundesgebiet) ist dies jedoch ein erheblicher Rückgang. Das Durchschnittsnittsalter der BVG-Rentner beträgt rund 75, das der Witwen rund 82 Jahre. Lag das Verhältnis von Beschädigtenrenten zu Witwenrenten im Jahre 1950 bei 63:37, so haben die "Kriegerwitwen" seit geraumer Zeit die "Kriegsverletzten" zahlenmäßig überholt: das Verhältnis betrug 1996 45:55 (siehe BMA 1997 f: 283 f.).

6.5 Einübung in Demokratie: die soziale Selbstverwaltung

6.5.1 Kurzer historischer Rückblick

Von Anbeginn an stellte die Selbstverwaltung ein Wesensmerkmal der Sozialversicherung dar; sogar deren Vorläufer, wie etwa die betrieblichen Sozialeinrichtungen der Firma Krupp, hatten die administrative Mitwirkung gewählter "Deputierter" der Versicherten für unverzichtbar gehalten (siehe *1.3*).

Den späteren Selbstverwaltungsorganen in der Kaiserzeit kam ein erheblich höherer *politischer* Stellenwert zu als heute. Denn obgleich die Sozialdemokratie die Bismarcksche Sozialgesetzgebung in ihren offiziösen Verlautbarungen auf das heftigste bekämpfte, hatten nicht wenige ihrer Mitglieder an der Basis es verstanden, sich deren Einrichtungen zum Nutzen ihrer Partei, aber auch als Sprungbrett für einen individuellen sozialen Aufstieg zu bedienen. Binnen kurzem

> "(wurden) die Kassenverwaltungen zu 'Unteroffiziersschulen der Sozialdemokratie' - um die Jahrhundertwende war jedes fünfte Gewerkschaftsmitglied Vorstandsmitglied einer Krankenkasse; die Ortskrankenkassen beschäftigten 4 000 bis 5 000 Angestellte ... Über das offizielle sozialpolitische Ziel, die ärmere Arbeiterbevölkerung vor der Verarmung durch das Risiko Krankheit zu schützen, wurde als langfristiger Sekundäreffekt also auch erreicht, die politisch aktive Arbeiterschaft über die Kassenverwaltungen an den klassischen bürgerlichen Bildungssystemen und den entsprechenden Endpositionen in Verwaltung, Wissenschaft und Heer vorbei sozusagen parastaatlich zu sozialisieren" (LABISCH 1985: 64).

Zwar war der "sozialintegrative Aufstiegsmechanismus" "(bereits) von Bismarck ... seinerzeit bewußt angelegt worden" (ebd.). Daß er in erster Linie dem politischen

Gegner zugute kommen würde, dürfte den Absichten des Kanzlers und seiner politischen Nachfahren indes kaum entsprochen haben. Aus diesem Grunde ging es bei der Schaffung der RVO und der Angestelltenrentenversicherung Anfang dieses Jahrhunderts nicht zuletzt um die "Eindämmung des sozialdemokratischen Einflusses in der Sozialversicherung" (RATZ 1980: 155).

Festzuhalten bleibt, daß, so NAPHTALI (1977: 165), der "erste Anspruch auf Mitbestimmung", auf gesellschaftliche "Mitführung und Mitverwaltung" seitens der Arbeiterschaft nicht "auf dem eigentlichen Gebiete der Wirtschaft, sondern auf dem Gebiete der Sozialpolitik erhoben wurde". Diese demokratischen Ansätze wurden in der Zeit der Weimarer Republik verstärkt und ausgebaut; nicht zuletzt die Einführung des AVAVG 1927 brachte mit der "Selbstverwaltung in der Arbeitsvermittlung und Arbeitslosenversicherung die zweite Teildemokratisierung des Soziallebens neben der Demokratisierung der Arbeitsbedingungen" (PRELLER 1949: 516). Die Nationalsozialisten brachen - mehr oder weniger abrupt[1] - mit dieser Tradition (siehe S. 119), die dann mit dem Selbstverwaltungsgesetz des Jahres 1951 für die Bundesrepublik Deutschland wiederbelebt wurde.

6.5.2 Selbstverwaltung heute

Das SGB IV - Gemeinsame Vorschriften für die Sozialversicherung - löste 1977 das Selbstverwaltungsgesetz ab; in ihm sind nunmehr die Regelungen für die Selbstverwaltung der gesetzlichen Kranken-, Unfall- und Rentenversicherung einschließlich der Altershilfe für Landwirte sowie, seit Einfügung des Rechts der Arbeitsförderung in das SGB, der Arbeitslosenversicherung zusammengefaßt.

Die gegliederte deutsche Sozialversicherung umfaßt rund 1 400 Versicherungs-"träger". Bei ihnen sind - mit Ausnahme der Krankenkassen[2] - als Selbstverwaltungsorgane eine Vertreterversammlung und ein Vorstand zu bilden.

Die Vertreterversammlung ist das höchste Organ einer Versicherungseinrichtung, gewissermaßen ihr "Parlament"; sie geht folgerichtig unmittelbar aus Sozialversicherungswahlen hervor. Gewählt wird alle sechs Jahre, ausschließlich durch Briefwahl; Versicherte und Arbeitgeber (bei den landwirtschaftlichen Berufsgenossenschaften auch die Gruppe der Selbständigen ohne fremde Arbeitskräfte) wählen die Vertreter ihrer Gruppe getrennt aufgrund von Vorschlagslisten, die in erster Linie von Gewerkschaften und Arbeitgebervereinigungen erstellt werden. Die Wahlberechtigung setzt die Vollendung des 16. Lebensjahres voraus.

Allerdings findet häufig keine "echte Wahl" statt. Reichen die Mitglieder einer Gruppe nur *einen* Wahlvorschlag ein oder sind auf mehreren Listen nicht mehr Kandidaten vorhanden als zu wählen sind, so gelten die Vorgeschlagenen als gewählt.

---

1 Es sei, so Preller (1949: 521), bereits 1932 "Wunsch und Wille" des Reichskanzlers von Papen gewesen, "die soziale Selbstverwaltung zugunsten autoritärer Führung zurückzudrängen".

2 Das Gesundheitsstrukturgesetz reformierte die Selbstverwaltung der Krankenkassen mit Wirkung vom 1.1.1996. Statt Vertreterversammlung und (ehrenamtlichem) Vorstand gibt es nunmehr nur noch ein ehrenamtliches Organ, den Verwaltungsrat. Dieser wählt den (hauptamtlichen) Vorstand.

1993 wurde nur "bei 27 von insgesamt etwa 1 400 Versicherungsträgern gewählt" (BMA 1997 f: 630) und auch nur, bei relativ geringer Wahlbeteiligung (siehe S. 128 mit Fußn.) auf der Versicherten-Seite. Die Arbeitgeber verzichteten auf Wahlen (siehe BMA 1997 f: 630).

Die Vertreterversammlung hat das Recht zur autonomen Rechtsetzung, insbesondere die Befugnis zur Satzungsgebung. In deren Rahmen können neben den (gesetzlich festgelegten) Regelleistungen zum Beispiel Mehrleistungen vorgesehen werden. Erfolgt die Beitragsfestsetzung nicht per Gesetz, zählt auch die Beitragshoheit zu den Kompetenzen der Vertreterversammlung. Letztere wählt den Vorstand, das "Exekutivorgan" der Selbstverwaltung, das die Beschlüsse der Vertreterversammlung auszuführen hat.

Die Organe der Versicherungsträger sind in der Regel paritätisch mit Vertretern der Versicherten und der Arbeitgeber besetzt. Wichtigste Ausnahmen: in der knappschaftlichen Renten- und Krankenversicherung sind die Versicherten zu 2/3, die Arbeitgeber zu 1/3 vertreten, bei den Ersatzkassen gehören den Selbstverwaltungsorganen ausschließlich Versicherte an, in den Selbstverwaltungsorganen der landwirtschaftlichen Berufsgenossenschaften sind 1/3 Versicherte, 1/3 Arbeitgeber und 1/3 Selbständige ohne fremde Arbeitskräfte, in denjenigen der landwirtschaftlichen Krankenkassen je zur Hälfte Arbeitgeber und Selbständige ohne fremde Arbeitskräfte vertreten. Die Organe der Bundesanstalt für Arbeit setzen sich zu je einem Drittel aus Vertretern der Arbeitnehmer, der Arbeitgeber und der öffentlichen Körperschaften zusammen.

Die Träger der Sozialversicherung unterliegen staatlicher Aufsicht. Diese beschränkt sich jedoch weitgehend auf die *Rechts*aufsicht, das heißt, überprüft wird ggf. die Rechtmäßigkeit, nicht aber die Zweckmäßigkeit des Handelns der Selbstverwaltung. Nur in einigen Teilbereichen - wie z.B. der Unfallverhütung - gibt es die (weitergehende) Fachaufsicht. Die Aufsicht selbst üben u..a. aus das Bundesversicherungsamt in Berlin, der Bundesminister für Arbeit und Sozialordnung sowie die zuständigen obersten Landesbehörden.

Eine Aussage über den gesellschaftspolitischen Stellenwert der sozialen Selbstverwaltung in der Gegenwart zu treffen fällt nicht leicht. Ihre nur partielle demokratische Legitimation - wozu das Wähler-Desinteresse ebenso beiträgt wie der Umstand, daß vielfach gar keine Wahlen stattfinden - erweist sich für das Selbstbewußtsein der Selbstverwaltungsorgane als nicht gerade förderlich. Hinzu kommt, daß sich, so VON FERBER (1977: 155), "das stolze Gebäude der Sozialversicherung gemessen an der Vielfalt der Aufgaben und dem Gesamtumsatz der Sozialleistungen als eine 'blinde Macht' (vorstellt)"; die Selbstverwaltung, so der Kritiker, befinde sich "am Gängelband der Rechtsvorschriften und der Aufsicht" und in einer "Situation 'organisierter Verantwortungslosigkeit'".

Allerdings sollte nicht übersehen werden, daß gerade in jüngster Vergangenheit versucht worden ist, diesen Zustand zu ändern, der Gesetzgeber bemüht war, der Selbstverwaltung wieder mehr substantielle Kompetenzen zuzuweisen (Krankenversicherung, Arbeitslosenversicherung). Und fraglos ist die autonome Selbstverwaltung eher als eine staatliche Behörde "Garant für eine unbürokratische und versichertennahe Betreuung" (BMA 1997 f.: 634).

Als "Unteroffiziersschulen der Sozialdemokratie" fungieren die Selbstverwaltungsorgane heutzutage sicherlich nicht mehr. Aber die in ihnen (über 40 000) ehrenamtlich Tätigen sind nach wie vor ein "maßgeblicher Teil unserer Demokratie" (ebd.), auch wenn ihre Möglichkeiten begrenzt sind und die öffentlichen Aktivitäten (man denke an die allmonatlichen Rituale der Bekanntgabe der Arbeitslosenquoten durch den Präsidenten der Bundesanstalt für Arbeit) einigermaßen hölzern anmuten.

6.6 Volksnahe Rechtsprechung: die Sozialgerichtsbarkeit

Die Sozialgerichtsbarkeit, geschaffen durch das Sozialgerichtsgesetz von 1953, ist eine selbständige und gleichrangige Gerichtsbarkeit neben der ordentlichen Gerichtsbarkeit (Zivil- und Strafgerichtsbarkeit), der allgemeinen Verwaltungsgerichtsbarkeit sowie der Finanz- und Arbeitsgerichtsbarkeit.

Die Gerichte der dreistufig aufgebauten Sozialgerichtsbarkeit - Sozialgerichte (SG), Landessozialgerichte (LSG), Bundessozialgericht (BSG) - sind als besondere Verwaltungsgerichte für die überwiegende Mehrzahl sozialrechtlicher Streitigkeiten zuständig; lediglich die Bereiche der Sozialhilfe und Kriegsopferfürsorge fallen in die Zuständigkeit der allgemeinen Verwaltungsgerichte.

Der Rechtsweg beginnt mit der Klage vor dem Sozialgericht, setzt sich fort mit der Berufung vor dem Landessozialgericht und endet mit der Revision vor dem Bundessozialgericht. Der Klage muß in der Regel ein Vorverfahren voraufgehen, das nicht innerhalb der dritten, sondern der exekutiven Gewalt stattfindet. Es beginnt mit der Erhebung des Widerspruchs gegen den beanstandeten Bescheid und soll der Behörde Gelegenheit geben, dessen Inhalt zu überprüfen und abzuändern. Normalerweise enthält ein Bescheid eine Rechtsmittelbelehrung, in der auf die Möglichkeit eines solchen Widerspruchs innerhalb von vier Wochen hingewiesen wird. Fehlt ein solcher Hinweis, verlängert sich die Widerspruchsfrist auf ein Jahr.

Bleibt die Behörde bei ihrer Entscheidung, ergeht also seitens der dafür innerhalb der Behörde zuständigen Organe (hier kann sich die Selbstverwaltung besonders segensreich auswirken, wenn zum Beispiel in "Widerspruchsausschüssen" Versicherte paritätisch vertreten sind) ein ablehnender Widerspruchsbescheid, kann - wiederum innerhalb von vier Wochen (siehe oben) - Klage vor dem Sozialgericht erhoben werden.

Das sozialgerichtliche Verfahren ist grundsätzlich kostenfrei und der Kläger kann für sich selbst sprechen; weder vor dem Sozial- noch dem Landessozialgericht besteht Vertretungszwang. Nur beim Bundessozialgericht ist ein Rechtsbeistand erforderlich. Mitglieder von Gewerkschaften und Kriegsopferverbänden erhalten von ihren Organisationen in allen Instanzen einen Rechtsbeistand gestellt. Anderen Personen kann im Wege der Prozeßkostenhilfe ein Rechtsanwalt für die Verhandlung vor dem Bundesozialgericht - aber auch in den unteren Instanzen, wenn dies erforderlich ist oder der Gegner durch einen Anwalt vertreten ist - beigeordnet werden.

Das sozialgerichtliche Verfahren kennt vier Klagearten: die Anfechtungs-, die Verpflichtungs-, die Leistungs- und die Feststellungsklage. Die verbreitetste Klageart ist die kombinierte Anfechtungs- und Verpflichtungsklage. Sie bezweckt einerseits die Aufhebung eines (beschwerenden) Verwaltungsaktes, andererseits soll der Beklagte zu einer Leistung im Sinne des Klägers verpflichtet werden. Beendet werden kann ein Rechtsstreit auch durch Vergleich. Im Gegensatz zum Zivilprozeß gilt beim sozialgerichtlichen Verfahren der Amtsermittlungsgrundsatz, das heißt, das Gericht erforscht den Sachverhalt "von sich aus", aus "eigenem Antrieb"; an die Verlautbarungen der Prozeßbeteiligten ist das Gericht nicht gebunden. Diese Regelung bedeutet praktisch einen zusätzlichen Schutz der in der Regel "schwächeren" und unkundigeren Arbeitnehmer- bzw. Versichertenseite; das Verfahren ist ausgesprochen "klägerfreundlich" (ROHWER-KAHLMANN 1996: Rdnr. 4, Einführung).

Die - mündliche und öffentliche Verhandlung - findet vor der fachlich zuständigen Kammer statt; jedes Sozialgericht hat mindestens 4 Fachkammern. Die personelle Zusammensetzung einer Kammer ist ausgesprochen "volksnah": ihr gehören ein Berufsrichter als Vorsitzender und zwei ehrenamtliche Richter an. Letztere haben - einzeln - das gleiche Stimmrecht und -gewicht wie der Vorsitzende.

Dadurch könnte sich arithmetisch und theoretisch der "gesunde Menschenverstand" von "Leuten aus dem Volke" gegenüber dem (möglicherweise) fachlich eingeengten, vielleicht auch "sozial abgehobenen" juristischen Sachverstand durchsetzen - natürlich im rechtlich zulässigen Rahmen. In der sozialgerichtlichen (wie im übrigen auch der jugendgerichtlichen) Praxis sind solche Frontstellungen zwischen "Theorie und Praxis" jedoch außerordentlich selten. Grundsätzlich soll die Mitwirkung ehrenamtlicher Richter - sie werden aufgrund von Vorschlagslisten bestellt, die unter anderem von Gewerkschaften, Arbeitgeberverbänden, Kassenärztlichen Vereinigungen und Kriegsopferverbänden eingereicht werden - "die Verbindung zwischen Rechtsprechung und sozialer Wirklichkeit fördern" (BMA 1997 f: 665).

Den Kammern der Sozialgerichte entsprechen die Senate der Landessozialgerichte. Einem Senat gehören 1 Berufsrichter als Vorsitzender, 2 weitere Berufsrichter und 2 ehrenamtliche Richter an; hier sind die Berufsrichter also in der Überzahl. Das LSG kann ein SG-Urteil aufheben und entweder selbst neu entscheiden oder die Sache zur erneuten Urteilsfindung an das Sozialgericht zurückverweisen. Da das LSG die letzte Tatsacheninstanz ist, findet vor den Senaten des BSG - personell zusammengesetzt wie die LSG-Senate - keine Beweiserhebung mehr statt. Geprüft wird lediglich, ob das LSG-Urteil Bundesrecht verletzt. Der Große Senat des BSG schließlich entscheidet über Angelegenheiten von grundsätzlicher Bedeutung oder dann, wenn ein BSG-Senat von der Entscheidung eines anderen oder des Großen Senats abweichen will.

Die Sozialgerichtsbarkeit trägt in der Bundesrepublik Deutschland in nicht zu überschätzender Weise zum sozialen (Rechts)Frieden bei. Nicht weniger als 226 000 Klagen waren 1995 bei den Sozialgerichten anhängig (siehe BMA 1997 f: 673). Vor allem die personelle Zusammensetzung der Gerichte legt Zeugnis davon ab, daß hier nicht ein erdabgewandter, den Klägern möglicherweise sozial fernstehender Berufsstand über Menschen in den sozialen Niederungen Urteile fällt, sondern daß das "Volk" in unmittelbarer Weise an der Rechtsfindung beteiligt ist.

6.7 Grundzüge der Arbeits-, Betriebs- und Wirtschaftsverfassung

6.7.1 Konstitution des Arbeitsverhältnisses

Die sozialstaatliche Durchdringung des Rechts der Arbeit zeigt sich in erster Linie am Mikrokosmos Arbeitsverhältnis, dem - in der Regel durch Arbeitsvertrag begründeten[1] - Rechtsverhältnis zwischen Arbeitnehmer und Arbeitgeber. Dabei ist weniger an das BGB zu denken, dessen Vorschriften über den Dienstvertrag auch auf den Arbeitsvertrag anzuwenden sind, als vielmehr an eine Vielzahl von Gesetzen, tarifvertraglichen und Betriebsvereinbarungen, welche die Vertragsfreiheit der Arbeitsvertragsparteien begrenzen und den Inhalt des Einzelarbeitsvertrags weitgehend prägen.

Bei der gesetzlichen Einschränkung der Vertragsfreiheit ist zu unterscheiden zwischen

- zwingendem Gesetzesrecht
- Gesetzesrecht, das (nur) durch Tarifverträge verändert werden kann (tarifdispositves Gesetzesrecht) und
- Gesetzesrecht, das von den Tarif- *und* den Arbeitsvertragsparteien verändert werden kann (dispositives Gesetzesrecht).

Zwingendes Gesetzesrecht kann weder durch kollektive noch individuelle Vereinbarungen korrigiert werden - es sei denn, es wird *zugunsten* des Arbeitnehmers von ihm abgewichen. Insofern ist auch zwingendes Gesetzesrecht in der Praxis meist "nur einseitig zwingend" (BMA 1997 d: 60), das heißt, der Arbeitgeber darf nicht zum Nach-, wohl aber zum Vorteil des Arbeitnehmers davon abweichen.

Tarifverträge sind Vereinbarungen zwischen Gewerkschaften und Arbeitgeberverbänden, Betriebsvereinbarungen werden zwischen Unternehmern und Betriebsräten abgeschlossen. Tarifverträge binden grundsätzlich nur die Mitglieder der Tarifvertragsparteien, also Gewerkschaftsangehörige und Mitglieder des jeweiligen Arbeitgeberverbandes. Es besteht jedoch - auf Antrag einer Tarifvertragspartei - die Möglichkeit der staatlichen Allgemeinverbindlichkeitserklärung. Dann gelten die entsprechenden Regelungen auch für Nichtgewerkschafter und diejenigen Arbeitgeber, die dem Arbeitgeberverband nicht angehören.[2] "In der Praxis" werden die Tarifverträge nicht nur auf die Arbeitsverhältnisse der Tarifgebundenen, sondern "weitgehend auch auf die übrigen Arbeitsverhältnisse angewandt" (BMA 1997 d: 25) - seien die Betei-

---

1 Mit Ausnahme des "faktischen" Arbeitsverhältnisses, eines "zwar nicht rechtlich, wohl aber tatsächlich bestehenden Arbeitsverhältnisses. Ein solches ... kann zwar jederzeit ... von beiden Teilen beendet werden, für die Vergangenheit wird es jedoch wie ein rechtsgültiges behandelt" (BMA 1997 d: 71). Sozialversicherungsrechtlich bedeutet dies, daß sozialrechtliche Ansprüche nicht mit dem Argument abgewehrt werden können, ein Beschäftigungsverhältnis im Rechtssinne sei nicht zustandegekommen, weshalb der damit verknüpfte Sozialversicherungsschutz entfalle. Die häufig strapazierte Floskel von der "normativen Kraft des Faktischen" ist hier Wirklichkeit geworden (vgl. auch *3.3.1*).

2 Anfang 1996 waren 571 Tarifverträge für allgemeinverbindlich erklärt. Sie gelten für Wirtschaftsbereiche, in denen insgesamt rund 5,5 Millionen Arbeitnehmer beschäftigt sind, darunter 4,3 Millionen bei tarifgebundenen Arbeitgebern. Durch die Allgemeinverbindlichkeitserklärung entsteht so immerhin für etwa 1,2 Millionen Arbeitnehmer Tarifbindung, unter anderem in der Bauwirtschaft, im Einzelhandel und in der Textilindustrie, "wo es viele Kleinbetriebe gibt, deren Arbeitgeber nicht tarifgebunden sind" (siehe BMA 1997 d: 333).

ligten tarifgebunden oder nicht, Tarifverträge für allgemeinverbindlich erklärt oder nicht. Arbeitgeber hatten zumindest bislang in der Regel kein Interesse daran, der Gewerkschaft dadurch Nichtgewerkschaftsmitglieder in die Arme zu treiben, daß sie diese von tarifvertraglichen Abmachungen ausschlossen, etwa unter Tariflohn bezahlten. (Inwieweit das "rauher" werdende soziale Klima hier eine Verhaltensänderung der Unternehmerschaft bewirkt, bleibt abzuwarten).

Sind tarifvertragliche Inhalte maßgebend, haben sie Vorrang gegenüber den Absichten und Abmachungen der Arbeitsvertragspartner. Als Mindestbedingungen gelten sie unmittelbar und zwingend, das heißt, sie sind selbst dann Bestandteil des Arbeitsvertrages, wenn entsprechende Vereinbarungen oder Hinweise in demselben fehlen. Auch von tarifvertraglichen Vereinbarungen - es sind 1997 in der Bundesrepublik Deutschland "rund 45 000 Tarifverträge wirksam", etwa "90 Prozent der Arbeitsverhältnisse werden durch Tarifverträge inhaltlich beeinflußt" (a.a..O.: 36) - kann im Einzelarbeitsvertrag nur *zugunsten* des Arbeitnehmers abgewichen werden.

Schließlich sind auch Betriebsvereinbarungen, soweit sie Normen für die Arbeitsverhältnisse enthalten, für letztere verbindlich (z.B. Arbeitszeitregelungen). Für Betriebsvereinbarungen gilt jedoch ein "tariflicher Sperrvorrang" (a.a..O.: 422), das heißt, sie sind unzulässig, wenn ihr Gegenstand bereits in einem Tarifvertrag geregelt ist (oder üblicherweise geregelt wird).

In hohem Maße hat die Rechtsprechung das Arbeitsvertragsrecht - wie überhaupt das Arbeitsrecht - sozialstaatlich geformt und gestaltet. Vor allem das Bundesarbeitsgericht war daran und nicht zuletzt an der Umsetzung verfassungsrechtlicher Grundrechte in das Arbeitsrecht beteiligt (Unantastbarkeit der Menschenwürde; Recht zur freien Entfaltung der Persönlichkeit; Gleichberechtigung von Mann und Frau; Verbot von Diskriminierung und Privilegierung aufgrund von Geschlecht, Abstammung, Rasse, Sprache, Heimat, Herkunft, Glauben, religiösen und politischen Anschauungen; Freizügigkeit; Recht, Beruf und Arbeitsplatz frei zu wählen; Verbot der Zwangsarbeit). Sowohl im individuellen wie im kollektiven Arbeitsrecht hat das Richterrecht eine "allgemein anerkannte Ordnungsfunktion übernommen" (a.a.O.: 36).[1]

6.7.2 Sozialstaatliche Rechte und Pflichten aus dem Arbeitsverhältnis (eine Auswahl)

Da auch in heutiger Zeit ein Arbeitsverhältnis wesentlich von der Weisungsbefugnis des Arbeitgebers, seinem "Direktionsrecht", und, als logischem Pendant, der Gehorsamspflicht des Arbeitnehmers geprägt ist, muß es bei der sozialstaatlichen Zähmung dieses Verhältnisses in erster Linie darum gehen, die Position des von Haus aus Unterlegenen zu stärken - und zwar im Rahmen der gegebenen Wirtschaftsord-

1 Dies ist zumindest dann kein Verstoß gegen das Prinzip der Gewaltenteilung und die vorrangige Zuständigkeit der Legislative für die "Rechtsschöpfung", wenn und solange sich die Gerichte darauf beschränken, die in der Regel abstrakten und allgemeinen (Grund)Rechte auf konkrete Fälle anzuwenden und in die soziale Realität zu übertragen (kritisch zum Richterrecht GEFFKEN 1979: 35 f.)

nung. Das heißt, Ziel ist die "soziale Abfederung von Marktprozessen, nicht ... die Herstellung einer 'Produzentendemokratie'" (DÄUBLER 1991: 33).

So findet "das Weisungsrecht seine Grenzen in allen Gesetzen, Tarifverträgen und Betriebsvereinbarungen", nicht zuletzt "in dem durch Artikel 1 des Grundgesetzes geschützten Persönlichkeitsrecht des Arbeitnehmers" (BMA 1997 d: 74). Das Arbeitsrecht schützt auch diejenigen vor Diskriminierung, die es unternehmen, die unterlegenen Kräfte zu bündeln, um eine kollektive soziale Gegenmacht zu bilden oder zu fördern, sei es in Gestalt von Gewerkschaften oder von Betriebsräten. Folgerichtig sind Betriebsräte vor Kündigung geschützt, trägt § 75 Betriebsverfassungsgesetz Arbeitgebern und Betriebsräten auf, darüber zu wachen, daß eine Benachteiligung wegen gewerkschaftlicher Betätigung unterbleibt.

Der von der Rechtsprechung entwickelte arbeitsrechtliche Gleichbehandlungsgrundsatz, der es dem Arbeitgeber verbietet, "einzelne Arbeitnehmer oder Gruppen von Arbeitnehmern ohne sachlichen Grund von allgemein begünstigenden Regelungen des Arbeitsverhältnisses auszunehmen und schlechterzustellen als andere Arbeitnehmer in vergleichbarer Lage", gehört zu den "tragenden Ordnungsprinzipien des Arbeitsrechts" (a.a.O.: 139). Verboten ist demnach die sachfremde Schlechterstellung einzelner Arbeitnehmer, nicht jedoch - so die dem Normalverstand allerdings nur schwer einleuchtende These - die "sachfremde Begünstigung einzelner Arbeitnehmer" (ebd.).

Eindeutiger ist das Verbot einer Benachteiligung aufgrund des Geschlechts. Der Gleichberechtigungsgrundsatz des Art. 3 Abs. 2 GG und das Benachteiligungs- oder Bevorzugungsverbot des Art. 3 Abs. 3 gehen "wesentlich über den allgemeinen Gleichheitssatz des Grundgesetzes und den arbeitsrechtlichen Gleichbehandlungsgrundsatz hinaus" (a.a.O.: 137). Zwar finden diese Normen auf die Rechtsbeziehungen von Privaten - zum Beispiel Arbeitgeber und Arbeitnehmer - "keine unmittelbare Anwendung" (a.a.O.: 138). Aber "als objektiver Wertmaßstab" wirken die Grundrechte "auch auf die Privatrechtsordnung ein" (ebd.). So darf das Geschlecht bei der Begründung und Beendigung eines Arbeitsverhältnisses, bei Weisungen und beim beruflichen Aufstieg keine Rolle spielen, sind die "Unterschiede der Geschlechter ... grundsätzlich unbeachtlich" (ebd.).

Dem Schutz *aller* Arbeitnehmer dient die gesetzliche Beschränkung der Arbeitszeit. Es gilt der traditionelle Acht-Stunden-Tag, nach sechs Stunden Arbeit muß eine Pause eingelegt, nach Feierabend eine ununterbrochene Ruhezeit von elf Stunden eingehalten werden. Sonn- und Feiertage sind arbeitsfrei.

Das Arbeitszeitgesetz von 1994, das die noch aus dem Jahre 1938 stammende Arbeitszeitordnung ablöste, nennt allerdings eine Reihe von Ausnahmen, die allesamt - ohne die Kernbestimmungen des Gesetzes auszuhöhlen - dazu dienen sollen, das Arbeitszeitrecht flexibel zu gestalten und zu handhaben. Nicht zuletzt wird damit das Ziel verfolgt, "den Standort Deutschland zu sichern und Arbeitsplätze zu erhalten" (BMA 1996 d: 48). So ist Sonn- und Feiertagsarbeit erlaubt, wenn dadurch Nachteile ausgeglichen werden, die entstehen, weil in "vielen anderen europäischen Ländern und auch außerhalb Europas die Maschinen länger laufen können und die Wirtschaftlichkeit entsprechend höher ist als in der Bundesrepublik" (ebd.). Das Gesetz räumt darüber hinaus den Tarifvertragsparteien und den Sozialpartnern im Betrieb vielfältige Möglichkeiten ein, die gesetzlichen Regelungen zu modifizieren und den jeweiligen Bedürfnissen anzupassen.

Besonderen Schutz genießen Nachtarbeiter. Wird ärztlicherseits festgestellt, daß die Gesundheit eines des Nacht Arbeitenden bei Fortsetzung der Tätigkeit gefährdet ist, muß dieser auf einen geeigneten Tagesarbeitsplatz umgesetzt werden. Nachtarbeit kann verweigern - es sei denn, dringende betriebliche Erfordernisse stehen dem entgegen - wer ein Kind unter 12 Jahren oder einen Schwerpflegebedürftigen betreut, wenn niemand anders im Haushalt diese Betreuungen übernehmen kann.

Gesetzlich festgelegt ist auch der jährliche Urlaubsanspruch von Arbeitnehmern. Er beträgt 24 Werktage im Jahr (§ 3 Bundesurlaubsgesetz). Allerdings spielt diese Gesetzesvorschrift in der Praxis so gut wie keine Rolle: rund 99 Prozent der tariflich erfaßten Arbeitnehmer hatten Ende 1996 einen Urlaubsanspruch von fünf und mehr Wochen. 79 bzw. 56 Prozent (alte, neue Bundesländer) konnten sechs Wochen im Jahr in Urlaub gehen (siehe BMA 1997 d: 150).

Während des Urlaubs besteht "Erholungspflicht". Urlaubsarbeit und -abgeltung sind demzufolge grundsätzlich nicht statthaft, Krankheitstage werden auf den Urlaub nicht angerechnet. Allerdings kann ein Arbeitnehmer, der seit der Neuregelung der Entgeltfortzahlung im Jahre 1996 im Krankheitsfall nur noch 80 Prozent seines bisherigen Verdienstes erhält[1], je 5 Krankheitstage 1 Urlaubstag "nehmen" - und sich so die sechswöchige, 100-prozentige Entgeltweiterzahlung sichern. Der gesetzliche Mindesturlaub von vier Wochen darf dadurch jedoch nicht unterschritten werden.

Exkurs: Kurze Geschichte der Entgeltfortzahlung

Seit 1861 war eine 6-wöchige Gehaltsweiterzahlung im Krankheitsfall für Handlungsgehilfen gesetzlich vorgesehen. Das Allgemeine Deutsche Handelsgesetzbuch enthielt eine Bestimmung, wonach ein "Handlungsgehilfe, welcher durch unverschuldetes Unglück an der Leistung seines Dienstes zeitweise verhindert wird, seiner Ansprüche auf Gehalt und Unterhalt dadurch nicht verlustig (geht). Jedoch hat er auf diese Vergünstigung nur für die Dauer von sechs Wochen Anspruch." Eine Gewerbeordnungsnovelle von 1891 dehnte diese Regelung auf gewerbliche Angestellte mit Leitungs- und Aufsichtsfunktionen aus.

Zwingend waren diese Bestimmungen indes nicht; sie konnten insbesondere arbeitsvertraglich ausgeschlossen werden. Von dieser Möglichkeit machten die Arbeitgeber weitgehend Gebrauch (siehe BMA 1997 e: 4). Ähnliche "vertraglich veränderbare Regelungen" (ebd.) enthielt schließlich das BGB von 1900 für alle Arbeitnehmer, also auch für Arbeiter.

Die substantielle Arbeitnehmer-Diversifikation begann 1931, als zwar für Angestellte, nicht aber für Arbeiter die sechswöchige Entgeltfortzahlung zwingend vorge-

1 Das Entgeltfortzahlungsgesetz sieht seit dem 1.10.1996 eine solche Reduzierung vor. Doch ein "großer Teil der Arbeitnehmer ist wegen der tariflichen oder arbeitsvertraglichen Absicherung einer 100%igen Entgeltfortzahlung von den Änderungen ... nicht betroffen" (BMA 1997 e: 9).

schrieben wurde; ein arbeits- oder tarifvertraglicher Ausschluß war nicht mehr möglich. Es dauerte bis 1957, ehe - nach harten Auseinandersetzungen, siehe S. 264 - auch Arbeitern eine gesetzlich zwingende Lohnfortzahlung zugestanden wurde. Doch nach wie vor gab es Karenztage und war die volle Lohnfortzahlung nicht gewährleistet - auch wenn 1961 die Unterschiede zu den Angestellten weitgehend eingeebnet wurden. Die "volle und zwingende Lohnfortzahlung" (BMA 1997 e: 5) brachte erst das Lohnfortzahlungsgesetz von 1969.

Einen besonderen Schutz genießen Arbeitnehmer hinsichtlich ihres Vertrauens auf den *Bestand* des Arbeitsverhältnisses als der Grundlage ihrer materiellen Existenz. Wirksam werden entsprechende Sicherungen jedoch nur dann, wenn Bestrebungen zur Beendigung des Arbeitsverhältnisses vom Arbeitgeber ausgehen und der Arbeitnehmer damit nicht einverstanden ist. Problematisch sind deshalb Aufhebungsverträge, also einvernehmliche Beendigungen von Arbeitsverhältnissen. Zwar entfällt dabei - stärkster Beweggrund für konfliktscheue Arbeitnehmer(innen!), auf diese Art ein abhängiges Beschäftigungsverhältnis zu beenden - das Stigma der Kündigung. Nicht selten wird ein Aufhebungsvertrag auch mit einer satten, zudem großenteils steuerfreien[1] und nicht sozialversicherungspflichtigen Abfindung "vergoldet". Verbunden sind damit aber auch Einbußen beim Arbeitslosengeld (siehe dazu S. 205). Vor- und Nachteile eines Aufhebungsvertrags wollen deshalb sorgfältig bedacht sein.

Zweck des staatlichen Kündigungsschutzes - das Kündigungsschutzgesetz gilt seit 1996 nur noch in Betrieben mit mehr als zehn (zuvor: fünf) Beschäftigten[2] - ist es, den Arbeitnehmer so weit als möglich vor dem Verlust seines Arbeitsplatzes zu bewahren, ihn vor allem vor sachfremden Entscheidungen oder gar Willkür zu schützen. Deshalb gelten Kündigungen als sozial ungerechtfertigt, wenn sie nicht durch bestimmte Gründe bedingt sind. Lediglich eine außerordentliche, fristlose Kündigung, die jedoch immer einen "wichtigen Grund" erfordert, wird nicht daraufhin überprüft, ob sie sozial gerechtfertigt ist. Liefert ein Arbeitnehmer Grund für eine fristlose Kündigung, so hat er sein Recht, die soziale Rechtfertigung der Kündigung überprüfen zu lassen, verwirkt. Die Überprüfung selbst wird vom Arbeitsgericht vorgenommen, bei dem der Gekündigte innerhalb von drei Wochen nach der Kündigung Klage erheben muß.

Eine Kündigung ist nur dann sozial gerechtfertigt, wenn sie entweder in der Person oder im Verhalten des Arbeitnehmers begründet oder durch dringende betriebliche Erfordernisse veranlaßt ist. Personenbedingte Kündigungen werden meist wegen Krankheit (auch Alkohol- und sonstige Suchtabhängigkeit) ausgesprochen. Die Rechtsprechung hat für diesen Kündigungsgrund jedoch vergleichsweise hohe und Mehrfach-Hürden aufgerichtet. Nur bei Dauererkrankungen und außerordentlich ho-

1 Steuerfrei bleibt eine Abfindung bis zu 2 000 DM, bis zu 3 000 DM nach dem 50. Lebensjahr und mindestens 15-jähriger Betriebszugehörigkeit, bis zu 36 000 DM nach dem 55. Lebensjahr und mindestens 20-jähriger Betriebszugehörigkeit (vgl. BMA 1997 d: 169).

2 Für vor dem 1.4.1996 eingegangene Arbeitsverhältnisse gilt eine Übergangsregelung, die Kündigungsschutz nach wie vor auch in Betrieben mit 6 bis 10 Arbeitnehmern gewährleistet. Ab 1.10.1999 gilt das Kündigungsschutzgesetz einheitlich nur noch in Betrieben mit mehr als 10 Beschäftigten.

hen Fehlzeiten wegen Krankheit, die eine erhebliche Beeinträchtigung betrieblicher Interessen zur Folge haben, hat eine solche Kündigung unter Umständen Bestand.[1]

Bei verhaltensbedingten Kündigungen wird meistens eine Verletzung der arbeitsvertraglichen Pflichten behauptet. Das vorgeworfene Verhalten braucht sich nicht gegen den Arbeitgeber zu richten; auch Streit zwischen Arbeitskollegen kann eine Kündigung rechtfertigen. Einer verhaltensbedingten Kündigung muß, soweit sie sich auf eine "Pflichtverletzung im Leistungsbereich" (BMA 1996 e: 73) bezieht, eine (vergebliche) Abmahnung voraufgehen.

Betriebsbedingte Kündigungen schließlich dürfen erfolgen, wenn sie wegen der wirtschaftlichen Situation des Unternehmens unvermeidlich sind. Stehen mehrere Arbeitnehmer zur Disposition, so ist eine "Sozialauswahl" zu treffen, wobei auf die Dauer der Betriebszugehörigkeit, das Lebensalter sowie etwaige Unterhaltspflichten des Arbeitnehmers abzustellen ist.

In gewissem Umfang sozialstaatlich geschützt ist auch der Arbeitnehmer, der seinen Arbeitgeber durch schuldhaftes Verhalten (Ausnahme: Vorsatz) finanziell schädigt. Bei leichtester Fahrlässigkeit entfällt eine Haftung, bei normaler Fahrlässigkeit wird der Schaden in der Regel zwischen Arbeitgeber und Arbeitnehmer aufgeteilt und nur bei grober Fahrlässigkeit haftet der Arbeitnehmer normalerweise voll - es sei denn, das vom Arbeitgeber zu tragende Betriebsrisiko führt zu einer Minderung der Schadensersatzpflicht oder das Entgelt steht in einem deutlichen Mißverhältnis zum Schadensrisiko. Weitgehend frei von Schadensersatzansprüchen ist ein Arbeitnehmer, durch dessen Fahrlässigkeit ein Arbeitskollege geschädigt wird (dazu und zum vorstehenden siehe BMA 1997 d: 89 ff.).

6.7.3 Schutz besonderer Personengruppen

Durch das Arbeitszeitgesetz von 1994 sind zahlreiche Beschäftigungsverbote und -beschränkungen für weibliche Beschäftigte entfallen. "Mädchen und Frauen", so die amtliche Begründung, hätten seitdem "den gleichen Zugang zu Berufen im gewerblich-technischen Bereich wie Männer" (BMA 1996 d: 11 f.). Lediglich die Arbeit im Bergbau unter Tage ist für Frauen nach wie vor verboten. Zulässig ist nunmehr auch die Beschäftigung von Arbeiterinnen zwischen 20 und 6 Uhr sowie an Sonn- und Feiertagen nach 17 Uhr. Der Wegfall des Nachtarbeitsverbots soll u.a. Frauen begünstigen, denen der "Aufstieg zur Schichtführerin" bislang deshalb verwehrt war, "weil sie keine Nachtschicht machen durften" (a.a.O.: 23).[2]

Nach wie vor unter besonderem gesetzlichen Schutz stehen Arbeitnehmerinnen während der Schwangerschaft und nach der Entbindung. Rechtsgrundlage ist das Mut-

---

1 In neueren BAG-Entscheidungen wird allerdings zunehmend die Tendenz erkennbar, eine erhebliche Beeinträchtigung betrieblicher Interessen eben darin zu sehen, "daß der Arbeitgeber auf unabsehbare Zeit daran gehindert wird, sein Direktionsrecht auszuüben" (Urteil v. 21.5.1992; in gleichem Sinne ein Urteil v. 21.3.1996).

2 In der Bundesrepublik Deutschland arbeiten "rund 16 bis 18 % aller abhängig Beschäftigten regelmäßig in Zweischicht- oder Dreischichtsystemen oder in ständiger Nachtarbeit" (BMA 1997 d: 508).

terschutzgesetz. Dieses bezweckt allerdings nicht den Schutz der *Mutter*, auch nicht den "Schutz der erwerbstätigen Mutter" (BMA 1997 d: 288), sondern ausschließlich den Schutz der Mütter, die in einem Arbeitsverhältnis stehen. Auslöser für einen umfänglichen Sonderschutz ist allein das abhängige Beschäftigungsverhältnis einer werdenden Mutter.

Dieser Schutz beginnt an sich schon - unabhängig vom Mutterschutzgesetz - damit, daß eine schwangere Frau nicht verpflichtet ist, bei der Einstellung ihren "Zustand" zu offenbaren. Entsprechende Fragen sind im Regelfall (Ausnahmen zum Beispiel Sportlehrerinnen, Mannequins, Striptease-Tänzerinnen) unzulässig[1]; werden sie trotzdem gestellt, braucht die Antwort nicht wahr sein.

Werdende Mütter dürfen generell nicht beschäftigt werden, wenn nach ärztlichem Zeugnis Leben und Gesundheit von Mutter oder Kind bei Fortsetzung der Beschäftigung gefährdet sind. Auch ohne ein solches Zeugnis darf eine werdende Mutter in den letzten sechs Wochen vor der Entbindung nicht beschäftigt werden - es sei denn, sie erklärt sich hierzu bereit. Diese Erklärung kann jedoch jederzeit widerrufen werden.

Neben diesen generellen sind eine Vielzahl konkreter Beschäftigungsverbote zu beachten (Beispiel: Arbeiten, bei denen eine Schwangere ständig stehen muß, soweit diese Beschäftigung länger als 4 Stunden täglich dauert). Verboten sind auch Akkord- und Fließbandarbeit sowie Mehr-, Nacht- und Sonntagsarbeit.

Nach der Entbindung besteht ein achtwöchiges Beschäftigungsverbot (zwölf Wochen bei Früh- oder "Mehrlingsgeburten"). Der Anspruch auf den bisherigen Arbeitsplatz bleibt erhalten. Zusätzliche Schutzvorschriften gelten für stillende Mütter. Soweit Frauen wegen eines Beschäftigungsverbots ganz oder zum Teil mit der Arbeit aussetzen müssen, hat der Arbeitgeber für diese Zeiten den bisherigen Durchschnittslohn zu zahlen. Während der Schutzfristen vor und nach der Entbindung erhalten Arbeitnehmerinnen faktisch ebenfalls ihr bisheriges Nettoarbeitsentgelt, weil der Arbeitgeber das von der Krankenkasse zu zahlende Mutterschaftsgeld (höchstens 750 DM monatlich) auf das Nettoarbeitsentgelt aufstocken muß. Ein Ausgleichsverfahren sorgt dafür, daß insbesondere "kleinere Betriebe, die viele Frauen beschäftigen" (BMA 1997 d :296), nicht über Gebühr belastet werden.

Ebensowenig wie das Mutterschutzgesetz alle Mütter bezieht das Jugendarbeitsschutzgesetz von 1976 (zuletzt geändert 1997) alle arbeitenden jungen Menschen in seinen Geltungsbereich ein. Betroffen ist nur, wer als Arbeitnehmer oder zur Berufsausbildung beschäftigt ist oder zu arbeitnehmerähnlichen Dienstleistungen herangezogen wird.

Obwohl das Jugendarbeitsschutzgesetz damit dem Anliegen des Verfassers, Sozialpolitik in allererster Linie mit dem abhängigen Beschäftigungsverhältnis zu verknüpfen, entspricht, wäre seine Ausweitung auf solche Eltern-Kind-Verhältnisse, die zwar nicht den Tatbestand der abhängigen Beschäftigung erfüllen, aber in vielleicht noch höherem Maße als diese den Tatbestand der Ausbeutung kindlicher Arbeits- und Lebenskraft erfüllen, durchaus erwägenswert. Gemeint ist die schutzlose Ausliefe-

1 In diesem Sinne ein Urteil des Europäischen Gerichtshofs vom 8.11.1990 (siehe BMA 1997 d: 48 f.).

rung von Kindern an den Ehrgeiz oder die Geltungs- oder Gewinnsucht ihrer Eltern - heißen diese nun Becker, Graf, van Almsick oder wie auch immer. Der mit der Produktion solcher Wunderkinder verbundene tägliche Drill - z.B. stundenlanges, haut- und gehirnerweichendes Herumschwimmen in lauwarmem Wasser oder stupides Zurückschlagen gelber Filzkugeln - grenzt an Körperverletzung. Zwar sind solche Kinder auch vielfach vor sich selbst zu schützen, in erster Linie jedoch vor ihren Eltern, die ihnen in entscheidenden Lebensabschnitten ein "normales" Dasein vorenthalten.

Das Gesetz gilt für Personen, die noch nicht 18 Jahre alt sind und unterscheidet zwischen Kindern und Jugendlichen: Kind ist, wer noch nicht 15 Jahre alt ist, Jugendlicher, wer 15, aber noch nicht 18 Jahre alt ist. Jugendliche, die der Vollzeitschulpflicht unterliegen, gelten als Kinder.

Die Beschäftigung von Kindern ist generell verboten und nur erlaubt bei Kindern über 13 Jahren, wenn der Sorgeberechtigte zustimmt, soweit die Beschäftigung leicht und für Kinder geeignet ist. "Leicht" ist die Beschäftigung, wenn sie die Sicherheit, Gesundheit und Entwicklung der Kinder nicht nachteilig beeinflußt. Auch der Schulbesuch und die Fähigkeit, dem Unterricht zu folgen, darf durch die Beschäftigung nicht beeinträchtigt werden. Die zeitliche Obergrenze liegt bei zwei, in landwirtschaftlichen Familienbetrieben bei drei Stunden täglich[1]. Zwischen 18 und 8 Uhr ist eine Beschäftigung[2] ebensowenig zulässig wie vor und während des Schulunterrichts.

Gestattet ist, wenn die Aufsichtsbehörde zustimmt, die Beschäftigung von Kindern bei Theatervorstellungen, Fernseh- und Filmaufnahmen. Bei Theatervorstellungen dürfen Kinder über sechs Jahre bis zu vier Stunden täglich in der Zeit von 10 bis 23 Uhr mitwirken, bei Fernseh- und Filmaufnahmen zwischen 8 und 22 Uhr bis zu drei Stunden. Sogar die Beschäftigung von Kindern zwischen drei und sechs Jahren ist - bis zu zwei Stunden täglich - für Film- und Fernsehzwecke erlaubt.

Auch hier erscheinen Vorbehalte angebracht. So manches "Rosen-Resli" der frühen Jahre berichtet im Erwachsenen-Alter von den keineswegs rosigen Kinderzeiten, die, von "Arbeit und Leistung" geprägt, zwar Ruhm und (den Eltern) Geld, aber weder "Ruhe" noch "Wärme" brachten:

> "Die Wahrheit bei Kinderstars ist, ... daß die Eltern, das heißt die Beschützer, das Kind zu einer ... Arbeit anhalten, für die der Lohn etwas ist, was eigentlich nur von Erwachsenen als Lohn gewertet werden kann: Geld, Ruhm und gesellschaftliche Anerkennung - statt Geborgenheit und Integration in eine Gruppe, unter deren Schutz man zum langsam heranwachsenden Menschen mit eigenen Wertvorstellungen wird" (siehe KAUFMANN 1991: 30, 33 f.,76).

Jugendliche dürfen grundsätzlich nicht mehr als acht Stunden täglich und nicht mehr als 40 Stunden wöchentlich beschäftigt werden. Sie haben Anspruch auf besondere Ruhe- und Freizeitpausen. Zwischen 20 und 6 Uhr besteht ein generelles Beschäftigungsverbot, desgleichen an Samstagen und Sonntagen. Zahlreiche Ausnahmeregelungen "lockern" dieses Verbot auf, der Gesetzgeber hat überdies die Tarifvertragspar-

---

1 Damit hat sich die sozialpolitische Ausnahmestellung der Landwirtschaft bezüglich des Kinder- und Jugendarbeitsschutzes zumindest dem Grundsatz nach bis heute gehalten.

2 Der Begriff der "Beschäftigung" taugt für die Tätigkeit im elterlichen Bereich nur bedingt.

teien sowie Betriebsräte und Arbeitgeber ermächtigt, abweichende Vereinbarungen zu treffen.

Für Jugendliche gibt es überdies zahlreiche Beschäftigungsverbote. Akkord- und Fließbandarbeit sowie Arbeit unter Tage ist für Jugendliche grundsätzlich verboten (es sei denn, sie dient einem Ausbildungsziel). Beschäftigungen, bei denen sittliche Gefahren drohen, sind ebenfalls untersagt.

Der gesetzliche Erholungsurlaub ist für Jugendliche länger als für erwachsene Arbeitnehmer; er beträgt 30 Werktage für Jugendliche unter 16 Jahren, 27 Werktage für Jugendliche unter 17 Jahren und 25 Werktage für Jugendliche unter 18 Jahren.

Besondere Beachtung schenkt das Arbeitsrecht den *Schwerbehinderten*, das sind Personen "mit einem Grad der nicht nur vorübergehenden körperlichen, geistigen oder seelischen Behinderung um mindestens 50 %" (§ 1 Schwerbehindertengesetz), ungeachtet der Ursache ihrer Behinderung. Alterstypische Beeinträchtigungen gelten nicht als Behinderung. Insbesondere aus arbeitsmarktpolitischen Gründen können auch Personen mit einem Grad der Behinderung von weniger als 50, aber mehr als 30 Prozent den Schwerbehinderten gleichgestellt werden.[1]

Diese Bestimmung lenkt das Augenmerk auf die Vorschrift des Schwerbehindertengesetzes, wonach jeder Arbeitgeber mit mindestens 16 Arbeitnehmern auf wenigstens sechs Prozent der Arbeitsplätze Behinderte beschäftigen muß. Für jeden nicht besetzten Arbeitsplatz ist eine monatliche Ausgleichsabgabe von 200 DM zu zahlen. Rund 1,3 Millionen Schwerbehinderten-Arbeitsplätze hätte es 1994 nach dieser Gesetzesauflage geben müssen; immerhin 862 000 Arbeitsplätze waren mit Schwerbehinderten besetzt. Dies ergibt eine Schwerbehindertenbeschäftigungsquote von vier Prozent (siehe BMA 1997 d: 266). Die Ausgleichsabgaben der Betriebe summierten sich 1995 auf 1,1,Milliarden DM.[2]

Schwerbehinderte haben Anspruch auf eine Beschäftigung, bei der sie ihre Kenntnisse und Fähigkeit möglichst optimal einsetzen und verwerten können. Bei innerbetrieblichen Bildungsmaßnahmen sind sie bevorzugt zu berücksichtigen, Möglichkeiten zur Fortbildung müssen eingeräumt werden. Schwerbehinderten stehen zusätzlich fünf Urlaubstage pro Jahr zu (nicht: Gleichgestellten). Zu Mehrarbeit sind sie nicht verpflichtet.

Schwerbehinderte genießen besonderen Kündigungsschutz. Sowohl eine außerordentliche als auch eine ordentliche Kündigung bedarf der vorherigen Zustimmung durch die Hauptfürsorgestelle. Schwerbehinderte, deren Bewegungsfähigkeit im Straßenverkehr erheblich beeinträchtigt ist oder die hilflos sind, haben Anspruch auf freie Fahrt im öffentlichen Nahverkehr. In Betrieben mit wenigstens fünf Schwerbehinderten ist eine Schwerbehindertenvertretung zu bilden, die - wie der Betriebsrat - besonderen Kündigungs- und Versetzungsschutz genießt.

---

1 Die Gleichstellung ist beim Arbeitsamt zu beantragen. Sie erfolgt, wenn ohne sie ein geeigneter Arbeitsplatz nicht erlangt oder erhalten werden kann.

2 Arbeitgeber, die an Werkstätten für Behinderte Aufträge vergeben, können 50 Prozent des auf die Arbeitsleistung der Werkstatt entfallenden Rechnungsbetrages auf die Ausgleichsabgabe anrechnen.

Das Betriebsverfassungsrecht regelt die Zusammenarbeit zwischen Arbeitgeber und Belegschaft. Letztere wird durch den von ihr gewählten Betriebsrat repräsentiert - mit Ausnahme der leitenden Angestellten, auf die das Betriebsverfassungsgesetz "nur in wenigen Punkten anzuwenden" (BMA 1997 d: 378) ist.

Ebenso wie das Parlament ist der Betriebsrat ein repräsentatives demokratisches Organ; ebeno wie die Abgeordneten sind die Mitglieder des Betriebsrats nicht an Weisungen und Aufträge gebunden, ebenso wie erstere dem Wohle des ganzen Volkes, sind letztere dem Wohle des Betriebes (als sozialökonomischem Gesamtgebilde) verpflichtet. Diese Pflicht obliegt auch dem Arbeitgeber (dem es allerdings an einer vergleichbaren "demokratischen Legitimation" mangelt). Zwischen Arbeitgeber und Betriebsrat besteht "Zusammenarbeitspflicht" (a.a.O.: 362) und das Gebot, den Betriebsfrieden zu wahren; einen *betrieblichen* Arbeitskampf untersagt die Rechtsordnung der Bundesrepublik

Betriebsräte haben nach dem Betriebsverfassungsgesetz konkrete Mitwirkungs- und Mitbestimmungsrechte, nicht zuletzt die Befugnis, mit den Unternehmern Betriebsvereinbarungen abzuschließen. Neben erzwingbaren gibt es freiwillige Betriebsvereinbarungen; beide "gelten in aller Regel unmittelbar ... für alle Arbeitnehmer des Betriebs" (a.a.O.: 61).

Betriebsvereinbarungen dürfen nur Sachverhalte betreffen, die in Tarifverträgen nicht geregelt sind (oder üblicherweise geregelt werden). Tarifverträgen kommt also gegenüber Betriebsvereinbarungen der eindeutig höhere Rang zu. Das bedeutet aber auch, daß das Arbeitsrecht den Tarifvertragsbeteiligten auf Arbeitnehmerseite, den Gewerkschaften, einen höheren sozialpolitischen Stellenwert beimißt als den Betriebsräten. Das macht insofern Sinn, als gewichtige *allgemeine,* betriebsübergreifende Arbeitnehmerinteressen von Institutionen, die nicht *zu* "betriebsnah" sind, oftmals angemessener vertreten werden können als von betrieblichen Institutionen. Denn trotz aller Schutzvorschriften für Betriebsratsmitglieder (insbesondere Benachteiligungsverbot, besonderer Kündigungsschutz) bleiben diese Arbeitnehmer des Betriebes und auf das Wohlwollen des Arbeitgebers angewiesen (in der Regel um so mehr, je kleiner der Betrieb ist).

Betriebsräte sind in Betrieben mit mindestens fünf ständigen, über 18 Jahre alten Beschäftigten zu bilden. Erzwungen werden kann die Wahl eines Betriebsrats allerdings nicht. Bei den Betriebsratswahlen 1994 sind in über 40 000 Betrieben Betriebsräte gewählt worden (siehe a.a.O.: 366).[1] Die Zahl der "betriebsratsfähigen" Betriebe ist jedoch "wesentlich größer. Vor allem in kleineren und zum Teil auch mittleren Betrieben fehlen auch heute noch oft Betriebsräte" (ebd.).

Wieviel Betriebsratsmitglieder - für jeweils vier Jahre - zu wählen sind, richtet sich nach der Anzahl der Beschäftigten. So besteht in Betrieben mit einer Belegschaftsstärke bis zu 20 Arbeitnehmern der Betriebsrat aus einer Person, Betriebe mit

1 Vergleichsweise hoch ist - mit 78 Prozent - der Anteil der gewerkschaftlich organisierten Betriebsratsmitglieder (siehe BMA 1997 d: 390).

100 Arbeitnehmern haben fünf Betriebsratsmitglieder, in Betrieben mit 5 000 Arbeitnehmern amtiert ein siebenundzwanzigköpfiger Betriebsrat. Arbeiter und Angestellte *müssen*, Frauen und Männer *sollen* entsprechend ihrem zahlenmäßigen Verhältnis im Betrieb vertreten sein.[1] In Betrieben mit 300 und mehr Arbeitnehmern ist eine bestimmte Anzahl von Betriebsratsmitgliedern von der Arbeit freizustellen.[2] Der Betriebsrat ist nur als (Gesamt)Organ handlungsfähig.

In Betrieben mit mindestens fünf jugendlichen Arbeitnehmern/Auszubildenden haben diese eine Jugend- und Auszubildendenvertretung zu wählen. Diese stellt allerdings kein eigenständiges Organ der Betriebsverfassung dar, sondern unterstützt den Betriebsrat. In Angelegenheiten, die sie besonders betreffen, hat die Jugendvertretung im Betriebsrat Teilnahme- und Stimmrecht.

In Betrieben mit mehr als 100 ständig Beschäftigten ist vom Betriebsrat ein Wirtschaftsausschuß zu bilden, der "über weitreichende Informations- und Beratungsrechte in wirtschaftlichen und finanziellen Angelegenheiten des Unternehmens, etwa bei Produktions- und Absatzzahlen, Investitionsprogrammen oder Rationalisierungsvorhaben (verfügt). An den ... Beratungen und dem Informationsaustausch muß auch der Unternehmer oder sein Vertreter teilnehmen" (BMA 1995 b: 39).

Die Beteiligungsrechte des Betriebsrats lassen sich in Mitwirkungs- und Mitbestimmungsrechte unterteilen. Mitwirkungsrechte sind Interventions-, Vorschlags-, Anhörungs- und Beratungsrechte. Obwohl ihre Nicht-Beachtung durch den Arbeitgeber rechtlich gravierende Folgen haben kann - eine Kündigung z.B. ist ohne vorherige Anhörung des Betriebsrats unwirksam - handelt es sich bei den Mitwirkungsrechten doch um vergleichsweise schwache Beteiligungsrechte. "Gleichberechtigt mitreden und mitentscheiden kann der Betriebsrat nur durch Mitbestimmungsrechte", die ihm "vor allem im sozialen Bereich" (BMA 1995 b: 45) zugestanden werden. Dazu zählen "Fragen der Ordnung des Betriebs", die "Lage der täglichen Arbeitszeit", die "Einführung und Anwendung technischer Kontrollgeräte", die "Aufstellung des Urlaubsplans" sowie die "Ausgestaltung und Verwaltung von Sozialeinrichtungen" (ebd.). Im personellen Bereich kann der Betriebsrat bei der Festlegung von Beurteilungsgrundsätzen und Auswahlrichtlinien mitbestimmen (siehe a.a.O.: 46). Auch die Aufstellung von Sozialplänen bei Betriebsänderungen unterliegt "der vollen Mitbestimmung" (ebd.).

Selbst eine "volle Mitbestimmung" entbindet nicht von der "Einigungspflicht"; gleichberechtigte Partnerschaft bedeutet ja gerade, daß *ein* Beteiligter seinen Willen *nicht* durchsetzen kann. Das partnerschaftliche Element bleibt auch bei einer Nicht-Einigung erhalten. Entscheidungsbefugt ist dann die Einigungsstelle, eine "Institution, die ... im Bedarfsfall gebildet wird und sich paritätisch aus Vertretern des Be-

1 Frauen sind in den Betriebsräten unterrepräsentiert, nur 23 Prozent der im Jahre 1994 gewählten Betriebsratsmitglieder waren Frauen (siehe BMA 1997 d: 390). Zum Vergleich: der Anteil weiblicher Vollzeitbeschäftigter an der Gesamtzahl der Vollzeitbeschäftigten betrug 1994 34 Prozent (siehe BMA 1996 a: Tabelle 2.5 A).

2 Betriebe mit 300 bis 600 Beschäftigten: mindestens 1 Freistellung, mit 601 bis 1 000 Beschäftigten: mindestens 2 Freistellungen, mit 1 001 bis 2 000 Beschäftigten: mindestens 3 Freistellungen, mit 2 001 bis 3 000 Beschäftigten: mindestens 4 Freistellungen usw..

triebsrats und des Arbeitgebers zusammensetzt. Hinzu kommt ein unparteiischer Vorsitzender, der, falls sich die beiden Parteien nicht auf eine Person einigen können, vom Arbeitsgericht bestellt wird" (a.a.O.: 50).

Schwächer ausgeprägt ist das Mitbestimmungsrecht des Betriebsrats bei Einstellungen, Ein- und Umgruppierungen sowie Versetzungen. Verweigert der Betriebsrat seine Zustimmung, so entscheidet nicht die Einigungsstelle, sondern das Arbeitsgericht. Dessen Zustimmung ersetzt, auf Antrag des Arbeitgebers, die fehlende Einigung mit dem Betriebsrat. Ähnlich verhält es sich mit dem Widerspruchsrecht des Betriebsrats gegen eine ordentliche Kündigung. Die Entscheidung des Arbeitgebers bleibt zwar bestehen, der Arbeitnehmer kann gegen die Kündigung jedoch Klage beim Arbeitsgericht erheben. Wenn zugleich der Betriebsrat der Kündigung widerspricht, hat der Arbeitgeber den Gekündigten

> "bis zum rechtskräftigen Abschluß des Kündigungsschutzprozesses bei unveränderten Arbeitsbedingungen weiterzubeschäftigen, sofern nicht das Arbeitsgericht den Arbeitgeber auf seinen Antrag von dieser Verpflichtung entbindet, weil die Kündigungsschutzklage ohne hinreichende Aussicht auf Erfolg ist oder mutwillig erscheint oder die Weiterbeschäftigung des Arbeitnehmers zu einer unzumutbaren Belastung des Arbeitgebers führen würde oder der Widerspruch des Betriebsrats offensichtlich unbegründet war" (BMA 1997 d: 185 f.).

6.7.5 Die Montan-Mitbestimmung

Der Schwerpunkt der Betriebsratsarbeit liegt "in der Organisation der Arbeit im Betrieb und in der Gestaltung der Arbeitsbedingungen"; durch die Unternehmensmitbestimmung hingegen soll "die Beteiligung der Arbeitnehmer an wichtigen unternehmerischen Planungen und Entscheidungen sichergestellt werden" (a.a.O: 58).

Der Grad der Mitbestimmung und damit des Arbeitnehmereinflusses auf die Unternehmenspolitik ist in deutschen Unternehmen nicht gleich. Er hängt ab von deren Rechtsform, ihrer Größe und dem Wirtschaftsbereich, dem sie angehören.

Das erste, unter Streikandrohung erzwungene[1] Mitbestimmungsgesetz, das Montan-Mitbestimmungsgesetz von 1951, realisierte eine Mitbestimmungs-Qualität, wie sie später nicht mehr erreicht wurde. In den Unternehmen des Bergbaus und der eisen-und stahlerzeugenden Industrie, die in der Rechtsform einer AG, GmbH oder bergrechtlichen Gewerkschaft geführt werden und mehr als 1 000 Beschäftigte zählen, wird der Aufsichtsrat paritätisch, das heißt gleichmäßig aus Arbeitnehmer- und Anteilseignervertretern besetzt. In die Auswahl der Arbeitnehmervertreter ist die Gewerkschaft in herausragenden Maße einbezogen. Im - in der Regel dreiköpfigen - Vorstand ist neben dem technischen und kaufmännischen ein Arbeits-Direktor zu bestellen. Gegen die Mehrheit der Stimmen der Arbeitnehmervertreter ist dessen Berufung nicht möglich.

Damit ist in den beiden entscheidenden Unternehmens-Organen, dem Aufsichtsrat und dem Vorstand, ein hohes Maß an Mitbestimmung erreicht, das auch dadurch

1 Die herausragende Gestalt auf Arbeitnehmerseite und Gegenspieler Adenauers war der damalige DGB-Vorsitzende Hans Böckler.

keine Abschwächung erfährt, daß der Aufsichtsrat durch einen "neutralen Ungeraden" komplettiert wird (je nach Größe des Aufsichtsrats als 11., 15. oder 21. Mitglied).

> "Dessen Stimmverhalten kann bei Beschlüssen des Aufsichtsrats die entscheidende Rolle zukommen, wenn sich Arbeitnehmer und Anteilseigner nicht einigen können. Um dieser 'Schiedsrichterfunktion' gerecht zu werden, muß das neutrale Mitglied nicht nur das Vertrauen beider Seiten besitzen, sondern sollte auch über Erfahrungen in Wirtschaft oder Verwaltung verfügen und als Persönlichkeit besonders geeignet sein, Meinungsverschiedenheiten auszugleichen. Können sich beide Seiten nicht auf die Person des neutralen Mitglieds einigen, setzt ein kompliziertes Verfahren ein, das bis zur Überprüfung vor den Gerichten reicht" (a.a. O.: 60 f.).

Es spricht für die Konsenswilligkeit und -fähigkeit der deutschen Sozialpartner, daß es bislang eines solchen Vermittlungsverfahrens nicht bedurfte.

Eine sicherlich nicht unproblematische "Figur" ist der Arbeitsdirektor. Gleichberechtigtes und in der Regel hochdotiertes Vorstandsmitglied, ist er einerseits der Vertraute der Arbeitnehmer, andererseits auch Repräsentant der Arbeitgeber. Die gegensätzlichen Interessen, die, von unterschiedlichen Personengruppen vertreten, etwa im Aufsichtsrat aufeinanderprallen und oftmals im Wege des Kompromisses entschärft werden, sind beim Arbeitsdirektor in *einer* Person versammelt. Ist er zum Beispiel Mitglied einer Tarifkommission - auf Arbeitgeberseite - muß er in gewisser Weise mit sich selbst kontrahieren.

Das Montan-Mitbestimmungsgesetz hat seine Bedeutung im Laufe der Zeit insofern eingebüßt, als durch organisatorische und rechtliche Änderungen sowie den allgemeinen Bedeutungsverlust dieses Wirtschaftsbereiches heute nur noch 30 Unternehmen unter den Geltungsbereich des Gesetzes fallen. Anfangs waren es über 100 (siehe BMA 1997 d: 494).

Die Aushöhlung der Montan-Mitbestimmung durch organisatorische und rechtliche "Winkelzüge" auf Unternehmerseite hat der Gesetzgeber verschiedentlich abzuschwächen versucht.[1] Das Montan-Mitbestimmungsergänzungsgesetz von 1956 etwa erfaßte Unternehmen, die selbst keine Montan-Unternehmen sind, aber einen Montankonzern beherrschen. Die paritätische Besetzung des Aufsichtsrats ist auch nach diesem Gesetz gewährleistet. Bei der Bestellung des Arbeitsdirektors hat es der Arbeitnehmerseite allerdings ein Vetorecht nicht mehr eingeräumt.

6.7.6 Die Mitbestimmung nach dem Betriebsverfassungsgesetz 1952 und dem Mitbestimmungsgesetz 1976

Im Gegensatz zum Montan-Mitbestimmungsgesetz von 1951 beschränkt das ein Jahr später verabschiedete Betriebsverfassungsgesetz die Mitbestimmung der Arbeitnehmer im Aufsichtsrat nicht auf bestimmte Wirtschaftszweige. Auch die Anforderungen an die Unternehmensgröße sind bescheidener: in der Regel wird eine Beschäftigtenzahl von 500 vorausgesetzt. Anwendung findet das Gesetz vor allem bei Ak-

1 So durch das Mitbestimmungsfortgeltungsgesetz von 1971, ein Änderungsgesetz von 1981 und das Gesetz zur Sicherung der Montan-Mitbestimmung von 1988.

tiengesellschaften und GmbH's. Sofern die Beschäftigtenzahl allerdings über 2 000 liegt, ist heutzutage nicht mehr das Betriebsverfassungsgesetz, sondern das Mitbestimmungsgesetz von 1976 maßgebend.

Das Betriebsverfassungsgesetz von 1952 sieht keine paritätische, sondern nur noch eine Drittel-Beteiligung der Arbeitnehmervertreter im Aufsichtsrat vor. Einen Arbeitsdirektor kennt das Betriebsverfassungsgesetz nicht.

Das Mitbestimmungsgesetz von 1976 läßt die Regelungen der Montan-Mitbestimmungsgesetze ebenso unberührt wie die des Betriebsverfassungsgesetzes. Im Gegensatz zu ersteren ist es jedoch nicht auf bestimmte Wirtschaftszweige beschränkt, im Gegensatz zu letzterem erfaßt es nur (Groß)Unternehmen mit mehr als 2 000 Beschäftigten. Wie beim Betriebsverfassungsgesetz sind hauptsächlich Aktiengesellschaften und GmbH's betroffen, Ende 1996 rund 740 Unternehmen (siehe BMA 1997 d: 486).

Auch vom Mitbestimmungsgesetz 1976 nicht erfaßt - und damit von der Unternehmensmitbestimmung generell ausgenommen - sind Personengesellschaften, z.B. Einzelfirmen, offene Handels- und Kommanditgesellschaften. Insbesondere bei Einzelfirmen, die im Eigentum einer natürlichen Person stehen und in denen die Gefahr autokratischen Gebarens verhälnismäßig groß ist, erscheint die Ausklammerung der Mitbestimmung problematisch. Das "Ziel der Unternehmensmitbestimmung", ... die Beteiligung der Arbeitnehmer an der Auswahl und der Kontrolle der Unternehmensleitung" (a.a. O.: 480) wird hier gleich doppelt verfehlt.

Das Mitbestimmungsgesetz 1976 sieht nominell eine paritätische Besetzung der Aufsichtsräte - die, je nach Unternehmensgröße, 12, 16 oder 20 Mitglieder umfassen können - vor: den Vertretern der Anteilseigner steht eine gleich große Zahl von Arbeitnehmervertretern gegenüber. Aber bereits die gerade Gesamtzahl der Aufsichtsratsmitglieder, das Fehlen eines "Neutralen" auch im Mitbestimmungsgesetz 1976, verdeutlicht, daß es mit der *faktischen* Parität nicht weit her ist.

Es sind vor allem zwei Regelungen, die diese verhindern: der Gruppe der leitenden Angestellten ist mindestens ein Sitz innerhalb der Arbeitnehmergruppe zugeordnet und der Aufsichtsratsvorsitzende - er wird aufgrund entsprechender Vorschriften im Gesetz praktisch immer von den Anteilseignern gestellt - hat bei Stimmengleichheit eine zweite Stimme, ein Doppelstimmrecht also.

Was den Vertreter der leitenden Angestellten anbelangt, so ist für diesen, wie selbst eine neutrale Darstellung des Arbeitsrechts einräumt, "kennzeichnend, daß er der Unternehmensleitung nahe steht"; insbesondere "bei zwischen der Anteilseigner- und Arbeitnehmerseite kontroversen Fragen" werde sich das in der Regel "auch in seinem Stimmverhalten im Aufsichtsrat auswirken" (a.a.O.: 491).

Das Mitbestimmungsgesetz von 1976 sieht einen Arbeitsdirektor vor, der vom Aufsichtsrat als gleichberechtigtes Vorstandsmitglied zu bestellen ist. Anders als beim Montan-Mitbestimmungsgesetz 1951 ist seine Wahl aber "nicht vom Votum der Mehrheit der Arbeitnehmerseite im Aufsichtsrat abhängig" (a.a.O.: 490).

6.7.7 Vergütungen und ihre (Nicht) Abführung

Die Mitbestimmungsregelungen in der Bundesrepublik Deutschland setzen, eine Tradition der Weimarer Republik fortführend, der Unternehmermacht gewisse Grenzen. Ende 1996 wurde in 30 Unternehmen nach dem Montan-Mitbestimmungsgesetz von 1952, in 740 Unternehmen nach dem Mitbestimmungsgesetz 1976 und in 2 590 Unternehmen nach dem Betriebsverfassungsgesetz 1952 Mitbestimmung praktiziert (siehe BMA 1997 d: 486, 491, 494).

Nicht unproblematisch gestaltet sich die Arbeitnehmermitbestimmung vor dem Hindergrund der Vergütung der Arbeitnehmervertreter für ihre Aufsichtsratstätigkeit. Ein bis heute gültiger Beschluß des DGB-Bundesausschusses von 1979 besagt, daß nur solche Kandidaten zur Wahl "aufgestellt und unterstützt (werden), die sich rechtsverbindlich verpflichtet haben, die ... Abführungsregelung einzuhalten" (DGB-BUNDESAUSSCHUß 1979). Diese sieht die Abführung aller Aufsichtsrats- und vergleichbaren Vergütungen an die gemeinnützige Hans-Böckler-Stiftung des DGB vor, soweit sie 6 000 DM im Jahr übersteigen. Bei Vergütungen bis 3 000 DM sind 360 DM, bei solchen zwischen 3 000 und 6 000 DM 15 Prozent abzuzweigen.

Die Realität entspricht der "Beschlußlage" indes nur eingeschränkt, die entsprechende "Abführungsbereitschaft" nicht weniger Gewerkschaftsvertreter ist entweder überhaupt nicht oder nur schwach entwickelt. So ergab eine Aufstellung der IG Bau für das Jahr 1995, daß von insgesamt 213 Aufsichtsratsmitgliedern, die Tantiemen erhielten, nur 119 "der Beschlußlage gemäß" abführten; 43 überwiesen nur einen Teil und und 51 gar nichts (siehe IG BAU 1996). Besser war für das nämliche Jahr die Zahlungsmoral der Aufsichtsratsmitglieder der IG Metall: von insgesamt 1 798 Kollegen führten nur 161 oder 9 Prozent der Mandatsträger "nicht beziehungsweise nicht korrekt" ab (siehe IG METALL 1996).

Nach dem DGB-Beschluß von 1979 haben auch die im Rahmen der Mitbestimmung tätigen "Personaldirektoren, Sozialdirektoren oder in vergleichbarer Stellung tätige Führungskräfte ... einen von der zuständigen Gewerkschaft zu beschließenden Betrag von ihrem Gesamteinkommen abzuführen". Die Zahl der Arbeitsdirektoren, die Gewerkschaftsmitglied sind bzw. als gewerkschaftsnah einzustufen sind, schätzt die Hans-Böckler-Stiftung auf rund 120.[1] Ob und inwieweit diese ihrer Abführungsverpflichtung nachkommen, ist nicht bekannt. Ihr Gesamteinkommen, das sie zumindest in den Unternehmen, die dem Montanmitbestimmungsgesetz von 1952 unterliegen, letztendlich der Gewerkschaft verdanken - und das in der Regel beträchtlich ist - vertrüge eine solidarische Abschmelzung sicherlich problemlos.

6.7.8 Grundlagen des Arbeitskampfrechts

Können sich die Tarifvertragspartien nicht einigen, folgt zunächst vielfach ein Schlichtungsverfahren, das jedoch - im Gegensatz zur staatlichen Zwangsschlichtung

1 Schreiben der Hans-Böckler-Stiftung an den Verf. v. 12.8.1996.

in der Weimarer Republik, siehe *3.3.3* - nur auf freiwilliger Basis möglich ist. Derzeit existieren etwa 270 Schlichtungsabkommen zwischen den Tarifvertragsparteien, in denen die Modalitäten des Schlichtungsverfahrens (auch: die Bestellung eines unparteiischen Vorsitzenden) geregelt sind. Von diesen Abkommen werden "65 % der Arbeitnehmer erfaßt ..., für die Tarifverträge abgeschlossen werden" (BMA 1997 d: 346). Erst wenn die Schlichtung erfolglos geblieben und die Friedenspflicht abgelaufen ist (siehe dazu unten), kann ein Arbeitskampf beginnen.

Das Arbeitskampfrecht ist gesetzlich nicht geregelt. Seine "arbeitsrechtliche Ausgestaltung" beruht deshalb "fast ausschließlich auf Richterrecht" (ebd.).

Zur Rechtfertigung von Arbeitskämpfen wurden vom Bundesarbeitsgericht (BAG) zunächst allgemeine Rechtsgrundsätze und die Historie bemüht:

> "Arbeitskämpfe (Streik und Aussperrung)", heißt es in einer Entscheidung aus dem Jahre 1955, "sind in bestimmten Grenzen erlaubt, sie sind in der freiheitlichen sozialen Grundordnung der Deutschen Bundesrepublik zugelassen. Unterbrechungen der betrieblichen Arbeitstätigkeit durch einen ... Arbeitskampf sind sozial adäquat, da die beteiligten Arbeitnehmer und Arbeitgeber mit solchen kampfweisen Störungen auf Veranlassung und unter Leitung der Sozialpartner von jeher rechnen müssen und die deutsche freiheitliche Rechtsordnung derartige Arbeitskämpfe als ultima ratio anerkennt" (zit. bei DÄUBLER 1991: 74).

Später wurde das Arbeitskampfrecht in direkten Zusammenhang mit der Verfassung gebracht, so in einer Entscheidung des BAG aus dem Jahre 1980: "Heute besteht Einigkeit darüber, daß das Streikrecht einen notwendigen Bestandteil der freiheitlichen Kampf- und Ausgleichsordnung darstellt, die durch Art. 9 Abs. 3 GG im Kern gewährleistet ist" (zit. a.a.O.: 75).

Um rechtmäßig zu sein, hat ein Streik nach Auffassung des BAG folgende Voraussetzungen zu erfüllen (vgl. a.a.O.: 75 f.):

Erstreikt werden kann nur, was Gegenstand eines Tarifvertrages sein kann

Gestreikt werden darf nicht während der Geltungsdauer eines Tarifvertrags (Friedenspflicht)

der Streik muß von der Gewerkschaft getragen sein (Verbot "wilder Streiks")

der Streik darf nicht darauf gerichtet sein, den Staat oder ein sonstiges Subjekt staatlicher Gewalt zu einem entsprechenden Tun zu veranlassen (Verbot politischer Streiks) und

der Streik muß dem Gebot der Verhältnismäßigkeit entsprechen. Daraus folgt: erst wenn alle Verständigungsmöglichkeiten ausgeschöpft sind, darf der Streik als letztes Mittel ("ultima ratio") eingesetzt werden; ein Ziel, das auch auf dem Rechtsweg durchgesetzt werden kann, darf nicht Streikgegenstand sein; der Streik darf das Gemeinwohl nicht offensichtlich verletzen; er muß nach den Regeln eines fairen Kampfes geführt werden und darf nicht die "Vernichtung" des Gegners bezwecken.

Die Grundsätze des Streikrechts sind, quasi seitenverkehrt, auf die Aussperrung als Kampfmittel der Arbeitgeber nicht uneingeschränkt übertragbar. Dies hat auch das BAG 1980 festgestellt (siehe BMA 1997 d: 346). Die Rechtmäßigkeit der Aussperrung als solcher wurde vom BAG jedoch - im Gegensatz zur Rechtsauffassung der

Gewerkschaften[1] - nicht in Frage gestellt und das Bundesverfassungsgericht hat 1991 "die Verfassungslage abschließend dahin geklärt, daß unter den gegebenen Verhältnissen jedenfalls *Aussperrungen* mit suspendierender Wirkung, die in Abwehr von Teil- oder Schwerpunktstreiks der Verhandlungsparität dienen, zulässig sind" (a.a.O.: 347).

Auch für die Aussperrung hat die Rechtssprechung Regeln aufgestellt, die zum Teil den Streik-Regeln gleichen (Verhältnismäßigkeit, Beachtung des Gemeinwohls, ultima-ratio-Prinzip, Gebot des "fairen Kampfes"). Ausgesperrt werden darf auf recht vielfältige Art und Weise. Es ist z.B. einem Arbeitgeber unbenommen, alle Arbeitnehmer seines Betriebes oder nur die streikenden auszusperren. Zulässig ist auch, bestimmte Arbeitnehmergruppen (z.B.Facharbeiter) oder Produktionssparten von der Aussperrung auszunehmen. Verboten ist allerdings, gezielt Gewerkschaftsmitglieder auszusperren; dies stellt nach Auffassung des BAG eine rechtswidrige, weil gegen die positive Koalitionsfreiheit des Art. 9 Abs. 3 GG gerichtete Maßnahme dar (siehe a.a.O.: 353).

Nicht ohne Auswirkungen sind Arbeitskämpfe in sozialversicherungsrechtlicher Hinsicht. Streikende und Ausgesperrte erhalten weder Arbeitslosen- noch Kurzarbeitergeld. Auch mittelbar Betroffene, das heißt durch die Auswirkungen eines anderswo geführten Arbeitskampfes arbeitslos gewordene Arbeitnehmer bekommen unter Umständen keine Leistungen - so dann nicht, wenn sie im fachlichen und räumlichen Geltungsbereich des umkämpften Tarifvertrags tätig sind. Die fachliche Zugehörigkeit, das heißt die Tätigkeit in der gleichen Branche, reicht selbst bei weitester räumlicher Entfernung vom konkreten Arbeitskampfgeschehen aus, einem Arbeitnehmer das Arbeitslosen- bzw. Kurzarbeitergeld zu versagen, wenn der Arbeitskampf stellvertretend auch für die Änderung *seiner* Arbeitsbedingungen geführt wird.[2]

Die Mitgliedschaft in der gesetzlichen Krankenversicherung - und damit der Krankengeldanspruch - bleibt während des Arbeitskampfes erhalten. Arbeitskampfzeiten sind aber in der gesetzlichen Rentenversicherung weder Beitrags- noch Anrechnungszeiten. Was die Anzahl der berücksichtigungsfähigen Versicherungsjahre angeht, wirkt sich dies allerdings nur bei mindestens vier Wochen dauernden Arbeitskämpfen aus (weil auch nur teilweise mit Beiträgen belegte Kalendermonate voll zählen). Schwerwiegende sozialversicherungsrechtliche Nachteile sind deshalb nur bei langandauernden sozialen Auseinandersetzungen zu befürchten.

Solche haben in der Geschichte der Bundesrepublik Deutschland nur wenige stattgefunden und wenn, dann weniger um Lohnforderungen als um *grundsätzliche* Ver-

---

1 Die Gewerkschaften sind der Auffassung, daß durch den Streik die Parität der Verhandlungsbedingungen überhaupt erst hergestellt wird (ansonsten sei der Arbeitgeber aufgrund seiner Wirtschaftsmacht im Vorteil). Durch die Aussperrung werde die Gleichheit wiederum verletzt, eine "Überparität" geschaffen (siehe BMA 1997 d: 347).

2 Dies hat nach Auffassung des den Gewerkschaften nahestehenden Arbeitsrechtlers DÄUBLER (1991: 83) "speziell für die IG Metall ... verheerende Konsequenzen: Sie ist zwar in der Lage, allen, auch den mittelbar streikbetroffenen Arbeitnehmern im umkämpften Tarifgebiet Streikunterstützung zu bezahlen. Ihre finanziellen Möglichkeiten sind jedoch bei weitem überschritten, wenn im ganzen Bundesgebiet 500 000 oder 1 Mio. Metallarbeitnehmer nicht mehr weiterbeschäftigt werden können. Viele Mitglieder werden sich deshalb im Stich gelassen fühlen."

besserungen der Arbeitsbedingungen. Der längste Arbeitskampf wurde 1956/57 in der Metallindustrie Schleswig-Holsteins zur Durchsetzung der Lohnfortzahlung im Krankheitsfall ausgefochten.[1] Ein weit überdurchschnittliches, aus dem Rahmen fallendes "Streikjahr" war auch 1984, als um den Einstieg in die 35-Stunden-Woche gestritten wurde: 5,6 Millionen Arbeitstage gingen verloren. Zum Vergleich: in den beiden Jahren zuvor und den nachfolgenden vier Jahren bewegte sich die Zahl der wegen Arbeitskampfmaßnahmen ausgefallenen Arbeitstage zwischen 15 000 und 42 000 (siehe BMA 1989: 284, BMA 1997 d: 347). Erst 1989 wurde wieder häufiger gestreikt, an rund 100 000 Arbeitstagen (siehe BMA 1997 d: 347). Doch selbst wenn man diese Zahl als Maßstab nimmt und auf die Gesamtbeschäftigtenzahl bezieht, ergibt sich lediglich eine Streikdauer je Beschäftigten von 2,4 Minuten pro Jahr (siehe DÄUBLER 1991: 79). Für das Jahr 1995 weist die Streik- und Aussperrungsstatistik je "beteiligten bzw. betroffenen Arbeitnehmer" 1,3 verlorene Arbeitstage aus (siehe BMA 1997 d: 347).

Im internationalen Vergleich zählen die Arbeitnehmer in Deutschland zu den absolut friedfertigen. Zwischen 1970 und 1994 "(sind) durch Arbeitskampf je 1 000 abhängig Beschäftigte folgende Arbeitstage im Jahresdurchschnitt verloren gegangen: Deutschland: 36, Japan: 54, Frankreich: 175, USA: 260, Großbritannien: 368, Italien: 901" (a.a.O.: 349).

6.7.9 Resümee

Die Bundesrepublik Deutschland ist seit fast einem halben Jahrhundert ein Land des sozialen (Arbeits)Friedens - nicht, weil es keine Klassenunterschiede oder grundsätzliche soziale Interessengegensätze mehr gäbe, sondern weil Mittel und Wege gesucht und gefunden worden sind, sie zu entschärfen. Gerade im Bereich der Arbeits-, Betriebs- und Wirtschaftsverfassung ist die Position des wirtschaftlich Schwächeren nachhaltig gestärkt worden. Seine kollektive Interessenvertretung, die Gewerkschaft, ist als gesellschaftliche Ordnungsmacht rechtlich und faktisch anerkannt. Von gesellschaftspolitisch sicherlich geringerem, für die Arbeitnehmer in ihrem Arbeitsalltag jedoch zumindest vergleichbarem Gewicht ist die betriebliche Interessenvertretung, der Betriebsrat.

Der soziale Friede ist nicht nur ein im Vergleich zu sozial weniger friedfertigen Gesellschaften lohnkostensenkender und produktivitätsfördernder Faktor. Er ist überhaupt ein über den sozial-ökonomischen Bereich weit hinausreichendes Element der gesellschaftlichen Stabilität, deren (Mit)Erzeuger und Garant. Daran zu erinnern erscheint besonders in einer Zeit angebracht, von der allenthalben behauptet wird - und nicht zuletzt mit Blick auf die Arbeits- und Betriebsverfassung - das "Ende der Fahnenstange" sei erreicht, ohne eine grundlegende Revision der arbeitsrechtlichen Rahmenbedingungen der Wirtschaftsstandort Deutschland in seiner Existenz bedroht.

---

1 Der Streik dauerte vom 24.Oktober 1956 bis zum 14.Februar 1957.

Nicht zu leugnen ist, daß die Globalisierung des Weltmarkts, verbunden mit dem Fallen des Eisernen Vorhangs, große Probleme für eine ausgebaute Sozialwirtschaft aufwirft. Wenn, um nur ein Beispiel zu nennen, nicht mehr nur billige Arbeitskräfte in Südkorea mit deutschen Facharbeitern konkurrieren - hier können das Transportproblem und die möglicherweise geringere Qualifikation in Fernost den Ausschlag für die Beibehaltung des deutschen Produktionsstandorts geben - sondern gut ausgebildete Facharbeiter in der nahen Slowakei, sind die deutschen Arbeitsplätze in der Tat gefährdet.

Nicht zu leugnen ist auch, daß gerade eine ausgebaute soziale Wirtschaftsverfassung, vergleichbar dem sozialrechtlichen Leistungsgefüge, mannigfache Schlupflöcher für "schwarze Schafe" bereithält. Sie entziehen sich der Arbeitnehmer-Solidarität, nutzen "das System" aus und "bereichern sich" auf Kosten nicht nur ihrer Arbeitgeber, sondern auch ihrer Arbeitskollegen.

Wenn, aus Gründen der Wettbewerbsfähigkeit und um Mißbrauch zu begrenzen, in der Arbeits-, Betriebs- und Wirtschaftsverfassung der Bundesrepublik Deutschland Veränderungen auch unumgänglich sind, so ist doch an zweierlei festzuhalten: an den Fundamenten dieser Ordnung darf nicht gerüttelt werden und die Arbeitnehmervertretungen sind, wo immer möglich, an den unvermeidlichen Korrekturen zu beteiligen. Ein Betriebsrat kennt normalerweise die "Drückeberger" in der Belegschaft, weiß besser als der Arbeitgeber, wer die zum Schutz der Arbeitnehmer erdachten - und nicht selten erkämpften - Regeln ausnutzt. Etwaiger Mißbrauch der Arbeitnehmer-Solidarität wird deshalb auch besser intern, also nicht von außen, bekämpft. Eine auf der gleichen sozialen Ebene gefundene Lösung ist einem Oktroi von oben herab allemal vorzuziehen.[1]

6.8 Soziale Sicherung von Nicht-Arbeitnehmern - am Beispiel von Bauern und Beamten

6.8.1 Vorbemerkung

Gegenwärtig steht das soziale Sicherungssystem insgesamt auf dem Prüfstand - nicht nur das der Sozialversicherung. Auch deshalb bietet es sich an, soziale Sicherungssysteme jenseits der klassischen Bereiche zumindest exemplarisch unter die Lupe zu nehmen. Dies soll am Beispiel der Bauern und Beamten geschehen - wobei zuzugestehen ist, daß vor allem die soziale Sicherung der Beamten "üblicherweise nicht zu den öffentlichen Sozialleistungen gerechnet" wird (BMA 1995 a: 507). Beamte befinden sich nicht in einem Arbeits-, sondern einem "auf Lebenszeit angelegten

1 In diesem Sinne auch der NRW-Wirtschaftsminister Clement (in einem Interview mit der "WELT AM SONNTAG" am 22.9.1996). Auf die Frage, ob die Kürzung der Lohnfortzahlung im Krankheitsfall "nicht auch ein guter Weg" sei, "um Kosten zu begrenzen", antwortete er: "Es ist der falsche ... Weg ... Ich glaube, daß die besten Lösungen in den Betrieben gefunden werden können, in denen jene, die arbeiten, sich nicht auf die Dauer gefallen lassen, daß andere auf ihre Kosten ... den lieben Gott einen guten Mann sein lassen."

Dienst- und Treueverhältnis" (ebd.). Die daraus resultierende Fürsorge- und Alimentationspflicht des Dienstherrn - sie gehört zu den verfassungsrechtlich geschützten "hergebrachten" Grundsätzen des Berufsbeamtentums[1] - ist eher ein ständisch-feudales Relikt und mit der Pflicht des Staates, im Industriezeitalter für soziale Befriedung zu sorgen, nur eingeschränkt vergleichbar. Doch nicht zuletzt eine abschließende kritische Würdigung des sozialpolitischen Gesamtsystems und etwaige Änderungsvorschläge lassen es als sinnvoll erscheinen, auch arbeitnehmerferne Teilsysteme vorzustellen und daraufhin zu überprüfen, ob sie allgemeinen sozialpolitischen Maximen entsprechen.

6.8.2 Gesetz über eine Altershilfe für Landwirte

Im Jahre 1957, fast zeitgleich mit der großen Rentenreform, trat das Gesetz über eine Altershilfe für Landwirte (GAL) in Kraft. Mit ihm wurde, nach den Handwerkern im Jahre 1938 (siehe dazu *4.6.2*), zum zweiten Mal eine zahlenmäßig gewichtige Selbständigen-Gruppe in die soziale Alterssicherung einbezogen.

Während die Handwerker bestehenden Sicherungseinrichtungen zugeordnet wurden - zunächst war die Angestellten-, später (ab 1960) die Arbeiterrentenversicherung zuständig - bedachte der Gesetzgeber die Bauern mit eigenständigen Institutionen. Allerdings existierten bereits seit langem landwirtschaftliche Berufsgenossenschaften, denen die Landwirte, im Gegensatz zu anderen Selbständigen, kraft Gesetzes angehörten (siehe *5.6.2*). Diesen Berufsgenossenschaften, 19 an der Zahl, wurden die neu errichteten Alterskassen organisatorisch an- und eingefügt.[2]

Ein solches Sondersystem kann, wie bereits an anderer Stelle und in anderem Zusammenhang ausgeführt (siehe S. 65), durchaus sinnvoll sein. Die klare Trennung von der allgemeinen Sozialversicherung, verbunden mit separater Rechnungslegung, erlaubt eine viel präzisere Darstellung und Bewertung des Teilsystems, als wenn dieses im allgemeinen System aufgeht und denkbare Bevorzugungen deshalb kaum mehr erkennbar sind.

Die bäuerliche Interessenvertretung, der Deutsche Bauernverband, war anfangs von einer gesetzlichen Altersicherung der Landwirte wenig angetan. Nur schwer vertrug sich eine gesetzliche "Zwangs"mitgliedschaft mit dem ideologischen Selbstbild des "freien Bauern auf freier Scholle". Unterschlagen wurde dabei freilich, daß staatliche Einflußnahme und Intervention im Agrarbereich traditionsgemäß keineswegs eine Seltenheit, eher die Regel darstellen: Schutzzölle, Einfuhrkontingente, Marktordnungen, Richt-, Fest- und Höchstpreise, Abschöpfungen, steuerrechtliche Sonderregelungen bis hin zur Förderung des Landarbeiterwohnungsbaus bezeugen eine lange

1 Nach Art. 33 Abs. 5 GG ist das Recht des öffentlichen Dienstes "unter Berücksichtigung der hergebrachten Grundsätze des Berufsbeamtentums zu regeln". Nur mit einer Zwei-Drittel-Mehrheit könnte der Bundestag diese Verfassungsbestimmung verändern oder abschaffen.

2 Derzeit gibt es 21 landwirtschaftliche Berufsgenossenschaften, Alters- und Krankenkassen. Im Beitrittsgebiet sind 2 landwirtschaftliche Sozialversicherungs-Anstalten hinzugekommen.

Zeiträume umfassende, facettenreiche staatliche Interventionspolitik in der Landwirtschaft.

Es dauerte auch nicht lange, bis der Bauernverband seine Haltung zur Agrarsozialpolitik nicht nur änderte, sondern für das neue Geschöpf sogar die Vaterschaft beanspruchte. Der Sinneswandel war auch darauf zurückzuführen, daß befürchtet wurde, im Rahmen der Europäischen Wirtschaftsgemeinschaft müßten klassische Agrarsubventionen entfallen, gleichzeitig aber die (begründete) Hoffnung bestand, diese durch sozialpolitische Subventionen wenigstens teilweise kompensieren zu können. Und schließlich konnte der Verband auch nicht die Augen davor verschließen, daß die Realität keineswegs mehr der Vorstellung von einem gewissermaßen sich selbst genügenden und sich selbst tragenden "sozialen Teilsystem Bauernhof" entsprach (vgl. dazu WANGLER 1964: 245 ff.). Vor allem die Überalterung der Betriebsleiter, verursacht durch zu späte Hofabgabe wegen mangelnder sozialer Absicherung im Alter ("Übergeben, nimmer leben"), erforderte ein Umdenken.

Folgerichtig machte das GAL die Abgabe des Unternehmens zu einer der Voraussetzungen des Leistungsbezugs. Weitere Bedingungen waren die Vollendung des 65. Lebensjahres und eine mindestens 15-jährige Beitragszahlung. Wer 1957 bereits über 65 Jahre alt war ("alte Last"), erhielt Leistungen ohne Beitragsentrichtung.

Das Gesetz bezog alle Landwirte, deren Unternehmen eine bestimmte Mindestgröße überschritt, in die Pflichtversicherung ein; Befreiungsmöglichkeiten wie für die Handwerker im Jahre 1938 bei Nachweis einer privaten Lebensversicherung gab es nicht. Für die Mindestgröße wurde ein sehr niedriger Schwellenwert gewählt, in aller Regel *unterhalb* einer *tatsächlichen* Existenzgrundlage. Damit war gewährleistet, daß Kleinbauern von der gesetzlichen Altersicherung auch dann erfaßt wurden, wenn ihr Hof nach Maßstäben der Wohlstandsgesellschaft eine nur kümmerliche Existenz ermöglichte - eine Regelung, an der bis heute festgehalten wird.[1]

Dies war 1957 jedoch die einzige - wenn man so will - soziale Komponente des Gesetzes, ansonsten waren weder im Beitrags- noch im Leistungsgefüge Elemente des sozialen Ausgleichs oder wenigstens der vielbeschworenen "berufsständischen Solidarität" erkennbar. Der bayerische Bergbauer und der westfälische Gutsherr erhielten ein gleich hohes Altergeld von 60 DM (Verheiratete) bzw. 40 DM (Unverheiratete, auch: Witwen) im Monat. Der - zugegebenermaßen kargen - Einheitsleistung entsprach der - außerordentlich geringe - Einheitsbeitrag in Höhe von 10 DM monatlich. An dieser Gleichbehandlung von Ungleichen wurde selbst dann hartnäckig festgehalten, als sich das Altersgeld - "ursprünglich nur als bescheidener Bargeldzuschuß zum Altenteil gedacht" (ABEL 1967: 147) - zügig zu einer durchaus ansehnlichen Teil-Rente auszuwachsen begann. 1965 betrug das Altersgeld, bei einem um nur 2 DM erhöhten Monatsbeitrag, bereits 150 bzw. 100 DM.

Zu diesem Zeitpunkt wurde, in derselben Höhe, auch schon ein vorzeitiges Altersgeld gezahlt - bei Erwerbsunfähigkeit und Erfüllung einer 5-jährigen Wartezeit.

---

1 Die Festlegung obliegt der einzelnen Alterskasse; im Bundesdurchschnitt "bilden etwa 4 Hektar eine Mindestgröße" (BMA 1995 a: 542). Demgegenüber verfügten im Jahre 1995 die landwirtschaftlichen Haupterwerbsbetriebe durchschnittlich über 41,2 Hektar landwirtschaftliche Nutzfläche und selbst die Nebenerwerbsbetriebe über 9,1 Hektar (siehe BML 1997: Tab. 10).

Eine entsprechende Erweiterung hatte das GAL im Jahre 1963 erfahren. Seit 1974 ist die Höhe des Altersgeldes von der Dauer der Beitragszahlung abhängig: je Beitragsjahr über der (15-jährigen) Mindestversicherungsdauer erhöhte sich das Altersgeld um 3 v.H.. Nicht zuletzt diese Änderung brachte den Charakter des landwirtschaftlichen Altersgeldes als "Bargeldzuschuß" vollends zum Verschwinden.

Mannigfache weitere qualitativen und quantitativen Verbesserungen in den Folgejahren summierten sich in den letzten Jahren zu einem Gesamt-Leistungsbild, das keinen Vergleich zu scheuen braucht: 1994 z. B. erhielt ein verheirateter Altersgeldempfänger mit 37 Versicherungsjahren (Versicherungsbeginn: 1957) ein monatliches Altersgeld in Höhe von 1 208 DM. Hatte er nur die Mindestversicherungs- = Wartezeit von 15 Jahren erfüllt, bekam er 728 DM.

Am Einheitsbeitrag wurde formal festgehalten: er belief sich 1997 auf 328 DM im Monat. Seit 1986 jedoch werden, weil "die Einkommmen in der Landwirtschaft ... stark differieren" (welche Erkenntnis nach drei Jahrzehnten Agrarsozialpolitik!) "Zuschüsse gewährt, die der unterschiedlichen Einkommenssituation Rechnung tragen und einkommensschwächeren Betrieben zugute kommen sollen" (BMA 1991: 278).[1]

Die Regelung vermindert die Beitragsbelastung von Klein- und Mittelbauern erheblich. Der Beitragszuschuß ist nach den Einkünften gestaffelt und reicht (1997) bis zu 262 DM im Monat (bei Jahres-Einkünften eines Landwirtehepaares bis zu 32 000 DM). Der Beitragseigenanteil beschränkt sich in diesem Fall auf 66 DM je Monat und Versicherten, 80 Prozent des Beitrags werden "fremdfinanziert". Zuschüsse werden gewährt bis zu Einkünften von 80 000 DM pro Jahr (bei Ehepaaren). Rund 60 Prozent der Versicherten sind seit 1995 zuschußberechtigt, gegenüber rund 45 Prozent in den Vorjahren (siehe BMA 1997 f: 487 f.).

Verantwortlich für diese erneute Verbesserung ist das 1995 in Kraft getretene Agrarsozialreformgesetz, das umfängliche Korrekturen am überkommenen System vornahm und darüber hinaus eine sozialpolitische Pionierleistung beanspruchen darf: es verwirklichte mit der Einbeziehung der Bäuerinnen erstmals eine eigenständige, nicht vom Mann abgeleitete Alterssicherung von arbeitenden Frauen, die weder den Status von Arbeitnehmerinnen noch von arbeitnehmerähnlichen Personen (wie z.B. mitarbeitende Familienangehörige, siehe dazu unten) haben. Bäuerinnen sind nunmehr Pflichtmitglieder der landwirtschaftlichen Alterskasse und dadurch im Alter und bei Erwerbsunfähigkeit gesichert. Sie haben grundsätzlich die gleichen Leistungsansprüche wie ihre Ehemänner und auch das gleiche Anrecht auf Beitragszuschüsse. Die bisherigen Jahre "an der Seite ihres Mannes" werden wie Beitragszeiten behandelt. 1995 gab es rund 205 000 beitragszahlende Ehegatten landwirtschaftlicher Unternehmer (siehe BML 1997: 100).

Eine besondere arbeits- und sozialrechtliche (Problem)Gruppe in der Landwirtschaft bilde(te)n die sogenannten "mitarbeitenden Familienangehörigen". Ihre Mitar-

---

1 Immmerhin hatte ZÖLLNER (1976: 69) bereits 1975 nicht nur zur "Verteidigung" des landwirtschaftlichen Sondersystems "nach außen" aufgerufen, sondern auch "tätige Gestaltung nach innen im Sinne einer ... gerechten Lastenverteilung" gefordert. Zur "berufsständischen Solidarität" innerhalb der Landwirtschaft siehe auch WANGLER 1968: 280 ff..

beit erfolgt aufgrund familiärer Bindung, aber in der Regel nicht auf arbeitsvertraglicher Grundlage, wodurch der Schutz der Arbeitnehmer-Sozialversicherung entfällt. Solche "Onkels und Tanten", "nachgeborene" Geschwister des Hoferben, waren lange Zeit Stiefkinder der Agrarsozialpolitik. Erst 1980 wurde dieser Personenkreis der Versicherungspflicht unterworfen - aber nur Betroffene über 50 Jahre. 1986 wurde die Altersgrenze auf 25, 1995 auf 20 und 1996 auf 18 Jahre abgesenkt. Der landwirtschaftliche Unternehmer zahlt für mitarbeitende Familienangehörige den halben Beitrag, diese erhalten aber auch nur hälftige Leistungen. In quantitativer Hinsicht kommt der Einbeziehung dieses Personenkreises allerdings keine allzu große Bedeutung zu: 1995 verzeichneten die Alterskassen lediglich rund 21 000 beitragspflichtige "Mitarbeitende", an rund 10 000 frühere mitarbeitende Familienangehörige wurden Altersgelder gezahlt (siehe ebd.).

Bei den Landwirten ist die Relation anders: hier standen z.B. im Jahre 1995 rund 303 000 Beitragszahlern 321 000 Leistungsempfänger gegenüber; hinzu kommen 213 000 Renten an Witwen von Landwirten (siehe a.a.O.: 99 f.). Die vergleichsweise geringe Anzahl von Beitragspflichtigen spiegelt den zahlenmäßigen Rückgang der landwirtschaftlichen Betriebe und ihrer Leiter wider: 1960 verzeichneten die Alterskassen zwar fast genau so viele Altersgeldempfänger wie 1995 (320 000), hatten aber 772 000 Beitragszahler (s. BMA 1970: 96) - zweieinhalbmal so viel wie 1960.

Das gegenwärtige - und zukünftig noch anwachsende - Mißverhältnis zwischen Aktiven und Inaktiven wird oft als Argument dafür angeführt, daß der agrarsoziale Bereich besonderer staatlicher Fürsorge bedürfe. Zu fragen ist jedoch zunächst, ob sich die Landwirtschaft diese überdurchschnittliche staatliche Hilfestellung auch insofern "verdient", als sie ihrerseits "berufsständische Solidarität" praktiziert, in gewisser Weise also vor- und mitleistet. Die Modalitäten der landwirtschaftlichen Altershilfe entsprechen nur eingeschränkt sozialpolitischen Maximen wie z.B. der Forderung nach sozialem Ausgleich. Zwar erhält ein ökonomisch schlechter gestellter Bauer für einen geringeren Beitrag die gleiche Leistung wie ein Bessergestellter (siehe oben). Die Beitragsdifferenz indes trägt nicht letzterer, sondern der Staat; "Solidarität" bezeugt der Steuerzahler, nicht der Berufskollege.

Nicht nur wegen der Beitragszuschüsse ist die landwirtschaftliche Altershilfe ein "Zuschußbetrieb", der seinesgleichen sucht. 1960 noch belief sich der Bundeszuschuß - bei Gesamtausgaben der landwirtschaftlichen Altershilfe von 183 Millionen DM - auf 69 Millionen DM. Das entsprach einem Staatsanteil von 38 Prozent (siehe BMA 1970: 100). 1995 jedoch waren an Bundesmitteln 3,89 Milliarden DM erforderlich - bei Gesamtausgaben in Höhe von 5,73 Milliarden DM war der Staatsanteil auf 68 Prozent angewachsen. (Zum Vergleich: in der Arbeitnehmer-Rentenversicherung machte 1995 der Bundeszuschuß 19 Prozent der Rentenausgaben aus). Für 1996 wird von einem Bundeszuschuß für die Altershilfe in Höhe von 4,15 Milliarden DM ausgegangen (siehe BML 1997: 100).

Begründet wird die agrarsozialpolitische Ausnahmestellung häufig damit, daß behauptet wird, den Landwirten werde mit der Abgabe des Betriebes etwas abverlangt, was sonst nirgendwo Voraussetzung für einen Sozialleistungsbezug sei. Das GAL habe eine Doppelnatur: es verfolge neben sozialpolitischen auch agrarstrukturelle

Ziele.[1] Eine besondere Gratifikation für den, der zur Agrarstrukturverbesserung beitrage, sei deshalb gerechtfertigt. Im Grunde genommen wird damit jedoch ein ganz normaler Lebensvorgang, eben die Hofübergabe im hohen Alter, in den Rang des Besonderen erhoben und mit einem Extra-Vergütungsanspruch versehen. Dabei ist der Verzicht auf die Unternehmertätigkeit mit der Aufgabe der Berufstätigkeit eines Arbeitnehmers durchaus vergleichbar. Letzteres ist zwar keine Bedingung für den Bezug einer Altersrente nach dem 65. Lebensjahr, aber doch die Regel.

6.8.3 Unfallversicherung der Landwirte

Landwirtschaftliche Unternehmer, ihre im Unternehnen mitarbeitenden Ehegatten und die ständig mitarbeitenden Familienangehörigen sind gesetzlich unfallversichert. Zur Berechnung der Geldleistungen dienen nicht die individuellen, sondern einheitliche, festgesetzte (Jahres)Verdienste, die jährlich an die allgemeine Einkommensentwicklung angepaßt werden und sich 1998 auf 19 396 DM belaufen.

Die von den Unternehmern zu entrichtenden Beiträge werden nach unterschiedlichen, in der Satzung festgelegten Berechnungsmaßstäben erhoben (z.B. Fläche, Arbeitsbedarf, Wirtschaftswert). Diese Beitragseinnahmen decken die erforderlichen Ausgaben jedoch nicht einmal zur Hälfte: 1997 wird von einem Bundeszuschuß in Höhe von rund 754 Millionen DM ausgegangen, bei Beitragseinnahmen von vermutlich unter 700 Millionen DM (1996: 686 Millionen DM, siehe BML 1997: 116, Tab. 134).

6.8.4 Krankenversicherung der Landwirte

Die letzte große Lücke im agrarsozialen Sicherungssystem wurde 1972 geschlossen, mit dem Gesetz über die Krankenversicherung der Landwirte. Es unterwarf Landwirte, ihre mitarbeitenden Familienangehörigen und die Altenteiler einer gesetzlichen Krankenpflichtversicherung. Durchgeführt wird diese ebenfalls von besonderen Versicherungsträgern: den bei den landwirtschaftlichen Berufsgenossenschaften und Alterskassen errichteten landwirtschaftlichen Krankenkassen.

Deren Leistungen sind weitgehend an den Leistungskatalog der allgemeinen gesetzlichen Krankenversicherung angeglichen. Krankengeld wird Landwirten allerdings nicht gewährt, wohl aber den mitarbeitenden Familienangehörigen. Ist ein landwirtschaftlicher Unternehmer jedoch länger als zwei Wochen im Krankenhaus und sind

---

1 Die "Agrarstrukturverbesserung" hält sich bei einer normalen Hofübergabe an den "Hoferben" sicherlich in engen Grenzen - es sei denn, man betrachtet die "Verjüngung" der landwirtschaftlichen Betriebsleiter als wesentliches strukturverbesserndes Element. Anders verhält es sich sicherlich, wenn der Betrieb als solcher nicht weitergeführt, sondern entweder einem anderen zugeschlagen (im Wege des Kaufs oder der Pacht) oder stillgelegt wird (auch ein Beitrag zur Verminderung von Überproduktion). Seit 1995 steht eine solche Stillegung einer Abgabe im Sinne des Gesetzes gleich.

keine Arbeitnehmer oder mitarbeitende Familienangehörige vorhanden, stellt die Kasse eine Ersatzkraft .

Anders als 1957 bei der Altershilfe wurde bei der Krankenversicherung von Anfang an ein gewisser sozialer Ausgleich zu praktizieren versucht: die Beiträge orientierten sich grundsätzlich an der Wirtschaftskraft des Betriebes. Eine vergleichsweise geringe Anzahl von Beitragsklassen und deren geringe "Spreizung" führte jedoch dazu, daß "die Beitragslast ungerecht verteilt (war), da kleinere und mittlere landwirtschaftliche Betriebe überproportional hohe Beiträge im Vergleich zu Großbetrieben zahlen müssen" (BMA 1995: 150). Diesen Zustand hat der Gesetzgeber insofern korrigiert, als er 1995 die Zahl der Beitragsklassen erhöht und überdies stärker differenziert hat; zwischen oberster und unterster Beitragsklasse "muß eine Spreizung im Verhältnis 6:1 stattfinden" (ebd.). Den Beitrag für mitarbeitende Familienangehörige zahlt der Unternehmer; Ehegatten[1] und Kinder sind, sofern sie über keine eigenen Einnahmen verfügen, kostenlos mitversichert.

Wie die Rentner der gesetzlichen Rentenversicherung "haben auch die Altenteiler in der landwirtschaftlichen Krankenversicherung aus allen Alterseinnahmen Beiträge zu zahlen" (ebd.). Letztere sind allerdings - wie in der Rentnerkrankenversicherung auch, nur in noch höherem Maße - nicht kostendeckend. Das daraus herrührende Defizit wird in der landwirtschaftlichen Krankenversicherung jedoch nicht, "wie in der allgemeinen Krankenversicherung durch Beiträge der Aktiven finanziert, sondern vom Bund getragen" (ebd.).

Es handelt sich um erhebliche Beträge. 1987 z.B beliefen sich entsprechende Zahlungen des Bundes auf 1,2 Milliarden DM. Damit finanzierte der Staat 44 Prozent der *Gesamtausgaben* der landwirtschaftlichen Krankenkassen. Für 1996 wird von Bundesmitteln in Höhe von 2,2 Milliarden DM ausgegangen. Das entspricht einem Anteil von 56 Prozent an den Gesamtausgaben (siehe BML 1997: 101). Betrachtet man einen Hof und die auf ihm Lebenden als wirtschaftliche Einheit, die Mehr-Generationen-Familie als *einen* Finanzhaushalt, so wird klar, daß von dieser Altenteiler-Beitrags-Subventionierung der Landwirtschaftsbetrieb *insgesamt* in erheblichem Maße profitiert.

1995 zählten die landwirtschaftlichen Krankenkassen rund 670 000 "zahlende" Mitglieder, darunter 266 000 Landwirte, 38 000 mitarbeitende Familienangehörige, 33 000 freiwillige Mitglieder und 328 000 Altenteiler. "Aktive" und "Altenteiler" halten sich zahlenmäßig also ziemlich die Waage. Hinzu kommen die "kostenlos" mitversicherten Familienangehörigen, deren Anteil relativ hoch ist: 1995 verzeichnet die Statistik rund 518 000 mitversicherte Familienangehörige (siehe BLK 1996). Insgesamt erfaßt die gesetzliche Krankenversicherung der Landwirte also rund 1,2 Millionen Menschen. Auf Landwirte und ihre mitversicherten Familienangehörigen entfielen 1995 35 Prozent, auf Altenteiler 65 Prozent der Leistungsausgaben der landwirtschaftlichen Krankenkassen (siehe BML 1997: 100).

1 Dies ist zwar finanziell günstig, rechtssystematisch jedoch - mit Blick auf die eigenständige soziale Sicherung der Bäuerinnen (siehe oben) - nicht ganz unbedenklich.

Für die Sonderstellung und Privilegierung des agrarsozialen Sicherungssystems - der Steuerzahler subventionierte 1996 die (Bundes)Agrarsozialpolitik mit insgesamt 7,6 Milliarden DM, 1997 mit 7,8 Milliarden, s. BML 1997: 116) - gibt es kaum eine Rechtfertigung. Auch das Argument, der Staat habe sich deshalb in besonderer und bevorzugender Weise "kompensatorisch" um den Agrarsektor zu kümmern, auch mittels der Sozialpolitik, weil er diesem Bereich via Marktordnungen und Kontingenten usw. die freie Preisbildung verwehre, entbehrt jeglicher Grundlage. Die staatliche und überstaatliche Einflußnahme auf die Agrarpreisbildung bezweckt ja *gerade*, die freie Marktpreisbildung, die zu *niedrigeren* Preisen führen würde, zu verhindern.

6.8.5 Soziale Sicherung der Beamten bei Krankheit

Beamte sind für den Fall des Dienstunfalls, der vorzeitigen Dienstunfähigkeit und im Alter - das Risiko der Arbeitslosigkeit kann ausgeklammert bleiben, weil Beamte "unkündbar" sind - seitens des Dienstherrn/Staates gesichert, ohne dafür materielle Vorleistungen erbringen zu müssen. Der Beitrag eines Beamten zu seiner sozialen Gesamtabsicherung beschränkt sich in der Regel darauf, für einen etwaigen Krankheitsfall durch Abschluß einer (freiwilligen), meist privaten Krankenversicherung vorzusorgen. Doch auch in nicht gesundem Zustand erfährt der Beamte Unterstützung durch seinen Dienstherrn, indem dieser zu den Krankheits-Aufwendungen eine Beihilfe beisteuert. Diese beträgt für den Beamten 50, den Ehegatten 70 und die Kinder 80 Prozent. Hat der Beamte zwei oder mehr Kinder, erhält auch *er* eine 70-prozentige Beihilfe. Pensionäre bekommen ebenfalls 70 Prozent.

Die Prozentsätze beziehen sich auf die "beihilfefähigen" Aufwendungen, die mit dem Rechnungsbetrag nicht immer identisch sind. Die Abweichung hält sich jedoch, falls nicht außergewöhnliche Honorarforderungen oder besonders aufwendige Leistungen geltend gemacht werden, in Grenzen. Bei einigen Kostenarten (z. B. Material- und Laborkosten für Zahnersatz) werden die Aufwendungen von vornherein nur partiell als beihilfefähig anerkannt. Von diesen Sonderfällen abgesehen, braucht ein Beamter jedoch nur die Differenz zwischen Beihilfeanspruch und tatsächlichen Krankheitskosten zu versichern, um "rundum" sozial abgesichert zu sein; der entsprechende Beitrag ist gleichzeitig der Gesamtobulus für eine "hochwertige" soziale Sicherung des Beamten und seiner Familie.

Im Modellfall sieht das so aus (Tarif einer namhaften deutschen privaten Krankenversicherungsgesellschaft,):
Ein 35-jähriger Beamter mit 30-jähriger Ehefrau und 2 Kindern, mit Beihilfeansprüchen von jeweils 70 Prozent für die Eltern und 80 Prozent für die Kinder, deckt mit seiner Prämie die fehlenden 30 Prozent für sich und den Ehepartner und die fehlenden 20 Prozent für die Kinder ab (ärztliche Behandlung, Zahnbehandlung, Krankenhauskosten 2. Klasse, Pflegeversicherung). Hierfür entstehen im Jahr 1997 folgende Kosten:

Ehemann	2 352	DM
Ehefrau	2 474	DM
Kinder	890	DM
insgesamt	5 716	DM oder **476** DM monatlich.

Beamte erhalten mit 65 Jahren Ruhegehalt, auf Antrag - ohne Nachweis der Dienstunfähigkeit - bereits nach Vollendung des 62. (ab 1998: 63.) Lebensjahres. Ähnlich wie in der gesetzlichen Rentenversicherung müssen ab 1998 allerdings auch Beamte, wenn sie vor dem 65. Lebensjahr in den Ruhestand treten, Abschläge hinnehmen.

Für Beamte der Jahrgänge bis 1939 gelten Übergangsregelungen, erst ab Geburtsjahrgang 1940 beträgt der Abschlag 3,6 Prozent pro Jahr. Bei vorzeitiger Inanspruchnahme muß der Beamte demzufolge auf 7,2 Prozent seiner Pension verzichten. Außerdem soll ein "Pensionsfonds" eingerichtet werden, in den im nächsten Jahrtausend ein Teil der Besoldungszuwächse fließen soll. Vorgeschlagen wird (siehe BMI 1996 a: 26) durch "Begrenzung des jährlichen Einkommenszuwachses" eine "Versorgungsrücklage" aufzubauen - etwa dadurch, daß die "Anpassung der Beamtengehälter und der Pensionen von 2001 bis 2015 um eine bestimmte Spanne (z.B. 0,2 Prozentpunkte) hinter der jeweiligen Anpassung der Tarifgehälter im öffentlichen Dienst zurück(bleibt)".[1]

Die Höhe des Ruhegehalts läßt sich sehr einfach berechnen. Gemahnt der Anblick mancher Bausteine der gegenwärtigen Rentenformel an einen gordischen Knoten, so die "Pensionsformel" an den Zustand nach dessen Durchtrennung[2]: als Ruhegehalt erhält der Beamte 1,875 Prozent seiner letzten Bruttobezüge pro Dienstjahr. Der Höchstruhegehaltssatz liegt bei 75 Prozent. Auch dem arithmetisch Minderbegabten erschließt sich auf Anhieb, daß dieser Satz erreicht wird, wenn die Jahresprozentzahl 1,875 mit 40 multipliziert wird. Nach 40 Dienstjahren, zu denen auch bestimmte Vordienstzeiten wie z.B. ein Studium, hinzutreten, erhält ein Beamter die Höchstpension von 75 Prozent seiner letzten "ruhegehaltsfähigen" Bruttodienstbezüge.

Im Gegensatz zu den Renten, die in der Regel *faktisch* steuerfrei bleiben, ist das Ruhegehalt zu versteuern. Dennoch steht Beamten mit Anspruch auf die Höchstpension - wieviele das sind, ist nicht bekannt[3], das zuständige Ministerium nennt lediglich einen durchschnittlichen Ruhegehaltssatz von 72 Prozent (BMI 1996 b) - nach dem Ausscheiden aus dem Dienst ein Nettobetrag zur Verfügung, der auf jeden Fall höher ist als 75 Prozent seiner bisherigen Nettobezüge.[4]

---

1 Nach einem Beschluß des Bundeskabinetts vom 8.9.1997 sollen Beamte und Pensionäre bereits ab 1999 bis 2013 jährlich auf 0,2 Prozentpunkte Besoldungs- bzw. Pensionserhöhung verzichten.

2 Überhaupt zeichnen sich die dienstrechtlichen Regelungen, die eine Absicherung der Lebensrisiken eines Beamten bezwecken, durch Einfachheit und Überschaubarkeit aus. Knapp 14 Seiten beansprucht die entsprechende Darstellung in der ministeriellen Übersicht (BMA 1997 f: 437 ff.), ein Beleg für die Schlichtheit und Verständlichkeit der Materie. Ganz offensichtlich fällt den - in der Regel verbeamteten - Gesetzesformulierern der Verzicht auf komplizierte Regelungen leichter, wenn eigene Belange im Spiel sind.

3 Die Statistik ist hier offensichtlich überfordert. Das Statistische Jahrbuch 1996 gibt zwar - um einige Beispiele für offensichtlich wirklich wichtige Daten zu nennen - Auskunft über die Anzahl der trächtigen (Jung)Zuchtsauen mit 50 und mehr kg Lebendgewicht (1995: 532 000), den Stromverbrauch des Bergbaus (1995: 16 879 Mill. kWh) und die "bestockte Rebfläche nach Sorten" (Spitzenreiter 1995: Müller-Thurgau). Eine Aufteilung der Pensionäre nach Ruhegehalts-Prozentsätzen sucht man vergebens.

4 Durch die Verminderung des Steuersatzes, den steuerlichen Altersentlastungsbetrag und die höhere Beihilfe zu den Krankheitskosten.

Wer in jungen Jahren dienstunfähig wird, erhält die Zeit bis zum 60. Lebensjahr zu zwei Dritteln angerechnet. Im Gegensatz zur Arbeitnehmer-Rentenversicherung gibt es darüber hinaus für Beamte eine Art "Mindestpension" bzw. "Mindestalimentation" (BMA 1995 a: 513) in Höhe von 35 v. H. der letzten Bezüge oder, wenn dies günstiger ist, von 65 v. H. der Bezüge aus der Altersendstufe der Besoldungsgruppe A 4. Im Jahre 1997 betragen letztere 3 168 DM, so daß sich die Beamten-Mindestpension auf rund 2 060 DM beläuft (siehe BMA 1997 f: 441).

Witwen von Beamten (die nachfolgend genannten Anspruchsvoraussetzungen gelten auch für Witwer von Beamtinnen) bekommen 60 v. H. des Ruhegehalts, das der Beamte bezog oder bezogen hätte, wenn er am Todestag in den Ruhestand getreten wäre. Einer Wartezeit bedarf es nicht. Die Witwenpension wird allerdings versagt, wenn die Ehe weniger als 3 Monate bestand oder erst nach Eintritt in den Ruhestand geschlossen wurde und der Ehemann das 65.Lebensjahr bereits vollendet hatte. Anders als in der gesetzlichen Rentenversicherung, wo eine "Sterbebetteheschließung" den Witwenrentenanspruch nicht ausschließt, hat der Gesetzgeber bei Beamten das Eingehen einer "Versorgungsehe" erschwert und der "Pensionserschleichung" - unter Ausnutzung denkbarer altersbedingter Irritationen - einen Riegel vorgeschoben.

Auch Kinder eines verstorbenen Beamten werden bedacht: Halbwaisen bekommen 12 Prozent des tatsächlichen oder fiktiven Ruhegehalts, Vollwaisen 20 Prozent. Gezahlt wird bis zur Vollendung des 18. Lebensjahres, unter Umständen bis zum 27. Lebensjahr und sogar - etwa bei Studium *und* Wehrdienst - darüber hinaus.

Erleidet ein Beamter einen Dienstunfall, so erhält er ein Unfallruhegehalt Dieses beträgt mindestens 66 2/3 v.H. der letzten Dienstbezüge, höchstens 75 v.H..

1995 gab es im Bundesgebiet 1,26 Millionen Versorgungsempfänger, darunter 725 000 Pensionäre, 495 000 Witwen bzw. Witwer und 36 000 Waisen (siehe STATIST. BUNDESAMT 1996: 519).

6.8.7 Kritische Würdigung

Auch wenn die soziale Absicherung von Bauern und Beamten aus vielerlei Gründen nicht vergleichbar ist, so machen die dargestellten Regelungen doch deutlich, daß es jenseits der klassischen Felder von Sozialpolitik Bereiche - um nicht zu sagen: Oasen - gibt, die das gegenwärtig rauhe Klima in der sozialen Landschaft nicht oder nur in geringem Maße erreicht. Während Arbeitnehmer an so gut wie allen sozialpolitischen Fronten Federn lassen müssen, bleiben die sozialpolitischen (Vor)Rechte der Staatsdiener großenteils unangetastet (was eine Verteidigung der - durchaus vorhandenen - positiven Elemente des Berufsbeamtentums nicht gerade erleichtert).[1].

Bereits vor geraumer Zeit haben M. und S. GREIFFENHAGEN (1981: 213 ff.) die Privilegien der Staatsdiener kritisiert:

1 Vor allem im einfachen und mittleren Dienst ermöglicht der Beamtenstatus ein hohes Maß an personaler Unabhängigkeit, Angstfreiheit und Souveränität - Arbeitsbedingungen, die in der Privatwirtschaft eher selten sein dürften.

> "Die Ungerechtigkeit des sozialen Sicherungssystems zeigt sich besonders in der unterschiedlichen Sicherung des Lebensabends. Hier rächt sich die unveränderte Übernahme einer Institution, die aus dem Absolutismus stammt, des Berufsbeamtentums. Wer Beamter ist, muß sich über die Fristung seines Lebensabends keine Gedanken machen, sondern erwartet Pensionen, die von Bürgern in vergleichbaren Berufen nur bei großen Rücklagen erreicht werden."

"Unzeitgemäß" ist auch die Ausweitung der landwirtschaftlichen Sozialpolitik und die Erhöhung des Staatszuschusses an die landwirtschaftlichen Sozialkassen. Zur selben Zeit, in der Arbeitnehmerinnen in der gesetzlichen Rentenversicherung erhebliche Leistungseinbußen zu verkraften haben (z.B. durch den Wegfall der spezifischen Frauenaltersrente), wird den Bäuerinnen eine eigenständige soziale Alterssicherung "spendiert" - eine an sich begrüßenswerte, aber doch sehr kostspielige Maßnahme. All dies verdeutlicht, daß die Ausgestaltung von Sozialpolitik auch in wirtschaftlich schwierigen Zeiten eine Sache der Durchsetzungsfähigkeit und der politischen Opportunität ist, nicht immer Ergebnis objektiver Analyse und sachlicher Gewichtung.

Leseempfehlung

WINTERSTEIN, H. (Hrsg.): Selbstverwaltung als ordnungspolitisches Problem des Sozialstaates. Schriften d. Vereins für Sozialpolitik N.F. Bd. 133/II, Berlin 1984

LEIBFRIED, S., VOGES, W. (Hrsg.): Armut im modernen Wohlfahrtsstaat. Sonderheft 32/1992 der Kölner Zeitschrift für Soziologie und Sozialpsychologie, Opladen 1992

BUHR, R. u. a.: Armutspolitik und Sozialhilfe in vier Jahrzehnten, in: Die alte Bundesrepublik. Sonderheft 12/1991 Leviathan, Zeitschrift für Sozialwissenschaft, hrsg. v. H.Wollmann u. B. Blanke, Opladen 1991

GREIFFENHAGEN, M. u. S., Ein schwieriges Vaterland. Zur politischen Kultur Deutschlands, Frankfurt/M. 1981 (veränderte Neuauflage München, Leipzig 1993)

EICHENER, V., HEINZE R. G.: Grenzen der sozialen Wohnungspolitik, in: Grenzen des Sozialversicherungsstaates. Sonderheft 14/1994 Leviathan, Zeitschrift für Sozialwissenschaft, hrsg. v. B. Riedmüller u. T. Olk, Opladen 1994

HANESCH, W. (Hrsg.): Sozialpolitische Strategien gegen Armut, Opladen 1995

DER BUNDESMINISTER FÜR ARBEIT UND SOZIALORDNUNG (Hrsg): Übersicht über das Arbeitsrecht, 6. Aufl. Bonn 1997
Übersicht über das Sozialrecht, 4. Aufl. Bonn 1997 (insbesondere Kapitel 2, 4, 13,15 f.,18 f., 23 und 25).

BÄCKER, G., EBERT, T.: Defizite und Reformbedarf in ausgewählten Bereichen der sozialen Sicherung. Reihe Zukunft des Sozialstaates, hrsg. v. Ministerium für Arbeit, Gesundheit und Soziales des Landes Nordrhein-Westfalen, insbes. Kapitel II und VI, Düsseldorf 1996

TEXTOR, M. R. (Hrsg.): Sozialpolitik. Ausgewählte Fragen und Probleme, Opladen/Wiesbaden 1997

WINGEN, M., Familienpolitik, Stuttgart 1997

7 Sozialpolitik in der DDR

7.1 Sozialökonomische und politische Diskontinuität in der DDR

Den Bewohnern der sowjetischen Besatzungszone war die "Gnade" einer weitgehenden politisch-ökonomischen Kontinuität, wie sie für die Bundesrepublik Deutschland beschrieben wurde, nach 1945 nicht zuteil geworden. Bodenreform, Enteignungen, Verstaatlichungen und Vergesellschaftungen veränderten die sozial-ökonomische, die zu keiner Zeit legitimierte Eine-Partei-Herrschaft der SED die politische Ordnung grundlegend. Sah sich die Mehrheit der Deutschen durch das NS-Regime wie durch die Adenauer-Regierung repräsentiert, so vertraten die Organe der SBZ und späteren DDR vornehmlich sich selbst, bestenfalls eine Idee, immer aber nur eine Minderheit der Bevölkerung. Die große Mehrheit bejahte das System nicht, sondern fand sich schließlich damit ab - auch, nachdem Versuche der Auflehnung (1953, später, 1956, in Ungarn) gezeigt hatten, daß der Westen nicht willens war, aktiv unterstützend einzugreifen und nachdem östliche Wiedervereinigungsofferten, die auf eine Neutralisierung Gesamtdeutschlands zielten, erst gar nicht auf ihre Ernsthaftigkeit überprüft wurden. Mit dem Mauerbau 1961 schließlich endeten für die DDR-Bewohner auch die individuellen "Absetzmöglichkeiten"; der Zwang, sich zu arrangieren, wurde zur Überlebensnotwendigkeit.

Eine Gemeinsamkeit wiesen BRD und DDR allerdings von Anfang an auf: auch in der DDR fand eine "Vergangenheitsbewältigung" nicht statt. Die neuen Machthaber begnügten sich damit, den Antifaschismus zur Staatsdoktrin zu erheben, auch dort wurden einige NS-Subalterne hingerichtet, ersetzten Fallbeil und Genickschuß die Selbstbefragung. Indem man mit Einzeltätern kurzen Prozeß machte, ersparte man sich längeres Nachdenken über Ursachen und Wesen des Faschismus.[1]

---

1 Vor dem Hintergrund der marxistischen Anthropologie war der Umgang mit NS-Tätern unverständlich und im Grunde unverzeihlich, ein atavistischer Rückfall in die Vorstellungswelt des Alten Testaments. Die Unbarmherzigkeit, die dabei nicht selten an den Tag gelegt wurde, verstieß gegen alle materialistischen Erkenntnisse von der sozio-ökonomischen Geprägtheit des Menschen, vom Primat des Seins gegenüber dem Bewußtsein, von der Herrschaft der Verhältnisse über das Denken und Wollen. In Brechts epischem Theater delektierten sich die Funktionäre an Lehr-Stücken, die eben dies belegten. Doch dem jugendlichen Mitglied der Waffen-SS, in der HJ und möglicherweise auf einer Ordensburg erzogen, billigten sie eine entsprechende Konditionierung nicht zu, unreflektierte Rachegelüste traten an die Stelle von Ursachenerforschung. Insgesamt wurden in der DDR "125 Todesurteile wegen nationalsozialistischer Gewaltverbrechen verhängt"; allein in den "Waldheimer Prozessen ... im Jahre 1950 3 308 Männer und Frauen wegen angeblicher NS- und Kriegsverbrechen in Verfahren, die allenfalls den Schein von Rechtsstaatlichkeit hatten ... zu hohen Strafen, 32 zum Tode, verurteilt" (OSTENDORF 1995: 24). Es ist sicherlich nicht zu weit hergeholt, diese rigorosen Vergeltungsmaßnahmen *auch* mit der nachwirkenden Enttäuschung der deutschen Kommunisten darüber in Verbindung zu bringen, daß die Deutschen sich 1933 für Hitler und gegen Thälmann entschieden hatten.

Allenfalls in den ersten Jahren wurde die oktroierte Gesellschaftsverfassung durch einige künstlerische Glanzlichter erhellt und veredelt, von zurückgekehrten Emigranten, deren persönliche Lauterkeit und politische Ehrlichkeit außer Frage schien, wie Anna Seghers, Bert Brecht, Ludwig Renn, Arnold Zweig, Johannes R. Becher, Stephan Hermlin, Paul Dessau, Hanns Eisler und Wolfgang Langhoff. Aber schon bald gewannen mediokrer Bürokratismus und liebedienerisches Buckeln vor der sowjetischen Obrigkeit die Oberhand, blieben letzte Reste von Eigenständigkeit auf der Strecke, interessierte die Meinung der DDR-Bewohner immer weniger. Für die Geringschätzung und Mißachtung des Volkswillens bot die Avantgarde-These intern eine bequeme Rechtfertigung: die meisten Menschen waren eben zur "richtigen" Erkenntnis (noch) nicht fähig und mußten von der Vorhut der Arbeiterklasse, der Partei, erst dahin gebracht, das heißt entsprechend erzogen werden. Nach außen freilich, etwa bei Wahlen, wurde auf geradezu groteske Art und Weise die Übereinstimmung von Volk und politischer Machtelite zu demonstrieren versucht.

Dies geschah zunehmend dogmatischer und unerbittlicher; in dem Maße auch, wie die Überlegenheit der sozialen Marktwirtschaft für jedermann sichtbar wurde, verflog der - zu Beginn sicherlich vorhandene - pädagogische, auch "jugendbewegte" Elan der Anfangsjahre und machte einer Politik des reinen Machterhalts Platz. Die Machtelite selbst zog sich in ein - gut bewachtes und üppig gepolstertes - Schneckenhaus zurück, tröstete sich mit der gewachsenen internationalen Reputation und den Sporterfolgen der DDR[1], blieb der folgsame Satrap des großen Bruders Sowjetunion. Aber die führenden Köpfe wußten - so sie nicht völlig verblendet waren - daß die geringsten Erschütterungen im sowjetischen Riesenreich Druckwellen bis in die Mitte Deutschlands auslösen würden. Daß der Zusammenbruch der sozialistischen Staaten in so kurzer Zeit vonstatten gehen würde, hat niemand geahnt oder sich vorstellen können. Kaum einmal in der Weltgeschichte hat ein politisch-soziales System so kampflos-kläglich abgedankt - ein Beweis nicht zuletzt für die Brüchigkeit seiner Fundamente.

So ist nun - mit gut vierzigjähriger Verspätung - das aus den Jahren vor 1933 gewohnte und selbst in der nationalsozialistischen Zeit zum Teil bewahrte ökonomische, politische und soziale System auch in die östlichen Teile Deutschlands zurückgekehrt, das beschriebene Kontinuum der alten auch für die neuen Bundesländer Wirklichkeit geworden.

---

1 "Immer von der Nichtidentifikation ihrer Bürger und von ... Unsicherheit, von Minderwertigkeitskomplexen bedroht, immer hinter der Bundesrepublik im wirtschaftlichen Wettstreit mit Abstand nur zweiter Sieger, fand sie [die DDR, d.Verf.] im Sport zumindest eine Ersatzsymbolik" (VON KROCKOW 1992: 287).

7.2 Sozialversicherung in der DDR

7.2.1 Vorbemerkung

Wie bereits die Epoche zwischen 1933 und 1945 gezeigt hat, muß ein politisches Unrechtssystem nicht zwangsläufig auch die Sozialpolitik prägen, zumindest nicht zur Gänze. Das Unwerturteil über ein politisches Gesamtsystem kann durchaus genötigt sein, Teile auszusparen. Eine Prüfung im Detail ist vor allem dann angebracht, wenn ein Staat mit dem Anspruch auftritt, die Arbeiterklasse zu repräsentieren - also jene Bevölkerungskategorie, auf die Sozialpolitik traditionell zielt. Eine entsprechende Überprüfung tut allerdings gut daran, die zahlreichen fantasievollen, nicht selten auf Abkürzungen reduzierten Leerformeln, mit denen die DDR ihre Politik zu umschreiben und zu vernebeln pflegte - etwa NÖS(PL) = Neues Ökonomisches System (der Planung und Leitung der Volkswirtschaft) aus dem Jahre 1963 oder ÖSS = Ökonomisches System des Sozialismus von 1967 - auszusparen. Allein die realen Sachverhalte und Befunde sind von Interesse.

Die Sozialversicherung der DDR war, im Gegensatz zur überkommenen und in der Bundesrepublik Deutschland fortwirkenden gegliederten Versicherung, eine Einheitsversicherung. Kranken-, Unfall- und Rentenversicherung sowie die soziale Sicherung der Kriegsbeschädigten wurden in *einer* Einrichtung zusammengefaßt. Eine Arbeitslosenversicherung gab es seit 1978 nicht mehr; ihre Abschaffung war insofern folgerichtig, als die DDR-Verfassung von 1974 in Artikel 24 jedem DDR-Bürger ein Recht auf Arbeit zugebilligt - aber auch eine Pflicht zur Arbeit auferlegt - hatte.[1]

Die Sozialversicherung wurde von zwei Trägern durchgeführt: der Sozialversicherung der Arbeiter und Angestellten beim Freien Deutschen Gewerkschaftsbund, dem FDGB, und der für Selbständige und Genossenschaftsmitglieder zuständigen Sozialversicherung bei der Staatlichen Versicherung der DDR.

7.2.2 Arbeitnehmer-Sozialversicherung beim FDGB

7.2.2.1 Pflichtversicherte, Beiträge

Der FDGB-Sozialversicherung gehörten alle Arbeiter und Angestellte als Pflichtversicherte an; einbezogen in den Versicherungsschutz waren auch ihre Familienangehörigen.[2] 1988 zählte die Arbeitnehmer-Sozialversicherung rund 90 Prozent der DDR-Einwohner zu ihren Mitgliedern (siehe BFA 1990 a: 30).

---

1 Vgl. dazu die entsprechenden Überlegungen und Regelungen in der Zeit der Weimarer Republik, *3.2.3.*

2 Der Versicherungsschutz von Familienangehörigen erstreckte sich, ähnlich wie in der BRD, auf die Sicherung im Krankheitsfall sowie - eingeschränkt - auf die Sicherung der Hinterbliebenen. Eine eigenständige soziale Sicherung der (Haus)Frau gab es auch in der DDR nicht.

Der Gesamtbeitragssatz lag seit 1978 bei 22,5 Prozent; 10 Prozent entfielen auf den Versicherten, 12,5 Prozent steuerte der Betrieb bei. Daß die finanzielle Belastung der DDR-Arbeitnehmer durch den Sozialversicherungsbeitrag weit unter West-Niveau lag (allein der Arbeitnehmer-Beitragsanteil in der *Rentenversicherung* erreichte 1978 in der Bundesrepublik mit 9 Prozent annähernd den DDR-Sozialversicherungsgesamtwert), war jedoch nicht nur auf diesen niedrigen Beitragssatz zurückzuführen, sondern in noch weit stärkerem Maße auf die extrem niedrige, seit 1947 (!) unveränderte Beitragsbemessungsgrenze von 600 Mark im Monat. Vergegenwärtigt man sich, daß das "durchschnittliche monatliche Bruttoeinkommen der vollbeschäftigten Arbeiter und Angestellten der sozialistischen Wirtschaft" der DDR 1988 1 269 Mark betrug (a.a.O.: 97), so wird deutlich, *daß selbst ein Durchschnittsverdiener für mehr als die Hälfte seiner Bezüge überhaupt keine Pflichtbeiträge entrichtete.* (Im gleichen Jahr - 1988 - lag das monatliche Durchschnittsentgelt der Rentenversicherten in der Bundesrepublik Deutschland bei 3 241 DM, die Beitragsbemessungsgrenze aber bei 6 000 DM, siehe BMA 1991: 183). Dies mußte sich - da eine Beitragsbemessungsgrenze immer auch die Leistungsbemessungsgrenze bildet - notgedrungen im Leistungsniveau niederschlagen. Sowohl die Krankengelder als auch die Unfall-, Invaliditäts- und Altersrenten der DDR wurden grundsätzlich nach einem Verdienst von höchstens 600 Mark im Monat bemessen.

7.2.2.2 Rentenversicherung

Um insbesondere die "Schere zwischen dem aktiven Erwerbseinkommen und den Rentenleistungen" (a.a.O.: 39) nicht zu groß werden zu lassen, wurde 1968 die freiwillige Zusatzrentenversicherung (FZR) für Einkommen über 600 Mark/Monat ins Leben gerufen. Die Arbeitnehmer konnten zunächst für ihr Einkommen zwischen 600 und 1 200 Mark, ab 1978 für ihr gesamtes Einkommen über 600 Mark zusätzliche Beiträge entrichten. Der Beitragssatz hierfür belief sich auf 20 Prozent, die Hälfte davon übernahmen die Betriebe. Nach 25-jähriger Mitgliedschaft in der FZR wurden diejenigen, die für ihr gesamtes Einkommen Beiträge entrichtet hatten, beitragsfrei gestellt; die Beitragsverpflichtung der Betriebe jedoch blieb in vollem Umfang erhalten.

Altersrenten erhielten Männer mit 65 und Frauen mit 60 Jahren, eine 15-jährige Mindestversicherungszeit war erforderlich. Frauen mit fünf und mehr Kindern hatten seit 1973, unabhängig von Vorversicherungszeiten oder einer versicherungspflichtigen Tätigkeit, Anspruch auf Altersrente.[1] Ab drei Kindern verringerte sich der 15-jährige Mindestversicherungszeitraum um 1 Jahr je Kind; unabhängig davon erhielten Frauen mit bis zu zwei Kindern für jedes Kind 1 Jahr, mit drei und mehr Kindern für jedes Kind 3 Jahre Versicherungszeit gutgeschrieben.

---

1 Der Mindestbetrag der Rente für Frauen, die fünf und mehr Kinder geboren hatten und Anspruch auf Alters- oder Invalidenrente aus versicherungspflichtiger Tätigkeit hatten, entsprach der Mindestrente nach 45 und mehr Arbeitsjahren! (Vgl. Übersicht S. 283).

Frauenorientiert und -freundlich war auch die seit 1985 geltende Regelung, wonach "Werktätige", die durch die Pflege eines Familienangehörigen an der Ausübung einer Berufstätigkeit gehindert waren, die Pflege-Jahre als Versicherungszeit angerechnet bekamen. Schließlich erhielten Frauen für die - im Verhältnis zu den Männern, die zwar erst mit 65 in Rente gehen, aber auch bis dahin Beiträge zahlen konnten - geringere Anzahl von Versicherungsjahren einen Ausgleich, der nach Arbeitsjahren gestaffelt war. Mindestvoraussetzung waren 20 Arbeitsjahre, für die ein Bonus von 1 Jahr gewährt wurde; für jeweils weitere 5 Arbeitsjahre wurde ein zusätzliches Jahr gutgeschrieben. Insgesamt konnten so bis zu fünf Jahren hinzugewonnen werden. Auf diese Weise hatten Frauen mit 40 und mehr Arbeitsjahren, wenn sie mit 60 Jahren in Rente gingen, die gleiche Anzahl von Versicherungsjahren wie ein männlicher Arbeitskollege, der fünf Jahre später in den Ruhestand trat.

Invalidenrenten wurden gewährt, wenn Leistungsvermögen und Verdienst um mindestens zwei Drittel gemindert waren - eine Regelung, die "zwischen" den bundesrepublikanischen Anforderungen an eine BU-Rente (über 50-prozentige Minderung der beruflichen Erwerbsfähigkeit) und an eine EU-Rente (Verlust der Erwerbsfähigkeit) lag.[1] Nach Erreichen der Altersgrenzen wurden Invalidenrenten in (Alters) Invalidenrenten umgewandelt.

Berufsunfähigkeitsrenten kannte das DDR-Sozialrecht nicht, demzufolge auch keinen Berufsschutz; entsprechende Status- und Zumutbarkeitsprobleme waren den Sozialversicherten in der DDR fremd. Generell hatte eine "unter 2/3 liegende ... Einschränkung der Erwerbsfähigkeit ... keine rentenversicherungsrechtlichen Folgen" (BFA 1990 a: 48).

Die besondere soziale Frauen-Fürsorge in der DDR erstreckte sich nur eingeschränkt auf Witwen. Diese erhielten lediglich für eine Übergangszeit von zwei Jahren eine Hinterbliebenenrente. Ein unbefristeter Rentenanspruch entstand nur dann, wenn die Altersgrenze erreicht war oder entweder ein Kind unter drei Jahren oder zwei Kinder unter acht Jahren zu versorgen war(en) oder Invalidität vorlag. Ansonsten galt eine Witwe als arbeitsfähig, ihr Rentenanspruch erlosch nach zwei Jahren.[2] Waisenrenten wurden bis zum 16. Lebensjahr, längstens bis zur Beendigung der Ausbildung gezahlt.

Vergleichbar den Berechnungsmodalitäten in der deutschen Rentenversicherung *vor* der Rentenreform 1957 setzte sich die DDR-Altersrente aus einem Grund- und einem Steigerungsbetrag zusammen. Der für jede Rente gleiche Grundbetrag betrug bis November 1989 140 Mark. Der Steigerungsbetrag wurde ermittelt, indem der Steigerungssatz - 1 Prozent des beitragspflichtigen monatlichen Durchschnittsentgelts der letzten 20 Jahre - mit der Anzahl der Arbeitsjahre multipliziert wurde.

---

1 Man beachte aber die spezifische "BRD-Problematik" der "konkreten Betrachtungsweise" bei Renten wegen verminderter Erwerbsfähigkeit, siehe S. 297.

2 Folgerichtig zahlte die FDGB-Sozialversicherung im Dezember 1988 an nur knapp 70 000 Witwen/Witwer eine Rente. Der Anteil dieser Rentenart am Gesamtrentenbestand machte gerade 2,7 Prozent aus (siehe STATISTISCHES AMT 1989: 351). Demgegenüber beläuft sich der Witwenrenten-Anteil in der gesetzlichen Rentenversicherung der Bundesrepublik Deutschland im Jahre 1995 auf 25 Prozent (siehe S. 165).

Beispiel der Altersrentenberechnung einer Versicherten (November 1989)	
Dauer der versicherungspflichtigen Tätigkeit:	37 Jahre
Zurechnungszeit für 3 Kinder:	9 Jahre
Zurechnungszeit für 37 Jahre versicherungspflichtige Tätigkeit:	4 Jahre
Monatlicher Durchschnittsverdienst der letzten 20 Jahre:	600 M
Steigerungsbetrag: 6 M x 50	300 M
Grundbetrag	140 M
Rente	**440 M**

Da bereits 1969 das DDR-Arbeitnehmer-Durchschnittseinkommen über 600 Mark lag[1], die Beitragsbemessungsgrenze also überstieg, steht diese Beispielrechnung durchaus stellvertretend für den Durchschnittsverdiener - gleichzeitig aber auch für die erzielbare Höchstrente von Versicherten, die auf die Zusatzversicherung und die FZR-Mitgliedschaft verzichteten.

Die überwiegende Mehrzahl der Arbeitnehmer in der DDR nutzten jedoch diese Möglichkeit. "Bis Mitte 1976 waren etwa vier Fünftel ... der über 600 M Verdienenden der FZR beigetreten", deren Charakterisierung als "Quasi-Pflichtversicherung" (MITZSCHERLING 1978: 53) erscheint somit gerechtfertigt. "Seit Mitte der 80er Jahre" hatten sich sogar "mehr als 80 Prozent der Beitrittsberechtigten in der FZR versichert" (siehe BFA 1990 a: 41). Auch im Rentengefüge der DDR schlug sich die FZR-Mitgliedschaft nieder: von den Ende 1988 von der FDGB-Sozialversicherung gezahlten 2,6 Millionen Renten hatten rund 1 Million oder 37 Prozent FZR-Anteile, gut jeder dritte FDGB-Rentner des Jahres 1988 war demzufolge zusätzlich freiwillig versichert gewesen (siehe STATISTISCHES AMT 1989: 351). Der FZR-Versicherte erhielt für jedes Jahr seiner FZR-Mitgliedschaft 2,5 Prozent des zusätzlich versicherten Monatseinkommens als Zusatzrente.

Geht man davon aus, daß der "vollbeschäftigte Arbeitnehmer der sozialistischen Wirtschaft" mit Durchschnittsverdienst für sein gesamtes Einkommen über 600 Mark Beiträge bezahlte, so hatte er von 1969 bis 1988 im Monatsdurchschnitt 381 Mark zusätzlich "versichert" (siehe BFA 1990 a: 97). Sein Zusatzrentenanspruch betrug dann für diesen Zeitraum: 20 x 0,025 x 381 Mark = 191 Mark. Verknüpft man dieses Beispiel mit der oben vorgestellten Altersrentenberechnung einer langjährig Versicherten, so ergibt sich eine Gesamtrente von (440 + 191) 631 Mark.

Dieser Betrag ist um einiges höher als die statistisch ausgewiesenen FDGB-Durchschnittsrenten. Die durchschnittliche Altersrente mit FZR belief sich im Dezember 1988 auf 482 Mark, die entsprechende Invalidenrente (vor dem 65. Lebensjahr) auf 551 Mark, die Invalidenaltersrente (ab 65. Lebensjahr) mit FZR auf 495 Mark (siehe STATISTISCHES AMT 1989: 351). Es zeigt sich hier der gleiche Effekt wie in der Rentenstatistik der BRD, in der die Durchschnittsrenten ebenfalls niedriger sind als die "Standardrenten", die auf der Basis von 40 bzw. 45 Versicherungsjahren errechnet werden. Letztere geben über die materielle Lebenslage des in den Ruhestand gehenden Normalarbeitnehmers jedoch genauer Aufschluß als Durchschnittsrenten.

1 "Vollbeschäftigte Arbeitnehmer der sozialistischen Industrie" (siehe BFA 1990 a: 97) verdienten im Jahre 1969 durchschnittlich 722 Mark monatlich.

Die Durchschnitts-Renten insgesamt, also unter Einschluß der Renten *ohne* FZR, erreichten im Dezember 1988 in der FDGB-Sozialversicherung die folgende Höhe:

Altersrenten	381 Mark
Invalidenrenten (vor 65. Lebensjahr)	404 Mark
Invalidenrenten (ab 65. Lebensjahr)	367 Mark
Witwen(Witwer) Renten	347 Mark
Waisenrenten	136 Mark.

Die nur auf Pflichtversicherung beruhenden Renten waren deutlich niedriger. Unter Einschluß der bei der Staatlichen Versicherung der DDR Rentenversicherten ergibt sich für Dezember 1988 eine durchschnittlicher Versichertenrente der Pflichtversicherten von 318 Mark im Monat.[1]

Daß dieser Betrag nicht noch geringer ausfiel, lag nicht zuletzt daran, daß es in der DDR - neben Mindest*löhnen*[2] - auch Mindest*renten* gab. Abhängig von der Anzahl der zurückgelegten Arbeitsjahre wurden bis November 1989 Mindestrenten zwischen 300 Mark (unter 15 Arbeitsjahre) und 370 Mark (über 45 Arbeitsjahre) gezahlt. Bei mehr als 15 Arbeitsjahren erhöhte sich die Mindestrente je 5 Arbeitsjahre um jeweils 10 Mark. Witwen (Witwer) erhielten mindestens 300 Mark, Waisen 130 Mark im Monat (siehe dazu die Übersicht auf der folgenden Seite).

Diese Mindestrentenregelung hatte für viele Versicherte einen Bedeutungsverlust der tatsächlich gezahlten Pflichtversicherungsbeiträge zur Folge. Auch die Anzahl der Versicherungsjahre spielte vielfach keine große Rolle mehr. Bei den Witwenrenten zum Beispiel lagen die theoretisch erzielbaren "Höchstrentenbeträge in jedem Fall unter den Mindestrenten" (BFA 1990 a: 96). Bei den Alters- und Invalidenrenten war es "nur langjährig Versicherten (mehr als 33 Arbeitsjahre) möglich, eine über den Mindestbetrag hinausgehende Rente aus der Pflichtversicherung zu erzielen" (ebd., siehe auch dazu die folgende Übersicht, die in der Tat verdeutlicht, daß erst ab 34 Versicherungsjahren die erzielbare Höchstrente von 344 Mark - 140 Mark Grundbetrag zuzüglich 34 x 6 Mark = 204 Mark Steigerungsbetrag - höher war als die ohnehin garantierte Mindestrente).

1 Der in einer BFA-Publikation (1990 a: 93) genannte "durchschnittliche Versichertenrentenbetrag aus der Pflichtversicherung" von 379 Mark im Dezember 1988 ist falsch. Dieser Betrag bezieht sich auf die Versichertenrenten insgesamt, also unter Einschluß der FZR-Renten.

2 Der Mindestlohn betrug ab 1971 300 Mark, ab 1976 400 Mark (vgl. LAMPERT 1991: 116).

Mindest- und Höchstrenten* aus der Sozialpflichtversicherung der DDR (bis November 1989)

Zurückgelegte Arbeitsjahre	Mindestrente/Mindestbetrag	Höchstrente *
Versichertenrenten		
unter 15	300 M	unter 230
15 bis unter 20	310 M	230 bis unter 260 M
20 bis unter 25	320 M	260 bis unter 290 M
25 bis unter 30	330 M	290 bis unter 320 M
30 bis unter 35	340 M	320 bis unter 350 M
35 bis unter 40	350 M	350 bis unter 380 M
40 bis unter 45	360 M	380 bis unter 410 M
45 bis 50	370 M	410 bis 440 M
Hinterbliebenenrenten		
Witwen-/Witwerrenten	300 M	264 M
Halbwaisenrenten	130 M	132 M
Vollwaisenrenten	180 M	176 M

* Höchstrente: Höchstmöglicher Rentenbetrag vor einer evtl. Anhebung auf die Mindestrente. Quelle: BFA 1990 a: 53, 67 f., 87, 106 und eigene Berechnungen.

Die Renten in der DDR waren "statisch", nicht - wie in der Bundesrepublik seit der Rentenreform 1957 - "dynamisiert". Rentenerhöhungen erfolgten sporadisch und spärlich, eher nach politischer Opportunität und Parteitagsterminen als aufgrund volkswirtschaftlicher Gesamtüberlegungen. In den "letzten Jahren (wurden) die Renten etwa alle drei bis fünf Jahre (ohne feste Regelbindung) angehoben" (a.a.O.: 95).

7.2.2.3 Arbeitsunfälle, Berufskrankheiten

Stärker als die Alters- und Invalidenversicherung der DDR wies das Unfallversicherungsrecht formale Ähnlichkeiten mit dem BRD-Recht auf. Hier wie dort blieben Arbeitnehmer von Beitragszahlungen verschont, erfolgte die Finanzierung im Wege der Umlage, die auch die Unfallgefahren im Betrieb berücksichtigte. Renten wurden nach Arbeitsunfällen und bei Berufskrankheiten gewährt, die Höhe der Unfallrente war abhängig vom Grad der Schädigung, Mindestvoraussetzung war eine Minderung der Erwerbsfähigkeit um 20 Prozent. Bei völligem Verlust der Erwerbsfähigkeit stellte das DDR-Recht ebenso wie das bundesrepublikanische auf eine 2/3-Entschädigung, gemessen am bisherigen Bruttoarbeitsverdienst, ab; bei Teil-Erwerbsunfähigkeit wurde eine Teilrente entsprechend dem Invaliditätsgrad gezahlt.

Der entscheidende qualitative Unterschied zur BRD-Unfallversicherung lag - außer der auch hier fehlenden Dynamisierung - darin, daß als Bemessungsgrundlage für die Rentenleistungen die bereits bekannte, extrem niedrige Beitragsbemessungsgrenze in Höhe von 600 Mark im Monat diente. FZR-Beiträge hatten auf die Höhe der Unfallrenten keinen Einfluß. Die erzielbare Unfall-Höchstrente belief sich folgerichtig auf 400 Mark im Monat (2/3 von 600 Mark).

Immerhin wurde bei einem Körperschaden von 66,7 Prozent und mehr eine Zulage von 170 Mark gezahlt, so daß sich wenigstens für die schwereren Fälle eine Rente in Höhe von 570 Mark ergab - vorausgesetzt, der Verdienst hatte bei mindestens 600 Mark im Monat gelegen. Der Mindestbetrag für Unfallrenten mit einer Schädigung von 66,7 Prozent und mehr betrug 470 Mark. Eine Zulage in Höhe von 50 Mark wurde gewährt, wenn die MdE mehr als 50, aber weniger als 66,7 Prozent betrug. Als Mindestlohn wurde der Rentenberechnung ein Monatseinkommen von 400 Mark zugrundegelegt.

7.2.2.4 Krankheit, Mutterschaft

Im Krankheitsfall gewährte die Sozialversicherung der DDR Sachleistungen (kostenfreie ärztliche und zahnärztliche Behandlung, Zahnersatz, Heil- und Hilfsmittel) ohne Krankenscheingebühr und ohne Selbstbeteiligung. Kostenfrei war auch die stationäre Behandlung im Krankenhaus (ohne zeitliche Begrenzung), die stationäre Entbindung und eine erforderliche Kur. Krankengeld wurde gezahlt bei vorübergehender Arbeitsunfähigkeit infolge Krankheit, Unfall oder einer Berufskrankheit, längstens für 78 Wochen, auch bei Krankenhausaufenthalt. Arbeitnehmer bekamen für die ersten sechs Krankheitswochen in einem Kalenderjahr 90 v.H. des Nettodurchschnittsverdienstes. Ab der siebten Woche war das Krankengeld unterschiedlich hoch, je nachdem, ob das Monatseinkommen unter oder über 600 Mark lag, ob eine FZR-Mitgliedschaft vorlag oder nicht und ob und wieviel Kinder vorhanden waren.

Arbeitnehmer mit *weniger* als 600 Mark im Monat und FZR-Mitglieder erhielten von der siebten Woche an ein Krankengeld

bei weniger als 2 Kindern	in Höhe von 70 v.H.	
mit 2 Kindern	in Höhe von 75 v.H.	
mit 3 Kindern	in Höhe von 80 v.H.	} ihres Nettoverdienstes.
mit 4 Kindern	in Höhe von 85 v.H.	
mit 5 Kindern	in Höhe von 90 v.H.	

Arbeitnehmern mit einem Monatseinkommen *über* 600 Mark, die *nicht* der FZR angehörten, wurde von der siebten Woche ein Krankengeld gezahlt

bei weniger als 2 Kindern	in Höhe von 50 v.H.	ihres beitragspflichtigen Bruttoverdienste
mit 2 Kindern	in Höhe von 65 v.H.	
mit 3 Kindern	in Höhe von 75 v.H.	} ihres Nettoverdienstes.
mit 4 Kindern	in Höhe von 80 v.H.	
mit 5 Kindern und mehr	in Höhe von 90 v.H.	

Bei Arbeitsunfähigkeit infolge eines Arbeitsunfalls oder einer Berufskrankheit wurde Krankengeld in Höhe des letzten Durchschnittsverdienstes gewährt.

"Durchweg günstiger als in der Bundesrepublik" waren nach MITZSCHERLING (1978: 71 f.). in der DDR "die Leistungen bei Mutterschaft. Während des Schwangerschaftsurlaubs (6 Wochen vor der Niederkunft) und des Wochenurlaubs (20 Wochen nach der Entbindung ...) besteht Anspruch auf Schwangerschafts- und Wochengeld in Höhe des letzten durchschnittlichen Nettoverdienstes ... Mütter erhalten (auch als Familienangehörige) einmalige, aus dem Staatshaushalt finanzierte *Geburtenbeihilfen* in Höhe von 1 000 Mark für jedes Kind ..., wenn sie sich vor der Entbindung zweimal in einer Schwangerenberatungsstelle und danach viermal in einer Mütterberatungsstelle vorstellen ... Nach Ablauf des Wochenurlaubs können sozialpflichtversicherte Mütter für das zweite und jedes weitere geborene Kind bis zum Ende des ersten Lebensjahres des Kindes sich von der Arbeit freistellen lassen, um das Kind selbst zu betreuen. Sie erhalten während dieser maximal 32 Wochen eine monatliche *Mütterunterstützung* in Höhe des nach der sechsten Woche der Arbeitsunfähigkeit im Kalenderjahr zu beanspruchenden Krankengeldes, mindestens aber - soweit vollbeschäftigt - bei zwei Kindern 300 M monatlich, bei drei und mehr Kindern 350 M monatlich".

Seit 1984 konnten sich verheiratete Mütter nach der Geburt des dritten und jedes weiteren Kindes bis zum 18. Lebensmonat des Kindes *bezahlt* von der Arbeit freistellen lassen.[1] Eine Leistung, von der ebenfalls vor allem Mütter profitierten, war

> "die Freistellung alleinstehender Werktätiger von der Arbeit zur Pflege erkrankter Kinder für die Dauer von zwei Tagen. Sie erhalten für diese Zeit von der Sozialversicherung ... 90 v.H. ihres Nettodurchschnittsverdienstes. Der Anspruch entsteht bei jeder Erkrankung des Kindes. Bei längerdauerndem Fernbleiben von der Arbeit wegen notwendiger Pflege des erkrankten Kinders wird als Unterstützung nach zwei Tagen das Krankengeld gewährt, auf das bei eigener Krankheit des Versicherten von der 7. Woche an Anspruch besteht" (MITZSCHERLING 1978: 72).

Je nach Anzahl der Kinder betrug die Anspruchsdauer zwischen 4 und 13 Wochen im Jahr. Alleinstehende "erwerbstätige Mütter", die ihre Arbeit unterbrechen mußten, weil ihnen kein Krippenplatz zur Verfügung stand, erhielten "eine monatliche Unterstützung aus Mitteln der Sozialversicherung" (a.a.O.: 73). Diese "Mütterunterstüzung" entsprach in der Höhe dem Krankengeld, auf das die Mutter bei eigener Arbeitsunfähigkeit von der 7. Woche an Anspruch gehabt hätte. Für Vollbeschäftigte mit einem Kind betrug sie "mindestens 250 M, mit zwei Kindern 300 M und mit drei oder mehr Kindern mindestens 350 M monatlich"(ebd.). Schließlich galt für alle vollbeschäftigten Mütter mit zwei und mehr Kindern bis zu 16 Jahren die 40-Stunden-Woche ohne Lohnminderung (übrige Werktätige: 43 3/4-Stunden-Woche).

7.2.3 Sozialversicherung bei der Staatlichen Versicherung der DDR

7.2.3.1 Pflichtversicherte, Beiträge

Der Sozialversicherung bei der Staatlichen Versicherung der DDR gehörten als Pflichtversicherte vor allem die Mitglieder der landwirtschaftlichen und Produktionsgenossenschaften des Handwerks sowie selbständige Handwerker an. Auch Inhaber

1 Siehe "Verordnung über die Verbesserung von Leistungen nach der Geburt des dritten und jedes weiteren Kindes und für verheiratete werktätige Mütter mit drei und mehr Kindern bei Pflege erkrankter Kinder" vom 24.5.1984.

von Gewerbebetrieben, Mitglieder von Rechtsanwaltskollegien, freiberuflich und andere selbständig Tätige waren der Versicherungspflicht unterworfen,[1] desgleichen Ehegatten von Handwerkern oder selbständig Tätigen, *wenn* sie in deren Betrieb ständig mitarbeiteten. Diese Bestimmungen hatten zur Folge, daß ein großer Teil der Nicht-Arbeitnehmerschaft in der DDR sozialpflichtversichert war. Die Unternehmertum und Privatinitiative beschränkende Wirtschaftspolitik und die daraus resultierende Dominanz der abhängigen Beschäftigung verhinderte allerdings, daß der Nicht-Arbeitnehmer-Sozialversicherung der DDR quantitativ eine herausragende Bedeutung zukam. Immerhin gehörten ihr (1988) "rund 10 Prozent der Einwohner (Versicherte und Familienmitglieder) an" (BFA 1990 a: 35).

In der Pflichtversicherung bei der Staatlichen Versicherung der DDR gab es unterschiedliche Beitragssätze. Für LPG-Mitglieder und Mitglieder von Produktionsgenossenschaften des Handwerks galt die gleiche Regelung wie für Arbeitnehmer, das heißt, der Beitragssatz lag bei 22,5 Prozent, 10 Prozent hatte der Versicherte, 12,5 Prozent der Betrieb zu tragen. Für Mitglieder von Rechtsanwaltskollegien, Inhaber von Handwerks- und Gewerbebetrieben, freiberuflich und andere selbständig Tätige und ihre mitarbeitenden Ehegatten betrug der Beitragssatz 20 Prozent.[2]

Die Beitragssätze bezogen sich auf unterschiedliche Einkommensarten (Arbeitsvergütung, Gewinn, Einkünfte); es galt die gleiche Beitragsbemessungsgrenze wie in der Arbeitnehmer-Sozialversicherung (600 Mark/Monat).

7.2.3.2 Renten-, Kranken und Unfallversicherung

Auch für die Mitglieder der Staatlichen Versicherung der DDR war eine freiwillige Zusatzrentenversicherung möglich. Sie machten von dieser Möglichkeit in etwas geringerem Maße als Arbeitnehmer Gebrauch: von den Ende 1988 gezahlten Arbeitnehmer-Renten hatten 34 Prozent FZR-Anteile, bei den Renten der Staatlichen Versicherung 30 Prozent (siehe STATISTISCHES AMT 1989: 351). Die Selbständigen-Renten waren, wie die folgende Übersicht zeigt, in der Regel etwas niedriger als die Arbeitnehmer-Renten (vgl. S. 282). Von den Mindestrenten-Regelungen (siehe S. 283) profitierten im übrigen auch die Rentner der Staatlichen Versicherung.

Durchschnitts-Renten der Staatlichen Versicherung der DDR - 12/1988

Altersrenten	Invalidenrenten		Witwen(r)-	Waisen-
	vor 65	nach 65	renten	renten
363	406	355	301	134

Quelle: STATISTISCHES AMT 1989:351

1 Mit Ausnahme der freiberuflich tätigen Kultur- und Kunstschaffenden sowie der in eigener Praxis tätigen Ärzte, Zahnärzte und Tierärzte, die, aus welchen Gründen auch immer, bei der FDGB-Sozialversicherung pflichtversichert waren.
2 Dieser Beitragssatz galt auch für Ärzte, Kunst- und Kulturschaffende sowie ihre mitarbeitenden Ehegatten.

Die Staatliche Versicherung der DDR gewährte ihren Mitgliedern im Krankheitsfall Sachleistungen in gleichem Umfang wie den Arbeitnehmern der FDGB-Sozialversicherung. Das Krankengeld war demgegenüber reduziert: für 6 Wochen im Kalenderjahr wurden 50 Prozent des beitragspflichtigen Entgelts gezahlt, also höchstens 300 Mark im Monat (Ausnahme: Genossenschaftsmitglieder). Für Krankheitszeiten ab der 7. Woche galten die entsprechenden Regelungen für Arbeitnehmer, die Höhe des Krankengeldes war demzufolge abhängig vom Einkommen, von der Kinderzahl und der FZR-Mitgliedschaft. Auch bei Arbeitsunfällen und Berufskrankheiten waren die entsprechenden Arbeitnehmer-Vorschriften maßgebend.

7.2.4 Sozialversicherungsrechtliche Privilegien

Der Überblick über das DDR-Sozialversicherungsrecht wäre unvollständig, blieben die "Sonder- und/ oder Zusatzversorgungseinrichtugen für bestimmte Personengruppen", eine "Art Sozialversicherung 1. Klasse" (BFA 1990 a: 41) unerwähnt. Eine aktuelle Aufstellung nennt siebenundzwanzig Zusatz- und vier Sonderversorgungssysteme (siehe BMA 1997 f.: 230).

Unter den *Zusatz*versorgungssystemen sind so unterschiedliche wie die "Freiwillige zusätzliche Altersversorgung für hauptamtliche Mitarbeiter der CDU" von 1971, die "Zusätzliche Versorgung für freiberuflich tätige Mitglieder des Schriftstellerverbandes der DDR" von 1988 und die "Zusätzliche Altersversorgung für verdienstvolle Vorsitzende von Produktionsgenossenschaften und Leiter kooperativer Einrichtungen der Landwirtschaft" vom selben Jahr. Die *Sonder*versorgungssysteme betrafen die Nationale Volksarmee, die Volkspolizei, die "Organe der Feuerwehr und des Strafvollzugs", die Zollverwaltung und das MfS. Gemeinsam ist den Zusatz- und Sonderversorgungssystemen, daß sie die technische, ökonomische, wissenschaftliche, künstlerische und politische Elite des Staates sowie die Angehörigen staatlicher Institutionen mit Überwachungscharakter begünstigten.

Die BfA geht davon aus, daß immerhin "ca. 15 Prozent der Erwerbstätigen" (BFA 1990 a: 41) der DDR von diesen Sonderregelungen betroffen waren. Der Sozialbericht 1990 der Bundesregierung ordnet den Zusatzversorgungssystemen 300 000 Leistungsempfänger und rund 1 Million Personen mit entsprechenden Anwartschaften zu, während die Sonderversorgungssysteme "nach Schätzungen rund 430 000 Personen" erfaßten (siehe BMA 1990 b: 17).

Der Unterschied zwischen Sonder- und Zusatzversorgungssystem bestand darin, daß erstere separate Einrichtungen außerhalb der Sozialversicherung darstellten - die Berechtigten hatten einen Beitrag von 10 Prozent ihrer "gesamten 'Besoldung'" (BFA 1990 b: 25) zu entrichten - während die Zusatzversorgungssysteme Leistungen *neben* der Sozialversicherung bereithielten. Sozialversicherung und *Zusatzversorgung* ergaben "Systeme mit Gesamtversorgungscharakter, in denen den Berechtigten als Versorgung ein fester Prozentsatz des letzten Erwerbseinkommens ... unter Anrechnung der Rente aus der Sozial(pflicht)versicherung zugesagt wurde" (a.a.O.: 25 f.); der Sozialbericht 1990 spricht von "50 bis 60 % des Bruttoverdienstes bzw. 90 % des Nettoverdienstes" (BMA 1990 b: 17). Die Altersversorgung aus den *Sondersystemen* hingegen erreichte "75 % des letzten Bruttoverdienstes ohne Begrenzung auf eine Höchstrente und damit ein Vielfaches der Durchschnittsrente" (ebd.).

Die vorgestellten Fakten belegen, daß die Qualität der sozialen Sicherungsmaßnahmen zugunsten der DDR-Führungskader "wesentlich über dem allgemeinen Niveau" (BFA 1990 a: 79) lag. Sie fügten sich ein in ein Gesamtsystem von Vorrechten, das die Nomenklatura nicht zuletzt für sich selbst geschaffen hatte und das sie von der Masse des Volkes weit entfernte. Das bundesrepublikanische Überleitungs-Sozialrecht machte nach der Wende mit den Zusatz-, insbesondere aber den Sonderversorgungssystemen, "kurzen Prozeß". Vor allem da, wo Personen "einen erheblichen Beitrag zur Aufrechterhaltung oder Stärkung des politischen Systems der ehemaligen DDR geleistet" oder eine "systemfördernde Funktion innehatten" (BMA 1995 a: 309), wurden die erworbenen Ansprüche und die gewährten Leistungen rigoros beschnitten.[1]

7.2.5 Der Sozialversicherungshaushalt der DDR (1988)

Im Jahre 1988 verzeichnete die Sozialversicherung der DDR (FDGB-Versicherung und Staatliche Versicherung) Gesamt-Einnahmen und -Ausgaben in Höhe von 36,3 Milliarden Mark. Die Einnahmen stammten zu 52 Prozent (18,8 Milliarden Mark) aus Beiträgen und zu 48 Prozent aus staatlichen Zuschüssen. Der Staatsanteil war damit erheblich höher als in der Bundesrepublik Deutschland, deren Haushalt im gleichen Jahr einen Anteil öffentlicher Mittel "für Sozialversicherungsträger" von knapp 14 Prozent auswies (siehe BMA 1991: 63). Aus dem hohen Staatsanteil an den Ausgaben für die soziale Sicherung der DDR-Bewohner - im Verbund mit dem niedrigen Beitragssatz in der Sozialversicherung und der unzureichenden "Beitragsbemessungsgrenze über Jahre hinweg" - ziehen LAMPERT/SCHUBERT (1988 b: 143) den - tendenziell zutreffenden, aber etwas überzogenen - Schluß, die DDR habe das Ziel verfolgt, "in der Sozialversicherung das Versicherungsprinzip durch das Versorgungsprinzip zu ersetzen".

Annähernd die Hälfte der Ausgaben im Sozialhaushalt der DDR entfielen auf Rentenzahlungen (17,2 Milliarden Mark = 47 Prozent). 7,5 Milliarden Mark (21 Prozent) wurden für die medizinische Betreuung der Versicherten benötigt, 4,6 Milliarden Mark (13 Prozent) für Krankengeldzahlungen und 3,5 Milliarden Mark (9 Prozent) für Arzneikosten. Sonstige Ausgaben (unter anderem Schwangerschafts- und Wochengeld sowie Mütterunterstützung für bezahlte Freistellung von der Arbeit bei Inanspruchnahme des Babyjahres oder Pflege erkrankter Kinder) summierten sich zu 3,7 Milliarden Mark (10 Prozent).

---

1 Besonders radikale Einschnitte sah das Gesetz über die Aufhebung der Versorgungsordnung des ehemaligen Ministeriums für Staatssicherheit/Amtes für Nationale Sicherheit vom 29.6.1990 vor.

7.3 Sonstige Sozialleistungen

Für das erste und zweite Kind wurde *Kindergeld* in Höhe von jeweils 20 Mark monatlich gezahlt, für das dritte und jedes weitere Kind 100 Mark. Junge Eheleute bis zu 26 Jahren erhielten für Wohnungserwerb und -einrichtung einen zinslosen Kredit von 5 000 Mark. Die Rückzahlung verringerte sich mit der Anzahl der nach der Kreditaufnahme geborenen Kinder (bei einem Kind um 1 000 Mark, beim zweiten Kind um weitere 1 500 Mark und beim dritten Kind nochmals um 2 500 Mark). Bei drei Kindern war der Kredit ohne Rückzahlung getilgt.

Anspruch auf *Sozialfürsorgeunterstützung* hatten Personen, die nicht in der Lage waren, ihren Lebensunterhalt durch Arbeitseinkommen zu bestreiten, über kein sonstiges ausreichendes Einkommen oder Vermögen verfügten und auch keinen ausreichenden Unterhalt von unterhaltspflichtigen Angehörigen erhielten. Als ausreichend wurde ein Einkommen angesehen, das die Höhe der Sozialunterstüzung erreichte. Der Gewährung von Unterstützung gingen andere Ansprüche vor, auch in der DDR galt eine Art Subsidiaritätsprinzip. Unterstützte, die noch nicht das Rentenalter erreicht hatten, waren verpflichtet, sich darum zu bemühen, daß die Unterstützung so bald wie möglich entbehrlich wurde .

Alleinstehende erhielten 200 M, Ehepaare 300 M und Kinder 45 Mark im Monat. Zusätzlich wurde eine monatliche Mietbeihilfe - abhängig von der Familiengröße - zwischen 30 und 45 M gezahlt. Sozialunterstüzung und Mietbeihilfe durften den Höchstbetrag von 360 M monatlich pro Familie nicht überschreiten.

Die Sozialfürsorge wurde in der DDR kaum in Anspruch genommen. PETERHOFF (1983: 365) nennt eine Quote von "nur rund 0,5 Prozent" der Bevölkerung.

7.4 "Selbstverwaltung" und "Sozialgerichtsbarkeit"

Eine echte Selbstverwaltung der Sozialversicherten existierte in der DDR nicht. Selbstverwaltung bedeutet Rückzug des Staates und Selbstregulierung jenseits staatlicher Einflußnahme - ein Tatbestand, der einem politischen Gebilde, in dem alle gesellschaftlichen Organisationen und Institutionen "staatlich durchdrungen" waren, fremd bleiben mußte.[1] Zwar bestimmte die Verfassung in Art. 45 Abs. 3: "Die Gewerkschaften leiten die Sozialversicherung der Arbeiter und Angestellten auf der Grundlage der Selbstverwaltung der Versicherten". Gleichzeitig war der FDGB aber "mit den Staatsorganen eng verwoben" (BFA 1990 a: 43), nahmen die Gewerkschaften "maßgeblich teil an der Gestaltung der sozialistischen Gesellschaft, an der Leitung und Planung der Volkswirtschaft" (Art. 44 Abs. 3 DDR-Verfassung). Eine "echte Selbstverwaltung und Interessenwahrung der Versicherten gegenüber dem Staat" war aufgrund dieser Verflechtungen "nicht gegeben" (ebd.).

---

1 Andererseits war auch "der Staat" in der DDR nicht autonom, eigentlich zweitrangig, stand er doch "unter Führung der Arbeiterklasse und ihrer marxistisch-leninistischen Partei" (Art. 1 DDR-Verfassung von 1974).

Auch eine Sozialgerichtsbarkeit kannte die DDR nicht. Es gab lediglich "Beschwerdekommissionen" beim FDGB und bei der Staatlichen Versicherung der DDR, an die Einsprüche zu richten waren. Eine gerichtliche Überprüfung der Entscheidungen der Beschwerdekommissionen fand jedoch nicht statt - ein Verstoß gegen den Grundsatz der Trennung der Staatsgewalten (hier: Verwaltung und Rechtsprechung), den Art. 138 der DDR-Verfassung aus dem Jahre 1949 noch ausdrücklich garantiert hatte.

7.5 Kritische Würdigung

Insgesamt betrachtet dürfte die Sozialpolitik der DDR, sieht man von den Sonder- und Zusatzversorgungssystemen ab, den eingeschränkten ökonomischen Möglichkeiten des Systems entsprochen haben. Menschenverachtende und willkürliche Regelungen sind nicht auszumachen. Der hohe Staatsanteil an den Sozialausgaben bezeugt obrigkeitliche Fürsorge ebenso wie die Unwilligkeit oder Unfähigkeit, vorrangig die Betroffenen selbst in direkter Weise, nämlich über ihre Arbeitsleistung und entsprechende Beiträge, für eine qualitativ ausreichende materielle soziale Absicherung verantwortlich zu machen.

Unverkennbar sind die nivellierenden Tendenzen des DDR-Sozialrechts, wofür als Beispiel die Mindestrenten-Regelung steht. Auf der einen Seite hat diese sicherlich dazu beigetragen, Armut im Sinne existenzieller materieller Not zu verhindern. Auf der anderen Seite dürfte sie die - in der DDR ohnehin nicht überentwickelte - Arbeitslust und -produktivität nicht gerade befördert haben. Eine Regelung, die bewirkt, daß ein Geringverdiener mit wenig Arbeitsjahren eine annähernd gleich hohe Rente erhält wie jemand, der sich zeitlebens abstrampelt, trägt nicht wenig zur Arbeitsverdrossenheit der Gesamtgesellschaft bei.

Daß "die Rentner" in der DDR schlecht dran waren, kann dennoch nicht behauptet werden. Für die DDR-Rentnerin in unserem Beispiel auf S. 281, mit einer Rente von 631 Mark, betrug das Nettorentenniveau, also der Anteil der Rente am letzten Nettoeinkommen, immerhin 66 Prozent.[1] Bei einer ähnlichen Berechnung für einen Anfang 1990 in Rente gehenden Arbeitnehmer der früheren DDR mit Durchschnittsverdienst und 45 Arbeitsjahren sowie 20-jähriger Zugehörigkeit zur FZR kommt die BFA (1990 a: 95) sogar auf ein Nettorentenniveau von rund 70 Prozent.[2] (Zum Vergleich: das Nettorentenniveau eines Durchschnittsrentners nach 45 Versicherungsjahren lag 1990 in den alten Bundesländern bei 68 Prozent). Allerdings konnte bei den DDR-Renten das "Anfangsniveau" infolge der fehlenden Dynamisierung auf Dauer nicht gehalten werden .

Ein positives Urteil verdient zweifellos die sozialpolitische "Behandlung" der Frauen und Familien. Mag dabei auch die ökonomische Notwendigkeit der Einbezie-

---

1 Bei einer geschätzten Abgabenbelastung von 25 Prozent (Bruttoeinkommen 1988 = 1 269 M, 75 Prozent davon ergeben 952 M.

2 Bruttoeinkommen 1989 = 1 307 M, Abgabenbelastung 25 Prozent = 327 M, Nettoeinkommen folglich 980 M; Rente 681 Mark = 69,4 Prozent.

hung von Frauen in den Produktionsprozeß im Hinter- (oder Vorder-) Grund gestanden haben: Tatsache bleibt, daß hier die DDR der BRD in vielem tatsächlich "voraus" war. (Im übrigen: auch in der Bundesrepublik Deutschland dürften in den letzten Jahren bei den frauen- und familienpolitischen Maßnahmen nicht nur sozialpolitische, sondern auch andere, nicht zuletzt bevölkerungspolitische Überlegungen eine Rolle gespielt haben).

In der DDR jedenfalls hatte eine entsprechend ausgerichtete Politik durchaus Erfolg: seit 1969 war die dortige "Nettoreproduktionsrate" (siehe S. 156), auch wenn sie zum Bestandserhalt der DDR-Bevölkerung nicht ausreichte, doch stets höher als in der Bundesrepublik Deutschland.[1] Für LAMPERT (1991: 117) war die Familienpolitik der DDR "ungeachtet ihrer im Vergleich zur Bundesrepublik zum Teil anderen Zielsetzungen ... umfassender und differenzierter ausgebaut und in der Summe sowie gemessen an der ökonomischen Leistungsfähigkeit der DDR positiver zu bewerten ... als die Familienpolitik der Bundesrepublik".

Durchaus bedenkenswert erscheint auch die Zielrichtung der DDR-Sozialpolitik im Hinblick auf Renten wegen verminderter Erwerbsfähigkeit - das Rentenreformgesetz 1999 geht in diese Richtung - sowie bezüglich der Witwen- und Witwer-Renten. Die weitgehende Ausklammerung von jungen, gesunden und (Klein)kinderlosen Witwen aus dem Sozialleistungsrecht erscheint als keineswegs willkürliche oder sozialpolitische Maximen mißachtende Regelung.

Zusammenfassend läßt sich sagen, daß das DDR-Sozialleistungssystem einen materiellen Mindeststandard garantierte und auch die Kluft zwischen Arbeitenden und nicht (mehr) Arbeitenden nicht unzumutbar vergrößerte. Stets aber blieben sozialpolitische Leistungen und Aktivitäten in der DDR "in weitaus stärkerem Maße als in der Bundesrepublik ... in den volkswirtschaftlichen Gesamtzusammenhang integriert und von den wirtschaftlichen Ergebnissen abhängig" (PETERHOFF 1983: 354). Die ökonomische Ineffizienz des Systems, das schon für Arbeitende nur das "Notwendige" bereitstellte, begrenzte notgedrungen auch das Sozialleistungs-Niveau. Verglich ein DDR-Durchschnittsrentner seinen "Warenkorb" mit dem eines vergleichbaren West-Rentners, so mußte ihm sein Landsmann als Bewohner eines Schlaraffenlandes erscheinen. Sicherlich genügten sowohl die Arbeits- wie die Sozialeinkommen in der DDR den Anforderungen eines "einfachen und stetigen", durch "Vereinfachung der Bedürfnisse" geprägten Lebens im Sinne Proudhons (siehe dazu HOFMANN 1979: 66). Als Zufriedenheit stiftende, die gesellschaftliche Stabilität fördernde Regelungen verloren sie jedoch zumindest in den Augen der Betroffenen in dem Maße an Bedeutung, wie ein Vergleich mit dem westlichen Nachbarstaat die materielle "Minderwertigkeit" des einheimischen Systems offenbarte.

---

1 Am größten war die Abweichung zwischen der BRD- und DDR-Nettoreproduktionsrate in den Jahren 1978 und 1979 (Verhältnis jeweils 0,90:0,65, siehe BFA 1990 a: 100).

SONTHEIMER, K., BLEEK, W.: Die DDR: Politik, Gesellschaft, Wirtschaft, 4. Aufl. Hamburg 1975

RAUSCH, H., STAMMEN, T.: DDR: das politische, wirtschaftliche und soziale System, München 1974

MITZSCHERLING, P.: Zweimal deutsche Sozialpolitik. Sonderheft 123 des Deutschen Instituts für Wirtschaftsforschung, Berlin 1978

WEIßE, H.: Leistungen der Sozialversicherung - wann und wie?, Berlin (Ost) 1979

RUß, W.: Die Sozialversicherung in der DDR. Eine Untersuchung unter besonderer Berücksichtigung der Zielsetzungen der marxistisch-leninistischen Sozialpolitik, 2. Aufl. Frankfurt/M. 1982

PETERHOFF, R.: Sozialpolitik - Rahmenbedingungen und Strukturen, in: H. Hamel (Hrsg.): Bundesrepublik Deutschland - DDR. Die Wirtschaftssysteme, 4. Aufl. München 1983

LAMPERT, H., SCHUBERT, F.: Sozialpolitik (V) in der Deutschen Demokratischen Republik, in: Handwörterbuch der Wirtschaftswissenschaft, hrsg. v. W. Albers u.a., Stuttgart, New York, Tübingen, Göttingen, Zürich 1988

VORTMANN, H.: Die soziale Sicherheit in der DDR, in: Deutschland-Handbuch. Eine doppelte Bilanz 1949 - 1989, hrsg. v. W. Weidenfeld u. H. Zimmermann, Bonn 1989

WINKLER, G. (Hrsg.): Geschichte der Sozialpolitik der DDR 1945 - 1985, Berlin (Ost) 1989

*SCHMÄHL, W. (Hrsg.): Sozialpolitik im Prozeß der deutschen Vereinigung, Frank-*furt/M. 1992

8 Sozialpolitik als Gesellschaftspolitik - Kritik eines (verfehlten) Ansatzes

8.1 Vorbemerkung

Die zahlreichen, um nicht zu sagen zahllosen Einzelprobleme, vor denen die Sozialpolitik unserer Tage - nicht zuletzt unter dem Eindruck "leerer Kassen" - steht, dürfen nicht den Blick dafür verstellen, daß viele dieser Probleme deshalb entstanden sind, weil die Sozialpolitik im Laufe ihrer Entwicklung ihr ursprüngliches Ziel, ihre eigentlichen Adressaten und damit die ihr "an sich" obliegenden Aufgaben und Pflichten zunehmend aus dem Auge verloren hat. Eine Neu-, besser: Rückbesinnung tut not; "back to the roots" würde eine Konzentration auf das Wesentliche ermöglichen, der Sozialstaat wäre den Zwängen und Bedrängungen, denen er sich derzeit gegenübersieht, weniger hilflos ausgesetzt. Aus diesem Grunde ist es unverzichtbar, zunächst den Idealtypus "moderne Sozialpolitik" einer kritischen Prüfung zu unterziehen.

8.2 Sozialpolitik als Gesellschaftspolitik - die Folgen der Umdeutung durch Achinger

8.2.1 Die Achingersche Position

1958 erschien Achingers "Sozialpolitik als Gesellschaftspolitik", eine an Seitenzahlen bescheidene, in ihren Auswirkungen aber weitreichende Abhandlung. Sie begründete und festigte ein "modernes", "umfassendes" Sozialpolitik-Verständnis.

"Die Sozialpolitik", so beschrieb ACHINGER (1958: 57) zunächst zutreffend deren ursprüngliche Intentionen, "hat ... die Verhältnisse der industriellen Handarbeiter als ihren ersten und zunächst fast ausschließlichen Gegenstand angesehen ... Die Sozialpolitik soll nach dieser Auffassung auf die Besserung der Verhältnisse der industriellen Handarbeiterschaft ausgehen. Sie soll diese Gruppe Menschen in ihrer Eigenschaft als Arbeiter fördern, die sozialen Maßnahmen sollen an das Arbeitsverhältnis dieser Menschen anknüpfen."

Diesen überkommenen, an der abhängigen Beschäftigung orientierten Ansatz hielt Achinger im Jahre 1958 für nicht mehr zeitgemäß. Werde am abhängigen Arbeitsverhältnis als zentralem Orientierungsmuster für sozialpolitisches Handeln festgehalten, würden gewichtige Bevölkerungsteile als "sozialpolitisch uninteressant" ausgegrenzt: "Landwirtschaft, Kleingewerbe und Handwerk; oder nach einem weiteren Begriffsschema: alle Selbständigen mitsamt den freien Berufen" (a.a.O.: 60). Deren

"Ausschluß" von der sozialen Sicherung bedeute "auf die Dauer Diskriminierung, ja, gesellschaftliche Deklassierung" (a.a.O.: 95). Als Beispiele für solchermaßen ins soziale Abseits Gedrängte nennt Achinger "die deutschen Kleinbauern, ... die Kleinhändler, die Gastwirte, die Schausteller und Kirmesleute" (ebd.).

Es mag dahingestellt bleiben, ob diese Spezies von Unternehmern die "Selbständigen mitsamt den freien Berufen" hinreichend repräsentieren (irgendwie vermißt man Ärzte und Apotheker, Steuerberater und Immobilienmakler, Rechtsanwälte und Notare): die Beispiele waren auf jeden Fall nicht ungeschickt gewählt. Wer wollte den Bergbauern im Allgäu, Bananenverkäufern auf dem Hamburger Fischmarkt, Eckkneipenpächtern, Flohzirkusdirektoren, Eignern von Tanzbären oder Betreibern von Geisterbahnen einen auskömmlichen Lebensabend mißgönnen? Niemandem war daran gelegen, diese zwischen den sozialen Fronten siedelnden Existenzen von sozialpolitischen Segnungen auszuschließen; entsprechend konnte die "Verallgemeinerung" (SCHACHTSCHABEL 1983: 14) der Sozialpolitik vorangetrieben werden.

8.2.2 Die Gegenposition: Heyde

Zumindest bis Mitte der fünfziger Jahre war die Forderung nach einer zur "Gesellschaftspolitik" erweiterten, "entfalteten" Sozialpolitik nicht unumstritten. Einer der bekanntesten Antipoden Achingers war Heyde.

> "Es ist in den Jahren nach dem zweiten Weltkriege von verschiedenen Seiten gesagt worden", schrieb dieser 1956, "die Sozialpolitik müsse zur 'Gesellschaftspolitik' erweitert werden. In der Praxis war es bis vor wenigen Jahren unbestritten, daß *Sozialpolitik im engeren Sinn* ... nur in einer Bezogenheit auf die *fremdbestimmte Arbeit* verstanden werden dürfe. Als Gegenstand der Sozialpolitik (wurde) ein Bereich von Fragen angesehen, der sich aus der besonderen Lage der Arbeitnehmergruppen ergab, d.h. solcher Gruppen, deren Angehörige nach Maßgabe von Weisungen ihrer Vertragspartner Arbeit zu leisten ... verpflichtet und auf Grund relativer wirtschaftlicher Schwäche gezwungen sind. Das ist eine außerordentliche Verengung gegenüber dem eingangs gegebenen weitesten Begriff" (HEYDE 1956).

Nach Heyde hat die "enge Fassung" jedoch den Vorzug "der echten *systematischen Erfaßbarkeit* ... unter *einem* Blickpunkt und *einem* Ordnungsprinzip ... Noch immer ist die Gesellschaftsstruktur primär von der Schichtung in Selbständige und Arbeitnehmer bestimmt" (ebd.).

Nun ging es Heyde gewiß nicht um eine Überwindung der Klassengesellschaft, um eine prinzipielle soziale Neuordnung. Ein "entscheidend wichtiges Anliegen der Sozialpolitik" sollte vielmehr sein, "die Schichten ... aneinander zu bringen" (HEYDE 1966: 12). Ausgerechnet Achinger sah sich daraufhin zu der Frage veranlaßt, ob Heyde nicht eine "antirevolutionäre, reformerische Attitüde" eigen sei (siehe ACHINGER 1958: 13). In Wirklichkeit gründete Heydes Sicht von Sozialpolitik auf einem realistischen Gesellschaftsbild, das die besonderen Existenzbedingungen abhängiger Arbeit nicht unterschlug und daraus Interventionspflichten des Staates herleitete. Es war der letzte - und letztlich erfolglose - Versuch, die Sozialpolitik davor zu bewahren, ihrer Konturen zunehmend verlustig zu gehen.

"Heute wird immer stärker sichtbar", schrieb 1961 der damalige Vorsitzende des CDU-Bundesausschusses für Sozialpolitik, LÜNENDONK (1961: 240), "daß die Sozialpolitik sich mehr oder weniger in eine Gesellschaftspolitik umfassender Art verwandelt hat, die über eine Ausgleichspolitik zu Gunsten der Schwachen und über die Bekämpfung von Schäden und ungerechtfertigten Verschiedenheiten hinaus, auf der Suche nach neuen Lebensformen für alle ist. Damit aber rüttelt die Sozialpolitik so gut wie an jede Fläche des staatlichen und individuellen Daseins." Auch in Erhards "formierter Gesellschaft" sollte, wie einer ihrer Interpreten forderte, "an die Stelle der Sozialpolitik alten Stils ... eine neue Konzeption im Wohnungsbau, in der Raumordnung und regionalen Wirtschaftsförderung, der Gesundheits- und Familienpolitik und dem Bildungswesen treten, die der Gesellschaft als Ganzes gerecht werde" (MÖTTELI 1966: 234).

Einen vorläufigen Höhepunkt erreichten die Umdeutungsbestrebungen Mitte der siebziger Jahre. Die Sozialpolitik der Gegenwart erfasse "den Menschen" nicht deshalb, schrieb BRÜCK (1976: 39) in seiner im gewerkschaftseigenen Bund-Verlag erschienenen "Allgemeinen Sozialpolitik", "weil er 'arm', sondern weil er 'gefährdet' ist, das heißt mit zahlreichen Risiken und Lebenslagen allein nicht fertig werden kann. So gesehen sind alle Menschen irgendwie hilfsbedürftig oder potentiell hilfsbedürftig und so gesehen ist Sozialpolitik allen Menschen zugewandt." Zu diesem "flächendeckenden Verständnis" von Sozialpolitik, ihrem "Gießkannencharakter" (siehe HEINEMANN 1993) paßte - auch wenn es zu einem Arbeitnehmervertreter gar nicht paßte - wenn MUHR (1975: 140), stellvertretender Vorsitzender und Abteilungsleiter Sozialpolitik beim DGB, die (reichlich nebulös vorgetragene) Auffassung vertrat, in der Sozialpolitik gehe "der Trend (von punktuellen Maßnahmen zugunsten einiger Bevölkerungsgruppen) zur umfassenden Sicherung, die sämtliche Bevölkerungsgruppen einschließt ... Das Kausalitätsprinzip ... wird verdrängt von dem einer modernen Gesellschaft entsprechenden Finalitätsprinzip."

Es bleibt schlechthin unerfindlich, wie gerade Repräsentanten der abhängig Beschäftigten solche Positionen beziehen konnten. Denn profitiert von den Bestrebungen, eine verschwommene Konzeption als Sozialpolitik neuen Typs zu propagieren, haben ganz andere Bevölkerungsschichten.

Von der Bevorzugung von Handwerkern[1] und Bauern war bereits die Rede. Immer mehr Nichtarbeitnehmern wurde die Möglichkeit eröffnet, im sozialen Sicherungssystem unterzuschlüpfen. Die Bestimmung etwa, wonach Arbeitsverträge zwischen Ehegatten keine Sozialversicherungspflicht begründen, wurde 1966 gestrichen, die Arbeitnehmereigenschaft von mitarbeitenden Familienangehörigen selbst dann bejaht, wenn die typischen Wesensmerkmale eines Arbeitsverhältnisses nur einge-

1 Siehe dazu S. 122 f.. Von Beginn der Handwerkerversicherung 1938 hegten die versicherten Arbeitnehmer den Verdacht, "die Versicherung der Handwerker mitfinanzieren zu müssen" (WANNAGAT 1965: 374).

schränkt und abgeschwächt vorhanden waren.[1] Seit 1972 hat jeder Selbständige die Möglichkeit, per Willenserklärung Pflichmitglied der gesetzlichen Rentenversicherung zu werden, auch dann, wenn sein Gesundheitszustand so beschaffen ist, daß ihn jede private (Lebens)Versicherung ablehnen würde. Von der wiederholt eingeräumten Möglichkeit der Nachentrichtung von Beiträgen profitierten nicht zuletzt finanzkräftige Nicht-Arbeitnehmer. Janzen, Vorstandsmitglied der IG-Metall, sprach im Zusammenhang mit der "Öffnung der Rentenversicherung für Selbständige und Freiberufler" von einem "Kuckucksei", das der Gesetzgeber den Arbeitnehmern "in's Nest gelegt" habe, finanziere die Versichertengemeinschaft diesem Personenkreis doch eine "wahre Traumrendite" (JANZEN 1976: 31).

Auf denselben Sachverhalt zielt die Kritik von M. und S. GREIFFENHAGEN (1981: 213):

> "Seit der Rentenreform können auch Selbständige ..., die zuvor auf private Vorsorge angewiesen waren, sich in die ... Rentenversicherung einkaufen. Dagegen wäre nichts einzuwenden, wenn sie dies nicht zu erheblich günstigeren Bedingungen als die Arbeitnehmer täten ... Die pflichtversicherten Arbeitnehmer müssen auf diese Weise den größten Teil der Selbständigen-Pensionen bezahlen ... Die einstige Solidarversicherung der Arbeitnehmer ist zu einem günstigen Investment ... der Selbständigen geworden."

Die jahrzehntelange "traumhafte" Bewertung der Akademiker-Ausbildungszeiten als Ausfallzeiten in der gesetzlichen Rentenversicherung fügt sich in diesen Rahmen ein: bis zu dreizehn mit Höchstwerten belegte Jahre schenkte die Versichertengemeinschaft, schenkten also nicht zuletzt die kleinen und mittleren Arbeiter und Angestellten, ihren betuchten Mitbürgern mit Hochschulabschluß (vgl. S. 150).

Die Arbeitslosenversicherung finanzierte Umschulungsmaßnahmen ohne vorherige Beitragsentrichtung, "Ansprüche von angehenden Wirtschaftsprüfern oder Steuerberatern auf Finanzierung von Ausbildungsteilen durch die Arbeitslosenversicherung" waren Beleg für die "asozialen Pfründe" und den "sozialstaatlichen Speck" (BORCHERT 1995: 7), an den sich gerade Begüterte vielfach ohne jede Hemmung herantrauten. Über "Beutezüge der Oberklasse" ins soziale Netz und "viele Möglichkeiten" der "Unternehmer und Freiberufler", die "Krankenkassen zu plündern", berichtete detailliert DER SPIEGEL (1992: 114). Schon vor über zwei Jahrzehnten hatte GRUBBE (1976) eine Gruppe von Profiteuren der Sozialstaats-Ausweitung benannt: "Gefährdet wird der Sozialstaat ... durch seinen Mißbrauch, den vorwiegend Angehörige der wohlhabenden und gebildeten Schichten betreiben. Sie schimpfen zwar laut über den Sozialstaat, schröpfen ihn aber bei jeder sich bietenden Gelegenheit."

Auch von Urteilen des Bundessozialgerichts in den Jahren 1969 und 1976, welche die sogenannte konkrete Betrachtungsweise bei der Gewährung von Erwerbsunfähigkeitsrenten vorschrieb, dürften Nicht-Arbeitnehmer bevorzugt profitiert haben. Genügten nunmehr doch dürftige 5 Versicherungsjahre, um im fortgeschrittenen Alter selbst bei nur leicht eingeschränkter Erwerbsfähigkeit - also keineswegs Erwerbs*un*-

---

1 Vgl. WANNAGAT 1965: 310: "Hierbei werden im Hinblick auf die familiären Verhältnisse an die Weisungsgebundenheit des Beschäftigten weniger strenge Anforderungen als sonst zu stellen sein."

fähigkeit - einen Rentenanspruch zu begründen. Ursprünglich wurde die Erwerbsfähigkeit allein nach medizinischen Gesichtspunkten beurteilt (abstrakte Betrachtungsweise). Wer nach ärztlichem Bekunden noch drei bis vier Stunden täglich arbeiten konnte, war nicht erwerbsunfähig, auch wenn eine entsprechende Arbeitsstelle nicht zur Verfügung stand. Die konkrete Betrachtungsweise verlangte nunmehr den Nachweis eines solchen, dem Restleistungsvermögen angemessenen Teilzeitarbeitsplatzes. Fehlte ein solcher - und dies war zunehmend der Fall - wurde Erwerbsunfähigkeit selbst dann unterstellt, wenn die Erwerbsfähigkeit nur zum Teil, etwa um lediglich zwei Stunden täglich, eingeschränkt war.

"Freiwillig Versicherte", kritisierte ein Sozialversicherungsexperte, "erhalten infolge der Rechtsprechung des Bundessozialgerichts zur konkreten Betrachtungsweise ... im gestiegenen Maße Erwerbsunfähigkeitsrenten, obwohl ihre Erwerbstätigkeit meist schon länger zurückliegt und regelmäßig gar nicht mehr angestrebt wird. Es reicht schon eine u. U. geringfügige Einschränkung der Erwerbsfähigkeit und der fehlende Nachweis eines zumutbaren Teilzeitarbeitsplatzes, um die Erwerbsunfähigkeitsrente zu erhalten" (CLAUSING 1983: 327).

8.3 Korrekturversuche - und Reaktionen

Es hätte nahegelegen, angesichts solcher Entwicklungen, angesichts einer Sozialpolitik, die den sozialen Ausgleich eher als Transfer von unten noch oben als umgekehrt begriff, gegenzusteuern. Doch nichts dergleichen geschah. Erst unter dem Diktat der leeren Kassen, quasi als Nebenprodukt der Sparzwänge, erfolgte eine Art sozialpolitische Neubesinnung.

Bei den Landwirten etwa wurden Elemente des sozialen Ausgleichs wenigstens ansatzweise zu realisieren versucht. Die Geschenke der Versichertengemeinschaft an Akademiker - in Gestalt grenzenloser Anerkennung ihrer Ausbildungszeiten - wurden erheblich reduziert.[1] Der Zugang von Nicht-Arbeitnehmern zur Erwerbs- und Berufsunfähigkeitsrente war bereits 1984 erschwert worden: seit 1985 erhält eine solche Rente nur noch, wer in den voraufgegangenen fünf Jahren mindestens drei Jahre als Arbeitnehmer bzw. pflichtversichert tätig war. Blüm zufolge sollte dadurch "die Entwicklung der Sozialen Rentenversicherung zur Volksversicherung revidiert und die Arbeitnehmerversicherung wiederhergestellt werden" (MICHALSKY 1984: 141).

Der Versuch, wenigstens in *einem* Bereich die Sozialversicherung an ihre Ursprünge zurückzuführen, wurde dem Bundesarbeitsminister schlecht gedankt. Sonst wohlwollende Begleiter seiner sozialpolitischen Aktivitäten schlugen im Hinblick auf die Neuregelung des EU- und BU-Rentenanspruchs ungewöhnlich harsche Töne an - obwohl der Gesetzgeber allen bereits freiwillig Versicherten die Möglichkeit eröffnet hatte, ihren Anspruch zu bewahren: sie brauchten sich lediglich zu kontinuierlicher weiterer Beitragszahlung verpflichten, das heißt jeden Monat den Mindestbeitrag (!) entrichten.

---

1 Von ehedem 13 Jahren in den fetten über 7 Jahre in den mageren (Rentenreform 1992) bis zu nunmehr 3 Jahren (1996) in den schlechten Zeiten. Siehe auch S. 175 f..

Schewe, Nachfolger Achingers im Vorsitz der Gesellschaft für Sozialen Fortschritt, behauptete dennoch, "die Bundesregierung und die liberal-konservative Koalition" habe "die Invaliditätssicherung ... für einige Bevölkerungsgruppen vernichtet" und "gerade jene am tiefsten getroffen, die zu ihrem Wählerpotential gehören: Ältere Hausfrauen, Selbständige, im Ausland Tätige, Abgeordnete und Aufsteiger" (SCHEWE 1984: 195).

Spätestens dieser Satz zeigt, wem die "entfaltete", dem "hilfsbedürftigen Menschen als solchem" zugewandte Sozialpolitik zumindest *auch* nützt. Von den Kirmesleuten und Schaustellern zu den Abgeordneten und Aufsteigern: der Kreis schließt sich, die "verallgemeinerte" Sozialpolitik, so könnte man, vielleicht etwas polemisch, schlußfolgern, zeigt ihr wahres Gesicht. Tatsache ist: so verschwommen "moderne" Sozialpolitik auch daherkam, so konturenlos sie schien, so praktisch und konkret nutzte sie bestimmten sozialen Gruppen und wurde von ihnen benutzt. Sie trug dazu bei, den finanziellen Ertrag Arbeitnehmerferner zu mehren, erlaubte einen Zusatzprofit.

Auch aus diesem Grunde muß Sozialpolitik wieder verstärkt zu einer Politik für diejenigen und derjeniger werden, die auf die Verwertung ihrer Arbeitskraft in abhängiger Stellung angewiesen sind; sie muß sich ihres Beiwerks, das zum Ge- und Mißbrauch durch Nichtarbeitnehmer geradezu einlud, entledigen. Erst dann macht das Verlangen nach Solidarität und solidarischem Verhalten innerhalb der Versichertengemeinschaft wieder Sinn.

8.4 Solidarität - mit wem?

Es mag "uralte abendländische Weisheit" sein, daß der Mensch ein "zoon politicon" ist, "das heißt seinem Wesen nach auf das Du und die Gemeinschaft hingeordnet ist" (ACHINGER u.a. 1955: 21). Nicht bestritten werden soll auch die "wesenhafte soziale Anlage des Menschen", die "ontisch wechselseitige Verbundenheit und ethisch wechselseite Verantwortlichkeit im Füreinander-Einstehen" als Inbegriff des "Prinzips der Solidarität" (ebd.). Zu bezweifeln ist indes, ob ein solches allumfassendes Verständnis von Solidarität "politikgerecht" ist, ob die Forderung von OCKENFELS (1989: 76), Solidarität müsse die Grenzen der eigenen Gruppe überschreiten, "über sich hinausgehen und auf das Wohl aller" gerichtet sein, sozialpolitisch - oder überhaupt - umsetzbar ist.

Politik hat mit Interessen zu tun - und diese sind (nicht gerade eine umwerfende Erkenntnis) nun mal verschieden. Es mag einige wenige "Menschheitsinteressen" geben, etwas mehr nationale Gesamtinteressen (die sich zum Beispiel - mehr schlecht als recht - im "Solidaritätszuschlag" widerspiegeln), aber die Erfahrung zeigt, daß die Zugehörigkeit zu unterschiedlichen Sozialgebilden in der realen Welt in der Regel auch unterschiedliche Interessen hervorbringt. Vor allem dann, wenn diese gegensätzlicher Natur sind, hieße es den Menschen überfordern, wenn ihm eine solidarische Haltung gegenüber seinem sozialen Kontrahenten abverlangt würde.

Daran muß sich die Politik, auch und gerade die Sozial-Politik, orientieren. Zutreffend schreibt LAMPERT (1988: 72):

> "In der Sozialpolitik besagt das Solidaritätsprinzip, daß die aus Übereinstimmungen in den Lebenslagen und in den Lebensanschauungen resultierende, durch Zusammengehörigkeitsgefühl und Interessenkonvergenz verstärkte, gruppenbildende gegenseitige (Schicksals-)Verbundenheit ein die Sozialordnung gestaltendes Prinzip ist bzw. sein soll. Die Bildung von Solidargemeinschaften zur Abwehr von Risiken und zum Ausgleich wirtschaftlicher und sozialer Schwäche ... geht von der Existenz von Solidarität aus." [1]

Je überschaubarer ein Sozialgebilde ist, je gleichförmiger die objektive Lebenslage und je ausgeprägter das Gefühl der Zusammengehörigkeit, um so größer ist die Wahrscheinlichkeit, daß ein Solidaritätsbewußtsein entsteht oder vorhanden ist. Mehr noch: mit um so größerem Nachdruck und mit um so größerer Erfolgsaussicht kann an dieses appelliert werden. Solidarisches Verhalten kann am ehesten von Menschen verlangt werden, die erkennen, daß ein solches Verhalten ihresgleichen nützt; unsolidarisches Verhalten unterbleibt eher, wenn es Angehörigen der gleichen sozialen Gruppe schadet.

Eine neue Erkenntnis ist das nicht; auch das Subsidiaritätsprinzip beruht auf der Überzeugung, daß überschau- und soziologisch eingrenzbare Sozialgebilde den größten gesellschaftlichen Nutzen abwerfen.[2] Dennoch setzte eine "Sozialpolitik der Verallgemeinerung" in der Vergangenheit alles daran, ein solches Solidaritätsgefühl nicht entstehen zu lassen oder da, wo es - vielleicht - noch bestand, kontinuierlich zu verwässern. Wenn Versicherungseinrichtungen zumehmend von "sozial Fremden" bevölkert, diese gar mit Vorrechten bedacht werden (oder diese sich erschleichen): welchen Grund sollte es für den "kleinen Mann" dann noch geben, sich "solidarisch" zu verhalten?

Eine der aktuellen Schwierigkeiten des Sozialstaats, die "Problematik des verbreiteten Mißbrauchs sozialer Leistungen" (LAMPERT 1997: 80) - ein Sachverhalt, der sich durch den Verweis auf Ungehörigkeiten in anderen Bereichen nur relativiert, der aber dadurch nicht aus der Welt geschafft wird[3] - zumindest der leichtferige Umgang mit sozialen Ansprüchen und Pflichten (zu letzteren zählt beispielsweise nicht zuletzt der Verzicht auf "Schwarzarbeit") wird *auch* dadurch verursacht, daß ein entsprechendes Verhalten weder von sozialen Schicksals- und/oder Gesinnungsgenossen gerügt noch, als verinnerlichtes Gebot, vom solidarisch geprägten Gewissen untersagt wird.

---

1 Zu dieser Definition paßt allerdings nicht, wenn LAMPERT (1988: 72) auch die "Staatsbürgerversorgung" unter die "Solidargemeinschaften" einreiht.

2 Für LABISCH (1985: 64) war schon die Einrichtung staatlicher Zwangskassen im Zuge der Bismarckschen Krankenversicherung ein "qualitativer Sprung". Die "personale Kontrolle über Hilfsansprüche in kleinen sozialen Aggregaten war in den Hilfskassen einer genossenschaftlich organisierten Kontrolle unter Zuhilfenahme von Experten gewichen: durch die staatlichen Zwangskassen wurden diese immer noch überschaubaren Kontrollnetze nun zu einer öffentlichen Angelegenheit". Vgl. auch *1.9.*

3 KAUFMANN (1997: 167) etwa meint zu Recht, die "Mißbrauchsdiskussion könnte genausogut für das Steuer- und Subventionsrecht geführt werden".

8.5 Die "Neue soziale Frage"

Zumindest was die Solidargemeinschaft der abhängig Beschäftigten anbelangt, so sollte diese - wie der CDU-Sozialpolitiker Heiner Geißler bereits vor über zwei Jahrzehnten forderte - auch gar nicht mehr im Zentrum sozialpolitischer Aktivitäten des Staates stehen. Zwar sei der Kampf "zwischen Kapital und Arbeit ... nicht zu Ende" (GEIßLER 1977: 14) und die Lösung dieses Konflikts nach wie vor eine Aufgabe der Sozialpolitik. Die "Alte soziale Frage" verliere jedoch zunehmend an Bedeutung, vor allem deshalb, weil "unheilige Allianzen" (a.a.O.: 18) von Gewerkschaften und Arbeitgeberverbänden es verstanden hätten, "Sonderinteressen" ihrer Klientel "gegenüber der übrigen Bevölkerung" und auf deren Kosten durchzusetzen (siehe a.a. O.: 15). Geißler nennt als Beispiel "Einkommensvorteile vermittels erhöhter Inflationsgrade zu Lasten ... der nicht wirksam organisierbaren Verbraucher" (a.a.O.: 18). Leidtragende der Abreden zwischen den organisierten Interessen, gleichzeitig aber auch Zielgruppen einer zu revidierenden, zeitgemäßen Sozialpolitik seien

> "die Nichtorganisierten, kinderreiche Familien, alleinstehende Mütter mit Kindern, alte Menschen, die nicht mehr Arbeitsfähigen, Behinderte, zu deren Lasten Vorteile errungen werden können. Sie sind den organisierten Verbänden in aller Regel unterlegen. Zu dem Konflikt zwischen Arbeit und Kapital sind Konflikte zwischen organisierten und nichtorganisierten Interessen, zwischen Minderheiten und Mehrheiten, zwischen Stadt und Land, zwischen den Machtausübenden und Machtunterworfenen innerhalb der organisierten gesellschaftlichen Gruppen getreten. Hier stellt sich die Neue Soziale Frage" (a.a.O: 15).

Auch wenn "Minderheiten und Mehrheiten", "Stadt und Land", "Machtausübende und Machtunterworfene" reichlich unscharfe, um nicht zu sagen nebulöse soziologische Kategorien darstellen: bei "kinderreichen Familien, alleinstehenden Müttern mit Kindern, alten Menschen, nicht mehr Arbeitsfähigen und Behinderten" ist dies zugegebenermaßen nicht der Fall. An anderer Stelle spricht GEIßLER (a.a.O.: 20) von der Gruppe der Nichterwerbstätigen, die zwar weit über 50 Prozent der Bevölkerung umfasse, von der Sozialpolitik aber "nur zu leicht übersehen" werde: "Kinder, Hausfrauen, alte Menschen" gehörten dazu.

Kategorisierungen dieser Art eignen sich nur begrenzt als Bestimmungsgrößen einer sozialpolitischen Neubesinnung. Es ist vor allem deshalb abwegig, sie als Kronzeugen wider eine arbeitnehmerorientierte Sozialpolitik zu benennen, weil sie zu dieser in gar keinem logischen Widerspruch stehen: es gibt "kinderreiche Familien", deren "Ernährer" Arbeitnehmer ist, "Kinder", die später Arbeitnehmer werden und "alte" bzw. "nicht mehr arbeitsfähige Menschen", die Arbeitnehmer gewesen sind. Auch soll es nicht wenige "Verbraucher" geben, die das Geld, das sie ausgeben, als Arbeiter oder Angestellte verdienen. Mit anderen Worten: die "Neue Soziale Frage", so sie sich überhaupt stellt, ist großenteils die "Alte soziale Frage" in neuem Gewand.

Die Forderung nach der Einbeziehung von *Hausfrauen* in die Sozialgesetzgebung ist problematisch. Die von GEIßLER (a.a.O.: 16) bemühte "schwerbehinderte Frau, die bei der Hausarbeit von der Leiter [?!] fiel" und "keinen oder nur einen geringen Anspruch auf Hilfe hat, weil der Unfall nicht im Betrieb passierte", taugt als Argument für die Ausdehnung des Unfallversicherungsschutzes von Hausfrauen nur bedingt. Nichts spräche in der Tat dagegen, den Unfall einer behinderten oder Kinder erziehenden (oder sonstwie "gesellschaftlich nützliche" Tätigkeiten verrichtenden) "Haus"frau in den Schutz der gesetzlichen Unfallversicherung einzubeziehen. Kann eine solche Tätigkeit nicht nachgewiesen werden, bleibt Hausarbeit Privatsache. Die optimale Versorgung eines Ehemannes und/oder eines Haushalts mag durchaus von gesellschaftlicher Relevanz sein. Aber längst nicht alles sozial Bedeutsame berechtigt oder nötigt zu sozial-politischer Intervention.

8.6 "System und Lebenswelt", Anti-Etatismus und neue Subsidiarität

Ein weiterer Versuch, die Sozialpolitik ihrer herkömmlichen Aufgaben und Ziele zu berauben, stützt sich auf die Habermas'sche These von der "Entkoppelung von System und Lebenswelt" (HABERMAS 1981: 230). Das "System": das sind nach Auffassung des Frankfurter Philosophen Wirtschaft und Staat oder, mit einem anderen Begriffspaar, "Geld und administrative Macht" (HABERMAS 1985 a: 158). Während die Wirtschaft den Bürger durch "menschenunwürdige Imperative des Beschäftigungssystems" (a.a.O.: 157) gängelt und fesselt, gefällt sich der Wohlfahrtsstaat in einer Doppelrolle: einerseits hat er sich verselbständigt und von der Alltagswelt der Menschen verabschiedet, andererseits sich in eben diese als Fremdkörper eingenistet und "implentiert" (a.a.O.: 151). Diese "Kolonialisierung" (1981: 293) der Lebenswelt mittels einer "administrativen Daseinsvorsorge" ist laut Habermas von zahlreichen "penetranten" (1985 b: 422) und "kontraproduktiven (1985 a: 157) Nebenfolgen begleitet. Indem nämlich "ein immer dichteres Netz von Rechtsnormen, von staatlichen und parastaatlichen Bürokratien den Alltag der ... Klienten (überzieht)", übt der Sozialstaat sublime Macht aus: nicht zuletzt durch seine "Praxis der Tatbestandsvereinzelung ... und der Überwachung" trägt er "Gewalt" in die "Alltagskommunikation" (a.a.O.: 151).

Die dadurch bewirkten "Verformungen einer reglementierten, zergliederten, kontrollierten ... Lebenswelt" (ebd.) gilt es zu bekämpfen, zumindest "Hemmschwellen" müßten aufgebaut werden (HABERMAS 1985 b: 422). Das sei letztlich auch im Interesse des Gesamtsystems, weil dieses "Impulse aus der Lebenswelt" (ebd.) benötige, auf lebensweltliche Ressourcen angewiesen sei.

Aus alledem ergibt sich, den "Lebensweltheoretikern" zufolge, zweierlei. Erstens: der lebensweltliche Bereich ist zu stärken, zu entstaatlichen und zu entbürokratisieren. Zweitens (diese Konsequenz wird allerdings nicht *immer* deutlich ausgesprochen): die dabei entstehenden Kosten hat in erster Linie das "System" - in seinem eigenen Interesse - zu tragen. ALTVATER (1982: 139 f.) zufolge zeigen nicht wenige "Tendenzen im Zusammenhang mit den neuen sozialen Bewegungen" in Richtung "Entstaatlichung: Gesundheitsläden, Frauenhäuser, autonome Bildungszentren, Arbeitslosenselbsthilfe usw. Diese Tendenzen müssen unterstützt werden, wobei es allerdings ganz ohne den Staat gar nicht geht. Denn dieser hat aufgrund seiner

Staatshoheit die finanziellen Ressourcen, die zur Stützung solcher Projekte notwendig sind."

Fast unbemerkt wird so die anfangs beklagte Trennung von "System und Lebenswelt" zu einem - dem letztgenannten Bereich vielfältige Chancen eröffnenden - Dauerzustand, der zu hegen und zu pflegen, ja einzufordern ist. So erklärt sich dann zum Beispiel auch das Verlangen der "postindustriellen Linken" (LANGE/WETH 1992: 57) nach "Entkoppelung von Arbeit und Einkommen". Durch eine "staatliche Einkommensgarantie" soll die Wahlmöglichkeit verschafft werden, "sich entweder auf lebensweltlich orientierte Tätigkeiten oder auf Lohnarbeit zu konzentrieren" (a.a.O.: 67). Welche Tätigkeiten das im einzelnen sind, bleibt unklar. HABERMAS (1985 a: 71) verweist auf Aktivitäten, die "eher einen kommunikativen Umgang mit Personen erfordern" und spricht von "Beziehungsarbeit" und "politischer Arbeit"; als Beispiel nennt er die "zeitaufwendigen, sehr intensiven Willensbildungsprozesse ... in Wohngemeinschaften".

Da niemand - und schon gar nicht das "System" - das Recht hat, solche lebensweltlichen "Tätigkeiten" zu bewerten und zu kontrollieren[1], wird "lebensweltliche Tätigkeit" zu einem Akt der Selbstdeklaration. Und dies auch nur dann, wenn dazu Bereitschaft besteht; verlangen kann ein Staat, der Mindesteinkommen garantieren und bereitstellen soll, nicht einmal eine solche Erklärung.

Es ist in dieser Arbeit schon mehrfach betont worden, daß die Einbeziehung gesellschaftlich nützlicher Nicht-Lohnarbeit in die soziale Sicherungspolitik nicht gegen deren zu beachtende Prinzipien verstößt. (Gesondert zu prüfen ist allerdings, wer die Kosten trägt). Solche Tätigkeiten müssen aber konkret benannt werden, objektivier- und nachprüfbar sein. Bei Wohngemeinschaftsdiskussionen dürfte das einigermaßen schwer fallen; überhaupt erscheint die Behauptung, kommunikative Tätigkeiten seien "mittlerweise für den Erhalt des Gesamtsystems genau so nützlich und notwendig wie produktive Arbeit" (LANGE/WETH 1992: 68) ziemlich verwegen.

Thesen dieser Art sind weniger ein Beweis für die Entkoppelung von System und Lebenswelt als für die Entkoppelung von sozial"wissenschaftlichem" Denken und Realität. Wie soll lohnarbeitenden Menschen vermittelt werden, daß ein Teil ihrer Arbeitsleistung zur Finanzierung der Mindesteinkommen verwendet wird? Woher nehmen deren Bezieher, die frei entscheiden, was sie tun - und ob sie überhaupt etwas tun - das Recht, auf Kosten nicht zuletzt abhängig Beschäftigter, deren Arbeitsverhältnisse noch immer primär vom "Gehorchenmüssen" geprägt sind (vgl.dazu *6.7.2*), unterhalten zu werden?

HABERMAS (1985 a: 73) sieht die Legitimation einer staatlichen Einkommensgarantie auch darin begründet, daß diese dazu beitragen könnte,"die Zerstörung solidarischer Lebensformen aufzuhalten und neue Formen solidarischen Zusammenlebens zu schaffen". Die Solidarität von Arbeitnehmern und "kommunikativ" Tätigen kann Habermas nicht im Sinn gehabt haben. Gemeint ist vielmehr offensichtlich die So-

---

1 "Ein garantiertes Grundeinkommen ... sichert ein 'Einkommen ohne Arbeit' ... denjenigen ..., die sich der staatlichen Definitionsmacht, ob ihre Arbeit nun 'gesellschaftlich nützlich" sei oder nicht, nicht unterwerfen wollen oder können" (OPIELKA 1987: 18).

lidarität innerhalb der Subsysteme, die sich, wie NEGT (1983) formuliert hat, "auf der Unterseite der offiziellen Gesellschaft" als "zweite Realität" gebildet haben. Diese zweite Realität zeichne sich, so SCHÄFER/PLASCHKE (1984: 60) "gegenüber der differenzierten und komplexen, materiellen Realität der offiziellen Industriegesellschaft durch ihren Bezug auf die Probleme des menschlichen Lebens mit all seinen Wünschen und Hoffnungen" aus. An anderer Stelle (a.a.O.: 61) ist davon die Rede, den "zweckrational-individualisierenden Leitbildern des Industriesystems" stünden "affektuell-solidarische Leitbilder der kulturellen Subsysteme gegenüber".

Solchen warmen, übersichtlichen, gemeinschaftsorientierten "kleinen Netzen" und "Intimgruppen eigener Art" (a.a.O.: 70) kann - so soll wohl gefolgert werden - die staatliche Unterstützung mit guten Gründen nicht vorenthalten werden. Allerdings ist ein einigendes Band all dieser - mehr oder weniger losen - Zusammenschlüsse unterhalb und neben der "offiziellen Gesellschaft" nur schwer erkennbar. Zwar wird behauptet, die "neuen sozialen Basisbewegungen" stünden "trotz der Vielfalt des Spektrums in einem inneren theoretischen Zusammenhang" (a.a.O: 69). Wie dieser aussieht, bleibt allerdings verborgen. (Es dürfte auch einigermaßen schwerfallen, eine Bürgerinitiative, die den Bau einer Umgehungsstraße durch ein Villenviertel verhindern will, mit einer Selbsthilfegruppe von an Morbus Bechterew Erkrankten oder einer Arbeitslosenselbsthilfegruppe in einen substantiellen "theoretischen Zusammenhang" zu bringen).

Nochmals: soweit in sozialen (Selbsthilfe) Grupen gesellschaftlich nützliche Arbeit geleistet wird, sind sie fraglos unterstützungswürdig. Hier kann durchaus eine "neue subsidiäre Sozialpolitik" (siehe FINK 1986: 23) realisiert werden. Sie in einen prinzipiellen Gegensatz zur "etatistischen", "obrigkeitsstaatlichen" Sozialpolitik zu bringen (siehe SCHÄFER/PLASCHKE 1984: 65), letztere mit seelenloser Bürokratie und Lebensweltferne gleichzusetzen, geht an der gesellschaftlichen Realität vorbei. (Einem Versicherten der AOK stehen deren Angestellte am Schalter sicherlich näher als Aussteiger, deren "kommunikativer Umgang" mit ihm sich auf Stereotype wie "Haste mal ne Mark?" beschränkt). Oder, seriöser ausgedrückt: "Die Institutionen des deutschen Sozialstaates sind politisch, kulturell und historisch tief verankert. Sie genießen in der deutschen Bevölkerung hochgradige Anerkennung" (KAUFMANN 1997: 12; siehe auch ROLLER 1992, ULLRICH 1996).

Eine Realisierung der Forderungen der "Entkoppelungstheoretiker" trüge letztendlich zur sozialen Destabilisierung in und unterhalb der Gesellschaftsmitte bei. Dem (noch) arbeitenden Teil dieses sozialen Segments wäre nicht mehr zu vermitteln, warum er arbeiten soll. Damit entfiele aber auch die materielle Basis für das, was die "Lebenswelt" am Leben hält.

Nicht zuletzt "angesichts von Massenarbeitslosigkeit und allgemeiner ökonomischer, fiskalischer und sozialer Krise" haben diese "in den 80er Jahren noch leidenschaftlich diskutierten emanzipatorisch-ökosozialistischen Ansätze" (BÄCKER/EBERT 1996: 305) allerdings in letzter Zeit an Bedeutung verloren. Der bisher weitgehendste Versuch, die Sozialpolitik mittels eines staatlichen Bürgergeldes für jedermann total zu verallgemeinern und zu "vergesellschaften" - BÄCKER/EBERT (a.a.O.: 301) sprechen von einer "Totalreform" des "historisch gewachsenen Sozialleistungssystems" - dürfte damit zumindest fürs erste[1] gescheitert sein.

8.7 Die Grundsicherungsdebatte

8.7.1 Die Positionen

Diese Feststellung gilt nicht hinsichtlich einer zweiten "Umbauoption" für den Sozialstaat, die sogenannte Grundsicherung. Quer durch alle politischen Lager und keineswegs nur bei bei den "Linken" hat dieses Konzept Anhänger gefunden und Politiker zusammengeführt, die ansonsten ideologische Welten trennen und die sich im normalen politischen Leben nicht selten spinnefeind sind.

Der Begriff der "Grundsicherung" steht für die soziale Absicherung bei bestimmten Lebenstatbeständen und unterscheidet sich insofern vom "Mindesteinkommen", als dieses lediglich an die personale Existenz, nicht aber an eingrenzbare Lebensumstände gebunden ist. Wenn Grundsicherung und Mindesteinkommen dennoch vielfach in einem Atemzug genannt werden, so deshalb, weil eine Grundsicherung zwar nicht identisch ist mit einem Mindesteinkommen, letzteres aber erstere einschließt.

Auch die jeweiligen Grundsicherungs-Modelle sind nicht gleich, Beweggründe und Zielsetzung stimmen nicht überein. Aber in der "Sache als solcher" differieren die diversen Entwürfe doch weniger als ihre Entwerfer zu behaupten pflegen. Bringt man die zahlreichen Grundsicherung-Vorstellungen "auf den Punkt", so lassen sich zwei Haupt-Typen unterscheiden: die allgemeine und die bedarfsorientierte Grundsicherung. Die Anhänger der ersteren wollen das soziale Sicherungssystem so umgestalten, daß jedermann bei Vorliegen bestimmter sozialer Lebenstatbestände (z.B. Alter) Anspruch auf eine steuerfinanzierte Einheitsleistung hat, unabhängig von Vorleistungen und sonstigen Einkünften. Einer solchen Veränderung unseres sozialen Sicherungssystems, bei der das Kausal- vom Finalprinzip abgelöst würde und eine Ausweitung des berechtigten Personenkreises ebenso die Folge wäre wie eine Reduzierung der Leistungen für die "eigentlichen" Adressaten der Sozialpolitik, reden der sächsische Ministerpräsident BIEDENKOPF (1981) und die CDU-Mittelstandsvereinigung in Nordrhein-Westfalen (siehe HÜWEL 1993) ebenso das Wort wie der liberale Vordenker DAHRENDORF (1986); auch Teile der Grünen, die "Mindestsicherungsvorschläge in verschiedener Form gemacht" haben (so PFAFF 1987: 45, siehe auch OPIELKA/WOTRUBA 1986), wird man zu den Befürwortern einer allgemeinen Grundsicherung zählen dürfen.

Die Unterschiede zwischen allgemeiner und *bedarfsorientierter* Grundsicherung lassen sich am Beispiel der Alternativmodelle zur Alterssicherung gut veranschauli-

1 In "mittel- und langfristiger Perspektive", so OPIELKA (1987: 19), besonders hartnäckiger und vollmundiger Herold einer alternativen Sozialpolitik, bietet "eine Grundeinkommens-Reform ... für die Grünen, die Liberalen, die Linke, die Gewerkschaftsbewegung ... der Bundesrepublik die gigantische Chance, dem neokonservativen Diskurs substantiell entgegenzutreten".

chen. Eines der Modelle einer allgemeinen Grundsicherung, bereits 1983 von dem Biedenkopf-Institut IWG Bonn vorgelegt, sieht vor,

> "die gesetzliche Altersversorgung auf eine einheitliche Grundsicherung zu beschränken. Alle Bürger, die bestimmte Voraussetzungen erfüllen, haben Anspruch auf Grundsicherung. Damit soll all denen ein Grundeinkommen gewährt werden, von denen aufgrund ihres Alters vermutet werden kann, daß sie zu einer Einkommenserzielung auf dem Arbeitsmarkt nicht mehr in der Lage sind. Die Grundsicherung wird auf Antrag unabhängig von wirtschaftlicher Bedürftigkeit gewährt. Nach einer Übergangszeit von 25 Jahren, in der das alte System in das neue übergeleitet wird, soll die Grundsicherung 40 v.H. des jeweiligen durchschnittlichen Nettoarbeitsentgelts aller abhängig Beschäftigten betragen" (siehe WAHL 1987: 12).

Je nachdem, ob es sich bei den Beziehern einer solchen Grundrente um Normalarbeitnehmer (Rentner) oder aber um Nicht-Arbeitnehmer handelt, wären die Auswirkungen sehr verschieden. Für den Normal-Arbeitnehmer bedeutete die Grundrente eine Verschlechterung, für den Nicht-Arbeitnehmer eine Bereicherung:

> "Die Reduzierung der staatlichen ... Altersvorsorge auf eine Grundrente trifft vor allem die Bezieher kleiner und mittlerer Einkommen, da der avisierte Leistungssatz von 40 v. H. des durchschnittlichen Nettoarbeitseinkommens noch unter der Sozialhilfeschwelle liegt. Profitieren würden hingegen diejenigen, die im Alter über betriebliche Renten, Vermögenseinkünfte, Mieteinnahmen, Lebensversicherungen usw. ohnehin gut abgesichert sind" (BÄCKER/EBERT 1996: 307).

Eben diese sonstigen Einkünfte wollen die Befürworter einer *bedarfsorientierten* Grundsicherung in die Überlegungen einer grundlegenden Renten-Neuordnung einbeziehen. Entsprechende Konzepte wurden Mitte der 80er Jahre entwickelt; sie werden "mittlerweile (bei allen jeweiligen Unterschieden und Abweichungen) von der SPD, den Gewerkschaften, den Grünen und den Wohlfahrtsverbänden getragen" (a.a.O.: 322 f.).

Das Schwergewicht innerhalb der Grundsicherungsdebatte verlagert sich also immer stärker in Richtung "bedarfsorientierte Grundsicherung". Diese läßt sich, wie bereits das Sozialpolitische Programm der SPD von 1988 bemerkte, "auf alle Lebenslagen anwenden, die häufig vorzufinden und mit nicht ausreichendem Einkommen verbunden sind" (SPD-PARTEIVORSTAND o.J.: 26). Nach ihrer "Einführung bei Alter, Invalidität und Arbeitslosigkeit" könne sie auf weitere Tatbestände ausgedehnt werden, "zum Beispiel Alleinerziehung" (ebd.). Wie beim allgemeinen Grundsicherungsmodell bilden Vorleistungen keine Anspruchsvoraussetzung, leistungsberechtigt ist grundsätzlich "jedermann"; angerechnet werden sollen jedoch "Einkommen und Vermögen des Berechtigten und seines Ehegatten" (ebd.).

Inwiefern, so könnte man fragen, unterscheidet sich dieses SPD-Modell von der derzeitigen Sozialhilfe-Realität? Zunächst dadurch, daß das "Niveau" der Grundsicherung "gegenüber dem heutigen Leistungsstand der Sozialhilfe verbessert" (ebd) werden soll. Ein weiterer Unterschied, der die Begünstigten jedoch nur am Rande interessieren dürfte, liegt darin, daß die Kosten vom Bund getragen werden sollen und die Kommunen dadurch entlastet würden. Vor allem aber grenzt sich die bedarfsorientierte Grundsicherung von der Sozialhilfe insofern ab, als zwar Einkommen und Vermögen des Anspruchsberechtigten und seines Ehegatten "einzusetzen" ist, "weitere Personen" jedoch "nicht heranzuziehen (sind)" (ebd.). Andere Modelle der bedarfsorientierten Grundsicherung verfahren ähnlich.

8.7.2 Kritik der Grundsicherungsmodelle

Dies bedeutet in der Konsequenz, daß die Gesamtfamilie - wo es um soziale und finanzielle Verantwortlichkeit geht - "aufgelöst", auf das Ehe-Paar reduziert wird. Wo indes überkommene (Vor)Rechte ins Spiel kommen, bleibt die Gesamt-Familie als soziale Einheit erhalten. Der Sohn darf zwar seine Mutter beerben, soll aber nicht für sie sorgen sollen, auch dann nicht, wenn er dazu in der Lage wäre. Da, wo die Pflicht ruft, wird die Gesamtfamilie samt ihrer Funktionsfähigkeit in Zweifel gezogen; wo Vorteile winken, ist beides eine Selbstverständlichkeit.

Die eher "links" anzusiedelnden Befürworter einer "bedarfsorientierten Grundsicherung" bilden mit den konservativ-liberalen Verfechtern der einheitlichen Grundrente insofern eine Einheit, als die Realisierung beider Konzepte das Verschwinden grundlegender Elemente des gegenwärtigen sozialen Sicherungssystems mit sich brächte - auch wenn insbesondere sozialdemokratische Sozialpolitiker den Anschein zu erwekken suchen, als handle es sich bei der "bedarfsorientierten Grundsicherung" nur um eine systemgerechte Ergänzung: "Es gibt keine Begründung für einen grundsätzlichen Systemwechsel in der Alterssicherung", behauptet die SPD-ALTERSSICHERUNGSKOMMISSION (1997: 10) in ihren "Vorschlägen zu einer langfristigen Rentenreform", die jedoch als wesentlichen Reformbestandteil die Forderung nach einer "bedarfsorientierten und steuerfinanzierten Sozialen Grundsicherung im Alter und bei Invalidität" enthalten.

Zieht man die politische Spannweite der Anhänger einer Grundsicherung in Betracht, so ist die Behauptung nicht übertrieben, die Verteidiger des gegenwärtigen Systems stünden auf fast verlorenem Posten. Gegner einer - wie auch immer beschaffenen - Grundsicherung sind in erster Linie bei der Exekutive, den Rentenversicherungsträgern sowie - in eher geringer Zahl - bei Sozialwissenschaftlern (siehe dazu auch *9.2*) auszumachen. (Was die Exekutive anbelangt, so zeigt sich eine verblüffende historische Parallele: so wie die Errichtung des Sozialstaats in nicht geringem Maße der "Bürokratie" im Kaiserreich zu verdanken ist, scheint die Bewahrung und Verteidigung seiner Fundamente heute bei der ausführenden, eigentlich "zweitrangigen" Staatsgewalt am besten aufgehoben).[1]

Für Bundesarbeitsminister BLÜM (1995) ist die Grundrente ein "Betrug an den Fleißigen", eine "Prämie für Aussteiger" (wobei bezeichnend ist, daß er die letztgenannte Aussage auf einer Tagung der CDU-Mittelstandsvereinigung in Nordrhein-Westfalen machte, deren Vorsitzender eben diese "Grundrente" forderte, siehe HÜWEL 1993). Auch für Steiniger, im (Allzuständigkeits)Bundesministerium für Fa-

---

1 An dieser Stelle seien Kompetenz und Leistungen der Sozialbürokratie in der Bundesrepublik Deutschland einmal generell rühmend hervorgehoben. Nicht zuletzt die Bewältigung der immensen sozialrechtlichen Probleme, die mit der Wiedervereinigung Deutschlands verbunden waren, nötigt Repekt ab - auch wenn die Administration bisweilen zuviel des "Guten" tut (siehe auch *9.4*).

milie, Senioren, Frauen und Jugend tätig, wären bei Einführung einer Grundsicherung die "noch arbeitenden Angehörigen der Unter- und der unteren Mittelschicht" die Genasführten (siehe STEINIGER 1996: 207). Die Einführung einer Grundsicherung würde den "Verfall der sozialen Sicherungssysteme wesentlich beschleunigen, ... die Systeme der beitragsorientierten ... Sicherung zunächst aushöhlen, dann verdrängen" (a.a.O.: 209). Nutznießer wären die Nichtarbeitenden der Unterschicht und der Subkulturen, aber auch die "oberen Zehntausend"; Steiniger sieht "unausgesprochene strategische Bündnisse zwischen reich und arm" (a.a.O.: 207) .

Weil dies den (noch) Arbeitenden zunehmend bewußt werde, entstehe bei ihnen, so der Autor, eine "offensichtlich größer werdende Distanz zur Politik mit gelegentlichen Ausschlägen nach rechts außen. Die Angehörigen dieser Schichten merken, daß die ... Arm/Reich-Bündnisse gegen sie gerichtet sind, und sie finden sich in der Politik auch der großen Volksparteien, die selbst immer stärker in den Sog dieser Bündnisse geraten, immer weniger repräsentiert" (ebd.). Die Politik-Distanz der Arbeitenden werde noch verstärkt durch die Erkenntnis, daß die Befürworter der Grundsicherung "in der Regel durch Sondersysteme gesichert (sind), die keineswegs auf eine Grundsicherung, sondern auf eine differenzierende Lebensstandardsicherung hinauslaufen, nämlich entweder über die Sicherungssysteme für Beamte oder solche für leitende Angestellte" (a.a.O.: 209).

Daß das soziale Sicherungssystem sich nicht "als System der Anpassungsverweigerung verstehen und Anpassungsverweigerung unterstützen" darf, gehört auch für die Rentenversicherungsträger zu den Grundmaximen unserer Sozialverfassung. Rische, 1994 Präsident der BfA, bezeichnet die Grundrente als "in hohem Maße leistungsfeindlich". Mit ihr werde "ein zentrales Prinzip unseres Rentensystemes aufgegeben: die lohn- und beitragsbezogene Rente. Gerade dieses Prinzip trägt aber entscheidend zu der hohen Akzeptanz bei, die die Rentenversicherung in der Öffentlichkeit genießt" (RISCHE 1994). Auch die (Regierungs)Kommission "Fortentwicklung der Rentenversicherung"(siehe auch *5.5.8*) ist 1997 trotz des "Wandels der Arbeitswelt zu dem Ergebnis gelangt, daß diese Veränderungen keine Veranlassung geben, von der grundsätzlichen Anbindung der sozialen Sicherung an das Arbeitsverhältnis abzugehen" (BMA 1997: 17). Ein "steuerfinanziertes Grundversorgungssystem" widerspreche dem Leistungsprinzip, enteigne die Beitragszahler, erhöhe den Anreiz für Schwarzarbeit und komme deshalb für die Kommission "nicht in Betracht" (a.a.O.: 14). Auch eine "wie auch immer ausgestaltete" Grundsicherung im Rahmen der gesetzlichen Rentenversicherung ("z.B. bedarfsorientierte Mindestsicherung") wird abgelehnt (siehe ebd.).[1]

Für den Sozialwissenschaftler KLANBERG (1987: 22) "bietet (das Versicherungsprinzip) den besterkennbaren Schutz der Allgemeinheit gegen Trittbrettfahrerverhalten ... in der sozialen Sicherung". Folgerichtig spricht sich der Autor - einer der wenigen universitären Kritiker der Entkoppelungs- und Grundsicherungstheoreti-

1 Die personelle Zusammensetzung dieser Kommission (siehe *5.5.8)* gibt Anlaß zu der Hoffnung, daß die "Sozialversicherungskonservativen" (siehe S. 309) doch noch nicht zu einer (gesellschafts)politischen Randgruppe geschrumpft sind.

ker - auch für die "Beibehaltung von Bedürftigkeitsprüfungen in der Sozialhilfe" aus (siehe ebd.). Sein Appell richtet sich nicht zuletzt an die Arbeitnehmervertretung: "Gerade die Gewerkschaften waren bislang der These verpflichtet, eine Sozialversicherung sei und bleibe nur funktionsfähig, wenn sie aus einer Solidargemeinschaft von Mitgliedern bestehe, die ein Arbeitsleben lang Beiträge entrichteten. Man sollte dieses Leitprinzip nicht ohne Not beiseiteschieben" (a.a.O.: 23).

Ähnlich wie Steiniger sieht Klanberg die Nutznießer der "neuen" Sozialpolitik auf den unteren und oberen Gesellschaftssprossen. Hinsichtlich der ersteren gilt: "In einer Demokratie kann immer nur das verteilt werden, was den Arbeitenden weggenommen werden kann, ohne daß diese dagegen opponieren. Das Recht auf Einkommen findet seine natürliche Grenze darin, was diejenigen, die arbeiten, an Gegenleistung für sich selbst dafür verlangen und was sie an diejenigen, die nicht arbeiten können oder wollen, abzugeben bereit sind" (a.a.O.: 23 f.). Die oberen Gesellschaftsränge würden von einer Grundrente profitieren, weil ihre derzeitigen Rentenansprüche - die in der Regel nur einen Teil ihres Gesamteinkommens ausmachen - vergleichsweise gering sind: "Sieht man sich ... die Erwerbskarriere derjenigen Rentenempfänger an, die heute unter 800 oder 1 000 DM im Monat zur Verfügung haben, so liefern die verfügbaren Informationen deutliche Indizien dafür, daß eine Rente mit Aufstockungsbetrag Personen mit dem vorherigen beruflichen Status Selbständiger relativ begünstigen würde" (a.a.O.: 23).

Ohne, wie Steiniger, die Gefahr eines politischen Rechts-Schwenks zu beschwören, ist doch auch Klanberg der Auffassung, daß der "Medianwähler" - und dazu gehört auch der klassische Arbeitnehmer - ein "nach Bedarfskriterien organisiertes Transfersystem" nicht honorieren würde: wer die "Arbeitsgesellschaft einer Verteilungsgesellschaft" (ebd.) opfere, werde politisch Schiffbruch erleiden; eine "Sozialpolitik, welche tragende Wertvorstellungen einer ganzen Generation von Arbeitnehmern ... verletzt, riskiert es ..., bei einer Mehrheit der Wähler auf Ablehnung zu stoßen" (a.a.O.: 23 f.).

So zutreffend diese Feststellung ist, so erhebt sich doch die Frage, *wo* diese Wähler-Mehrheit noch ihre (sozial)politische Heimat findet. Daß sich die sozialpolitische "Argumentationssphäre der Grünen von der Welt der Facharbeiter de facto bereits abgekoppelt hat" (ebd.), ist offenkundig. Doch auch SPD und selbst die Gewerkschaften[1] verlassen mit ihren sozialpolitischen Reformvorschlägen zunehmend die Ebene der Arbeitswelt (der SPD-Kanzlerkandidat Schröder scheint die Grundrente geradezu zu einem zentralen Wahlkampfthema machen zu wollen, siehe DER SPIEGEL 1997 c: 33). Auch die schleswig- holsteinische SPD-Ministerpräsidentin Simonis fordert eine "steuerfinanzierte Grundrente" (siehe DER SPIEGEL 1997 d: 59). Immerhin begründet sie das Verlangen nach einer entsprechenden Neuorientierung der Sozial-Politik damit, die "SPD müsse sich mehr auf die Mittelschichten konzentrieren" (a.a.O: 63). Daß die FDP nicht gerade eine klassische Arbeitnehmerpartei ist, dürfte

---

1 Vgl. dazu KLANBERG (1987: 23): "Die Gewerkschaften müssen ... aufpassen, daß sie sich nicht durch vorschnelles Sympathisieren mit solchen Vorschlägen [gemeint ist die Forderung nach einer bedarfsorientierten Mindestsicherung, d.Verf.] ihre eigenen Fundamente untergraben."

sich herumgesprochen haben. Die Kanzlerpartei schließlich zeigt - wie vorgestellt - ein widersprüchliches Bild.

Vor allem die "Volksparteien" täten gut daran, in ihrer Sozialpolitik zumindest das *Schwergewicht* auf die Bedürfnisse der Arbeitnehmer zu legen. Sonst könnte die oben wiedergegebene Feststellung Steinigers, der klassische Arbeitnehmer quittiere diese Politik mit *gelegentlichen* Ausschlägen nach rechts außen, insofern eine Untertreibung darstellen, als Arbeitnehmer ihre materiellen Interessen in der politisch rechten Ecke - die "Populisten" Haider und Le Pen lassen grüßen - auf *Dauer* am besten aufgehoben sehen. "Die Republikaner sind in erster Linie eine Arbeiterpartei" - diese Schlußfolgerung aus einer neueren Untersuchung über die "Sozialstruktur der extremen Rechten" (siehe DER SPIEGEL 1997 f: 31) müßte allen Demokraten zu denken geben. Es sei "kein Zufall", schlußfolgerte die Mannheimer "Forschungsgruppe Wahlen" nach der Hamburger Bürgerschaftswahl im September 1997, daß die rechtsextreme Deutsche Volksunion "gerade bei den Arbeitern, der SPD-Stammwählerschaft, mit elf Prozent der Stimmen weit überdurchschnittlich erfolgreich war" (RHEINISCHE POST 1997 b).

8.8 "Konservative" und "fortschrittliche" Sozialpolitik

Das vorstehend Gesagte dürfte hinreichend verdeutlicht haben, daß Bezeichnungen wie "konservative", "fortschrittliche" oder "linke" Sozialpolitik keinen Sinn ergeben - heutzutage weniger denn je. Hinter "emanzipatorisch-ökosozialistischen" und ähnlich (schauderhaft) klingenden neuen "Ansätzen" in der Sozialpolitik verbergen sich zwar - ungeachtet ihrer Phraseologie und Leerformelhaftigkeit - durchaus handfeste Interessen. Aber sie haben weder etwas mit der Emanzipation der (arbeitenden) Frau[1] noch mit Sozialismus noch mit der Umwelt etwas zu tun. Die Vertreter dieser "postmaterialistischen" Richtung nehmen für sich allerdings in Anspruch, die "fortschrittliche" Sozialpolitik zu repräsentieren - bezeichnen sie doch alle diejenigen, für die der (lohn)arbeitende Mensch nach wie vor im Zentrum sozialstaatlichen Interesses steht (oder doch stehen sollte), als "Sozialversicherungskonservative", von denen die Lohnarbeit "emphatisch erhöht" und die "armenpolizeiliche Logik der Sozialhilfe" nicht in Frage gestellt werde (siehe OPIELKA 1987: 13).

Nur am Rande sei erwähnt, daß auch die Nachfolgeorganisation jener Partei, die vorgab, in der früheren DDR die "Werktätigen" repräsentiert zu haben, sich von eben diesen weitgehend verabschiedet hat. Auch die PDS redet einer "sozialen Grundsicherung" für alle das Wort: "Alle Menschen, die kein oder nur ein geringes eigenes Ein-

---

1 Bei Mechthild VEIL (1996: 61 ff.), einer der bekanntesten Verfechterinnen einer "feministischen Sozialpolitik", kommt die Arbeiterin oder Angestellte allenfalls als Randfigur vor. Ihr Hauptinteresse gilt der Frau als Staatsbürgerin, der nach ihrer Auffassung per se sozialpolitische Teilhaberechte zustehen. Männer seien durch das gegenwärtige System mit seinen "diskriminierenden Ausschlußmechanismen" (a.a.O.: 62) bevorzugt: "Für die Lohnarbeiter gilt das Versicherungsprinzip" (a.a.O.: 69). Daß es auch für Lohnarbeiter*innen* gilt, wird unterschlagen, zumindest keiner Erwähnung wert befunden.

kommen haben, sollen eine staatliche Leistung erhalten ... Wir haben 1 425 DM ... errechnet." Ohne jegliche soziale Differenzierung werden als potentiell Begünstige "Kinder und Jugendliche, Frauen ... alte Menschen" genannt (siehe PDS 1996). Zur argumentativen Absicherung dieser Forderung, deren Erfüllung einen gigantischen Finanzaufwand erfordern würde[1], muß eine idealisierte Beschreibung vermuteten menschlichen Verhaltens herhalten, die ob ihrer Realitätsferne schon für die desolaten sozial-ökonomischen Zustände in der früheren DDR mit verantwortlich war: "Manche befürchten, daß niemand mehr arbeiten will, wenn die soziale Grundsicherung eingeführt wird. Aber immer wieder und überall äußern Menschen, daß ihnen Arbeit mehr bedeutet als bloßer Broterwerb. Warum soll das mit Einführung der sozialen Grundsicherung nicht mehr gelten?"(ebd.). Daß von einer entsprechenden Neuorientierung der Sozialpolitik die Nicht-Arbeitenden am meisten, die abhängig Arbeitenden überhaupt nicht profitieren würden, schert die Nachfolgeorganisation der Partei der Arbeiterklasse nur wenig. Ähnlich wie die Grünen, die auch eher gebildeten Bürgern jüngeren bis mittleren Alters als Arbeitern eine politische Heimat bieten[2], zeigt die PDS Symptome soziologischer Beliebigkeit. Am allerwenigsten vertreten beide Parteien diejenigen, durch deren Hände und Köpfe Arbeit die Voraussetzungen sozialstaatlicher Umverteilung in allererster Linie geschaffen werden.[3]

"Die vorfindliche sozialpolitische Logik zentriert auf Lohnarbeit und Ehe", schreibt, gestelzt genug und diesen Zustand beklagend, OPIELKA (1987: 13). "Die Bürgerrolle, die menschliche Existenz allein, bietet kaum und wenn, dann allenfalls einen diskriminierenden Zugang zu Transferleistungen in Gestalt der Sozialhilfe" (ebd.).

Wäre dem so, wäre es gut. Die "Bürgerrolle" und die "menschliche Existenz" sind Tatbestände, die *als solche* zu Recht keine sozialpolitischen Initiativen und Ansprüche auslösen. Eine als Gesellschaftspolitik sich gerierende Sozialpolitik ist jedoch immer weniger davor gefeit, entsprechenden Forderungen zu widerstehen. In Zeiten wirtschaftlicher Prosperität hatte die Ausweitung sozialpolitischer Leistungen und Ansprüche sowie die Einbeziehung neuer Personenkreise keine allzu großen Nach-

---

1 Rürup (vgl. S. 169, Fußn.) hat errechnet, daß schon eine Grundrente von 1 200 DM - vorausgesetzt, sie würde über die Mehrwertsteuer finanziert - einen Mehrwertsteuersatz von über 30 Prozent erforderte (siehe KANNENGIEßER 1996: 521). "Die notwendige Parallelfinanzierung des alten Systems für eine lange Übergangszeit führe zwangsläufig zu einer Generation, die doppelt belastet werde, die Abgaben für die Renten nach altem Recht zahlen müsse und die dafür selbst keine Anwartschaften erwerbe und die zusätzlich durch individuelles Sparen für die eigene Altersvorsorge aufzukommen habe" (ebd.).

2 HOFMANN (1993: 288) über die Wahl-Klientel der Grünen: "Der hohe Anteil an Jungwählern ist eklatant; umgekehrt wählt kaum jemand über 45 die Grünen ... Sehr viele der Wähler befinden sich noch in der Ausbildung; stark überrepräsentiert ist der Typus des postmaterialistisch orientierten, gut ausgebildeten Mittelständlers".

3 Marxisten neigten allerdings schon immer dazu, Sozialpolitik als Gesellschaftspolitik zu begreifen und die Gesamtbevölkerung in die soziale Sicherungspolitik einzubeziehen. Das hängt mit ihrer dogmatischen Prognose der Verproletarisierung im Kapitalismus zusammen. Wenn über kurz oder lang ohnehin einigen wenigen Kapitalisten die ungeheure Mehrheit der abhängig Arbeitenden gegenübersteht, die Selbständigen unselbständig werden, der Mittelstand und selbst die kleinen Kapitalisten "aufgerieben" und verschwunden sind, ist es nur folgerichtig, gewissermaßen antizipierend und vorsorglich, bereits heute die Noch-Nicht-Arbeitnehmer wie Arbeitnehmer zu behandeln.

teile für die Versichertengemeinschaft zur Folge. Unter dem Diktat leerer Kassen ist eine (Rück)Besinnung auf die eigentlichen Aufgaben und Adressaten von Sozialpolitik jedoch unausweichlich und dringend. Fehl am Platze ist die Forderung Herzogs, Sozialpolitik auf "Bedürftige" zu beschränken.[1] Dieser Begriff ist fürsorge-besetzt und bezeichnet die klassische Sozialpolitik-Klientel eben gerade *nicht*. Sozialpolitik muß vielmehr auf diejenigen begrenzt werden und begrenzt bleiben, die *ihrer* bedürfen.

Leseempfehlung

HEYDE, L.: Sozialpolitik (II), in: Handwörterbuch der Sozialwissenschaften, hrsg. v. E. v. Beckerath u.a., Stuttgart, Tübingen, Göttingen 1956

ACHINGER, H.: Sozialpolitik als Gesellschaftspolitik. Von der Arbeiterfrage zum Wohlfahrtsstaat, Reinbek 1958

GEIßLER, H.: Die Neue Soziale Frage. Analysen und Dokumente, Freiburg i. Br. 1977

HABERMAS, J.: Die Krise des Wohlfahrtsstaats und die Erschöpfung utopischer Energien, in: ders.: Die Neue Unübersichtlichkeit. Kleine Politische Schriften V, Frankfurt/M. 1985

MIEGEL, M., WAHL, S.: Gesetzliche Grundsicherung. Private Vorsorge - Der Weg *aus der Rentenkrise, Stuttgart 1985*

OPIELKA, M., VROBUBA, G. (Hrsg.): Das garantierte Grundeinkommen. Entwicklung und Perspektiven einer Forderung, Frankfurt/M. 1986

HEINZE, R.G., HOMBACH, B., SCHERF, H. (Hrsg.): Sozialstaat 2000. Auf dem Weg zu neuen Grundlagen der sozialen Sicherung, Bonn 1987

WIRTSCHAFTS-UND SOZIALWISSENSCHAFTLICHES INSTITUT DES DGB (Hrsg.): Bedarfsorientierte Grundsicherung. Ergebnisse einer Arbeitstagung vom 29./30.4.1987, Düsseldorf 1987

NELL-BREUNING, O. v.: Baugesetze der Gesellschaft. Solidarität und Subsidiarität, durchgesehene Neuaufl. Freiburg 1991

BÄCKER, G., EBERT, T.: Defizite und Reformbedarf in ausgewählten Bereichen der sozialen Sicherung. Reihe Zukunft des Sozialstaates, hrsg. v. Ministerium für Arbeit, Gesundheit und Soziales des Landes Nordrhein-Westfalen, insbes. Kapitel I und V, Düsseldorf 1996

1 In einer Rede im Frühjahr 1996 sprach sich der Bundespräsident für eine "Überprüfung des sozialen Netzes" mit dem Ziel aus, die Sozialleistungen auf die "wirklich Bedürftigen" zu konzentrieren (siehe RHEINISCHE POST 1996 b).

9 Die Zukunft des Sozialstaats

9.1 Die historische Dimension

Der deutsche Sozialstaat hat die Zeiten überdauert. Entstanden in einer Monarchie, fortgeführt in der ersten demokratischen Republik auf deutschem Boden, weitgehend unangetastet gelassen während der Zeit des Nationalsozialismus und schließlich quantitativ und qualitativ in einem kaum für möglich gehaltenen Ausmaß erweitert in der Bundesrepublik Deutschland - die DDR hinkte, wie immer, weit hinterher, hatte die Grundlagen der Bismarckschen Sozialversicherung, abgesehen von der Formal-Struktur, aber ebenfalls bewahrt - ist der Sozialstaat zum vielleicht prägendsten *positiven* Element der deutschen Gesellschafts- und Verfassungsgeschichte seit Ende des vorigen Jahrhunderts geworden. Seine Entwicklung bezeugt allerdings auch, daß Sozialstaat und Demokratie nicht zwingend zusammengehören, "daß es sozialstaatliche Intervention auch ohne Demokratie ... geben kann" (HARTWICH 1980: 163). Sozialstaatliches Handeln kann, jenseits demokratischer Grundlegung, einer patriarchalisch-fürsorglichen Haltung ebenso entspringen wie der Einsicht oder dem Kalkül eines politischen Führers oder einer politischen Partei.

Einfügung VII: Sozialstaatliches Kontinuum in Person - E. R. Huber

Das von politischen Rahmenbedingungen weitgehend unbeeinflußte sozialstaatliche Kontinuum in Deutschland wird in besonderer Weise symbolisiert und personifiziert durch den - in der vorliegenden Arbeit vielfach zitierten - Staatsrechtslehrer E. R. Huber. Dieser, Typus des heute so gut wie ausgestorbenen, umfassend gebildeten Universitätsprofessors, ausgestattet mit "einer kaum vorstellbaren Arbeits-, Darstellungs- und Systematisierungskraft" (BÖCKENFÖRDE 1973: 258) - KLEIN (1991: 112) zählt Huber zu den "Größten" der deutschen Staatsrechtswissenschaft - ist nicht nur Autor der "monumentalen" (BÖCKENFÖRDE a.a.O.: 255) "Deutschen Verfassungsgeschichte", welche die "Selbstverwirklichung der deutschen Nation" nicht zuletzt als "Industrie- und Sozialstaat" (KLEIN a.a.O.: 118) zum Gegenstand hat, sondern auch Kommentator der "Verfassung des Großdeutschen Reiches" (vgl. 4.2.2) und einer der führenden Verfassungsrechtler des Nationalsozialismus.

Nicht wenigen Lesern mag es schwerfallen, die Elogen des Carl-Schmitt-Schülers Huber auf den Führerstaat (siehe dazu 4.2.2) mit dessen Bekenntnis zum sozialen Rechtsstaat (vgl. auch HUBER 1965) in Einklang zu bringen. An der Tatsache selbst - daß ein- und derselbe Autor die jeweiligen Passagen zu Papier brachte - ist jedoch ebenso wenig zu rütteln wie an der Richtigkeit der Feststellung Böckenfördes,

Hubers universitäres Wirken nach 1945 (zuletzt, bis 1968, in Göttingen) habe die Hochschätzung von "Kollegen und Studenten" begleitet (siehe a.a.O.: 259). Der Faszination dieses Universitätslehrers konnte sich, wie der Verfasser aus eigener Anschauung weiß, in der Tat kaum jemand entziehen.

Mit Böckenförde, als Bundesverfassungsrichter von 1983 bis 1996 nicht gerade eine Randfigur des deutschen Rechts, ist der Verfasser der Auffassung, daß gegenüber Huber eine "Attitüde des selbsternannten moralischen Gerichtshofs" (a.a.O.: 259) fehl am Platze wäre. KLEIN (a.a.O.: 113) hat nachzuzeichnen versucht, wie aus dem jungen Privatdozenten, der sich Anfang der 30er Jahre einem "Kreis volks- und jungkonservativer und christlich-sozialer Prägung" zugehörig fühlte und von Carl Schmitt zu Beratungen der Präsidialkabinette von Papen und von Schleicher herangezogen wurde, ein Apologet der nationalsozialistischen Ein-Mann-Herrschaft wurde: "Nicht den - mühsamen und oft wenig ansehnlichen - Kompromiß divergierender Interessen, sondern ... das 'objektive Grundgesetz des völkischen Seins', also ein auf mystische Weise zu findendes Gemeinwohl, hatte der Staat zu verwirklichen. Dazu bedurfte er politischer 'Führung'; vielen, auch Huber, schien sie der nationalsozialistische Führerstaat zu gewährleisten."

Die Karriere Hubers im Nachkriegsdeutschland bezeugt das hohe Maß an Verständnis und Toleranz, das die bundesrepublikanische Gesellschaft und Politik solchen "rechten" radikalen Verirrungen entgegengebracht hat. Dagegen ist, wie gesagt, auch nichts einzuwenden. Zu bedenken wäre indes, ob, schon aus Gründen der Gleichbehandlung, die "Fehlgeleiteten" von l"inks" - seien es RAF-Aussteiger oder Emigranten des Dritten Reiches, die nach Ende des Zweiten Weltkrieges glaubten, im zweiten deutschen Staat selbst unter sowjetischer Oberhoheit so etwas wie Sozialismus realisieren zu können - nicht in gleicher Weise Anspruch darauf hätten, daß den Beweggründen ihres (früheren) Verhaltens mit ähnlicher Sensibilität nachgegangen wird. Auch hier könnte dann am Ende zwar nicht die Rechtfertigung, aber doch die gesellschaftliche Absolution stehen.

Der Sozialstaat hat - "eine großartige historische Leistung" (FISCHER 1996: 97) - den Vierten Stand mit dem Staat versöhnt. Ungeachtet der jeweiligen politischen Rahmenbedingungen und unabhängig von der demokratischen Legitimation der Obrigkeit konnte sich sozialstaatliches Handeln immer der Zustimmung der Volksmehrheit sicher sein. Man mag darüber streiten, ob es dem Sozialstaat gelungen ist, im Sinne Heydes die sozialen Klassen und Schichten "aneinanderzubringen" (siehe *8.2.2*). Aber zweifelsohne hat er das Gesellschaftsganze insoweit stabilisiert - und war insofern eine "Bürgschaft des inneren Friedens" - als er die unteren Schichten *als solche* gefestigt hat. Appellierte die Armenfürsorge, um eine Redewendung von FRAENKEL (siehe 1973: 138) zu verwenden, an das "Mitgefühl" der besitzenden, so die Sozialversicherung an das "Selbstgefühl" der arbeitenden Klassen.

Auch der Sozialstaat war und ist nicht imstande, Klassen- und Schichtschranken aufzuheben, divergierende oder gar antinomische Interessen zum Verschwinden zu bringen. Aber er kann die Schwachen stärken und die materielle Basis dafür schaffen, daß die individuellen Freiheitsrechte, die als bürgerliche Errungenschaft den sozialen

Rechten zeitlich voraufgingen, auch für die unteren sozialen Schichten substantielle Bedeutung erlangen.

Sozialstaat heißt Anerkennung von Reformen, bedeutet Akzeptanz einer "nur" schrittweisen Veränderung (und Veränderbarkeit) gesellschaftlicher Strukturen - und Skepsis gegenüber dem Glauben an alleinseligmachende Radikalkuren. Wozu letztere in der Regel führen, hatte MONTAIGNE (1993: 122) schon vor über vierhundert Jahren beschrieben: "Nichts bedroht einen Staat so sehr, wie wenn man ihn von Grund auf erneuert ... Wenn irgendein Stück sich verschiebt, kann man es richten ... doch eine so große Masse umschmelzen und die Grundlagen eines so großen Bauwerks verändern zu wollen, das ist die Sache von Leuten, ... die ... die Krankheit durch den Tod heilen wollen".

Sieht man im Staat allerdings, ungeachtet seiner jeweiligen Gestalt und Verfassung, *prinzipiell* nur das Werkzeug der jeweils ökonomisch herrschenden Klasse, ist es nur folgerichtig, ihm zumindest dann keine wirkliche Reformfähigkeit und -bereitschaft zuzutrauen, wenn entsprechende Aktivitäten auf Kosten der "Herrschenden" gehen. BERNSTEIN (1975: 88) hatte sich schon vor einem Dreivierteljahrhundert von einem solchen Staatsverständnis verabschiedet: "Der Staat ist nicht nur Organ der Unterdrückung und Besorger der Geschäfte der Besitzenden ... Er ist ... ein Organ, ... das seinen sozialpolitischen Charakter mit seinem sozialen Inhalt ändert." Nicht zuletzt die "Kämpfe der Arbeiterbewegung" hätten dazu beigetragen, daß "die Idee eines Volksstaates Boden gewonnen (hat), der nicht das Werkzeug der oberen Klassen und Schichten ist, sondern seinen Charakter kraft des allgemeinen und gleichen Wahlrechts von der Volksmehrheit erhält. Insofern hat Lassalle ... vor der Geschichte ... recht behalten."

9.2 Sozialstaat, Demokratie und Arbeitnehmerschaft

Heutzutage sind Sozialstaat und Demokratie nicht mehr voneinander zu trennen. Es ist nicht länger die Einsicht oder das Kalkül Weniger, sondern der Mehrheitswille der Vielen, der Sozialstaatlichkeit schafft und legitimiert. Erst der demokratische Sozialstaat ist ohne Wenn und Aber ein Volksstaat im Sinne von Lorenz von Stein und Ferdinand Lassalle.

Ein von der Mehrheit des Volkes getragener Staat ist in seinem Handeln demokratisch legitimiert - selbst wenn er in den Augen radikaler "Erneuerer" nur "Stückwerk" zuwegebringt. Es ist deshalb unangebracht und ungerechtfertigt, einen Staat der sozialen Reformen als kaltes, administratives Monstrum zu verteufeln - und ihm eine angeblich warme, überschaubare "Lebenswelt" gegenüberzustellen. Dies ist um so weniger nachvollziehbar, als Anti-Etatismus und Lebensweltorientierung ihre Apologeten nicht daran hindern, den angeblichen Moloch und Leviathan Staat als Finanzier in Anspruch zu nehmen und eine entsprechende Ausweitung und Veränderung der Sozialpolitik zu fordern. Es gibt in der Gegenwart viele Politikfelder, auf denen die 68er-Ersatzheere, mehr oder weniger nachvollziehbar, ihre Stellvertreterkriege führen; keines erscheint ungeeigneter als die Sozialpolitik.

Wenn in der vorliegenden Arbeit für eine Rückführung und *grundsätzliche* Beschränkung der Sozialpolitik auf die abhängige Arbeit plädiert wurde, so bedeutet das nicht, immer und überall an diesem zentralen Orientierungsmerkmal engstirnig festzuhalten. Unter welchen Voraussetzungen eine Einbeziehung von Nicht-Arbeitnehmern Sinn macht, zumindest toleriert werden kann, ist mehrfach dargetan worden. Andererseits bedeutete die Arbeitnehmer-Orientierung aber auch nicht, daß große Teile der Bevölkerung ausgeschlossen blieben.

"Auch heute gilt nach wie vor", schreibt, in der Tradition Heydes, zutreffend BREUER (1979: 151 f.), "daß der Konflikt zwischen Kapital und lohnabhängiger Arbeit, die Resultate von Tarifverhandlungen und die Ergebnisse des andauernden Ringens um die Verbesserung der Produktions- und Reproduktionsbedingungen ... entscheidende Determinanten der Lebenslagen des überwiegenden Teils der Bevölkerung sind. Der klassische soziale Konflikt, die von Geißler als überholt angesehene 'alte' soziale Frage haben daher bis heute nichts an Bedeutung verloren - im Gegenteil: eine Sozialpolitik, die sich in ihren Zielen und Instrumenten an der Lage der abhängig Arbeitenden orientiert, bedeutet heute nicht mehr - wie noch zu Zeiten der Bismarckschen Sozialgesetzgebung - soziale Sicherung für eine gesellschaftliche Minderheit (die die Arbeiter nämlich im 19. Jahrhundert zunächst noch waren), sondern eine Politik im Interesse des überwiegenden Teils der Bevölkerung."

Um es nochmals deutlich zu betonen: die "menschliche Existenz", der "Mensch als solcher", der "Bürger" usw. haben nicht Gegenstand der Sozialpolitik zu sein. Zweifellos sind jedem Individuum Menschenrechte eigen, aber nicht alle Menschen brauchen soziale Rechte. Ein Reicher benötigt auch im demokratischen Sozialstaat der Gegenwart kein Recht auf Arbeit, seine soziale Sicherheit ist auch ohne Sozialgesetzgebung gewährleistet. Schon Embryonen sind materiell ungleich ausgestattet und bedürfen deshalb keiner gleichartigen staatlichen Fürsorge und Unterstützung. Sind die Ressourcen begrenzt und gibt man allen das gleiche, bekommen die, die Beistand benötigen, zu wenig.

Aus diesem Grunde sind Mindesteinkommen- und Grundrentenmodelle abzulehnen. In Zeiten, in denen das soziale Transfer-Aufkommen eher sinkt als gleichbleibt, geschweige denn steigt, schmälern zusätzliche Ansprüche bislang nicht Bedachter notgedrungen die Ansprüche der bisher Berechtigten. Wenn FISCHER (1996: 101) einerseits - zu Recht - feststellt, in Zukunft sei mit einer "Ausdehnung der sozialstaatlichen Umverteilung" nicht mehr zu rechnen, eine solche sei "nicht machbar", andererseits eine "Umstellung der sozialen Sicherungssysteme auf Grundsicherungsmodelle" befürwortet, so heißt das im Klartext, daß der Kuchen in mehr, das heißt kleinere Stücke zerteilt werden muß.

Der Durchschnitts-Arbeitnehmer sollte sehr darauf achten, daß er nicht auf der Strecke bleibt, von einer Zweckgemeinschaft der Auf- und Aussteiger an den (sozial)politischen Rand gedrückt wird. Es sei dahingestellt, ob die "abhängige Klasse" tatsächlich, wie Lorenz von Stein meinte (zit. bei JONAS 1968 b: 137), "in dem Maße gleichgültiger gegen die Verfassung sein werde, in dem ihr Interesse durch sie gefördert würde". Aber sie wird auf jeden Fall in dem Maße *ablehnender* und *mißtrauischer* gegenüber dem Gemeinwesen, in dem dieses ihre Interessen *mißachtet*. Der Staat sollte deshalb alles daran setzen, das (Vertrauens) Kapital, das er sich bei den Arbeitnehmern erwirtschaftet hat, indem er ihnen praktisch gezeigt hat, daß er auch etwas anderes sein kann als der Interessenwalter derer, die in der Gesellschaft das Sagen haben, nicht unnötig auf's Spiel zu setzen.

Die Forderung, Sozialpolitik wieder stärker am abhängig Arbeitenden zu orientieren, ist im übrigen keineswegs gleichbedeutend mit einer Idealisierung oder Verklärung dieses soziologischen Typus. Alle sozialen Gruppen, die das Sozialsystem nutzen, haben - mehr oder weniger - "Dreck am Stecken", zumindest gelegentliches unsolidarisches Verhalten ist eher die Regel als die Ausnahme. Nicht unerwähnt darf allerdings bleiben, daß strukturelle Defizite des sozialen Sicherungssystems und Nachlässigkeiten des Staates[1] das individuelle Fehlverhalten erleichtern und begünstigen.

9.3 Ergänzende Anmerkungen zur gegenwärtigen Sozialstaatsdiskussion

Die Sozialstaatsdiskussion der Gegenwart reicht nun allerdings über die Grundsicherungsproblematik und die Frage einer Begrenzung oder Ausweitung ihres Adressatenkreises weit hinaus. Versucht man eine Systematisierung der dabei vertretenen Standpunkte, lassen sich - in einem sehr groben Raster - drei Positionen unterscheiden: "systemüberwindende", radikal-reformerische und gemäßigt-reformerische.

Was die Öffentlichkeitswirksamkeit angeht, so haben sich die Vertreter der erstgenannten Position unzweifelhaft in den Vordergrund geschoben. Sie gehören freilich recht unterschiedlichen Gruppierungen an, eine gemeinsame Plattform ist kaum auszumachen - außer eben, daß die Erfüllung der jeweiligen Forderungen den Sozialstaat in seiner gegenwärtigen Form und mit seinem gegenwärtigen Inhalt *objektiv* zum Verschwinden brächte (auch wenn vielfach das Gegenteil beteuert wird).

Der neo-liberalen Fraktion der "Systemüberwinder" liegt allerdings weder objektiv noch subjektiv eine Reform des Sozialstaats - und auch nicht dieser selbst - am Herzen; nicht sein Umbau, sondern seine Abschaffung ist das Ziel. Dabei werden die gegenwärtigen Schwierigkeiten auch dazu benutzt, gewissermaßen "alte Rechnungen" zu begleichen: man zahlt dem Staat heim, daß er sich überhaupt *jemals* zur sozialen Intervention entschlossen hat. Die Ur-Ur-Enkel von Eugen Richter (siehe S. 44) melden sich (unüberhörbar) zu Wort.

Beispielhaft für diese Richtung steht das neueste Werk von Baader "Fauler Zauber. Schein und Wirklichkeit des Sozialstaats" aus dem Jahre 1997. Der Autor, laut Umschlagtext "für viele ... der entscheidendste Freiheitsdenker der Gegenwart", der sich, so "Die Welt", die "schonungslose Aufdeckung der geistigen Grundübel, die zur heutigen Misere geführt haben", zum Ziel gesetzt hat (siehe ebd.), steht für eine Gruppe Neo-Liberaler, die zu keinerlei "sozialen Kompromissen" mehr bereit scheint und sich offen die Beseitigung des Sozialstaats zum Ziel gesetzt hat. (Daß nebenbei

---

1 Hierfür ein Beispiel: von den im Jahre 1998 zugelassenen (und verschriebenen) rund 45 000 Arzneimitteln sind 16 627, also mehr als ein Drittel, überhaupt nicht auf ihren therapeutischen Nutzen überprüft, obwohl die entsprechenden Prüfverfahren nach Auffassung der Europäischen Kommission bereits 1990 hätten abgeschlossen sein müssen (siehe DER SPIEGEL 1998).

noch der "schrankenlose Demokratismus" [!] attackiert und seitenlang - S. 228 ff. - die Frage erörtert wird, ob die "moderne Massendemokratie" nicht doch eher ein "Fluch" sei, steht auf einem anderen Blatt, ist aber keineswegs weniger bedenklich).

Baader zufolge führt das "tabuisierte Heiligtum 'Sozialstaat'" (a.a.O.: Umschlagtext) Deutschland geradewegs in den "finanziellen, den moralischen und den gesellschaftlichen Bankrott" (a.a.O.: 254). Als "ersatzreligiöser Götzenkult" und Ausdruck der "deutschen Sozial-Pathologie" untergrabe der Sozialstaat "die christlichen Fundamente der abendländischen Zivilisation" (ebd.), der "Geist des Sozialstaats" zerstöre "Freiheit, Rechtsstaat und Demokratie" (a.a.O.: 247). Die geistige Verwandschaft mit Habermann (siehe S. 140, Fußnote), den Baader des öfteren zitiert, ist offensichtlich; sie zeigt sich auch in der Behauptung, der Sozialstaat sei "Sozialismus mit eingezogenen Krallen" (a.a.O.: 9), das sozialstaatlich-sozialdemokratische Modell müsse "erst ins Bodenlose stürzen", bevor sich die Chance einer sozioökonomischen "Erneuerung" biete (siehe a.a.O.: 274 f.). Systemimmanente Reformen sind nach Auffassung des Autors weder möglich noch erforderlich, weil das System als solches falsch ist: auch die "Novellierung von Unsinn ist Unsinn" (siehe a.a.O.: 51).

"Der Staat", so Baader, "löst keine Probleme. Er *ist* das Problem" (a.a.O.: 254); die logische Folgerung kann deshalb nur sein, ihn abzuschaffen oder wenigstens dafür zu sorgen, daß er bis zur Unkenntlichkeit schrumpft. An die Stelle des Sozialstaats müsse der "Minimalstaat" (a.a.O.: 267) treten. Welche Aufgaben im sozialen Bereich dieser noch hat, kann dahingestellt bleiben, denn so gut wie alle sozialen Probleme erledigt nach Baaders unumstößlicher Gewißheit in optimaler Weise der von staatlicher Einflußnahme gereinigte, endlich" freie" Markt.

Noch vor wenigen Jahren wäre man selbst im aufgeklärten liberalen Lager über solcherart Sentenzen - die im übrigen ihre unterschwellige Aggressivität nur mühsam verbergen - kopfschüttelnd-achselzuckend zur Tagesordnung übergegangen.[1] Heutzutage wäre das fahrlässig, nicht nur, weil solche Ansichten zur geistigen Grundausstattung vieler - auch "gehobener" - Stammtische gehören, sondern auch deshalb, weil die in ihnen zum Ausdruck kommende Staatsverdrossenheit, die im demokratisch legitimierten Verfassungsstaat nur noch einen Katastrophen-Erzeuger sieht, auf einen Zeitgeist trifft, der *grundsätzlich* für Katastrophen-Szenarien aufnahmebereit scheint.[2] Auch anderswo wähnt man den "erschöpften" (BECKER 1994) Sozialstaat kurz "vor dem Offenbarungseid" (SCHLECHT 1996) und stellt sich die Frage, ob er "noch zu retten" (FISCH 1996) sei. Der Untergang und Zerfall des Sozialstaats scheint nur noch eine Frage der Zeit.

---

1 Zumindest der *Wirtschafts*liberalismus scheint heutzutage solchen Auffassungen durchaus gewogen zu sein: "Man geht wohl nicht fehl mit der Einschätzung, daß in der gegenwärtigen wirtschaftswissenschaftlichen Lehre der Glaube an die nahezu uneingeschränkte Leistungsfähigkeit des Marktes als Instrument der ... Lösung gesellschaftlicher Probleme sowie der Zweifel an der Notwendigkeit und Berechtigung des Staates, seiner Aktivitäten und seiner Institutionen dominieren" (LAMPERT 1997: 51).

2 Das gilt selbst für Teile der "Linken". Auch enttäuschte linke Hoffnungen befördern resignative Grundhaltungen; im Zuge der "Erschöpfung der utopischen Energien" (HABERMAS 1985 a: 144) haben sich auch im linken Lager soziale Unsicherheiten und Ängste eingenistet und breitgemacht, die für Katastrophen-Szenarien empfänglich sind. Von der Utopie zur Hysterie scheint bisweilen nur ein kurzer Schritt.

Zur Gruppe derer, die Forderungen stellen, die - falls sie erfüllt würden - *objektiv* die Auflösung des gegenwärtigen sozialen Sicherungssystems zur Folge hätte, sind auch diejenigen zu zählen, die ein Bürgergeld für jedermann anstreben. Natürlich haben sie mit den neo-liberalen Demagogen in der Regel nichts gemeinsam, erfordert ein Bürgergeld doch *noch mehr* staatliches (Wohl)Tun - wo schon die gegenwärtigen sozialstaatlichen Aktivitäten den Neo-Liberalen ein Greuel sind. Doch auch wenn die jeweiligen Intentionen völlig verschieden, die Beweggründe nicht vergleichbar sind: eine Erfüllung der Forderungen *sowohl* der Neoliberalen *wie* der Bürgergeld-Verfechter, seien letztere "öko-sozialistisch" geprägt oder nicht (siehe auch *8.7*) würde *in der Konsequenz* die Abschaffung des derzeitigen Systems der sozialen Sicherung und damit eines tragenden Elements des Sozialstaats bewirken. Zu Recht zählen für KLAGES (1994: 77) die Anhänger einer "sozialen Grundsicherung" zu den "Befürwortern eines Umbruches".

WEHNER (1997), engagierter Verfechter des "Bürgergeldsystems", bestreitet allerdings dessen Sprengwirkung bezüglich der gegenwärtigen Realgestalt des Sozialstaats. Immerhin räumt er ein, "auf den ersten Blick" sei das Bürgergeldsystem "kein Reformkonzept, sondern ... eine Systemalternative" (a.a.O.: 8). Dieser erste Blick indes trüge; das Bürgergeld sei durchaus ein politisch machbares Reformmodell (siehe ebd.). (Wiederum nur) auf den "ersten Blick" erscheine das Bürgergeld auch als "ein Anschlag auf das traditionelle Arbeitsethos" (a.a.O.: 244). Wenn "im Bürgergeldsystem das Recht auf ein Einkommen ohne Arbeit zum erstrangigen, universell gültigen [?] sozialstaatlichen Prinzip" erhoben werde, scheine dies "mit den Wertvorstellungen einer Gesellschaft, die sich immer noch als Leistungs- und Arbeitsgesellschaft versteht und auch nur als solche auf Dauer funktionsfähig ist, unvereinbar zu sein" (ebd.).

Doch das genaue Gegenteil wird nach Wehners Auffassung durch ein Grundeinkommen bewirkt: gerade ein Bürgergeld - das jedoch nur so hoch sein dürfe, daß es die "Mindestlebenshaltungskosten" *nicht* decke, sein Empfänger sich also zu einkommensergänzender Arbeit genötigt sehe[1] (siehe a.a.O.: 239 f.) - könne dazu beitragen, der *derzeitigen* "Erosion des Arbeitsethos" (a.a.O.: 245). entgegenzuwirken.

Ungeachtet dessen, wie eine solche Prophezeihung einzuschätzen ist: zumindest die Annahme Wehners, ein Bürgergeldsystem ließe sich *im Rahmen des gegenwärtigen sozialen Sicherungssystems* realisieren, vermag nicht zu überzeugen. Und schlichtweg nicht nachzuvollziehen ist seine "Hoffnung" auf die "befreiende Wirkung eines Staatsbankrotts", von dem einige der "herkömmlichen Sozialstaaten nicht sehr weit entfernt" seien und der einen "ordnungspolitischen Neubeginn im Sinne des Bürgergeldkonzepts" ermögliche (siehe a.a.O.: 250).[2]

---

1 Dies wird von HEINZE (1997) verworfen, der - mit ähnlichen Argumenten wie Wehner - ebenfalls für ein Bürgergeld plädiert, dieses aber *in Höhe des Existenzminimums* angesiedelt wissen will (siehe a.a.O.: 232). Abgesehen davon enthält Heinzes Abhandlung wichtige und bedenkenswerte Ausführungen zur sozial-ökonomischen Lage der Nation, insbesondere zu Problemen der Beschäftigungs- und Gewerkschaftspolitik.

2 Vielleicht sollte sich der Autor einmal mit Menschen unterhalten, die die segensreichen "befreienden" Wirkungen einers Staatsbankrotts, vornehmlich in Gestalt einer Inflation, am eigenen Leibe verspürt haben.

Für die *radikal-reformerischen* Positionen in der gegenwärtigen Sozialstaatsdiskussion - sie sind dadurch geprägt, daß sie die Fundamente des sozialstaatlichen "Hauses" unangetastet lassen, gewissermaßen unter "Denkmalschutz" stellen, die eine oder andere (auch tragende) "Wand" aber durchaus opfern wollen - soll beispielhaft KAUFMANN (1997 b) stehen. Eine steuerfinanzierte Grundrente lehnt er zwar ab, "nicht nur aus Finanzierungsgründen, sondern auch in der Perspektive eines möglichen Sozialkonsenses" (a.a.O.: 181). Dennoch machen nach seiner Auffassung insbesondere die demographische Entwicklung und die Arbeitsmarktsituation wesentliche Änderungen des Alterssicherungssystems erforderlich.

Die Tendenzen auf den Arbeitsmärkten gingen immer mehr in Richtung "Entstandardisierung der Erwerbsarbeit" (a.a.O.: 175). Das Normalarbeitsverhältnis sei umgeben von einer "Grauzone", in der die unterschiedlichsten und von der klassischen sozialen Sicherungspolitik nicht erfaßten Tätigkeiten ausgeübt würden. Die "einzige überzeugende Lösung" des Problems einer zukünftigen Altersarmut sei deshalb die Einführung einer "Volksversicherung" (a.a.O.: 183). Kaufmann will die Gesamtbevölkerung einer Versicherungspflicht für den Fall der Berufsunfähigkeit und des Alters unterwerfen; auch Selbständige und Beamte sollen beitragspflichtig werden. Ziel dieser beitragsfinanzierten Volksversicherung ist eine "Grundsicherung", die, so lassen sich Kaufmanns Ausführungen deuten, vor allem für "unselbständig Erwerbende" um eine "Aufbausicherung" ergänzt werden soll (siehe a.a.O.: 182).

Zweifel ob der Realisierbarkeit des Kaufmannschen Volksversicherungskonzepts (*und* des entsprechenden Realisierungsbedarfs) erscheinen angebracht. Was die Beitragspflicht auch von Selbständigen und Beamten angeht - womit ja wohl eine Art Solidarbeitrag auch von diesen eher "besser gestellten" Bevölkerungsgruppen eingefordert werden soll: eine Änderung der einschlägigen Vorschriften im Beamtenrecht, die auch Beamten einen (wenngleich nicht übermäßig hohen) Beitrag wenigstens zu ihrer *eigenen* Alterssicherung abverlangen, ist bereits auf den Weg gebracht (siehe *6.8.6*); ein Solidarbeitrag von Selbständigen könnte auch mittels der Steuerpolitik realisiert werden. Auf die Gefahr einer "Erschleichung" von sozialversicherungsrechtlichen Vorteilen gerade von *an sich* nicht Sicherungsbedürftigen ist in dieser Arbeit im übrigen schon mehrfach hingewiesen worden. Sofern es Kaufmann allerdings (auch) darum gehen sollte, die "Scheinselbständigen" in das soziale Sicherungssystem einzubinden (und dazu besteht in der Tat Anlaß, siehe auch S. 169): diese "verdeckten" Arbeitnehmer gehören der von Kaufmann so bezeichneten "Grauzone" an und wären, bei einigem Bemühen, auch in das derzeitige Rentensystem zu integrieren.

Einen "Systemwechsel" würde indes auch eine solche *beitragsfinanzierte* Volksversicherung im Sinne Kaufmanns nicht bewirken; einen solchen lehnt der Autor (a.a.O.: 193) entschieden ab, weil die "Kosten jedes Systemwechsels seine Einsparungen aller Erfahrung nach weit übersteigen (würden). Der oft beschworene Umbau des Sozialstaats kann also nicht in der Form einer groß angelegten Gesamtreform geschehen, sondern bedarf des lästigen Streits um Details, welche das politische Tagesgeschäft bestimmen."

Diese Sätze könnten auch als Motto über der (wissenschaftlichen) Arbeit und den Überzeugungen der dritten, gemäßigt-reformerischen Gruppe der Sozialstaatsdiskutanten und -analytiker stehen. Gemeinsam ist ihnen das Vertrauen darauf, daß eine Sozialstaatsreform ohne Systemwechsel und ohne radikale Einschnitte möglich ist; "oberstes Ziel" muß, so LAMPERT (1997: 91), den man, wie KLAGES (1994), zu dieser Gruppe zählen kann, auch bei den unumgänglichen Veränderungen die "Erhaltung der sozialstaatlichen 'Kern'-Substanz der Bundesrepublik" sein. Lampert unterbreitet eine Fülle von Vorschlägen, die von der Forderung nach einer "weiteren Substitution der Objektförderung durch die Subjektförderung" im Rahmen der sozialen Wohnungspolitik über das Verlangen nach verstärkter Vermögensbildung in Arbeitnehmerhand bis zu der Forderung reichen, die "Lohnersatzleistungen" für Beamte im Krankheitsfall zu reduzieren (siehe a.a.O.: 77 ff.).

Erheblicher "sozialpolitischer Handlungsbedarf" bestehe beim Familienlastenausgleich. In der Alterssicherung erscheine "auf mittlere Frist" die "Überprüfung" von Zweckmäßigkeit und Möglichkeit einer Ergänzung und partiellen Ersetzung der staatlichen obligatorischen Pflichtversicherung durch deren Kombination mit einer steuerbegünstigten Privatversicherung sinnvoll. Dabei müsse jedoch sichergestellt werden, daß die Pflichtversicherungsrente wenigstens 50 Prozent des durchschnittlichen Nettoarbeitseinkommens erreiche und mindestens dem Sozialhilfesatz entspreche; der Privatrente müsse Inflationssicherheit garantiert werden.

Das Sozialleistungsvolumen insgesamt dürfe in Zukunft nicht im gleichen Umfang wachsen wie das Bruttosozialprodukt. Solange die Bekämpfung der Arbeitslosigkeit als "Kernursache" der gegenwärtigen Schwierigkeiten keine nachhaltigen Erfolge zeitige, müsse auch die Wachstumsrate der Arbeitseinkommen unterhalb der gesamtwirtschaftlichen Produktivitätszuwachsrate liegen (siehe a.a.O.: 93).

Bei all seinen - zum Teil sehr weitgehenden - Reformvorschlägen bleibt Lampert orientiert an der - um sonstige Formen gesellschaftlich nützlicher Arbeit ergänzten - *Erwerbsarbeit* als zentralem Bezugspunkt von und für Sozialpolitik.

Auch für Hengsbach (siehe GREBING/HEMMER 1996: 114) gibt es zwar einen "zunehmenden Abschied von der Industrieerwerbsarbeit und der Industriegesellschaft", aber "keinen Abschied von der Erwerbsarbeit" in einer "Arbeitsgesellschaft". Nur die Beteiligung an der "gesellschaftlich organisierten Arbeit" sei für die "überwiegende Mehrheit der Bevölkerung" mit "gesellschaftlicher Anerkennung" und auch "Selbstverwirklichung" verbunden.

NULLMEIER/RÜB (1994) gebührt das Verdienst, Funktionen des Sozialstaats und seiner Einrichtungen ins kollektive Bewußtsein wieder eingeführt zu haben, die über den vergleichsweise engen Bereich der versicherungsmäßigen Bewältigung sozialer Grundrisiken hinausreichen (auch wenn die Art und Weise ihrer Argumentation eine Spur zu "gemeinschaftsideologisch" erscheint): "Sozialversicherungen schaffen keineswegs nur administrative und rechtliche Beziehungen. Die Sozialleistung ist mehr als nur eine monetäre Entschädigung. Sie konstituiert einen 'sittlichen Zusammenhang', der zugleich Bedürfnisse nach Zugehörigkeit und Anerkennung erfüllt" (a.a.O.: 67). Die Rentenversicherung etwa sei "keineswegs eine bloß aus Rechten, Leistungsansprüchen und Beitragspflichten zusammengesetzte, von rationalen Vorsorgeinteressen zusammengehaltene Institution ... Sie wird vielmehr durch starke normative und im spezifischen Sinne gemeinschaftliche Momente geprägt, die einen engen Bezug zur Staatlichkeit beinhalten" (ebd.). Das Sozialleistungssystem stelle auch in der Gegenwart einen zentralen Integrationsmechanismus dar, nicht zuletzt deshalb, weil der Staat mit seinen Reformen in den vergangenen Jahren gezeigt habe, daß selbst "angesichts massenhafter Arbeitslosigkeit, demographischen Verschiebungen und soziokulturellen Veränderungen" die Regelungs- und sogar "Expansionsmöglichkeiten" der Sozialversicherung nicht erschöpft seien; "prinzipielle, *systemische* Grenzen der Sozialversicherung als politischer Regelungsform" ließen sich "nicht aufzeigen" (siehe a.a.O.: 61).

Auch wenn die These der beiden Autoren, die "politische Offenheit des Sozialversicherungsprinzips" [?] ließe selbst den "Ausbau zu einer Sozialversicherung aller BürgerInnen" zu, die Sozialversicherung vermöge sich "immanent zu universalisieren und zu öffnen für ein Konzept sozialer Bürgerschaft" (siehe a.a.O.: 63) wenig realitäts- und politikgerecht anmutet, so ist Nullmeier/Rüb doch zu bescheinigen, daß sie dazu beigetragen haben, den Blick (wieder) über den sozialrechtlichen Tellerrand hinaus auf die gesamtgesellschaftliche Befriedungsfunktion des Sozialstaats zu lenken.

Dieses Verdienst gebührt auch Brakelmann (siehe GREBING/HEMMER 1996: 101 f.), als 11. Mann im Aufsichtsrat bei Thyssen-Hoesch auch berufsmäßig mit kollektiven Befriedungsaufgaben befaßt (siehe dazu S. 258 f.). Anläßlich einer Podiumsdiskussion über "Möglichkeiten der Weiterentwicklung sozialstaatlicher Demokratie" im Jahre 1996 ordnet er den Sozialstaat nicht nur in einen geschichtlichen Zusammenhang ein, sondern äußert auch Kritisches angesichts einer Sozialstaatsdiskussion, der die arbeitenden "Normalmenschen" und ihre Probleme zunehmend aus dem Blickfeld zu geraten drohen:

> "Ich ... halte die Entwicklung des deutschen Sozialstaates durch Bismarck, Lohmann, Berlepsch und alle, die daran mitgearbeitet haben - die Katheder-Sozialisten, die freien und christlichen Gewerkschaften und andere - für das fulminanteste Ergebnis deutscher Geschichte der Neuzeit ... Warum denn dieser Sozialstaat? Natürlich hat er politische Hintergründe, z.B. die Angst vor der Revolution. Aber im Kern steht dahinter die Erkenntnis, daß der reine Rechtsstaat für die existentielle soziale Situation der meisten Menschen nicht ausreicht, sondern daß er einer sozialen Fundierung und gleichsam einer dialektischen Ergänzung bedarf ... Die Frage ist, ob man im Falle grundsätzlichen Wandels mit einer totalen Kurskorrektur reagiert oder nicht eher eine Kurskorrektur im System versucht, was nicht identisch ist mit einer Preisgabe des Systems selbst. Als geborener Revisionist stehe ich auf dem Standpunkt, daß alles, was sich geschichtlich entwickelt hat, geschichtlich auch anders gelenkt werden kann ... Während wir hier bequem sitzen, sind in meiner Heimatstadt Bochum heute rund 80 000 Menschen zur Arbeit gegangen. Davon wird sich keiner die Überlegung gemacht haben, ob der Industrialismus am Ende ist, sondern sie werden ganz bestimmte Arbeitsbedingungen vorgefunden haben, die sie ändern können oder auch nicht. Sie haben Sorgen, Ängste, Hoffnungen ... Meine Frage in dieser Diskussion lautet: Wo sind eigentlich die Anwälte dieser ganz real existierenden Menschen von heute?"

9.4 Schlußbemerkung

Wenn der Sozialstaat der Gegenwart seine zentrale Aufgabe der sozialen Befriedung nicht aus dem Auge verliert, sich, ohne jede Knauserigkeit, auf das Notwendige beschränkt, also Überflüssiges abstößt, Privilegien abbaut, Stärke zeigt, fremde Lasten nicht aufgebürdet bekommt und die durch ihn Begünstigten ihr Verhalten an dem Erforderlichen ausrichten, dann ist er auch in Zukunft funktionsfähig, trotz kaum zu bändigender Arbeitslosigkeit, Globalisierung, ungünstigem Altersaufbau, dem Niedergang ganzer Wirtschaftsbereiche, dem Zusammenbruch der sozialistischen Staatenwelt, den Folgekosten der deutschen Vereinigung und was dergleichen Hiobssachverhalte mehr sind. Nicht diese sind, bei allen unleugbaren Problemen, das eigentlich Bemerkenswerte an der deutschen Sozialstaatsgeschichte, sondern die - ebenfalls unbezweifelbare - Tatsache, daß alle diese immensen Schwierigkeiten es nicht vermocht haben, den "Friedensengel des Industriezeitalters" zum Absturz zu bringen.

Reformen jedoch sind unumgänglich, nicht zuletzt eine "Stärkung der Eigenverantwortung des Versicherten ... im Sinne der Solidarität gegenüber der Versichertengemeinschaft" (SACHVERSTÄNDIGENRAT 1995: 12). Nur dann kann auch in Zukunft "in den Fällen, wo wirklich gesellschaftliche Solidarität notwendig ist, diese auch ausreichend geleistet werden" (HOMEYER 1997: 899). "Entläßt der Sozialstaat seine Kinder?" fragt Johano STRASSER (1996: 59). Die Antwort: so diese - man verzeihe das altmodische Wort - *Maß* und ihre Repräsentanten "in den Turbulenzen Kurs halten" (BMA 1994 b: VI), besteht dazu keine Veranlassung.

Kurs halten bedeutet schließlich auch, um klare Sicht bemüht zu sein und den Bürgern diese nicht zu verstellen. Der Sozialstaat bringt sich durch seine quantitative Ausuferung vielfach selbst um den Erfolg. HABERMAS (1985 a) hat nicht unrecht, wenn er die "Neue Unübersichtlichkeit" beklagt. Er irrt, wenn er dahinter (versteckte) administrative Machtgier oder gar Herrschsucht vermutet. Der Staat will auch und gerade mittels einer ausgeweiteten Sozialpolitik die Menschen nicht *beherrschen,* sondern im Gegenteil: ihnen allen *"gerecht werden"*, noch der verästeltsten Lebensbiographie Rechnung tragen. Dies jedoch führt zu einer Kompliziertheit der Materie, die letztlich unsicher und unzufrieden macht.

Allerdings ist die Politik - gerade in schwierigen Zeiten - dem verstärkten Erwartungsdruck des "Aktivwerdens" ausgesetzt - und *auch* dieser führt dann zu den nicht endenden und nicht mehr überschaubaren Novellierungen von Rechtsnormen.[1] Ein "Innehalten" wäre gelegentlich angebracht. Im Wege des "Aussitzens" löst man gewiß keine Probleme - durch Hyperaktivität und notorische motorische Unruhe aber auch nicht. Die "oftmals ziel- und konzeptionslose - und letztlich auch hilflose und vergebliche - Hektik des Drehens an verfügbaren und des Einsetzens zusätzlicher Einzel-Stellschrauben" müßte, wie KLAGES (1994: 73) zu Recht anmerkt, "einem konzeptionellen Vorgehen mit ordnungspolitischer Grundlage" weichen.

---

1 Hierfür zwei Beispiele: die offiziöse "Übersicht über das Sozialrecht" ist von 1975 bis 1995 von 294 auf 760 Seiten angeschwollen, das neue Arbeitsförderungsgesetz bereits *vor I*nkrafttreten *vier* Mal geändert worden.

Weder die tatsächlichen noch die vermeintlichen Schwierigkeiten sind indes geeignet, die großen Verdienste des Sozialstaats zu schmälern. Die Sozialstaatlickeit stellt dasjenige Element deutscher Staatsverfassung dar, das am ehesten geeignet erscheint, soziale und politische Gräben in der deutschen Gesellschaft - *auch der Gegenwart* - zu überwinden. Als Konstitutivem eines deutschen Nationalgefühls ist die Sozialstaatsidee allemal geeigneter als andere, auf Überlegenheit und Dominanz gegründete nationalstaatliche Begründungs- und Rechtfertigungsversuche. Und nicht zuletzt macht die Geschichte des Sozialstaats deutlich, daß in der Politik nicht Schwärmertum und Gipfelstürmerei, sondern alltägliche Kärrnerarbeit und die "Mühe in den Ebenen" sich letztendlich auszahlen.

Leseempfehlung

NULLMEIER, F., RÜB, F.W.: Die Transformation der Sozialpolitik. Vom Sozialstaat zum Sicherungsstaat, Frankfurt a.M., New York 1993

BUNDESMINISTER FÜR ARBEIT UND SOZIALORDNUNG (Hrsg.): Sozialstaat im Wandel, Bonn 1994

RIEDMÜLLER, B., OLK, T.: Grenzen des Sozialversicherungsstaats. Sonderheft Leviathan 14/1994, Opladen 1994

BÄCKER, G., EBERT, T.: Defizite und Reformbedarf in ausgewählten Bereichen der sozialen Sicherung. Reihe "Zukunft des Sozialstaates", hrsg. v. Ministerium für Arbeit, Gesundheit und Soziales des Landes Nordrhein-Westfalen, Düsseldorf 1996

SCHÖNIG, W., L'HOEST, W.: Sozialstaat wohin? Umbau, Abbau oder Ausbau der sozialen Sicherung, Darmstadt 1996

GREBING, H., HEMMER, H. O. (Hrsg.): Soziale Konflikte, Sozialstaat und Demokratie in Deutschland, Essen 1996

KAUFMANN, F.-X.: Herausforderungen des Sozialstaats. Edition Suhrkamp 2053, Frankfurt am Main 1997

LAMPERT, H.: Krise und Reform des Sozialstaates, Frankfurt/M. 1997

WEHNER, B.: Der neue Sozialstaat. Entwurf einer neuen Wirtschafts- und Sozialordnung, 2. Aufl. Opladen 1997

HEINZE, R. G.: Die blockierte Gesellschaft. Sozioökonomischer Wandel und die Krise des "Modell Deutschland", Opladen/Wiesbaden 1998

Literatur [1]

Abel, W. 1967: Agrarpolitik, 3. Aufl. Göttingen

Abendroth, W. 1965: Sozialgeschichte der europäischen Arbeiterbewegung. Edition Suhrkamp 106, Frankfurt/M.

Abendroth, W. 1968: Zum Begriff des demokratischen und sozialen Rechtsstaates im Grundgesetz der Bundesrepublik Deutschland, in: Forsthoff, E. (Hrsg.): Rechtsstaatlichkeit und Sozialstaatlichkeit. Aufsätze und Essays, Darmstadt

Achilles, W. 1988: Agrargeschichte, in: Handwörterbuch der Wirtschaftswissenschaft, hrsg. v. W. Albers u.a., Stuttgart, New York, Tübingen, Göttingen, Zürich

Achinger, H., Höffner, J., Muthesius, H., Neundörfer, L. 1955: Neuordnung der sozialen Leistungen. Denkschrift auf Anregung des Herrn Bundeskanzlers, Köln

Achinger, H. 1958: Sozialpolitik als Gesellschaftspolitik. Von der Arbeiterfrage zum Wohlfahrtsstaat, Reinbek

Altvater, E. 1982: Umbau oder Abbau des Sozialstaates?, in: PROKLA. Zeitschrift für politische Ökonomie und sozialistische Politik, 49, Berlin

Amendt, S., Göring, H., Kullik, E. 1986 : Sozialarbeit unter der Herrschaft des Nationalsozialismus, Düsseldorf

ANBA 1997: Amtliche Nachrichten der Bundesanstalt für Arbeit, Nr.1, Nürnberg

ASMK-Arbeitsgruppe 1996: Umschichtung sogenannter versicherungsfremder Leistungen in der Sozialversicherung und Überprüfung der Beitragsbemessungsgrundlagen in den verschiedenen Sozialversicherungssystemen, Stand: 24.4.1996, vervielf. Manuskr. o.O.

BA: Bundesanstalt für Arbeit, Nürnberg (Hrsg.):

1997 a: Einnahmen und Ausgaben der Bundesanstalt und Finanzmittel des Bundes, der Länder und sonstiger Stellen im Haushaltsjahr 1996. Zusammenstellung des Referats III a

1997 b: Arbeitsmarkt in Zahlen, Reihe 1, Aktuelle Daten Bundesrepublik Deutschland, April

Baader, R. 1997: Fauler Zauber. Schein und Wirklichkeit des Sozialstaats, Gräfelfing

Bäcker, G., Ebert, T. 1996: Defizite und Reformbedarf in ausgewählten Bereichen der sozialen Sicherung. Reihe Zukunft des Sozialstaates, hrsg. v. Ministerium für Arbeit, Gesundheit und Soziales des Landes Nordrhein-Westfalen, Düsseldorf

Bäcker, G., Hanesch, W. 1997: Arbeitnehmer und Arbeitnehmerhaushalte mit Niedrigeinkommen in Nordrhein-Westfalen. Eine Untersuchung für die Landessozialberichtserstattung Nordrhein-Westfalen im Auftrag des Ministeriums für Arbeit, Gesundheit und Soziales; Zwischenergebnisse zur Fragestellung: Zum Verhältnis von niedrigen Arbeitseinkommen und der Hilfe zum Lebensunterhalt - Eine Überprüfung des Abstandsgebots, Mönchengladbach, Darmstadt (vervielf. Manuskr.)

Bauer, R. 1991: "Seine Sorge galt dem kleinen Mann und dem Mittelbetrieb". Tagung über Adenauers Sozialpolitik, in: Rheinische Post, 28. 10.

Becker, J. 1993: Der Defekt ist der Normalfall, in: Der Spiegel, Nr. 36, Hamburg

Becker, J. 1994: Der erschöpfte Sozialstaat. Neue Wege zur sozialen Gerechtigkeit, Frankfurt/M.

Bernstein, E. 1897/98: Der Kampf der Sozialdemokratie und die Revolution der Gesellschaft, in: Die Neue Zeit, 16. Jg., 1. Bd., Stuttgart

Bernstein, E. 1975: Der Sozialismus einst und jetzt. Streitfragen des Sozialismus in Vergangenheit und Gegenwart. (Nachdruck der 1923 erschienenen 2. Aufl.), 3. Aufl. Bonn - Bad Godesberg

BfA 1990 a: Bundesversicherungsanstalt für Angestellte (Hrsg.): Informationen und Perspektiven zum Rentenrecht der DDR, Berlin

BfA 1990 b: Bundesversicherungsanstalt für Angestellte (Hrsg.), Staatsvertrag mit der DDR und gesetzliche Rentenversicherung, Berlin

BFA 1997 a: "Neue Werte in der Rentenversicherung ab 1.1.1997". BfA-Mitteilungen, hrsg. v.d. Bundesversicherungsanstalt für Angestellte, Nr.1

BfA 1997 b : "Teilrente - ein Angebot für rüstige Rentner". BfA-Mitteilungen, hrsg. v. d. Bundesversicherungsanstalt für Angestellte, Nr. 2

1 Die am Ende der einzelnen Kapitel zur Lektüre empfohlenen Titel werden in der nachfolgenden Literaturübersicht nur aufgeführt, wenn sie im eigentlichen Text erwähnt und/oder "verarbeitet" wurden.

BFS 1994: Bundesministerium für Familie und Senioren (Hrsg.): Bericht der Bundesregierung zur Frage der Einhaltung des Lohnabstandsgebots nach § 22 Abs. 3 Bundessozialhilfegesetz, in: Bericht und Gutachten zum Lohnabstandsgebot. Bd. 29 der Schriftenreihe des Bundesministeriums für Familie und Senioren, Stuttgart, Berlin, Köln
Biedenkopf, K. 1981: Die Chance der Krise nutzen, in: Frankfurter Allgemeine Zeitung, Nr. 235
BLK 1996: Bundesverband der landwirtschaftlichen Krankenkassen: Statistik der landwirtschaftlichen Krankenkassen 1995, Anlage zu Rundschr. 111/96, Kassel
Bloch u.a. 1997: Bloch, E., Hillebrandt, B., Wolf, C.: Wie funktioniert unser Gesundheitswesen? Reinbek
Blüm, N. 1990: Vorwort, in: Sozialgesetzbuch, hrsg. v. Bundesminister für Arbeit und Sozialordnung, Bonn
Blüm, N.,1995: "Grundrente 'Betrug an den Fleißigen'", dpa-Meldung vom 27. 12.
BMA: Bundesministerium für Arbeit und Sozialordnung, Bonn (Hrsg.):
1970: Übersicht über die soziale Sicherung, 8. Aufl.
1975: Übersicht über die soziale Sicherung, 9. Aufl.
1977: Übersicht über die soziale Sicherung, 10. Aufl.
1989: Übersicht über das Recht der Arbeit
1990 a: Übersicht über die soziale Sicherheit, 1. Aufl.
1990 b: Sozialbericht 1990
1991: Übersicht über die soziale Sicherheit, 2. Aufl.
1992: Alterssicherung in Deutschland 1986. Zusammenfassender Bericht, erstellt von Infratest Sozialforschung, München
1994 a: Sozialbericht 1993
1994 b: Sozialstaat im Wandel
1995 a: Übersicht über das Sozialrecht, 3. Aufl.
1995 b: Mitbestimmung. Unternehmensmitbestimmung und Betriebsverfassung
1995 c: Solidarität als Fundament
1996 a: Statistisches Taschenbuch 1996, Arbeits- und Sozialstatistik
1996 b: Programm für mehr Wachstum und Beschäftigung - Maßnahmen im sozialpolitischen Bereich, Stand nach 2./3. Lesung Bundestag Juli
1996 c: Arbeitssicherheit '96. Unfallverhütungsbericht Arbeit. Bericht der Bundesregierung über den Stand der Unfallverhütung und das Unfallgeschehen in der Bundesrepublik Deutschland im Jahre 1995
1996 d: Das neue Arbeitszeitgesetz
1996 e: Arbeitsrecht. Informationen für Arbeitnehmer und Arbeitgeber, November
1997 a: Soziale Sicherung im Überblick
1997 b: Wegweiser durch das Arbeitsförderungsgesetz
1997 c: Vorschläge der Kommission "Fortentwicklung der Rentenversicherung"
1997 d: Übersicht über das Arbeitsrecht, 6. Aufl.
1997 e: Entgeltfortzahlung
1997 f: Übersicht über das Sozialrecht, 4. Aufl.
1997 g: Änderung des Arbeitsförderungsgesetzes ab 1.4. 1997
BMA, BA 1995: Bundesministerium für Arbeit und Sozialordnung, Bundesanstalt für Arbeit (Hrsg.): Gegen Langzeitarbeitslosigkeit. Mittel, Wege und Programme, Bonn, Nürnberg
BMG: Bundesministerium für Gesundheit, Bonn (Hrsg.):
1995: Grundinformationen und Daten zur Sozialhilfe
1996: Statistisches Taschenbuch Gesundheit
1997 a: Die gesetzliche Krankenversicherung, Stand: Dezember 1996
1997 b: Gesundheit in Deutschland, Stand: Januar 1997
BMI 1996 a: Bundesministerium des Innern: Daten und Schlußfolgerungen zum Entwurf des Versorgungsberichts 1993 - 2008 mit Ausblick bis 2040, Bonn
BMI 1996 b: Bundesminister des Innern, Schreiben an den Verf. v. 7.11.1996
BML 1997: Bundesministerium für Ernährung, Landwirtschaft und Forsten (Hrsg.): Agrarbericht der Bundesregierung, Bonn
Böckenförde, E.-W. 1973: Ernst Rudolf Huber zum 70. Geburtstag, in: Archiv des öffentlichen Rechts, 98. Bd., Nr. 2, Tübingen

Mötteli, C. 1966: Gesellschaft, Staat und Wirtschaft. Von der sozialen Marktwirtschaft zur "formierten Gesellschaft"?, in: Ordo. Jahrbuch für die Ordnung von Wirtschaft und Gesellschaft, 17. Bd., Düsseldorf und München
Montaigne, M. de 1993: Essais, Zürich
Mommsen, W. 1964: Deutsche Parteiprogramme (Deutsches Handbuch der Politik Bd. 1), 2. Aufl. München
Muhr, G. 1975: Gewerkschaften und Sozialpolitik, in: Gewerkschaftliche Monatshefte, Nr. 3, Köln
Naphtali, F. 1977: Wirtschaftsdemokratie. Ihr Wesen, Weg und Ziel, 4. Aufl. Köln, Frankfurt/M.
Negt, O. 1983: "Nach dem Schock des 6. März", in: Süddeutsche Zeitung, Nr. 143, München
Nell-Breuning, O. v. 1978: Person in Gesellschaft, in: Rheinischer Merkur, Nr. 37, Bonn
Neumann, F. 1983: Anarchismus, in: Handbuch Politischer Thorien und Ideologien, hrsg. v. F. Neumann, Reinbek
Nietzsche, F. 1983 a: Der Wille zur Macht. Friedrich Nietzsche, Werke in vier Bänden, hrsg. v. G. Stenzel, Bd. II, Salzburg
Nietzsche, F. 1983 b: Die fröhliche Wissenschaft. Friedrich Nietzsche, Werke in vier Bänden, hrsg. v. G. Stenzel, Bd. IV, Salzburg
Nipperdey, H.C. 1962: Freie Entfaltung der Persönlichkeit, in: Die Grundrechte. Handbuch der Theorie und Praxis der Grundrechte, hrsg. v. K. A. Bettermann u. H. C. Nipperdey, Vierter Bd., 2. Halbbd.: Grundrechte und institutionelle Garantien, Berlin
Nullmeier, F., Rüb, F. W. 1994: Erschöpfung des Sozialversicherungsprinzips?, in: Riedmüller, B., Olk, T.: Grenzen des Sozialversicherungsstaats. Sonderheft Leviathan 14/1994, Opladen
Ockenfels, W. 1984: Die christlich-soziale Bewegung bis zum Sozialistengesetz, in: Meyer, T., Miller, S., Rohlfes, J. (Hrsg.): Geschichte der deutschen Arbeiterbewegung - Darstellungen - Chronologien - Dokumente, Band I. Schriftenreihe der Bundeszentrale für politische Bildung Band 207, Bonn
Ockenfels, W. 1996: Arbeitsmoral unzumutbar?, in: Die neue Ordnung, hrsg. v. Institut für Gesellschaftswissenschaften Walberberg, Heft 2
Ockenfels, W. 1989: Kleine katholische Soziallehre, Trier
ÖTV Magazin 1996: "Die Gesundheit sichern - keine sozialstaatliche Aufgabe?, Nr. 4, Stuttgart
Opielka, M., Vrobuba, G. (Hrsg.) 1986: Das garantierte Grundeinkommen. Entwicklung und Perspektiven einer Forderung, Frankfurt a. M.
Opielka, M. 1987: Diskussionsbeitrag auf der Arbeitstagung über "Bedarfsorientierte Grundsicherung" des Wirtschafts- und Sozialwissenschaftlichen Instituts des DGB (WSI) am 29./30.4.1987. WSI-Arbeitsmaterialien Nr. 15, Düsseldorf
Orthbandt, E. 1980: Der Deutsche Verein in der Geschichte der deutschen Fürsorge, Frankfurt/M.
Ostendorf, H. 1995: Politische Strafjustiz vor und nach 1945, in: Kriminalität und Strafrecht. Informationen zur politischen Bildung, hrsg. v. d. Bundeszentrale für politische Bildung, Bonn
PDS 1996: PDS im Bundestag (Hrsg.), Soziale Sicherheit für alle, Faltblatt, Bonn
Peterhoff, R. 1983: Sozialpolitik - Rahmenbedingungen und Strukturen, in: H. Hamel (Hrsg.), Bundesrepublik Deutschland - DDR. Die Wirtschaftssysteme, 4. Aufl. München
Peters, Helge 1969: Die politische Funktionslosigkeit der Sozialarbeit und die "pathologische" Definition ihrer Adressaten, in: Jahrbuch für Sozialwissenschaft, Bd. 20, Heft 3, Göttingen
Peters, Helge 1972: Sozialarbeit im gesellschaftspolitischen Kontext, in: Soziale Welt. Zeitschrift für sozialwissenschaftliche Forschung und Praxis, Nr. 1, Göttingen
Peters, Horst 1973: Die Geschichte der sozialen Versicherung, 2. Aufl. Bonn - Bad Godesberg
Pfaff, A. B. 1987: Diskussionsbeitrag auf der Arbeitstagung über "Bedarfsorientierte Grundsicherung" des Wirtschafts- und Sozialwissenschaftlichen Instituts des DGB (WSI) am 29./30. 4 1987. WSI-Arbeitsmaterialien Nr. 15, Düsseldorf
Picard, M. 1946: Hitler in uns selbst, 4. Aufl. Zürich, Stuttgart
Plagemann, J., Plagemann H. 1981: Gesetzliche Unfallversicherung. Schriftenreihe der Neuen Juristischen Wochenschrift, hrsg. v. K. Redeker und F. Busse, Heft 35, München
Preller, L. 1949: Sozialpolitik in der Weimarer Republik, Stuttgart
Preller, L. 1962: Sozialpolitik. Theoretische Ortung. Tübingen, Zürich
Quandt, O. 1938: Die Anfänge der Bismarckschen Sozialgesetzgebung und die Haltung der Parteien. Historische Studien, hrsg. v. E. Ebering, Heft 344, Berlin
Quarck, M. 1924: Die erste deutsche Arbeiterbewegung. Geschichte der Arbeiterverbrüderung 1848/49, Leipzig
Ramthun, C. 1994: Schwarzmalerei im Wohlfahrtsstaat, in: Rheinischer Merkur, Nr. 29, Bonn

Ratz, K. 1980: Sozialreform und Arbeiterschaft. Die "Gesellschaft für Soziale Reform" und die sozialdemokratische Arbeiterbewegung von der Jahrhundertwende bis zum Ausbruch des Ersten Weltkrieges, Berlin
Rebentisch, D. 1989: Führerstaat und Verwaltung im Zweiten Weltkrieg. Verfassungsentwicklung und Verwaltungspolitik 1939 - 1945, Stuttgart
Recker, M.-L. 1985: Nationalsozialistische Sozialpolitik im Zweiten Weltkrieg, München
Reichelt, H. 1975: Zur Entwicklung wesentlicher Kategorien der politischen Ökonomie bei Adam Smith und David Ricardo, in: Buhr, M. u.a., Theoretische Quellen des wissenschaftlichen Sozialismus, Frankfurt/M.
Reidegeld, E. 1995: Staatliche Sozialpolitik in Deutschland - Historische Entwicklung und theoretische Analyse von den Ursprüngen bis 1918, Opladen
Richter, E. 1894: Im alten Reichstag. Erinnerungen. Berlin
Ridley, M. 1997: Die Biologie der Tugend. Warum es sich lohnt, gut zu sein, Berlin
Rische, H. 1994: Rentenversicherung ohne Zukunft? Anmerkungen zur Diskussion um eine langfristige Entwicklung der Rentenversicherung, in: Die Angestelltenversicherung, Nr. 1, Berlin
Ritter, G. A. 1980: Staat, Arbeiterschaft und Arbeiterbewegung in Deutschland, Bonn
Rohwer-Kahlmann, H. 1996: Aufbau und Verfahren der Sozialgerichtsbarkeit, Kommentar. Bd. I, 4. Aufl. Sankt Augustin
Roller, E. 1992: Einstellungen der Bürger zum Wohlfahrtsstaat der Bundesrepublik Deutschland, Opladen
Rosenberg, A. 1955: Letzte Aufzeichnungen. Ideale und Idole der nationalsozialistischen Revolution, Göttingen
RP: Rheinische Post, Düsseldorf
1996 a: "Lafontaine will Aussiedlern die Rente streichen", 18.3.
1996 b: "Herzog fordert Überprüfung des sozialen Netzes", 22.4.
1997 a: "Kassen-Leistungen weiter ausdünnen?", 27.5.
1997 b: "Die Hamburger SPD lag mit ihrem Wahlkampfthema falsch", 23.9.
1997 c: "Das Betteln im Chanel-Kostüm"
1998: "Wenn der Kernspintomograph die Blinddarmreizung ermittelt", 13.3.
Ruland, F. 1994: Die versicherungsfremden Leistungen der gesetzlichen Rentenversicherung, in: Verband Deutscher Rentenversicherungsträger (Hrsg.), Aktuelles Presseseminar des VDR 21./22.11. 1994 in Würzburg
Saage, R. 1991: Politische Utopien der Neuzeit, Darmstadt
Sachverständigenrat 1995: Sachverständigenrat für die Konzertierte Aktion im Gesundheitswesen: Gesundheitsversorgung und Krankenversicherung 2000. Kurzfassung und Empfehlungen, Sondergutachten 1995, o.O.
Schachtschabel, H.G. 1983: Sozialpolitik, Stuttgart, Berlin, Köln, Mainz
Schäfer, D., Plaschke, J. 1984: Sozialpolitik und Sozialarbeit zwischen solidarischer Selbsthilfe und etatistischer Staatsfürsorge, in: Brennpunkte sozialer Arbeit, hrsg. v. C. Mühlfeld, H. Oppl., K. Plüisch, H. Weber-Falkensammer, Frankfurt/M.
Schewe, D. 1984: Buchbesprechung, in: Sozialer Fortschritt, Nr. 8, Berlin, München
Schlecht, O. 1996: Der Sozialstaat vor dem Offenbarungseid, Krefeld
Schmidt-Bleibtreu, B., Klein, F. 1990: Kommentar zum Grundgesetz, unt. Mitarb. v. H. B. Brockmeyer, 7. Aufl. Neuwied und Frankfurt /M.
Schmitt, C. 1933: Staat, Bewegung, Volk. Die Dreigliederung der politischen Einheit, 2. Aufl. Hamburg
Schoenbaum, D. 1980: Die braune Revolution. Eine Sozialgeschichte des Dritten Reiches, München
Schuhmann, W., Brucker, L. 1934: Sozialpolitik im neuen Staat, Berlin
Schumann, H.-G. 1958: Nationalsozialismus und Gewerkschaftsbewegung, Hannover und Frankfurt/M.
Seidel, B. 1956: Sozialpolitik (I) Geschichte, in: Handwörterbuch der Sozialwissenschaften, hrsg. v. E. v. Beckerath u.a., Stuttgart, Tübingen, Göttingen
Seldte, F. 1935: Sozialpolitik im Dritten Reich, Berlin
Siegel, T. 1989: Leistung und Lohn in der nationalsozialistischen "Ordnung der Arbeit", Opladen
Sievers, L. 1981: Die Revolution von oben, in: Der Stern, Nr.48, Hamburg
Simmel, G. 1968: Soziologie. Untersuchungen über die Formen der Vergesellschaftung, 5. Aufl. Darmstadt
Smith, A. 1908: Eine Untersuchung über Natur und Wesen des Volkswohlstandes. Sammlung sozialwissenschaftlicher Meister Band 11, hrsg. v. H. Waentig, Erster Band, Jena

Smith, A. 1920: Eine Untersuchung über Natur und Wesen des Volkswohlstandes. Sammlung sozialwissenschaftlicher Meister Band 12, hrsg. v. H. Waentig, Zweiter Band, Jena
Soder, M. 1980: Hausarbeit und Stammtischsozialismus. Arbeiterfamilie und Alltag im Deutschen Kaiserreich, Giessen
SPD-Alterssicherungskommission 1997: Vorschläge zu einer langfristigen Rentenreform. Kurzfassung, abgedr. in: Frankfurter Rundschau, 14.5.
SPD-Parteivorstand (Hrsg.), o.J.: Die Zukunft gestalten. Sozialpolitisches Programm der SPD, verabschiedet vom Bundesparteitag 1988 in Münster; Bonn
Der Spiegel, hrsg. v. R. Augstein, Hamburg
1992: "Finanzieller Segen", Nr. 35
1993: "Das Gewissen hat versagt." Gespräch mit dem Ethnologen Hans Peter Duerr über Kulturverfall und das Unbehagen an der Moderne, Nr. 2
1995: "In den Hintern treten". Der ostdeutsche Bürgerrechtler Jens Reich über Demokratiefrust und die Notwendigkeit einer Ökodiktatur, Nr. 14
1996: "Hitler: Vollstrecker des Volkswillens? Rudolf Augstein im Gespräch mit Daniel Goldhagen", Nr. 33
1997 a: "Balsam für den Frieden", Nr. 17
1997 b: "Rückfall ins Mittelalter", Nr. 21
1997 c: "Heller Wahnsinn", Nr. 22
1997 d: "Radikal Arbeit teilen". Interview mit Schleswig-Holsteins Ministerpräsidentin Heide Simonis (SPD), Nr. 26
1997 e: "Aus dem Tagebuch eines Kassenarztes", Nr. 26/27
1997 f: "Junge Rechte", Nr. 31
1997 g: "Der Krebs ist unbesiegbar". Der Onkologe Dieter Kurt Hossfeld über 25 Jahre Kampf gegen Krebs, falsche Heilsversprechungen und Ärzte, die quälen, statt zu helfen, Nr. 39
1998:"Medikamente: Nutzen ungewiß", Nr. 11
SPU: Sozialpolitische Umschau, hrsg. v. Presse - und Informationsamt der Bundesregierung, Bonn
SPU 1995 a: Ausgabe 46
SPU 1995 b: Ausgabe 51
SPU 1996 a: Ausgabe 7
SPU 1996 b: Ausgabe 21
SPU 1996 c: Ausgabe 24
SPU 1996 d: Ausgabe 33
SPU 1996 e: Ausgabe 37
SPU 1996 f: Ausgabe 39
SPU 1996 g: Ausgabe 45
SPU 1996 h: Ausgabe 46
SPU 1997 a: Ausgabe 11
SPU 1997 b: Ausgabe 13
SPU 1997 c: Ausgabe 18
SPU 1997 d: Ausgabe 24
SPU 1997 e: Ausgabe 34
SPU 1997 f: Ausgabe 35
SPU 1997 g: Ausgabe 41
Standfest, E. 1981: 100 Jahre "Kaiserliche Botschaft". Anmerkungen zu einem Jubiläum, in: Sozialer Fortschritt , Berlin, München
Standfest, E. 1996: Aktuelle, mittelfristige und langfristige Finanzentwicklung der gesetzlichen Rentenversicherung unter Berücksichtigung der Gesetze zum Programm "Wachstums- und Beschäftigungsförderung" der Bundesregierung, in: Verband Deutscher Rentenversicherungsträger, Aktuelles Presseseminar des VDR 18./19.11.1996 in Würzburg; Frankfurt/M.
Statistisches Amt 1989 (Hrsg.): Statistisches Jahrbuch der DDR , Berlin
Statist. Bundesamt: Statistisches Bundesamt, Wiesbaden (Hrsg.):
1954: Statistisches Jahrbuch für die Bundesrepublik Deutschland 1954, Stuttgart, Köln
1996 a: Statistisches Jahrbuch für die Bundesrepublik Deutschland 1996, Stuttgart, Köln
1996 b: Pressemitteilung Nr. 244
1997 a: Sozialleistungen. Fachserie 13, Reihe 2: Sozialhilfe 1994, Stuttgart
1997 b: Pressemitteilung Nr. 65
1997 c: Zahlen, Fakten, Trends. Monatlicher Pressedienst des Statistischen Bundesamtes, Februar
Steinberg, H.-J. 1984: Die deutsche sozialistische Arbeiterbewegung, in: Meyer T., Miller, S., Rohlfes, J. (Hrsg.): Geschichte der deutschen Arbeiterbewegung - Darstellung - Chronologien - Dokumente, Band I. Schriftenreihe der Bundeszentrale für politische Bildung Band 207, Bonn
Steiniger, C. 1996: Grundsicherung als sozialpolitische Alternative? In: Die neue Ordnung, hrsg. v. Institut für Gesellschaftswissenschaften Walberberg, Nr. 3
Stier-Somlo, F. 1926: Stichwort "Betriebsbeamte", in: F. Stier-Somlo, A. Elster (Hrsg.): Handwörterbuch der Rechtswissenschaften, Erster Band, Berlin und Leipzig
Stirner, M. 1924: Der Einzige und sein Eigentum, Berlin

Strasser, J. 1996: Entläßt der Sozialstaat seine Kinder?, in: Jahrbuch der sozialen Arbeit 1997, hrsg. v. U. Gintzel u. R. Schone, Münster
Syrup, F. 1957: Hundert Jahre Staatliche Sozialpolitik 1839 - 1939. Hrsg. v. J. Scheuble, bearb v. O. Neuloh, Stuttgart
TK 1996: TechnikerKrankenkasse (Hrsg.): TK aktuell. Das Magazin der TechnikerKrankenkasse, Nr. 1, Hamburg
Trotha, T. v. (Hrsg.) 1997: Soziologie der Gewalt. Sonderheft 37 der Kölner Zeitschrift für Soziologie und Sozialpsychologie, Opladen/Wiesbaden
Turner, H. A. 1980: Faschismus und Kapitalismus in Deutschland, 2. Aufl. Göttingen
Ullrich, C. G. 1996: Solidarität und Sicherheit. Zur sozialen Akzeptanz der gesetzlichen Krankenversicherung, in: Zeitschrift für Soziologie, Nr. 25, Stuttgart
VDR: Verband deutscher Rentenversicherungsträger, Frankfurt/M. (Hrsg.):
1990: 100 Jahre Rentenversicherung
1995: Rund um die Rente
1996 a: VDR-Statistik Bd. 116, Rentenbestand am 31.12.1995
1996 b: VDR-Statistik Bd. 117, Rentenzugang des Jahres 1995
1996 c: Die neuen gesetzlichen Regelungen im Rentenversicherungsrecht
1997 a: VDR-Statistik Bd. 119, Aktiv Versicherte 1994/1995
1997 b: Rentenversicherung in Zahlen 1997
Wagenbach, K. 1964: Franz Kafka in Selbstzeugnissen und Bilddokumenten, Reinbek
Wahl, S. 1987: Diskussionsbeitrag auf der Arbeitstagung über "Bedarfsorientierte Grundsicherung" des Wirtschafts- und Sozialwissenschaftlichen Instituts des DGB (WSI) am 29./30.4.1987. WSI-Arbeitsmaterialien Nr. 15, Düsseldorf
Waldrich, H.-P. 1973: Der Staat. Das deutsche Staatsdenken seit dem 18. Jahrhundert. Ausgewählte Quellen, München - Wien
Wangler, W. 1964: Landwirtschaftliche Sozialpläne, in: Berichte über Landwirtschaft, hrsg. v. Bundesminister für Ernährung, Landwirtschaft und Forsten, Nr. 2, Hamburg und Berlin
Wangler, W. 1968: Landwirtschaftliche Sozialpolitik - eine kritische Bilanz, in: Sozialer Fortschritt, Nr. 12, Berlin, München
Wannagat, G. 1965: Lehrbuch des Sozialversicherungsrechts, I. Band, Tübingen
Weber M. 1895: Der Nationalstaat und die Volkswirtschaftspolitik. Akademische Antrittsrede, Freiburg i. Br. und Leipzig
Wehler, H.-U. 1987: Deutsche Gesellschaftsgeschichte, Erster Band: Vom Feudalismus des Alten Reiches bis zur Defensiven Modernisierung der Reformära 1700 - 1815, München
Wehner, B.: Der neue Sozialstaat. Entwurf einer neuen Wirtschafts- und Sozialordnung, 2. Aufl. Opladen 1997
Welt am Sonntag 1996 a: "Interview mit Wolfgang Clement über Steuern, Renten, den nächsten SPD-Kanzlerkandidaten und die Chancen von Rot-grün", 22.9., Hamburg
Welt am Sonntag 1996 b: "Bei Steuervergünstigungen sind radikale Schnitte nötig", 22.9., Hamburg
Wenzel, G. 1996: Zur Festsetzung der Regelsätze nach der Reform des Sozialhilferechts, in: Nachrichtendienst des Deutschen Vereins für öffentliche und private Fürsorge, Nr. 10, Frankfurt/M.
Wohngeld 1997: Presse- und Informationsamt der Bundesregierung (Hrsg.): Wohngeld. Ratschläge und Hinweise, 39. Aufl. Bonn
Wohngeld- und Mietenbericht 1995 der Bundesregierung, o.O. u. J.
Zöllner, D. 1976: Agrarsozialpolitik im Zuge der sozialpolitischen Entwicklung, in: Zur sozialen Sicherung der landwirtschaftlichen Bevölkerung. Schriftenreihe für ländliche Sozialfragen, Heft 75, Hannover
Zorn, W. 1971: Sozialgeschichte 1648 - 1800, in: Handbuch der Deutschen Wirtschafts- und Sozialgeschichte, hrsg. v. H. Aubin und W. Zorn, Bd. 1, Stuttgart
Zorn, W. 1976: Staatliche Wirtschafts- und Sozialpolitik und öffentliche Finanzen 1800 - 1970, in: Handbuch der Deutschen Wirtschafts- und Sozialgeschichte, hrsg. v. H. Aubin und W. Zorn, Bd. 2, Stuttgart

Abkürzungen

a.a.O	am angegebenen Ort
ADAV	Allgemeiner Deutscher Arbeiterverein
ADGB	Alllgemeiner Deutscher Gewerkschaftsbund
Abs.	Absatz
AF	Arbeitsförderung(s)
AGO	Allgemeine Gewerbeordnung
AFG	Arbeitsförderungsgesetz
ANBA	Amtliche Nachrichten der Bundesanstalt für Arbeit
AOK	Allgemeine Ortskrankenkasse(n)
aR	aktueller Rentenwert
Art.	Artikel
ASMK	Arbeits- und Sozialministerkonferenz
AVAVG	Gesetz über Arbeitsvermittlung und Arbeitslosenversicherung
AVG	Angestelltenversicherungsgesetz
B	(allgemeine) Bemessungsgrundlage
BA	Bundesanstalt für Arbeit
BAFöG	Bundesausbildungsförderungsgesetz
BAG	Bundesarbeitsgericht
Bd.	Band
BfA	Bundesversicherungsanstalt für Angestellte
BFS	Bundesminister/Bundesministerium für Familie, Senioren, Frauen und Jugend
BG	Berufsgenossenschaft(en)
BGB	Bürgerliches Gesetzbuch
BK	Betriebskrankenkasse(n)
BLK	Bundesverband der landwirtschaftlichen Krankenkassen
BMA	Bundesminister/Bundesministerium für Arbeit und Sozialordnung
BMG	Bundesminister/Bundesministerium für Gesundheit
BMI	Bundesminister/Bundesministerium des Innern
BML	Bundesminister/Bundesministerium für Ernährung, Landwirtschaft und Forsten
BRD	Bundesrepublik Deutschland
BRG	Betriebsrätegesetz
BSG	Bundessozialgericht
BSHG	Bundessozialhilfegesetz
BU	Berufsunfähigkeit
BVerfGE	Entscheidungen des Bundesverfassungsgerichts
BVG	Bundesversorgungsgesetz
bzw.	beziehungsweise
ca.	cirka
CDU	Christlich Demokratische Union
DAF	Deutsche Arbeitsfront
DDR	Deutsche Demokratische Republik
ders.	derselbe
DGB	Deutscher Gewerkschaftsbund
dgl.	dergleichen, desgleichen
d.h.	das heißt
Diss.	Dissertation
ebd.	ebenda
EU	Erwerbsunfähigkeit
f./ff.	folgend, folgende
FDGB	Freier Deutscher Gewerkschaftsbund
FDP	Freie Demokratische Partei

FRG	Fremdrentengesetz
FZR	Freiwillige Zusatz-Rentenversicherung
GAL	Gesetz über eine Altershilfe für Landwirte
GG	Grundgesetz
ggf.	gegebenenfalls
GKV	Gesetzliche Krankenversicherung
GmbH	Gesellschaft mit beschränkter Haftung
GRV	Gesetzliche Rentenversicherung
GUV	Gesetzliche Unfallversicherung
HDG	Hilfsdienstgesetz
HGB	Handelsgesetzbuch
HVBG	Hauptverband der gewerblichen Berufsgenossenschaften
HVG	Handwerkerversorgungsgesetz
IG	Industriegewerkschaft
insg.	insgesamt
J	(Versicherungs)Jahre
KDF	Kraft durch Freude
KPD	Kommunistische Partei Deutschlands
KZ	Konzentrationslager
LPG	Landwirtschaftliche Produktionsgenossenschaft
LPK	Lehr- und Praxiskommentar
LSG	Landessozialgericht
LVA	Landesversicherungsanstalt
M	Mark
Manuskr.	Manuskript
MdE	Minderung der Erwerbsfähigkeit
MfS	Ministerium für Staatssicherheit
Mill./Mio.	Millionen
Mrd.	Milliarden
NÖS (PL)	Neues Ökonomisches System (der Planung und Lenkung)
NOG	Neuordnungsgesetz
NRW	Nordrhein-Westfalen
NS	Nationalsozialistisch(e) (er) (es)
NSBO	Nationalsozialistische Betriebszellenorganisation
ÖTV	(Gewerkschaft) Öffentliche Dienste, Transport und Verkehr
ÖSS	Ökonomisches System des Sozialismus
P	Persönliche Bemessungsgrundlage
PDS	Partei des Demokratischen Sozialismus
PE	Persönliche Entgeltpunkte
RAD	Reichsarbeitsdienst
RAF	Rentenartenartfaktor; Rote Armee Fraktion
rd.	rund
Rdnr.	Randnummer
RGBl.	Reichsgesetzblatt
RGO	Rote (Revolutionäre) Gewerkschaftsopposition
RM	Reichsmark
RRG	Rentenreformgesetz

RVO	Reichsversicherungsordnung
RWR	Reichswirtschaftsrat
S.	Seite(n)
s.	siehe
SA	Sturmabteilung
SBZ	Sowjetische Besatzungszone
SED	Sozialistische Einheitspartei Deutschlands
SG	Sozialgericht
SGB	Sozialgesetzbuch
SGG	Sozialgerichtsgesetz
SJ	Societas Jesu
SKWPG	Gesetz zur Umsetzung des Spar-, Konsolidierungs- und Wachstumsprogramms
SPD	Sozialdemokratische Partei Deutschlands
SPU	Sozialpolitische Umschau, hrsg. v. Presse- u. Informationsamt der Bundesregierung
SS	Schutzstaffel
Statist. Bundesamt	Statistisches Bundesamt
St.	Steigerungssatz
TK	TechnikerKrankenkasse
u.a.	unter anderem/und andere
u.ä.	und ähnliches
usw.	und so weiter
v.	vom, von
VDAV	Vereinstag Deutscher Arbeitervereine
VDR	Verband Deutscher Rentenversicherungsträger
Verf.	Verfasser
verf.	vervielfältigtes
vgl.	vergleiche
v.H.	von Hundert
WFG	Wachstums- und Beschäftigungsförderungsgesetz
wg.	wegen
WRV	Weimarer Reichsverfassung
z.B.	zum Beispiel
ZK	Zentralkomitee
zus.	zusammen